MW01249007

Obras de la Fraternidad Cristiana Universal

Josefa Rosalía Luque Alvarez
(Hilarión de Monte Nebo, F.E.)

ARPAS ETERNAS *(Alborada Cristiana)*.
Tres tomos.
CUMBRES Y LLANURAS *(Los Amigos de Jhasua)*.
Segunda parte de *Arpas Eternas*. Dos tomos en un solo volumen.
MOISES *(El Vidente de Sinaí)*.
PARAFRASIS DE KEMPIS *(Imitación de Cristo)*.
Conjuntamente con "EL HUERTO ESCONDIDO".

Josefa Rosalía Luque Alvarez
(Sisedón de Trohade)

ORIGENES DE LA CIVILIZACION ADAMICA
(Vida de Abel). 1ro. y 2do. tomo en un solo volumen.
ORIGENES DE LA CIVILIZACION ADAMICA
(Vida de Abel). Tomo 3ro.
ORIGENES DE LA CIVILIZACION ADAMICA
(Vida de Abel). Tomo 4to.

Josefa Rosalía Luque Alvarez
(Los Maestros)

LLAVE DE ORO

Fraternidad Cristiana Universal
Dirección postal: Casilla de Correo Nº 47
            (1648) Tigre; Pcia. de Buenos Aires
            República Argentina

JOSEFA ROSALIA LUQUE ALVAREZ
(HILARION DE MONTE NEBO)

ARPAS ETERNAS 3

JOSEFA ROSALIA LUQUE ALVAREZ
(HILARION DE MONTE NEBO)

ARPAS ETERNAS 3

DECIMO QUINTA EDICION

*en formato mayor
cotejada con los
originales de la autora*

EDITORIAL
kiER
*Desde 1907 un sello positivo
para un mundo que merece serlo*

133.9   Hilarión de Monte Nebo
HIL   Arpas eternas 3.- 1ª. ed. 15ª. reimp.-
        Buenos Aires: Kier, 2003.
            496 p. ;17x26 cm.- (Fraternidad Cristina Universal)

            ISBN 950-17-1159-5

            I. Título - 1. Espiritismo

FRATERNIDAD CRISTIANA UNIVERSAL
Florida (F.C.N.B.M.) Prov. de Buenos Aires
1°, 2°, 3° edición
© Hugo Jorge Ontivero Campo
Dibujo y diagramación de tapa:
Horacio Cardo
Composición:
Cálamus
LIBRO DE EDICION ARGENTINA
Queda hecho el depósito que marca la ley 11.723
© 2003 by Editorial Kier S.A., Buenos Aires
Av. Santa Fe 1260 (C1059ABT), Buenos Aires, Argentina.
Tel: (54-11) 4811-0507 Fax: (54-11) 4811-3395
http://www.kier.com.ar - E-mail: info@kier.com.ar
Impreso en la Argentina
Printed in Argentina

LA TRAGEDIA DE ABU-ARISH

Seis días más permanecieron aun los diez maestros reunidos en el Santuario del Monte Hor, cambiándose manuscritos y aumentando las copias que algunos tenían, y a otros les faltaban, de viejísimas escrituras indispensables para la reconstrucción histórica de la evolución humana, a través de los siglos y de las edades.

Iban a separarse por mucho tiempo, y quien sabe si volverían a encontrarse de nuevo en la vida de la materia. La uniformidad en la doctrina y en la historia del pasado, eran necesarias para que las futuras generaciones aceptaran como verdadero lo que atestiguaban representantes de las principales Escuelas de Conocimiento Superior existentes en aquellos tiempos, todos los cuales estuvieron en contacto con el Verbo de Dios en su última etapa de vidas terrestres.

Establecerían dos agencias encargadas de mantener íntima y frecuente comunicación entre los Diez maestros. La una en Alejandría, en la casa particular del maestro Filón. La otra en Antioquía, en el barrio suburbano de Gisiva, donde Simónides tenía establecida una colonia-refugio, que había sido puesta bajo la dirección de dos Terapeutas del santuario del Monte Hermón por indicación de Jhasua.

Estas dos agencias estarían dotadas de una pequeña renta que bastara para enviar correos seguros hacia los puntos de residencia de los maestros.

Tomadas estas medidas, los Diez se separaron después de una emotiva y tiernísima despedida, en la cual, era Jhasua el centro a donde convergían todos los afectos y el hondo fervor de todos los corazones.

Acompañado de los veintinueve jóvenes que sabemos y del tío Jaime, el Maestro emprendió el regreso por la vía de Thopel.

Cuando llegaron al desierto de Judea y a la margen occidental del Mar Muerto, Jhasua pensó con amor en sus viejos amigos los porteros del Santuario del Quarantana.

Hicieron una parada en Engedí, en la ya conocida granja de Andrés, donde encontró desconsolados a los dos hermanos Jacobo y Bartolomé porque su anciana madre se hallaba gravemente enferma.

—Avecilla del Padre Celestial —díjole Jhasua inclinándose sobre el lecho de la anciana que le reconoció en el acto—. Aun no es hora de que abandones tu nido terrestre para volar a la patria. —Le impuso las manos en la frente, le dió a beber agua vitalizada con su aliento, y tomándola de ambas manos la ayudó a sentarse en el lecho, en cuyo borde se sentó El también, y rodeado de toda la familia les hizo una tierna plática del amor divino que pasa sobre las almas justas, como una brisa suavísima, llenándolo todo de paz y de alegría.

La viejecita se sintió como renovada y pronto se levantó diciendo a sus hijos y nietos:

—¡Vamos, vamos!... a preparar una fiesta porque nuestra montaña se ha vestido de luz y de gloria, con la llegada de nuestro Jhasua.

—¡Pero madre! —le dijo Jacobo el mayor de sus hijos— ¡si te estabas muriendo!

—Sí, sí, ¡pero ahora no me muero más!... ¿Acaso no llegó a mí, el Hijo de Dios que todo lo puede?

—¿Es verdad que está curada? —preguntó a Jhasua, Bartolomé, casi sin creer lo que sus ojos veían.

—Sí, hombre, sí —le contestaba el Maestro—. Como llegué a pedir hospedaje por una noche, el Padre Celestial pagó por adelantado mi cuenta.

Y comenzó un movimiento inusitado en la vieja Granja de Andrés, para preparar el festín con que aquellas buenas gentes querían obsequiar al hijo de Myriam, como más comúnmente le llamaban allí.

Jhasua pasó a visitar a los siete solitarios Esenios que en las entrañas de las rocas vivían su vida de estudio, de oración y de amor a la humanidad sufriente.

Por ellos supo, que entre los penitentes de las grutas vecinas había un refugiado que no quería decir su procedencia, ni el por qué de su triste situación de fugitivo de la sociedad de los hombres; el cual revelaba además un dolor tan desesperado y terrible que les causaba profunda amargura.

Jhasua quiso verlo; y el esenio encargado de los penitentes le acompañó por aquel pavoroso antro de rocas negras y áridas, donde se abrían las grutas, entre árboles de espinos, y unas pocas moreras silvestres.

Encontraron al refugiado, tendido sobre su lecho de paja y pieles de oveja, con la mirada fija en la obscura techumbre de su rústica morada.

Jhasua comprendió al momento que aquel hombre estaba al borde de la locura.

—Amigo mío —le dijo sentándose en el suelo a su lado—. Sé que estás enfermo y que tu alma padece angustias de muerte.

"Quiero que me cuentes tu pena, porque tengo el poder de librarte de ella y devolverte la paz. —El esenio se retiró discretamente.

El infeliz miró por unos momentos a Jhasua y su mirada era dura y sombría.

—¡Eres aún joven! —continuó el Maestro— y es lástima perder así una vida que puede ser útil a la humanidad.

El hombre se incorporó como si lo hubiera picado un áspid.

—¿Yo ser útil a la humanidad?... Antes le daría de comer a una pantera que a un ser humano. Eres un adolescente casi y no sabes lo que me dices. —Y se dió vuelta a otro lado como diciéndole: "No me hables más".

—Vamos amigo mío, no me des la pena de ver tu pena y no poder remediarla —insistió el joven Maestro—.

"Ya sé que hay en la tierra seres perversos y malvados que se gozan en el dolor de sus semejantes. Pero esos seres no son toda la humanidad. Yo quiero tu bien. Los solitarios del Santuario quieren tu bien, y sufren con tu dolor.

"¿Por qué pues tendrás en cuenta a los malvados que te hicieron daño, y no a los justos que buscan tu bien?

"Se razonable amigo mío, que acaso en mi mano ha puesto Dios la copa de tu felicidad, y tú la rechazas.

"Traigo conmigo desde el Monte Hor, veintinueve jóvenes árabes que fueron un día tan infelices como tú...

—¿Y quién eres tú, para recoger todos los desdichados de este mundo? —preguntó el hombre sentándose en su mísero lecho.

—Un hombre cuya misión elegida voluntariamente, es consolar a las víctimas de las maldades humanas.

—Si eres poderoso, me ayudarás a vengarme de mis verdugos. La venganza es también un lazo que ata corazones.

—Te ayudaré a ser dichoso si confías en mí —le dijo el Maestro.

—Has hablado de jóvenes árabes... ¿Vienes entonces de Arabia? Allí fué mi desgracia. Allí vive el malvado asesino que me hizo desgraciado para toda la vida.

—¿En qué región de la Arabia?

—En el Yemen. En Abu-Arish.

—Pero tú no eres árabe —le dijo el Maestro—, lo dice tu tipo y sobre todo tus ojos claros.

—Soy de la Isla de Rhodas.

—Del jardín de las rosas más bellas del mundo —continuó Jhasua mientras irradiaba amor y paz sobre aquel espíritu atormentado—.

"Y bien amigo mío ¿qué sabes si yo podría remediar tu desgracia?... Todas las tragedias de las almas se parecen: Un amor desventurado, un déspota que destroza la vida y lo imposible aplastando el corazón entre dos ruedas de molino...

—¿Cómo lo sabes? —interrogó el hombre sobresaltado.

—Porque algo conozco el corazón humano.

—En Abu-Arish tenía yo una hermosa plantación de azafrán que valía una fortuna.

"Amé a una niña dulce como una gacela y hermosa como una estrella. Su padre era jefe de los guardias del Imán de Sana, donde residía casi siempre, dejando su familia en Abu-Arish porque era terriblemente celoso de su mujer y de su hija, que escondía de la codicia del soberano y de sus favoritos. La madre de la niña, mujer de gran bondad pero triste siempre por la tiranía de su marido, me participó que él no me daría la hija, porque tenía la ilusión de casarla con el hermano menor del Imán.

"Nuestro amor siguió viviendo como una luciérnaga escondida en las tinieblas. Ni uno ni otro teníamos valor para renunciar a nuestra ilusión. La madre murió de una fiebre maligna, y la hija quedó sola guardada por viejas esclavas que la protegieron en su desventurado amor. Nos nacieron dos preciosos niños mellizos, que una de las esclavas declaró haberlos encontrado en una plantación de azúcar que había sido abandonada por sus dueños.

"Alguien denunció al padre nuestro secreto de amor, y temiendo que él frustrara sus planes, consiguió una orden del Imán de Sana para arrojarme del país, incautándose de todos mis bienes que consistían en un hermoso plantel de caballos de pura raza del Nedjed, y de mi plantación de azafrán. Era yo el más rico poblador de Abu-Arish, y un día me encontré amarrado de pies y manos, maltrecho y herido, medio desnudo en la Isla Farsan en el Mar Rojo. Unos piratas me habían encontrado sin sentido en la costa, y me llevaron a la isla que estaba desierta y sólo habitada por ellos. Les conté lo que me había pasado y se interesaron por averiguar qué había sido de mis bienes y de la mujer amada. Pasaron varios años, y por fin supe que mi mujer había sido estrangulada por su propio padre al saber que los niños recogidos eran sus hijos, y a éstos los había vendido como esclavos en el mercado de Alejandría. Mis bienes habían pasado a ser posesión del malvado que destrozó mi vida. Corrí a Alejandría lo más pronto que pude, en mi triste situación de remero de galera de los piratas, pero en el mercado ya no había sino los esclavos viejos que siempre quedaban como resaca. Los jóvenes habían sido todos comprados. Ya está contada la historia. Veamos Señor todopoderoso cómo te arreglas para devolverme mi esposa asesinada y mis hijos vendidos como esclavos. Has dicho que acaso puedes devolverme la felicidad.

Jhasua sonreía dulcemente y meditaba escuchando el relato del desconocido.

Su pensamiento sutil como un rayo de luz, recordaba en ese instante la historia de los dos jóvenes aquéllos cuyo relato de sus desgracias tanto se asemejaba a éste que acababa de escuchar.

¿Era acaso una misma historia contada primero por los hijos y después por el padre?

—Será tan complaciente conmigo la Bondad Divina —se preguntaba sin hablar Jhasua— que me ponga en la mano la dicha de tres seres infortunados? —Casi no podía creerlo. Por fin saliendo de sus reflexiones, preguntó a su interlocutor—:

—''¿Conociste a tus hijos?

—Desde luego, y la última vez que los vi tenían doce años. Les veía a hurtadillas lo mismo que a su madre, cada vez que la galera pirata se detenía en la isla. Cruzaba en un bote a la costa y haciendo de vendedor de café de Moka, les veía aunque sin descubrirles el secreto. Su madre me conservó amor, no obstante de verme en el miserable estado a que me había reducido la maldad de su padre.

—¿Sabes el nombre de tus hijos? —volvió a preguntar Jhasua.

—¿Cómo no he de saberlo? Yo quise llamarlos como a los gemelos que brillan en el cielo azul, Cástor y Polux.

Jhasua pensó que sus dos protegidos tenían otros nombres diferentes.

Y cual si aquel hombre contestara a su pensamiento, añadió luego:

—Pero el maldito viejo a quien Abadón arranque los ojos, mandó que les llamaran con nombres vulgares y ordinarios: Abdulahi que quiere decir *encontrado* y Dambiri *hijo del mono.*

— ¡Dios Amor!... ¡gracias! —exclamó Jhasua con una voz tan profunda que parecía salir del fondo de su corazón.

—¿Y agradeces a Dios que a mis hijos les pusieran nombres despreciables? —preguntó con ira aquel hombre.

—No amigo mío. Le doy gracias porque entre los veintinueve jóvenes que he traído de Arabia se encuentran tus dos hijos Cástor y Polux.

— ¡No puede ser!... ¡no me engañes!... ¡No me mientas para ilusionarme como a un chiquitín!... ¡Mira que te arranco la vida!...

Y las dos manos nudosas y velludas de aquel infeliz adquirieron el aspecto de garras que quisieran clavarse en el cuello de Jhasua.

—Cálmate —le dijo con admirable serenidad—. Ven conmigo al otro lado de estas rocas y te convencerás de lo que te digo.

El hombre le siguió, y el esenio que esperaba fuera, entretenido en apartar espinas y guijarros del sendero que conducía a la población, les guió hasta la Granja de Andrés, por ese camino exterior, pues que la secreta comunicación del Santuario no se dejaba ver sino a los íntimos.

La indumentaria del penitente consistía en un tosco sayal obscuro que le bajaba un tanto de las rodillas. A él estaba unido en el cuello una especie de capuchón para protegerse del sol, del frío o de la lluvia, pues que estaba hecho de piel de cabrito.

Unas calzas de cuero de cabra le protegían los pies, hasta la mitad de la pierna.

Era el hábito con que los Esenios vestían a sus refugiados en las grutas.

Cuando llegaron a la Granja de Andrés, ya anochecía. La mesa estaba puesta bajo los árboles del huerto y los veintinueve jóvenes compañeros de viaje de Jhasua, con una alegría exhuberante como una floración de primavera, ayudaban a Jacobo y Bartolomé a colocar antorchas, a improvisar asientos de tablones colocados sobre trozos de rocas, a descolgar del emparrado los últimos racimos de uva que la buena Bethsabé aseguraba habían estado esperando la llegada del niño de Myriam, igualmente que los ciruelos de Corinto esperaban con sus frutos de púrpura violeta, y las higueras con sus grandes higos blancos tardíos. La buena anciana con la alegría de verse curada, echaba la casa por la ventana y se sentía generala en jefe de aquella porción de jóvenes obedientes a sus órdenes. El secadero de mimbres para quesos y frutas fué vaciado, lo mismo que los cantarillos de miel y de manteca. Al niño de Myriam le gustaban las castañas cocidas con miel, los bollos de harina de centeno y huevos de gansos, la torta de almendras y las aceitunas con el pan recién sacado del horno.

— ¡Jehová bendito!... —exclamaban las nueras de Bethsabé—. La abuela se ha salido de quicio, y si veinte personas más hubiera, para todos tendría tarea.

El amor cantaba en el alma de la anciana, que se ponía a tono con toda aquella juventud que la rodeaba.

Y comprenderá el lector que ante una alegría tan desbordante, el infeliz penitente desgarrado por su angustia y acicateado por un rayito nuevo de esperanza, se sintió como si depertara recién de una negra pesadilla. Jhasua lo comprendió, y deteniéndose con él y el esenio en la penumbra de los árboles del huerto a donde no llegaba el reflejo de las antorchas, le dijo:

—Entre todo ese alboroto y alegría, están los hijos que buscas. Toda esta dicha será tuya dentro de unos momentos si eres capaz de olvidar el pasado.

—Lo olvidaré, sí... lo olvidaré —contestó el penitente, mientras su mirada devoraba todo el cuadro que aparecía a su vista...—.

"¿Pero es verdad que están ellos aquí?...

—¿Crees que yo sería capaz de engañarte?

"Ahora verás. —Y Jhasua dió tres pasos adelante—:

"— ¡Abdulahi!... ¡Dambiri!... —llamó en voz alta. Los dos jóvenes que estaban encaramados el uno en un ciruelo, y el otro en una higuera, saltaron al suelo con cestillas llenas y corrieron al llamado.

— ¡Oh! Maestro... —le dijeron ambos—. No queríamos que llegases hasta que tuviéramos todo terminado de arreglar. ¡Qué alegría la de esta casa!

—Os traigo una noticia que tiene corazón, alma... carne y huesos.

—¿Qué será?...

Ambos jóvenes se miraron con gran asombro. Jhasua se volvió hacia la obscuridad de los árboles e hizo una señal.

El esenio y el penitente se acercaron. Jhasua le tiró a la espalda el capuchón y apareció a la luz de las antorchas la noble fisonomía del penitente, envejecida por el sufrimiento y el abandono. Les devoraba con los ojos y temblaba nerviosamente.

— ¡Nunca me reconocerán!... —exclamó sordamente abrazándose a Jhasua.

— ¡Es vuestro padre! —dijo el Maestro—. Despertad los recuerdos de vuestra adolescencia.

— ¡Es Abu-Arish!... ¡El vendedor de café Moka! —exclamó espantado Abdulahi.

— ¡Cierto, cierto!... —dijo Dambiri—. Por eso me parecía un rostro conocido.

—Es vuestro padre —volvió a repetir el Maestro—. Nuestro Dios-Amor os reúne nuevamente.

La voz íntima de la sangre avivó los recuerdos, y ambos jóvenes se precipitaron sobre aquel hombre que lloraba a sollozos sobre el pecho de Jhasua.

— ¡Arvando!... —exclamaron ambos—. Nunca nos dijiste que eras nuestro padre.

—Debías haberlo adivinado en mi cariño hacia vosotros y hacia vuestra madre.

— ¡Nuestra madre!... —dijo Abdulahi con inmensa amargura—. ¿Sabes el fin que tuvo?

—Sí, lo sé. Pero he prometido a este joven a quien llamáis Maestro, que olvidaré el pasado para merecer un presente de paz y de sosiego —contestó Arvando.

— ¡Otro comensal para la fiesta! —dijo Dambiri loco de alegría.

—Dos más —dijo Jhasua—, porque este hermano se quedará con nosotros.

Aludía al esenio que mudo presenciaba esta escena y pensaba:

"Gloria a Dios en las alturas y paz en la tierra, a los hombres de buena voluntad".

EN LA TIERRA NATIVA

Mientras todo este movimiento de juventud alborozada y dichosa, al contacto del alma del Cristo irradiando paz y esperanza, el tío Jaime hacía a ambos hermanos Jacobo y Bartolomé y a su madre, un minucioso relato de cuanto había ocurrido en el Monte Hor, debido a lo cual Jhasua llevaba consigo los vintinueve jóvenes que le acompañaban. Ahora se les añadía el padre de dos de ellos. Y el buen tío Jaime decía:

—Los pies de Jhasua podrán cansarse de las andanzas por esos caminos de Dios, pero no se cansa su corazón de amar a los que padecen!

Bethsabé que se sentía rejuvenecida y dispuesta según ella a vivir diez años más, se dedicó toda esa noche y parte de la mañana siguiente a preparar las ofrendas de su corazón para Myriam, a la que tan tiernamente amaba. Y para darle gusto, el tío Jaime le refería que después de la muerte de Joseph, su hermana residía habitualmente entre la noble familia del príncipe Ithamar que le habían cobrado gran afecto. La desgracia del buen señor, dueño de varias aldeas, desde Hebrón a Bethsemes, no era desconocida para los habitantes de Engedi, ya que su desaparición hizo escasear el pan, el vino y el aceite, en todos los hogares humildes de la región del sur de Jerusalén.

La noticia de la estrecha vinculación de Jhasua y su madre, con la familia de Ithamar, fué pues para Bethsabé y sus hijos un anticipo del triunfo glorioso del Mesías Libertador de Israel. Era tradicional entre los israelitas de fe arraigada, y buenos observadores de la Ley, que las más antiguas y nobles familias de Jerusalén, que desde la reconstrucción de la ciudad y el templo, al regreso de Babilonia, escucharon la voz del Profeta Esdras para rehabilitar la patria ultrajada por el invasor, deberían ser las que colaborasen con el Mesías para salvar de nuevo al país. Entre esas familias de vieja estirpe religiosa patricia, se contaban en primera línea las casas de Jesuá, de Josadec, de Sallum de Lohes, de Repahias de Hur, lejano antecesor del príncipe Ithamar; de Hasbedona, Semanías y Mesullan, apellidos ennoblecidos por su cooperación con Zorobabel, hijo de Altiel, en la reconstrucción de Jerusalén y de su templo.

Saber pues que Jhasua y su madre residían en Jerusalén, en el antiguo palacio de una de estas familias consagradas por la tradición, era como decir, que el futuro Libertador de Israel estaba ya en camino de su gloriosa misión.

Bethsabé que era hierosolimitana de origen, se sabía todo ésto como las Tablas de la Ley, y sentada junto al tío Jaime, no perdía ni una palabra de cuanto él relataba referente a Jhasua y sus hechos, en la ciudad de los Reyes y fuera de ella.

Estos relatos tan íntimos como interesantes fueron interrumpidos por Jhasua que decía:

—Los operarios cumplieron ya con su deber, y los dueños de casa no aparecen en el festín.

—¡Allá vamos... rayo de sol! —decía la anciana levantándose la primera para dirigirse hacia el huerto en que estaba puesta la mesa.

—¡Maestro!... —díjole al oído Abdulahi— ¿ahora no te sientas en medio de nosotros dos?

—Ahora no, porque ya sois felices, y es vuestro padre quien debe ocupar ese puesto.

Y fué a sentarse entre los dos hermanos Jacobo y Bartolomé.

El joven árabe se quedó mirándole mientras pensaba: "El dolor tiene todos los privilegios para este Maestro extraordinario". ¿Se desentenderá de nosotros desde que nos juzga dichosos?

—¡Abdulahi!... —le llamó el Maestro—. Los ojos de tu padre están clavados en tí. Creo que es hora que hagas con él lo que yo hice contigo.

—¡Sí Maestro!... estaba distraído.

Un momento después y alrededor de aquella humilde mesa, cantaba el amor y la alegría en todos los tonos. Las nueras de Bethsabé con sus hijos e hijas jovencitas ya, servían a los comensales los cuales habituados al uso de las escuelas donde todos se sentaban a la mesa, obligaron a la modesta familia a hacer lo mismo y fueron haciendo lugar a las doncellas y a sus hermanos, a ubicarse entre ellos como si fueran una sola familia.

—¡Abuela Bethsabé!... —decía el tío Jaime— se han multiplicado tus hijos como la simiente de Abraham al impulso de la promesa de Jehová.

—¡Qué cuadro éste! —decía la anciana mirando a Jhasua a su frente, y a sus hijos y nietos entremezclados con todos aquellos jóvenes árabes que veía por primera vez—. Quizás mis ojos no lo verán otra vez.

—Pero, ¿en qué quedamos abuela?... —dijo Jhasua—. Acabas de decir que te sientes con fuerzas para vivir diez años más, y ahora decae tu ánimo y hablas de no ver más este cuadro de dicha familiar.

—¡Sí, sí mi niño, lo veré muchas veces aún, muchas veces! —Y la buena viejecita entre riendo y llorando, empujaba hacia Jhasua, la más hermosa torta de almendras que sus nueras acababan de poner sobre la mesa.

A la mañana siguiente, los viajeros hicieron la penúltima jornada hasta Archelais, donde dejaron los asnos del Monte Hor al criado del príncipe Melchor, y se incorporaron a la caravana que pasaba para Jerusalén.

Al atardecer del siguiente día, entraban en la ciudad por dos puertas diferentes para no llamar demasiado la atención: por la Puerta de Sión entró el tío Jaime con la mitad de los compañeros de viaje, y por la Puerta de Jaffa entró Jhasua guiando a la otra mitad. Nadie se extrañó del hecho, puesto que en la gran plaza de la ciudad estaba parada la caravana del sur, descargando mercancías que iban devorando las tiendas de los mercaderes que aún estaban abiertas en el Mercado.

Los viajeros fueron conducidos todos al inmenso almacén de Simónides, cuyo subsuelo como recordará el lector era el amplio recinto de reuniones de la Santa Alianza. Allí les esperaba Simónides, con Judá, Faqui y el Scheiff Ilderin. La inmensa fortaleza, que fuera del rey Jebuz, fundador de la Gerar prehistórica, sería la habitación de aquella juventud arabeña, hasta que se les fuera colocando en sus respectivos sitios.

—¡Qué bizarros lanceros para el ejército del Rey de Israel!... —decía Simónides al oído del Scheiff Ilderin, mientras Judá y Faqui iniciaban conversación con todos ellos para infundirles confianza y conquistar su simpatía.

Una hora después, Jhasua abrazaba a su madre, que rodeada por la familia del príncipe Judá, le daba sus tiernas quejas por su larga ausencia.

De nuevo se encontraba con la inalterable dulzura de Noemí, cuyos blancos cabellos la hacían parecer una anciana, cuando sólo contaba cincuenta y un años; con Nebai, la esposa de Judá, que era quien había tomado el gobierno de la casa, porque Noemí y su hija Thirza, debilitadas en sus fuerzas físicas por los largos sufrimientos del calabozo tenían una salud muy precaria que exigía cuidados continuos.

Amra la vieja esclava, había rejuvenecido con la felicidad de sus amos igualmente que Eliacín y Shipro, con el fraternal compañerismo de los flamantes mayordomos que recordará el lector: Isaías y Othoniel.

La buena Sabad madre de Nebai, era como la sombra fiel de su hija, a la cual adiestraba hábilmente para ser una perfecta ama de casa, ya que su destino la había colocado al frente de un suntuoso hogar con numerosa servidumbre, no tan fácil de manejar como la pequeña cabaña de piedra del Monte Tabor.

Cuando dos semanas después vió Jhasua que todos sus compañeros de viaje estaban debidamente iniciados en los nuevos caminos a seguir bajo el amparo y protección de hombres honorables, se consagró por entero a ordenar toda la abundante documentación histórica, religiosa y científica que había recogido en sus diversos viajes.

Ayudado por los cuatro Doctores de Israel, en particular José de Arimathea y Nicodemus, fueron llenando los vacíos o lagunas encontradas entre unas y otras épocas, y sobre todo, espigando en las escrituras de Moisés encontradas por Filón en una cripta del Laberinto del lago Meris pudieron hacer una gran obra de reconstrucción histórica y filosófica de las antiguas civilizaciones Egipcia, Sumeriana y Caldea, que casi se habían perdido por la acción del tiempo y la inconsciencia humana ([1]).

Por eso pudo decir Jhasua años después cuando inició su llamada *vida pública*:

"No he venido a derogar la Ley sino a cumplirla".

En aquellos tres años, o sea desde los 25 hasta los 28 de su vida, adquirió el pleno convencimiento de que no sería creador de una doctrina nueva, sino renovador de la antigua Ciencia de Dios, de los mundos, de las almas y de la vida, que desde remotas edades habían dado a la humanidad desde Lemuria hasta Atlántida, y de éstas, a los tres Continentes conocidos entonces, las varias Fraternidades de Flámenes, Profetas Blancos, Dacthylos y Kobdas de la prehistoria.

Se recluyó también en estos trabajos, para aquietar al alto sacerdocio del templo de Jerusalén, que debido a insistentes rumores sobre las obras maravillosas que realizaba un joven profeta nazareno que pudiera ser el Mesías esperado, se puso en observación, mediante agentes esparcidos por todo el país, en con-

---

[1] El hallazgo de Filón consiste en unos tubos de plata que aparecieron en la momia de uno de aquellos sacerdotes de Menfis, que la princesa Thimetis, madre de Moisés le envió para consolarle en su destierro de Madian. Eran varios papiros escritos en jeroglíficos egipcios y en lengua Caldea y su epígrafe era: "Comentario secreto de Moisés sobre su visión de Horeb", y agregaba: "De acuerdo los tres, hemos juzgado que debía permanecer desconocido, por la absoluta incapacidad humana para comprenderlo".

nivencia con Herodes Antipas, el reyezuelo muñeco, que zarandeaban de un lado para otro el César de Roma, el Clero de Jerusalén, y los cortesanos y favoritos, de que para su mal se hallaba rodeado.

—En el mundo exterior trabajamos nosotros, tus verdaderso amigos, mi Señor —decíale el viejo Simónides—. Yo sigo siendo el activo comerciante, que tiene negocios en todos los mercados desde Alejandría a Roma, desde Roma a Antioquía, desde el Mar Rojo al Golfo Pérsico y la India. Judá y Faqui son dos buenos muchachos que gozan de buena vida en Jerusalén, Antioquía, Atenas o Siracusa; el Scheiff Ilderin es el más querido de los caudillos de la Arabia independiente, desde el Eúfrates al Mar Rojo.

"¡Todo ésto, mi amado Señor, somos para los profanos; pero para ti y tus amigos, somos los primeros obreros de tu viña, cuyo rojo licor de gloria y de triunfo inundará pronto toda la tierra habitada por hombres!

Jhasua sonreía bondadosamente al buen anciano pleno de ilusiones y le contestaba:

—Bien, Simónides, amigo mío; mientras vosotros trabajáis por el reino, yo me preparo para gozarlo dentro de breves años...

El Cristo iluminado de interna claridad, aludía a su entrada al elevado plano espiritual, que había dejado para encarnar en este planeta; y el buen Simónides, que soñaba con el reinado material del Mesías sobre todos los pueblos de la tierra, ensanchaba más y más las filas de la Santa Alianza; y la fabulosa fortuna de la casa de Ithamar que administraba, se vaciaba como por un acueducto, sobre toda la miseria y la pobreza de la Palestina y Siria devastadas por la dominación romana.

El año veintinueve de su vida, lo pasó la mayor parte en su amada Galilea, entre los familiares y amigos de su niñez y adolescencia, Volvió a ver el Monte Tabor y el Carmelo, el lago Tiberíades con sus viejas familias de pescadores. La suntuosa ciudad de Tiberias como una ánfora de mármol y de plata, la populosa Cesárea con sus poderosos trirremes a la costa, y sus calles de lujosas columnatas, y sus circos resplandecientes de oro y de cortinados de púrpura, que batía el viento recio del mar. Su madre y el tío Jaime le acompañaron en este viaje, y al entrar de nuevo en la vieja casa solariega, habitada por parientes cercanos desde la muerte de su padre, a Jhasua le pareció que la sombra de Joseph y de su hermano Jhosuelín flotaban bajo los árboles del huerto, donde el reconstruía con el pensamiento las más bellas escenas de su infancia ya lejana.

En una concentración espiritual profunda que tuvo en el Santuario del Tabor, uno de los ancianos en estado hipnótico le transmitió la palabra de Aheloin, uno de sus guías.

—"Ya es la hora". El mundo te espera. ¡La voz de Juan como un huracán de fuego abrasa el desierto de Judea anunciando la hora de la penitencia, de la justicia, de la postrera purificación!

"Tú eres la luz que debe alumbrar sus caminos sombríos, helados... fangosos!

"Amante divino de la humanidad de este planeta: ella te espera, no vestida de fiesta sino de inmundos harapos...

"¡Está leprosa, está ciega... está inválida! ¡La hora es llegada, anda!... ¡cúrala, sálvala!... ¡es tuya por los siglos de los siglos!"

Cuando volvió a medio día a la casa de Nazareth, su madre le entregó una epístola de su primo Juan que había dejado la caravana al pasar. Decía así:

"Al despedirme por última vez del Gran Santuario de Moab, he pensado en tí, Ungido del Altísimo, y te dirijo estas breves líneas. He bajado de las montañas como un águila hambrienta de inmensidad a la orilla oriental del Jordán, hacia cuyas aguas llamaré a nuestros hermanos para purificarse en sus doradas ondas y que se vistan túnicas nuevas para esperar tu llegada.

"¡Jhasua, hermano mío: la humanidad nos llama: La inmolación nos espera!... La gloria de los mártires teje ya nuestra corona.

"Unido a tí en la justicia, en la verdad y en el sacrificio, *Juan de Hebrón*".

La fina intuición de su madre, leyó en su noble fisonomía la dolorosa lucha que lo agitaba.

—¿Trajo mala noticia esa carta? —le preguntó cuando Jhasua se sentó a la mesa entre ella y el tío Jaime.

—No, madre, muy buenas. Es del primo Juan. Me anuncia que ha comenzado su misión de apóstol en las márgenes del Jordán.

—Y ¿quién le ha encomendado a él esa misión? —volvió a preguntar Myriam.

—¿Quién ha de ser? Nuestro Padre Celestial —contestó Jhasua—. Pronto comenzaré también la mía.

—¡Hijo!... Desde la niñez estás en misión. ¿Cuándo, dime, has dejado de ocuparte de piadosas obras para tus semejantes?

"Yo creía que ahora te consagrarías a tu madre que ya empiezan a blanquear sus cabellos.

—Desde la muerte de mi padre, estuve consagrado a ti, madre mía ¿No es verdad, tío Jaime, que su vida está resguardada de toda eventualidad?

—Así es, Jhasua, pero el corazón de una madre como la tuya, no sólo aspira al pan abundante sobre la mesa. Y cuando hablas de comenzar tu misión, interpreta que vas a lanzarte por esos mundos de Dios, exponiéndote a todos los peligros en que perecieron de manera trágica tantos hermanos nuestros que salieron también en cumplimiento de una misión.

—¡Madre!... Tú eras como un lirio en un invernáculo entre las viudas y las doncellas del Templo de Jerusalén. ¿Por qué dejaste el apacible retiro donde no tenías más preocupación que cantar los salmos y tejer el lino?

—Porque los ancianos sacerdotes y las viudas que me protegieron a la muerte de mis padres, dijeron que eso marcaba para mi la voluntad del Señor. Y seguí los pasos de tu padre hacia aquí, como se sigue a un ángel guardián que nos precede en el camino.

—¡Muy bien, madre mía! Tú cumpliste con tu deber para con Dios, Señor y Dueño de nuestras vidas. Yo debo cumplir también el mío sometiéndome a su Voluntad Soberana.

"Canta un himno de amor a Dios, madre mía, como cantó Ana, madre de Samuel, cuando lo consagró al divino servicio, y le dejó en el santuario de Silo a los doce años de edad. ¿Serás tú menos generosa que ella, para entregarle tu hijo a los veintinueve años de su vida, pasada en gran parte a tu lado?

—¡Tienes razón, hijo mío! Hablas como un verdadero Ungido del Señor. ¡Perdóname!

"Mi temor es grande por los tiempos que corren, malos para los profetas que enseñan la verdad de Dios. Israel no es libre, sino esclavizado, y sus amos son paganos que no adoran a nuestro Dios ni cumplen sus leyes. ¿Quién te defenderá hijo mío de la iniquidad de los hombres sin Dios y sin Ley?

—Nadie tocará un cabello de mi cabeza sin el permiso de nuestro Padre Celestial, tenlo por seguro, madre mía, y no temas por mí.

"Lo que Dios quiere que sea, eso será, y El jamás quiere sino el bien y la felicidad eterna para todos sus hijos. Si el Eterno Amor te eligió para ser mi madre, estaba cierto de que tú tendrías con El y conmigo un mismo pensar y sentir.

—¡Que se cumpla en tí la voluntad del Señor! —dijo la dulce madre con los ojos llenos de lágrimas.

—No esperaba menos de tí mi corazón, madre mía. Además, no estarás sola. Vive aquí tu prima Martha con sus hijos e hijas que tanto te quieren, por si deseas permanecer en Galilea. Y si prefieres la vida de Jerusalén, tienes allí la casa de Lía , y la de Noemí, donde siempre reclaman tu presencia. Luego el tío Jaime será como tu sombra.

—Y tú, Jhasua ¿a dónde irás?

—Aquí, allí, a todas partes, madre, donde haya dolor e ignorancia, allí estaré.

"Si soy Hijo de Dios, debo hacer conocer a los hombres la bondad, la justicia y la gloria de mi Padre. Y cuando menos lo pienses, estaré aquí a tu lado para comer de tu pan, que de seguro, ninguno me parecerá mejor.

En estas conversaciones terminó la comida, y Jhasua pensativo se internó solo por los senderos del huerto. Las plantaciones nuevas habían crecido enormemente, y sólo se distinguían los viejos árboles de su niñez por los troncos nudosos y las raíces retorcidas y duras que salían a flor de tierra.

Escuchemos, lector amigo, el monólogo de su pensamiento para que comprendamos a fondo la doble personalidad de Jhasua. Como espíritu pertenecía a la superior jerarquía que en los mundos purificados se denomina *"Amadores". Del Séptimo cielo de los Amadores*, había venido a la tierra para lavarla en las aguas purísimas de su amor inefable. Y su excelso espíritu había tomado la pesada envoltura física del hombre terrestre. Era pues el pensamiento Divino hecho carne. Era el Amor Eterno en un corazón humano. Era el Verbo de Dios aprisionado en la personalidad física de Jhasua, que sólo contaba veintinueve años de edad.

—Mi espíritu busca la inmensidad, para expandirse como una llama que quiere devorarlo todo, consumirlo todo!... Y siento extremecerse mi corazón de hombre, ante los ojos suplicantes de la mujer, en cuyo seno se formó esta materia que me aprisiona.

"Soy un espíritu de Dios, una lámpara encendida por su infinita piedad para iluminar a todos los hombres.

"No tengo pues patria. ¡Soy de todos y para todos! Y mi corazón está acongojado porque abandono a Nazareth... al viejo hogar que me recibió en esta tierra... a la dulce mujer a quien llamo madre.., a mis hermanos, parientes y amigos, todo cuanto ha sido para mi como un nido tibio de plumas y seda!...

"El más tierno amor ha sido hasta hoy, el ambiente habitual de mi vida como espíritu, y de mi vida como hombre...

"El amor floreció para mi en todos los caminos, en todos los climas, en ciudades y aldeas, en las más hermosas montañas y en los más áridos desiertos!

"Los seres amados desfilan ante mi recuerdo, como suaves visiones de paz, de ternura, de alegría pura y santa!...

"Y como el labrador que limpia su tierra para la siembra, arranca sin piedad, árboles y arbustos, así yo... de un arrancón formidable, haré desaparecer de mi vida todo cuanto pueda serle atadura para la santa libertad del Cristo, Salvador de todos los hombres!

"¡Patria!... palabra hermosa, pero sin sentido para el espíritu conocedor de su lejano pasado. ¡Tuve tantas patrias; en Lemuria, en Atlántida, ya dormidas bajo las aguas de los mares; en el Eúfrates, en la India, en Egipto!... ¿Y he de apegar mi corazón a Nazareth, a Galilea, a la Palestina, porque he pasado en ella veintinueve años de vida... como si dijera, breves instantes, en una larga cadena de siglos?

"¡La familia!... tierna y dulce palabra, que recuerda poemas de inefable ternura. Mas, mi espíritu eterno, tuvo tantas familias en los planetas que le dieron morada, desde su remoto origen hasta hoy, que dentro de la Ley de Alianzas Universales, puedo decir que mi familia es numerosa como las arenas del mar, y que dentro de la humanidad terrestre por la que debo sacrificarme, están todas las familias que me dieron su ternura y su amor en mis múltiples existencias planetarias.

"Si el hombre terrestre pensara así, razonara así, conforme es la Eterna Verdad de Dios, execraría las guerras, destruiría las fronteras, echaría abajo las murallas fortificadas, abriría todas las puertas, todos los caminos... y abriría también de par en par su corazón y sus brazos, para estrechar a todos los hombres de la tierra!

"¡Qué crimen de lesa Majestad Divina es el separatismo de razas, de pueblos, de países! ¡Qué incomprensible atropello contra la Ley inmutable, y Eterna de la solidaridad universal!

"Todo en el Universo nos habla de ella a gritos y en todos los tonos... y en todas las formas y medidas, desde el connubio de las algas, donde enredan sus corales y sus perlas los moluscos en el fondo del mar, hasta los soles radiantes que se desmembran en fragmentos de fuego, para dar vida a nuevos mundos que pregonen la grandeza de Dios en la infinita inmensidad!...

"No quiero padecer porque dejo Nazareth, donde pasé mi infancia, ni Galilea donde quedan los familiares y amigos de la adolescencia, ni Jerusalén con su ciencia y su dorado templo y con los espíritus avanzados que me comprenden y me aman!...

"Todo el mundo será para mí la tierra nativa!... todos los hombres serán mis hermanos!... encontraré calor en todas las manos que estrechen la mía, y luz de amor en todos los ojos en que se posen los míos!...

"Sólo así mereceré el nombre de Ungido del Altísimo, Salvador de la humanidad... Verbo de Dios, venido a esta tierra para enseñar a los hombres la Ley Suprema del Amor Universal!...".

La voz del tío Jaime que le llamaba, cortó el hilo de los pensamientos vibrantes de Jhasua, aún cuando sus labios habían permanecido cerrados, mientras caminaba a pasos lentos por los escondidos senderillos del huerto.

—Aquí, tío Jaime, aquí —le contestó él.

Unos momentos después departían ambos sentados en un rústico banco ya muy cercano a la casa. Escuchamos su conversación:

—Sé razonable, hijo mío —decía el buen tío—. El corazón de tu madre sufre verte partir solo. No quiere ella ser obstáculo al cumplimiento de tu misión como apóstol de la Verdad Divina, pero ella quiere que vaya yo contigo, para que cuide de tí que sólo te ocuparás de los demás. Ya me conoces, Jhasua, y sabes muy bien que nunca he coartado tu libertad, ni inmiscuido en tus asuntos elevados de Maestro. El Mesías, el Verbo de Dios, irá solo ante el mundo que debe instruir y salvar. Yo seré tan sólo el guardián de la persona de Jhasua: ¿No estás de acuerdo? Complace a tu madre, hijo mío, que no tiene consuelo ante tu resolución.

"No dejarás de ser Mesías, Verbo de Dios y Salvador del mundo por secar el llanto de tu madre y aquietar las torturas de su corazón. ¿No eres acaso el enviado del Dios Amor, del Dios-Piedad y Misericordia?...

Jhasua guardaba silencio, rememorando el monólogo que acababa de tener consigo mismo.

Pensó en las madres de sus últimas vidas como Mesías, en Walkiria, madre de Antulio, en Evana, madre de Abel, en Devanaguy madre de Krishna, en Thimetis de Moisés, en Maya-Devi de Bhuda...

—¡Pobres mártires! —exclamó desde el fondo de su corazón recordando todas las angustias que ellas padecieron asociadas tan íntimamente a su vida eterna!...

—¿Quiénes son mártires?... —preguntó el tío Jaime que no comprendía la exclamación de Jhasua.

—Las madres, tío Jaime... las madres de los misioneros de Dios que padecen en su corazón cuando ellos padecen! Estoy de acuerdo en que me acompañes en esta primera salida al mundo como apóstol del Señor.

"Vamos, que quiero yo mismo decírselo a mi madre.

Myriam se había retirado a su alcoba... la vieja alcoba donde oró por vez primera al llegar a la casa de Joseph, jovencita de dieciséis años, donde pasó sus horas de reposo tranquilo, y de duras zozobras cuando su niño divino excitaba la persecución de Herodes.

Aún estaba allí la cunita de madera de cerezo, que Joseph había hecho con tanto esmero para el pequeñín. Y la pobre madre arrodillada ante esa cuna, reliquia de su pasado, había desprendido la barandilla delantera, y con la frente hundida en la pequeña almohadita donde él durmió sus sueños de niño, sollozaba desconsoladamente...

Jhasua, vió desde la puerta este cuadro en la suave penumbra de la tarde otoñal, y en tres pasos ligeros también estuvo arrodillado a su lado.

Sentía destrozarse su corazón en una lucha tremenda. Pero en presencia de su madre debía aparecer sereno.

—¡Madre mía!... —le dijo acariciándola tiernamente—. No acobardes el corazón de tu hijo, aún antes de haber comenzado a cumplir el encargo del Padre Celestial.

"El me manda abarcar al mundo, y tus lágrimas me retienen!... El me manda amar a todos los hombres, y tú me quieres para ti sola!... Madre!... no puedo!... no quiero verte llorar!

Ella levantó la cabeza secando sus lágrimas con el borde de su tocado blanco que la cubría.

—¡Perdóname, Jhasua, hijo mío, este momento de debilidad! ¿Qué madre no lo tiene cuando va a perder a su hijo?

—No me pierdes madre, sino que me engendras de nuevo para la gloria de Dios —le contestó Jhasua levantándola y llevándola suavemente hasta el viejo diván, en que ella misma había reposado desde su llegada a la casa de Joseph.

Allí se sentaron ambos.

El joven Maestro, con la sugestiva elocuencia de su palabra llena de armonías, fué desenvolviendo ante el alma de su madre las internas visiones de su espíritu sobre la solidaridad universal, sobre la hermandad de las almas mucho más fuerte y duradera que los vínculos de la sangre; sobre el amor de Dios, del cual emanaban como ríos de un mar inagotable, todos los amores de la tierra.

—*"Honra a tu padre y a tu madre"*, me dice la Divina Ley —continuó Jhasua— y yo te llevo madre en mi corazón como en un altar florido, donde después de Dios, estás tú, para recoger las menudas florecitas de mis ternuras íntimas!... Si tú vives dentro de mí por el amor, y yo vivo en tí por el amor, ambos somos uno sólo en el infinito seno de Dios, que nos exhaló de Sí mismo como un solo suspiro, que los vientos de la vida eterna van llevando de uno a otro rincón de esta tierra, o de otros mundos habitables, hasta que juntos hayamos corrido tanto, que el Padre Celestial nos llame de nuevo a sus moradas de luz, de amor y de dicha, donde oiremos su voz eterna que nos dice a entrambos:

"Venid a descansar en Mí de las fatigas de peregrinos eternos. Porque habéis amado mucho os digo: ¡Yo soy vuestro descanso! Porque habéis amado mucho, Yo mismo soy el don que compensa vuestras fatigas y dolores".

"¿Podemos aspirar a algo más grande y excelso que ser uno con el gran Todo Universal, que crea y mueve los mundos, y que en instantes de supremo e incomprensible amor, se une tanto a nosotros mismos hasta hacernos sentir su voz en nuestro corazón, que nos dice: *Yo soy tuyo, y tú eres mío por toda la eternidad*?

"¿Comprendes madre mía, el divino arrebato de amor que arrastra mi alma hacia todos los seres de Dios, como si fuera yo una burbuja de luz escapada de su seno infinito, para encender luz viva en todas las almas nacidas de El?"

La dulce madre había recostado su cabeza tocada de blanco sobre el hombro de su hijo y le escuchaba en silencio, con un embeleso de éxtasis que había secado su llanto y aquietado su corazón.

—Si hijo mío... lo comprendo todo, y te prometo no obstaculizar jamas tu glorioso camino de apóstol, salvador de los hombres. Sólo te pido que me permitas seguirte de lejos con mi pensamiento convertido en oración, y que el tío Jaime cuide de tu persona en los largos viajes que vas a emprender. El no estorbará tu apostolado. Concédeme ésto, hijo mío, y así mi corazón descansará en la voluntad del Señor.

—Concedido madre... concedido a cambio de no verte llorar nunca más.

— ¡Nunca más! —repitió ella recibiendo sobre su frente el beso puro y santo del Hijo Dios.

CAMINO A TIBERIAS

Algún tiempo antes de esta resolución definitiva, Jhasua sostuvo activa correspondencia con sus amigos de Jerusalén, para que se encargasen por completo de la Santa Alianza prescindiendo de él.

Hacíales comprender que este apostolado era como un estudio de los hombres en general, poniéndose al contacto íntimo con ellos, y el que duraría poco tiempo.

Su primer viaje sería a Damasco, pasando antes por el Santuario del Monte Hermón. La promesa de frecuentes noticias, acabó por dejarlos a todos perfectamente tranquilos.

El Hach-ben Faqui aprovechó ese final de otoño para llevar a Thirsa al Africa del Norte, entre las gentes de su raza. Su padre Buyaben y la reina Selene esperaban el cumplimiento de su promesa. Les acompañó su madre Noemí, que desde la muerte trágica de su esposo no había salido al extranjero.

El príncipe Judá y Nebai se embarcaron en Gaza con destino a la costa oriental de Italia, al Lacio, donde entre los jardines de la ciudad de Ansio tenía un hermoso palacete sobre la costa del mar, herencia de su padre adoptivo Quintus Arrius.

Nebai tenía entusiasmo por conocer aquellos países de ultramar, de que tanto le hablara su padre el escultor Arvoth, y Menandro, el sacerdote de Homero, de aquella deliciosa Ribla de las orillas del río Orontes.

El Scheiff Ilderin, aliado del Rey Hareth de Petra y del príncipe Hartat de Damasco, se encontraba desde un tiempo atrás mezclado en la lucha sostenida en esa parte de Arabia, para contener a las legiones romanas que pugnaban por extenderse hacia el Este.

El anciano Simónides, abarcó de un vistazo el escenario que se presentaría ante su soberano Rey de Israel, según él decía, en esta salida como apóstol, por los pueblos de Palestina y Siria. Había quedado con su hija Sabad, dueño y señor del palacio de Ithamar en Jerusalén, con el joven mayordomo Othoniel de Tolemaida, y con los antiguos criados de la casa.

Nada escapaba a su mirada de lince, y pensó en las graves dificultades en que podía verse el joven Maestro en las situaciones anormales en que se encontraba el país.

Despachó correos urgentes al príncipe Hartat, Etnarca de Damasco, al Scheiff Ilderin, habitualmente residente en su castillo de Bozra, al pie del Monte Bazan, pero que sus huestes corrían desde Filadelfia al Hauran; a sus agentes de confianza en Tiro, Sidón y Antioquía, para que vigilasen sis molestarle, el paso silencioso de aquel misionero humilde que siendo el Soberano Rey de Israel, según Simónides, se empeñaba en viajar de incógnito para observar sin ser observado, y ponerse así en condiciones de hacer la felicidad de su pue-

22

blo, que conocía como la palma de sus manos.

Tales eran los pensamientos del previsor anciano que administraba la fortuna más colosal existente en aquel tiempo y en aquella región de la tierra.

El, que inválido, amarrado a un sillón, había negociado hábilmente con príncipes y caudillos de oriente y occidente, cuando estaba tocando la realización de los sueños de toda su vida, ¿podía permitir que el joven Mesías Salvador del oriente oprimido, se expusiera a sufrir las consecuencias de su inexperiencia en lejanos países?

"Es verdad —añadía a sus reflexiones— que el Señor nos mandará sus ángeles que le guarden, pero me figuro que los ángeles no conocerán todas las infamias de que son capaces los hombres para desbaratar los propósitos del Justo. ¡Ah Simónides!... bueno es que a la guardia de los ángeles, unas la vigilancia de unos ojos bien despiertos y de unos cuantos brazos de hierro y pecho leales, porque jamás te perdonarías a ti mismo, si a tu Rey le aconteciera un contratiempo".

De aquellos jóvenes árabes traídos por Jhasua desde el Monte Hor, Simónides se había quedado con diez de ellos, y los asoció a sus inmensas actividades comerciales en forma, —decía él—, que si Dios me saca de esta vida, no le falten servidores eficientes al Soberano Rey de Israel. ¿Qué mejores mensajeros para el príncipe Hartat de Damasco, y para el Scheiff Ilderin, ambos jefes y caudillos de la Arabia, vecina inmediata de Siria?

Con caballos árabes del Nedjer, que corrían como el viento y con ricos dones, consistentes en cinturones de red de oro con esmeraldas de Persia, salieron de Jerusalén dos fornidos mozos de veinticuatro años, de los que el príncipe Melchor había libertado de caer en las garras del águila romana como prisioneros de guerra.

El uno tomó el camino del Este por Filadelfia hasta Bosra. El otro tomó el camino del Norte por Sevthópolis y Cesárea de Filipos, hasta Damasco.

En esta última ciudad debían unirse ambos y hospedarse en una posada existente en la gran avenida de las columnatas de Tarik-el-Adwa, para cuyo dueño, muy conocido de Simónides, llevaban cartas de recomendación y letras de pago para todo cuanto ellos necesitaban.

—Vosotros seréis los ángeles guardianes de nuestro futuro Rey —les había dicho Simónides, al despedirles en la puerta de las caballerizas del palacio, en la penumbra del primer albor del día, cuando la vieja ciudad de David aun no se había despertado a la actividad diaria—. Pero así como los ángeles del Señor son invisibles, vosotros lo debéis ser también para aquel a quien guardáis —habíales dicho el sagaz anciano—. Vuestra misión se reduce a impedir que cualquier malvado encubierto o descubierto, se permita hacerle el menor daño.

Con parecidas instrucciones salieron el mismo día y a la misma hora, los otros correos para Tiro, Sidón y Antioquía.

—Si cumplís vuestra misión como deseo —añadió el buen anciano— tened la seguridad de que habéis hecho vuestra fortuna, pues que mi amo el príncipe Judá, os dotará espléndidamente para cuando queráis formar vuestro nido. Recordad que sois los hijos adoptivos del príncipe Melchor, y que a él honráis con vuestro buen cumplimiento.

Estimulados grandemente por la confianza depositada en ellos, y por tan halagüeñas promesas, los cinco correos de Simónides se despidieron unos de otros en la plaza de las caravanas, donde arrancaban los caminos que debían seguir.

Provistos de los pases correspondientes, que el oro de Simónides conseguía con inaudita facilidad de las autoridades romanas, y bien armados y equipados, todo quedaba librado a su buen ingenio y a la protección de Dios.

Si la dulce y tierna Myriam hubiera conocido estos detalles efectuados aún antes de que su hijo dejase la casa de Nazareth, habría pensado que la Providencia del Padre Celestial tenía un agente en la tierra, y éste era Simónides preocupado en cuidar la vida de Jhasua.

Aún las últimas sombras de la noche envolvían la tranquila ciudad de Nazareth, cuando Jhasua y el tío Jaime emprendieron el viaje hacia el norte por el camino de las caravanas.

El camino de Nazareth a Tiberias era hermosísimo por sus espléndidos panoramas de montañas cubiertas de frondosos árboles, a cuya sombra pacían majadas de ovejas tan mansas, que no huían de los viajeros.

Costeando el lago Tiberíades, llegaron a los muros de la magnífica ciudad cuando caía la tarde. Vivía allí un esenio del grado segundo, cuyo nombre era Hanani y era hermano de Lidda, esposa de Simón de Galilea (el que más tarde fue Pedro el apóstol).

Era Hanani el encargado allí por la Santa Alianza, de repartir los socorros a los necesitados. Su casa fue la elegida por nuestros viajeros para pasar la noche.

Este buen matrimonio conocía a Jhasua desde adolescente, cuando estuvo varios años en el Santuario del Monte Tabor, del cual eran porteros los ancianos padres de Simón, según recordará el lector. La llegada del hijo de Myriam y de Joseph, fue pues para aquellas buenas gentes, algo así, como si un retazo de cielo hubiera bajado a su casa.

Aún cuando esta honrada familia ignoraba, que en la personalidad de Jhasua estaba encarnado el Verbo Divino, el Mesías que Israel esperaba, habían oído desde años atrás que grandes designios divinos marcaban sus pasos sobre la tierra.

Con el matrimonio vivían sus dos hijas, Raquel y Fatmé y la madre de Hanani, Salma. Trabajaban en tapicería de muebles finos ocupando el tiempo restante de sus tareas, en buscar los necesitados para socorrerlos con los dones de la Santa Alianza.

Había en la casa, la inmensa pena de ver a Fatmé la mayor de las dos hijas, que se agotaba día por día, que su pecho se hundía y una espantosa tos le quitaba todas sus fuerzas.

El joven Maestro, fijó en ella sus ojos y comprendió de inmediato su enfermedad moral y física. Estaba en verdad herida de muerte, y ella lo sabía. Quería morir y la muerte se le acercaba apresuradamente.

La muchacha no quería sentarse esa noche a la mesa, para que su presencia lastimera de enferma, no entristeciera a los huéspedes.

—Fatmé, —le dijo de pronto Jhasua— tú te sentarás a mi lado porque quiero que seamos dos buenos amigos.

— ¡Estoy enferma, Señor!...

—Nada de Señor... yo soy Jhasua. ¡Ven, Fatmé!—. Y el joven Maestro le hizo lugar a su lado.

—Anda hija, anda —le dijo Sulama su madre.

—Tu comerás conmigo de esta fuente y de esta cestilla, y comerás todo cuanto yo coma: beberás vino de mi vaso, y este hermoso pan dorado es para los dos.

La familia miraba esta escena, como una de las manifestaciones de delicada piedad, que se comentaban como muy usuales en el joven profeta.

Observaron que Fatmé comió admirablemente y que no tuvo ni un solo acceso de tos.

—Ahora daremos un paseo por la orilla del lago, y quien quiera acompañarnos que nos siga— Las primeras sombras de la noche aparecían como salpicadas con las primeras estrellas, y una plateada media luna en creciente, vertía su dulce luz como una caricia.

Fue con ellos Hanani y el tío Jaime, pues las otras mujeres de la casa deberían preparar los lechos y habitación para los viajeros.

El Mar de Galilea como más comúnmente llamaban al Lago de Tiberíades, aparecía como una balsa de plata, con el suave reflejo de la luna y las estrellas.

El nombre de Tiberíades les sonaba a paganismo a los buenos israelitas, pues se lo había impuesto Herodes, asociándolo al nombre de la fastuosa ciudad levantada por él, en honor de Tiberio César. Por esta razón los israelitas galileos, continuaban llamando al inmenso lago con su viejo nombre: *Mar de Galilea.*

—¿No tienes una barca Hanani, en que podamos navegar un rato? —preguntó Jhasua al dueño de casa.

—Yo no la tengo, pero todas estas que véis ancladas en la orilla pertenecen a los pescadores que trabajan por cuenta de Simón, mi cuñado, y podemos disponer de una de ellas—. Y se acercó a dos hombres que en un pequeño fuego asaban pescado—. Amigos —les dijo— ¿sois de los de Simón?

—Si amo —le contestaron— ¿qué mandáis?

—Que nos dejéis vuestra barca por una hora, mientras despacháis vuestra cena.

—Eres el cuñado del amo, —dijo uno de ellos—, usad pues la barca cuanto queráis. Supongo que sabréis remar.

—¡Oh! en cuanto a eso, —dijo el tío Jaime— todos somos aquí maestros.

Hanani levantó en brazos a Fatmé, que era menudita de cuerpo y la sentó a popa.

Luego subieron ellos tres. Hanani tomó los remos, el tío Jaime el timón y Jhasua tomó asiento al lado de la pobre enferma.

Escuchemos lector amigo, el diálogo del Cristo de la Piedad, con la triste Fatmé, tuberculosa en último grado.

—¿Te gusta el mar Fatmé? —le preguntó el Maestro.

—¡Oh, mucho Señor!... pero como hay tanto trabajo en casa y sola no me dejan venir, apenas si vengo con Raquel los sábados al salir de la sinagoga. Nos quedamos hasta la hora nona. Los pescadores nos invitan con su merienda, o las doncellas del Castillo nos regalan golosinas y frutas.

—¿De qué Castillo hablas?

—De aquél cuyas torrecillas platea con su luz blanca la luna.

—¡Ah!... el Castillo de Mágdalo —dijo el Maestro—. Es un buen rico ese hombre que siquiera piensa en desprenderse de lo que le sobra, en obsequio a aquéllos que están faltos de todo.

—¡Lástima que no siguiera viviendo! —exclamó Fatmé.

—¿Quién vive pues en el Castillo?

—Su hija, con un viejo maestro griego y una aya griega también. Tienen numerosa servidumbre porque parece que la hija no mezquina su oro, y toma entre los jornaleros y criados a todo el que llega a pedir trabajo. Tiene una hermosa embarcación en la que recorre el mar con sus doncellas. Eran amigas nuestras, pero desde que estoy enferma no bajaron más a conversar con nosotras. Deben tener miedo de mi mal.

Y los ojos de Fatmé, se nublaron de lágrimas.

—Así es la insuficiencia de los hombres ante los males que su refinado egoísmo no sabe remediar.

—¡Tú eres, Señor, el único que no ha tenido miedo de mi mal!

—¡Fatmé criatura de Dios!... ¿Crées que el Divino Poder puede salvarte por mi intermedio?—. Y al hacer esta pregunta, Jhasua tomó una mano de la joven.

—¡Oh sí, Señor!... porque yo sé que tú eres un Profeta del Altísimo —contestó la doncella, mirando como electrizada los ojos de Jhasua, cuya luz parecía ser una sola con la luz que en la noche irradiaban las estrellas.

—Bien Fatmé: tu íntima adoración a Dios, te predispone a la curación, porque la bondad del Padre Celestial, ha puesto en mis manos la fuerza que destruye el mal. Tu fe en mí, da fuerza, a mi fuerza sobre el mal.

"Jhasua, profeta del Señor te dice: ¡Criatura de Dios!... ¡Ya estás curada!

La pobre enferma sufrió una ligera crisis como si la vibración poderosa de tales palabras le hubieran producido una fuerte sacudida. Hubiera caído al fondo de la barquilla, si el Maestro no la hubiera sostenido oportunamente.

El alzó agua del lago y le roció el rostro cuya palidez se confundía con el blanco tocado que cubría su cabeza.

Hanani acudió alarmado.

—Ya está salvada tu hija —le dijo sencillamente el Maestro—. Ahora sólo necesita unas horas de completo reposo.

—Llevémosla a casa —insinuó el padre.

—Ahora todavía no —dijo Jhasua—. Reposará aquí mismo—. En la pequeña cabina de la barca buscaron mantas y la cubrieron.

—Sigue remando —le dijo el Maestro— que yo la despertaré cuando sea la hora.

El tío Jaime que vio el asombro y la alarma de Hanani, le dijo desde el timón:

—Déjale Hanani, que estas maravillas las hace Jehová a diario cuando el amor y la fe marchan unidos.

—Pero, ¡parece muerta! —exclamó aterrado el pobre padre.

Jhasua miraba fijamente el rostro blanco de la joven que se asemejaba a una estatua yacente de blanco márfil. También él parecía una estatua inmóvil sentado frente a la enferma.

—¡Amigo!... —murmuró el tío Jaime a media voz—. Sigue remando y deja a Dios la terminación de su obra.

El bueno de Hanani no acertaba a empuñar de nuevo los remos y un temblor nervioso parecía haberse apoderado de él.

La barquilla se apartó de la costa, y siguió bogando serenamente hacia el norte, más impulsada por el viento suave del sur que por los remos desigualmente agitados por Hanani.

Un incendio dorado de innumerables antorchas en el muelle y jardines del Castillo de Mágdalo, llamó la atención del tío Jaime que a voz muy queda preguntó a su compañero:

—¿Qué ocurre allí que el bosque arde?

—Lo que arde es el festín pagano de la griega, que recibe esta noche en su casa al rey Antipas con su corte. Si tuviéramos para nuestros ancianos y huérfanos el oro que se malgasta allí en manjares deliciosos y joyas de gran precio, no habría nadie con hambre en las tierras de Salomón.

—¿Pero ese es un rey o un seductor de doncellas? —preguntó de nuevo el tío Jaime más por distraer a Hanani que por interés en el asunto que trataban.

—El se cree un rey, pero no es más que un vicioso burlador de mujeres incautas y vanidosas. Dicen que ha reñido con su tercera mujer, y quiere suplantarla con la griega. Pero parece que ella se le escapa de entre las manos como una anguila al mal pescador. La Musa es altiva y no gusta las sobras de nadie.

"Dicen que espera un príncipe azul del otro lado del mar. De la tierra de su padre, sin duda. Mi pobre Fatmé la quería mucho porque de niñas jugaban juntas en los jardines del Castillo. Pero cuando empezó su mal, la vieja aya le prohibió volver allí. La joven ama es de buen corazón y manda a mi Fatmé de las mejores frutas y vinos exquisitos que allí se beben. Un día nos mandó también un médico famoso que vino de Sidón; pero él se retiró espantado diciendo que era inútil todo cuanto se hiciera para curar a mi hija, cuyo mal estaba en el último grado.

—Ya verás Hanani cómo Dios la cura por medio de Jhasua.

Ambos bajaron aún más la voz.

—Pero dime, buen Jaime, ¿quién es Jhasua? —preguntó Hanani con aire de misterio.

—Jhasua es... Jhasua, hijo de Myriam y de Joseph. ¿No lo sabes acaso?

—Sí, sí... eso lo sé; pero me parece que es algo más que el hijo de Myriam y de Joseph! Por aquí vino un enviado del príncipe Judá, hijo de Ithamar, el ahogado por los piratas, y decía que en Jerusalén se susurra que *es el Mesías,* futuro rey de Israel. ¡Si supiera ese payaso de circo, que se pavonea allí en el castillo de la griega, que a pocas brazas de él pasa esta noche en una barca de pescador el que va a echarle tierra en los ojos!... ¡Jehová bendito!..., ¡qué malo lo pasaríamos tú y yo, Jaime mío!

El tío Jaime sonrió francamente, pero su sonrisa se perdió en la obscuridad.

—Y ¿a qué venía ese enviado del príncipe Judá? —preguntó de nuevo el tío Jaime.

—¡Mira Jaime que esto es muy secreto!... Venía a traer órdenes y pasar revista de los nuevos contingentes de jóvenes galileos que, mes a mes, se alistan para el adiestramiento en los montes Jebel.

—¡Adiestramiento!... ¿Y para qué?

—¡Pues hombre! ayuno estás de noticias. Yo te creía mejor enterado que yo. Se está formando un gran ejército para arrojar de Israel a toda esta raposería dañina de idumeos y romanos, que se han apoderado de nuestra tierra —contestó casi en secreto Hanani, como si temiera hasta que le escucharan los guijarros de la costa.

El tío Jaime se quedó pensativo, y por su mente pasó como un relámpago la idea de que el viaje de Jhasua tuviera alguna relación con la noticia que acababa de saber.

La conversación terminó porque estaban frente al Castillo de Mágdalo, de cuyos jardines iluminados salía como un torrente de melodías, de cantares y de risas que parecían ir a romperse en las olas del lago, ligeramente rizadas por el viento.

Jhasua había despertado a Fatmé, que de pie en la barca miraba con tristeza el Castillo.

— ¡Cuán felices son esas gentes! —exclamó sintiendo la algazara del festín.

—Más feliz eres tú, Fatmé, que has atraído hacia ti la Bondad Suprema del Padre para curar tu mal —le contestó Jhasua—. Ese Castillo está lleno de muertos que danzan y ríen, porque no saben que están muertos.

— ¡Muertos!... —exclamó la joven—. ¿Pero María está muerta también?

—¿Quién es María? —preguntó Jhasua.

—La señora del Castillo, que es una joven muy hermosa y... era mi amiga hasta que este horrible mal me apartó de todos.

—¿Y llamas amiga a quien te abandona en el dolor? —le preguntó de nuevo Jhasua.

—La vida nos es más querida que los amigos —dijo Fatmé—. Y ¿cómo no ha de amar María su vida si está rodeada de hechizos? Joven, hermosa y rica. ¿Qué más se puede desear?

—Acaso estará acicateada por sus deseos —contestó Jhasua—. ¿Crees tú, Fatmé, que en las riquezas está la felicidad? Si deseas continuar la amistad con la castellana, mañana vendrás al Castillo y le dirás: "El Dios de mis padres ha curado mi mal, ¿quieres que de nuevo seamos amigas?".

"Y cuando yo regrese a Galilea me dirás si la castellana de Mágdalo es dichosa, o si su afán por los festines, es para acallar su tedio y hastío de todas las cosas.

—¿Por qué lo dices así?, ¡oh, Señor!...

—No lo sé a punto fijo, Fatmé, pero paréceme como si un halo de tristeza flotara por encima de toda esa algazara que viene del Castillo como un torbellino.

Cuando Hanani se dio cuenta de que su hija se había despertado, olvidó el Castillo, el rey payaso de circo, el adiestramiento de los Montes Jebel y el enviado del príncipe Judá.

— ¡Estoy curada, padre!... —fue la primera palabra que oyó—. Se fue la fatiga, se fue la tos y me siento fuerte como era dos años atrás.

— ¡Bendito el Dios de Abraham, de Isaac y de Jacob! —exclamó el buen padre casi sin creer lo que veía.

—Dame los remos, padre, y verás —dijo la muchacha haciendo ademán de tomarlos.

—Dáselos, hombre, dáselos —dijo el Maestro— que cuando el Amor del Padre hace las cosas, bien hechas las hace.

Fatmé ocupó el banquillo del remero, y dio a la barquilla tan vigoroso impulso, que unos momentos después quedaba muy atrás el Castillo y el vivo resplandor de sus luminarias.

La muchacha se sentía como ebria de vigor, de fuerzas, de energía.

—Regresemos, tío Jaime —díjole el Maestro— que Tiberias ha quedado lejos y el viento nos es contrario.

Una hora después saltaban a la costa, donde encontraron a toda la familia, que con los pescadores dueños de la barca comentaban alarmados la demora.

—¿Qué os pasó? —preguntó la madre acercándose en primer término a su hija, a la cual vio remar vigorosamente.

—Nada desagradable —contestó Jhasua—. El Padre Celestial quiso curar a tu hija con los aires del mar y ya la vez; ha remado desde el Castillo de Mág·dalo hasta aquí.

—¡Jehová bendito!... Pero ¿es verdad? —las tres mujeres rodearon a Fatmé, que irradiaba de sí una inmensa felicidad.

La curación de sus pulmones ulcerados, el esfuerzo desplegado al remar, la certeza plena de verse libre del horrible mal, todo en fin, daba a aquella criatura un aspecto de belleza y de salud que la madre y la abuela rompieron a llorar mientras besaban el borde del manto de Jhasua, sus manos, su túnica...
La anciana Salma le decía:

—¡La has curado tú, Jhasua!... ¡Es verdad que eres el Mesías que Israel esperaba!...

"¡Tus obras lo dicen! Sabemos grandes cosas de tí, hijo de Myriam.

Y las exclamaciones de admiración y de asombro seguían sin interrupción.

El Maestro seguía silencioso por las calles de Tiberias hacia la casa de Hanani.

—Cuando el labrador recoge los frutos —dijo Jhasua— bendice al Señor y se siente lleno de optimismo, y su entusiasmo es como un salmo cantado al amanecer. Mas cuando aparece la tempestad, y el huracán destroza árboles y mieses, el ánimo cae por tierra, y el pensamiento de Dios se pierde entre las quejas y lamentaciones.

—¿Con eso queréis decir —dijo Hanani— que en mi familia tendremos desgracias?

—¡No, amigo mío! —contestó Jhasua—. Sólo quería deciros que fortalezcáis vuestra fe con los dones de Dios, ahora que los recibís con abundancia, para que si llega un día que no los recibáis de igual manera, y os parezca que ha desaparecido hasta la esperanza de recibirlos nuevamente, no murmuréis del Padre Celestial ni de su Profeta. Dios visita con sus favores a sus hijos cuando le place, y les prueba con el dolor, según son los caminos elegidos por ellos, porque El está en el dolor como en la alegría si tenemos nuestra fe despierta, para encontrarlo lo mismo entre lágrimas que entre sonrisas.

Hanani que caminaba atrás con el tío Jaime dijo en voz muy baja:

—Acabo de convencerme de que Jhasua es el Mesías anunciado por los Profetas.

—¿Por qué lo dices? —preguntó el tío Jaime.

—Isaías lo dice: *"Varón de dolores, le llamarán; como oveja a la muerte será llevado y como cordero, mudo ante el que le trasquila, así no abrió su boca".* He comprendido, amigo Jaime, que este nuevo Profeta del Señor, ya vio en el azul del cielo su fin, y nos prepara para que no dudemos del Poder de Dios, cuando el Ungido sea sacrificado como lo fueron los más grandes Profetas.

—Listo eres de ingenio, Hanani, y has pescado al vuelo el pensamiento de Jhasua. ¿Crees acaso que él se vea comprometido a causa de ese ejército que aseguras se adiestra en los Montes Jebel con fines de expulsar a los invasores? —preguntó el tío Jaime casi al oído de su interlocutor.

—Puede ser que de allí sople el huracán; pero si debe ser el Libertador de Israel y su Rey eterno, como dicen también las profecías, tendrá que arriesgarse aún a costa de perder su vida —contestó Hanani—. ¡Intrincado laberinto es éste de las profecías, que parecen contradecirse unas a otras!

—En el templo de Jerusalén, he oído polémicas ardientes sobre este tema de las Profecías Mesiánicas, y te digo la verdad, Hanani, que ni los mismos doctores de la Ley la entienden. Hace poco acompañé a Jhasua al Monte Hor, allá junto a Sela en Edem. Y en una reunión de diez Maestros venidos de distintos países, Jhasua que era el único joven tenía la presidencia de todas las reuniones. Esto quiere decir mucho ¿verdad Hanani?

— ¡Ya lo creo!

—Pues bien; a algunos de ellos al despedirse de Jhasua, les oí decir: *"Lo mismo ahora que cuando llegue tu hora, nuestra íntima convicción de tu investidura eterna, te acompaña para decirte:*

"¡Ungido del Altísimo!... Tu Reino no está en este mundo". Y Jhasua con admirable serenidad les contestó: *"Ya lo sé, sostened vuestra palabra"*.

— ¡Santo Dios de los cielos!... —dijo Hanani con religioso pavor— ¿qué vendrá sobre nuestro pueblo si deja inmolar al Ungido de Jehová?

Cuando se sentaron a la mesa para la cena, una desbordante alegría sonreía en todos los rostros, menos en el rostro austero de Hanani, que meditaba en las palabras del tío Jaime.

Jhasua sintió la vibración dolorosa de sus pensamientos y buscando sacarle de ese estado, le dijo:

—Bueno amigo Hanani: Cada vez que venga a Tiberias me hospedaré en tu casa, y más adelante no vendré sólo con el tío Jaime. Con que ya sabes, tendrás que ampliar tu casa si quieres cumplir con perfección nuestra ley de hospitalidad.

— ¡Oh, mi Señor!... ¿Cuántas veces vendrás todavía a mi casa?

—¿Por qué me dices ahora, *Señor* y no simplemente Jhasua? ¿Quién me engrandeció ante ti?

—¿Quién? Tus obras, Señor, y el grito de mi corazón que me está diciendo: *¡Es él y este mundo lo ignora!*

—"Dios da su luz a los humildes, y la esconde a los soberbios", dice la Escritura Sagrada —contestó Jhasua.

Los ojos de Hanani estuvieron fijos unos instantes en los de Jhasua, que al sostener aquella mirada, irrradió a su espíritu la divina revelación que aquél buscaba.

— ¡Tú me has dado, Señor, mucho más de lo que yo merezco! ¡La luz de Dios ha bajado a mi casa!

Y el noble Hanani bajó los ojos a la vianda que tenía ante sí, para disimular la profunda emoción que embargaba su espíritu.

Acababa de encontrar al Mesías anunciado por los Profetas en Jhasua, hijo de Myriam y de Joseph.

EN CORAZIN

A la mañana siguiente emprendió Jhasua el viaje acompañado también de Hanani, que contrató tres asnos y siguió hasta Corazín. Allí tenía dos hermanos menores, esenios del grado primero, con cuya buena voluntad contaba para que mediante la cuadrilla de hachadores de los bosques de Iturea, que dependían de ellos, protegieran el viaje de Jhasua en aquella región peligrosa.

—No está bien, Hanani, que pongas en movimiento a toda la parentela para servirme de guardia —decíale sonriendo el Maestro, viendo el fervor del buen hombre para evitarle todos los peligros.

—Si os ha de ocurrir un contratiempo, que no sea por negligencia mía —contestaba él y seguía viajando junto a Jhasua, sin consentir en volverse por mucho que se lo rogaron.

Al tranquilo paso de los asnos platicaban sobre las arbitrarias imposiciones del invasor en los pueblos, que se agotaban día a día por los impuestos y contribuciones de todo orden. El templo de Jerusalén con su numerosa corte de Sacerdotes y Levitas, era como un enorme vientre que engullía en diezmos y primicias lo mejor de las cosechas, de los rebaños, de las majadas y de cuanto ellos producían.

Aparte de esto, estaban los animales que debían destinar a los sacrificios, que las nuevas ordenanzas aumentaban hasta lo inverosímil, por menudas transgresiones a veces involuntarias, a las reglas disciplinarias que pesaban sobre los fieles.

Todos clamaban por el Mesías Libertador de Israel, porque el fantasma del hambre asomaba su faz pavorosa en la clase media, en los hogares humildes, donde a veces el único alimento consistía en tortas de trigo pisado y bellotas silvestres.

Los donativos de la Santa Alianza eran abundantes, pero el pueblo era numeroso y los jornales para los que no eran romanos, habían bajado a la mitad de su valor.

Los labradores soltaban sus azadones y sus palas; y los pastores abandonaban sus rebaños. Que se los lleven los recaudadores del fisco o los recaudadores del templo, era igual para ellos, que si los devorasen las bestias de la selva.

"—Lobos son unos y lobos son otros, que devoran lo que no han trabajado" —decían—. Y el pueblo se iba llenando de amarga hiel, y acababan por alistarse a montones, en esas misteriosas filas que se adiestraban secretamente para una lucha sin cuartel contra la miseria que amenazaba al país.

—Nada de ésto quise decirte en mi casa, Señor —decía Hanani al Maestro— para no asustar a mi madre, a mi mujer, a mis hijas, que harto teníamos todos con el grave mal de Fatmé. Además nosotros no somos de los que estamos peor, porque nuestro trabajo de tapicería, lo pagan las gentes acaudaladas.

Los divanes, los canapés y las carrozas de los cortesanos del rey Antipas y de los magnates romanos, nos dejan un mediano beneficio como para vivir sin la amenaza del hambre...

Jhasua escuchaba en silencio, y su alma se iba llenando de amargura ante el dolor de ese pueblo, en medio del cual había nacido y al que estaba cierto de no poder decirle:

"Ven en pos de mí que yo seré tu rey de paz, de justicia y de piedad que necesitas".

Unicamente podía decirle:

" ¡Yo seré tu luz y tu guía en las tinieblas!... ¡Venid a mí los que lleváis pesadas cargas que yo os aliviaré!...

" ¡Venid a mí los que lloráis porque yo os consolaré con la promesa de bienes eternos!...

" ¡Bienaventurados los pobres porque de ellos es el Reino de los cielos!

"Bienaventurados los que tienen hambre y sed de justicia, porque ellos serán hartos".

Pero él sentía el clamor del pueblo que respondía:

"Mientras llegan los bienes eternos, y el Reino de los cielos y la hartura de justicia ¿con qué encendemos lumbre, con qué amasamos el pan, con qué cubrimos nuestro cuerpo... con qué pagamos nuestro techo?..."

—Calla, Hanani, calla por piedad —exclamó Jhasua, soltando la brida y apretándose el pecho con ambas manos. Era su propio pensamiento que hablaba, y a él le parecía que era ese hombre del pueblo que clamaba.

— ¡Señor!... Hace ya rato que guardamos silencio —dijo Hanani tirándose de su cabalgadura para socorrer a Jhasua cuya palidez le espantaba.

El tío Jaime que había quedado un poco atrás se acercó también.

—¿Qué pasa aquí? —dijo con una visible alarma.

—Un ligero desvanecimiento, no es nada —contestó Jhasua.

—La jornada fué larga, pero ya llegamos a Corazín y te repondrás en seguida. —El buen tío Jaime sacó de su saco de mano un frasquito de licor de cerezas y le dió a beber a Jhasua.

—Bebe tú también, Hanani, que pareces más muerto que vivo —añadió alargándole el elixir.

Pocos momentos después entraban en la pintoresca ciudad de Corazín, la de las blancas murallas que parecían de mármol, entre el obscuro follaje de los nogales y los castaños.

Felizmente, la casa de los hermanos de Hanani estaba cerca de la puerta del oriente llamada *del Jordán*, porque allí comenzaba el acueducto por donde venía del río el agua de riego para jardines, huertos y plantaciones.

Era aquella casa un gran taller de carpintería y depósito de maderas. Ambos hermanos eran casados y tenían hijos pequeños. Eran más rústicos que su hermano mayor, al cual tenían un gran respeto casi como a su padre, pues que había hecho las veces de tal, desde que quedaron huérfanos en su primera juventud.

En una vieja torre medio derruída, en uno de los más mezquinos barrios de la ciudad, tenían los Terapeutas procedentes del Santuario del Tabor, instalado un mísero refugio para enfermos y ancianos sin familia.

Estos Terapeutas habían neutralizado en la población hebrea, el desprecio con que miraron a ambos hermanos, cuando tomaron para esposas, dos hermanas de raza árabe, de entre los Auranitas vecinos. En sus viajes de transporte de maderas de los bosques del Haurán, fueron socorridos en una crítica situación, por una tribu árabe radicada allí.

·Ellas, aceptando a medias las minuciosas y pesadas ordenanzas disciplinarias de los hijos de Israel, suavizaron también un tanto la desconfianza de los correligionarios de sus maridos. Así y todo, las dos hermanas, Aminé y Zarga, no eran felices, porque influenciados sus maridos por los de su raza y religión, comenzaron a tratarlas despreciativamente, como a una raza inferior, y casi indignas de ellos.

Los primeros vástagos les habían nacido mujercitas, pero cuando luego llegaron varones, el distanciamiento se agrandó mucho, debido a que la ley hebrea mandaba la circuncisión; y las madres árabes se oponían horrorizadas ante una crueldad que entre los de su raza, no se usaba ni aún con los animales. Según la ley hebrea, a los ocho días del nacimiento debía efectuarse la circuncisión, y los varoncitos nacidos a ambos matrimonios, tenían ya varios meses.

Las infelices madres que habían perdido gran parte de respeto y cariño de sus maridos, estaban preparándose muy secretamente para huir hacia el Haurán, entre las gentes de su raza y religión.

Había en la casa una pesada atmósfera de incomprensión y desconfianza recíprocas, que torna tan angustiosa y amarga la vida, cuando llegaron allí nuestros viajeros.

Aunque ambos hermanos, Semei y Joab, recibieron cariñosamente a Hanani y a los compañeros de viaje que él llevaba, no lograron encubrir la tristeza y desazón de que estaban poseídos, máxime entrados en la casa, sólo vieron dos viejos criados que cuidaban del fuego y preparaban la comida.

—Y vuestras mujeres y niños ¿dónde están? —preguntó Hanani extrañado de la sensación de vacío que sentía.

—En sus alcobas —contestó uno de ellos, y desvió la conversación ponderando los éxitos que recogía allí la Santa Alianza.

Ellos dos eran los primeros afiliados, aunque el principal dirigente era el patriarca Zacarías, como llamaban a un buen anciano que tenía en su casa una sinagoga, y que gozaba de fama de ser un piadoso hijo de Abraham.

—Estos compañeros de viaje —díjoles Hanani, presentando a Jhasua y al tío Jaime— son de los fundadores y dirigentes de la Santa Alianza de Jerusalén. Pasaremos la noche aquí, y mañana ellos seguirán viaje a Cesárea de Filipo y yo regresaré a Tiberias.

Al oír ésto, el mayor de los hermanos, se acercó a los criados y les dió órdenes en voz baja.

Jhasua abrumado de cansancio, y más aún por la angustiosa desazón de aquella casa, se había sentado en el primer estrado que encontró cerca de la puerta. El tío Jaime, menos sensible, comenzó a dar paseos distraídos por la habitación, sin que su percepción del ambiente fuera tan marcada.

Hanani inquieto por la ausencia de sus cuñadas, inquirió del menor de sus hermanos los verdaderos motivos. Este, un tanto cohibido y avergonzado, hizo un aparte con él y le explicó lo que pasaba.

—Ya os dije yo cuando realizásteis este casamiento, que sólo un grande amor os salvaría del triste final a que habéis llegado —le dijo Hanani pensativo—. El más joven de los viajeros —continuó diciendo— es una gran Profeta de Dios, ante el cual hasta los ancianos doctores inclinan su frente. Someteremos vuestro caso a su juicio, y su consejo será una ley para vosotros. ¡Es un hombre extraordinario! ¡Con decirte que en una noche de hospedarse en mi casa ha curado a Fatmé y ya sabes cuál era su estado!...

—¿Cómo?... ¡ha curado tu hija!... ¡Y los médicos aseguraban que sólo tenía vida para dos lunas!...

—Como lo oyes. ¡La ha curado!

Semei volvió los ojos hacia Jhasua y lo miró largamente.

—¡Qué hermosa majestad lo rodea!... —exclamó—. ¡Si parece un rey!...

—Lo será pronto —dijo Hanani casi al oído de su hermano—. Se dice que es el Mesías Salvador de Israel. ¡Pero chits! que aún no se puede repetir en voz alta.

—¡Jehová bendito!... ¡Y le has traído a mi casa, manchada por mujeres rebeldes a nuestra Ley... que no lo sepa, porque huirá como de la peste!

—¿El ha de huir?... No sabes lo que dices —le contestó de nuevo su hermano mayor.

—Tus hermanos, Hanani —dijo de pronto el joven Maestro— no saben sin duda los fines de la Santa Alianza.

Los tres hermanos rodearon a Jhasua.

—Explícaselos Señor, que nadie mejor que tú puede hacerlo —dijo Hanani.

—Es ante todo y por encima de todo, una institución basada en el amor de los unos para los otros. Paréceme que vosotros dos, Joab y Semei, ignoráis este principio, base y fundamento de la Santa Alianza.

—¿Por qué lo decís, Señor? —preguntaron ambos a la vez.

—Porque sé que tenéis esposas e hijitos pequeños que son la belleza del hogar, y los relegáis a un rincón de vuestra casa como si fueran un estorbo para vosotros.

" ¡La Santa Alianza es amor... puro amor! y aquí el amor ha huído, dejando su lugar al recelo y a la desconfianza. Al recibir vuestros nombres en la Santa Alianza, no os explicaron quizá lo que ella significaba...

—¡Sí, Señor!... nos lo explicó el patriarca Zacarías... pero hay circunstancias especiales en la vida, que nos traen obstáculos insalvables... —contestó Joab.

—Estáis en un error, amigos míos —insistió el Maestro—. No hay obstáculos insalvables cuando hay un amor verdadero. Desde que entré en vuestra casa, he comprendido que no sois felices y que una grande incomprensión os separa de vuestras esposas y os aleja de vuestros niños.

Ambos hermanos se miraron sin acertar a responder palabra.

—Perdonadme —continuó el Maestro— pero me lastima tanto vuestra amarga tristeza, que quiero a toda costa hacerla desaparecer de aquí. Viajo para llevar la paz y la tranquilidad a todas las almas, y no habría justicia en mí, aceptando vuestra hospitalidad y dejando la angustia en vuestro corazón.

"Traed aquí vuestras esposas y vuestros niños.

—Señor —dijo el mayor— cometimos la locura de casarnos con mujeres de otra raza y ellas son rebeldes a nuestra Ley.

—Hanani, creo que tú conoces bien la Ley de Moisés... ¿Quieres repetirla en voz alta?

Hanani comenzó a recitar:

"—Amarás al Señor Dios tuyo, con todas las fuerzas de tu alma, y no te inclinarás ante imagen alguna hecha por hombre, sino que adorarás a tu Dios en espíritu y en verdad.

"No tomarás el Nombre de Dios en vano.

"Santificarás el sábado, con el descanso de todos los moradores de tu casa.

"Honrarás a tu padre y a tu madre.

"No matarás.

"No cometerás adulterio.

"No hurtarás.

"No levantarás falso testimonio.

"No desearás la mujer de tu prójimo.

"No codiciarás los bienes ajenos.

"Estos diez mandamientos se encierran en dos:

"Amar a Dios sobre todas las cosas y al prójimo como a ti mismo".

—Estás complacido Señor —dijo Hanani, cuando terminó de recitar los diez mandamientos de la Ley de Moisés.

—Muy bien, Hanani. Ahora decidme vosotros, Joab y Semei, contra cuál de estos mandamientos se han rebelado vuestras esposas.

—Contra ninguno de ellos, Señor —contestaron ambos a la vez—. Pero se oponen a que nuestros hijos varones sean circuncidados y ya tienen varios meses de nacidos.

—Esa no es una Ley emanada de Dios —dijo el Maestro— sino una ordenanza creada por los hombres como muchísimas otras, que no implican bien moral ni espiritual ninguno, y que sólo obedecen a la idea de establecer un absoluto separatismo de razas y de religión.

"El hombre es culpable —añadió— cuando atribuye al Supremo Creador sus prejuicios, sus falsas concepciones de la Idea Divina, su egoísta manera de interpretar la dependencia de las almas unas de otras, y todas, de la Suprema Potencia Creadora.

"Todas las religiones nacieron en el alma del hombre, de su absoluta necesidad de estar en relación con Dios, y salta a la vista del observador desapasionado, la evidencia de que todas las religiones fueron buenas y puras al brotar como flores divinas de la mente de sus fundadores, que sin duda alguna, eran inteligencias muy adelantadas en el conocimiento de Dios y de las almas.

"La religión arábiga, cuya sencillez la hace casi despreciable a los espíritus habituados a un enorme catafalco de ordenanzas y de ritos, en su remoto origen prehistórico, nació del alma luminosa, de un caudillo poderoso y justo, cuyo dominio abarcaba la gran península que conocemos hoy por la "Arabia de Piedra", desde Ectham hasta Ezion-geber, a la costa del Mar Rojo. En aquel entonces se llamaba *País de Arab*. Este caudillo, en alianza con la Fraternidad Kobda del Nilo, quiso civilizar aquel salvaje país, dándole una norma justa de vida y una forma de adoración al Supremo Creador. Su nombre era *Beni-Abad*, el cual cuando creyó haber llenado cumplidamente su misión, dejó a sus hijos el gobierno de sus pueblos y se retiró a pasar su ancianidad, cargada de merecimientos, al Santuario de Neghadá, donde el Nilo se vacía en el mar, y donde la Fraternidad Kobda elaboraba la civilización de los tres Continentes conocidos entonces.

"Seguidme escuchando y os llevaré al punto que quiero —continuó el joven Maestro—.

"Nuestro padre Abraham, modelo de justicia, de honradez y sumisión al Señor Dios que adoraba, bebió su norma de vida y su comprensión de la Divinidad, de su hermana mayor *Vhada*, Matriarca de un refugio Kobda para mujeres abandonadas, maltratadas o repudiadas.

"Era el mismo aliento puro de la Fraternidad Kobda, el que sopló en la mente de Beni-Abad, origen de la civilización arábiga, y en la mente de nuestro Padre Abraham, origen de nuestra civilización hebrea.

"En los orígenes de ambas civilizaciones, no existió otro código que este:

"Tratarás a todos tus semejantes con el mismo respeto que deseas para tí".

"Y su culto se reducía a una ferviente invocación al Supremo Creador, cuando aparecía el sol en las alboradas, y cuando se ponía en el ocaso. He ahí todo el ritual, toda la ley, todo el ceremonial de ambas civilizaciones en sus remotos orígenes.

"Ahora, invoco yo vuestros principios de justicia y equidad, de honradez legendaria de los hijos de Abraham, y os pregunto:

"Será justicia ante Dios, Dueño y Padre de todas las almas, que un hijo de Abraham desprecie a un hijo de Beni-Abad, como si fuera de raza inferior? ¡Contestadme! —insistió dulcemente el Maestro.

— ¡No, Señor! ¡No es justicia! —contestaron ambos hermanos a la vez.

Por detrás de unas cortinas vió Jhasua, que asomaban de las alcobas inmediatas, dos rostros femeninos llenos de susto, que espiaban la extraña y solemne reunión.

Ambas mujeres tenían el rostro bañado en llanto y ambas abrazaban sus hijitos dormidos.

Al joven Maestro se le estremeció el corazón dentro del pecho, y en tres pasos ligeros, llegó a las cortinas, las descorrió fuertemente y mirándolas con inmensa ternura, les dijo mientras acariciaba a los pequeños:

— ¡Venid, pobres víctimas de la ignorancia humana!... ¡venid a vivir la vida libre y santa de los hijos de Dios, que sólo pide vuestro amor y vuestra gratitud por todos los bienes que derrama sin cesar sobre toda criatura que alienta bajo el sol!...

Ellas cayeron de rodillas a tierra llorando amargamente, mientras ofrecían a Jhasua sus hijitos como pidiéndole protección para esos pedazos de su corazón, a los cuales defendían hasta con peligro de sus vidas.

El Maestro levantó a las mujeres y tomando a un niño en cada brazo los llevó a sus padres que hacían también esfuerzos para contener el llanto.

—Creo que habéis comprendido —les dijo— que es un crimen separar lo que Dios ha unido, y por razones tan fútiles que valen mucho menos que una hoja muerta arrastrada por el viento.

" ¡Tomadles!... —insistió el Maestro dando a ambos padres sus niños cuyos ojitos asustados y llenos de sueño, miraban a todos lados—. ¡Estoy seguro —añadió— que desde que pasaron los ocho días de nacidos, no habéis dado un beso a vuestros hijos, porque no anduvo aquí el cuchillo de piedra derramando sangre inocente!...

"Dejad todo ese atavismo salvaje, que Dios no quiere torturas, ni sacrificios sangrientos, sino el santo amor de todos sus hijos unidos en la oración y el trabajo, en las obras de bien y de justicia.

Semei y Joab hundieron sus frentes entre las ropas que cubrían a sus pequeños, y dejaron escapar hondos sollozos porque la vibración de amor del Maestro era tan poderosa, que ni aún el tío Jaime pudo substraerse a ella. Hanani abrazaba a sus cuñadas que continuaban llorando silenciosamente. Las acercó hacia sus hermanos y les dijo con voz temblorosa de emoción:

—Yo bendije vuestro matrimonio en vez de nuestro padre muerto, y hoy os bendigo de nuevo rogando al Dios de Abraham que sepáis recoger en vuestros corazones, la luz divina que hoy entró en vuestra casa.

Aminé y Zarga se inclinaron profundamente ante sus maridos siguiendo la costumbre árabe, y ellos las atrajeron hacia sí en un abrazo mudo, en que callaban los labios, y sólo las almas hablaban.

—Ahora podré alejarme feliz de vuestra casa —dijo Jhasua— porque el amor ha florecido de nuevo bajo la mirada de Dios. Ahora sois verdaderos hijos de Beni-Abad el buen árabe, y de Abraham el buen padre de la raza hebrea.

Hanani quiso celebrar en un festín esa noche, el feliz acontecimiento de dos familias nuevamente unidas por la comprensión y el amor verdadero.

Ambos matrimonios conservaron durante todos sus días sobre la tierra, un fervoroso culto al Profeta Nazareno, que iluminó el sendero de su vida con una luz nueva, que jamás pudo extinguirse en ellos.

La divina semilla sembrada por el Cristo germinó de tal manera en aquellos dos hogares, que a la muerte del anciano Zacarías ocurrida un año después, ellos se hicieron cargo de la Santa Alianza, y entre las piadosas obras a que consagraron el tiempo que les dejaba su trabajo, dieron preferencia a poner la paz y la armonía en las familias donde había penetrado la discordia, destruyéndolo todo como un huracán de fuego en las praderas en flor.

Ambos hermanos, Joab y Semei se empeñaron en acompañar a los viajeros hasta pasar el país de Iturea, al otro lado del Jordán. Ellos regresarían con la caravana esperada en esos días.

Hanani quedó en la casa para controlar sus negocios a todos los cuales él, como hermano mayor estaba asociado y ponía su visto bueno.

Quería además reafirmar la paz y armonía que el Profeta Nazareno había establecido de nuevo, haciendo comprender a sus jóvenes cuñadas lo que ese hombre extraordinario significaba para el oriente oprimido por toda clase de desmanes y vejaciones.

Sigamos lector amigo a nuestros viajeros en la ruta hacia Damasco, la gran capital de la Arabia del Norte, que las huestes victoriosas del Rey Hareth de Petra, del príncipe Hartat y del Scheiff Ilderin, habían hasta entonces salvado de caer en las garras del águila romana.

Cuando los viajeros llegaron al puente llamado de *"Jacob"*, vieron varios rostros escuálidos, y una porción de manos temblorosas y descarnadas, se extendieron en demanda de socorros. El profundo lecho del Jordán se estrechaba enormemente en aquel sitio, circunstancia que se había aprovechado sin duda para que con sólo tres arcos de mampostería incrustada en las enormes rocas de ambas orillas, el puente quedara tendido y firme. A la izquierda del puente, caminando hacia Cesárea, el río se ensanchaba en un hermosísimo lago, no tan grande como el Tiberiades pero sí profundo como él. Cercado por las fértiles serranías del Anti-Líbano, aquello era un boscaje casi impenetrable, por lo cual era lugar temido por las caravanas y viajeros en general, pues se contaban horripilantes historias de almas en pena, que allí habían perdido la vida física y en calidad de fantasmas, ejercían una incansable venganza sobre los vivos.

Los mendigos sólo llegaban a la entrada occidental del puente, y provenían de un pobre y ruinoso caserío que allí cerca existía, y que era un suburbio de lo que fué la antigua ciudad de Hasón, perteneciente al viejo reino de Cedes, en los tiempos del establecimiento de las doce tribus en la llamada Tierra de Promisión.

Jhasua, propuso tomar un descanso sobre la planicie del puente, mientras los asnos pastaban en el verde césped regado por las aguas del Lago Merón. Aquel dolorido enjambre de infelices, que allí esperaban el socorro de los viajeros mientras asaban pececitos en los pequeños fuegos encendidos, atraía poderosamente la atención del gran hombre, que para unos era un futuro rey, para otros un extraordinario Profeta de Jehová, o un maravilloso mago venido quién sabe de qué región de los cielos o de la tierra, para aniquilar todos los males que oprimían al pueblo de Israel.

Jamás aquel grupo de mendigos había visto el caso de que un grupo de viajeros bien vestidos y con buenas cabalgaduras, hubiesen querido detenerse justamente donde los mendigos tenían su improvisada tienda de ramas de árboles, de resaca del lago, y de los restos de algunas velas rotas que la corriente había traído. Pero uno de estos viajeros, era Jhasua, el Cristo del Amor y de la Piedad, y... ¿quién le haría pasar de largo donde había dolores que remediar?

Fué necesario vaciar allí los sacos de comestibles traídos por los hermanos de Hanani y por el buen tío Jaime, cuya misión de cuidar la persona de Jhasua, era para él el primer deber de su vida.

—Partiremos nuestras viandas con vosotros —dijo el Maestro alegre y sonriente a los mendigos que eran nueve— pero antes vamos a lavarnos en las doradas aguas de este precioso lago. Dios quiere la limpieza de los cuerpos, antes de comer el pan que nos da.

"Ayúdame Joab —dijo al menor de los hermanos—, mientras el tío Jaime y Semei preparaban la comida.

Y corriendo como un niño, bajó la gradería de la base del puente, y tomo de la mano a un infeliz ciego guiado por un chicuelo.

—Vamos —dijo—. Vamos todos al lago para lavarnos.

—Yo no puedo amito —murmuró un hombrecillo pequeño, sentado sobre una piel de oveja— ¿No véis cómo están mis piernas?

El hombrecillo aparto los sucios harapos que lo cubrían, y Jhasua vió sus piernas secas retorcidas como raíces, por el reuma de que estaba atacado desde años atrás.

— ¡Ah!... eso es otra cosa, pero todo se arregla en la vida —dijo—. Conduce a tu padre que yo me encargo de éste —dijo al chicuelo que guiaba al ciego. Y sin esperar ni un momento más, cargó con el hombrecillo de las piernas torcidas y lo llevó hasta la orilla del lago.

Joab hizo lo mismo con otro de los mendigos que tenía encogida horriblemente una pierna, por lo cual andaba apoyado en dos muletas. Los que sólo tenían manos y brazos inutilizados o con quemaduras en accidentes de trabajo, pudieron andar por sí mismos, y acaso pensarían todos en que era demasiada exigencia la de aquel viajero, que para hacerles parte de su comida les ponía en la necesidad de entrarse al lago, cuyas aguas debían estar muy frías. El sol era radiante, cercano al medio día, pero era final de otoño, y en aquellas alturas cordilleranas del Líbano, el frío llegaba antes.

Cuando el Maestro dejó su carga sobre el mullido césped a la orilla misma del lago, esperando que llegaran todos, se irguió como una estatua de mármol blanco, tendió sus brazos abiertos sobre las aguas, y Joab vió que su rostro parecía transfigurado y que de sus manos irradiaban largas y finas hebras de fuego, que parecían caer en menuda lluvia de chispas sobre las aguas serenas del Lago Merón.

Cuando la vibración de sus manos se extinguió, se despojó del manto y de la túnica, y quitando al paralítico sus pobres ropas, lo sumergió en el agua hasta el cuello.

—Sumerge tu cabeza siete veces en el agua —dijo al ciego—, y tú niño mío, —dijo también al chicuelo—, húndete en el agua de Dios para que sea limpia tu sangre, del germen de lepra de que estás amenazado para el principio de tu juventud.

Una ola formidable de sugestión colectiva había tendido el gran taumaturgo sobre todos aquellos seres, cargados con las taras hereditarias de todas las miserias y enfermedades, de los que les trajeron a la vida material, en desastrosas condiciones físicas y morales.

Cuando vió que todos estaban dentro del agua, extendió de nuevo sus manos sobre ella, concentrando su pensamiento en una suprema evocación a la Eterna Potencia Creadora, y dijo con una voz profunda y dulcísima:

—Estáis todos limpios del alma y del cuerpo por la soberana voluntad de nuestro Dios, Amor y Piedad. ¡Salid!

Un grito de asombro se escapó de todos los labios, cuando vieron al paralítico, al de las muletas y al ciego, salir por sus propios medios.

Como viera a todos correr a buscar sus harapos para cubrirse, les dijo: —No está bien que os cubráis de inmundicias, los que habéis sido purificados por el amor. Venid, que mi manto alcanza para todos.— Y de su manto blanco de lana de Cachemira que estaba allí en el césped doblado en muchos dobleces, lo mismo que su túnica, fué separando tantas túnicas como eran necesarias, y entregándolas a los nueve mendigos que en su estupendo asombro, no acertaban a cubrirse con ellas.

"¿De qué os espantáis?... —les preguntó—. ¿Creéis que el Padre Celestial mezquina sus dones cuando la fe resplandece como una antorcha en las almas?

—Todos llevamos la túnica del Profeta —gritaban entre lloros y risas aquellos infelices, viéndose cubiertos por una blanca túnica igual que la de Jhasua.

Joab mismo estaba como atontado ante un prodigio semejante, y lamentaba que sus hermanos no lo hubieran presenciado.

Tranquilamente vistió Jhasua de nuevo su túnica y su manto y dijo a todos:

—Vamos que ahora estamos limpios de cuerpo y alma para comer el pan que Dios nos da. —Pero aquel grupo de mendigos se postraron ante él, sollozando de emoción.

—¡Señor! —le decían— eres un profeta de Dios y queremos que en nombre suyo perdones nuestros pecados.

Y a gritos que nadie podía acallar, decía cada cual con hondo arrepentimiento, las culpas de que su conciencia le acusaba.

—¡Bien, bien hermanos!, antes de que lo pidierais ya el Padre Celestial os había perdonado, porque vuestros pecados fueron causados por el dolor, por la injusticia y por vuestra propia miseria.

"¡Amad... amad a vuestros semejantes en memoria mía, y el Padre Celestial os colmará de sus dones!

Dejamos a la imaginación del lector y a sus nobles sentimientos, la tarea de figurarse lo que fué aquella comida para los dichosos visitados por el don divino, allí junto al lago Merón, a la entrada del Puente de Jacob, que fué escenario de uno de los grandes desbordamientos de Amor y de fe, del alma excelsa del Cristo Divino.

El relato de esta estupenda exteriorización de fuerzas, que produjeron tan maravillosos aportes y acumulación de fluidos y de moléculas, fué escrito por el tío Jaime, basado en el relato de Joab y los mendigos, que aún cuando hubieran querido falsear la verdad, allí estaban las pruebas de los cuerpos curados y de las blancas túnicas que les cubrían.

De todos ellos, se encargó la Santa Alianza para buscarles medios de vida por el trabajo honrado y su propio esfuerzo.

EN LOS BOSQUES DE ITUREA

Diez años antes, Jhasua había hecho este mismo viaje camino a Ribla, y pudo notar que no se habían operado cambios notables. Las mismas soledades boscosas, donde difícilmente se encontraban huellas humanas desde el Puente de Jacob al país de los Itureos. Al segundo día, encontraron una cuadrilla de hachadores que alrededor de un buen fuego preparaban algunas piezas de caza para la comida de esa noche.

Para algunos de ellos no eran desconocidos los hermanos de Hanani, que como operarios de la madera, tiempo atrás habían realizado algunos negocios. Esto fué motivo de que aquellos hombres se interesasen por nuestros viajeros y les aconsejaran quedarse allí para pasar la noche, que aunque muy pocas comodidades podían ofrecerles en la Gruta de las Caravanas muy conocida de los viajeros, siempre era mejor que arriesgarse a penetrar más al interior de la selva, de la cual no podían esperar protección alguna.

El tío Jaime creyó prudente aceptar el ofrecimiento y Jhasua no hizo objeción alguna.

Joab y Semei como más conocedores del lugar, se dedicaron de inmediato a traer brazadas de heno y yerbas secas para preparar los lechos. Jhasua y el tío Jaime ayudaron a dos jovenzuelos de la cuadrilla, a disponer las rústicas antorchas con cáñamo retorcido y engrasado, lo cual era indispensable para ahuyentar las fieras que apenas entraba la noche se hacían sentir furiosamente.

Como los hachadores se dieron cuenta de la deferencia respetuosa con que ambos hermanos trataban a Jhasua y a su tío, uno de ellos preguntó, qué personajes eran aquéllos.

La belleza física del Maestro y más que todo su intensa irradiación de bondad y de superioridad a la vez, llamaba grandemente la atención de todos los que se le acercaban, aun sin conocerle.

—El más joven —díjoles Joab— es un profeta y un médico de gran ciencia, que a nuestro hermano Hanani le ha curado su hija mayor, próxima ya al sepulcro, por la maligna enfermedad del pecho.

"El de más edad, es su tío que le acompaña.

Fué lo bastante para que aquellos hombres se desvivieran en atenciones para ambos viajeros.

Para ellos tendieron cerca del fuego una estera de juncos y unas colchonetas de cerda, para sentarse. Las más bellas hojas de palmera fueron cortadas para que les sirvieran de fuentes, donde unas cuantas codornices y corzos asados les fueron ofrecidos como cena.

El buen vino de Corazín traído por los hermanos de Hanani, alegró el ánimo de los fatigados hachadores, que comenzaron a referir las espeluznantes tradiciones o leyendas que corrían entre los viajeros, referentes a la comarca en que se encontraban.

Entre todas esas noticias se mezclaban las de actualidad, consistentes en las duras refriegas que entre romanos, parthos y árabes, se sucedían por allí con bastante frecuencia.

—Un correo con destino al Scheiff Ilderin, llegó por aquí, y le acompañamos hasta Lesem.

A Jhasua le llamó la atención oír nombrar al noble amigo y preguntó:

—Pero, ¿anda por aquí el Scheiff? Yo le hacía en su castillo de los montes de Bazan.

—Parece que vino a prestar ayuda con seis mil jinetes al príncipe Hartat de Damasco. Debe ocurrir algo grave.

—En Filadelfia, el correo fué informado que el Scheiff había salido con sus fuerzas hacia el norte, y él pasó por aquí en su busca.

Jhasua pensó que podría encontrarse con él en Damasco. Pero no se figuró que el correo aquel, era uno de los jóvenes árabes despachados desde Jerusalén por el diligente anciano Simónides.

Continuando la velada, se habló también de un misterioso mago o brujo, al cual llamaban *"el thibetano"*, sin duda porque sería del lejano país del Thibet.

Parece que tenía un inmenso poder de sugestión sobre las gentes, en especial mujeres y adolescentes, a los cuales tomaba como instrumentos para realizar grandes robos y ejercer venganzas, cuando se las pagaban a buen precio.

—¿Dónde vive ese hombre? —preguntó Jhasua con interés.

—En unas grutas sepulcrales en las afueras de Cesárea de Filipo, le contestaron.

—¿Cómo es que las autoridades del país no toman medidas en ese asunto? —preguntó el tío Jaime.

—¿Quién osará cruzarse con él? Ese malvado brujo tiene un ejército de demonios en el cuerpo. El tetrarca Felipe ha optado por hacerse su amigo, y dicen que ha salido ganando mucho con ello, porque el mago le ha hecho encontrar un tesoro oculto desde lejanos tiempos, en una gruta del lago en que vacía sus aguas el Nahr-el-Avvaj.

—Si llegáis a Cesárea, puede suceder que le conozcáis. En la plaza de las caravanas se sienta bajo un toldo amarillo, y con su flauta de bambú y sus espantosas serpientes amaestradas, atrae a las gentes para embaucarlas —indicó otro de los hachadores.

—Es el terror de las madres, porque parece que el brujo tiene predilección por las adolescentes hermosas y por los gallardos donceles.

"Se dice que han desaparecido muchos, y hasta ahora no se sabe qué hace con ellos."

Jhasua pensó con dolor, en la desgracia de aquel infeliz que había desarrollado para el mal, las facultades poderosas otorgadas por la Eterna Energía, como medios de progreso para sí mismo y de bien para sus semejantes. Y sus pensamientos acabaron por concretarse en éste:

—"Quiera el Padre Celestial poner ese ser en mi camino para salvarle del abismo en que ha caído".

Algunos de los hachadores se mantuvieron taciturnos y retraídos, y el joven Maestro, según su costumbre, comenzó sus observaciones a fondo, a la vez que alternaba afablemente en las conversaciones que salían a luz durante la comida.

Casi todos los hachadores eran fenicios y sirios, los otros eran algunos gaulonitas y sólo tres galileos de Ecdippa, en la costa del mar. Entre todos eran veintiséis.

Cuando la luna se levantó como un fanal de plata, los fenicios se pusieron de pie, y luego de hacer al astro nocturno una gran reverencia o zalema como diría un árabe, se encaminaron hacia una prominencia de montaña, llevando una de las antorchas, haces de ramas de terebinto, y un saquito de resinas oloro-sas mezcladas con frutas secas.

—Cada loco con su tema —dijo el viejo patrón de la cuadrilla—. En asoman-do su resplandeciente *"Astarté"*, suben ellos a su altar en lo alto de aquél pe-ñón para quemar algo, de lo que les puede servir de alimento.

"¿No bastaría acaso decirle una oración?

"¿Qué le hacen a esa hermosa luna en creciente, unos higos, uvas secas y nueces quemadas sobre su altar? ¿Acaso ella se ocupa de sus devotos? Varios de ellos tienen desgracia en sus familias, y ya les veis abrumados de tristeza, mien-tras *"Astarté"* sigue flotando con majestad de reina en su mar azul. Yo no creo nada, sino en lo que está al alcance de mi esfuerzo y de mi capacidad: El traba-jo honrado que nos da el pan. Ese es el mejor dios.

—Razonas bien anciano —dijo Jhasua— pero es innato en el hombre, el bus-car algo superior que pueda servirle de protección y de amparo. En tal búsque-da, es verdad que el hombre se equivoca de elección, y a veces toma como a un ser superior, lo que sólo es una obra, una manifestación del Supremo Creador de todo cuanto existe.

"Siendo El una Potencia, una Fuerza invisible a nuestros ojos, el hombre cree encontrarlo en lo que más llama su atención.

—Me parece que de verdad eres el Profeta que dicen —añadió el anciano— y es el primero a quien oigo decir lo que yo he pensado siempre, que si hay un Dios Creador Todopoderoso, debe estar invisible a los ojos humanos porque todo lo que los ojos ven o las manos tocan, es necesariamente una cosa creada, hecha, formada... ¿por quién? Ese *quién* que ignoramos y que no vemos ni to-camos, ese es el único que puede ser superior a todo lo creado en el mundo. Tal es mi pensamiento; si me equivoco, no lo sé, ni me preocupa mayormente mien-tras puedo ganar mi pan como lo he ganado toda mi vida, para sustentar a mi vieja compañera y a una media docena de nietecitos que dejó a mi cargo la muerte de uno de mis hijos.

—Piensas bien, anciano —volvió a decirle Jhasua— en cuanto concibes al So-berano Creador como al Invisible, al Eterno Enigma, al cual nuestra mentalidad no puede aún descubrir sino en sus obras. De igual modo descubrimos al artífi-ce de la piedra, o de la madera, en una escultura de mármol o en un delicado mueble, o en un fino artesonado de cedro del Líbano.

"Pero cuando tropezamos con un árbol, con una flor, con todo cuanto vemos y que no es obra del hombre, es natural que nos preguntemos ¿quién lo hizo, cómo lo hizo, por qué lo hizo? Y es entonces cuando surge en la mente humana la idea del Eterno Invisible, que es a quien debemos toda nuestra ado-ración, nuestras acciones de gracias y nuestras ofrendas que deben ser invisibles como El, o sea, germinadas y nacidas en nuestro intelecto, en nuestro íntimo sentimiento; las cuales, vaciadas al exterior, como vacía el panal su miel y los frutos sus substancias nutritivas, son las obras buenas, benéficas, útiles para no-sotros mismos y para nuestros semejantes.

"Tal es y debe ser la religión de todo hombre, cuya mentalidad ha pasado

43

de la infantil inconsciencia de la primera edad.

—Eres todo un maestro, aunque demasiado joven —dijo el anciano, demostrando ya claramente su simpatía hacia Jhasua—.

''¡Muchachos! —añadió—, prestemos atención a lo que el Profeta responderá a una pregunta que hace tiempo me está quemando los sesos, y que si no me la saco ahora, quizá moriré con ella.

Jhasua y el tío Jaime sonrieron ante tales palabras. Los demás, y ya los devotos de Astarté que habían vuelto, prestaron toda su atención.

—Veamos tu pregunta y por mi parte pido al Eterno Invisible que ponga en mis labios la respuesta —dijo el Maestro.

—No sé si estoy en lo cierto al pensar, que ese Gran Poder Invisible debe ser la suma Justicia y el Sumo Bien, ¿no es así Profeta?

—Justamente es así como lo piensas —contestó Jhasua.

—Entonces ¿cómo se explica esta dañina plaga que nos azota a los que no hemos hecho mal ninguno a nadie en la vida... esta dañina plaga que se llama *dominación romana*?

''Yo no he quitado a nadie lo suyo, ni me he metido en la casa ajena para robar y tiranizar a sus dueños, y como yo, la mayoría de los pacíficos y honrados habitantes de la Galilea, donde vivo desde muchacho, aunque soy originario de Phafos en Chipre. Y esto es sólo una parte de la injusticia y del mal que predomina por todas partes.

''Si el Poder Invisible es Suma Justicia y Sumo Bien, ¿por qué existe el mal y la injusticia, por qué el crimen, el robo, la usurpación, la violencia? La tierra, el mar y el trabajo, pueden dar al hombre cuanto necesita para su vida. ¿Soy razonable, sí, o no? Dímelo Profeta porque no quiero que la muerte eche tierra en mis ojos, sin aclarar este asunto.

—Razonas bien a la luz de los conocimientos que tienes, buen anciano, y desde tu punto de vista, no puedes razonar de otra forma —le contestó el Maestro. Y añadió aún—:

''Cuando las observaciones que tienes hechas te producen tal inquietud, es señal de que ha llegado para ti la hora de mirar desde otro punto de vista, este maravilloso engranaje de la vida eterna del alma humana.

''Estoy informado de que en tu país natal, Phafos, existe una escuela, derivación de la célebre Academia de Atenas fundada por Platón, llamado *el divino*, porque en su tiempo, o sea más de tres siglos atrás fué quien más descorrió el velo del Gran Enigma, para esclarecer ante la humanidad los caminos que recorre con los ojos vendados y los pies vacilantes. Si todos los hombres supieran que su vida es eterna, que sólo los cuerpos mueren y se disgregan en polvo, y que a través de repetidas vidas terrestres, pueden llegar a la perfecta felicidad que buscan habría más justicia, más bien y más comprensión en la humanidad.

Jhasua vió claramente que no era comprendido por su auditorio y procuró esbozar con tintes más fuertes su cuadro.

—Quiero decir —añadió—, que vosotros, y yo, y todos, hemos vivido muchas vidas antes de ésta, y si en la presente vida creemos haber obrado con justicia y equidad, en las de más atrás... en la remota edad de los comienzos de la razón. ¿Qué habrán sido esas vidas primitivas, inconscientes, brutales casi al nivel de las bestias feroces de la selva? Las escuelas de Divina Sabiduría que hubo en todos los tiempos, como la Academia de Platón, que es de ahora puede decirse, en comparación con las prehistóricas, han llamado a esa época porque pasan todas las almas, *evolución primitiva*, o sea un deficiente razonamiento, un egoismo desmedido, sentimientos innobles y bajos; y a veces, pasiones feroces.

"¿Cómo han de corregirse y pulirse esas enormes monstruosidades?

"De la misma manera que un padre corrige a sus hijos en la primera edad, no dándoles todas las satisfacciones a sus desordenados deseos, sino privándoles de los medios de satisfacerlos aunque sea a costa de sufrimientos, protestas y rebeldías. Y por esto: ¿podemos decir que tal padre sea injusto?

"Ahora, concretando más mi contestación para ponerme perfectamente dentro de la pregunta de este anciano, diré lo siguiente:

"1º. Los sufrimientos de nuestro pueblo de Israel soportando la dominación extranjera. Hay un antiguo proverbio que dice: "Lo que siembras, eso recoges". No sé si vosotros que me escucháis, conoceréis la historia del pueblo hebreo, cuyo tronco originario es el patriarca Abraham, hombre justo, ecuánime y sincero adorador del Dios Invisible, Pero el pueblo fundado por él, no siguió sus huellas, y los desaciertos, crímenes y violencias, empezaron ya en sus bisnietos, los hijos de Jacob, que por envidia vendieron a su hermano José, a unos mercaderes que iban al lejano Egipto. Ya veis cuán pronto torcieron el camino. Desde entonces, la senda recorrida por ese pueblo está toda regada de sangre, y se desliza como una sierpe maligna sembrando el dolor, las devastaciones, asolando países, matando a sus habitantes para quedarse con sus ganados y sus riquezas, sin perdonar ancianos, mujeres y niños.

"¿Cómo pensáis que el pueblo de Israel ocupó la Palestina desde el Líbano hasta Idumea? Pues matando despiadadamente a todos los habitantes que se resistieron a someterse. Y hasta David y Salomón, contados entre los mejores reyes de Israel, se hacían pagar onerosos tributos y diezmaban a los pueblos dominados por ellos. Tanto es así, que cuando Jeroboan, hijo de Salomón sucedió al padre, al oír que los pueblos pedían clemencia por las injusticias que sufrían, él les contestó insolentemente: "Si mi padre os azotó con varas, yo os castigaré con escorpiones". Los libros llamados de los Jueces, de los Reyes y las Crónicas, son una cadena de horrores que espanta al alma menos sensible...

"Ahora decidme ¿puede quejarse el pueblo de Israel de sufrir injustamente la dominación extranjera?

"¿No hizo él lo mismo desde la muerte de Moisés, con todos los pueblos más débiles que encontró a su paso?

"2º. Razón de los actuales sufrimientos: la desunión, el odio, el separatismo entre judíos, samaritanos y galileos. Todos forman el pueblo de Israel, pero les divide un antagonismo profundo, un odio que no tiene curación por la dureza de corazón de la gran mayoría. La Judea no perdona a las dos provincias hermanas, porque no quisieron por rey al hijo de Salomón. Diez centurias pasaron desde entonces, y aquel odio continúa aún vivo y tenaz. Esa profunda división ha sido explotada con hábiles maniobras por los audaces Idumeos, que entre la aridez de su país, codiciaban las fértiles tierras regadas por el Jordán. Y uno de ellos, el más audaz y ambicioso de todos, con simulaciones y engaños, se proclamó rey de acuerdo con el águila romana, y se hizo fundador de la dinastía herodiana que esclaviza a Israel.

"Estos datos que os doy de corrida, os ponen en condiciones de formar vuestro criterio con conocimiento de causas y poder contestarme acertadamente:

"¿Podemos cargar al Eterno Invisible, a la Suprema Justicia, la responsabilidad de lo que el pueblo hebreo sufre actualmente bajo la dominación extranjera?

— ¡No Profeta, no!... —contestó vivamente el anciano—. El pueblo de Israel cosechó lo que sembró ayer.

—Muy bien contestado. Y yo te digo, que por este orden de razonamiento debéis estudiar y juzgar de todos los dolores individuales o colectivos con que veis abrumada a la humanidad.

"Y no penséis tampoco, que sea castigo de esa Suprema Potencia, sino *consecuencias* de los propios errores individuales o colectivos.

"Podrás decirme —continuó el Maestro— que los hebreos de hoy no tienen que ver con los crímenes y devastaciones hechos por los de diez o quince siglos atrás. Pero entonces sale ante nosotros, la Eterna Ley de la preexistencia o vidas sucesivas y nos dice:

"Los que hoy sufren la dominación extranjera, son los mismos que devastaron, diezmaron y mataron a las razas que habitaban la Palestina desde remotos tiempos. La Ley de causas y efectos que es una de las leyes inmutables de la Suprema Potencia, se cumple inexorablemente. Si ahora apagamos imprudentemente las hogueras y las antorchas que nos defienden de las fieras ¿podremos con justicia quejarnos si nos vemos acometidos por ellas?...

— ¡Oh Profeta!... —exclamó el anciano— ¡qué antorcha viva es tu palabra que alumbra las profundidades del corazón humano! ¿Qué Dios es el tuyo... qué religión es la tuya, que lleva al conocimiento del misterio de la vida sin esfuerzo ninguno?

—Mi Dios es el Eterno Invisible que no veo, pero que siento en todo cuanto vive, en todos los mundos que ruedan como globos de luz por la inmensidad —contestó Jhasua—. Y mi religión, se reduce a amar a todos mis semejantes tanto como me amo a mí mismo; lo cual me obliga a hacerles todo el bien que me sea posible, aun cuando el cumplimiento de este deber, llegara a costarme la vida.

—Astarté ¿qué es para tí, Profeta? —preguntó uno de los fenicios señalando al astro nocturno que vertía su claridad azulada sobre las negruras de los cerros y de la selva.

—Vuestra Astarté que besa con amor las flores de la noche y los lagos dormidos, es un astro vinculado a nuestra tierra por las poderosas leyes de la atracción. Es un astro benéfico que ejerce influencia en los cuerpos orgánicos de hombres y animales, en la germinación y vida de las especies vegetales, y en los profundos dominios del mar. Tal influencia la ejerce, así le deis vuestra adoración y vuestras ofrendas como se las neguéis, porque Astarté, obedece a leyes eternas del Supremo Creador de los mundos, y es una fiel vecina de nuestra tierra, en torno de la cual gira desde que la nebulosa madre de nuestro Sistema planetario, dió a luz los globos radiantes que lo forman.

—A veces Astarté se enfada sin motivo, y ahoga antes de nacer los frutos de nuestros huertos —añadió otro fenicio adorador del astro nocturno.

—No temáis —dijo el Maestro—. Astarté no se enfada ni se complace, sino que vosotros no aprovecháis la buena influencia de que el Supremo Poder le ha dotado. Si hacéis la poda de vuestros árboles florales y frutales en luna llena, os rendirán de seguro el ciento por uno. Si troncháis vuestros bosques en luna menguante, las maderas se secarán más pronto y los artesonados, puertas y muebles que hagáis con ella, no serán roídos por la polilla.

"Hasta en la médula de los huesos, en los cuerpos de hombres y animales penetra la influencia lunar, como lo tienen observado y comprobado nuestros Terapeutas al curar huesos fracturados en distintas fases de la luna.

"Vuestra hermosa Astarté, es pues, una creación del Eterno Dios Invisible, como vuestro Adonis (el sol) y como todos los astros que ruedan por el infinito azul, obedientes a sus leyes inmutables.

— ¡Bendita sea tu lengua, Profeta del Dios Invisible!... —exclamó el fenicio que había hecho la pregunta—, porque sale de ella la sabiduría, como el vino generoso del odre que lo guarda.

"Me has hecho comprender que si nuestros dioses Adonis y Astarté no son más que hijos sumisos del Poderoso Invisible, ellos no se enfadarán porque todos los hombres adoremos a su Padre Supremo, ¿no es así?

—Justamente —contestó Jhasua que tuvo la satisfacción de comprobar que se había puesto a tono con las mentalidades que lo rodeaban.

A la mañana siguiente nuestros viajeros se despedían de la cuadrilla de hachadores, dejando encendida una luz nueva en aquellas almas, cuyos escasos conocimientos de los profundos enigmas de la vida los mantenían entre la bruma de una penosa inconsciencia.

EN CESAREA DE FILIPO

Otra jornada más y ya estaban a la vista de Cesárea de Filipo, la más suntuosa e importante ciudad de la Tetrarquía de Felipe, tercer hijo de Herodes el Grande.

Su debilidad de carácter, su poca capacidad para el gobierno de sus dominios y sus desenfrenadas pasiones, hicieron de esta ciudad un verdadero foco de libertinaje, que saliendo de su corte como un torrente de fango, infectaba todos los barrios y clases sociales que formaban la población.

El Tetrarca Felipe, estaba casado con una sobrina suya, Herodías hija de su hermana Salomé Augusta, la mayor de las hijas mujeres de Herodes el Grande. Era Herodías una mujer, digna nieta de su ambicioso, cruel y despótico abuelo. Corrompida y soberbia al extremo, a ella se debió en gran parte que la corte del Tetrarca Felipe, se convirtiera en una exhibición repugnante por lo desvergonzada, de esa mezcla de arte y de lujuria, que los príncipes y magnates orientales buscaban, en los misteriosos bosques de Dhafne, a poca distancia de Antioquía.

Era pues Cesárea de Filipo, una copia reducida de aquella gran capital de Siria, y abundaban los magos y adivinadores, las sibilas, brujas, y en general, gentes de vida tenebrosa, apta para todo mal, basta que fuera espléndidamente pagado.

A este foco de abominación, llegaba el justo por excelencia, el Hombre-Dios, que venía a lavar con sangre los pecados de la humanidad.

En un tranquilo barrio de la parte más antigua de la ciudad, vivía un anciano esenio de grado tercero con su esposa y sus criados. Este hombre se llamaba Nabat, y era hermano de uno de los ancianos del Santuario del Tabor; tenía una Sinagoga particular para los pocos servidores de Jehová que allí había, escuchasen la palabra divina, e hicieran sus oraciones y prácticas de devoción.

En esta casa, morada de un matrimonio justo y piadoso, iban a hospedarse Jhasua y el tío Jaime.

Los hermanos de Hanani pasaron también allí la noche, y al siguiente día se incorporaron a la caravana que venía de Damasco y emprendieron el regreso a Corazín.

El buen anciano Nabat refería horrorizado a sus huéspedes, los escandalosos festines de la corte del Tetrarca Felipe.

En un gran bosque extramuros de la ciudad, y utilizando las aguas de un brazo del Jordán que pasaba por allí, Herodías se había hecho construir un inmenso estanque de mármol negro, en cuyos bordes se levantaban artísticas farolas de bronce, pebeteros de cobre y de plata donde se quemaban enervantes perfumes, mientras duraba su baño y natación, acompañada de sus damas y cortesanos.

En aquel misterioso lugar de placer y de vicio, había la severa consigna de que sólo entraba el que llevaba un pase de Herodías, y nadie salía, si no le abrían la puerta dorada de la gran verja, los gigantescos guardianes nubios negros como el ébano, que la guardaban a todas horas del día y de la noche. El Bosque estaba sembrado de estatuas de los dioses paganos, que eran adorados como patrocinantes de los más repugnantes vicios.

Baco, el dios de la ebriedad y de la lujuria, era por cierto uno de los más reverenciados con ofrendas de sus devotos, Isis y Osiris, símbolos sagrados de la más antigua Mitología Egipcia, tras de los cuales, los maestros de Divina Sabiduría de las Escuelas Prehistóricas, ocultaban del vulgo el misterio de la Eterna Fecundidad Creadora, eran horriblemente profanados, y sus estatuas dormidas en el Loto Sagrado, servían como dioses tutelares de los amores lúbricos, diversión favorita de Herodías y de la corte que le rodeaba.

Ultimamente se había añadido una abominación más —según refería a nuestros viajeros el anciano Nabat— y era lo siguiente:

Herodías hacía venir desde lejanas tierras, todo cuanto sirviera de atracción y divertimiento para su pueblo, según expresaba, aún cuando el pueblo era lo que menos le interesaba, y su principal objeto era mantener llenas sus arcas explotando todas las bajezas, ruindades y degradaciones a que puede descender la criatura humana. Se decía, que un hombre, espectro, de origen thibetano, había sido traído por ella para añadir una novedad llamativa, a las diversiones de su *"bosque de los misterios"*. Dicho sujeto traía consigo una colección de serpientes de las más grandes y horribles de su tierra natal. El thibetano ejercía una fascinación tremenda sobre sus serpientes, que obedecían dócilmente a la monótona música que él ejecutaba en una flauta de bambú, y a unos silbidos especiales con que parecía expresarles su voluntad.

En la gran plaza llamada *de las caravanas*, situada frente a la puerta sur de la ciudad, con el beneplácito de las autoridades, había colocado un gran toldo amarillo sobre lanzas enclavadas en el pavimento. De esta puerta arrancaba una de las grandes avenidas de la ciudad donde se aglomeraba numeroso público, pues en dicha avenida estaban instaladas las tiendas de los mercaderes que compraban los productos traídos por las caravanas desde lejanos países.

La tienda amarilla del thibetano estaba respaldada por la puerta trasera del gran circo de Cesárea, o sea la puerta por donde acostumbraban a entrar los caballos para las carreras, o en general los animales que debían trabajar en el circo.

La posición de la tienda amarilla era muy estratégica y apropiada para los negocios que en ella se realizaban.

El hombre-espectro que parecía un haz de raíces coronado por una cabeza calva, con unos ojos que parecían relampaguear en el fondo de negros huecos, estaba siempre sentado entre una porción de cestas de bambú primorosamente trabajadas. En cada cesta había una serpiente enroscada y dormida, a las cuales el thibetano llamaba sus princesas encantadas que sabían todas las cosas y adivinaban los secretos, y daban la dicha y la fortuna a aquellos a quienes ellas amaban. Oyendo Jhasua estos relatos del buen anciano Nabat, comprendió de inmediato que en toda aquella maraña de engaños y ficciones, se escondía un fondo de verdad.

Y esta verdad era seguramente que el thibetano era un poderoso hipnotizador, que obraba además bajo la influencia de inteligencias perversas para ejercer venganzas, para conseguir riquezas por medios inicuos, y para hacer toda clase de males que fueran bien remunerados. Se murmuraba que en todas las ganancias tenía parte Herodías, que respaldaba al mago con todos sus poderes de esposa del Tetrarca Felipe.

Supo además Jhasua, que desde que el encantador de serpientes estaba en Cesárea, habían huído de sus hogares, jovencitas honestas y virtuosas; muchachos honrados y trabajadores, y aún esposas y esposos jóvenes, dejando abandonados, un hijito pequeño, unos padres ancianos, como personas que han perdido el control de sus actos y la noción del deber.

—Buen Nabat —le dijo el Maestro—, harás una obra agradable al Altísimo si me facilitas los medios para acercarme a ese infeliz, autor de tantos males, y a ese bosque de los misterios, pues me parece que hay una estrecha relación entre el bosque y el hombre de las serpientes.

El horror más profundo se pintó en el rostro del buen anciano.

—¡Hijo mío! —le dijo—, sé todo el amor que por ti sienten los ancianos del Tabor, sé la gran misión que has traído a la tierra, pero que te acerques a esos demonios encarnados, creo que no será necesario para el cumplimiento de tu misión.

—¡Oh, buen Nabat!... ¿Sabes acaso hasta dónde alcanza mi deber de salvar a las almas, y encaminarlas por la senda de la verdad y la justicia? ¿Sabes hasta qué punto me impulsa como un huracán de fuego el mandato divino "Ama a tu prójimo como a ti mismo"?

"¿Crees que pudiendo destruir toda esa máquina infernal, he de permanecer con los brazos cruzados dejando extenderse el mal como un incendio, en un trigal maduro?

"¡No, amigo mío!... Hay pecados de omisión y éste sería uno de ellos. No valdría la pena haber venido a la tierra como Salvador de los hombres, y dejarlos hundirse en los abismos de todas las iniquidades.

El tío Jaime cumpliendo su promesa de no obtaculizar en lo más mínimo la misión salvadora de Jhasua, escuchaba y callaba.

—Voy viendo —dijo por fin el anciano Nabat— que tienes toda la razón a tu favor. Bien pues, haré lo que deseas. Si necesitas hombres fieles, de los nuestros que te ayuden...

—No es necesario; únicamente tu compañía y la del tío Jaime me bastan.

A la segunda hora de la mañana se encaminaron a la plaza de las caravanas.

El thibetano estaba allí quieto, mudo como un lagarto que toma el sol, bajo la tienda amarilla, y medio oculto entre las cestas de bambú. Jhasua lo observó desde el sitio más próximo que pudo, sin llamar la atención. Comprendió que estaba concentrado en sí mismo, acumulando fuerzas y escuchando una voz extra terrestre que le hablaba.

Después de unos momentos, se levantó, quitóse la túnica, y con el pecho, espalda y brazos desnudos, tomó la flauta de bambú y comenzó a tocar.

Las cestas comenzaron a moverse, y sus tapas a levantarse pausadamente.

Las gentes de la plaza y los que curioseaban por las tiendas de los mercaderes, empezaron a acercarse y formar círculo ante la tienda amarilla, que estaba resguardada por un excesivo acercamiento del público, por un fuerte cordel negro que corría de una a otra de las lanzas que sostenían el toldo.

Los espantosos reptiles, bien despiertos y erguidos, habían hecho caer las tapaderas de las cestas y asomaban sus cabezas aplastadas, y sus ojillos como puntos de fuego, por debajo de los cuales una inquieta y larga lengua cual un dardo carnoso, se movía rápidamente.

Jhasua con sus compañeros se mezcló entre el círculo de curiosos. Y con sus ojos fijos en aquel desventurado ser consagrado al mal, evocó a sus grandes alianzas espirituales, e irradió toda su fuerza de bien, de amor y de justicia sobre él. El mago empezó a estremecerse en dolorosos espasmos, la flauta saltó de sus manos y las ocho serpientes se hundieron en las cestas con un sordo ruido, y unos silbidos estridentes que herían los nervios.

Los curiosos, en su mayoría, huyeron asustados, y algunos menos miedosos se burlaron del mago con grandes carcajadas, otros se enfadaron por haberle dejado la indispensable moneda de plata y la función fracasada.

El infeliz encantador de serpientes había caído al suelo y se retorcía en una horrible convulsión, arrojando espuma sanguinolenta de la boca. Jhasua pasó entonces sobre el cordel que rodeaba la tienda y fue a socorrerle. La austeridad de su semblante, y la noble majestad que irradiaba toda su persona, impuso silencio al poco público que allí quedaba.

La fuerza espiritual del Maestro y su inmenso amor a sus semejantes, cortó la maligna alianza de las inteligencias perversas que habían tomado al thibetano como instrumento para sus tenebrosos fines, y el paciente fue recuperando la calma poco a poco.

—¿Quién eres tú? —preguntó de inmediato al Maestro.

—Un médico que pasaba y he acudido a socorrerte cuando vi la crisis que te acometía —le contestó. No quiso hacerle comprender que él había anulado su maligno poder, y se retiró porque se dió cuenta de que era observado por las personas presentes. Pero dejó a Nabat y al tío Jaime para que vieran el final de lo sucedido.

El thibetano tomó de nuevo su flauta y comenzó a tocar, pero las cestas permanecían inmóviles. Se enardecía él mismo, con el fervor de su música enervante y monótona y el resultado era siempre negativo.

El público comenzó a dar silbidos y gritos nada halagüeños para el mago, que al fin sospechó lo que había ocurrido, no sabía por qué causa. Abrió las cestas una por una, y encontró que las ocho serpientes estaban muertas.

Empezó a dar gritos desaforados, y sus ojos relampagueaban con furia, cual si quisiera fulminar con sus miradas de odio a los que le rodeaban.

— ¡Mientras yo estaba convulsionado, habéis envenenado mis princesas —gritaba—, pero lo pagaréis caro, creedme... lo pagaréis con vuestra vida, y la de vuestras mujeres, de vuestros hijos y de vuestras bestias!... —Y continuó vomitando una cadena de maldiciones contra el causante de la desgracia. Los espectadores que aún quedaban, huyeron despavoridos, temerosos de ser alcanzados por las maldiciones del enfurecido mago, que no dejó penetrar en su espíritu el amor con que el Cristo le llamaba al arrepentimiento.

El tío Jaime y el anciano Nabat que lo seguían observando desde fuera del cordel que circuía la tienda, se dieron cuenta de que el thibetano oía un voz en su interior que lo llamaba al camino del bien, de la justicia y de la honradez, porque en medio de la rabiosa furia que le agitaba le oían gritar:

— ¡Calla, calla!... ¡necio!, ¡estúpido!... No hay más bien que el dinero, ni más justicia que la del provecho propio, ni otra honradez que la de cumplir los compromisos a los que me pagan... ¡Maldito seas!, ¡tú que me hablas y no te veo!... ¿qué le diré ahora a *ella*, que espera en el **bosque de los misterios**?

La puerta trasera del circo, en la cual estaba apoyado un lado de la tienda, se entreabrió, y un brazote negro, y parte de una cabeza de ébano asomaron casi a ras del suelo, lo bastante para tomar un pie del enfurecido thibetano y en un rápido movimiento, arrastrarlo dentro y cerrar de nuevo la gran puerta de hierro.

El anciano Nabat que venía siguiendo desde tiempo atrás esta obscura trama de delitos misteriosos, y que había oído los rumores de que el mago con sus serpientes amaestradas, sugestionaba doncellas hermosas y jóvenes gallardos que luego desaparecían, pudo confirmar la veracidad del criminal procedimiento.

La inesperada aparición del negro que arrastró al mago al subsuelo del circo, fué sin duda para evitar que el thibetano enloquecido de ira y fuera de sí, continuase hablando y descubriera el fondo obscuro y desconocido de la negra trama urdida desde tiempo atrás.

El *bosque de los misterios*, era el fastuoso recreo de Herodías, que tenía unas decenas de corpulentos nubios para guardianes de la juventud de ambos sexos, que iba secuestrando por medio del encantador de serpientes.

La digna nieta de Herodes, se sabía duramente criticada por su licenciosa vida, y quería destruir de raíz, la austeridad de las costumbres en las familias hebreas. Corrompiendo la juventud, era como más pronto lo conseguiría.

Dejamos a la fina intuición del lector, el suponer y casi adivinar, la inenarrable serie de abominables procedimientos de que aquella infeliz mujer se valía para conseguir sus fines.

¡Si ella hubiera podido descubrir que Jhasua, como un arcángel de fuego había entrado en Cesárea, y anulado de raíz el principal elemento con que ella contaba para sus tenebrosos delitos, hubiera de seguro hecho con él, lo que dos años después hizo con el predicador de las orillas del Jordán, Juan, llamado el Bautista!

Jhasua esperaba a sus compañeros, junto a una fuente entre jardines que había en el centro de la gran avenida. Se había sentado sobre un banco de mármol y se absorbió en sus propios pensamientos de los cuales no podía apartar al hombre de las serpientes. Un ardiente deseo de redimirle se apoderó de él, y con sus ojos entornados dejó volar su amoroso pensamiento, llamando al alma tenebrosa de aquel infeliz, con las más tiernas expresiones de afecto. Fué, el preciso momento en que el thibetano, sintió una profunda voz interna que lo llamaba al arrepentimiento y a la transformación de su vida consagrada al mal.

Bajo estas impresiones se encontraba el Maestro cuando llegaron hasta él, Nabat y el tío Jaime con el relato que el lector ya conoce.

—Su indómita furia —decía Nabat— le hizo decir frases que descubren claramente su alianza con la malvada mujer del Tetrarca, y es seguro que el coloso negro que le arrastró a las cuevas del circo, le habrá dado una marimba de azotes que no habrán quedado de él más que los huesos.

—En medio de todo lo tiene merecido —añadió el tío Jaime.

Jhasua exhaló un hondo suspiro como si parte de su vida se escapara de él.

—Vosotros podéis pensar como queráis, pero yo no —dijo al fin.

—¿Qué quieres decir con eso? —preguntóle Nabat.

—Quiero decir que si he venido a la tierra para salvar a esta humanidad, no puedo consentir que por negligencia mía se pierda ni una sola de las almas que me fueron confiadas —contestó Jhasua.

—Y ¿qué?... ¿queréis hacer algo por esa pareja de malvados, abortos de los infiernos? —preguntó de nuevo el anciano.

—¡Sí, Nabat!... quiero intentar la redención de los dos.

—¡Santo cielo!... Y ¿vas a entrar en la vida de Herodías? —preguntó aterrado el tío Jaime.

—Y ¿no entraron los Kobdas de la prehistoria, en la vida delictuosa de la reina Shamurance, cien veces más poderosa y criminal que ésta?

—Así es, Jhasua, pero... ¿se redimió la Shamurance? —preguntó de nuevo el tío Jaime.

—¡Ya ves que no, tío!... ¡Han pasado ocho milenios de años y la luz no penetró en ella!... La vuelvo a encontrar rodando abismos abajo, en su espantosa carrera de delito...

—¿Quieres decir que la Shamurance y Herodías son el mismo ser? —preguntó alarmado Nabat.

—¡Es el mismo ser!... —repitió con voz profunda el joven Maestro—. Muchas veces le ha llamado el Amor Eterno por la voz de Krishna, Bhuda y Moisés.

"Ahora le llama la última vez por la voz mía, y si aún persiste en su endurecimiento, ¡desdichada!, la Piedad Divina se cerrará para ella por inmensas edades, hasta que las más terribles expiaciones abran su corazón al amor.

—¡Jhasua!... —dijo el anciano conmovido—. ¡Nadie puede poner freno a la fuerza del Amor Divino que reside en ti!... Haz como creas que es tu deber y nosotros cooperaremos contigo en lo que podamos. ¿Verdad, hermano Jaime?

—Soy de la misma opinión —contestó éste—. ¿Qué quieres que hagamos?

—Quiero ir ahora al circo, en calidad de extranjeros que lo visitamos; bajaremos a las cuevas de las bestias, y veremos qué ha sido del infeliz mago.

—Bien, vamos allá; muy cerca lo tenemos.

No les pusieron dificultad ninguna, porque el circo estaba desierto y una docena de esclavos se ocupaban de la limpieza.

Desde las últimas carreras de cuadrigas y luchas de gladiadores, en que hubo espantosos choque de carros y de caballos, causando destrozos enormes, no se habían organizado nuevos torneos hípicos.

Después de una vuelta por las grandes tribunas y palcos de honor, encortinados con doseles de púrpura, bajaron a las cuadras que estaban a nivel con la arena y fueron registrándolas cuidadosamente. La puerta aquella que se abría sobre la plaza de las caravanas, daba a una galería donde estaban las cuadras. Todas estaban abiertas menos una, que era la más inmediata a la puerta.

—Seguramente está aquí lo que buscamos —dijo Jhasua escuchando. Una respiración fatigosa pero muy débil se sentía claramente.

—Abre hermano, al médico que viene a curarte —dijo Jhasua en alta voz.

Notaron que la respiración fatigosa se acercaba a la puerta y que hacía girar la llave.

El infeliz thibetano estaba con su rostro amoratado, y de la nariz y la boca le corrían hilos de sangre. Se veía claramente que los puños del gigantesco nubio habían hecho su obra.

—¿Te manda ella para curarme? —preguntó el mago.

—¿Quién es *ella*? —preguntó Jhasua y luego añadió—: A mi no me manda nadie, vengo por mi voluntad porque supuse que estabas herido.

—Vimos al nubio que te arrastró por esa puerta —añadió Nabat— y como te fracasó la función, hemos pensado en que serías duramente castigado. Eso es todo.

—¡Sería todo! —arguyó el mago— si no fueran los tremendos compromisos contraídos con la poderosa mujer a la cual sirvo.

Jhasua con sus manos de lirios suavísimos, fué palpando las magulladuras de aquel rostro de espectro; con su blanco paño de manos, mojado en el agua del cántaro que allí había, le limpió la sangre de la nariz y de la boca amoratada.

—Tú eres piadoso como los monjes de Bhuda —dijo el thibetano a Jhasua—. Si yo los hubiera escuchado a ellos, no me vería ahora tal como estoy.

—El despreciar el consejo de los justos, trae siempre desgracia —le contestó el Maestro—. Pero aún estás a tiempo de abandonar la vida antigua y tomar una nueva. Es muy triste a tus años soportar lo que soportas, sólo por míseros puñados de oro, que no tardarás en dejar quieras o no.

—¿Quieres decir que voy a morir?...

—Naturalmente, ¿no hemos de morir todos? Y ¿no es preferible esperar la muerte bajo un techo honrado y tranquilo, que verla llegar en el hacha del verdugo o en el cordel de la horca?

—¿Quién eres tú que hablas como un Profeta?

—Soy un extranjero que viajo estudiando a los hombres, y haciéndoles el bien que puedo.

—¡Tienes bálsamo en tus manos!... —dijo receloso el thibetano—. Tú eres como los monjes de Bhuda que curan con el roce de sus manos. ¿Cómo te pagaré por el bien que me haces?

—¡Dejando la vida que llevas y viniendo detrás de mí! —le contestó el Maestro.

—¿Cómo esclavo? —preguntó el mago.

—¡Yo no quiero esclavos, sino amigos!

—¿Y de qué te servirá mi amistad, si he perdido todo el poder que tenía, y hasta *mis princesas* que aumentaban mi fuerza fueron muertas? —dijo tristemente el thibetano.

—El hombre de bien es fuerte por el bien mismo, y no precisa de malignos seres inferiores cargados de fuerzas tenebrosas, para recorrer dignamente el camino de la vida —le contestó el Maestro—. ¿Quieres decidirte?, ¿quieres la vida tranquila en medio de los justos?... ¿quieres tu pan sin remordimientos ni zozobras?

—·¿Quién me los dará si no tengo ya los medios para ganarlo, y estoy cargado de años y de agotamiento físico?

—El Padre Celestial, dueño de todos los tesoros del mundo —le contestó el Maestro.

De pronto se oyó un pequeño ruido hacia la entrada principal de' circo.

—¡Huid!... ¡huid! —dijo aterrado el mago—. ¡Huid por esta puerta, que viene ella!

El tío Jaime y Nabat se alarmaron por Jhasua.

—¡Hijo!... ¡piensa en tu madre, en tus amigos, en todos los que esperan y confían en ti! —dijo el tío Jaime al oído de Jhasua.

—No tenemos nada que temer de nadie, porque ningún mal hemos hecho —contestó el Maestro con gran serenidad.

Pronto vieron que cruzaba la arena del circo, un grupo de cuatro enormes negros que conducían una lujosa litera, cuyas cortinillas cerradas no permitían ver quién la ocupaba.

La dejaron con gran suavidad en el pavimento de piedras blancas de la galería.

Un hermoso paje rubio de ojos azules, salió primero y descorriendo la cortinilla, dió la mano a una encubierta dama que entró como una exhalación. Jhasua y sus acompañantes se hicieron a un lado para dejarla pasar.

Al ver que el thibetano no estaba solo, le preguntó en árabe:

—¿Qué hacen aquí estos hombres?

—¡Grandeza!... son extranjeros que visitan el circo, y que sintiendo mis gemidos, llegaron aquí a socorrerme. El más joven es médico.

—Te merecías cincuenta azotes bien dados. —Y sin levantar su espeso velo se volvió a Jhasua para decirle—:

"Tus servicios no son necesarios aquí. Puedes irte cuando quieras.

—¡Grandeza! —volvió a decir el mago—. Desde que he perdido *mis princesas* y con ellas todo mi poder, de nada puedo servirte, y este médico piadoso carga con mis huesos que pronto irán a mezclarse con las raíces de la tierra. ¡Señor!... no olvides tu promesa —clamó de nuevo.

—No la olvido. Te espero fuera del circo. —Y seguido de sus acompañantes atravesó Jhasua la puerta de la cuadra.

—¡Qué hermoso es ese hombre! —exclamó Herodías apenas habían salido—. Es seguramente un príncipe extranjero. En Tiro abundan estos bellos tipos mezcla de griego y de galo. ¿No sabes quién es?

—No Grandeza. Unicamente sé que es un hombre piadoso y bueno, puesto que carga con mi osamenta que de nada le servirá.

—¡Entre tú y yo, todo ha terminado! —le dijo la mujer—. Aunque sabes muchas cosas, no te temo, puesto que ya no tienes poder alguno. Pero ten entendido que si llegas a descubrir algunos de mis secretos, te buscaré hasta el infierno para arrancarte la lengua con las uñas.

"Son traidores los de tu raza y no me fío mucho de tí. ¡Bebe esto! —Y sacó de su saquillo de mano una pequeña redoma de alabastro que el mago conocía perfectamente.

—¡El elixir del olvido! —dijo con terror.

—¡Sí! Tú mismo lo preparaste para que nuestras víctimas olvidaran su pasado. Sé que es eficaz, pues ni una sola vez ha fallado. ¡Bebe! —Como el mago vacilara, ella gritó con furia—:

"Si no obedeces, mis nubios están a diez pasos de aquí y los mandaré que te estrangulen.

Se cortó la palabra en su boca, porque Jhasua estaba de pie ante ella y la miraba con unos ojos que le hacían daño.

—¡Has vuelto, y te mandé salir! —gritó ella con rabia.

—Calla mujer, que tú no eres nadie para mandar sobre mí —díjole el Maestro con una voz profunda que parecía venir de lejos—. ¡Vuelve sobre tus pasos! ¡Lava con lágrimas de arrepentimiento los espantosos crímenes de tu vida! Devuelve a sus hogares las doncellas y los jóvenes que retienes en tu *bosque de los misterios*, porque el llanto de las madres que les lloran, está pidiendo a Dios justicia y su justicia vendrá sobre tí...

La furiosa mujer se desconocía a sí misma. Una extraña fuerza la paralizaba. Había levantado la diestra para abofetear a Jhasua, y la mano le quedó paralizada como si tenazas de hierro la contuvieran. Quiso gritar llamando a sus terribles nubios y su lengua reseca no pudo moverse.

El mago temblaba de miedo, pues había querido abrazarse a Jhasua y sus brazos no encontraron cuerpo alguno.

—¡El hermoso médico es un fantasma! —pensó el thibetano habituado como era, a la vida entre fuerzas supranormales, que plasmaban imágenes que se iban y volvían, que permanecían tanto como el pensamiento de su creador.

—¡Herodías! —le dijo la misma voz que resonaba desde lejos—. ¡Hace ocho mil años que la Eterna Ley espera tu redención!...

"¡Alma desventurada!... ¿Hasta cuándo resistirás a la Bondad Divina?...

Como movido por una máquina, el thibetano salió a toda carrera atravesando la arena del circo. El doble astral del Maestro se había desvanecido ante la aterrada mujer, que continuaba paralizada en todos sus movimientos. Sus ojos desorbitados continuaban fijos en el lugar donde había estado de pie el blanco fantasma, cuyo poder de fascinación era tal, que la anuló por completo.

¡Ella misma no podía precisar el tiempo que llevaba allí, sabiendo que vivía sólo porque le latía el corazón y sus recuerdos estaban espantosamente vivos!...

Cuando desapareció la rigidez de todo su cuerpo, cayó en tierra, como si un poderoso viento la hubiera sacudido. Se convenció de que no tenía en su cuerpo daño alguno y corrió a llamar a sus nubios para huir de aquel lugar embrujado. Los encontró profundamente dormidos sobre el pavimento, y el pajecillo rubio dentro de la litera, dormía también.

A puntapiés despertó a sus negros, tiró de la nariz a su bello paje, y ocultándose tras las cortinas de la litera:

—¡Al bosque! —gritó—... —¡al bosque!

Los negros siguieron a buen paso en la dirección indicada. El bosque estaba fuera de las murallas, y hacia el sudoeste, a media milla más o menos.

Era ya pasado el mediodía. La gran puerta dorada estaba abierta de par en par. Los gigantescos nubios como troncos quemados aparecían tendidos en los senderillos tapizados de musgo y de flores. Cada cual se había dormido en el sitio que le correspondía la guardia.

Los pabellones aparecían desiertos... ni una voz, ni un rumor se sentía.

Sólo el concierto de los pájaros animaba aquel silencio de muerte.

Los flamencos y las garzas dormitaban junto a las fuentes, cuyos surtidores chisporroteaban su menuda lluvia de perlas cristalinas.

Una porción de hermosas gacelas pastaban tranquilamente, sin advertir que sucediera nada anormal.

Herodías temblando de ira y de despecho, corrió a su pabellón particular y tomó el látigo de azotar sus esclavos, y con azotes despertó a los guardianes nubios que así habían olvidado sus deberes.

Después recordó al famoso médico del manto blanco, y cesó de azotar a sus negros.

Ella misma se había visto impotente ante la fuerza extraordinaria de aquel hombre fantasma, cuya belleza no podía olvidar.

—¡Me ha vencido! —gritó, y cayendo en su diván de reposo se retorcía de rabia como una culebra herida y aprisionada—:

"¡Yo lo buscaré!... ¡yo lo encontraré! —gritaba—, ¡yo me vengaré haciéndolo esclavo de mis caprichos, hasta que le vea arrastrar como un gusano a mis pies!

La hermosa y florida juventud aprisionada entre sus redes, había volado toda, como una bandada de pájaros cautivos a los cuales de pronto se les abre la jaula.

¿Qué había pasado? La infeliz Herodías no lo supo nunca, pero tú, amigo lector, puedes saberlo, porque los Archivos Eternos de la Luz que guardaron en sus páginas de oro, la vida excelsa del Cristo, te lo referirá confidencialmente.

Cuando Jhasua dijo al thibetano: *"te espero fuera del circo"*, fuése paseando con sus compañeros por los jardines que formaban como una plazoleta frente a la entrada principal. Tras del espeso follaje de una glorieta o quiosco utilizado para la venta de refrescos los días de torneos hípicos, quiso sentarse, y solicitó el concurso de sus acompañantes para un trabajo espiritual, que iba a realizar. Ambos eran esenios adelantados y podían comprenderle y ayudarle.

Su poderosa fuerza espiritual secundada por sus grandes alianzas eternas, produjo el fenómeno de la aparición del doble astral del Maestro en dos sitios a la vez: en la cuadra del circo donde estaba Herodías, para salvar al thibetano de sus garras, y en el bosque donde retenía cautivos, cuarenta y ocho jóvenes de ambos sexos. A fuerza de dañinos brebajes, y de impresiones trágicas de mal género, habíanles hecho perder la memoria temporalmente, mientras les acostumbraban al nuevo género de vida, a que los destinaba la lúbrica y prepotente ama.

La aparición del doble astral de Jhasua en los pabellones del bosque, les devolvió la conciencia de la realidad del momento que vivían, y tomándolo por un ángel del Señor que acudía a salvarlos, viendo dormidos a sus terribles guardianes, huyeron precipitadamente hacia la ciudad, buscando cada cual su hogar y su familia.

La imaginación del lector puede admirar sin esfuerzo, los emocionantes cuadros de amor y de dicha de esos tristes hogares que habían visto desaparecer uno o varios de los jóvenes retoños, en los que cifraban sus esperanzas del futuro, y sin tener noticia alguna del fin que habían tenido.

—"Un ángel blanco nos abrió las puertas de nuestro encierro después de haber dormido a nuestros guardianes". —Era todo lo que los ex-cautivos podían decir.

—"Será el ángel Rafael que guió al hijo de Tobías" —decían las madres llorando de felicidad.

—"Será el ángel que apareció a nuestro padre Abraham, para detener su brazo, cuando iba a sacrificar a su hijo Isaac" —decían otros.

Cuando el Maestro se despertó de su profunda hipnosis era ya la mitad de la tarde, y sólo la presencia allí del viejo thibetano, ya vestido igual que el anciano Nabat, quedaba como evidencia de que todo lo que había ocurrido, no era tan sólo un sueño.

Dos días después, el Maestro emprendía nuevamente su viaje, no sin antes haber destruído de raíz, ciertas recelosas divisiones que existían entre los dirigentes de la Santa Alianza en Cesárea de Filipo. Los unos decían responder a Nicolás de Damasco, los otros al príncipe Judá, o a Simónides, o a los Terapeutas venidos del Monte Hermón.

Con la suave lógica de su amor supremo sobre todas las cosas, Jhasua convenció a unos y a otros de que aquella institución fraternal, era la precursora del Mesías esperado en Israel, y que los dirigentes de Jerusalén, eran entre sí un solo sentir y pensar. Y siendo todos los dirigentes de Cesárea, hombres jóvenes sin mayores conocimientos en el orden espiritual, les reunió en la sinagoga de Nabat, y quedó establecido que él, con su buen discernimiento y prudencia, sería el consejero de la vehemente juventud, que derramaba con entusiasmo la buena semilla.

—Quiero que aprendáis a amaros unos a otros —les dijo al despedirse— porque sin amor, ninguna alianza es santa.

EN EL MONTE HERMON

Jhasua y el tío Jaime, se llevaron consigo al mago thibetano, que se había ya consolado de la pérdida de sus poderes internos, que tan fuerte le hicieron para el mal, en años que no volverían jamás.

El Maestro quería dejarle seguro de continuar su curación espiritual, en el Santuario del Monte Hermón a donde se dirigía.

Necesitaba el joven Maestro reparar sus fuerzas espirituales y físicas. El viaje había sido largo y penoso, y la labor desarrollada desde que salió de Nazareth, muy intensa.

Dejaron pues el trillado camino de las caravanas, y empezaron a costear el flanco oriental del Hermón, por las pequeñas sendas que los hachadores de toda aquella región iban abriendo con sus cuadrillas, casi hasta las faldas mismas del Monte. Para los buenos campesinos, no era desconocida la existencia de los solitarios en lo más escarpado de aquellas cimas, siempre cubiertas de nieve. Los Terapeutas bajaban como aves benéficas, trayendo a los valles del contorno, la salud, la paz y los socorros materiales para quienes los necesitaban.

Los que no pertenecían a la Fraternidad Esenia, no comprendían la vida de aquellos santos hombres que daban cuanto podían, que eran como una providencia viviente para toda la comarca y que jamás pedían nada a cambio de sus favores.

Y acabaron por creer en medio de su ignorancia, que eran seres sobrenaturales, especie de genios protectores y benéficos, que no tenían las mismas necesidades físicas del resto de los hombres.

De Cesárea de Filipo al Santuario del Hermón, eran dos días de viaje en buenas cabalgaduras amaestradas para trepar montañas. Pero era un viaje sin peligros, debido a la infatigable labor de los Terapeutas, cuyas piadosas solicitudes para con todos los que penetraban en aquellos montes casi inaccesibles, habían anulado por completo la delincuencia tan común en lugares como esos.

La suavísima vibración de los hombres del amor y del silencio, establecidos allí desde varias centurias atrás, de tal modo había influído en los habitantes de la comarca, que ya era proverbial la hospitalaria acogida que los leñadores y pastores del Líbano dispensaban a los viajeros que pasaban junto a sus cabañas.

Era final de otoño, y a nueve mil pies de altura a que se elevan los más altos cerros de aquella cordillera, el frío se hacía sentir con bastante intensidad por las noches.

¡Cuántas veces las hogueras de las pobrísimas chozas de los leñadores, dieron calor y abrigo al dulce peregrino del Amor Eterno, que pasaba por la tierra como un ángel de luz y de misericordia!

Ninguna comodidad podían ofrecer aquellas gentes a nuestros viajeros, con los cuales compartían sus lechos de paja y pieles de oveja, su pan moreno de trigo o centeno pisado, sin quitarle la corteza, las frutas de la región que alimentaban también a las bestias, y como vianda de lujo, el queso de cabra, el pescado fresco del Nahr-el-Avag.

La vida pura de aquellas gentes de las montañas, las mantenía en buena salud y con grandes energías físicas, por lo que Jhasua no tuvo ocasión de revelar aquí sus poderes de taumaturgo en cuanto a enfermedades físicas.

Se limitó pues a despertarles la conciencia a un ideal superior, al Poder Invisible y Supremo que vela con amor sobre sus hijos.

Y en verdad que su sencilla plática fué oportuna, hasta parecer evocadora de ese Poder Supremo ante la inesperada circunstancia que se presentó.

La maravillosa fertilidad de la región montañosa del Líbano, ha hecho de ella, una de las más bellas de la tierra.

Y en la época de nuestro relato, dicha región no había sufrido las espantosas devastaciones de la guerra. Los grandes bosques que cubrían valles y cerros, podían casi llamarse inexplorados durante el último milenio.

Los árboles frutales en general, que en otras regiones necesitan del esfuerzo y absoluta consagración de los agricultores, en las faldas y valles del Líbano, crecían a la par de los cedros gigantescos, de las encinas y de los pinares.

Pero en medio de toda aquella exhuberante belleza y abundancia, había algo que aterraba a sus moradores: las terribles tempestades de truenos, relámpagos y rayos, que de tanto en tanto se desataban.

Y como en tiempos anteriores, más de una vez ocurrió que una de esas tempestades había aniquilado toda una caravana que pasaba rumbo a Damasco, el camino había sido desviado de los flancos del Hermón, hacia la llanura que riega el caudaloso río Nahr-el-Avag, cuyas corrientes formaron los hermosos lagos al oriente de Damasco.

Una de estas espantosas tempestades sorprendió a nuestros viajeros en las chozas de los leñadores.

Algunos de ellos, los más pobres sin duda, que no podían sostener la familia en las aldeas o ciudades de la comarca, tenían allí mismo sus mujeres y sus hijos; y cuando se presentaron los primeros anuncios de tempestad, comenzaron a revivir los recuerdos de los que ya habían soportado otras, y la proximidad de la que se anunciaba, les producía indecible terror, sobre todo a las mujeres y a los niños.

Todo les parecía poco para asegurar debidamente los tejidos de cáñamo, pieles de búfalo, restos de velas de embarcaciones, que servían de improvisada techumbre a sus míseras moradas, cuyas paredes eran troncos de árboles y pedruzcos amontonados unos sobre otros.

—Os acabo de hablar —decíales el Maestro— del Poder Supremo que vela sobre vosotros, con el amor de un padre para sus hijos; y estáis temblando porque las nubes, cargadas de fuerza que desconocéis, hacen llegar hasta nosotros el formidable concierto de su furor desatado.

"¿Para cuándo guardáis, decidme, la confianza en el amor todopoderoso de nuestro Padre común?

El thibetano acostumbrado a las fieras borrascas de su tierra natal, en las faldas del Himalaya, temía no obstante por la poquísima seguridad que ofrecían las viviendas. El tío Jaime, conocedor de los poderes divinos que residían en Jhasua, aparecía tranquilo junto al hogar de la choza en que estaban alojados, que era desde luego la mejor construída.

Pronto aquella choza fue insuficiente para albergar a todos los que parecían buscar amparo en la serena fortaleza de aquel joven Maestro, cuya voz dulcísima era acompañada por los estampidos del trueno, el seco ruido de los rayos que caían como hilos de fuego partiendo las peñas y los troncos de los árboles, y los silbidos del viento buscando abrirse paso entre la selva impenetrable.

Las mujeres y los niños, convertidos en un montón de trapos, se apretaban a los pies del bello extranjero, cuyos ojos de dulce mirar, parecían dar luz a las negruras de la tormenta.

Cuando la loca furia de los elementos parecía dispuesta a volar la choza protectora, y empezaron a sentirse los lloros de las mujeres y de los niños, Jhasua se levantó encaminándose hacia la puerta cerrada.

Iba a quitar la fuerte vara de encima que la cerraba y se volvió a los aterrados seres que lo miraban con espanto, para decirles: — ¡Vuestro Padre Celestial os ama tanto, y vosotros no lo comprendéis y ni aún lo creéis!

De pie en la puerta abierta de la choza, tomó su gran manto blanco por un extremo, y el fuerte vendaval lo agitó como un oriflama.

Mas no su mandato, sino la inmensa fuerza espiritual que le daba su unión con las inteligencias superiores de sus alianzas eternas, sumergidas todas como un solo pensamiento en la Divinidad, apagó las furias de los elementos desatados, quedando solamente el caer sereno de la lluvia que fertilizaba los campos.

Cerró nuevamente la puerta, se embozó en su manto y ocupó su lugar junto a la hoguera casi apagada.

Un silencio de estupor mantuvo a todos en una quietud de muerte.

Los niños se habían dormido y las mujeres no sollozaban, sino que con sus grandes ojos de gacelas asustadas, miraban al Maestro como hubieran mirado a un fantasma o genio benéfico, que se hubiera aparecido entre el fragor de la tempestad.

Adivinando el Maestro lo que pasaba por ellos, con su afable modalidad de siempre les decía:

—Estoy seguro de que ahora me tenéis a mí tanto miedo como a la tempestad que se ha evaporado! Pensáis si seré un fantasma... un genio... un dios del bosque detenido en vuestra choza.

— ¡Señor... Señor! —se oyeron muchas voces—. Pensamos que eres más poderoso que los demonios de la tormenta, y que eres tú ese Padre Celestial de que nos hablabas hace unos momentos.

— ¡Quédate Señor con nosotros, y nunca más vendrá la tempestad sobre esta tierra!...

—Déjanos tu manto —gritaban las mujeres— y con él espantaremos los truenos y los rayos.

— ¡Os dejaré algo que dure más que yo y que mi manto blanco! Os dejaré la fe inconmovible de verdaderos hijos de Dios, con la cual me tendréis a mí y antes que a mí, a Aquel que me ha enviado a la tierra. Aprended a esperar de nuestro Padre Amor, todo cuanto necesitáis para ser buenos y felices. Lo que habéis visto esta tarde, basta y sobra para haceros conocer el Poder Supremo, cuando hay corazones puros que son lámparas encendidas por la fe.

Con la promesa de Jhasua de que les visitaría nuevamente a su regreso de Damasco, los leñadores y sus familias les vieron partir sin pena a la mañana siguiente.

Se encaminaron directamente al Santuario del Hermón por el camino estrecho de los Terapeutas.

Las cabalgaduras debían marchar unas detrás de otras y quien marchaba adelante era Jhasua, que en los troncos de los árboles, de trecho en trecho, iba descubriendo el signo usado por los esenios para orientarse en los caminos que no les eran muy conocidos. Este signo era la estrella de cinco puntas, estampada con la punta de un cuchillo sobre la corteza de aquellos árboles, ubicados en las bifurcaciones de los senderos.

El tío Jaime temblaba de que los sorprendiera la noche y ni aún esa señal pudieran descubrir para orientarse.

Mas, cuando el sol del ocaso doraba con sus rayos postreros, la encanecida cabeza del Monte Hermón, sintieron el sonido de una campanilla que se acercaba por momentos. Pronto apareció el gran perrazo blanco de largas lanas, al cual llamaban en el Santuario *"Nevado"*.

Jhasua saltó de su asno para acariciar al noble animal, que agitaba amistosamente su cola como un borlón de seda.

—Tú no puedes ser aquél, con quien yo jugaba cuando tenía cinco años —decíale con inmenso cariño, como si el animal pudiera entenderle y contestarle—. Pero te pareces tanto a él —continuaba—, que voy creyendo en un milagro de longevidad.

No pasó mucho tiempo y aparecieron dos terapeutas jóvenes trayendo de la brida tres asnos ensillados y listos para montar.

—¿Quién avisó nuestra llegada? —preguntó asombrado el tío Jaime mirando a Jhasua y a los Terapeutas.

—"La voz del silencio", dijo sonriendo uno de ellos, a la vez que miraba al thibetano ante el cual no debía hacer manifestación alguna.

—Con aviso o sin aviso —dijo el tío Jaime— habéis vencido el gran temor que me abrumaba hasta hace unos momentos, viendo acercarse la noche en estos desfiladeros.

Cambiaron de cabalgaduras dejando que los asnos fatigados, siguieran tras de ellos sin esfuerzo alguno.

Jhasua les explicó el caso del thibetano que debía hospedarse en el Refugio de los viajeros, fuera del Santuario.

Uno de los Terapeutas se encargó de él y Jhasua le recomendó permanecer allí en completa tranquilidad, donde nadie podría causarle daño alguno.

El lector ya instruido por este relato de la vigilancia amorosa y sutil, que el mundo espiritual ejercía sobre el Verbo encarnado, habrá comprendido seguramente que en la concentración espiritual de esa misma madrugada, algunos de los solitarios maestros habían tenido una misma clarividencia: Jhasua subiendo por los desfiladeros del Monte Hermón, acompañado de dos hombres que le seguían.

Y una misma voz interna profunda y sin ruido que les había dicho: "Viene a vosotros a fortalecer su espíritu agotado por el continuo dar y nunca recibir". Palabras breves y concisas, pero que lo dicen todo para aquellos maestros de almas, profundamente conocedores de lo que significa y son, esas eternas dádivas de las almas adelantadas hacia los pequeños y desposeídos de toda grandeza espiritual.

Desde que tuvieron esta noticia, los cuarenta solitarios del Hermón, dejaron por ese día todo trabajo material que pudiera distraer su mente, de lo único que importaba por encima de todas las cosas; la ayuda espiritual que el Hombre-

Dios venía a buscar en el silencio armonioso de sus grutas, llenas de soledad y de amor.

La magnificencia divina, la inefable plenitud del Amor Eterno, se desbordó como un torrente en los moradores del Hermón, olvidados de sí mismos, para entregarse en amorosa oblación a la Energía Suprema, dispensadora de todo cuanto las almas necesitan para el fiel cumplimiento de sus misiones sobre la tierra.

Y cuando el sol comenzó a declinar, salieron del Santuario los dos Terapeutas con los asnos y "Nevado" tal como ya lo han visto nuestros lectores.

Sabían que mientras permaneciera la luz del día, el viajero se orientaría por las señales que le eran conocidas, pero cuando las sombras de la noche cayeran sobre los peligrosos desfiladeros que formaban verdaderos precipicios, se vería obligado a detener la marcha y los chacales y los lobos merodeaban en las noches de nieve.

La llegada de Jhasua al viejo Santuario de rocas, fué el más glorioso acontecimiento que los solitarios pudieran pensar.

Rememoraron los días lejanos ya, de la persecución de Herodes, cuando el santo niño fué llevado allí por sus padres para ocultarle de la furia del idumeo, que temía en Jhasua, al Libertador de Israel.

Varios ancianos de aquel tiempo, habían entregado sus cuerpos ya agotados, al descanso de los sepulcros de roca; pero más de la mitad de ellos vivían aún, cargados de años y de merecimientos.

Se les representaba de nuevo aquel niñito vivaz; juguetón y alegre a veces; melancólico y pensativo otras, en que parecía que sus ojos de infinita dulzura se llenasen de lágrimas sin motivo alguno aparente. Seguramente la grande alma del Cristo sufría la nostalgia del Cielo de los Amadores que había dejado, para bajar a los sombríos fangales de la tierra.

¿Cómo comprender Dios del Amor, Sabiduría Infinita... cómo comprender ni penetrar los sueños divinos del Subconsciente del Cristo, encadenado en una materia que tornaba borrosa e imprecisas las radiantes imágenes de su mundo interior?

Confidencias como éstas se habían hecho unos a otros los maestros del Hermón, veinticinco años atrás, mientras observaban tan de cerca las modalidades todas del Verbo Enerno en su vida infantil.

Y ahora que lo veían ya un hombre de veintinueve años, circundado de una triple aureola de Maestro, de Taumaturgo y de Santo, decían al Supremo Poder en sus momentos de interna adoración: "Aunque no hubiera en esta tierra, otra obra tuya que ésta ¡Oh Dios inconmensurable ella sola basta y sobra para reconocer tu Potencia Infinita, y Tu Amor sin límite ni medida".

Jhasua traía a los ancianos, una copia de los hallazgos hechos en la Sinagoga de Nehemías, tan rica en tesoros de ciencia antigua.

Los ancianos a su vez le hicieron ver las conquistas hechas en los últimos años entre las grandiosas ruinas existentes extramuros de Palmira, la magnífica y populosa ciudad de la Reina Cenobia, que dos siglos después destruyó vandálicamente el emperador Aureliano [1].

[1] Estas ruinas que he llamado de Palmira eran los últimos vestigios de la antiquísima ciudad de Tadmor, fundada por el Rey Salomón, cuando. el intercambio de tierras y ciudades que hizo con Hiram, Rey de Siria. De la antigua ciudad de Salomón, se sacaron todas sus riquezas para construir la ciudad de pórfido y de mármol, la blanca Palmira, orgullo de Siria. De igual manera que el mundo moderno contempla en Roma, las imponentes ruinas de la Roma de los Césares.

Las escrituras caldeas provenientes del Palacio de Belesis, y de los Templos de Tapsaco, fueron trasladadas a Palmira cuando Alejandro el Macedonio, invadió el Asia Menor, Armenia y Mesopotamia.

El Palacio de Belesis, era una enorme fortaleza y templo a la vez, mandado construir por Gudea I rey de Caldea y fundador de la ciudad de Sirtella, 3.580 años antes del nacimiento del Cristo.

Los hallazgos que los solitarios hicieron en las ruinas de Palmira, revelaban a todas luces, que los antiguos sacerdotes caldeos habían cultivado con gran esmero las ciencias ocultas, en las cuales llegaron a ser consumados maestros. La astrología, la astronomía, la magia en todos sus aspectos, fueron sus conocimientos preferidos, con los cuales no hicieron grandes progresos morales ni espirituales, los pueblos a los cuales mantenían aterrados con los terribles dioses arbitrarios y vengativos, reclamando continuamente los sacrificios sangrientos.

Mas los maestros esenios habituados al sistema de ocultamiento para los pueblos, habían encontrado detrás del obscuro simbolismo, las grandes verdades que se hermanaban en muchos puntos con las escrituras prehistóricas, cuyo origen remontaba a los Dacthylos del Atica y a los Kobdas del Eúfrates.

Observaron pues, que las características de que adornaban a los dioses presentados a la adoración del pueblo, eran los que correspondían a los principales planetas de nuestro Sistema, y a las grandes estrellas visibles desde la tierra.

Pero aquellas antiguas escrituras no habían sido hechas en papiros ni en telas enceradas, sino en plaquetas de barro cocido, que apilados unos al lado de los otros, formaban los numerosos tomos de una obra colosal.

Cada dios tenía su historia concordante con la ciencia de los Kobdas, sobre las humanidades que habitaban aquellos mundos siderales, y su género de vida y el grado de su evolución.

A Mercurio le llamaban *Nebo* y era el dios de la ciencia, debido a que las más antiguas enseñanzas basadas en manifestaciones de inteligencias procedentes de aquel mundo, dejaban comprender el avanzado adelanto a que había llegado esa humanidad en la astronomía, astrología y cálculo.

Ninip llamaban al planeta Saturno, dios de la fuerza, simbolizada en sus anillos que ahogan a las bestias monstruosas del mar y de los montes. Los satélites y asteroides de este planeta —decían los antiguos Kobdas—, eran mundos primitivos, donde las inteligencias encarnadas vivían en permanente lucha con las especies inferiores, al igual que acaeció en nuestra tierra en las épocas primeras de la evolución.

Istar era el planeta Venus, dios del amor, y la antigua enseñanza de los Kobdas marcaba a ese planeta, como habitación de una humanidad que había comprendido ya la ley grandiosa de la solidaridad y practicaba el amor fraterno.

Tres días llevaba el joven Maestro en realizar todas estas comprobaciones, que lo afirmaban más en su convicción sobre el origen común de las más antiguas civilizaciones. Buscando los ancianos su descanso mental, le sacaron de entre las arcaicas Escrituras caldeas, y el cuarto día de permanencia en el Santuario, quisieron llevarle a visitar la gruta en cuyos peñascos exteriores, aparecía la enorme grieta por donde se lanzaba con fuerza de torrente, el agua que daba origen al célebre río Jordán, que recorriendo de norte a sur, Siria y Palestina, iba a vaciarse en el Mar Muerto.

A esta gruta los ancianos la llamaban *"El Manantial"* y nadie sino ellos, frecuentaban aquel paraje. Quedaba a media milla al oeste del conjunto de grutas que formaban el Santuario.

Eran verdaderos nidos de águila por la grande altura a que estaban, y por las profundas gargantas, verdaderos precipicios que las rodeaban.

La perseverante paciencia de los solitarios había abierto senderillos sólo conocidos por ellos, por donde bajaban con bastante frecuencia a remediar las necesidades de los moradores del valle, o a buscar lo que a ellos mismos les era indispensable para su vida.

Tenían, como recordará el lector, su familia de porteros que eran sobrinos de Simón (el apóstol Pedro de años después). Eran puede decirse los criados o mensajeros del Santuario, para la venta de los trabajos manuales, o de los productos elaborados por los solitarios, tales como jarabes y conservas de frutas, preparados a base de miel de sus inmensos colmenares.

En la gruta *del Manantial*, los ancianos habían arreglado hábilmente un tabernáculo de piedra, dentro del cual pusieron una lápida de mármol blanco, cuyo grabado recordaba cuando Moisés hizo brotar agua de las peñas, para dar de beber al pueblo que atravesaba el desierto.

Cada siete días iban allí los cuarenta solitarios a irradiar fluídos benéficos para el espíritu y la materia de todos aquellos que usaran de las límpidas aguas emanadas del manantial.

Relacionada con esto, estaba sin duda la idea de Juan de Hebrón (el Bautista), de hacer su predicación en las márgenes de aquel río nacido en las alturas nevadas del Hermón, y cuyas aguas estaban vitalizadas por el amor silencioso y desinteresado de un puñado de hombres, obreros del pensamiento, cuyo supremo ideal, era el bien de sus semejantes.

Lo decía el Bautista en su epístola a Jhasua: "Llamo a mis hermanos a las orillas del Jordán a purificarse en sus aguas y que vistan túnicas nuevas para esperar tu llegada".

En la gruta del *Manantial* se percibía un sutilísimo ambiente de paz y de amor, que llevaba insensiblemente a concentrar el espíritu en profunda meditación.

Cuando sus ojos se habituaron más a la penumbra, que allí reinaba, vió Jhasua unas inscripciones algo borrosas en distintos lugares de la muralla interior.

—Son los nombres de los siete primeros que cantaron aquí salmos al Altísimo —díjole el anciano Servidor.

—Fué este su primer albergue cuando el manantial era sólo un delgado hilo de agua. Buscando proximidad se instalaron aquí hasta que registrando la montaña encontraron los túneles y cavernas, de los que debió ser una gran mina de plata explotada y abandonada hacía más de diez siglos.

Hadad-ezer Rey de Soba, había extraído de allí enorme cantidad de plata, con que compró la alianza del rey David. Y Jhasua filósofo pensaba: "En estas grandes excavaciones se derramó el sudor y la sangre de innumerables esclavos, para satisfacer la ambición de los poderosos, y desde ellas se elevan hoy a Dios, los pensamientos de Amor y de fe de los que buscan el bien, la dicha y la justicia, para los pequeños desheredados. La ambición abrió las entrañas de las rocas para extraer sus tesoros; y de allí mismo, otros hombres sin intereses y y sin ambiciones, extraen tesoros de paz y de dicha para los que padecen y lloran. ¡Oh los ocultos caminos de Dios! ¿quién acabará de conocerlos?

El tío Jaime que la noche antes había sido promovido al grado cuarto de la Fraternidad Esenia, llevando sólo dos años en el grado tercero, se encontraba en ese instante junto a Jhasua, pues ya no se usaba con él restricción alguna desde que el joven Maestro les había hecho comprender hasta qué punto le estaba consagrado.

Estaban allí reunidos cuarenta y dos hombres de distintos grados de comprensión de la ciencia divina de Dios y de las almas, pero había en todos ellos algo que les igualaba: el grande amor al Verbo encarnado y el deseo de colaborar en su obra de redención humana. Debido a esto, la ley de afinidad se cumplía de modo admirable en ellos y tuvieron el mismo pensamiento: que la poderosa vibración de amor del Hijo de Dios, vitalice hasta en las entrañas de la roca, las aguas de este manantial, y que él sea una fuente perenne de salud y bienestar para todos los que se acerquen a ella.

Y cuando todos pensaban esto, mirando el raudal que brotaba del peñasco, Jhasua se acercó a él en silencio y sumergió ambas manos en la espumosa vertiente, cuya fuerza las hacía temblar, tal como si fueran gráciles varas de nardos en flor, que el correr de las aguas agitara fuertemente.

Un trovador cristiano del primer siglo de nuestra Era, cantó en versos musicales y diáfanos, el abrazo del Cristo a las aguas del Jordán, y todos entendieron que era una alusión a cuando él entró en el río para ser bautizado por Juan, confundiéndose así con la multitud que buscaba ser lavada de sus culpas en las ondas del río sagrado.

Mas su primer beso de Hijo de Dios, a las aguas del Jordán, tuvo lugar en este ignorado momento que acabo de relatar a mis asiduos lectores.

Cuando regresaron al Santuario Jhasua y todos sus acompañantes, sentíanse verdaderamente fortificados y renovados en la excursión a la gruta *del Manantial*.

—Todos los dones de nuestro Padre Celestial, son hermosos —decía el Maestro a los ancianos— pero el agua con la luz y con el aire, forman la divina trilogía que corona todas sus obras en la Creación Universal.

Cuando hubieron tomado la refección del medio día, volvió al Archivo a remover nuevamente las plaquetas de barro cocido encontradas en las ruinas de Palmira.

Buscó los viejos croquis o mapas de los remotos tiempos prehistóricos de Caldea y Mesopotamia, cuando tenían otros nombres que la humanidad había olvidado: País de Ethea, País de Nairi, Ur Bau.

Haciendo los cálculos con minuciosa precisión, comprobó sobre los viejos croquis, que la ciudad de Tampsaco a la cual perteneció la Fortaleza de Belesis, estuvo justamente en el ángulo sur del país de Ethea, donde se unía con el País de Nairi, y donde se alzaba la prehistórica y hermosa ciudad de Nibiza, sobre el Eúfrates. Esto le revelaba asimismo con admirable precisión, que lo que fué Nibiza en la edad de oro de los Kobdas, fué Tampsaco, invadida por Alejandro Magno, y entonces era Tiphsa, donde cinco años hacía, vió morir al sabio anciano Baltasar, su amigo desde la cuna.

— ¡Ruinas sobre ruinas! —pensó— y ahora tengo en mis manos lo que aquellas muertas civilizaciones legaron a los hombres de la hora presente.

Y ayudado por dos de los ancianos que eran maestros en la interpretación de lenguas muertas, pudieron leer en aquel informe montón de ladrillos de barro cocido, en que dejaron grabada su ciencia y su vida, los astrólogos y magos de Caldea y Asiria.

Le llamó particularmente la atención una escritura estampada en treinta y dos ladrillos cuyo título era este:

"LOS MUERTOS MANDAN"

Los intérpretes fueron traduciendo, y Jhasua escribiendo la traducción.

Y como es este un asunto que interesa en todos los tiempos y a todos los seres que piensan y anhelan más y más conocimientos, creo oportuno transcribir aquí la traducción copiada por el joven Maestro.

Eran tres relatos diferentes. Uno sobre el cataclismo del valle de Shidin, del que resultaron incendiadas Sodoma, Gomorra y tres ciudades más, y de las cuales sólo quedaban como recuerdo vivo, el Mar Muerto con sus aguas venenosas y estériles.

El otro se refería al valle del Ghor, por donde ahora corre el río Jordán, que inició su curso, cuando la roca del Hermón abrió aquella grieta y el agua comenzó a correr.

El tercero era transcripción de tradiciones orales traídas por viajeros náufragos del otro lado del océano, pues que se referían a sucesos acaecidos en el Continente Atlante desaparecido, y del cual quedó como último vestigio la Isla de Poseidonis, frente a las "Columnas de Hércules", hoy Estrecho de Gibraltar.

Estos relatos no eran una novedad para Jhasua, pues que en las escrituras del *Patriarca Aldis*, algo de esto tenía leído. Pero el epígrafe *"Los muertos mandan"* fué lo que llamó su atención.

—Bueno es conocer —dijo— los mandatos de los que el vulgo llama muertos, pues que aquí debemos tener una buena base para probar a los hombres descreídos que el alma humana no muere jamás. El relato primero decía así:

"Eran cinco ciudades blancas en el valle de Shidin, que parecían garzas dormidas al sol: Sodoma, Gomorra, Aadma, Zeboim y Bela.

"Cuatro reyes se unieron para subyugarlas: Anraphel, Arioch, Chedorlaomer y Tidal.

"Durante veinte años tiranizaron a sus pueblos, ultrajaron sus mujeres, degollaron a los hombres que no se sometieron, enterraron vivos a los ancianos y enfermos inútiles para el trabajo. Los hombres hábiles fueron escapando en grupos de veinte y de treinta.

"Y cuando los veinte años de esclavitud y de oprobio se cumplían, los que estaban ya a salvo dijeron: He aquí que en nuestras ciudades sólo quedan nuestros muertos que no podemos cargar sobre la espalda. Que ellos pidan justicia a Jehová para nosotros".

"Y se dispersaron por los campos y pueblos lejanos a ganarse el pan con el sudor de la frente.

"Una de las fuentes de riqueza de aquellas populosas ciudades eran las minas de carbón, de betún y de azufre, y un día elegido por Jehová para hacer justicia, las almas de los degollados, enterrados y quemados, en las cinco ciudades del valle *Shidin* se presentaron a los invasores como un viento de fuego, que hizo explotar las minas, y en sólo catorce días todo quedó reducido a un negro lago de betún, que continuó ardiendo por cuatro lunas consecutivas.

"El florido valle de *Shidin*, es y será por los siglos *el lago de la muerte*. Los muertos fueron antorchas incendiarias de la justicia de Jehová. Los muertos mandan sobre los vivos".

El segundo relato decía:

"Allá en época muy remota, cuando la *Virgen Blanca de los cielos* (la estrella Vegha) era la estrella polar de la tierra, un poderoso rey quiso limpiar sus ciudades de contrahechos, ciegos, paralíticos y enfermos de toda especie, con el fin de perfeccionar la raza; y sus guerreros corrieron a azotes como a manadas de perros sarnosos, a todos los que estaban en tales condiciones en sus vastos dominios. Los empujaron hacia el profundo barranco de Ghor, para que los devorasen las fieras o perecieran de hambre, pues sólo crecían allí, zarzales espinosos y no había ni un solo pozo de agua.

"Más de la mitad pereció de hambre y de sed a los pocos días, otros muchos fueron devorados por las fieras, y los pocos que sobrevivieron querían huir hacia otras regiones en busca de agua y frutas silvestres. Lloraban amargamente por dejar allí abandonados los huesos de sus muertos.

"Pero las almas errantes les aparecían en el sueño y les decían: esperad un día más que el Dios de los vivos y muertos está pronto a haceros justicia. Haremos brotar el agua del Monte Cabeza Blanca. Era el Monte Hermón, cuya cima nevada se asemeja a una gran cabeza con cabellera cana. Los pocos sobrevivientes treparon por gargantas y desfiladeros, y bajo un ardiente sol de medio día, vieron que la montaña crujía como si fuera a derrumbarse, hasta que se abrió una grieta negrusca y profunda, y comenzó a brotar un delgado hilo de agua.

"Nuestros muertos nos dan el agua para nuestra vida. Nuestros muertos viven, y son ángeles protectores de los que hemos quedado aún vivos en la tierra.

"Los muertos mandan sobre las fuerzas vivas de la naturaleza, porque el Dios de vivos y muertos les quiere unidos y solidarios a los vestidos de barro y a los vestidos de luz" Y el profundo barranco de Ghor, se convirtió en el delicioso valle regado por el río Jordán, que fertilizó la tierra dada por Jehová, a la numerosa descendencia del Patriarca Abraham".

El tercer relato era como sigue:

"En una edad muy remota, que no podemos precisar, el azulado firmamento, se abrió como en rojizas llamaradas de fuego y produciendo ruidos y temblores espantosos, hasta que cayó una enorme masa de rocas, guijarros y arena, sobre una populosa ciudad de un hermoso país de la Atlántida, cuando las grandes inundaciones del mar que la tragaron, habían ya comenzado su obra de destrucción que duró muchos años.

"La masa planetaria, que de algún globo en disgregación se precipitó sobre la superficie terrestre era tan grande, como el área de la ciudad que se hundió a muchos codos, arrastrada por el tremendo aerolito. Sólo se salvaron de la catástrofe, los pastores que guardaban los ganados lejos de la ciudad, y los leñadores que se encontraban en el bosque.

"A su regreso encontraron en el sitio que había ocupado la ciudad, algo que les pareció un trozo de montaña, aunque de una especie de piedra desconocida en el lugar.

"La ignorancia, tiende siempre a buscar en lo maravilloso, la solución de todos los fenómenos que no alcanza a comprender. Y en seguida se pensó en la cólera de los dioses que habían aplastado la gran ciudad con una piedra, como aplasta un chicuelo un lagarto indefenso.

"El insólito acontecimiento fué conocido en otros países vecinos, y hombres doctos acudieron a ver de cerca los vestigios de la catástrofe.

"Comprendieron que se trataba de una enorme masa planetaria, de una piedra hermosísima equivalente y aún superior a los mejores mármoles. Era de un rojo casi púrpura con vetas verdosas, azuladas, amarillentas.

"Esto es pórfido... puro pórfido, dijeron los técnicos, y hay aquí para edificar palacios y templos de una suntuosidad nunca vista.

"Los magnates de las ciudades vecinas, llevaron cuadrillas de esclavos a sacar piedra de aquella cantera venida a través del azulado firmamento, quien sabe de qué mundo lejano e ignorado de la humanidad terrestre.

"Pronto comenzó la lucha a muerte entre los ambiciosos explotadores de la cantera maravillosa, y los infelices esclavos morían a centenares con los cráneos o las espaldad partidas a golpes de pico y de azada de los obreros de una cuadrilla contra los de las otras.

"Y la sangre de aquellos mártires del trabajo, se confundía con el rojo brillante de la piedra tan codiciada.

"Pasaron cinco, diez, quince años, y los muertos en el hundimiento de la gran ciudad aplastada por el aereolito, se habían despertado ya de la turbación natural de una muerte súbita y trágica. Reconocían haber merecido tan horrorosa muerte, porque la mayor parte de ellos, habían hecho con sus esclavos y servidores, lo que estaban haciendo los explotadores de la montaña trágica.

"Y esos muertos comenzaron a hacerse visibles para decirles: Huid todos de aquí, que esta es nuestra ciudad desaparecida y no consentiremos que se alimente la soberbia de los tiranos, construyéndose palacios de la roja piedra que nos privó de la vida.

" ¡Huid! ¡...huid de aquí, que esta roca bermeja es nuestro panteón sepulcral.

"Claro está, que en toda la comarca, no se encontró quiénes se presentaran a trabajar en la misteriosa montaña dominio de los muertos. Si algún porfiado y testarudo amo quería forzar a sus esclavos, látigo en mano a trabajar en aquella cantera, los fantasmas materializados le arrancaban el látigo y la emprendían a azotes con el audaz que se atrevía a desmandar su mandato.

"Un gran profeta que amaba a los pequeños desvalidos, acertó a pasar un día por aquel trágico sitio, terror de la comarca. Lo vieron acercarse sin miedo a la montaña color de sangre, subir y bajar por sus flancos y cortantes laderas. Lo vieron pensativo sentado sobre un amontonamiento de bloques, que los fantasmas no habían permitido arrastrar fuera de allí. Después le vieron hablar en las plazas y calles de los pueblos vecinos, del poder que el Altísimo da muchas veces a los muertos, para que enseñen el bien y la justicia a los vivos.

"Obtuvo de algunos príncipes y caudillos aterrados por los sucesos ocurridos, los medios necesarios para construir en la cumbre de la montaña roja, un refugio para madres desvalidas y niños nacidos en la miseria, o destinados a muerte por contrahechos o enfermos.

"Esto fué del agrado de los muertos que defendían la montaña; y la Casacuna, asilo de madres, fué rápidamente levantada sin que los obreros sufrieran molestia alguna.

"Esto permite suponer que los muertos en la catástrofe, tomaron la materia para realizar una nueva vida en aquel mismo refugio de madres y de huérfanos, allí donde una terrible experiencia les había enseñado que la maldad jamás conduce a la dicha, y que la Justicia Divina vence siempre a la soberbia de los hombres.

68

"Aquel Profeta se llamaba Antulio, y tres años después moría envenenado por los sacerdotes y reyes, que veían en su enseñanza a los pueblos, un peligro para su dominación.

"Pocos años después, las bravías aguas del océano desbordaban sobre aquella parte del continente, inundándolo todo. Sólo quedó como un islote color sangre, la montaña rojiza con la Casa-cuna y refugio de madres, cuyo basamento lamían mansamente las olas del mar. Los refugiados se negaron a abandonar su nido de águila, de donde salían en pequeñas barcas los discípulos del Profeta, que cuidaron de sus vidas en memoria del gran muerto que contenía las furias del mar a los pies de la montaña salvadora. Los muertos viven y mandan en nombre de Dios, sobre los vivos de la Tierra".

Cuando los intérpretes terminaron la traducción de este tercer relato y Jhasua terminó de copiarlo, los tres se miraron a lo profundo de los ojos como preguntándose ¿qué decimos a esto?

En los pasajes de Antulio que conservan en el Archivo del Monte Carmelo —dijo Jhasua—, no he encontrado este relato del aereolito, de modo que creo será para todos una primicia.

—Es muy interesante y original, pero sin duda pensáis en como ha podido encontrarse en unas ruinas de Caldea ¿verdad?

—Justamente —contestó el Maestro— y quisiera adquirir la certeza de que estas escrituras en placas de barro cocido pueden ser dignas de crédito.

—Nosotros ya nos habíamos hecho esos mismos interrogantes, y muchos días y noches nos llevó el estudio del itinerario que éstas y otras de las escrituras halladas debieron seguir, hasta llegar a la ciudad de Palmira.

"Habla aquí de náufragos, que de costa en costa y de isla en isla, vinieron empujados por las aguas del océano, que al romper las peñascosas tierras de la Mauritania, unidas a la Iberia, inundaron el profundo valle que es hoy el Mar Grande o Mediterráneo. Quedaron a flor de agua las cumbres de las altas montañas que son las islas de Creta, Rhodas y Chipre. Las pequeñas embarcaciones o balsas de salvamento, fueron refugiándose en ellas, y aunque esos navegantes fugitivos de las olas, no condujeran escrituras ni tesoros, traían consigo, la tradición oral de los acontecimiento ocurridos en su lejano país hundido bajo el mar. Fue sin duda en Caldea, donde esas tradiciones se grabaron en estas placas de barro cocido, pues tal sistema de escritura se usó allí desde remotos tiempos. Además en unas placas de madera de haya unidas por anillos de cobre, puede comprobarse que en Salamina, antigua capital de Chipre se radicaron en definitiva fugitivos de un gran rey Atlante, que llegó hasta el Atica con tantas naves que no podían contarse, el cual fué derrotado por los invencibles guerreros de Hisarlik. Unos huyeron hacia la Tracia por el Helesponto y el Propontide, y otros hacia el este por las islas que encontraron al paso. En unos pequeños cilindros de hueso hay grabados que mencionan una ciudad Arados, que en las antiguas cartas de navegantes aparece frente a Salamina, y ya en la costa de Fenicia. De Arados a Tampsaco, había tres días de viaje en camello.

"Ya os dijimos que nuestros Terapeutas las encontraron en una caja de encina enterrada entre escombros, bajo una capa de tierra y césped, al escarbar para extraer raíces de plantas medicinales, que crecían exhuberantes sobre los despojos de la destrucción y de la muerte.

Jhasua quedó pensativo y silencioso por unos momentos.

—¿Os preocupan estas escrituras? —preguntó uno de los esenios intérpretes.

—Pensaba —dijo el Maestro— en la responsabilidad que pesa sobre el Santuario esenio, ante la Fe, la Historia y la Ciencia en relación con el futuro de la humanidad.

"Día vendrá —añadió—, en que la Fraternidad esenia desaparecerá como los Profetas Blancos, los Flámenes, los Dacthylos y los Kobdas, ¿qué serán de estos riquísimos archivos de ciencia y de historia antigua, ocultos hoy en el seno de las montañas?

—La Divina Sabiduría —contestóle el esenio— proveerá, para que aparezcan guardianes fieles de sus tesoros.

"Y en último caso, aunque todo fuera destruido por la inconsciencia y la ignorancia de los hombres, ellos no pueden destruir el Eterno Archivo de la Luz Increada, en el cual siguen viviendo como en letargo, hasta los pensamientos más fugaces de los habitantes terrestres. ¿Crees que nosotros mismos, eternos vivientes, no podemos referir a la humanidad del futuro, los acontecimientos de las edades pasadas? ¿Acaso hay algo imposible para el Poder Soberano dentro de la inmensa órbita de su Ley inmutable?

El Maestro exhaló un profundo suspiro, como si su corazón se aliviara de un peso enorme y dijo con una voz de inspirado:

—Yo sé que luego de mi partida de la tierra, vendavales furiosos arrancarán mi siembra de hoy, y hálitos de tragedia empaparán de sangre los caminos de mis continuadores, más el Padre me dá tal plenitud y firmeza en mi fé, sobre el triunfo definitivo de mi ideal sublime de amor, que toda vacilación me es imposible, y mi espíritu rechaza con horror, hasta la sombra imperceptible de una duda.

—Y nosotros contigo Jhasua, hasta el último aliento de la vida!... —clamaron ambos estrechando las manos del joven Maestro.

Al siguiente día muy de mañana, bajaban de su nido de águila todos los solitarios acompañando al viajero hasta una meseta de la montaña, en el sitio preciso del nacimiento del río Abaná en el flanco oriental del Hermón.

—El camino sigue el curso del río —le dijeron— cuya corriente da vuelta por el norte a las murallas de Damasco. ¿Queréis la compañía de un terapeuta práctico en la ciudad?

—Para el viaje tengo bastante con el tío Jaime, pero acaso en la ciudad podrá serme necesario —contestó el Maestro.

Los terapeutas más jóvenes eran seis y como todos quisieran acompañarlo, echaron suertes, y fue favorecido el más joven de ellos, natural de Ecdippa, en la provincia Galilea. Su nombre era Zebeo, y fué uno de los doce apóstoles que acompañaron al Cristo hasta su muerte.

EN DAMASCO

Algunos aspectos de la antigua Damasco y de sus alrededores, hicimos conocer del lector al referir aquel primer viaje de Jhasua a Ribla, que de paso se detuvo con sus compañeros por breves días.

Llegados a esta altura de su vida, iniciando su misión de Apóstol del cercano Oriente, algo más conocerá el lector, de la vieja capital de la que se ha llamado la Arabia Feliz, para mejor destacarla de la Arabia de Piedra y de la Arabia Desierta, tres regiones muy diferentes entre sí, y que forman el vasto país que aún no había sido sometido a la dominación extranjera.

Al descender de las alturas del Hermón, se entra de lleno en la espléndida llanura regada por los ríos Farfar y Abaná, por la cual llegaba el viajero hasta las murallas mismas de la populosa ciudad.

Situada ésta, en el punto en que los ríos unían su corriente, el abundante riego había convertido los alrededores de Damasco en huertos frondosísimos, en maravillosos jardines de una belleza pocas veces vista, en las regiones del cercano Oriente.

Y diseminados entre las verdes praderas, pastan los pacíficos y tranquilos camellos de pelo blanco o canela, manadas de caballos árabes de hermosa estampa, grandes majadas de ovejas y cabras de largo pelo de raza persa, y mezcladas con ellas, las graciosas gacelas del desierto, atraídas por los pastores hacia la vecindad de las ciudades. Quien ha contemplado estos cuadros de belleza indefinible, los vé vivir de nuevo, no bien evoca el recuerdo lejano.

El lector puede figurarse a nuestro sensitivo Jhasua, atravesando estos jardines del Padre Celestial, como él decía, deteniendo el paso de su asno para dar lugar a que su alma se empapara de belleza, y que tan hermosos cuadros se grabaran muy hondo en las pupilas.

Toda alma grande y pura, es sensible en extremo a las bellezas de la naturaleza, en las cuales encuentra el más bello y sublime poema, que canta en inimitables tonos la omnipotente sabiduría del Eterno Creador. Sentíase niño, y quería echarse a correr tras los cabritillos juguetones y las graciosas gacelas.

Un silencio contemplativo y profundo absorbía a los tres viajeros que tanto el tío Jaime como el buen Zebeo, participaban de la creciente admiración del Maestro. —¿Cómo podrían ser malos, quienes habiten esta hermosura de Dios? —dijo por fin Jhasua para significar en tan breves palabras el mundo de reflexiones que poblaba su mente—. Razón tenía el Scheiff Ilderin —añadió— cuando al ver mi entusiasmo junto al lago de su *Huerto de las Palmas*, me decía: Mucho más bella es la pradera del Abaná en torno a nuestro incomparable Damasco.

—Pero hay que confesar —dijo Zebeo— que aún en medio de tantas bellezas los malvados no dejan de serlo, cuando la venganza se adueña de sus sentimientos. Estos hermosos huertos y jardines, fueron devastados por un incendio provocado por el odio y la venganza.

—¿Hace de ésto mucho tiempo? —preguntó Jhasua.

—Más de diez años, según creo —contestó Zebeo.

—A eso se debe sin duda, que cuando hace diez años pasé por aquí camino a la ciudad de Ribla, no me entusiasmó como ahora la exhuberante belleza de·esta pradera —dijo el Maestro.

—Los labradores quedaron empobrecidos, pues era terminación de estío, los trigales estaban en la era y el heno segado y engavillado, razón por la cual el fuego prendió de modo implacable —añadió Zebeo, conocedor de aquella región.

—¿Y fué intencional o un simple accidente? —volvió a preguntar el Maestro.

—Fué una venganza contra el Rey Hareth, que repudió a su esposa favorita para tomar una princesa persa. La mujer olvidada, con sus familiares y esclavos, organizaron el gran incendio, cuyas vastas proporciones pusieron en grandes dificultades al rey, pues estas praderas son el granero principal de la región, que se vió amenazada de hambre. Gran parte de los rebaños perecieron por el fuego y después por el hambre. ¿Véis aquel negro promontorio al norte de la ciudad?

—Lo vemos claramente —contestaron Jhasua y el tío Jaime.

—Es un espantoso presidio, donde pagan su delito los causantes de aquel incendio. El que entra allí, se despide de la luz del día. En tiempos muy remotos y cuando aquí dominaban los caldeos, dicen que eso era un templo de Ramán, dios de las tempestades. Según la tradición, en cada luna nueva, se sacrificaban allí un doncel y una virgen de nobles familias, para que la iracunda divinidad no azotase los campos con sus huracanes y tempestades. Dicen que hay allí miles de cráneos y esqueletos. El rey Hareth lo transformó en un presidio desde el año del incendio.

"El que entra allí se vuelve loco, porque los buhos, los murciélagos y los reptiles, anidan entre las osamentas, que al contacto de esos animalejos producen ruidos nada agradables. Antes del incendio de Damasco, no había presidio, porque a los delincuentes se les cortaba la cabeza o se les ahorcaba. Pero la esposa persa del rey Hareth, tiene espanto de que su esposo se manche de sangre, y ahora no se condena a nadie a la última pena. Se les encierra en el promontorio de Ramán.

Jhasua escuchaba a Zebeo en profundo silencio. Pero su alma que era un arpa de amor, se inundaba de infinita piedad hacia los infelices enterrados vivos en el horrible presidio.

—Zebeo —dijo de pronto el Maestro—. ¿no podríamos visitar ese antiguo templo de Ramán?

—Aunque la ciudad y todo el paraje me son muy conocidos —le contestó— no tenemos a nadie vinculado al príncipe Hartat, ni aún a las personas allegadas a su servicio.

Cuando llegaron al ancho foso que rodea la ciudad, y que por la reciente crecida de los ríos aparecía completamente lleno, vió Jhasua paseando por el puente tendido desde la gran poterna, dos muchachotes altos, esbeltos y de moreno rostro. Le pareció conocer esas fisonomías y detuvo con insistencia su mirada en ellos, que sintiéndose observados volvieron la cabeza hacia los viajeros. Entraban y salían tantos durante el día por la puerta del sur, a la cual convergían los caminos recorridos por las caravanas del este, del sur y del oeste, que de ordinario nadie paraba atención, en dos o tres personas que llegasen sin ninguna circunstancia que moviera la curiosidad.

Los dos jóvenes paseantes del puente, así que vieron a Jhasua y el tío se acercaron a ellos.

—Maestro —le dijo uno de ellos—. ¿Ya no os acordáis de nosotros?

—Vosotros lo creéis así, pero no hace tanto tiempo que hemos partido el pan y bebido juntos el vino en la mesa del Príncipe Melchor, en su Santuario del Monte Hor —les contestó Jhasua.

—Y luego en la granja de Andrés del Monte Quarantana —añadió el tío Jaime—. ¿No hicisteis con nosotros el viaje a Jerusalén?

—Justamente; tenéis buena memoria.

—Y os diré también vuestros nombres —añadió el Maestro—. Tú eres Ahmed y tú, Osman. ¿Es verdad?

—Sí Maestro, os agradecemos que recordéis nuestros nombres.

—Y ¿qué hacéis aquí? —preguntóles Jhasua.

—Ya sabes Maestro que estamos al servicio del comerciante Simónides, y por mandato de él vinimos aquí. Es una felicidad encontrarnos.

—Y para mí lo es también, pues nuestro gran Simónides no hace nunca las cosas a medias —dijo el Maestro— y de seguro que estaréis en Damasco recomendados a alguien. Nuestro Simónides tiene amigos en todo el mundo.

—Es verdad. Hemos venido recomendados al Etnarca de esta región que es un hijo del Rey Hareth de Petra, gran amigo de nuestro padre adoptivo Melchor —contestó Ahmed.

—¿Quiere decir eso, que en Damasco sois grandes personajes? —preguntó riendo el tío Jaime.

—Tanto como eso no, pero estamos aquí como gorrioncitos en nidos de seda.

—Ya ves amigo Zebeo, como el Padre Celestial desbroza los caminos al que anda por ellos derramando el bien —díjole el Maestro.

—Por ahora entremos —dijo el tío Jaime— y después hablaremos de todo lo que queramos.

—¿Queréis hospedaros en nuestra posada? —preguntó Osman—. El dueño es amigo de nuestro patrón Simónides.

—Vamos allá —dijo Jhasua— que nuestro viejo amigo tiene ojo de lince para conocer a los hombres.

Ya adivinará el lector, que con las recomendaciones de Simónides para el Etnarca Artath de Damasco, los dos jóvenes árabes ya nombrados, facilitaron grandemente la obra que el Maestro quería hacer en aquella capital de Arabia.

Enterado el Etnarca, de la grande amistad de Jhasua con Simónides, y con el Scheiff Ilderin, confió en él, como hubiera confiado en Elías Tesbitha, el profeta de fuego, como lo llamaban los árabes de esa región que le conservaban un culto mezclado de terror.

El Etnarca era joven y recientemente casado. La esposa era de noble familia, descendiente de los antiguos reyes caldeos. Su padre era un sabio astrólogo y mago de grandes poderes psíquicos, según todos creían.

Pero todos estos poderes y facultades se estrellaban contra una muralla de piedra, al tratar de salvar la penosa situación del hogar del Etnarca su yerno, que a poco de su casamiento venía viendo languidecer y morir lentamente a su esposa favorita.

Según sus costumbres, tenía tres mujeres más de su propia raza, y que eran a la vez guardianas de la servidumbre inmediata de la esposa.

Les había nacido un niño, pero ni aún esto fué bastante para traer alegría a la infeliz esposa, que padecía tan horrible tristeza, que caía en accesos de desesperada angustia, hasta llegar a buscar la muerte de cualquier modo que fuera.

Los muchachos árabes discípulos que fueron del Príncipe Melchor, se habían conquistado la amistad del joven Etnarca.

Ellos le dijeron que Jhasua era un Maestro de Divina Sabiduría, a quien Melchor de Horeb consideraba como un Profeta superior a cuantos hubo hasta entonces.

—Quien sabe si él no remediaría la penosa situación de tu casa, Etnarca —le habían dicho—. Se hospeda desde ayer con nosotros en la *"Anfora de Plata"*.

—¿De dónde viene? ¿qué le trae por aquí? —había preguntado el Etnarca.

—A ciencia cierta no lo sabemos, pero él con hombres doctos de Jerusalén, ha fundado una asociación que llaman *"Santa Alianza"*, con el fin de unir a todo el Oriente para hacer resistencia pacífica a los avances del águila romana, y a la vez socorrer a los necesitados —le habían contestado.

—¡Ah! entonces es un gran hombre!... traédmelo aquí, que aún antes de conocerle ya soy su amigo. Melchor, Ilderin, Simónides, no son cortos de alcance, y si es amigo de todos ellos, el hombre vale, fuera de duda.

"Por lo que es tu amigo, sé lo que eres tú", dice un proverbio tan antiguo como Damasco mismo; más antiguo que la sabiduría de Salomón. La sabiduría de mi suegro ha fracasado en el caso mío. Veamos vuestro profeta si tiene más poder que él".

Tal fué la introducción de nuestro viajero en la ciudad de Damasco.

Esa misma tarde se encontraba Jhasua sobre el terrado del palacio del Etnarca, junto a un pabellón de rejas doradas y cortinas de púrpura, donde estaba tendida con profundo desaliento una joven mujer. A su lado una esclava agitaba un abanico de plumas para hacerle aire y espantar los insectos. Otra mecía suavemente la cuna de un niño, flaco y pálido como su madre.

—He aquí mi familia —le dijo el Etnarca cuando descorrió una cortina y le dejó ver el interior del suntuoso pabellón—. Mi padre el rey, domina desde el Eúfrates hasta el Mar Rojo —continuó diciendo—. Yo soy su heredero. ¿De qué me sirve tener cuanto quiero, si me falta la alegría y la salud en la familia?

"De Persia y del Indostán, he traído sabios astrólogos y médicos, cuando mi suegro se declaró impotente para curar el extraño mal de mi esposa que parece transmitirse a mi hijo, puesto que ya lo ves, ambos aparecen en el mismo estado.

Jhasua miró a la madre y al hijo y se conocía en ambos la vida, por la respiración un tanto fatigosa.

—Si confías en mí —le dijo, después de un breve silencio— manda salir a las esclavas, ponte Etnarca en un sitio de donde puedas ver y oír, sin que la enferma te vea, ni se aperciba de que estás presente. No tomes a mal lo que voy a preguntarte; ¿tienes odio a alguien, cerca o lejos de tí?

El Etnarca miró con ojos escrutadores a Jhasua y una ráfaga de recelo y desconfianza se reflejó en su mirada.

—El que ocupa una posición como la mía —dijo— odia y es odiado, igualmente que ama y es amado. ¿Por qué lo preguntas Profeta?

—Porque el mal de tu esposa y de tu hijo no está en sus organismos físicos, sino en la esencia espiritual que los anima, y de allí se transmite en forma de laxitud morbosa en seres muy sensitivos, a los cuales puede llevar lentamente a la muerte.

El Etnarca guardó un profundo silencio.

—Profeta del Altísimo, voy a decirte secretos de mi familia de los cuales no te permitirás usar sino para bien de los míos, —dijo con severidad.

—De eso puedes estar seguro, y si no confías en mí, no me hagas revelación alguna. Basta con decirme si te sientes con fuerza para olvidar tu odio, sea a quien sea y sustituirlo, si no puedes con amor, por lo menos con una indiferencia pasiva, que no avive la furia de tu enemigo —le contestó Jhasua.

—Sabe Dios que no desconfío de tí. Oyeme pues: Yo soy hijo de la primera esposa de mi padre, la cual murió dejándome muy niño. El tomó otra esposa entre las princesas de la casa reinante en Sidón, y cuando ya le había dado un vástago, la repudió a causa de sus costumbres demasiado libres, rayanas en libertinaje, como son casi la mayoría de las mujeres sidonias. Ya sabes que nuestras leyes y costumbres exigen a la mujer un retraimiento y recato muy severos, y mi padre se veía continuamente observado por sus consejeros por la vida libertina de su esposa. Al repudiarla, tomó una tercera esposa, una princesa persa que es un encanto de mujer, que le ha traído la paz y la dicha al hogar.

"La repudiada tomó venganza de mi padre, devastando por el incendio nuestros campos de labranza, cuando estaban segadas las cosechas; y una vez alrededor de Damasco, otras en los campos de Filadelfia, de Anmón o de Madian, nuestras cosechas eran quemadas junto con nuestros ganados. Se vino a descubrir que todo era venganza de aquella mujer sidonia, en unión de sus familiares y amigos.

"Fueron tomados cautivos y condenados a muerte; pero la actual esposa de mi padre, tiene espanto de que su marido decrete pena de muerte para nadie, y como le tiene ganado el corazón, obtuvo de él que los incendiarios fueran encerrados en el Peñón de Ramán. Y allí están. Pues bien desde que mi padre trasladó a Petra su residencia, dejándome en Damasco, la cautiva del Peñon me ha hecho llegar emisarios pidiendo clemencia. Como no me ha sido posible acceder porque sería enemistarme con mi padre, me hizo llegar la amenaza de que iba a humillarme y herirme en lo que más me doliera.

"Por medios verdaderamente diabólicos, dignos de la malicia de Abbadón[1] mandó a mi casa galanes con la consigna de arrastrar a mi esposa al libertinaje. Hizo mil pruebas que le fallaron todas. Natural es, Profeta, que yo tenga un odio feroz a esa serpiente que lleva en sí todos los venenos. Desde entonces, me veo obligado a tener guardias redobladas en todas las puertas del alcázar y aún en la ciudad, campos y aldeas.

"Tal es la historia del único odio que alienta mi corazón".

— ¡Etnarca Arthat!... exclamó el Maestro—, eres un hombre justo y tu padre lo es también; y porque lo eres, te hace daño la vibración del odio de esa mujer y de sus secuaces, que la secundan en todas sus malvadas actividades. ¿Cuántos son los prisioneros del Peñón de Ramán?

—No lo sé a punto fijo pero si aguardas un momento te lo diré. —Llamó a su jefe de guardias y le ordenó averiguarlo. Un momento después, Jhasua sabía

---

[1] El demonio de los árabes

que los incendiarios eran treinta y dos.

—¿Quieres Etnarca ponerme en contacto con ellos? —preguntóle Jhasua con gran serenidad.

El Etnarca se acercó a Jhasua y en voz muy baja le dijo: —Si con tus poderes puedes matarlos sin rastros de sangre, hazlo, que así terminaremos este asunto y mi padre nada podrá decir.

—Te engañas Etnarca... te engañas! Vivos o muertos, su odio te alcanzará de la misma manera. Y puedo decirte que muertos, pueden hacerte más daño todavía.

"¿No sabes que muerta la materia, el principio espiritual que la anima adquiere libertad y fuerza para continuar una venganza comenzada en la vida?

—¿Entonces estoy a merced de esa mujer, yo... príncipe soberano de Damasco? —preguntó con ira el Etnarca.

—Ten calma y óyeme. No odies más a esa mujer. Es el primer paso... ¡No es odio contra odio el medio para libertar de esas redes terribles a seres sensitivos como tu esposa y tu niño. No la odies más. Perdónala!...

—¡Profeta! —gritó el Etnarca fuera de sí— ¿Te burlas de mí? A un hijo de Arabia le pides perdón para un enemigo que ha traído la desolación, el hambre y la muerte a su patria, y que como un reptil venenoso ha osado llegar con sus seducciónes hasta mi tálamo nupcial para deshonrarlo?

—¡Cálmate Etnarca!... —díjole Jhasua con su voz más dulce y tomándole una de sus manos—. Quiero traer la salud, la paz y la dicha a tu casa. Quiero ver tu esposa feliz a tu lado y que tu hijito como un ángel de Dios, te sonría dichoso de que le hayas llamado a la vida... ¿quiero que todo florezca en torno tuyo, y tú te niegas a ayudarme en mi obra?

Estas palabras hicieron en aquel hombre el efecto de una ánfora de agua fresca, que se hubiera vaciado con infinita suavidad sobre su cabeza abrasada por la fiebre. Se quedó sin palabra... inmóvil, mirando los ojos de Jhasua que irradiaban sobre él infinita piedad.

—Yo la perdonaría —dijo después de un largo silencio— pero mi padre no la perdonará jamás.

—Por el momento —dijo Jhasua—, tu perdón me basta. Ahora empiezas a vencer a tu enemiga, porque antes te has vencido a tí mismo.

¿Me permites visitar a la cautiva del Peñón?

—Irás con cincuenta de mis mejores guardias —dijo Arthat.

—Como quieras, pero te ruego dar órdenes para que me dejen hablar a solas con esa cautiva y con cada uno de los prisioneros, —añadió el Maestro.

—Eres un Profeta de la talla de Elías Tesbitha que no temía ni a los ejércitos armados —dijo el Etnarca impresionado por la actitud de Jhasua.

—¿Crees tú en el Poder Supremo del Creador? —le preguntó el Maestro.

—En El creo desde mi niñez —contestó.

—Bien has hablado. Ahora, hazme conducir a ese presidio, y el Soberano Poder, mi Dios, hará todo lo demás.

Acto seguido, cincuenta guardias salieron de la fortaleza conduciendo a Jhasua al Peñón de Ramán, donde treinta y dos humanos yacían sepultados vivos. Dos o tres veces al mes se les llevaban provisiones, se les renovaba el agua de los cántaros, y solos quedaban allí encerrados cada uno en su cueva, amarrados con una cadena al peñasco y sin que nadie más se ocupase de ellos. Era de tal manera formidable aquel peñón-presidio, que no era de temer ninguna evasión. Desde adentro no podían abrir, y de fuera, sólo el que poseía el secreto de la piedra movediza, podía penetrar allí.

Unicamente un viejo guardián, compañero de armas del rey Hareth, conocía ese secreto y sólo él abría y cerraba el presidio.

Cuando Jhasua estuvo al pie del peñón, pidió que le dejaran solo, y en una suprema evocación a sus grandes alianzas espirituales, recabó de ellas la fuerza necesaria para aniquilar el dragón destructor del odio, causa de todos los males y dolores que lamentaban en la gran ciudad y dijo al viejo guardián.

—Abreme el presidio y guíame ante la cautiva.

—Eres audaz —díjole el viejo—. Sabes que esa mujer tiene cien demonios en el cuerpo y es una bruja consumada. Mira un lagarto y lo deja seco. Mira una lechuza, y después de una voltereta por el aire, cae fulminada como herida por un rayo.

Jhasua se sonrió ante el miedo del anciano guardián y le dijo:

—No temas. Ya eso pasó.

—Como quieras niño. A más, el amo lo manda.

El viejo entró en una cueva de las muchas que el peñón tenía y que eran utilizadas por las raposas y gatos monteses como madrigueras.

A poco, salió diciendo: —Ya puedes pasar.

Jhasua entró tras del viejo que llevaba una candela encendida. Tras ellos entraron los guardias. Era aquello un túnel bastante espacioso pero muy obscuro y de nauseabundo olor.

Se notaba en el esfuerzo de todos, que el pavimento iba subiendo lentamente como una rampa insensible.

Por fin llegaron a un recinto amplio e iluminado por una lucera en el techo. Sobre un altar semi derruído se veía una monstruosa imagen de piedra, que representaba al horrible dios de las tempestades. Tenía grandes alas como de águila y sus dedos eran garras que sostenían cadenas y sogas en gran cantidad.

—Esto era el templo —dijo el guardián—. Detrás de esto están las cuevas de los esqueletos.

Jhasua sintió un estremecimiento de horror cuando vió la enorme cantidad de cráneos humanos, huesos, esqueletos aún enteros o colgados de garfios o tendidos en el pavimento.

Todas aquellas osamentas fueron vidas humanas en plena juventud; el fanatismo de una religión criminal, les había privado del don divino de la vida, en aras de una fe abominable hacia una divinidad sanguinaria.

¿Era posible que el ser humano con un alma emanada del Dios-Amor, llegase hasta ese abismo de ignorancia y degradación? Su alma tierna como una flor en el capullo, se estremeció dolorosamente. Se acercó más al informe montón de huesos.

Tomó en sus manos uno de aquellos blancos cráneos que parecían de nieve. Era pequeño y de líneas finas. Pensó que sería de una virgen, endeble como una flor. Y pensó:

—Aquí dentro había un cerebro unido a una mente que pensaba, que soñaba, creaba bellas imágenes de amor y de dicha; tenía madre... tenía un amor... anhelaba la dicha...

"¡Oh Dios Infinito y Eterno!... —exclamó de pronto—. ¡Pudo ser una buena hija consuelo en la vejez de sus padres; una fiel esposa, aliento en la vida de un hombre honrado y justo... madre de bellos e inocentes niños, futuros servidores de Dios y de la humanidad!...

"¡Almas que animásteis estas blancas osamentas!... si aún padecéis turbación por la tragedia horrible de vuestra muerte, yo os evoco a todas en estos momentos solemnes para deciros: ¡Volved a la vida, y que la dura experiencia sufrida, os haga comprender de una vez para siempre, que la verdadera y única religión de Dios, es el amor de los unos para los otros: *la fraternidad universal*!

La presencia del viejo guardián le hizo volver de su abstracción. Dejó el cráneo que le sumió en meditación y le dijo:

—Llévame ante la cautiva.

Cruzaron ante varias cuevas vacías y se detuvieron ante una con verja de hierro en la puerta.

La figura que el Maestro vió, se confundía, con la negrura de la muralla. Estaba tirada sobre un miserable lecho de paja, sujeta al muro por una cadena que le rodeaba la cintura. Junto a ella, se veían mendrugos de pan y trozos de carne.

La cueva era pequeña y el visitante quedaba muy cerca de la prisionera.

—Mujer, —le dijo en alta voz el Maestro—. Si quieres oirme, puedo cambiar tu situación.

—Yo no quiero misericordia sino justicia —contestó duramente ella.

—Todos reclaman justicia —díjole Jhasua— los que hacen daño y los que lo reciben. Tú quieres de seguro tu libertad que es don de Dios a sus criaturas. Los que recibieron de ti tantos males, también tienen derecho a los bienes que tú les arrebataste en un momento de cólera. La libertad que anhelas no podrás tenerla si no renuncias al mal obrar y te decides a vivir conforme a la justicia y a la verdad.

"Tienes pues en tus manos el bien que deseas.

—Y ¿quién eres tú, que así ofreces la libertad, a quien lleva once años de calabozo?

—Soy un maestro que enseña la ley del amor fraterno a los hombres. He pedido permiso al Etnarca para visitarte y me lo ha concedido.

—Es un asqueroso lagarto que me tiene miedo —rugió la mujer.

—No puede temerte porque él es libre y fuerte —le dijo Jhasua.

—Y yo, mísera cautiva encadenada, soy más fuerte que él, y voy a matarle su mujer y su hijo como mato a las lechuzas y a los murciélagos que se llegan a mí.

—Ni a la una, ni al otro, matarás.

—¿Quién me lo impedirá?

— ¡Yo en nombre de Dios!... —contestó el Maestro con gran firmeza.

La infeliz dió un aullido, se incorporó furiosa dando pasos hacia Jhasua hasta donde le alcanzó la cadena. Se quedó mirándole fijamente con sus ojos de hiena, como si quisiera fulminarlo con la mirada.

El Maestro la miró también y con imponente serenidad.

Parecían dos adversarios que medían sus fuerzas. Después de un momento, la mujer se dobló como un junco y se tiró sobre el lecho de pajas sollozando convulsivamente.

El Maestro entornó sus ojos y lloró por ella.

— ¡Señor!... —murmuró con su voz de arrullo—. ¡Padre mío! ¡si algo significa mi vida ante tu inconmensurable grandeza, dame esta alma que la quiero para redimirla, y toma mi vida a cambio de esta y de todas las almas creaciones tuyas, que desviaron sus caminos y se hundieron en el abismo!

78

La mujer se había calmado y sentada en su lecho miraba el rostro de Jhasua por el cual corrían lágrimas y sentía la poderosa vibración de su ternura y su amor hacia ella.

¡No podía creerlo! ¿era posible que aquel hombre tuviera piedad y ternura para ella, para ella que era un escorpión? ¡No podía creerlo!

—¿Por qué lloras? —le preguntó.

—Lloro por tí mujer, porque eres tan desventurada y tan ciega, que no comprendes el mal que te haces, haciendo el mal a los demás. ¿Por qué rechazas la felicidad que Dios-Amor quiere darte?

"¿Pasarás toda tu vida en este miserable estado?

—Pregúntaselo al Etnarca, hijo del Rey Hareth, causante de mi desgracia —contestó la mujer.

—La justicia humana te ha encadenado aquí, para salvaguardar a las víctimas de tu venganza, mujer. ¿Crees en Dios?

—Soy sidonia, y creo en Marduk. ¡El me vengará!

—Mientras pienses en la venganza, aquí pasarás toda tu vida. El día que pienses en amar a tus semejantes como te amas a tí misma, serás dichosa... ¡sobremanera dichosa! Elige pues tu camino.

—¿Qué me darás por renunciar a mi venganza y al odio que la alienta? —preguntó la mujer con un cinismo que hubiera dado asco a cualquiera, menos al Maestro, en cuyo corazón desbordante de piedad, no cabía otro sentimiento que el del perdón y del amor.

—En primer lugar la libertad, y después la paz y la dicha que conquistarás con tu esfuerzo para obrar el bien —le contestó el Maestro—. Yo te conseguiré todo esto, de aquel Soberano Dueño de todos los tesoros inherentes a la vida, y de todos los bienes que El ha dado a sus criaturas; pero antes darás pruebas de haber abandonado para siempre los caminos del odio, para tomar los de la fraternidad y del amor.

Ya era bien manifiesto el cambio que se había operado en aquella desventurada criatura.

—Acepto tu propuesta —dijo después de un breve silencio, en que pudo percibirse la profunda cavilación de su mente—. Pero yo no estoy sola en este presidio, y aunque ignoro quiénes están aquí, me figuro que habrán caído conmigo todos los que cooperaron en mi venganza —añadió la cautiva.

—También ellos podrán reconquistar el don divino de la libertad y continuar sus vidas por los senderos de la justicia y de la honradez —añadió el Maestro.

—Ellos harán lo que yo haga —dijo la mujer— si fuera posible que me dejaran hablarlos.

Jhasua se volvió al viejo guardián que había quedado en la puerta y lo impuso de los deseos de la cautiva. Con desconfianza y recelo recibió el jefe de guardias la insinuación de Jhasua, pero tenía el deber de obedecerle, y llamando a los cincuenta hombres que mandaba, los apostó a la puerta de las cuevas de los prisioneros. Y él con dos guardias desataron a la mujer y la llevaron a tratar el asunto con sus compañeros de cadena.

Difícil era para el espectador, discernir dónde terminaba la bestia y comenzaba el hombre, a la vista de aquellos seres cuyas cabelleras y barbas sucias y enmarañadas, vestidos a medias, con girones de ropas sin color, o trozos de cuero de cabra, todo cubierto de inmundicias, decían bien claro que en los once años de reclusión, nadie se había ocupado de ellos.

El Maestro observador y psicólogo, comprendió pronto que la mayoría de aquellos infelices habían sido máquinas movidas por la voluntad de la mujer, pues que notó en casi todos, esa depresión de ánimo que llega ya al embrutecimiento, a la anulación completa de la voluntad y de toda aspiración a algo mejor.

—¡Infelices!... —murmuró con voz queda Jhasua—. ¡No podían descender más!... y no obstante en medio de esas piltrafas de carne y hueso, revestidos de inmundos harapos, viven las chispas divinas emanadas del Omnipotente Creador de los mundos y los seres.

Tal pensamiento llenó su alma de inefable ternura. Se sintió conmovido en lo profundo de su ser y dijo, en apoyo de lo que les hablaba en su lengua la mujer:

—Mi Dios me permite haceros libres y dichosos si sois capaces de merecer sus dones con una vida ejemplar.

El recinto en que aparecían los calabozos era algo así como una enorme cisterna seca, a la cual daban las aberturas irregulares de las sombrías cuevas.

De pie el joven Maestro en el centro de aquel circo de rocas, podía verlos y hablarles a todos y ser visto y observado por ellos.

—Me informaron que erais treinta y dos los detenidos aquí, pero no cuento más que veintisiete. ¿Qué se hizo de los otros? —preguntó de pronto.

—Habrán muerto —contestó la mujer— y las osamentas estarán en las cuevas amarradas a su cadena.

Jhasua interrogó al guardián con la mirada.

—Se mataron ellos mismos —dijo— golpeando la cabeza en las rocas, y otros negándose a comer. Los cadáveres se arrojaron al muladar, donde fueron quemados con la escoria que se arroja de la ciudad. Hubo un breve silencio.

—Estamos de acuerdo —dijo por fin la mujer—. ¿Qué haréis con nosotros?

—Por ahora, llevar vuestra promesa al Etnarca y convencerlo del cambio de vida que vais a emprender. Es la segunda hora de la mañana —añadió el Maestro—. A medio día volveré con algunos compañeros míos para traeros la respuesta definitiva.

"Pensad —les dijo— que yo no soy más que un Maestro que enseña el amor fraterno a los hombres, como único medio de conseguir la paz y la dicha que todos anhelan y buscan. Y como este ideal mío, está dentro de la inmutable Ley del Creador, su paz divina desciende sobre todos los que se encausan en mi camino.

Todos aquellos ojos cansados, inflamados de odio, de dolor, de abatimiento, parecían animarse de una luz nueva al contacto de la pura vibración de piadosa ternura del Cristo... ¡único ser que en once años de cautiverio les·había dirigido la palabra para hacerles sentir su compasión y su amor!

Le miraban como atontados, sin palabra, sin movimiento, dudando aún de que fuera una realidad y no un sueño lo que veían.

Aquellas cuevas no tenían reja como la de la mujer, y Jhasua se fue acercando uno a uno, con el fin de sacarlos del estupor en que les veía sumidos.

El viejo guardián estaba como sobre ascuas, pues temía que algunos de aquellos malvados que tenían las manos libres, se arrojasen al cuello del Profeta y lo estrangularan, Jhasua comprendió sus temores y le dijo en voz baja:

—No temas guardián, que las fieras ya huyeron, y sólo quedan corderos amarrados a las cadenas.

Convencidos por fin los cautivos de que todo aquello no era una visión hermosa, sino una realidad de que aquel hermoso joven de manto blanco y cabellera rubia, de ojos dulcísimos y voz musical, era un hombre de carne y hueso... quizá algún rey venido de quién sabe qué país ignorado por ellos para devolverles la libertad, la paz, la vida, una conmoción colectiva, profunda, se apoderó de todos al mismo tiempo... y tirando de las cadenas cuanto ellas daban, hasta hacerse daño, se arrojaban ante aquel hombre desconocido, que en la tiniebla espantosa de sus vidas, les hablaba de paz, de dicha y de amor.

Las lágrimas empezaron a correr mudas por aquellos rostros envilecidos por el odio y desfigurados por la inmundicia y el abandono.

—¿Veis... —dijo Jhasua al viejo guardián—, cómo las fieras han huído para dejar a los corderos vivos todavía?

El viejo guardián que no era un tronco de encina ni un bloque de piedra, volvió el rostro hacia otro lado, para que nadie viera su profunda emoción.

—Nunca tuve cerca un Profeta de Dios hasta hoy —dijo cuando pudo hablar—.

"¡Señor!... acuérdate de mí, que tengo mi mujer ciega y dos hijos leprosos —y un sordo sollozo ahogó su voz en la garganta.

—En nombre de mi Dios te digo, que el sol de mañana les encontrará curados. Vete y báñales en las aguas del río Abaná —le contestó Jhasua.

El viejo olvidó todo y corrió como loco, peñón abajo, en dirección a su casa.

—Esperadme a medio día que volveré a vosotros —volvió a repetir el Maestro.

Los guardias llevaron la mujer a la cueva y salieron acompañando al Maestro que pidió ser llevado ante el Etnarca de Damasco.

—Las fieras se convirtieron en corderos Etnarca —le dijo el Maestro—. Esperan clemencia y prometen cambio de vida.

—Soy tan dichoso, Profeta, que me siento inclinado al perdón. Mi esposa ha dejado el lecho y mi niño sonríe en la cuna.

—Bendigamos al Eterno dador de todo bien —dijo el Maestro—. No esperaba menos después de muerto el dragón del odio que os envenenaba a todos.

El Maestro obtuvo cuanto necesitaba para cumplir su palabra a los cautivos del Peñón de Ramán.

—Mi perdón lo tienes, Profeta —le dijo el Príncipe— pero falta la venia de mi padre.

—Yo me encargo de ello —contestó Jhasua—. ¿No dicen que el Rey Hareth de Petra, es como hermano del Príncipe Melchor de Horeb y del Scheiff Ilderin?

—Se aman grandemente —contestó el Etnarca.

—Si estás de acuerdo, Etnarca, despachemos mensajeros hacia el sur con epístola tuya para tu padre, y mías para los otros dos, que están unidos a mí por una alianza de amor de largo tiempo —insinuó el Maestro.

—Sea como dices —contestó el Etnarca.

—Mientras viene la respuesta —añadió el Maestro— trataremos de ensayar la nueva vida de los cautivos del Peñón de Ramán, para cerciorarnos de que la redención es completa. Si cuento con tu beneplácito, yo me encargo de tales ensayos —dijo Jhasua.

—Sí Profeta, sí. La salud de mi esposa y de mi niño te hace dueño de mi voluntad. Haz con ellos como te plazca.

—Gracias, Etnarca. El Profeta de Dios te bendice en su nombre.

Jhasua volvió a la posada "Anfora de Plata" donde el tío Jaime con Zebeo y los jóvenes árabes le esperaban ansiosamente.

—¿Qué hay? —preguntó el tío Jaime así que le vió llegar.

—La luz de Dios camina con nosotros, tío Jaime —contestó el Maestro—, todo ha salido como venido de El. ¿Acaso el Padre Celestial hace las cosas a medias?

Después de referirles lo ocurrido en el presidio del Peñón, les dijo:

—Ahora necesito de vosotros cuatro para ayudarme en la tarea.

—Podéis disponer de nuestras personas —dijeron Ahmed y Osman.

—Y de la mía —añadió Zebeo.

Jhasua miró al tío Jaime.

—¿Qué estarás por hacer, niño, hijo de Myriam? —preguntó riendo.

—Sacar a esos infelices de la vida en que están, tío Jaime. ¿Voy a dejarles así?

— ¡Sí, hijo mío, sí!... ¡sálvales! Tu corazón no puede hacer otra cosa. ¿Pero qué harán ellos cuando se vean libres? ¡Ah Jhasua! ¿No alimentarás cuervos para que te saquen los ojos?

Diríase que el tío Jaime habló obedeciendo a un doloroso presentimiento, porque ocho años después tuvo el dolor de ver sobre la montaña trágica la tarde de la crucifixión, dos de aquellos salvados del cautiverio: el uno era Gesthas, llamado *el mal ladrón*, enclavado en el Calvario al lado del Cristo y otro, que era hermano de aquél, gritaba enfurecido entre el populacho: "A otros pudo salvar y no se salva a sí mismo. ¡Qué profeta ni Mesías, ha de ser un sedicioso embustero!

Mas... ¿qué puede significar para la eterna vida de amor del Cristo divino, la ingratitud y la traición de las pequeñas criaturas terrestres, incapaces aún de comprender el poema inmortal vivido y sentido, por esas heroicas almas en unión íntima con el Eterno invisible?

Desde el medio día y tal como el Maestro lo prometiera comenzó la transformación del Peñón de Ramán.

El tío Jaime, Zebeo, Ahmed y Osman fueron los auxiliares de Jhasua, que con la debida autorización del Etnarca procedieron a la obra regeneradora ya comenzada.

Las aguas opalinas del río Abaná, nacido en las cumbres nevadas del Monte Hermón, donde cuarenta servidores de Dios oraban por la salvación de los hombres, purificaron aquellos sucios cuerpos, harapos de carne y huesos que llevaban aún en la cintura, las sangrientas señales de una cadena de once años. Vestidos de nuevo, alimentados con viandas ofrecidas con fraternal amor, eran seres nuevos a quienes sonreía la esperanza después de haber aniquilado en ellos el veneno del odio y del rencor.

Eran veintiséis hombres y una mujer.

—Tú fuiste la capitana jefa para el mal —dijo el Maestro a aquella mujer—. Ahora lo serás para el bien, para la paz y la dicha de todos. Este que fué vuestro presidio para castigo, será vuestro hogar, vuestro taller de trabajo, vuestra aula de estudio y vuestro recinto de oración, hasta que déis pruebas de un verdadero arrepentimiento.

A lomo de asnos y encerrados en sacos de esparto, fueron bajados al valle los innumerables esqueletos, cráneos, huesos disgregados y rotos que llenaban las cuevas del Peñón de Ramán y enterrados en una fosa común, encima de la cual Jhasua con sus amigos plantaron arbolitos nuevos de arrayán.

—¡Floreced de amor!... —díjoles Jhasua a los menudos arbolitos— floreced de amor sobre los despojos de estos mártires olvidados.

Después se procedió a la limpieza y reparaciones de la parte superior, que era el edificio propiamente dicho, y que parecía formar parte de la montaña negra y pavorosa. Era el recinto central con el altar y la estatua del dios, que fué separado de allí. Aquello se transformó como por encanto en comedor-cocina para los refugiados; y las grutas adyacentes que tenían luz y aire, fueron utilizadas como alcobas donde lechos limpios, lamparillas de aceite y cántaros de agua, ofrecían a los asilados la modesta comodidad que por el momento podía dárseles.

La plazoleta de rocas a donde daban las cuevas que fueron calabozos, pasó a ser taller de trabajos manuales, para que los mismos moradores del Peñón se hicieran mesas, bancos y cuantos utensilios les fueran necesarios. Una guardia de diez hombres armados se encargó de la vigilancia al exterior.

—Tú serás el ama de la casa —decía el Maestro a la ex cautiva— y harás la comida para todos. Tendrás aquí todo lo necesario, y tres mujeres del pueblo vendrán cada día para ayudarte en la faena. Y os prometo a todos que conforme a la conducta que tengáis será el tiempo que tardéis en recobrar por completo la libertad. Para ello se necesita el beneplácito del Rey Hareth, y ya se ha pensado en ello. ¿Estás contenta, mujer?

—¡Profeta!... Tú has despertado lo poco bueno que había en mí —dijo con honda tristeza aquella mujer—. ¡Y al morir el odio, ha revivido un sentimiento muy íntimo!... el amor a mi hija, a quien no he vuelto a ver en trece años.

—¡Ah!... ¿tienes una hija? ¿Y dónde está?

—La tiene el Rey Hareth que me la arrancó al repudiarme. ¡Yo la quiero, Profeta, mi corazón la reclama! ¡Cuando vivía para el odio y para la venganza no me importaba esa hija, que lleva la sangre del que me hizo desventurada!... ¡Pero tú, Profeta, has matado la hiena y has despertado a la madre! Sola en el mundo ¿qué soy sin el único lazo que me une a la vida?

Y la infeliz cautiva sollozó amargamente.

—Espera y confía mujer, que cuando nuestro Padre Celestial que es el Amor, abre a sus criaturas un camino nuevo, lo abre en la luz con todas las facilidades para que suban por él, si de verdad le aman. De tí depende que te sea permitido ver de nuevo a tu hija. ¡Espera, mujer, espera!

—¿Qué pasa en el Peñón de Ramán? —preguntaban las gentes al pasar por las inmediaciones—. Tropillas de asnos van cargados de tablones, de fardos de lana y cáñamo, de sacos de legumbres y cereales, cántaros de acéite y fardos de carnes saladas.

—Parece que el Etnarca forma allí un cuartel —decían algunos.

—No, que es un hospicio para leprosos —decían otros. Y nadie acertaba con la verdad.

Pero tú y yo, lector amigo, sabemos lo que ocurría:

Era que había llegado al pavoroso Peñón, un arcángel de luz en la persona de Jhasua de Nazareth, y lo había inundado de esperanzas y de amor.

Dieciocho días consagró el Maestro a reconstruir en aquellas almas, lo que el odio había destruido.

Detrás de aquella mujer y de sus veintiséis compañeros de delitos, había muchos seres abandonados, olvidados y despreciados. Eran los padres, las esposas, los hijos de los odiados incendiarios que habían puesto su voluntad y su esfuerzo para traer el hambre y la miseria sobre toda la comarca, con el fin de levantar los pueblos en contra del Rey Hareth. Pero él se había defendido como un león acosado por cien chacales, había vaciado el tesoro de sus arcas para traer cereales y legumbres de los fértiles valles del Eúfrates y del Orontes, y que su pueblo no padeciera por la venganza de una mujer.

Sabiendo todo esto ¡cuán difícil aparecía el conseguir su clemencia para los infelices que habían así provocado su ira!

Pero el Príncipe Melchor no podía negar nada a Jhasua el Enviado, Ungido de Jehová para la salvación del mundo. ¿No había sido él uno de aquellos tres elegidos para reconocer el Avatar Divino en su cuna, recién llegado a la vida terrestre?

¿No había hecho veinticinco años atrás un pacto solemne con Baltasar el persa, y Gaspar el hindú, de que serían en todo momento infatigables colaboradores en la obra del Mesías-Redentor?

Bajó, pues de su nido de águila sobre el Monte Hor, ya conocido de los lectores y se dirigió a Petra, residencia del Rey Hareth.

Cuál no sería su sorpresa, al encontrar también allí, a su gran amigo el Scheiff Ilderin, que acababa de llegar de sus tiendas en el Monte Jebel. Allí le había llegado la epístola de Jhasua, a la cual el caudillo árabe no podía hacer oídos sordos. ¿No era acaso el futuro rey de Israel que salvaría al Oriente de la opresión romana?

Como verá el lector, cada cual interpretaba la misión de Jhasua según su grado de evolución espiritual.

El uno veía en él un Mesías salvador de las almas, llevándolas a la comprensión del Amor Universal.

El otro veía en él un libertador de los países oprimidos, un gran conductor de pueblos, llevándolos a reconquistar sus derechos y a gobernarse por sí mismos.

Para ambos, Jhasua de Nazareth era grande... ¡inmensamente grande!

Melchor pensaba y decía: "Es el Verbo de Dios, es el Pensamiento de Dios; es el Amor de Dios hecho hombre para hacer comprender a esta humanidad cómo es el Eterno Invisible, al cual desconoce, aún después que en todas las pasadas edades, hubo inteligencias luminosas que levantaron a medias el velo del Eterno Enigma.

Ilderin pensaba y decía: "Es el hombre providencial que necesitan los pueblos oprimidos para levantarse como un solo hombre, y arrojar al intruso que se constituye en amo porque posee legiones numerosas como las arenas del mar.

Y fué según sus modos de ver, que ambos hicieron al rey Hareth un esbozo de la personalidad del joven Maestro que estaba en Damasco, y se interesaba en redimir a los cautivos del Peñón de Ramán.

Su hijo Artath le relataba así mismo la curación de su esposa y de su niño de un modo súbito y completo; la curación de la esposa del viejo guardián del Peñón, que hacía siete años había quedado ciega y dos de sus hijos atacados de lepra, el arrepentimiento de Harima y sus compañeros de delitos, que al contacto del Profeta habían transformado el pavoroso presidio, en hermoso taller de trabajos manuales.

—Será sencillamente un poderoso mago que emplea su ciencia en hacer el bien —dijo Hareth, después que oyó a sus dos amigos cuanto decían del joven Maestro—. Pero así que sea, su obra es grande y digna de nuestro agradecimiento. Consiento pues en que mi hijo Artath acceda a lo que pide ese Profeta. Confío en él y en vosotros.

El Scheiff Ilderin añadió:

—Sé que la culpable pide le sea permitido ver a su hija.

—El sentimiento maternal puede llevarla a una completa regeneración —dijo Melchor—. Si es de tu agrado ¡oh rey!, yo me encargo de reunir a la madre con la hija, bajo mi tutela inmediata.

—¿Tú? ¿y de qué manera? —inquirió Hareth.

—Ya sabes que voy gastando mi vida en obras que juzgo buenas para mis semejantes, y en Cades Barnea tengo instalada, desde hace cuatro años, una casa-refugio para mujeres repudiadas y doncellas huérfanas.

"He copiado esta obra de la antigua Fraternidad Kobda de la prehistoria, y la creo de muy excelentes resultados. Las refugiadas son aún muy pocas, veintinueve y treinta con mi hermana viuda que les hace de madre a todas. Si tú quieres, puedo tener allí a la redimida, y que sea libre de ver a su hija cada vez que ambas quieran reunirse.

—Espera un momento —dijo Hareth, y dió un golpe con un martillo de plata en un disco de cobre colgado a su lado. Apareció un pajecillo negro vestido de blanco y rojo, al cual el amo mandó que hiciera comparecer en su presencia a su hija Arimé.

A poco volvió el paje seguido de una mujer velada que se inclinó profundamente ante el diván en que estaba semi tendido el rey.

—Puedes descubrirte —le dijo—, que éstos dos son mis hermanos.

La joven se levantó el velo y saludó con una inclinación.

Representaba de dieciséis a diecisiete años. Era hermosa en su tipo de raza mixta, pues tenía los ojos negros y profundos de los hijos de Arabia; y el blanco alabastro de su cutis y los cabellos rubios de su madre, nacida en Sidón, pero de sangre espartana.

—Tu madre ha cambiado de modo de pensar —díjole el rey— y pide verte. Te doy permiso para que obres como sea tu gusto.

—¿Está aún cautiva en Damasco? —preguntó con timidez la joven en cuyo semblante apareció un subido rubor y una pena honda en sus ojos.

—Está aún en Damasco, pero se ha levantado la condena que sobre ella pesaba. El Príncipe Melchor pide hospedarla en un *Serapeum* de estilo egipcio, que tiene establecido en Cades Barnea, donde puedes visitarla si es tu deseo.

"Estarás allí bajo la tutela de una hermana viuda del príncipe.

—Puesto que lo permites, padre —contestó la jovencita—, iré a visitarla.

"¿Cuándo será el viaje?

—De Damasco a Cades Barnea, en buenos camellos, hay diez días de viaje si las paradas son breves —añadió el rey.

—Si es de tu agrado —indicó Melchor— de aquí a tres días marcho a Cades Barnea, y puedo llevar a tu hija para que espere allí a su madre. En mi carro hay capacidad para varias personas con sus maletas.

—Llevarás tu vieja nodriza y tu doncella —díjole el rey—. Prepárate para de aquí a tres días. —La joven se inclinó ante su padre, saludó a los visitantes, y cubriéndose nuevamente salió seguida del paje que la esperaba en la puerta.

Esta joven Arimé tuvo actuación más tarde, entre las mujeres viudas y doncellas que juntamente con los discípulos formaron la primera congregación cristiana de Jerusalén.

EL REINO DE DIOS

El Scheiff Ilderin que volvía hacia el norte, fué el encargado de llevar a Jhasua la noticia del éxito completo de las gestiones ante el rey Hareth residente en Petra.

El suegro del Etnarca al saber la curación de su hija y de su nieto, con los cuales había fracasado con sus métodos, quiso tratar al taumaturgo y profeta que lo consiguió tan hábilmente.

Jhasua había estrechado amistad con los familiares de Nicolás de Damasco, el joven doctor de la ley, que hemos visto en Jerusalén en compañía de Nicodemus, Gamaliel y José de Arimathea.

Tenían ellos la más hermosa y frecuentada Sinagoga de la ciudad, que venía a ser punto de reunión de los hombres de mayor capacidad intelectual y buen concepto moral. Allí se hablaba con entera libertad de política, de ciencias y de religión.

Los propietarios del recinto, no estaban subyugados por ese fanatismo de hierro que obscurece la mente y endurece el corazón. Como su hermano Nicolás, buscaban y deseaban la verdad, el bien, la justicia, y conceptuaban como honorables personas, a todos los que ostentaban en su vida esos tres elevados conceptos.

El joven Maestro desde su llegada a Damasco, formó parte de las agradables reuniones en la Sinagoga de Bab-Scharqui, como la llamaban, por su proximidad a la puerta oriental de la ciudad que llevaba ese nombre.

Ananias, Ephal y Jehú, eran los tres hermanos de Nicolás y los tres conocían al Maestro desde su anterior viaje de paso a Ribla. Tenían a más como amigo de cierta intimidad, a un primo del Etnarca llamado Coheym, al cual correspondía ser en el futuro, Emir de la Iturea. Por todo esto, el lector comprenderá que la Sinagoga de Bab-Scharqui, como sitio de reuniones serias, era de lo mejor que existía en Damasco.

Las veladas de todas las noches tenían un carácter privado, o sea que sólo concurrían a ellas amigos de la casa, o algunos particularmente invitados.

Los sábados a la tercera hora de la mañana y por la tarde a la hora nona, eran reuniones a las que podían concurrir todo el que quisiera hacerlo.

Para dirijir la palabra en tal día se buscaba siempre una persona de cierta notoriedad, un maestro, un astrólogo, un médico, un profeta, un hombre en fin, que fuese capaz de enseñar al pueblo con la exposición de sus ideas, de sus sentimientos y de sus ideales.

Y Jhasua fué invitado por los hermanos de Nicolás el doctor de la Ley que ya conocemos, para que hablase todos los sábados durante su presencia en Damasco.

Y como él comprendió que la·mayoría de sus admiradores veían en él un conductor de pueblos, más grande y glorioso que lo habían sido los que deslumbraron al mundo con su poder y con su fuerza, eligió para iniciar su enseñanza en aquella capital de Arabia, un tema que descorriera un tanto el velo que ocultaba su verdadera personalidad.

—Amigos míos: hace algún tiempo que vengo escuchando en distintas circunstancias, la manifestación de un deseo, en almas que me están ligadas por vínculos hondos y fuertes, que deben perdurar por largo tiempo.

"Danos parte Maestro, en ese Reino tuyo que nos anuncias" —dice la voz en ese deseo íntimo, que a veces sube del corazón a los labios y se traduce en palabras. A tales insinuaciones responderé esta tarde.

"El Reino de Dios pide vencimientos y exige violencias, y tan sólo los que se los hacen, podrán conquistarlo.

"Y como no puedo ser yo, quien os de parte en él, sino que sois vosotros, quienes debéis conquistar la participación en sus dominios, quiero que comprendáis de qué vencimientos y de qué violencias os hablo.

"Violencia se hace, el que retuerce su propio corazón para acallar su voz, que le reclama las manifestaciones exteriores de una afección humana, hondamente sentida, cuando ella lesiona los afectos, el honor y la vida de un semejante.

"Violencia se hace, el que habiendo recibido injuria y agravio en su honra y en todo cuanto le es querido, es capaz de estrechar sereno la mano de su detractor.

"Vencimiento y violencia, son los de aquel que renuncia generosamente a ciertos deseos y anhelos propios de todo corazón de hombre, pero entorpecedores de sus destinos como espíritu afiliado por una alianza, a los honores de una misión determinada.

"El Reino de Dios sólo puede ser comprendido en toda su belleza, por aquellos a quienes desciende la Luz de la Divina Sabiduría, mediante el esfuerzo perseverante del espíritu por merecer esa Luz.

"La Luz Divina ilumina a los puros de corazón y a los humildes.

"Los mensajeros de esa Luz, son los Mesías conductores de humanidades, forjadores de mundos, auxiliares de la Energía Creadora en su constante y eterna gestación.

"Mirad hasta qué punto van errados, aquellos que afirman que los Mesías están impedidos por su propia elevación espiritual, de acercarse a los mundos cuya evolución les fuera encomendada.

"Las leyes inmutables del Universo, tienen en los Mesías sus fieles y sumisos cumplidores, y por lo mismo, es una grave falta de lógica y hasta de sentido común promulgar como axioma inconmovible, la imposibilidad del acercamiento de los espíritus de luz, a las esferas que prohijan.

"La Ley Eterna de Amor Universal, que es la base de oro y diamante en que descansa todo cuanto existe en los mundos adelantados, y en los mundos embrionarios, es la que designa los seres, los lugares y el tiempo, en que las corrientes astrales, etéreas y espirituales deben combinarse, para formar ondas, o círculos, o bóvedas psíquicas determinadas y aptas, a las diversas manifestaciones de los Mesías en los mundos que aceptaron como una heredad, para cultivar hasta su completo perfeccionamiento.

"La ignorancia, el fanatismo y la malicia humanas, se unen siempre para negar lo que es innegable, dando lugar a que se cumpla el profundo axioma aceptado por las antiguas Escuelas de Divina Sabiduría: *"La Suprema Inteligencia niega su luz a los soberbios y la da con abundancia a los humildes"*.

"Por eso os he dicho, que para conquistar el Reino de Dios, el alma ha de levantar en sí misma, un edificio espiritual basado en el sólido cimiento de la aceptación amplia, generosa y sincera de la Verdad, venga de donde venga, y aunque ella sea espada de dos filos que lastime nuestro corazón de carne, tan tristemente apegado al egoísmo de lo *tuyo* y lo *mío*.

"¡Oh! ¡cuándo olvidarán los hombres esas inarmónicas palabras que ponen en relieve al exterior, las insaciables fauces del egoísmo feroz que arrastra humanidades al caos, que destruye pueblos, que devora vidas, que aniquila afectos, y detiene el paso triunfante del amor universal!

"Tuyo y mío", palabras de división, palabras de guerra, de antagonismo, de enemistades y de odio, ya se las aplique a las ideas religiosas, a las actividades intelectuales, o a los bienes temporales.

"Por eso las más elevadas inteligencias compenetradas de la Verdad Eterna, son esencialmente armónicas, desinteresadas y su bondad y tolerancia corren parejas con su claro conocimiento de Dios y de los hombres.

"Todo bien, lo atribuyen al Supremo y Eterno Invisible, todo mal, al egoísmo y debilidades humanas.

"Esas grandes inteligencias conquistaron el Reino de Dios, del cual queréis participar, porque abdicaron de todos los egoísmos, de todas las ambiciones. Para ellas dejó de existir *"lo tuyo y lo mío"*, y sólo vivió el soberano amor fraterno, que sabe olvidarse de sí mismo en beneficio de los demás.

"Y estos principios son aplicados a las colectividades, donde florece la fraternidad, dulce y suave como caricia materna sobre la humanidad, porque ellos iluminan el camino de las inteligencias hacia la Luz Increada, hacia el Eterno Amor, hacia la Suprema Inteligencia, por la cual alientan, viven, y son los mundos, los seres y las cosas.

"Y si de verdad aspiráis a la conquista del Reino de Dios que os anuncio, comenzad por desterrar de vosotros la ambición y el egoísmo, que obstruyen los caminos de la justicia, de la felicidad y del amor.

"¡Pobres humanidades que habitáis los mundos carnales devorados por el egoísmo!

"Conquistásteis sin esfuerzo y sin gloria, los reinos vegetal, animal y humano, pero no conquistaréis sin esfuerzo y sin gloria el Reino de Dios, al cual llegaron los espíritus puros o Mesías, como llegaréis vosotros más tarde o temprano por derecho de conquista. Porque el Reino de Dios exige vencimientos y violencias, y tan sólo el que los hace llegará hasta él!

"Si en verdad queréis participar del Reino de Dios, lejos arrojad de vosotros el orgullo con todos sus derivados: el deseo de poder y de dominio, la ostentación y la vanagloria, el afán de imponer la propia voluntad, como un yugo sobre la mente y la conciencia de los seres, todo lo cual os convierte en voraces aves negras y fatídicas, que pueblan de terror y de espanto, el viejo castillo en ruinas de la humanidad inconsciente y aletargada.

"Que mis palabras tengan el poder de levantar el velo de tinieblas que oculta a vuestra inteligencia, la grandeza divina del Reino de Dios para que se despierte vivo en vosotros, el anhelo de poseerlo y conquistarlo por toda la eternidad".

Un formidable y entusiasta ¡Dios te salve Maestro!, resonó en el vasto recinto, cuando Jhasua descendió las gradas de la cátedra que había ocupado por unos momentos.

La ola suavísima de amor que envolvía al Ungido de Dios, llenó las almas de inefable dicha, y una luz nueva parecía iluminar todos los semblantes; pero cuando fueron retirándose de aquel ambiente cálido de ternura y elevada espiritualidad comenzaron los comentarios favorables o adversos a los ideales de cada cual.

—Paréceme que este hombre no va camino del reino de Israel —decían unos.

—No será este un David guerrero y conquistador, pero puede muy bien ser un Salomón que nos de leyes de sabiduría —decían otros.

—Lo que sí sé, yo muy bien —dijo el anciano tejedor— que es un Profeta de Dios, porque yo llegué a la Sinagoga con brazos y manos torcidas por el reuma, y mirad están como para luchar con veinte telares.

—Y yo —añadió un joven escriba— vine con llagas en la garganta esperando encontrar aquí algún terapeuta; ni aún el agua podía tragar, y me encuentro maravillosamente curado.

Y entre los comentarios se oían innumerables casos no sólo de curaciones físicas, sino morales. Acreedores agresivos, que habían pensado llevar un prójimo ante la justicia, por deudas atrasadas, o dar castigos y duras penalidades a esclavos y jornaleros por descuidar el trabajo, sin saber cómo ni por qué, sintiéronse desarmados y hasta avergonzados de la dureza de su corazón.

Hubo no obstante almas como acorazadas de acero, en las que no podía penetrar la elevada doctrina esbozada por aquel joven Maestro, que parecía pretender dar vuelta al revés, usos, costumbres y tradiciones milenarias.

Y un poderoso magnate de Damasco, dueño de grandes campos de labranza, y de numerosos rebaños de camellos, ovejas y asnos, interrogó al Maestro pidiéndole una más clara explicación de sus doctrinas sobre el Reino de Dios y el modo de conquistarlo.

—Si tú fueras dueño del mundo ¡oh Profeta! ¿cómo ordenarías para hacer felices a todos? ¿Mandarías cortar la cabeza a todos los ricos y repartir sus bienes entre todos los pobres?

El Maestro sonrió afablemente y lo miró unos momentos antes de contestarle.

—No amigo mío; no mandaría cortar la cabeza a nadie, porque sólo Dios es dueño de la vida otorgada a sus criaturas. *"No matarás"* dice la Ley y yo soy fiel cumplidor de esa Ley.

"¿Sabes que en la inmensa creación Universal hay infinidad de mundos, mayores y menores que el planeta Tierra?

—Lo he oído sí, en un viaje a Chipre, donde hay una Academia que enseña la filosofía de Platón, el visionario griego.

—Pues ese *visionario, veía muchas verdades* —contestó el Maestro—, y entre ellas, que hay planetas, estrellas o soles como los queramos llamar, que son habitación de humanidades muy adelantadas, donde el ser más atrasado puede ser un maestro en el planeta Tierra.

"Pues bien amigo mío, en este plano tan inferior, la mayoría de los seres no comprenden otro bien que el puramente material, y se aferran a él con una tenacidad que espanta.

"Como las fieras se traban en encarnizada lucha por los sangrientos trozos de carne muerta, así la mayoría de los habitantes de la tierra pisotean los más puros y santos afectos, cuando han sido tocados, en lo que ellos llaman *propie-*

dad suya exclusiva.

"Por unos estadios de tierra, se matan aquí centenares y miles de hombres. Y si quieres que profundicemos en esta cuestión, yo puedo probarte que tiene pleno derecho sobre esta tierra, todo ser a quien la voluntad del Creador manda aquí para vivir en ella. La compraventa de la tierra, ha sido una delictuosa invención del egoísmo humano.

"En el infinito espacio que nos rodea, hay globos en los cuales... ¡entiéndeme bien! el elemento principal es el agua, y sólo sobrepasan del líquido elemento, moles enormes de rocas volcánicas completamente estériles. Las humanidades que los habitan, forman sus ciudades flotantes, y viven holgadamente de la flora y de la fauna acuáticas. Por encima de las olas se trasladan en embarcaciones a cualquier punto de sus globos, que están tan poblados o más que la tierra.

"Allí no puede el egoísmo acaparar el agua, como aquí acapara la tierra para venderla a precio de oro.

"Allí lo único que se compra, es el derecho de unir una vivienda con otra para formar así colonias, las ciudades, y defenderse mutuamente de las furias del elemento cuando los maremotos levantan borrasca.

"Esto nos prueba hasta qué punto es baladí y sin fundamento lógico, la propiedad sobre la tierra, sin lo cual se puede vivir en paz y gozar los dones de la vida.

"Pero ya que el egoísmo *fué el primero* que dictó leyes a la humanidad de este planeta, aceptemos que de tanto en tanto, aparezcan inteligencias luminosas que se esfuercen por hacernos comprender que la tierra no es patrimonio de unos pocos favorecidos por leyes injustas, sino que el Eterno Dueño de ella, la ha dado en heredad a todas las almas que vienen a habitarla.

"Y que por tanto, el que se ve más favorecido en el arbitrario reparto de la tierra, piense un momento siquiera, en la dura situación de aquel al cual no le ha tocado ni aún lo necesario para abrir un día su propia sepultura.

"Y ésta es amigo mío, la misión de los profetas, de los apóstoles de la Verdad Divina, de los mensajeros del Eterno Creador de los mundos y de los seres, el cual no tiene culpables preferencias para ninguno, porque todos son sus hijos, salidos como una chispa viva de su propio seno.

"Me has preguntado, ¿qué haría yo si fuera dueño del mundo? Obligaría a los grandes terratenientes a dejar libertad de cultivar sus tierras a todos los que estuvieran desposeídos de ellas, para que sacaran de allí el sustento para sus vidas, y a la vez, le dieran utilidad al poseedor de la tierra, mediante el pago de un tributo justo, ecuánime y razonable.

"Nada de amo, de señores tiranos y déspotas, que látigo en mano estrujan la vida del labrador, que deja prematuramente entre los surcos por trabajos forzados, tal cual se hace con feroces criminales dañinos para la sociedad.

"Y en todo orden de bienes materiales, haría lo mismo. La tierra es de todos los hombres, que Dios autor de la vida ha mandado a ella, como el sol, el aire, la luz y la lluvia.

"Y en este instante paréceme ver al feroz y monstruoso egoísmo, como un buitre con rostro humano que se desespera y enfurece por no haber encontrado aún el modo de acaparar el aire, la luz y el sol, para venderlos en pequeños atómos y a precio de oro. ¡Aún quisiera poder vender el derecho de respirar, de contemplar el espacio azul y de recibir los rayos del sol!...

"Creedme que cuando así medito mi alma se abisma en la contemplación de la inefable Bondad Divina, mirando impasible las espantosas desviaciones de sus hijos, que habiendo nacido todos de su Amor Infinito, son como lobos que se devoran unos a otros.

—Entonces ¿dirás Profeta que para ser yo justo, he de repartir mis tierras entre los desheredados?

El Maestro lo miró profundamente y continuó:

—Anda amigo mío y recorre los suburbios de esta populosa ciudad donde en cada choza vive hacinada una numerosa familia. Escucha las quejas de la madre que no alcanza a dar a los suyos el pan necesario para la vida con una mísera medida de trigo que trae el padre al hogar después de haber trabajado duramente de sol a sol.

"Escucha el llorar de los niños que piden pan, y el padre recoge bellotas de encina que alimentan a los puercos, y se las da a sus hijos que lloran de hambre.

"Escucha el gemido de los ancianos que tiemblan de frío junto al hogar apagado, porque los grandes señores dueños de los bosques, quieren su sextercio por la leña que puede llevar un hombre entre sus brazos, y el infeliz no posee en su bolsa ni un solo denario.

"Escucha el grito desesperado de los leprosos, de los paralíticos, de los ciegos que no pueden ganarse el sustento y que son arrojados de todas partes como larvas venenosas, porque su aspecto repugna a los que visten de púrpura y de oro; porque la conciencia dormida se despierta ante tal espectáculo y les grita: "¡esa piltrafa humana, es tu hermana!... ¡Socórrele!

"Anda amigo mío por esos tugurios, por esas covachas extramuros de vuestras doradas ciudades, por esas madrigueras de raposas, que no otra cosa son las viviendas de nuestros hermanos desamparados..., anda y mira, y que tú, como todos los potentados de la tierra, no conocen de cerca el dolor del que carece de todo, porque jamás se ocuparon de otra cosa que de procurarse placer y comodidades.

"Y cuando hayas visto esos cuadros que no son pintados en lienzos, sino en la carne viva y palpitante; cuando hayas oído todas esas quejas, esos gemidos, ese llorar de niños que rompe el alma en pedazos, vuelve a mí y pregúntame de nuevo.

"¿Qué harías Profeta si fueras dueño del mundo?

"Sabes lo que yo haría...

¡La exaltación del Maestro había subido a un tono que a El mismo le hacía daño!

—¡No te atormentes más Profeta de Jehová! —le dijo conmovido aquel hombre en cuya mente iba penetrando la Luz Divina poco a poco—.

"Por la memoria de mis muertos, te juro que hoy mismo, todos cuantos dependen de mí, serán aliviados de las cargas que llevan.

"Te invito pues a acompañarme a mi casa con esos amigos que te siguen a todas partes y seréis todos testigos, de cómo hago, en lo que puedo, la justicia que tú deseas.

Jhasua con el tío Jaime, Zebeo y los dos árabes, siguieron al rico damasceno que tenía su palacio a los comienzos de la hermosa avenida de las columnatas, Tarik-elAvva, cuyas bellezas y suntuosidad sólo podía compararse con la columnata llamada de *Herodes*, que deslumbraba en Antioquía.

El centro de aquellas enormes avenidas, era todo un jardín con fuentes y surtidores que a los rayos del sol resplandecían como cascadas de cristal de los colores del iris. Y en ambos lados, los suntuosos palacios de los poderosos seño-res que vivían en un eterno sueño de delicias, ignorando completamente el dolor de sus semejantes.

Aquel palacio era todo de mármol blanco, y a él se subía por una ancha es-calinata, en cuyas gradas aparecían en arrogante actitud, enormes leones de bronce, que hacían recordar los palacios de Darío en Persépolis y Pasagarde.

Mientras el Maestro subía la suntuosa escalinata que conducía al pórtico, se encogía su corazón, y sus ojos se humedecían de llanto, pues hacía compa-ración entre aquel derroche de lujo y de comodidad, con los sombríos tugurios que había observado a extramuros de Damasco.

Jeramel, que así llamaban al rico damasceno, subía la escalinata al lado de Jhasua y como observase el silencio que guardaba le dijo:

—Tú no crees ¡oh Profeta! que yo cumpla mi promesa, pues que si estuvie-ras seguro de ello, estarías contento y te veo triste.

—Te equivocas amigo —le contestó el Maestro—. Yo creo en la sinceridad de tu promesa y sé que tus esclavos y jornaleros se verán aliviados por tí. Pero pienso en el dolor desesperado de todos los esclavos y jornaleros de Damasco que no dependen de tí, cuando vean a los tuyos percibiendo la bondad de tu corazón que alivia sus cargas, mientras ellos deberán seguir soportándolas hasta su muerte.

—No te atormentes por eso Profeta —repitió el damasceno—, porque lo que yo hago, otros lo harán también.

—¿Por instinto de imitación? —preguntó Jhasua que ya llegaba al pórtico.

—Sí, y también por conveniencia, porque si no lo hicieran, se quedarían sin labriegos y sin pastores, pues todos vendrían a mis tierras —contestóle Jeramel.

—Te digo toda la verdad amigo mío —dijo el Maestro tomando la diestra de su interlocutor—.

"No esperaba encontrar en un potentado como tú, la blandura de corazón que demuestras.

—Ahora sabrás el secreto —le dijo Jeramel penetrando ya en el palacio, cuya dorada puerta de bronce y cedro, abrían dos esclavos etíopes, negros como el ébano y lujosamente vestidos de rojo, todo lo cual era un contraste con la bri-llante blancura del edificio.

El dueño de casa dejó a sus visitantes, reposando en los divanes de la sala de entrada amueblada a estilo persa, y pasó al interior.

El tío Jaime hizo observar a sus compañeros la riqueza de un pequeño sitial que parecía un trono para un rey niño.

Era todo de marfil con engarces de oro y de esmeraldas. Estaba colocado sobre una tarima cubierto con un rico tapiz de Persia.

De su alto respaldo sobresalía un dosel encortinado de púrpura y bordado de oro.

Cuando el damasceno regresó les encontró admirando el rico y artístico si-tial.

—¡Oh!... ¿con que comprendéis el valor de esa joya eh? —dijo con ese orgu-llo natural del poseedor de una alhaja de gran precio.

—Naturalmente —contestó el tío Jaime—. ¿Cuántos colmillos de elefantes se han necesitado para este magnífico sitial?

—Perteneció al gran Darío que lo usó en los días de su infancia; la tradición dice que fue regalo de la reina Mandana, madre de Ciro, que tuvo anuncio de augures, de la gloria a que había de llegar el fundador del glorioso imperio persa.

"Yo lo compré a los nietos de un lugarteniente de Alejandro el Macedonio, que lo había obtenido como botín de guerra cuando Darío fué derrotado por aquél.

"Con que ya veis... aquí han venido a parar los dijes del más grande Rey conocido hasta ahora.

El Maestro pensaba y callaba, hasta que por fin, sus pensamientos se tradujeron en palabras.

—Ni Darío ni Alejandro, con toda su grandeza —dijo de pronto—, no valen lo que valdrás tú Jeramel, cuando seas justo y piadoso con tus servidores.

"Las obras de bien y de amor las recoje Dios en su reino de luz que no perece, como perecen los reinados de la tierra, que hoy deslumbran y mañana no serán más que un recuerdo.

—Como lo dices Profeta, así es. Ahora te haré ver mi secreto, el que a veces, me torna dulce y piadoso el corazón.

El damasceno levantó una pesada cortina de damasco púrpura, y todos vieron una preciosa niña de unos diez años tendida en un diván, medio sepultada entre almohadones de seda y encortinado de finísimos tules.

—Es mi única hija, tullida desde la cintura hasta los pies.

"Así nació y así vive. Ya veis pues que los ricos no somos felices.

—¿Y su madre?... —preguntó el Maestro, viendo a la niña sola, y sentada en el tapiz que cubría el pavimento, dos jovencitas que parecían esclavas y que se ocupaban en peinar las rizadas lanas de unos perrillos blancos pequeñitos, cuyas piruetas hacían reir a la enfermita.

—Su madre murió a los pocos días de darla a luz —le contestó el damasceno bajando mucho la voz para que la niña no lo oyera—. Aquí viene para curarte este Profeta de Dios —dijo tiernamente el padre a la hija—.

"Pero antes le contarás cuántos amiguitos tienes, y de qué modo pagas los bonitos cuentos que te dicen".

La niña envolvió a Jhasua con la dulce mirada de sus ojos negros, profundamente tristes.

¡Qué dulzura de amor irradiaría el Maestro hacia ella, que le sonrió como si le conociera de antes, y le tendió su pequeña mano blanca y temblorosa como un lirio!

—¡Qué buenos son tus ojos Profeta de Dios! —díjole la niña sin dejar de mirarlo, como si los ojos de Jhasua la fascinaran—. Siéntate aquí —y puso su manita en el borde del diván—. Tú sí que sabrás hermosos cuentos, y deberás contármelos todos, porque hasta que me haya dormido oyéndote, no te dejaré salir.

Desde la sala inmediata los compañeros de Jhasua contemplaban el hermoso cuadro.

A una indicación del amo, las esclavas salieron con los perrillos y él mismo pasó a la sala inmediata donde esperaba el tío Jaime con Zebeo, Osman y Ahmed.

—Es mejor dejarle solo ¿verdad? —preguntó Jeramel.

—Sí, es mejor —contestó el tío Jaime—. Los Profetas de Dios —añadió por decirle algo—, se entienden mejor a solas con El, que en medio de los hombres.

Escucharemos a Jhasua en íntima confidencia con la niña enferma.

—Cuéntame pues de esos amiguitos que tienes —le dijo Jhasua buscando afinidad con ella para facilitar la curación.

—Son los niños de las esclavas que sirven en el palacio, y que he conseguido permiso de mi padre para que lleguen hasta mi lecho a contarme cuentos, —dijo la niñita animándose visiblemente—.

"Y el que me trae los mejores cuentos se gana los mejores regalos. Mirad.

La niña empezó a sacar de debajo de los almohadones del inmenso diván, todo un surtido de pequeñas túnicas, calzas, sandalias, gorros, etc. Luego abrió un globo de seda carmesí que tenía al alcance de su mano, y el Maestro vió dentro una cesta llena de granadas.

—Son granadas de Persia que trajeron como regalo a mi padre —dijo la niña— y él me ha dado todas éstas, para los niños que vienen a contarme cuentos.

—Todo esto es muy hermoso niña mía, y créeme que el corazón del Profeta de Dios se refresca oyéndote, como bañado en agua dulce de manantial. Pero aún no me dijiste cómo te llamas.

—Mi padre me llama siempre Ada, Adita... Aditina, cuando quiere mimarme mucho y que yo me ponga contenta.

—Pues bien, Adita, siempre te llamaré Adita... Y ahora te digo que ya es hora de levantarte para correr por el jardín, que mucho bien te hará el aire puro con olor a rosas de otoño y a frutas maduras.

La niña miró al Maestro con los ojos dulces y tristes, inmensamente abiertos.

—¿Yo levantarme y correr?... Pero si nunca me he levantado de este diván. Las criadas me levantan en brazos para arreglar el lecho donde he vivido los diez años que tengo.

" ¡Qué cosas dices Profeta!

El Maestro se puso de pie y sus manos temblaban ligeramente cuando tomaba las de la niña, y mirándola a los ojos, de los cuales ella parecía pendiente, dijo:

— ¡Ada buena de los niños pobres!... el Profeta de Dios te lo manda.

"Levántate!... que ya es hora. —La niñita como hipnotizada, sacó de entre los almohadones y cobertores sus menudos pies cubiertos con calzas de lana blanca y apoyada en las manos de Jhasua, comenzó a andar hacia la sala inmediata, donde su padre absorto por lo que veía, estaba como petrificado de estupor.

Iba a correr hacia la niña, creyendo que no pudiera ella recorrer toda la amplitud de las dos salas, pero el tío Jaime le contuvo.

—Déjala... ella sola vendrá hacia tí.

Jhasua había separado ya sus manos de ella y le había dicho:

—Anda con tu padre.

Con su larga túnica blanca de dormir y los bracitos tendidos hacia adelante, los ojos entornados por la presión de la corriente magnética que obraba en ella, la niña parecía un fantasma semi dormido, obedeciendo el mandato de una voluntad superior.

Por fin llegó hasta su padre, que la recibió entre sus brazos llorando de emoción.

— ¡Mi Ada... mi Adita cautiva diez años en el lecho, ha venido hasta su padre por sus propios pies!

—Porque los niños de las esclavas me cuentan cuentos y yo les hago lindos regalos, éste Profeta de Dios ha sanado mi cuerpo enfermo —decía la niña, jugando con la rizada barba de su padre que la sostenía en sus brazos.

—Y ahora —díjole Jhasua— llama a las criadas para que te vistan y salgas a correr por el jardín.

—¡Profeta! —exclamó aquel padre fuera de sí al convencerse de la realidad— ¿qué Dios es el tuyo que así te escucha cuando le hablas?

—El Dios Creador de los mundos y de los seres, oye el llamado de todos sus hijos, pero ellos están demasiado ocupados con sus intereses materiales para recordar que tienen un Padre que es Bondad y Amor.

—Y ahora, ¿qué tengo que hacer para pagar este don más grande que todas las cosas? —preguntó el damasceno.

—Hacer con los desamparados lo que el Dios Bueno ha hecho contigo: darles lo que necesitan para vivir su vida —le contestó el Maestro.

Una hora después, Adita jugaba en el jardín con sus perritos blancos y con una media docena de negritos varones y mujeres, que alborozados saltaban en torno a ella entre risas, gritos y chillidos en todos los tonos, mientras el ejército de criados y criadas desfilaban ante Jhasua que al lado del amo, iba entregándoles a cada uno un bolsillo de monedas de plata, mientras les decía:

—Es el don de vuestro amo, que hace con todos vosotros lo que el Dios Bueno hizo con él; haceros dichosos, si sois capaces de mostrar vuestro agradecimiento cumpliendo vuestros deberes.

El palacio de Jeramel se vió completamente lleno de labriegos, pastores y leñadores, a todos los cuales el amo les acordó jornal doble del acostumbrado hasta entonces. Y en los inmensos parque que había detrás del palacio, el amo mandó disponer un festín para todos los servidores, jornaleros, pastores, labriegos, esclavos y leñadores.

Y cuando él con Jhasua y sus compañeros miraban desde una terraza posterior del palacio, toda aquella animación y alegría, el rico damasceno decía:

—¡Profeta! eres un mago del amor, de la paz y de la dicha...

"Los hombres de esta tierra, somos larvas ciegas, que no vemos la felicidad que está al alcance de la mano, hasta que un luminar como tú, le saca de las tinieblas y le enseña el camino.

"Te soy deudor Profeta, de haberme conducido a encontrar la felicidad.

En ese momento vieron a la pequeña Adita que jugaba a las escondidas entre una porción de negritos que rodaban a veces por el césped, en su loco afán de ser los primeros en encontrar a la niña que se les escondía graciosamente.

Desde la terraza del palacio, absorbió Jhasua en su retina todo aquel esplendoroso cuadro de una hora de felicidad, para los que quizás nunca la habían tenido en su vida.

Y cuando iba a retirarse, estrechó la mano del damasceno y le dijo:

—El amor ha florecido en tu casa y espero que no olvides jamás que tienes la dicha en tus manos, como tienes la copa cuando bebes tu vino.

"Cuando haces la dicha de los demás, eres en verdad, un retazo de Dios sobre la Tierra.

El damasceno se abrazó de Jhasua, y le rogó que volviera otra vez por su casa.

—Te prometo que volveré —le contestó el Maestro, y salió seguido de los suyos.

—Ahora dejemos a los poderosos y vamos con los pequeños —insinuó el Maestro tomando la dirección a la puerta Norte, que daba al valle del río, donde se veía la obscura silueta de una montaña, que para los damascenos encerraba todo el mal que podía haber sobre la tierra. Le llamaban el *Cerro de Abbadón*, porque en sus grutas vivían los leprosos y los que llamaban *endemoniados*.

La noticia de los acontecimientos últimos, habían corrido en toda la ciudad de Damasco como una brisa primaveral, refrescando los corazones más oprimidos por las duras condiciones de vida a que se veía sometida como siempre, la más ínfima clase social.

Los hombres acaudalados protestaban en contra de Jeramel, que por haber obtenido la curación de su hija pasaba por encima de toda conveniencia, poniéndolos a todos en la dura alternativa de pagar doble jornal del acostumbrado a todos los trabajadores del país, si no querían quedarse sin arado que abriera surcos en sus tierras, sin pastores para sus ganados, ni hachadores para sus bosques.

Hasta los esclavos levantaban la cerviz agobiada por el durísimo yugo que soportaban, y en grandes grupos recorrían los suburbios de la populosa ciudad.

Los magnates se unieron también, y una docena de ellos se presentaron al Etnarca para quejarse de Jeramel por su transgresión a los pactos financieros, que la costumbre había convertido en ley desde su más lejanos antepasados.

¡Cuál no sería su sorpresa al encontrarse conque el Etnarca Artah se había convertido también en un vaso de miel, debido a que su esposa y su hijito fueron prodigiosamente curados!

Por el mismo supieron, que hasta el lóbrego Peñón de Ramán, había llegado el extraordinario Profeta Nazareno, y que los temidos incendiarios que diez años antes habían hecho temblar a todo el país, eran mansos corderos, que bajo el influjo del Profeta, comenzaban a trabajar para ganarse el sustento, convirtiendo el espantoso presidio en un taller de trabajos manuales.

—Pero ¿quién es ese hombre, y con qué derechos se presenta a cambiar el orden de las cosas? —preguntaban los potentados al Etnarca Artath, que sonreía afablemente ante la furia de los interlocutores.

—Quien es, no sabría deciros, pero sí sé, que es un hombre extraordinario.

"Profeta o Mago, pero su poder llega a donde ha terminado la ciencia y capacidad de médicos y de astrólogos. Además, es un hombre que trae consigo la paz, la comprensión, la tolerancia, el bien y la justicia para todos. ¿Qué queréis pues que yo haga con un hombre semejante?

"También yo tenía un depósito de cólera contra los incendiarios del Peñón de Raman; pero si El los ha llevado a pedir perdón y clemencia, y los ha transformado de fieras en hombres honestos, laboriosos y útiles... y hasta llega a obtener el perdón del rey Hareth mi padre, para la mujer que repudió por su licenciosa vida...

"Comprended amigos míos, que no puedo condenar en forma alguna, a un hombre que trae consigo el bien y la justicia.

—Pero nuestros jornaleros abandonan el trabajo y hasta los esclavos se sublevan pidiendo mayor ración de comida y que no tenga el amo derecho de vender sus hijos... Todo eso les concede a los suyos Jeramel, y tanto como eso, piden los nuestros.

—Jeramel manda en lo suyo —dijo el Etnarca— y no puedo exigirle que lo haga de diferente manera. Y si él puede hacerlo sin perjuicio de sus intereses, vosotros tan ricos como él, podéis hacerlo igual, aunque vuestras arcas no se llenen tan pronto del oro que acumuláis. Creo que mayores perjuicios recibiréis si vuestros jornaleros abandonan los campos y el cuidado de vuestros ganados. ¿Qué queréis? ¿No vació mi padre sus arcas, para dar de comer a sus pueblos cuando los incendiarios arrasaron las cosechas y perecieron de hambre los ganados? A veces nos toca perder para ganar en otro orden de cosas. El Profeta es sabio y dice: '' ¡Poderosos!... tenéis la dicha en vuestras manos y no sabéis aprovecharla''.

"Me han referido lo que ocurrió en el palacio de Jeramel, y tengo para mí que él ha encontrado el camino del bien y de la justicia. Idos en paz. —Y los despidió.

— ¡Vamos!... —dijo uno de aquellos magnates—. El Etnarca está sobornado por el Mago Nazareno y nada sacaremos de él. Tendremos que doblegarnos, hasta que vuelvan nuestros buenos tiempos.

— ¡Ya volverán! —rugía otro saliendo del palacio—. Toda esa ralea de esclavos y miserables del yugo, tendrán que morder el polvo que los amos pisamos! Así fué siempre y seguirá siendo así, aunque cien profetas nazarenos vengan a decir lo contrario.

—Deja que el Legado Imperial de Antioquía, se aperciba de las doctrinas sediciosas de éstos magos de arrabal, —añadió otro— y entonces veremos a dónde van con sus huesos estos filósofos locos, que llevan su extravagancia hasta asegurar que los esclavos tienen alma como nosotros, y que la sangre que corre por sus venas, es igual que la nuestra. ¡Si habrá imbéciles!...

Una piedra lanzada con una honda, pasó silvando con furia y fué a dar en la cabeza de uno de los magnates que doblaban de la gran avenida, hacia la hermosísima plaza llamada del *Rey Hiram*.

Era aquel que había dicho un momento antes que *"la ralea de esclavos y miserables del yugo, tendrían que morder el polvo que pisaban sus amos"*.

Aquella piedra era sin duda una señal, porque desde los inmensos cedros, plátanos y acacias que sombreaban la plaza, comenzaron a salir pedruzcos contra los magnates que habían ido en queja ante el Etnarca.

Aquello fué un tumulto que vociferaba en contra de los terratenientes y ganaderos, que mataban de hambre a sus infelices jornaleros.

Aclamaban al Etnarca, a Jeramel y al Profeta Nazareno. En una acera de la Plaza de Hirám se hallaba la posada *"El Anfora de Plata"* en que se hospedaban desde su llegada nuestros viajeros.

Al oirse mencionar en el tumulto, el Maestro salió precipitadamente seguido de sus compañeros. Subió las gradas del monumento del Rey Hirám, que era de mármol negro: La blancura del manto del Profeta que el viento de la tarde agitaba, hizo que los amotinados le reconocieran en el acto y comenzaran a clamar a grandes voces:

— ¡Que el Profeta Nazareno nos salve de nuestros verdugos!... ¡Que el Etnarca los pase a todos a cuchillo!...

—No queremos amos que llenan sus arcas de oro, y nos matan de hambre a nosotros y a nuestros hijos!... —Y el clamoreo seguía por el estilo.

Pronto llegó una guardia montada desde el palacio del Etnarca.

Jhasua, desde la pequeña altura en que se había colocado, hizo comprender que iba a dirigirles la palabra, y rogó a los guardias que no hicieran uso de la fuerza. Conociendo el amor del príncipe Artath hacia él, le obedecieron.

Aquella turba desarrapada, haraposa, hambrienta, fué acercándose cautelosamente hasta rodear por completo el monumento del rey Hiram.

El silencio se hizo majestuoso y solemne ante el joven Maestro Nazareno, cuyos ojos de divino mirar, parecía que irradiaban la dulce claridad del sol poniente, que se filtraba por las ramas de la frondosa arboleda.

Y el Maestro les habló así:

—Amigos míos: El Profeta Nazareno al cual habéis llamado en vuestro clamor, quiere salvaros de vuestras pesadas cargas, elevando el bajo nivel en que estáis colocados por los errores milenarios de nuestra caduca civilización. Pero no es con el odio que arroja piedras, o enciende teas, como se renuevan las costumbres, sino con el razonamiento sereno de mentes iluminadas por la Divina Sabiduría.

"¿Creeis que existe un Dios Creador, cuya omnipotente y única voluntad dirige el universo y es dueño de vuestras vidas?

—¡Sí!, lo creemos!... —fué el clamor general. Pero algunas voces aisladas y provocadoras añadieron: "Pero ese Dios no hace caso ninguno de nosotros! Nos ha dado la vida para vivirla entre el hambre y la miseria!

—Creeis en un Dios que es Poder absoluto, Sabiduría infinita y Amor misericordioso, por encima de todas las cosas. Con eso me basta, y a los que pensáis que El no se ocupa de vosotros, antes de que decline el sol de mañana, yo os daré la prueba de que el Dios Unico, Padre Universal de los mundos y de los seres, piensa en vosotros con un amor infinito.

"Id pues tranquilos a vuestras casas, y mañana a esta misma hora venid a encontrarme de nuevo en la plaza de Hirám. El Dios Vivo, el Dios del Amor, os habla por mi boca para deciros: *"Conocéis el sol de hoy, pero no el de mañana. Esperad un día más que Yo vendré a vosotros"*.

Jhasua iba a descender de las gradas del monumento, cuando llegó hasta él, agitado y jadeante, un mensajero del Etnarca escoltado por dos guardias del palacio. Traía un gran bolso de seda púrpura y dijo al Maestro:

—Mi señor te manda ésto para repartir entre los amotinados.

—¡Esperad, esperad!... —gritó Jhasua—. Antes del plazo fijado, el Dios que creeis indiferente a vosotros, ha mandado al Etnarca que os socorra y aquí tenéis su don.

Jhasua levantó en alto el bolsillo carmesí y añadió:

—Ordenaos todos en torno mío, que os repartiré el regalo de vuestro príncipe.

—¡Dios salve al príncipe Artath! ¡Que viva largos años!... ¡Que nos libre de los amos usureros y tiranos!... ¡Que los degüelle a todos!... ¡Que los ahorquen!

Toda esta confusión de gritos buenos y malos, decía bien claro de los diversos sentimiento que animaban a aquella masa haraposa y hambrienta.

—¡Basta amigos, basta!... —se oyó la voz sonora de Jhasua dominando la multitud—. Os acabo de decir que el odio no soluciona ningún problema, sino que lo destruye todo, y vosotros continuáis alimentando el odio! ¿Seréis tan duros de corazón que agotéis la mansedumbre del mío?...

El silencio se hizo súbitamente, como si una invisible espada de fuego hubiera pasado cortando la palabra en los labios.

Jhasua llamó con una señal al tío Jaime y sus otros compañeros que estaban mezclados en la multitud y les encargó que ordenadamente fueran acercando a él de uno en uno todos aquellos hombres.

El bolsillo encerraba *dos mil "Nunmus Aureos"* pequeña moneda de oro con la cabeza de César Augusto, el primero de los emperadores romanos que acuñó monedas del precioso metal.

Aquella pequeña pieza de oro, significaba el sustento de una familia humilde por diez días lo menos.

El lector adivinará lo que pasó por el alma de todos aquellos infelices, que la mayor parte de sus días los pasaba con trigo cocido y bellotas de encina.

El alma de Jhasua se estrujaba de angustias ante el largo desfile de seres, cuyo aspecto exterior era un vivo reflejo de los padecimientos soportados.

—¡A ti te lo debemos todo Profeta! —decíanle unos, al recibir de sus manos la moneda de oro.

—¡Eres un hombre de Dios que mandas sobre los reyes!... —decíanle otros.

¡Tú deberías ser el César sobre todos los pueblos de la tierra!...

—¡No te vayas más de Damasco y todos seremos dichosos!...

El Maestro con la emoción pintada en el semblante, les envolvía a todos con su mirada llena de inefable amor, mientras les iba repitiendo:

—No olvidéis la cita de mañana en éste mismo lugar: Nuestro Padre, Dios y Amor, os espera aquí para haceros felices!

Cuando la muchedumbre se hubo dispersado, aún quedaban doscientas monedas en el bolsillo, y Jhasua lo devolvió al mensajero que lo trajo; pero éste le dijo:

—Mi señor quiere que repartas el resto entre los leprosos del *Cerro de Abbadon* en nombre de su esposa.

—Bien —dijo el Maestro—. Darás al Etnarca las gracias, y le dirás que el Profeta de Dios le bendice en su nombre.

—Me ha dicho que espera al Profeta mañana a la primera hora de la noche para cenar con él —añadió el mensajero.

—Dile que iré —contestó Jhasua bajando las gradas y siguiendo a sus compañeros hacia la posada.

—¡Qué jornada!... ¡Como de aquí a Idumea! —decía el tío Jaime. —¡Estoy más muerto que vivo!

—Los empellones de unos y otros me dejaron molido —añadió Zebeo—. Si permanecemos mucho tiempo en Damasco, nos convertiremos en pescado seco.

—¡Hombre! —decía uno de los árabes—. Ya se vé que nunca salisteis de un tranquilo hogar.

"Nosotros que fuimos prisioneros de guerra y estuvimos en el mercado de esclavos a punto de ser vendidos ¡sabemos lo que son el hambre y los amos brutales y salvajes!...

—A no ser por nuestro padre Melchor, estaríamos acaso peor que éstos infelices que acabamos de ver —añadía el árabe Ahmed.

Jhasua guardaba silencio procurando reponer sus energías semi-agotadas en la vigorosa actividad que había realizado.

Todos habían olvidado el grupo de los potentados magnates que fueron apedreados por la multitud, lo cual fué el comienzo del furibundo motín.

Al dar la vuelta a la plaza de Hirám para ir a la posada, se encontraron con un afligido grupo de tres mujeres veladas y algunos criados lujosamente vestidos al lado de una litera encortinada de brocado color naranja. Dos ancianos médicos observaban a un hombre tendido en el suelo, y bajo cuya cabeza colocaba sus manos una mujer que lloraba.

Era el poderoso señor a quien una piedra arrojada con la honda había herido gravemente en la cabeza.

Los médicos decían que en cuanto le movieran moriría.

Un delgado hilo de sangre salía del lado izquierdo de la oreja donde había recibido el golpe.

La mujer que sostenía su cabeza era su esposa. Las otras dos, eran sus hijas.

—Si me lo permites —dijo Jhasua— yo también soy médico. Puede ser que entre los tres podamos aliviar al enfermo. —Y se arrodilló junto al cuerpo que aparecía como muerto, a no ser por la respiración que se advertía en él.

Puso su diestra en el sitio por donde manaba la sangre, y su mano izquierda sobre el corazón. Un silencio de espectativa y de ansiedad se estableció de inmediato.

Toda vibración extraña quedó anulada por el poderoso pensamiento del Cristo, que pedía a sus elevadas alianzas espirituales la salud y la vida de aquel hombre, de lo cual dependería quizá el mejoramiento de situación de la clase humilde y desheredada de Damasco.

Los pequeños seres terrestres, no podemos comprender ni medir estas intensidades de amor y de fe de las almas sublimes y heroicas, que han escalado las cumbres del Amor Divino y del Divino Conocimiento, pero creo lector amigo, que algo podremos vislumbrar de toda la intensa vibración que puso en actividad el Maestro, para devolver la salud y la vida a aquel poderoso señor, el más duro y egoísta de los potentados damascenos.

Por fin aquellos labios mudos se abrieron para pedir agua, que le fue dada al momento, mezclada con elixir de naranja.

Jhasua exhaló grandes hálitos sobre la frente y el pecho del herido, y le dijo suavemente:

—Abre los ojos y mira la luz de Dios, que te reanima con vida nueva.

El herido abrió sus párpados, y vió el rostro de Jhasua muy cerca del suyo.

—¡Tú!... ¡tú!... ¡Yo no quiero morir! —dijo en voz baja y continuó con sus ojos fijos en los del Maestro.

—Mi Dios quiere que vivas —le dijo inclinándose sobre él—, y vivirás con una vida nueva, haciendo la dicha de tus semejantes y la tuya propia. ¡Vivirás para ser misericordioso con tus semejantes como lo es mi Dios contigo!... ¡Vivirás para ser el padre de todos los huérfanos y desamparados de Damasco!... ¡Vivirás para romper las cadenas de tus esclavos!... ¡para ser amado de tus servidores, para que las muchedumbres hambrientas bendigan tu nombre!...

¡La dulzura de la voz del Maestro se tornaba en una divina cadencia! Las mujeres lloraban silenciosamente arrodilladas en derredor del herido, y de los ojos entornados de aquel hombre comenzaron a correr gotas de llanto.

El Maestro unió su cabeza a la del herido y le dijo: —Dios-Amor te ha curado. ¡Levántate!

Las mujeres dieron un grito de horror, como si vieran levantarse un muerto.

El herido se sentó sobre el pavimento de la calle en que cayó al recibir la pedrada. Jhasua le tendió sus manos, y apoyado en ellas se incorporó.

—¿Quién eres tú que me has vuelto a la vida? —preguntó ansioso.

—¡El Profeta Nazareno!... el amigo de los que sufren la miseria y el hambre —le contestó dulcemente el Maestro.

—¡El amigo de los que quisieron arrancarme la vida!... —exclamó el potentado con amargura irónica.

—No des ,cabida de nuevo al odio en tu corazón, porque mi Dios te ha curado por el amor —le dijo Jhasua dando mayor energía a su voz.

—Pero dime Profeta ¿Puedes tú amar a las víboras?...

—¡Calla por favor!... —intervino la esposa—. Vamos a casa y no enciendas la cólera del Dios de este Profeta que te ha salvado la vida.

Los médicos se retiraron discretamente.

—Mi Dios no se encoleriza jamás, mujer, no temas nada de El, y sí, búscalo en el dolor, porque El ama a los que padecen.

—Otro prodigio más para mi libro de apuntes —dijo el tío Jaime, cuando vió al ex herido de pie mientras se despedía del Maestro.

—¿Vendrás a mi casa Profeta? —le preguntó—. Cualquiera te dará razón del Palacio Belesis en la Gran Avenida, y yo soy Jabir su dueño.

—Te prometo que iré mañana a la segunda hora, si me das tu palabra de no tomar medida alguna hasta haber hablado conmigo —le contestó el Maestro.

—Tienes mi palabra, Profeta, hasta mañana pues. —Jabir, el ex herido siguió la litera que conducía a su mujer y a sus hijas, sin querer entrar en ella, para desafiar al pueblo de curiosos que asomaban a verle andar altanero y erguido como si nada le hubiera pasado.

—¡Por fin! —dijo el tío Jaime, cuando pasado este nuevo incidente pudieron entrar en la posada—. ¡Creí que no llegaba este momento!

—¡Que pesado os va resultando el seguir de cerca al misionero vagabundo! —exclamó Jhasua viendo el cansancio de su tío y de Zebeo.

—¿Has observado Jhasua el nombre que ese hombre dió a· su palacio de la Gran Avenida? —le preguntó el tío Jaime.

—Sí, *Palacio Belesis*, y ésto te ha recordado tío Jaime los relatos que los ancianos del Hermón encontraron en las ruinas de Palmira. ¿Verdad?

—Justamente. ¿Por qué habrá puesto a su morada ese nombre?

—Eso lo sabremos mañana.

Mientras tanto los dos jóvenes árabes encargados por Simónides de la custodia personal de Jhasua, habían pedido la cena porque la noche llegaba, y las fatigas del día les reclamaban el descanso.

Jhasua no faltó a la cita que dió a Jabir para la segunda hora de la mañana siguiente.

Llevó sólo consigo a los dos jóvenes árabes para dar descanso al tío Jaime y a Zebeo, y también para inspirar mayor confianza al receloso magnate damasceno que era de pura raza árabe.

Allí supo Jhasua que el nombre de·*Palacio Belesis* se debía, a que el abuelo de Jabir, había comprado al último rey de Siria, de la dinastía de los Seleucos, el famoso Palacio de Belesis, el auténtico, que fué tomado y habitado por Alejandro Magno, en su paso triunfal hacia la India. Un incendio casual o provocado, lo había destruído en parte y Jabir, al hacerse dueño de la cuantiosa fortuna de sus mayores, trasladó los mármoles y demás riquezas de la antigua fortaleza, a Damasco, su ciudad natal, para construírse la fastuosa morada, a la que entraba Jhasua con la sola idea de obtener concesiones beneficiosas a la numerosa clase de los desheredados.

—Si no hubiera sido por tí, Profeta, no habría visto más este palacio que es mi orgullo, —decía con gran complacencia Jabir—.

"¡Me has hecho pues el mayor beneficio que un hombre puede hacer a otro hombre! La vida se ama intensamente cuando está rodeada como la mía, de cuanto es dicha y gozo al corazón.

Y continuaba llevando a Jhasua por suntuosas salas, corredores, patios, escalinatas, terrazas y jardines, que era toda una exposición de belleza, de arte y de fastuosidad.

Al final de la amplia galería con vistas al jardín, vió Jhasua una puerta dorada que parecía una filigrana, tejida de brillante metal y menudos cristales de colores. Como no abriese aquella puerta, Jhasua demostró completa indiferencia.

— ¡Profeta! ¿no te mueve el deseo de saber qué hay detrás de esa puerta dorada? —preguntó el amo de la casa.

—Absolutamente no —contestó el Maestro— si no es tu gusto enseñármelo.

—Pues allí guardo mis joyas más valiosas: mis mujeres, son siete estrellas de primera magnitud.

—¿Y son todas ellas felices? —preguntó el Maestro tranquilamente.

—Un magnate árabe no pregunta eso nunca, pue le basta con ser él feliz con ellas.

—La que estaba contigo en la Plaza de Hirám, ¿era una de ellas?

—Esa es la esposa primera que gobierna a las otras, la única que a veces puede presentarse a mi lado en presencia de extraños. Las costumbres de tu país son diferentes a éstas ¿verdad?

—Todo es conforme a la ley que rige a los países —le contestó Jhasua—. David y Salomón que eran mis compatriotas, tuvieron muchas mujeres.

Cuando le había enseñado todo el palacio,, se sentaron en la sala principal que daba sobre el pórtico de entrada.

—Ahora a arreglar cuentas, Profeta. ¿Cuánto vale la vida que me has devuelto?

—¿La aprecias tú en mucho? —le preguntó Jhasua sonriente.

— ¡Y me lo preguntas Profeta! ia mí, que veo deslizar mi vida como un río entre flores! —contestó el potentado lleno de vanidad—.

"Tengo mis arcas llenas de oro y de piedras preciosas. ¡Ni el Rey Hareth es tan rico como yo! Sólo hay un hombre que me aventaja en caudales y es un comerciante de Antioquía que se llama Simónides; pero ese es un avaro que vive miserablemente, a pesar de su fortuna que envidiaría el César.

— ¡Noble Jabir!... si me hablas de esta manera es porque no me conoces. Ninguna riqueza ni tesoro mueve mi deseo, te lo aseguro; y si mi Dios me ha permitido hacer contigo lo que hice, soy feliz sabiendo que eres dichoso.

—Pero... ¿eres feliz sin desear nada? ¡No te comprendo Profeta!

—Yo soy feliz haciendo la felicidad de mis semejantes ¿me comprendes Jabir? para mi persona, nada necesito ni nada deseo; pero como me atormenta el dolor de los demás, me aguijonea fuertemente el deseo de remediarlos.

"Al pasar por la plaza de Hirám, sentí tu dolor de herido gravemente, y el dolor de tu esposa y de tus hijas, y tuve necesidad de socorrerte para calmar el ansia de mi corazón por tu bien.

"Como sentí tu dolor, y el de los tuyos, siento el dolor de todos los desheredados de Damasco, que viven miserablemente con trigo cocido y bellotas de encina, porque sus míseros jornales no bastan para tener pan y lumbre.

"Ya ves pues, cómo el Profeta tiene también un gran deseo, el remediar a los que padecen la miseria y el hambre.

"En medio de tu dicha, Jabir ¿has pensado alguna vez, en el dolor de los que jamás conocieron los goces de la abundancia?

—Tú eres un sabio, un Maestro, puesto que eres un Profeta —dijo Jabir— y siéndolo ¿puedes creer que esa masa anónima y obscura de siervos, esclavos y jornaleros puedan desear lo que no conocieron? Además, los ricos no somos culpables de su miserable condición. Si ellos nacieron en cuna de paja, y yo en cuna de oro ¿qué les debo yo a ellos? Si me trabajan, les pago sus jornales y asunto concluído.

Jhasua clavó en él sus ojos llenos de infinita bondad. ¿Qué luz, qué vibración de inefable amor habría en esa mirada, que aquel egoísta refinado se turbó visiblemente?

—¡Ahora te he comprendido Profeta! —añadió— ¿Quieres que sea generoso con la turba soez, que me hirió en la Plaza de Hirám?

—La desesperación de la miseria, lleva a los hombres al delito —díjole Jhasua—. Y habrá continuados motines populares en Damasco si no remediáis entre todos la miseria de los infelices que llenan vuestras arcas de oro. ¿Qué significaría para ti Jabir, hacer lo que hizo Jeramel, cuyos caudales alcanzan a la mitad de los tuyos?

"Si por volverte a la vida, yo te hubiera pedido cincuenta talentos de oro ¿me los habrías dado?

—¡Te hubiera dado Profeta *cien*, y aún no sería bastante! Mi vida la aprecio en más de cien talentos! —contestó de inmediato Jabir.

—Muy bien amigo mío; porque aprecias tu vida en mucho, debes resguardarla bien, y no hay mejores guardianes que tus servidores agradecidos por la generosidad que tengas con ellos.

"El Dios de los cielos y de la tierra al que adoro, y que es dueño de todas las vidas, te ha dado un aviso de que la tuya está en peligro, porque te repito: *el hambre es mala consejera*, y ¡ay! de los poderosos que gozan y ríen en medio de muchedumbres haraposas y hambrientas!...

—¿Quieres decir Profeta, que por conveniencia propia debemos los ricos ser generosos con los miserables?

—Cuando el alma del hombre no ha llegado a la capacidad de hacer el bien, por el bien mismo, empieza a hacerlo por el instinto de conservación, que es la forma de bien practicado por las almas de evolución primitiva. Me hubieras hecho grandemente feliz Jabir... te lo aseguro, si fueras generoso con tus servidores por la alegría y gozo que causas a esos infelices, que te enriquecen cada día con su esfuerzo, y a los cuales no basta tu remuneración para sus necesidades y las de sus hijos.

"Pero si no puedes hacerlo por el bien de ellos, hazlo por tu tranquilidad y tu paz, para no verte molestado por una turba de hambrientos, cuya miseria les llena el corazón de odio".

La voz del Maestro iba adquiriendo vibraciones emotivas y profundas. Hubo momentos en que parecía temblar, como si en su garganta se anudara un sollozo. Aquel corazón de bronce se sintió sacudido fuertemente, y también conmovido le contestó:

—¡Está bien Profeta!... ¡quiero hacer tu felicidad siendo generoso con mis servidores, por el gozo que les causaré!... ¡pero sobre todo, y por encima de todo porque seas dichoso tú!... ¡Profeta!... ¡el hombre más noble y más bueno que pisa la Tierra! Créeme que aún dudo si eres un hombre o uno de esos arcángeles que de tanto en tanto aparecen en medio de los hombres, para descubrirles sus maldades y perdonar los pecados.

"¡Por tí lo hago todo Profeta, por tí!

— ¡Gracias, amigo mío!... que Dios te bendiga.

Después de un breve silencio, el Maestro continuó:

—Necesito que me asegures dos cosas: Que no tomarás venganza del que te arrojó la piedra que puso en peligro tu vida, si llegas a saber quién fué y que convencerás a todos tus amigos, de que te imiten en la generosidad con sus servidores.

"A la puesta del sol me espera la turba de hambrientos en la Plaza de Hirám, porque les prometí obtener de sus amos un beneficio para ellos y para sus hijos.

"¿Cuento contigo para llevarles una respuesta favorable?

El potentado pensó unos momentos y luego dijo plenamente seguro:

—Cuenta conmigo, para que digas a los jornaleros de Damasco que tendrán jornal doble desde mañana, y que las mujeres pasen por mis depósitos de la plaza de Las Caravanas, donde recibirán ropas conforme al número de individuos de cada familia.

—Ahora eres digno servidor de mi Dios, que inspiró a Moisés la gran ley de la humanidad:

"¡Ama a Dios sobre todas las cosas y al prójimo como a tí mismo!" —le contestó el Maestro y añadió—:

"Antes de ponerse el sol de hoy, Jabir, habrás hecho la felicidad de todos los desheredados de Damasco.

Se separaron, con la promesa de Jhasua, de no ausentarse de la populosa ciudad sin encontrarse de nuevo.

Y esa misma tarde, cuando el sol extendía en los cielos las gasas doradas del crepúsculo vespertino, la Plaza de Hirám se llenaba de una compacta muchedumbre que esperaba al Profeta del manto blanco, que les había prometido unas migajas de felicidad.

Y si hubieran observado bien, habrían podido ver tras de algunas celocías de lujosas ventanas, muchos ojos ávidos que miraban ansiosamente hacia la multitud.

Eran Jabir y sus amigos potentados de Damasco, que desde la morada de uno de ellos, observaban al Profeta transmitiendo al enjambre dolorido, el mensaje de sus amos. El Maestro habló a la multitud silenciosa en torno suyo:

—Veo que habéis confiado en mi palabra dada ayer a esta misma hora, y por eso estáis llenando la Plaza de Hirám. Ayer recibisteis el don de vuestro Etnarca; hoy os transmito la promesa de vuestros amos, de que recibiréis jornal doble desde mañana, y donativos de ropas conforme a los individuos de cada familia, si vuestras mujeres se presentan en los depósitos de la Plaza de las Caravanas.

"El Dios que adoro, Dueño Supremo de Mundos y de seres, ha movido el corazón de vuestro príncipe y de vuestros amos, para que acudan solícitos a aliviar vuestras cargas.

"De hoy en adelante, ellos pensarán por vosotros como si fuérais sus hijos, y vosotros pensaréis en ellos como si fueran vuestros padres.

"Los deberes, como los derechos deben ser recíprocos para que se mantenga el equilibrio en las sociedades humanas.

"Hombres del trabajo y del esfuerzo!... jornaleros que os ganáis el pan con el sudor de la frente!... siervos de humillada y penosa condición!... con vosotros hablo, y espero que mis palabras abran un horizonte nuevo a vuestros espíritus aletargados en la lucha, por el sustento de vuestra vidas.

"Oidme bien y comprendedme bien: este planeta tierra que vosotros y yo habitamos, es un mundo inferior, donde domina el mal en todas las esferas sociales; algo así como un inmenso presidio, donde todos soportamos las penosas leyes a que está sujeta la vida en este planeta. El trabajo, el dolor y la muerte, son aquí leyes inexorables e inmutables, y sería la mayor locura rebelarse en contra de ellas, como locura es pretender desecar el agua de los mares, detener la marcha del sol que nos alumbra, o cambiar el sitio de las montañas. Las diferentes condiciones sociales, son en parte, consecuencia de la diferente capacidad de los seres, y de su distinto grado de adelanto intelectual y moral. No todos los hombres son hábiles pilotos en alta mar.

"El egoísmo y la malicia humana, han tejido una espantosa cadena alrededor de las leyes ineludibles, y propias de este planeta.

"Siento que muchos de vosotros estáis preguntando ¿por qué hemos de ser nosotros desposeídos y miserables, y otros inmensamente ricos y poderosos?

"Es este un problema sin solución para vosotros, y enseguida pensáis equivocadamente de la Justicia de Dios. Las enormes diferencias sociales, no son obra de Dios, sino del egoísmo de los hombres.

"Y los profetas de Dios que pueden curar las enfermedades físicas, quieren también curar las enfermedades morales. El egoísmo es una enfermedad tan dañina, como la lepra que devora el cuerpo del que la posee. El egoísmo devora y consume los cuerpos, de todos aquellos adonde alcanzan sus tentáculos de pulpo. Me llamáis Profeta de Dios y lo soy; y porque lo soy he recibido de El, el supremo mandato de destruir el egoísmo y hacer florecer el amor.

"Mi Dios me ha dado esta inmensa satisfacción. En vuestro Etnarca el príncipe Artath y en vuestros amos ha comenzado a florecer el amor, y ellos poderosos y ricos, han pensado en aliviar vuestras cargas mejorando vuestra situación.

"El Profeta de Dios necesita ahora que vosotros le demostréis, que hay en vuestros corazones, tierra fértil para cultivar su siembra de amor.

"El odio y el egoismo son fuerzas destructoras. El amor es fuerza fecunda y creadora.

"Aquí... aquí al calor del corazón del Profeta de Dios, probemos todos unidos, de hacer florecer y fructificar el amor en esta hermosa ciudad de Damasco, resplandeciente como una sílfide de oro, a la vera de sus magníficos lagos serenos, donde se miran los cielos y se reflejan las estrellas...

"Vuestro Etnarca y vuestros amos, han dado el primer paso. Dad vosotros el segundo, y corresponded a la justicia con que ellos acaban de obrar, con la justicia obrada por vosotros, que consiste en trabajar en sus posesiones, mediante la remuneración suficiente a vuestras necesidades.

"¿Me lo prometéis?... ¿Me dais vuestra palabra?... Respondéis con una sincera promesa al Profeta de Dios, que quiere con toda su alma vuestra felicidad?...

Los ojos de Jhasua resplandecían de divina luz, y de su alma de Ungido, se desbordaba el amor sobre la multitud anhelante y esperanzada.

Un grito unánime tres veces repetido, resonó como un huracán desatado en la selva.

—¡Sea como tú lo quieras Profeta de Dios!

"¡Que no se vaya de Damasco, que viva siempre entre nosotros!... que no nos abandone nunca!

El Maestro subió dos gradas más del monumento de Hirám, porque la multitud se estrechaba cada vez más en torno suyo, amenazando ahogarle con su desbordante entusiasmo.

—Mis amados damascenos —dijo el Maestro—. El Profeta de Dios no olvidará jamás esta espontánea manifestación de vuestro amor hacia mí; pero como yo he venido a destruir el egoismo y a sembrar el amor, quiero repartir el afecto y adhesión que me demostráis, con aquellos que también por amor hacia mí, harán vuestra felicidad en adelante. Quiero vuestro amor para vuestro Etnarca, para vuestro Rey y para vuestros amos, que desde hoy tendrán para vosotros solicitudes paternales.

'' ¡Que Dios guarde a todos los que harán vuestra dicha!

La multitud respondió a la exclamación de Jhasua con un formidable:

— ¡Dios guarde al Rey, al Etnarca, a nuestros amos!...

De una lujosa litera encortinada de púrpura, que había permanecido junto a una glorieta de jazmines en una acera de la gran plaza, bajó el Etnarca e hizo bajar a su esposa con su hijito dirigiéndose a donde estaba Jhasua.

El joven príncipe abrazó emocionado al Maestro mientras le decía:

—Mago del amor y de la paz!... No puede negarse que traes a Dios contigo.

La multitud aplaudía frenéticamente.

Del palacio aquel, tras de cuyas celosías se ocultaban los poderosos magnates damascenos, salieron una porción de ellos con sus esposas y sus hijas todas veladas según la costumbre del país. Como demostraban la intención de llegar hasta el Profeta, la muchedumbre les abrió paso, mientras continuaban gritando:

— ¡Que los amos sean piadosos con nosotros, y seremos fieles servidores!

La emoción era visible en todos.

Cuando consiguieron llegar hasta el Maestro, los potentados le entregaron bolsos de monedas de plata, y las mujeres sus joyas, para ser repartidas en la multitud.

Aceptó los bolsillos dirigiendo palabras de agradecimientos a los donantes, y a las mujeres les dijo:

—Convertid vuestras joyas en cunas para los recién nacidos, en cobertores para los ancianos y los niños, que el invierno se acerca, y ellos temblarán de frío.

—Nosotros las regalamos a ti Profeta de Dios; haz lo que quieras con ellas en beneficio de nuestro pueblo —le contestó en nombre de todas, la esposa de Jabir. Zebeo se hizo cargo del cofrecillo con las joyas.

La niñita aquella curada por el Maestro, o sea la hijita de Jeramel, llegó también traída por su padre, y una docena de criados llevando grandes cestas, marchaban en pos de la niña, con sus pasitos ligeros se abría paso hasta Jhasua.

— ¡Profeta!... ¡Mi Profeta bueno! Adita te trae dulces y frutas para todos los niños de los jornaleros de Damasco.

Jhasua levantó a la niña en brazos para que todos la vieran.

—Esta, es el Ada buena de los niños damascenos —dijo lleno de emoción— y trae sus dones para todos sus compañeritos en la vida. Tuvo diez años de parálisis, amadla pues, como me amáis a mí, que ella quedará aquí en mi lugar, cuando yo deba ausentarme de Damasco.

La niña agitó sus bracitos sobre la multitud, que gritó emocionada.

—¡El Dios del Profeta guarde a la hija de Jeramel!

Jhasua y sus cuatro compañeros eran insuficientes para hacer el reparto de los donativos.

El Maestro quiso conseguir más todavía de los poderosos damascenos y les dijo dulcemente:

—Si no nos ayudáis vosotros a repartir vuestros dones, se nos esconderá el último rayo de sol y hay tantos niños semi desnudos que enfermarán con el frío de la noche —Los magnates y sus esposas e hijos se pusieron a la tarea.

El Cristo Divino, mago sublime del amor, transformó aquella tarde memorable, en una fraternal hermandad, a los poderosos señores con sus jornaleros y siervos, y una oleada formidable de amor fraterno inundó la plaza de Hirám.

Durante mucho tiempo recordó el Maestro, aquella misión en Damasco entre los hijos de Arabia, cuyo ardiente temperamento respondió a la vehemencia del Profeta de Dios, que les llamaba al amor.

—En verdad —decían los damascenos ricos y pobres— que este hombre viene del Dios verdadero único, superior a todos los dioses, porque las maravillas obradas por El, no fueron vistas nunca en Damasco.

Los incendiarios del Peñón de Raman fueron redimidos, los leprosos y dementes del Cerro de Abbadon, fueron curados y volvieron a sus hogares, los jornaleros y siervos tienen lumbre, pan y viandas sobre la mesa, y vestidos sobre sus cuerpos; los amos se tornaron piadosos, y los servidores trabajan en paz.

—¡Oh, el Profeta de los cabellos rubios y mirada de gacela, tiene magia de Dios en sus manos y ha sembrado la paz y la dicha en Damasco, como sembramos nosotros el trigo y el centeno!

Y el Maestro les contestó:

—Porque habéis visto hechos que os maravillan, habéis creído en el poder y la bondad de Dios.

"Mas felices y bienaventurados seréis, cuando sin ver prodigios en vuestro derredor, aprendáis a sentir a Dios dentro de vosotros mismos.

Y en intimidad con el tío Jaime y Zebeo añadía:

—He aquí un pueblo que desconoce la Ley de Moisés, y los complicados rituales de nuestro culto judío, y no obstante es sensible al amor y a la misericordia.

"El amor de los unos para los otros, será la religión del futuro, cuando sean innecesarias las variadas fórmulas exteriores de adoración a Dios, que quiere ser adorado en espíritu y en verdad.

"Entonces los hombres serán felices, porque habrán aprendido a practicar la única ley necesaria que absorbe todas las otras:

AMAR A DIOS SOBRE TODAS LAS COSAS Y AL PROJIMO COMO A SI MISMO.

EL TORREON DEL PATRIARCA

Ya se disponía el Maestro a abandonar a Damasco, cuando llegó a la posada un mensajero pidiendo hablarle.

Traíale un mensaje de su amo Abulfed, hijo del patriarca árabe Beth-Gamul, aquel anciano clarividente que en el *Huerto de las Palmas* ciñó a Jhasúa la cinta de oro con setenta rubíes, con que se coronaba a los patriarcas del desierto; y al hacerlo, había declarado públicamente en presencia del Ilderin y de sus tres mil guerreros, que *Jhasua de Nazareth, era el Mesías anunciado por los Profetas*.

—Mi amo Abulfed —dijo el criado— pide al Maestro que asista hoy a la segunda hora de la tarde, a una reunión de su Escuela donde necesitan escuchar sus palabras de sabiduría.

Jhasua consultó el caso con Zebeo, conocedor de todos los rincones de Damasco y a la vez con los jóvenes árabes Amed y Osmán.

Los tres hablaron con el criado, para solicitar informe sobre la mencionada Escuela, y sobre la persona de Abulfed, a quien no conocían.

De la información resultó, que la Escuela estaba a una milla de Damasco, casi llegando al lago Utayba al oriente de la ciudad, que el viejo patriarca Beth-Gemul había muerto dos años antes, y que su hijo Abulfed, retirado en su torreón del lago Utayba, había tardado en enterarse de las felices noticias de la ciudad.

Su padre antes de morir, le había exigido palabra de buscar algún día a Jhasua de Nazareth, que tenía la cinta de los setenta rubíes, y consultar con él, todo cuanto concernía a la enseñanza de la Escuela, cuya finalidad era mantener la creencia de un Dios Creador Unico, de que el alma humana no muere, y que el amor a todos los seres como a sí mismo, hace al hombre justo. Eran estos tres principios, la base de la Escuela de Beth-Gamul, que reclamaba la presencia del Maestro.

El mensajero añadió de parte de su amo, que si era aceptada la invitación, él mismo vendría a buscarle con las cabalgaduras necesarias.

El tío Jaime que ya había descansado de las fatigas misioneras de los días anteriores, aceptó formar parte de la excursión, juntamente con Zebeo, Osman y Ahmed.

Poco después del medio día entraban a las caballerizas de la posada, cinco hermosos caballos retintos, traídos por el mismo criado que vino esa madrugada con el mensaje.

Y antes de terminarse la primera hora de la tarde, se presentó Abulfed ante el Maestro llamándolo "Patriarca del Desierto, Mensajero del Eterno Creador y Salvador de los hombres".

—¿Tú eres el hijo de Beth-Gamul, el anciano patriarca que conocí al lado del Scheiff Ilderin?

—Yo soy Abulfed, hijo de Beth-Gamul, y por mandato suyo vengo a buscarte.

"Anoche soñé que me dijo: "El Profeta que deslumbra con cien maravillas a la ciudad de Damasco, es el mismo al que yo ceñí la cinta de oro con setenta rubíes. Es nuestro patriarca del desierto y el Ungido de Jehová. Vete a buscarle y que él marque a nuestra Escuela los rumbos que ha de seguir". Si crees en este sueño, ven.

—Estoy a tus órdenes: vamos —le contestó el Maestro.

Montaron los renegridos caballos, y fueron a salir por la Puerta de Oriente para tomar el camino de los Lagos.

El panorama era bellísimo en aquel final de otoño, a la segunda hora de la tarde, en que centenares de jornaleros cargaban las últimas gavillas de trigo y centeno sobre numerosas tropillas de asnos, para conducirlos luego a las eras, donde unos tornos de estilo muy sencillo y primitivo apartaban el cereal de la paja, que otros centenares de siervos se encargaban de encerrar en sacos, y engavillar la paja.

El paso del Maestro, que fué pronto reconocido por los obreros del rastrojo, excitó de nuevo el entusiasmo de la Plaza de Hirám. ¡Cuánta alegría vió Jhasua reflejada en aquellos rostros bronceados por el sol, y sudorosos por el esfuerzo!

— ¡Dios te guarde Profeta de Nazareth!... —era el clamor cien veces repetido por aquellos jornaleros, en quienes se había despertado una profunda gratitud hacia él.

— ¡Que El os bendiga, amigos, y haga fecundo vuestro trabajo! —les contestaba el Maestro agitando su pañuelo para que fuera percibido su saludo aun a larga distancia—.

" ¡Cuán fácil es hacer dichosos a los pueblos, cuya alma de niño se complace con unas migajas de amor y una lucecilla de esperanza! —decía el Maestro, mirando aquella porción de hombres doblados sobre los campos, felices porque los poderosos señores se habían acercado a ellos con piedad y benevolencia.

—Jamás olvidarán los damascenos que pasaste por su tierra, Profeta —decía Abulfed— pue no oí nunca a mi padre, que en sus años hubiera visto nada semejante.

—La bondad Divina tiene sus horas propicias para manifestarse a los hombres —contestóle el Maestro, dando a la Causa Suprema, toda la gloria de los hechos realizados por él

El trayecto por la hermosa pradera vecina a los Lagos, fué recorrido en la amena contemplación de las verdes montañas que rodeaban en círculo, aquel delicioso valle cortado por varios riachos, y poblado por jornaleros que trabajaban alegremente, y por rebaños de gacelas que pastaban en las gavillas olvidadas.

Ahmed y Osman, excelentes jinetes, y que por serlo, habían tomado los caballos más nerviosos y vivos, se divertían grandemente ensayando breves carreras y piruetas que hacían reír mucho al tío Jaime.

Jhasua observó que Abulfed hablaba muy poco, porque su corazón estaba lleno de tristeza.

Los seres de su raza vehemente y apasionada, irradian fuertemente al exterior, así la dicha como el dolor que los embarga. Y el alma sensible y tiernísima del Maestro, absorbía gota a gota la amargura que destilaba el corazón de Abulfed.

El viejo alcázar o torreón almenado, tenía muchos siglos encima de sus muros, y la tradición decía que había pertenecido a un astrólogo y sacerdote caldeo que había huido de Menis, junto a Babilonia, cuando se acercaban los ejército de Alejandro Magno. El sacerdote astrólogo, fugitivo con su familia, se había refugiado en aquel torreón, observatorio y templo a la vez, consagrado al Dios Silik-Mulú, considerado como la *Inteligencia*, en la compleja Divinidad de los prehistóricos pueblos de Caldea.

La vetusta apariencia de aquella solitaria mansión, imponía un pavoroso respeto a quien la contemplaba por primera vez.

—El exterior inspira espanto —decía Abulfed, viendo el silencioso estupor de sus huéspedes—.

"Pero no bien penetréis entre el bosque de nogales y de castaños que le rodea, veréis qué apacible morada es el *viejo torreón del Patriarca*, como le llaman todos en la comarca.

—¿Vives solo aquí? —le preguntó el Maestro al desmontarse.

—Solo con la muerte —contestó el árabe con su voz impregnada de amarga tristeza.

—Pues, amigo mío —díjole Jhasua— desde hoy en adelante deberás vivir con la vida vigorosa y fuerte, propia del hijo de Beth-Gamul, que llegó a la edad octogenaria sin claudicar de su ardua misión de guía de almas.

—Ya hablaremos —contestó simplemente el árabe, dando un largo silbido que hizo salir de sus rincones a un terceto de criados, a los cuales entregaron las cabalgaduras.

Los nogales y castaños centenarios formaban un hermosísimo bosque que llegaba hasta la casa, y en efecto, hacía desaparecer la visión pavorosa del torreón, que desde lejos se veía sobresalir de la espesa arboleda, como la negra cabeza de un gigante coronada de garfios de piedra.

—Me has dicho que vives aquí solo con la muerte —dijo Jhasua al dueño de casa— y yo sólo veo una exhuberancia de vida. Oye:

El gorgeo de millares de pájaros ocultos entre el ramaje formaba un admirable concierto, que extasió el alma del Maestro, tan sensible a las bellezas de la madre Naturaleza.

—Son alondras y ruiseñores —dijo el tío Jaime— y los hay en este bosque, más que en toda nuestra Galilea, tan rica en pájaros cantores.

—Estamos en pleno Líbano —añadió el Maestro—. ¿Quién no conoce el gorgeo de los ruiseñores del Líbano?

"Y como si toda esta vida fuera poca cosa, veo aquí garzas y gacelas domésticas, que disfrutan de todas las bellezas de este magnífico huerto.

"Y te atreves a decir, Abulfed, que vives con la muerte".

—Los compañeros de aulas que fueron discípulos de mi padre —continuó el árabe— viven en la ciudad, la mayoría. Algunos están junto a los Lagos y aquí en la ribera del Utayba vive una mujer de edad madura que es profetisa y era también discípula de mi padre.

"Todos ellos vendrán a la caída de la tarde, por lo cual te digo, Maestro, que tendrás a bien pasar aquí la noche, si el regresar demasiado tarde puede causarte molestias.

—Todo consistirá en el trabajo que debamos realizar en conjunto —contestó el Maestro.

Un gran pórtico que nada tenía de artístico ni de bello, y sí mucho de sombrío, era la parte delantera del edificio.

Las tres anchas gradas que debían subir, mostraban su ancianidad en las resquebrajaduras de las lozas del pavimento, igual que en las junturas de los bloques de piedras de las murallas, crecían con abundancia los cenicientos musgos propios de las ruinas.

Las glicinas y la hiedra daban un tono de suave poesía a la tétrica fortaleza.

—Antes de que llegue el ocaso que traerá consigo a los que esperamos —dijo Abulfed—, quiero enseñaros mi vieja morada, y así cuando venga la noche estaréis ya familiarizados con ella.

"Vamos arriba y conoceréis desde lo alto del torreón, la pintoresca región de los Lagos.

Y comenzaron a subir la ancha escalera de piedra que el tiempo había ennegrecido y gastado notablemente.

Numerosas habitaciones solitarias en aquella planta del edificio, le daba en verdad un aspecto de abandono y de tristeza que sobrecogía el alma.

—Aquí habitaba mi padre —dijo el árabe, haciéndoles ver una inmensa sala con varios divanes, las paredes cubiertas de croquis, mapas y cartas con rutas marítimas.

Papiros, libretos de láminas de madera, de arcilla y plaquetas de piedra, era todo el moblaje de aquella sala.

—Aquí nos reunimos —dijo el árabe— para continuar el recuerdo vivo de los últimos años de mi padre.

Cerca de esta sala, les enseñó otra amueblada con exquisito gusto, y hasta con cierto lujo en sus detalles.

Aquí se respiraba aire familiar; un gran diván tapizado de color naranja, lleno de almohadones de seda y encajes, con vaporosos cortinados de gasa celeste. Y muy cerca al diván, una preciosa cuna sobre cuya blanca almohadilla, una mano delicada había puesto un ramo de rosas té, recientemente cortadas.

Jhasua contempló unos momentos desde la puerta, aquella hermosa alcoba bañada por la dorada luz de la tarde.

—Ahora lo comprendo todo, Abulfed, amigo mío —díjole con infinita dulzura, apoyando la diestra sobre el hombro de aquel—. Lloras muerto a tu padre, a la mujer amada y a tu hijo.

—Mi padre y mi hijo son en verdad muertos, y están en la tumba excavada en esa verde colina que allí ves. Mi esposa es una muerta que anda.

—¿Dónde está? —preguntó Jhasua, comprendiendo desde luego que se trataba de un caso de demencia, esa muerte aparente del alma que se inmoviliza, digámoslo así, por un supremo dolor.

—Pasa sus días y sus noches en el último piso del torreón, contemplando con extraviada mirada, aquel cerro donde está la tumba del niño. Solo baja al amanecer a colocar flores frescas en la cunita, tal como ves.

—¿Quieres que vayamos a verla? —preguntó el Maestro.

—No sé si lo consentirá —dijo el árabe—. La vista de personas extrañas la pone fuera de sí y da espantosos gritos como si alguien la atormentase.

—Murió primero tu padre y después el niño ¿Verdad?

—Sí, en efecto. Así ha sucedido. Mi padre murió hace veintisiete lunas y el niño perdió la vida diez lunas después.

"Fué una muerte misteriosa, porque no estuvo enfermo. La madre le acostó alegre y juguetón una noche y al amanecer era un cadáver ya helado. He creído que se trataba de una venganza, porque mi esposa estaba prometida a un astrólogo babilonio, al cual nunca pudo amar y huyó de la casa paterna la noche anterior a la boda. Pidió refugio al Patriarca mi padre, que lo daba a todos los desamparados. La trajo a este torreón y le puso una buena mujer como compañía. Yo estaba entonces en Alejandría, a donde él me había enviado a estudiar en la Escuela del Maestro Filón.

"Cuando vine me enamoré de la triste huérfana y me casé con ella.

"Mi padre decía, que en sus meditaciones solitarias, veía siempre un fantasma siniestro que rondaba alrededor de esta casa, donde los genios benéficos le impedían entrar.

"Confieso que todo esto creía yo que eran simples alucinaciones de la vejez de mi padre, y nunca le dí importancia.

"Por respeto a él, guardaba yo silencio cuando me refería sus visiones y luchas secretas con el temido fantasma o genio maléfico.

"Y unos días antes de su muerte me dijo: "El pensamiento de venganza del astrólogo babilonio, toma forma para vengarse de tu esposa y de tu hijo". Lo oí y callé siempre pensando que era delirio de un moribundo. Ahora sé y comprendo lo que valían las palabras de mi padre; y mi desgracia actual la tomo como un castigo, a mi desprecio de la palabra de un justo.

—La lección ha sido en verdad muy dura; pero la Bondad Divina llena de amor los abismos que abre la incomprensión de los hombres.

—¿Qué quieres decir con ésto, Profeta de Dios? —preguntó lleno de esperanza el árabe.

—Quiero decir que la incomprensión tuya, de las palabras de tu padre que era un maestro en la ciencia de Dios y de las almas, es la que ha impedido que las fuerzas del Bien atraídas por tu padre, vencieran a las fuerzas del mal que rondaban alrededor de tu hogar, para destrozar tu dicha en satisfacción de una venganza.

"En la forma que tú has obrado, obra la mayoría de los humanos, que sólo aceptan como realidades lo que perciben sus sentidos físicos, y niegan en absoluto la vida inmensa y las fuerzas formidables que actúan, viven y son, más allá de la percepción de nuestros sentidos.

"Supongamos una colonia de ciegos de nacimiento, ¿no negarían en absoluto la existencia de la luz, de los astros que en órbitas inmensas recorren la magnificencia de los espacios infinitos?

"El hombre terrestre es a veces como un ciego de nacimiento, hasta que la Bondad Divina dueña de infinitos medios, y el dolor es uno de ellos, abre su espíritu a la Verdad Eterna que lo inunda por fin, con su claridad soberana.

"Hoy es tu hora Abulfed, y con el favor de Dios y acaso la cooperación de tu padre, genio tutelar de tu casa, aceptarás lo que hasta hoy habías rechazado.

"¿Quieres conducirme a donde está tu esposa?

—Esa escalera nos llevará hasta la más alta cámara de la torre —le contestó el árabe.

El tío Jaime con Zebeo, Amed y Osman habían quedado en la gran sala —aula que fué habitación del patriarca Beth-Gamul. Jhasua les llamó según acostumbraba siempre, asociando a sus trabajos espirituales a los que le rodeaban, cuando les sabía preparados para ello.

El tío Jaime y Zebeo eran esenios adelantados, y los dos jóvenes árabes procedían de la escuela de Melchor.

Abulfed, que estuvo un año en la Escuela de Filón en Alejandría, no asimiló la enseñanza exotérica, a la cual calificó de un *"conjunto de hermosas fantasías, de sueños magníficos sin realización posible en la tierra"*.

Era el único no convencido de los poderes supra normales inherentes al alma humana, cuando una educación espiritual profunda, basada en métodos científicos, los ha desarrollado hasta el máximun posible en el plano terrestre.

Y el joven Maestro se sentía impulsado por una fuerza superior a iluminar aquella inteligencia con la antorcha eterna de la verdad.

—"No pudo iluminarle su padre, el Patriarca Beth-Gamul. No pudo iluminarle Filón, con su inspirada elocuencia" —pensaba el Maestro mientras subían todos juntos la vetusta escalera de piedra resquebrajada y mohosa—.

"Dios me permitirá iluminarle yo, porque ayer, todas las dichas humanas le rodeaban; era feliz y hoy es desventurado. El dolor ha marcado para él la hora suprema de la liberación y de la verdad".

Fatigados llegaron por fin a lo alto del torreón. Una pequeña plataforma con balaustrada de piedra rodeaba por todos lados aquella última cámara, que tenía cuatro luceras pequeñas redondas.

Abulfed indicó una de aquellas aberturas, la que daba hacia el norte donde se veía el cerro más inmediato.

Jhasua se acercó y vió la faz pálida y enflaquecida de una mujer joven, y que sería bella estando en pleno vigor y salud. Sus ojos grandes y obscuros con un brillo extraño, estaban inmóviles, fijos, abismados mirando al cerro cercano. A primera vista se comprendía el doloroso estado de desequilibrio mental que padecía.

En breves palabras explicó el Maestro a sus compañeros la forma de cooperación mental que reclamaba de ellos.

—Si pudieran éstos —dijo al dueño de casa— entrar y sentarse en completa quietud en un sitio cercano, yo obraría con más libertad sobre la enferma.

—Hay en esta cámara un compartimento que era observatorio astronómico del antiguo propietario *Berosio*, donde ocultaba, a lo que parece, sus secretos de alquimista. Está separado por una mampara de cedro.

Y acto seguido abrió cuidadosamente, sin hacer ruido, una pequeña puertecita en el muro opuesto, a donde estaba asomada la enferma.

—Sentaos aquí —les dijo el Maestro— y pensad en que la Divina Sabiduría ilumine esa mente obscurecida, y que el Amor Eterno la inunde de consuelo y de esperanza.

"Vamos —dijo al árabe—, vamos junto a la enferma.

Su rostro pálido y la mirada fija aparecían en la inmovilidad completa.

—Berisa —dijo Abulfed— ¿me recibes? Vengo a hacerte la visita acostumbrada.

La mujer, sin retirar su rostro de la lucera, extendió el brazo y abrió una puerta que tenía al lado. Abulfed entró y se volvió para hacer entrar al Maestro, pero no lo vió más. En el sitio en que estuvo junto a él, sólo percibió una dorada claridad, como si un rayo de sol de ocaso cayera suavemente.

Aquella puerta abierta no daba hacia el poniente, y la claridad entró por esa puerta y envolvió por completo a la enferma, que súbitamente se apartó de la lucera, y se volvió frente a su marido.

—Traes una lámpara para alumbrar mis tinieblas —dijo la mujer con una dulzura triste y tranquila.

La estupefacción de Abulfed no le permitía pronunciar palabra y un solo pensamiento estaba fijo en su mente, ·¿qué se hizo del Profeta? ¿desapareció? ¿se hizo invisible? ¿se convirtió en esa dorada claridad que iluminaba la cámara y envolvía a la enferma?

Observó que la faz de la demente adquiría una extraña placidez, próxima a la sonrisa.

—Abulfed —dijo de pronto—. Oigo la voz de un arcángel del Señor que me promete devolverme al niño vivo, hermoso como él era... ¿será posible?... ¿será posible?...

"Le veo venir a mis brazos... ¡Oh, querubín mío!...

Y los brazos de Berisa, abrazaron en el vacío una visión que sólo ella percibía.

Sus pies vacilaron e iba a caer desmayada, pero Abulfed la sostuvo en sus robustos brazos, y en ellos se quedó como muerta.

La hermosa claridad, que era como una nube de gasas de oro, se desvaneció de pronto y quedó la persona del Maestro que le decía:

—Pronto, llévala al lecho para que tenga un largo reposo.

Bajaron todos la escalera, conduciendo a la enferma que había caído en un profundo letargo.

Abulfed recostó a su esposa en el gran diván tapizado color naranja y encortinado de celeste, que ya conoce el lector.

Y se volvió a Jhasua con la ansiedad pintada en el semblante.

—Profeta de Dios —le dijo—. Tenías que ser tú, el que abriera mis ojos a la luz! ¿Eres un Dios encarnado o un arcángel del séptimo cielo, como esos que decía ver mi padre, al cual, perdóneme Dios y él, nunca pude creer?

—Soy el mensajero del Dios-Amor, y cumplo mi cometido de la mejor manera posible en la abrumadora pesadez de esta tierra —le contestó el Maestro—. Porque has visto, has creído en el Poder Divino, amigo mío —añadió Jhasu con tristeza—. Bienaventurados y felices son los que nada vieron con sus ojos, pero sintieron a Dios en su propio corazón.

Abulfed cayó de rodillas, y dobló su frente hacia la tierra hasta sentir el frío de las lozas del pavimento.

Cuando se incorporó, su rostro estaba surcado de lágrimas que no procuró ocultar.

Y sin ponerse de pie, dijo al Maestro:

— ¡Profeta de Dios!... alcánzame del Señor su perdón, y el perdón de mi padre, al cual debo haber atormentado mucho con mi dureza de corazón.

El Maestro, sonriente, le tendió su mano para levantarlo, mientras le decía:

— ¡Dios perdona siempre!... y tu padre, que conocía a Dios, te perdona también.

"Ahora manda retirar esa cuna inmediatamente, y que no aparezca rastro alguno de que tuvisteis un hijo. Que desaparezca del cerro todo vestigio de la sepultura del niño.

"Ella dormirá dos días y dos noches. Al amanecer del día tercero se despertará, y tú la rodearás de todo aquello que le complacía cuando estábais recién casados. Ella debe creer que la boda se ha efectuado recientemente, que tu padre está en uno de sus largos viajes por el otro extremo de Arabia. ¿Me comprendes? Es necesaria esta simulación, hasta que transcurra el tiempo necesario para que ella sea madre por segunda vez, con lo cual quedará completamente curada.

"Vive aun la mujer que tu padre le puso como compañía?

—Vive en la planta baja de la torre, con las demás criadas que Berisa despidió, y no permitió que se le acercasen más —contestó el árabe.

—Bien está; instrúyelas de todo esto, y que hagan con la enferma como si nada hubiera pasado. Si algún recuerdo le viniera a veces, tratad entre todos, que ella crea que fué acometida de una maligna fiebre que le producía alucinaciones y delirios. Así que sienta los síntomas de una nueva maternidad, olvidará por completo el pasado.

—¡Profeta!... ¿con qué puedo pagar lo que has hecho conmigo? —preguntó Abulfed tomando con indecible amor una mano del Maestro.

—Con tu fe en el Poder Divino, y con tu firme adhesión futura a la doctrina que siembro sobre la tierra —le contestó.

—¡Os lo juro, Profeta, por la luz de Dios que me alumbra!

—Si así lo cumples, en un día que tardará cinco centurias, te oirás llamar en toda la Arabia con el nombre que hoy me das a mí: *Profeta de Dios*.

Cuando el sol se ocultó tras de las colinas que formaban amplio anfiteatro al valle del Torreón, Abulfed llevó a su huéspedes al gran cenáculo donde les serviría la cena.

Desde muy remotos tiempos, usó el oriente la ablución de pies y manos antes de tenderse en los divanes alrededor de la mesa. Y en las casas señoriales existían siempre, en un compartimento del cenáculo, fuentes bajas en el pavimento, con surtidores para la ablución de pies, y fuentes colocadas en pequeños pedestales para las abluciones de manos reglamentadas por la costumbre.

Todos los antiguos pueblos adoradores del Dios Invisible y Unico, rodeaban el acto de la comida, de una especie de respetuosa devoción, tal como si fuera un ritual sagrado.

De ahí venía, sin duda, la costumbre de bendecir el pan y el vino al sentarse a la mesa, de lo cual han surgido posteriormente dogmas y misterios, con carácter de rigurosos mandatos de Dios mismo. Y el Maestro, como buen oriental, estuvo siempre a tono con las sanas costumbres que encontró en el país de su nacimiento.

—Peces y patos de nuestro lago Utayba, es lo que os presento en mi mesa —decía Abulfed, sentándose al lado del Maestro, mientras los demás elegían cada cual el sitio que le agradaba.

Prolijas manos femeninas se adivinaban en cada cestilla de frutas, en cada fuente de los manjares hábilmente dispuestos.

No podía ser de otra manera, pues que Abulfed había dicho a la ama de la casa, que el huésped era el futuro Rey de Israel, el que su padre había ceñido con la cinta de los setenta rubíes, designándolo *Patriarca del Desierto*. Era pues una triple realeza, puesto que era también el Mesías Salvador de este mundo.

Con los menudos granos, rojo vivo de las granadas de Persia, habían formado sobre una bandeja de plata al centro de la mesa, esta frase: *"Dios guarde al Patriarca-Rey"*.

A los postres, Jhasua repartió entre todos, los rojos y brillantes granos y dejó sin tocar la palabra "Dios". —Con esa sola basta —dijo— para hacernos inolvidable este ágape, en que los cuerpos y las almas se han alimentado igualmente.

Aún estaban hablando, cuando un criado anunció que comenzaban a llegar los compañeros de la Escuela, o sea los discípulos de Beth-Gamul.

Eran veintinueve, y una mujer de edad madura, a la cual llamaban *la profetisa*. Un hijo suyo era uno de los notarios o escribas de la Escuela.

Todos se reunieron en la vasta sala principal que ya conoce el lector. A Jhasua le designaron el gran sitial de madera de olivo del Patriarca, y que según la tradición centenaria, que se conservaba de aquel torreón y de la mayor parte de su mobiliario, había servido para el reposo de varios *Patriarcas del Desierto* anteriores a Beth-Gamul, y aún al mismo sacerdote babilonio Berosio, que tres siglos antes se había refugiado en el Torreón, fugitivo de Alejandro.

Encima del sitial en que se sentó el Maestro, se veía un grabado en letras de ébano sobre mármol blanco, que decía:

"Gloria a Silik-Mulú, Inteligencia Divina".

Los sabios y sacerdotes de la antigua Caldea, formaron la parte mas oculta y profunda de sus creencias, de una reverente adoración a las tres más grandes potencias o facultades que ellos encontraban en la Causa Suprema: la Inteligencia que gobierna y dirige; la Energía que impulsa y el Amor creador y vivificador.

Y Silik-Mulú era para los antiguos Caldeos la *Inteligencia Divina*. El viejo Patriarca no había tocado aquella inscripción, pues aunque él era árabe y no caldeo, siguió el prudente consejo de la más antigua Sabiduría Kobda: "Lo que es bueno y justo, debe ser amado donde quiera que se le encuentre, y venga de donde venga".

Cuando compró el Torreón, averiguó qué significaba aquel nombre "Silik-Mulú" y cuando supo que la antiquísima creencia caldea, llamaba así, a la *Inteligencia Divina*, a la cual rendía culto especial se dijo para si mismo:

—También yo rindo culto a la *Inteligencia Divina*. Dejemos pues a Silik-Mulú donde está.

Toda esta explicación la leyó el notario en uno de los viejos libros de crónicas que había dejado el Patriarca.

Cuando se hizo el silencio y todos esperaban la palabra del nuevo Patriarca del Desierto, la profetisa cayó en hipnosis dominada por la inspiración de Beth-Gamul fundador de la Escuela, que dirigió hermosas palabras al joven Maestro, anunciándole la traición de la Judea con Jerusalén a la cabeza, y la fidelidad de Damasco y de las inteligencias más adelantadas de Arabia, durante toda esa vida y en los siglos futuros. "Ninguna fuerza humana —dijo la voz de la profetisa inspirada—, arrancará a los hijos de nuestra Arabia, tu sepulcro de mártir".

"La ceguera humana, la ignorancia y el fanatismo —añadió la profetisa, obediente a la inteligencia de Beth-Gamul que la dominaba en ese instante—, encenderá guerras que desangrarán a la humanidad durante siglos, por la posesión de tu grandeza de Hijo de Dios, por el predominio en los lugares que pisó tu pie, por tu nombre de Ungido, por tu Ley que cada cual entenderá según su conveniencia, sin acertar a pensar ni un momento siquiera, que como hijo de Dios, eres posesión de todos los espíritus encarnados en esta tierra, que como Mesías, eres Instructor de toda la humanidad, que como emanación de la Inteligencia Divina, no tienes preferencia por ninguna raza, por ningún país, por ningún pueblo y que para tí, todos los hombres son hermanos, igualmente engendrados por el Eterno Amor, de cuyo seno nace todo cuanto vive en el universo".

" ¡Hijo de Dios!... yo Beth-Gamul, Patriarca del Desierto, te digo: cercano está el día de tu glorioso triunfo, como Salvador del Mundo. ¡Hijo de Dios! ¡Acuérdate de mí cuando entres en la gloria de tu Reino!"

La voz de la profetisa se esfumó en el religioso silencio de aquel plácido anochecer, en que hasta los pájaros del bosque de nogales y de castaños habían callado, y ni el más ligero rumor interrumpía la quietud reinante en el Torreón del Patriarca.

La sensibilidad del joven Maestro intensificada por su evocación al Infinito, percibió claramente lo que esperaban de él los discípulos de Beth-Gamul, inteligencias regularmente cultivadas en el conocimiento de Dios, del universo y de las almas.

Y les habló a tono con la percepción que tuvo de sus desos íntimos:

—" ¡Gloria a Dios soberano y eterno en la infinita inmensidad y paz en la tierra a los hombres que buscan la Verdad y la Justicia! De entre la bruma de pasadas edades, surge en este instante por justicia de la Ley Divina, un día de la vida terrestre de Moisés, en que Aelohim su guía le llevó a las grutas del Monte Horeb, para colmar sus ansias inmensas de rasgar los velos que ocultaban a los hombres de aquella generación, los comienzos de este globo terrestre, dado a ellos por habitación en los inescrutables arcanos de la Divinidad.

"Y cual si las zarzas de la montaña ardieran en llamaradas, vió levantarse entre el vívido resplandor, una diminuta nubecilla blanca que subía más y más en el azulado horizonte; y luego como aérea nave, majestuosa, de flotantes velas desplegadas, bogando en la inmensidad hasta llegar a convertirse en una gigantesca nebulosa.

"Vio luego desprenderse de ella grandes girones, como si una mano de mago hubiera soltado al viento los blancos velos en que ocultaba Isis, los misterios de la Creación, según el hermético ocultismo de los sabios del Egipto. Vió que la furia de vertiginosos remolinos sobre sí mismos, producían corrientes magnéticas formidables, y fuerzas de atracción imposibles de definir. Les vió doblarse en llameantes espirales hasta formar globos que parecían seguirse, y a la vez huir unos de los otros, condensados cada vez más y como si en una explosión de luz, de colores y fuego, y entre un torbellino de descargas eléctricas, se hubiera rasgado el inconmensurable abismo.

"Desfiló en breves horas, la obra de inmensas edades, y la visión de la montaña de Horeb, enseñó a Moisés lo que no le hubiera sido dado entrever en muchos años de cavilación. La formidable atracción, arrebató de los vecinos sistemas planetarios, globos de evolución más avanzada, y entre ellos la esplendorosa Venus, que tan de cerca vino a hermanarse con esta tierra, acabada de surgir de la radiante energía del Eterno Pensamiento.

"Y el gas, el fuego y el agua, fueron sucediéndose los unos en pos de los otros, con furia de vértigo que duraba siglos, hasta que el globo terrestre destinado a ser cuna de tantas civilizaciones, pudo albergar gérmenes de vida en su corteza envuelta en el cristal de las aguas primero, y en pañales de nieve después.

"Desde la cumbre del Horeb contempló el vidente, en las páginas imborrables de la Luz Eterna, los pasos primeros de la vida, y su inaudito esfuerzo por manifestarse en las múltiples formas que conocemos, y que no conocemos aún.

"Monstruos pequeños y monstruos enormes, rudimentarios ensayos de lo que había de ser un lejano futuro, la más acabada manifestación de la belleza de la forma y de la expresión, comenzaron a arrastrarse pesadamente, como si fueran conscientes, de que una enormidad de siglos les contemplarían en tal espantosa manifestación de vida.

"Y los seres del más remoto pasado, y del más avanzado porvenir, desfilaron ante el alma extática del vidente de la montaña de Horeb. Hombres deslizándose como seres alados por encima de la superficie del globo, y hombres flotantes en ígneos vapores como los Henoc y Elías, de los carros de fuego, desfigurados esbozos de la verdad magnífica del porvenir; todo ese largo peregrinaje de la evolución humana, arrancó de la pluma de Moisés aquel canto que transformado por la incomprensión y la ignorancia se tornó legendario, y al cual conocemos hoy con el nombre de *Génesis*; canto que he querido desglosar para vosotros del vasto archivo de la Luz Increada y Eterna.

"Y he aquí que de la evolución de esferas y de sistemas; de mundos y de nebulosas, he llegado en mi confidencia de hoy al desenvolvimiento ascendente de las mentalidades, para deciros a vosotros discípulos de Beth-Gamul, admiradores de Moisés, vislumbrados y presentidos acaso por él en la montaña de Horeb, como artífices del pensamiento, por el cual podéis llegar a ser genios creadores de la belleza y del bien, o genios maléficos sembradores de dolor y del crimen en medio de la humanidad.

"Inteligencias creadoras seréis, si con la onda luminosa de vuestro pensamiento de amor, acertáis a recoger de los inmensos planos de fuerzas vivas, que esperan el impulso de vuestro mandato mental, las que han de convertirse como hadas benéficas de suaves efluvios, niños alados como acariciante frescura de pétalos, querubes de paz, mensajeros tiernos de piedad y de amor, con que formaréis el nimbo de protección para vuestros seres amados, para vuestros pueblos y países... para toda la humanidad!

"Discípulos de Beth-Gamul, hombres conscientes de la fuerza poderosa del pensamiento, tomad vuestro puesto entre los genios creadores del bien y de la justicia, de la paz y del amor entre los hombres, en contraposición a los genios del mal, creadores también para su desgracia, de las tenebrosas entidades que obstaculizan y tuercen los caminos de los hombres. Almas selectas que me escucháis, conocedores de la potencia que puso el Eterno Creador a vuestra disposición, en las estupendas fuerzas mentales que podéis desarrollar a voluntad, ¿por qué no ser genios del bien y del amor para poblar el horizonte de vuestros seres afines, con los niños alados de la pureza y la ternura, que siembran desde el espacio azul las perlas musicales de todas las sanas alegrías, y ahuyentan las tristezas de la vida; de las dulces hadas sutiles que siembran en los corazones la ilusión, el optimismo y la esperanza, que refrescan como una llovizna de bálsamo, las almas agotadas y secas, antes de haber llegado a vivir la vida verdadera?

"Discípulos de Beth-Gamul, al cual buscáis de uniros íntimamente por llenar el vacío inmenso que dejó a vuestro lado!... Yo os digo: estaréis en él, y él estará en vosotros como una sola esencia, como una misma vida, como un mismo anhelo y una misma palpitación, el día que comencéis a ser genios creadores del bien y de la justicia, de la belleza y del amor, con la magia poderosa de vuestro pensamiento, vibrando a tono con el Pensamiento Divino y Eterno del Creador.

"Almas creadoras de la paz, del amor y la justicia, cantemos unidos al concierto de las puras y sublimes Inteligencias, que después de haber conducido humanidades a la Verdad y a la Luz, se han unificado con la Claridad Eterna, como una resonancia de este himno inmortal.

"Gloria a Dios, en la inmensidad de los cielos infinitos, y paz en la tierra a los seres de buena voluntad".

Aún parecía vibrar en el ambiente la suave melodía de las palabras del Maestro, cuando la profetisa Zira cayó nuevamente en trance bajo la inspiración de Ben-Adad, antiguo rey de Siria, aliado de Asa, rey de Judea y bisnieto de Salomón. En su época, Ben-Adad, siguiendo la buena inspiración del profeta judío Azarías, había dotado a Damasco, donde residía habitualmente, de una escuela de Divina Sabiduría, para la cual trajo maestros de las escuelas de Persia, de la India y de los solitarios del Monte Carmelo, cuya fama de alta sabiduría era muy respetada en toda la Siria.

Este ligero esbozo biográfico hará conocer al lector la personalidad de Ben-Adad, antiguo rey damasceno, cuya inspiración hizo hablar a Zira, la profetisa, cuando Jhasua terminaba su alocución, y habló así:

—"Por la eterna Voluntad del Poderoso Señor de todos los mundos y de todas las inteligencias que los habitan. Ben-Adad siervo suyo, rey de Siria hace siete y media centurias, cumplo el mandato del Señor entre los genios guardianes de la amada ciudad de Damasco, que sobrevive aún en medio de las marejadas formidables, de las vicisitudes humanas que arrasó con muchas de sus gloriosas hermanas de Siria, de Mesopotamia y de Caldea.

"Desde Moab hasta el Mediterráneo y desde el Nilo hasta el Eúfrates, soplan ya los vientos de la redención humana, traída en germen, como divina simiente por el Mesías Salvador de los hombres en esta hora de la vida milenaria de la humanidad sobre el globo terrestre, regado ya muchas veces con el llanto de los justos y la sangre de los mártires.

"Ay de vosotros, discípulos de la escuela de Beth-Gamul, si habiendo tenido la Luz Divina en vuestra aula venerada, la dejáis apagar bajo las cenizas heladas de la indiferencia, de la incomprensión y del olvido.

"No tenemos derecho a pedir ni esperar, que el Eterno Dueño de todo Bien, prodigue sus dones divinos, cuando y como lo quiere nuestra mudable voluntad.

"Cuando las vertientes del Líbano derraman su agua clara en nuestros ríos, se desbordan nuestros lagos, y el buen hortelano abre acequias y acueductos para que sus campos beban a saciedad, y sus huertos y jardines florezcan y fructifiquen. Hortelanos sois de los huertos y jardines damascenos, donde os colocó la Divina Voluntad para la gran siembra iniciada por el Hombre-Luz que trae en persona y por última vez la esencia misma del Amor, del Bien y de la Justicia Divina, que encarna y representa ante la criatura inteligente de este planeta.

"¿Qué hacéis?... ¿qué haréis? ¿cuál será vuestra acción? ¿cuál vuestra obra?

"Continuar lo que él ha empezado en Damasco: la educación del pueblo en los elevados pensamientos de bien y de justicia, de tolerancia y de amor. La anulación del odio bajo cualquier aspecto que él se presente. La misericordia con los desvalidos, desamparados y huérfanos, en tal forma que se haga carne en los corazones la frase lapidaria con que termina la eterna Ley de Moisés: *Ama a Dios sobre todas las cosas y a tu prójimo como a tí mismo".*

La voz de la profetisa se esfumó en el gran silencio que inundaba el recinto, y Zebeo, Ahmed y varios otros de los presentes que tenían facultad clarividente aún no cultivada a la perfección, percibieron con diáfana claridad escenas que no eran del momento presente, pero que no sabían definir ni época, ni lugar de su realización.

Los notarios escribieron estas clarividencias que coincidían unas con otras, por lo cual podía comprobarse que eran visiones premonitorias, cuyo cumplimiento se realizaría en tiempo más o menos cercano.

Entre estas visiones estaba: Un gran consejo de hombres ilustres en el resplandeciente atrio de un templo suntuoso, donde después de furibundos debates en que reinaba el odio más feroz, salían triunfantes los que condenaban inicuamente a un Profeta del Señor, al cual pocas horas después llevaban al suplicio cargado con el madero en que debía morir.

Otra visión representaba un huerto de viejos olivos, donde la trepadora vid enredaba sus ramas llenas aún de retardados pámpanos. Y en la negrura de la noche un rayo de luna que rompía las tinieblas, caía tembloroso sobre la blanca faz de un hombre que de rodillas oraba al Señor.

Un pelotón de hombres armados penetraban cautelosamente. Un galileo rubio de manto rojo avanzaba temblando, y su índice como un estilete sangriento señalaba al santo en oración. Los esbirros caían brutalmente sobre él, le maniataban y la visión se esfumaba en las tinieblas.

La tercera visión esbozaba a Zira, la profetisa, en una blanca ciudad de mármol, pórfido y jaspe, con varios de los discípulos de Beth-Gamul, allí presentes.

Era la reina, y ellos eran los ministros consejeros. Era madre de su pueblo que vivía feliz en torno suyo. Numerosos guerreros con brillantes águilas, lanzas, cascos y escudos, cercaban a la blanca ciudad donde entraban a sangre y fuego, dejando nada más que cadáveres entre humeantes escombros. La reina arrastrando su púrpura real, huía con sus ministros al arrabal llamado de los Santos, donde una agrupación de hombres y mujeres denominados *Nazarenos* se dedicaban a socorrer a los enfermos, ancianos y huérfanos desamparados.

Las tres visiones quedaron escritas en las crónicas de la Escuela, a la espera de que los hechos vinieran a descifrarlas.

Para tí, lector amigo, que me vienes siguiendo desde tanto tiempo, y página tras página en este sendero iluminado por el amor heroico del Cristo, las descifro yo, después que ellas fueron fielmente realizadas. Las dos primeras se referían a la condena del Hombre Dios por los sacerdotes y doctores del Templo de Jerusalén. La otra, la prisión inmediata del reo condenado a muerte sin oírlo, y entregado por uno de sus discípulos en el Huerto de los Olivos.

La tercera aludía a la toma de la floreciente y fastuosa ciudad de Palmira por el emperador Aureliano, donde la reina Cenobia practicando la ley: *"Ama a tu prójimo como a tí mismo"*, había hecho feliz a su pueblo, que depositaba ofrendas florales y humo de incienso a una efigie del Profeta Nazareno, que ella había mandado esculpir en mármol y colocar en el templo del Sol.

Las dos primera visiones se realizaron cuatro años después. La última se realizó también, pero después de dos largos siglos y medio.

La escuela de Beth-Gamul, se incorporó a la Santa Alianza, tomando la firme decisión de cooperar con el Profeta Nazareno a la liberación del oriente y de salvaguardar su preciosa vida amenazada por los genios del mal, que buscan el triunfo y el poder por medio de la ignorancia entre las multitudes. Y desde ese momento, uno de los treinta de la Escuela de Beth-Gamul debía permanecer en Jerusalén, para dar inmediato aviso a los voluntarios damascenos que formaran compacta fila en defensa del Santo, que había hecho la felicidad en el atormentado pueblo de la ciudad de Damasco.

El Maestro salió de Damasco dos días después y muy de madrugada, cuando las sombras de la noche no se habían diluído aún en las claridades del amanecer, con lo cual quiso evitar el clamoreo del pueblo que le amaba de verdad.

Salió su persona humana de la hermosa ciudad arabeña, pero no sin antes completar su obra de paz y de amor entre todos, dejando recomendados al Etnarca y a los magnates damascenos, a los discípulos de Beth-Gamul, como discípulos suyos propios, encargados de mantener la tranquilidad entre amos y jornaleros y de resolver amistosamente las cuestiones que pudieran sobrevenir en adelante.

—Yo; yo sola!... —decía con tierna emoción Adita, la niña paralítica curada por el Maestro—, yo sola he quedado dueña en Damasco, del corazón y de los ojos buenos del Profeta.

"¿Quién me los podrá quitar? —Y el alma de aquella criatura inmensamente más grande que su pequeño cuerpo de diez años, fué un asombro para todos, pues tuvo ideas y resoluciones inesperadas en una criatura de su edad.

Diríase que aquellos diez años de forzada quietud por el atrofiamiento de su materia, habían desarrollado precozmente sus facultades intelectuales, hasta un punto que maravillaban sus razonamientos, su lógica, su clara visión de las cosas y, sobre todo, su voluntad firme como una roca, cuando se proponía realizar una obra que el Profeta Nazareno le había dicho en sueño, según ella decía.

Jhasua le había enseñado a orar, a concentrarse en su interior para encontrar allí el Dios-Amor, unirse con El y obrar de acuerdo con sus designios y su voluntad soberana.

Más de una vez el Maestro, al verse comprendido por la pequeña Ada, tanto como no lo comprendían muchas personas mayores, pensó en la profunda afinidad de Abel y Elhisa de las Escrituras del Patriarca Aldis, en Moisés y la princesa Thimetis su madre, de los relatos encontrados en la vieja Sinagoga de Nehemías en Jerusalén.

Y en su clara lucidez de Ungido de la Verdad Eterna, rindió su alma a la adoración del Supremo Invisible, dueño absoluto de las vidas y de los caminos seguidos por ellas.

EN LA CIUDAD DE TIRO

Nuestros viajeros se dirigieron nuevamente al Monte Hermón, donde el Maestro hizo sacar copias en lengua árabe, de todas las escrituras que juzgó de utilidad para la escuela de Beth-Gamul en Damasco, de la cual esperaba ver surgir en el futuro una civilización nueva entre aquella vigorosa raza árabe, cuyo remoto origen le llevaba a recordar a su fundador el gran Beni-Abad, el caudillo Kobda de la prehistoria, y a la incomparable Zurima, la heroica enamorada de Abel, que hizo de su amor pasional profundo, un culto al ideal sustentado por el Hombre-Luz.

Con el tío Jaime y Zebeo, siguió su viaje a Tiro el importante puerto fenicio.

Ahmed y Osman quedaron en Damasco, a la espera de que saliera la primera caravana de los mercaderes de Simónides para regresar con ellos a Jerusalén.

En Tiro, Sarepta y Sidón, los Terapeutas y la Santa Alianza, habían realizado trabajos de unificación y de mejoramiento de jornaleros y esclavos. En Tiro sobre todo, podía ya considerarse el Maestro entre los suyos, pues allí tenía el buen Simónides uno de sus grandes almacenes depósitos de las mercancías venidas de los países del norte del Mediterráneo. No tardó pues en saber a su llegada a aquella ciudad puerto, que allí tenía preparado un buen hospedaje. Tras de los enormes fardos que formaban montañas, tenía la Santa Alianza su recinto de reuniones, igualmente disimulado para los que no pertenecían a ella, que lo estaba en Jerusalén y en todas las ciudades y pueblos donde llegaba la vigilancia de los procuradores romanos, de los agentes herodianos y de los fanáticos fariseos, tan severamente celosos, hasta del vuelo de un insecto que a su juicio trasgrediera la más pequeña ordenanza de la ley.

Pero Simónides que era un lince en materia de persecuciones, porque desde su juventud las había sufrido en carne propia, no fácilmente se dejaba sorprender por ninguna de las tres fuerzas contrarias de que se veían amenazados los israelitas amantes de la paz, la verdad y la justicia: el invasor romano, los hijos de Herodes el Grande y el clero de Jerusalén.

El recinto de la Santa Alianza era el subsuelo de los depósitos, decorado y amueblado como Simónides sabía hacerlo, sin que faltara un detalle. Estos almacenes estaban ubicados en la parte antigua de la Ciudad, que como lo dijimos en otra oportunidad, había sido construida en una isla de roca cercana a la costa, que posteriormente fué unida al continente, por un enorme puente de piedra, por encima del cual podían pasar tres carros a la vez.

Allí estaba aquel Torreón de Melkart, utilizado por los Terapeutas, para refugio de sus enfermos y ancianos desamparados.

Al subsuelo tan hábilmente dispuesto por Simónides, ni aún le faltaba una cómoda salida al mar, donde siempre había anclado uno o varios de los trirremos o galeras mercantes de la gran flota del Príncipe Ithamar que él administraba.

Nuestros viajeros fueron allí directamente, luego que entraron a la Ciudad. Eran guardianes del recinto, otros dos de aquellos jóvenes árabes discípulos de las escuelas del Príncipe Melchor en Monte Hor.

Diez fueron los que tomó Simónides para agentes, en la vasta red de negocios que tenía desde el Nilo hasta el Eúfrates.

Todos aquellos jóvenes habían sufrido horrores, de parte de los poderosos usurpadores de los derechos de los pueblos indefensos e inermes, conocían lo que era la esclavitud, la miseria, el calabozo, las torturas. ¿De quién pues podía esperar fidelidad Simónides, sino de aquellos que tenían además la educación moral y espiritual dada en las Escuelas de Melchor?

Tranquilo y sosegado allí, respirando ya casi el aire nativo, el joven Maestro dió a su corazón de hombre las suaves y puras expansiones familiares, y escribió una epístola a su madre anunciándole el pronto regreso a su lado, a Simónides que tan solícitamente velaba por él y a sus amigos de Jerusalén y de Betlehem, que lo habían seguido con el pensamiento en su primera jornada de misionero.

Empleó sus primeros días en Tiro en examinar actas, anotaciones, epístolas referentes a la Santa Alianza, para orientarse sobre el estado actual de la porción de humanidad que más atraía su corazón: los desheredados, la clase humilde, que allí como en todas partes llevaba con grandes dificultades la carga de la vida.

Por aquellas observaciones pudo darse cuenta de que el mayor mal existente en Tiro era el comercio de esclavos, a los cuales no se les tenía ni aún la consideración que se tiene a las bestias de trabajo.

La compra venta de seres humanos traídos de todas las partes del mundo, era el más lucrativo de todos los negocios a que se dedicaban los acaudalados príncipes y magnates tirios.

Un reyezuelo vasallo de Roma, al igual que los hijos de Herodes en la Palestina, figuraba reinar en Tiro sin más ideales que su propio bienestar y el de los suyos. Bastábale que nadie le molestase en el libre goce de sus riquezas, y a este fin, dejaba entera libertad a príncipes y magnates para que hicieran y deshicieran a su antojo con el pueblo indefenso, del cual exigían naturalmente el máximo esfuerzo, que remuneraban con espantosa mezquindad.

Los grandes señores, poseían todos sus pequeña flota de barcos propios para el acarreo de los esclavos, que conducían desde todas las costas del Mediterráneo.

Y desde lo alto del Torreón de Melkart, convertido en refugio de enfermos y desamparados, el Maestro presenció escenas que estrujaron de angustia su corazón.

Fué testigo ocular de varios embarcos de esclavos, en los cuales la mayoría eran jóvenes, doncellas y niños.

Vió a estos últimos que fueron arrancados brutalmente de los brazos de sus padres, esclavos también, para ser embarcados con rumbos distintos, tal como se hace con las majadas de cabras, de ovejas o cerdos.

Vió la angustia desesperada de las madres, de las hijas adolescentes, de los maridos y de los hermanos atados con cordeles para anular su defensa posible, aunque inútil.

Y desde una terraza del Torréon, se tiró sobre la cubierta de una enorme galera donde se desarrollaban tan criminales y salvajes escenas.

Aquel fantasma blanco que cayó desde el torreón en la penumbra del anochecer, causó la alarma consiguiente entre la tripulación y agentes del poderoso señor que llenaba sus arcas de oro a costa de tanto dolor humano.

—¡Deteneos!... —gritó el Maestro, y su grito debió tener vibraciones terribles que dejaron paralizados por un momento a todos aquellos inicuos traficantes de carne humana, viva y doliente. Avisado el capitán acudió en el acto.

—¿Quién eres tú que vienes a mandar en lo que no es tuyo? —preguntó colérico a Jhasua, cuyo continente altivo y severo imponía respeto a todos.

—Ya te lo diré más adelante —le contestó el Maestro—. Manda desembarcar a todos porque si no, echaré tu galera a pique.

En todas las embarcaciones fenicias se acostumbraba llevar un augur, mago o adivino, que conjurase a los malos vientos del mar; y uno de esos se acercó al capitán y al oído le dijo:

—Obedécele, porque es uno de los siete genios que rodean al **Bel Marduk**; lo veo envuelto en llamas de fuego.

El capitán que era grandemente supersticioso, ordenó el desembarco.

Jhasua, inmóvil como una estatua cuyos ojos arrojaban luz, entabló este diálogo con el capitán.

—¿Cuánto vas ganando con esta mercancía de carne humana viva? —le preguntó.

—La cuarta parte de su valor, o sea veinte mil sextercios que el amo me paga al volver de la travesía.

—¿Es tuyo este barco? —volvió a preguntar el Maestro.

—Sí, es mío; es toda mi fortuna, y llevando mercancías con él, me gano la vida y la de mis hijos, por lo cual te ruego, buen Genio, que no lo eches a pique.

—Si eres razonable, conmigo no saldrás perdiendo —díjole el Maestro.

—Te daré esta misma noche, los veinte mil sextercios que esperabas de aquí a diez o doce lunas, y trabajarás en adelante por cuenta de un amo que no trafica carne humana viva, y que es el dueño de todos los navíos de pabellón amarillo con estrella azul, que bogan por todos los mares del mundo. ¿Aceptas?

—Por mí acepto gustoso, buen Genio, pero el dueño de estos esclavos es cuñado de Nabonid y me hará duros cargos por ellos.

—¿Quién es Nabonid?

—El rey de Tiro.

—El amo que yo te daré, es un amigo del César, del cual tiene franquicias firmadas de puño y letra suya, para todos los puertos del mundo. Además, yo me entenderé con el amo de estos esclavos.

—Bien, haré lo que mandes, ¡oh buen Genio mensajero de Marduk!... ¿Cómo podría resistirte?

—Manda a tu tripulación que quede en paz a la espera de tus órdenes, y tú sígueme, con todos estos esclavos.

La noche cerraba ya, y una espesa niebla cubría la selva de mástiles, barcos y velas que poblaban la hermosa ensenada del puerto de Tiro. El capitán y los cientos sesenta esclavos, siguieron a Jhasua hasta los almacenes-depósitos que ya conoce el lector.

Todos entraron allí.

El pobre capitán más muerto que vivo por creerse bajo el poder de uno de los siete poderosos Genios que rodean al terrible dios Marduk, no pudo sustraerse al asombro que le causaron aquellos enormes almacenes donde los fardos, cajones, barriles, tinajas, llegaban hasta el techo. Vió que los rótulos justificaban las palabras del *buen Genio*, de que aquel amo comerciaba con todos los países del mundo.

Jhasua conferenció con los dos guardianes dependientes de Simónides.

—¿Cuántos valores tenéis en caja? —les preguntó.

—De la Santa Alianza tenemos cincuenta mil sextercios que el principe Judá y el Scheiff Ilderin han enviado hace diez días para las obras de misericordia que quisieras hacer Maestro en esta Ciudad de Tiro, donde los adeptos son casi tan numerosos como en toda la Judea y Galilea juntas.

"De Simónides, hay diez veces mayor cantidad, porque aquí van dejando en letras de cambio y pagarés a plazos cortos, el pago de las mercancías que los comerciantes tirios retiran de este almacén.

· —Necesito por el momento veinte mil sextercios —díjoles el Maestro y acto seguido les explicó lo que acababa de convenir con el capitán allí presente, al cual entregó la suma prometida. Tomó anotaciones del amo de aquellos esclavos, y dijo al capitán que esperase órdenes al día siguiente—.

"Si Marduk es para tí un poderoso dios en el cual confías —le dijo—, puedes estar seguro de que ningún mal te acontecerá.

El capitán se alejó, pensando que Marduk le echaba la fortuna a manos llenas, y haciendo desde la puerta grandes reverencias al *buen Genio*, que mandaba sobre la tierra y sobre el mar.

El Maestro quedó solo ante el dolorido grupo de esclavos que le miraban con espantados ojos, ignorando en absoluto las intenciones del nuevo amo, que de tan inesperada manera les arrancaba de las negras bodegas de la galera.

Los dos jóvenes guardianes del recinto, habían bajado al subsuelo a disponer alojamiento para ellos.

De los ciento sesenta esclavos, ochenta y seis eran varones de·15 a 35 años de edad; presentaban el cuerpo desnudo, con sólo un retazo de burda tela sujeta a la cintura y que no llegaba a las rodillas. Las mujeres eran todas jóvenes de quince a veinticinco años y vestían una estrecha túnica corta de color ceniza. Los niños, entre los siete y doce años tenían sólo una ancha faja de burda lana apretada a la cintura por un cordel.

Todos llevaban colgada al cuello una plaquita·de madera con las indicaciones de su destino. Por estas placas comprendía el Maestro la dolorosa tragedia de aquellos infelices seres, pues observó que en algunos casos las familias estaban separadas por miles de estadios, pues los padres iban a un lugar, y los hijitos a otro inmensamente lejos, en tal forma que no volverían a reunirse jamás.

Observó no obstante, que había algunas familias destinadas juntas a un mismo puerto, y una estrella de cinco puntas grabada al final, parecía indicar al comprador cuyo nombre eran sólo iniciales.

Los destinados al puerto de Pelusio, junto a las bocas del Nilo en Egipto, tenían las iniciales M. de H. Este comprador pedía las familias completas. No quería separar los niños de sus padres, lo cual denotaba un sentimiento humanitario que le impulsaba a comprar familias de esclavos para formar sin duda colonias de seres libres.

La intuición ayudó al Maestro a descifrar el misterio detrás del cual se ocultaba la modestia de un siervo de Dios.

M. de H. en el puerto de Pelusio y con la estrella de cinco puntas debajo de las iniciales, no podía ser otro que el príncipe Melchor de Horeb, cuya afición a libertar esclavos, era ya bien conocido por Jhasua.

El otro comprador de esclavos estaba a enorme distancia, pues marcaba el antiguo puerto de Palalena, fortificado y ensanchado enormemente por orden de Alejandro Magno en su paso a la India. Las iniciales eran G. de S. y también la estrella de cinco puntas.

Y el joven Maestro con la faz soriente y los ojos húmedos de emoción leyó: Gaspar de Srinaghar, junto a las bocas del Indo, al pie de los montes Suleyman.

Y su luminoso pensamiento resplandeció de amor hacia aquellos dos grandes amigos desde su cuna, que en sus obras ocultas y silenciosas, demostraban que habían grabado en el corazón, el mandato divino: "Ama a tu prójimo como a tí mismo".

—¡Si imaginaran ellos —pensaba Jhasua— que de tan inesperada manera he descubierto su hermoso secreto!

Los demás esclavos estaban destinados a puertos del Mediterráneo, la mayoría en el Asia Menor y en Roma.

Algunas de las mujeres lloraban inconsolablemente, estrechando sobre el pecho a sus hijitos, que iban destinados a diferentes dueños y a apartados lugares.

Con su alma que lloraba con ellos, Jhasua fué sacándoles a todos del cuello, el ignominioso estigma de esa desgraciada condición.

—Ahora ya no estáis separados —les dijo con su voz tiernísima— acariciando a los niños que le miraban tímidos y asustados—.

"Nuestro Dios que es amor —les decía a las mujeres— os devuelve por mi intermedio vuestros hijos, que hombres malvados os querían quitar sin derecho alguno, porque sólo Dios es dueño de las vidas humanas."

Las infelices madres caían de rodillas a besar los pies del Maestro que les hablaba un lenguaje, que si materialmente no entendían por ser de diversos países, comprendían lo que todo ser y hasta las bestias comprenden: que aquel hombre estaba lleno de amor y de piedad para ellos, y que podían confiar plenamente en él.

Sentados todos los esclavos en los estrados del subsuelo, fueron recibiendo en pequeñas cestas de las provisiones comestibles almacenadas allí por la Santa Alianza, para atender a las necesidades del pueblo menesteroso.

Y cuando hubieron comido a satisfacción, Jhasua y los dos guardianes procedieron a abrir fardos de ropas que había para igual fin, y aquella turba doliente que ahora tenía el valor de sonreír, fuéronse vistiendo al uso del país, con gran algazara de los niños, que se disputaban entre sí las pequeñas túnicas y calzas de vistosos colores.

Lector amigo: si eres capaz de esbozar en tu propia mente este cuadro, me dirás si puedes, quién era allí más feliz: los que recibían el don, o aquel que se los daba con el corazón rebosante de amor.

Gran parte de aquella noche inolvidable para el Maestro, la pasó tomando anotaciones de los relatos hechos por aquellos esclavos, muchos de los cuales no lo habían sido jamás, pues que eran originarios casi todos de las aldeas más apartadas en las montañas de la Celesiria, de Iturea, Traconitis, Madian, Idumea y Samaria.

Habían sido cazados como se cazan los gamos y los conejos, con la sola autoridad de la fuerza, apoyada por los poderes reinantes, que tan complacientes se mostraban con los acaudalados magnates dueños de la situación.

No eran pues esclavos, que hubiesen estado bajo las prescripciones de las leyes establecidas entonces, para la condición de siervos con amos, que tuviesen derecho sobre ellos por herencia paterna, o por haberlos comprado de acuerdo a la ley.

Eran una indefensa majada humana atrapada en las selvas como a mansas bestias inermes, incapaces de hacer daño a sus cazadores.

Jhasua se informó al siguiente día, que esta clase de cacería humana se venía practicando en Tiro desde muchos años atrás, y la tradición decía que Alejandro el Macedonio, en cuyo corazón había nobles principios, se vió como forzado a destruir la metrópoli Fenicia, por la perversa condición de sus magnates que maltrataban y sacrificaban sus esclavos, como no se hacía entonces en ninguna otra parte del mundo, sin que quisieran oír razonamiento alguno a ese respecto.

De todo ésto resultó, que el apoderado de Simónides en Tiro, contrató al capitán de la galera en la cual levantó el pabellón amarillo con estrella azul; la cargó de mercancías que debían conducir desde Tiro a Siracusa, Nápoles, Marsella y Valencia, y zarpó al siguiente día al anochecer.

La Santa Alianza por medio de sus caravanas, fué conduciendo poco a poco el doliente grupo de seres que conocemos, a sus aldeas nativas, hasta quedar sólo diez y seis de la Traconitis y de Samaria, que fueron contratados por los capitanes de los navíos de Simónides para reforzar sus tripulaciones.

Así aniquiló el dolor el Maestro, con un soplo de su amor soberano, sobre aquella porción de humanidad caída bajo la zarpa del feroz egoísmo de los hombres.

Mientras Jhasua curaba y consolaba a los enfermos y huérfanos del Torreón de Melkart, su corazón no descansaba, porque todo el dolor humano que escapaba a su conocimiento, quedaba vivo y latente atormentando a los seres.

Y como desde las terrazas del vetusto castillo, sorprendió la angustia de los esclavos llevados a la galera, permanecía largas horas semi oculto entre las colgaduras que la hiedra había tendido de una almena a otra, como un docel sombrío y rumoroso.

Desde su atalaya, como un centinela alerta vigilaba y pensaba. Veía destacarse los blancos palacetes de mármol en las mesetas de las montañas, cuyas faldas arrancaban desde la ciudad misma.

Simulaban a la distancia, miniaturas de marfil escalonadas en las verdes colinas, cual si las poderosas manos de un mago las hubieran incrustado en el granito rosáceo de las montañas del Líbano.

Y en el fondo de los valles veía también, el caserío de los humildes como bandadas de gaviotas escondidas entre espesas arboledas.

Hacia el sudeste distinguía el *Valle de los Mausoleos*, confundido casi con las ruinas de la antiquísima ciudad de Migdalel que no resistió a la furia de Nabucodonosor cuando la toma de Tiro.

—Allí viven los triunfadores de la vida —decía el Maestro, contemplando los espléndidos palacios de los poderosos tirios, casi todos ellos enriquecidos en el comercio de esclavos, o con el incalificable abuso de los hombres de jornal.

"En el valle viven y sufren los humildes soportando todo el peso de la opulencia de los potentados, que sólo se acuerdan de ellos cuando tienen que estrujailos entre sus garras, para que den el máximun de esfuerzo y de rendimiento.

"Y en este otro valle cercado de colinas horadadas, de grutas sepulcrales, descansan los despojos de los que ayer fueron poderosos y hoy no son más que cenizas.

"Pero aún vencidos por la muerte, quieren estar separados; los magnates en sus soberbios mausoleos, los humildes en cuevas abiertas en las montañas, donde las trepadoras y las margaritas les hacen amorosa compañía.

Un terapeuta cortó el hilo de sus meditaciones. Venía a llamarle de parte del Centurión de la guardia romana, que vigilaba desde los formidables torreones de la Fortaleza de Hirám.

El Maestro no había hablado aún públicamente, por lo cual le causó extrañeza verse solicitado por un militar romano.

—Un criado del Centurión —díjole el terapeuta— tiene su madre que era paralítica, en este Torreón. Al curar a todos los enfermos, curaste también a ella. Su hijo llevó la noticia sin duda, y cuando el Centurión de la fortaleza te llama será por un caso de enfermedad grave.

—Vamos allá —contestó sin más el Maestro, bajando de la terraza.

—¿Quieres mi compañía o buscarás al tío Jaime en los depósitos?

—Ya es el anochecer y no puedo tardar, porque él y Zebeo me esperan allí para cenar. Ven tú conmigo a la Fortaleza si no tienes inconveniente.

—No, ninguno. Vamos. Está en esta misma dirección y al terminar el muro del puente, sólo a unos doscientos pasos de aquí.

El criado que debía guiarles, miró a Jhasua como podía mirar las imágenes de los dioses de la ciudad, inmóviles en sus altares de mármol y de oro.

—¡Señor!... tú curaste a mi madre de una parálisis de veinte años, y yo pido a los dioses una apoteosis de gloria para tí.

—Gracias amigo —le contestó el Maestro— pero no es hora todavía de glorificaciones sino de trabajos. ¿Sabes por qué me llama el Centurión de la Guardia?

—Se está muriendo su mujer, que ha dado a luz anoche dos niños contrahechos que parecen piltrafas dislocadas. Mi amo está desesperado, quería abrirse la garganta con su propia espada, y yo le hablé del buen Profeta del Torreón de Melkarth, y me mandó a buscarte.

"Apresúrate Señor si quieres encontrar viva a la madre, que de los niños no importa, ya que son tan defectuosos que es preferible que mueran.

—No hablas con justicia amigo mío —le dijo el Maestro andando tranquilamente—. Si el Dios Creador ha dado un soplo de vida a esos seres ¿quiénes somos nosotros para desearles la muerte?

El criado calló por respeto, pero seguramente en su interior diría: "Si él los hubiera visto, no hablaría así".

Un momento después entraban a un pabellón bajo de la Fortaleza, donde el Centurión tenía sus habitaciones. Aquel hombre estaba tirado a medias sobre el lecho donde agonizaba su mujer, cuya lividez cadavérica indicaba la proximidad de la muerte. Algunas mujeres sollozaban desconsoladamente, y un viejo médico trataba de reanimar a la moribunda haciéndole caer por gotas un elixir en los labios resecos.

El Maestro pidió que se apartaran todos de la habitación, quedando sólo el esposo, el terapeuta que le acompañaba y el anciano médico.

Tomó con gran cuidado los cuerpecitos deformes de los niños, y los acostó al lado de la madre.

El Centurión con la esperanza de que un estupendo milagro le devolviera la vida de su esposa se había incorporado, y de pie al lado del Maestro, espiaba el moribundo rostro, en el cual aparecían ya bien marcadas las huellas de la muerte.

Jhasua tomó ambas manos de la enferma, y clavó su mirada como un rayo de fuego en aquella faz lívida y extenuada.

Pasados unos momentos que al Centurión le parecieron horas, aquel rostro fué cambiando de color poco a poco. Ya no presentaba aquel color cetrino de los cadáveres, sino un blanco mate que lentamente se iba coloreando de vida.

El marido la devoraba con los ojos, pues percibía el cambio que se operaba en ella.

Los cuerpecitos deformes empezaron a inquietarse, como si ligeros movimientos convulsivos los agitaran.

Jhasua impasible como una estatua, al exterior, irradiaba de su interior torrentes de energía y de vitalidad sobre aquellas tres criaturas humanas, que a no ser por su presencia allí, hubieran sido presas de la muerte antes de una hora.

Por fin los ojos de la enferma se abrieron, y los cuerpecitos se aquietaron profundamente.

—Ahora, tu elíxir terminará la curación —dijo Jhasua al viejo médico que no salía de su asombro.

—Dáselo tú, Profeta —díjole— porque acaso tendrá así mayor eficacia.

El Maestro levantó la cabeza de la enferma y le hizo beber varios sorbos.

—Ponle los niños al pecho y que la vitalidad de la madre los reconforte y anime —dijo al esposo, que empezaba a creer que tenía ante sí un poderoso mago en cuyos portentos nunca había creído.

Los ojos azules y lánguidos de la madre se fijaron en los dos niñitos; luego miró a su marido... y dos hilos de lágrimas empezaron a correr por sus mejillas pálidas.

—No llores más criatura de Dios, porque su amor te ha visitado en esta hora en que te consagra sacerdotisa suya, puesto que eres una madre dichosa de dos hermosos niños, que serán la alegría de tu hogar.

El Centurión se postró en tierra y se abrazó a Jhasua llorando a grandes sollozos.

—¡Señor!... —le dijo cuando pudo hablar—, ¿qué hice yo para merecer que tú me devuelvas mi esposa y mis hijos?

—Si nada hubieras hecho hasta hoy, piensa en lo que harás en adelante, para demostrar a nuestro Dios misericordioso tu gratitud por sus dones —le contestó el Maestro haciéndole levantar.

Las mujeres que habían espiado desde fuera, entraron nuevamente y rodearon el lecho.

Era la madre de ella y dos criadas antiguas. Las tres miraban con gran asombro a Jhasua, y desenvolviendo los niños vieron que sus cuerpecitos no presentaban defecto ninguno.

—¡Oh, qué hermosos y robustos! —exclamaba la abuela loca de alegría.

—¡Pero mi Señor!... ¿qué hicisteis de los contrahechos que nacieron? Estos no son aquéllos.

Jhasua sonreía dulcemente, oyendo los aspavientos de la anciana que corría de un lado a otro primero con un niño, luego con el otro acercándolos a la luz, para cerciorarse de que ambos estaban perfectamente formados. Luego miraba estupefacta a Jhasua, autor de tamaño prodigio.

—¡Señor!... —le dijo por fin juntando las manos sobre el pecho—. Si eres un Dios bajado a la tierra dilo de una vez, para que todos los hombres sepan que la dicha vendrá por fin sobre nosotros.

—Dios no baja ni sube, ni va ni viene, porque está en todas sus criaturas mujer, como está en tí y en cuanto tiene vida sobre la tierra. Yo soy un mensajero suyo, que derramo sus dones en la medida que El me lo permite —le contestó el Maestro—.

"Centurión —le dijo— en otra parte me esperan y me voy. Mañana a la segunda hora vendré, para que me hagas ver tu agradecimiento al Dios misericordioso que te ha devuelto el calor de la familia.

—¡Señor!... yo soy pobre y sólo tengo lo que el César me paga por mis servicios.

—No hablo de oro, buen hombre. ¿Para qué quiero yo el oro del César?, quiero sólo la bondad de tu corazón y la justicia de tus actos. Por eso vendré mañana.

—Cuando quieras mi Señor, cuando quieras, que yo y mi casa somos tuyos para toda la vida.

Jhasua salió seguido del Terapeuta, dejando convencida a aquella familia de que un poderoso dios había entrado en su casa.

A la segunda hora de la mañana siguiente volvió acompañado del tío Jaime y de Zebeo a encontrarse con el Centurión, el cual le manifestó con grande alegría que su esposa y ambos niños se encontraban en estado normal, si bien aquélla, aún permanecía en el lecho. El Maestro les visitó nuevamente recomendándoles con insistencia la gratitud al Señor por el don de la vida y la salud que les había hecho.

—Tanto amor como déis al Padre Celestial, tanto amor de El recibiréis, porque el amor atrae al amor como un poderoso imán —les decía acariciando a los pequeñines en su cunita, sobre la cual se detuvo unos momentos como embargado de un pensamiento fijo y profundo.

—Es la hora de su redención —dijo como hablando consigo mismo—.

"¡La grandeza y poderío de Hirám y de Salomón pasaron como una sombra! Hoy entran juntos en la vida por la puertecita estrecha de los humildes! ¡El vértigo de las cumbres, trae consigo grandes cargas para el espíritu cautivo en la materia! ¡Dios da a los humildes la luz que niega a los soberbios!

Los familiares pensaron que el Maestro murmuraba una bendición sobre la cuna de los mellizos y no estaban equivocados, porque su amor que les había hecho posible la vida física, se desbordó sobre aquellos pequeños seres que dormían profundamente, ajenos a cuanto se obraba en torno de ellos.

—Señor —le dijo el Centurión—, me has dicho que sólo esperas de mí la bondad de mi corazón y la justicia de mis actos, pero no me has dado aún la oportunidad de probarlo.

—Ahora mismo te la daré —le contestó el Maestro—. Dime ¿hasta dónde llega tu autoridad en esta Fortaleza?

—Vigilo sobre el orden y la seguridad en ella, sobre los prisioneros que guarda aquí el Estado; y a la vez mis hombres guardan el orden en la ciudad. ¿Qué deseas de mí, Profeta?

—Que me acompañes a visitar los prisioneros y que atiendas con bondad las quejas que seguramente te darán —le contestó el Maestro.

—¿Por qué lo dices, Señor?

—Tú no acostumbras a visitarles, ¿verdad?

—Es verdad, sí Señor, porque el superior inmediato, es el Conserje de las prisiones que depende del Tribuno gobernador de la Fortaleza, el cual está en viaje a Roma, y yo le reemplazo hasta su regreso.

"¿Tienes acaso alguna información al respecto? —preguntó el Centurión con cierta inquietud.

—Tú me has llamado Profeta —le contestó Jhasua— y en efecto, lo soy, del Dios misericordioso que ha devuelto la vida a tu esposa y a tus hijos. Y teniendo en cuenta que en todos los presidios en que se dice cumplir justicia, se cometen grandes injusticias sin conocimiento quizá de los jefes de Estado, pienso que este presidio no será una excepción. Siempre es bueno, amigo mío, ver de cerca el dolor de los que padecen.

Este diálogo fue sostenido en el pabellón particular del Centurión.

—¡Vamos Señor a las torres! —dijo mirando al tío Jaime y a Zebeo, cuya presencia parecía hacerle recelar un tanto.

—No desconfíes de ellos —díjole el Maestro— porque son mis familiares.

Y después de recorrer pasillos y galerías llegaron a la parte central de la imponente Fortaleza, que era una verdadera ciudadela, inexpugnable, al parecer.

Aumentaban el aspecto desolado y tétrico de aquel vetusto edificio, los buhos y los murciélagos que entraban y salían con entera libertad por los agujeros de los muros, que servían de mezquinas luceras para los calabozos.

—El presidio del rey Hirám de Tiro —dijo Jhasua— puede competir bien con los del rey Salomón de Jerusalén. La Torre Antonia reconstruida por Herodes, no admite buhos ni murciélagos, pero tiene subsuelos desconocidos aún de los carceleros, y habitados por hombres y por toda especie de sabandijas.

Llegaron a la primera torre y el Centurión mandó abrirla.

Entraron a una especie de tubo de enormes dimensiones y en posición vertical. Alrededor se veían las puertas de los calabozos en tres órdenes sobrepuestos; seis en cada piso. Mirando hacia arriba, allá muy alto se veía como un disco azulado, el retazo de cielo que podía contemplarse desde allí, pero imposible de ver para los habitantes de los calabozos.

—¿Y a qué se debe esta visita en hora tan desusada? —preguntó el viejo conserje, cuyo aspecto decía claro que no era un hombre de misericordia, sino de látigo y de cadena.

—A que estos señores tienen una autorización especial —contestó secamente el Centurión.

—¿Puedo verla? —preguntó nuevamente el conserje.

—Con que yo la haya visto, basta —respondió el Centurión.

Los seis calabozos del piso bajo estaban ocupados por hombres de edad madura, que llevaban allí largos años. Para el Conserje, todos eran hienas feroces, panteras, tigres, que ni aún merecían el mendrugo de pan negro que se les daba.

Ninguno de aquellos infelices podía decir a ciencia cierta, qué tiempo llevaba de encierro. Habían perdido la cuenta que fueron llevando con puntos de carbón grabados en el muro. Algunos habían dado la vuelta al calabozo con hileras de puntos negros unos al lado de los otros.

Los seis presos estaban enfermos de reuma, a causa de la excesiva humedad del piso.

De las vestiduras no había que hablar. No eran vestidos, sino girones de una tela ya sin color definido, a fuerza de estar sucia.

—¿Cuánto tiempo hace que cuidas estos calabozos, conserje? —preguntó suavemente el Maestro.

—Va para once años —contestó el interrogado—. Y he cumplido las órdenes recibidas, al pie de la letra.

"Todos éstos, menos uno, estaban cuando yo vine.

—¿Y no recibes orden de limpiar estos calabozos y cambiar de ropa a los presos? —volvió a preguntar el Maestro.

—Pero señor mío —dijo el viejo conserje— ni el Tribuno gobernador me hizo tantas preguntas.

—Contesta y calla —díjole el Centurión—. El Tribuno representa al César y yo represento al Tribuno.

—Y yo fuí puesto aquí por el rey —dijo el conserje.

—El rey está subordinado a Roma —dijo nuevamente el Centurión.

—No riñas por tan poca cosa. Yo vengo en nombre de Dios, dueño de las vidas de los hombres y busco sólo defender esas vidas —dijo el Maestro.

—¿Eres un Profeta de Israel? —preguntó el Conserje.

—Tú los has dicho —contestó Jhasua.

—Acaba de curar mi esposa y mis niños, que los tres agonizaban ayer —dijo el Centurión.

El conserje abrió grandes ojos y quedó en silencio un momento.

El Profeta Nazareno penetró en aquel pensamiento y le dijo:

—Si tu corazón fuera piadoso con tus semejantes, y tuvieras fe en el Poder Supremo de Dios que me ha enviado, te curarías de la úlcera cancerosa que corroe tu estómago desde hace dos años.

El conserje dió un grito como si hubiera visto un fantasma.

—¡Oh Señor!... —exclamó por fin—. Veo que tu Dios te ha hecho poderoso en obras y palabras. Manda Señor a tu siervo, que de hoy en más no haré sino lo que tú quieras. —Y el viejo conserje extendía sus brazos hacia Jhasua con todo el cargamento de llaves que llevaba en su cinturón.

—Ha sonado la hora de Dios para tí, conserje —díjole el Maestro— y por eso te digo que hoy quedas curado del mal de tu cuerpo y de la dureza de tu corazón.

El conserje cayó de rodillas y gruesos lagrimones corrieron de sus ojos, mientras sus manos extendidas seguían entregando a Jhasua las llaves de los calabozos.

—Consérvalas tú, para que de hoy en adelante seas el mejor amigo de los prisioneros —le contestó.

—¡No, Señor!... por piedad, Señor... no quiero yo permanecer ni un día más aquí, donde cada losa de estos pisos me recuerda la complicidad que tengo en todos los crímenes, injusticias y delitos que se vienen cometiendo desde hace once años.

Jhasua miró al Centurión que estaba espantado. El tío Jaime y Zebeo conmovidos profundamente por el dolor que entreveían en aquellos dos hombres cargados con la enorme responsabilidad. El uno había pecado con toda malicia, premeditación y voluntad. El otro por indiferencia y culpable despreocupación respecto del dolor de su prójimo.

—Confiad en El —decíales el tío Jaime— y todo será arreglado satisfactoriamente para todos.

—Abre los seis calabozos, Conserje —dijo el Centurión— y que los prisioneros vengan hacia el Profeta.

—No pueden andar por sus pies Señor, porque todos están paralíticos —contestó el Conserje abriendo las puertas.

—Yo iré hacia ellos —dijo el Maestro, entrando resueltamente seguido por el tío Jaime, Zebeo y el Centurión.

Un espantoso vaho de pocilga de cerdos les recibió al entrar. No hay palabras para describir la inmundicia que rodeaba a un pobre ser humano con vida, tirado sobre un montón de paja.

—Id a los depósitos de la Santa Alianza y traed ropas inmediatamente —dijo el Maestro al oído del tío Jaime que salió con Zebeo.

El Centurión les dió la plaqueta de pase para que el guardia de la puerta les dejara salir y entrar libremente.

—La paz de Dios sea contigo, hermano mío —dijo el Maestro al prisionero.

—La paz de la muerte querrás decir —le contestó— porque creo que el nuevo sol alumbrará mis huesos en el muladar.

—No será así porque mi Dios me ha mandado para salvarte —dijo el Maestro, tomando las manos de aquel hombre que parecían garras por lo enflaquecidas y el largo de las uñas.

''Si crees en el Poder Supremo del Dios que me envía a tí, quiero que seas curado y que la luz se haga en tu conciencia y en tu camino a seguir —le dijo el Maestro con energía y admirable serenidad.

El prisionero sufrió un fuerte estremecimiento y se puso de pie.

—¡Dios te guarde, mago o Profeta!... que no sé lo que eres, pero me has curado! —gritó aquel hombre fuera de sí.

El Centurión permanecía absorto, inmóvil como una estatua.

El conserje temblaba todo entero, como si un poderoso escalofrío le hubiera atacado de repente.

Con los otros prisioneros se obró de igual manera, a excepción del más joven de ellos, que no estaba reumático sino tuberculoso y al cual encontraron exánime entre la sangre del último vómito que había tenido.

Sus ojos hundidos y su respiración fatigosa y lenta indicaban que sus últimos momentos estaban llegando. Ardía de fiebre y un sudor copioso le bañaba el rostro. La piedad del Maestro desbordó sobre él. ¡Era tan joven!... y era hermoso, aún con todos los rastros de su mal y de la muerte cercana.

Jhasua se tiró sobre la paja a su lado y le abrazó con infinita ternura.

—¡Cree en el Poder de mi Dios —le dijo— que aún puedo salvarte!!

Y quitándose el paño blanco de su turbante, le fué limpiando la sangre que manchaba la cara, las manos, el pecho.

Luego juntó los labios a los del enfermo, y exhaló hálitos poderosos en que le transmitía su vitalidad como una inyección de fuerza, de energía, de vida nueva! No tardó mucho en percibirse el cambio obrado en aquel pobre cuerpo arrancado a la muerte por el poder supremo del Hombre-Dios.

El tío Jaime y Zebeo llegaron cargados con dos fardos de ropa. Y Jhasua convencido de que los seis prisioneros estaban curados, mandó llevarles a las piscinas de la Fortaleza para higienizar aquellos cuerpos sobre los cuales había soplado el amor divino, que es vida, luz y esperanza.

Cuando fueron alimentados y vestidos, el conserje tembloroso y lleno de miedo, confesó que los cinco hombres de más edad, habían sido ricos comerciantes de Tiro, proveedores de los lujos y caprichos de las cortesanas favoritas del rey, y de los príncipes y magnates. Como las cuentas hubieran subido a sumas fabulosas, las cortesanas convencieron a sus maridos, amigos o favoritos, de que aquellos comerciantes eran vulgares estafadores, piratas del comercio, asaltantes de los mercados y plazas, y se libraron de ellos encerrándoles en la Fortaleza con cadena perpetua. Con una pequeña suma cada año, compraban la complicidad del conserje, y el rey, los príncipes y el procurador romano, se habían repartido amistosamente las existencias de los comercios abandonados por sus dueños, que pasaban a la condición de *prófugos* que huían al ver descubiertas sus estafas.

El más joven, o sea el que estaba tuberculoso, era hijo de un príncipe, último vástago directo de los Seleucidas. Y a su padre viejo y enfermo, le hicieron creer que su hijo había huído con una cortesana del poderoso rey de Lidya en la opuesta orilla del Mediterráneo. Enfurecido el padre por la deshonra, desheredó al hijo y murió en la desesperación más espantosa, maldiciéndolo con todo el furor de su ira, y dejando su título y sus riquezas a dos sobrinos autores de esta espantosa combinación. Habían también pagado al Conserje por su silencio una buena cantidad.

—Has sido cómplice para el mal; estás obligado a serlo ahora para el bien —le dijo el Maestro.

"Sólo a ese precio puedes obtener el perdón de tus culpas.

"Los que hace once años cometieron tan espantosos delitos, están ya heridos de muerte, porque la justicia divina se cumple tarde o temprano. El rey Nabonid morirá de aquí a tres lunas, y los demás verán la nieve del invierno que está llegando, pero no verán maduros sus trigales en el próximo otoño.

"Tienes pues un año de expiación de tu culpa. Como ocultaste el crimen con tu silencio, ahora ocultarás la salvación de éstos inocentes hasta que llegue la hora de quedarte libre de la cadena que tú mismo te has puesto.

"El Centurión velará por tí, y yo velaré por los dos en compensación a la obra de justicia que acabáis de realizar. Os doy mi palabra de que ningún mal os podrá sobrevenir. Y si tienes en la Fortaleza otros cautivos en parecidas condiciones, ya lo sabes; mi Dios ha curado tu mal en compensación anticipada del bien que harás en adelante.

"Mi hospedaje está en los almacenes de la Estrella Azul, en la explanada del segundo muelle, donde podéis buscarme si me necesitáis. Yo me llevo estos seis hombres cuya seguridad está en tu silencio. Si los que te indujeron al crimen te pagaron con oro, yo te llevo al bien y a la justicia, y Dios te ha pagado con la salud y la vida. ¿Has comprendido Conserje?

—Sí, mi Señor... ¡he comprendido! Mi mal era de muerte y tú me has librado de la muerte. Soy pues tu esclavo para toda la vida.

—Siervo de Dios debes decir, porque yo no busco ni quiero esclavos, sino hombres libres con la santa libertad de los hijos de Dios.

Jhasua salió de la Fortaleza seguido de los seis cautivos por entre una fila de guardias que el Centurión mandó formar diciendo a sus hombres:

—Es un poderoso amigo de César que ha obtenido indulto para esos prisioneros.

La vida en la Fortaleza de Tiro, cambió desde ese momento, porque el Centurión y el Conserje cumplieron con su deber, en cuanto a la alimentación, vestido y trato general de todos los encerrados allí.

—¿Qué viento nuevo ha soplado en la Fortaleza —preguntaban los infelices cautivos— que ahora nos dan buena comida, nos dejan ir a los baños y nos dan ropa limpia?

¿Habrá un nuevo César en Roma? ¿Habrá muerto el rey y su heredero tendrá corazón dentro del pecho?

¿Habrá bajado a la tierra el Mesías que esperan los hijos de los Profetas de Israel?...

¡Había bajado sí, el hijo de Dios, y su amor soberano se desbordaba como un manantial sobre todos los que sufrían las injusticias humanas!

LA NAUMAQUIA

La numerosa población griega existente en la populosa Tiro, había llevado allí sus costumbres, sus cultos y su gusto por las grandes fiestas al aire libre, en los bosques, o en el mar.

La dominación romana había impreso igualmente sus costumbres y gustos, y la alta sociedad de Tiro copiaba a la alta sociedad de Antioquía, con la cual pretendió rivalizar en fastuosidad y riqueza. Sobre todo la mujer, estaba completamente entregada al lujo y a la adoración de su propio cuerpo, en cuyo embellecimiento y adorno gastaba sumas enormes.

Observador y psicólogo por naturaleza, el Maestro se dio perfecta cuenta de estas características de la sociedad tiria, y pedía a Dios desde el fondo de su corazón, que le diese oportunidad de iluminar aquellas conciencias dormidas en el embrutecimiento de las diversiones y de los placeres.

Una tarde observó desde su atalaya en una terraza del Torreón de Melkarth, que una de las avenidas principales de la ciudad era adornada con banderas y gallardetes de guirnaldas floridas y de frescas y flexibles palmas. Un ejército de criados y esclavos colocaban pilares para antorchas a todo lo largo de aquella espaciosa calle, que arrancaba de la gran plaza de la Fortaleza de Hirám y continuaba hacia el sud-oeste hasta perderse de vista.

En varias de las grandes capitales dominadas por los romanos, se habían construído enormes estanques-circos, a los que llamaban *Naumaquias*. Por medio de acueductos llevaban hacia ellos agua del mar o de los grandes ríos. Y como las carreras de cuádrigas con lujosos carros en los grandes circos para las fiestas populares, en la *Naumaquia* se simulaban combates de trirremes y pequeñas naves en las que cada competidor hacía desbordar el lujo y la fastuosidad. La Naumaquia de Tiro estaba muy cercana al mar y era de unas dimensiones y riqueza que podía muy bien rivalizar con las de Ostia, Capua y Antioquía.

El corazón del Maestro se oprimía dolorosamente ante el derroche de que hacían ostentación los grandes señores y las brillantes damas, mientras miraban con fría indiferencia a la muchedumbre anónima amontonada en los mercados, esperando como preciosos dones, los sobrantes de todas las ventas del día, cuando los mercaderes levantaban sus tiendas.

Y por la avenida engalanada de banderillas, gallardetes y antorchas, el desfile de literas encortinadas de púrpura y brocato, donde numerosos esclavos con las libreas de las casas en que servían, marchaban a paso de ceremonial, conduciendo a las grandes damas que con su presencia darían esplendor a la fiesta, y estímulo a los marinos matriculados como luchadores. Eran ocho trirremes, cuatro en cada bando.

Una voz interna y muy poderosa sentía el Maestro dentro de sí mismo, que parecía decirle:

"Entre el tumultuoso enloquecimiento de la Naumaquia, serás necesario para salvar las víctimas del egoísmo y la soberbia de los hombres".

Jhasua bajó del Torreón y fué a la posada en busca del tío Jaime y de Zebeo.

—¿Queréis acompañarme —les preguntó— al combate de la Naumaquia?

—¿Tú quieres ir a esa abominación pagana? —dijo el tío Jaime extrañado.

—Sí, tío Jaime. ¿No decís todos que soy Salvador de los hombres? Pues allí habrá muchos a quienes salvar.

El tío Jaime reflexionó un momento y comprendió que Jhasua tenía razón.

—Bien; vamos allá —contestó.

Y se encaminaron a lo largo de la gran avenida llena de concurrencia.

La multitud no hablaba de otra cosa. Los conocedores o amigos de algunos tripulantes de las embarcaciones combatientes hacían apuestas por dinero, con tan grande entusiasmo, que arriesgaban sumas, que de perderlas, dejarían sus hogares en triste estado de miseria y hambre.

Aquel desmedido alborozo era un verdadero enloquecimiento.

El Maestro que escuchaba las conversaciones que en torno suyo se hacían a gritos, meditaba sobre la triste condición de las muchedumbres, que por falta de una orientación sabia y justa, hacían cada vez más profunda la fosa en que se iban enterrando.

—He aquí el delito espantoso de los dirigentes de pueblos, a los cuales se engaña con estos juegos brutales y salvajes, que no hacen sino excitar las bajas pasiones. Que las multitudes se diviertan y jueguen para que halagadas por la vida presente, no osen pensar, ni en el mañana cercano, ni el mañana de ultratumba —pensaba el joven Maestro, mientas caminaba confundido con la multitud.

Para la clara lucidez espiritual suya, debía resultar una horrible aberración humana, que los poderes civiles dominantes se hubiesen ocupado con tanto afán de dotar a casi todas las ciudades importantes, de Circos, Naumaquias y Termas, con la finalidad que las varias formas de deportes, vigorizaran los cuerpos físicos, para tener en el futuro, elementos de primer orden para las guerras de conquista, a que el mundo se había lanzado desde siglos atrás.

En cambio habían dejado a la iniciativa particular, el abrir modestas casas de estudio y de meditación, que en la Palestina y Siria se reducían a las sinagogas, que algunos buenos israelitas discípulos de los Profetas, habían abierto en su propia vivienda para los que sintieran la necesidad de alimentar su espíritu con ideales más superiores. Y el Maestro continuaba pensando:

—"Los lugares donde los hombres se ponen al nivel de las bestias, son creados por los poderes reinantes y mantenidos con una fastuosidad y lujo que espanta.

"Los santuarios de la Divina Sabiduría, están forzados a vivir sepultados en las grutas de las montañas, como si sus componentes fueran seres dañinos para la sociedad.

"¡Dañinos sí!... —decía el Maestro— porque la Verdad Divina se difunde de ellos y si la Verdad de Dios llega a la conciencia de las masas, los esclavos romperán las cadenas, y las muchedumbres anularán la prepotencia de los que lucran y explotan la ignorancia humana".

La muchedumbre de tanto en tanto se abría, para dar paso a alguna litera encortinada, llevada en peso por los esclavos y cortejada por uno o varios caballeros que ataviados a usanza romana, griega u oriental, caminaban junto a la portezuela por la cual asomaba a veces, un bello brazo desnudo envuelto en ajorcas y brazaletes de oro y pedrería; o una cabeza de diosa llena de rizos, de nubes de encajes y alfileres de perlas.

Sucedió que al pasar una litera, uno de los esclavos que la conducía, sufrió un vértigo o mareo que lo hizo tambalear y por fin caer de rodillas sobre el pavimento de la calle, con lo cual la litera sufrió una fuerte sacudida y agudos gritos de mujeres asustadas salieron del interior. Uno de los caballeros que la escoltaba, la emprendió a golpes de látigo con el esclavo caído.

El Maestro que llegaba, se interpuso entre el caballero y el esclavo, tomándole el puño levantado para asestar otro golpe y con gran serenidad le dijo:

—¿No ves que ese hombre está enfermo y en peligro de muerte?

Apenas había pronunciado Jhasua estas palabras, cuando una oleada de sangre salió de la boca del infeliz esclavo que aún sostenía a medias con su hombro la vara de la litera.

Una cabeza de mujer asomó para decir a su mayordomo que caminaba a su lado:

—Apártalo a un lado y contrata otro para que sigamos.

El Maestro miró a aquella mujer.

—Y con éste que puede morir ¿qué se hace? —le preguntó.

La joven de la litera lo miró también.

—Por tu compasión para los esclavos, debes ser un profeta; si lo quieres te lo regalo —le dijo con toda naturalidad.

—Es un hermoso don que me haces, mujer. ¡Que Dios te lo pague!

El Maestro se inclinó sobre el esclavo al cual apartó de la litera y ayudado por el tío Jaime y Zebeo lo sentaron en un banco de la gran avenida.

La ola de sangre se había contenido. La mujer continuaba mirando con la cortinilla levantada; y en aquella mirada había estupor, asombro, curiosidad. Parecía querer adivinar el sentir de aquel hombre extraño que así se interesaba por un mísero esclavo.

Esta insistente mirada atrajo la mirada del joven Maestro que penetró al mundo interno de aquella joven mujer, que en el acto bajó la cortinilla y dió orden de seguir.

— ¡Aún no es tu hora!... —exclamó Jhasua como hablando consigo mismo—. ¡Aún no es tu hora!... ¡pero ya llegará de tan impetuosa manera que será como un huracán desatado en la selva!...

—Te has distraído Jhasua y el enfermo espera!... —díjole el tío Jaime.

El Maestro que no había retirado las manos de su cabeza, contestó:

—Los infelices enfermos del alma, me hacen olvidar a veces los enfermos del cuerpo.

La mujer de la litera se perdió entre la muchedumbre. Era muy rubia, joven y hermosa.

Un año más tarde volvió a encontrarse con el Profeta al que regalara un esclavo moribundo, y comenzó a sentir fuertemente la necesidad de averiguar *quién era* aquel hombre joven, hermoso y que tenía en su continente y en su andar la majestad de un rey.

¡Quién le había de decir a ella, en aquel alegre y bullicioso anochecer en Tiro, que dos años después buscaría con delirante anhelo a aquel hombre, al cual seguiría con amor de locura hasta el pie del patíbulo, desde cuya altura caería la sangre del Mártir como lluvia de rubíes sobre sus cabellos de oro, cuajados entonces de perlas y de turquesas!

Una hora después la ola humana había pasado y el pequeño grupo formado por el Maestro, el tío Jaime y Zebeo aún permanecía junto al esclavo que lentamente recuperaba las fuerzas.

La ruptura de un vaso le había producido la hemorragia que el Maestro contuvo a tiempo. El tío Jaime le llevó al recinto de la Santa Alianza donde se hospedaban, y Jhasua con Zebeo continuaron hacia la naumaquia que ya estaba convertida en un hormiguero humano.

Los competidores en el peligroso combate naval, estaban en el colmo de la exhaltación; y las pasiones de la multitud les acompañaban, en su antagonismo y ambición de conquistar las enormes sumas ofrecidas por los organizadores del torneo, como premio al esfuerzo de los triunfadores.

Los capitanes y tripulantes de los tirremes luchadores, iban todos dispuestos aún a matar, si les era necesario para el triunfo.

Se jugaban allí la fortuna, el bienestar y hasta los medios de vida de los hogares modestos, en apuestas particulares hechas fuera del concurso.

—El afán del oro —decía el Maestro— tiene enloquecidos a todos, a los grandes y a los pequeños.

"¿Es esto ser dirigentes de pueblos, o son ciegos, y van todos juntos al abismo?"

¡Cuán solo se encontraba el Maestro en medio de esta humanidad, por la cual había cargado con el enorme sacrificio de abandonar su Reino de luz y de amor, de verdad y de justicia!

La inmensa mayoría de sus compatriotas, ignoraban su existencia, porque de saberla, le sería obstáculo en su camino.

Una pequeña porción de seres elegidos le comprendían y secundaban en su obra.

Era pues como un extranjero en su país natal, y más extranjero aún en la ciudad fenicia de Tiro, cuyo mercantilismo tan extremado no dejaba lugar alguno a los pensamientos que no respondieran al afán de oro y de placer. Para todo eran indiferentes y fríos, como no fuera para el interés y el cálculo.

Comparaba a Tiro con Damasco, y la balanza se inclinaba hacia la bella capital árabe, donde el amor, la belleza y el arte aún dentro de su marco puramente humano, levantaban aquellos ardientes temperamentos a un nivel superior. Comprendió y valoró la obra civilizadora del viejo patriarca del desierto, Beth-Gamul, y su radiante pensamiento lo evocó sobre Tiro... sobre aquella enorme multitud embrutecida por la ambición y el placer.

Pensó con amor en el Príncipe Melchor de Horeb, ese incansable apóstol de la verdad y la justicia, en la lejana Arabia de Piedra a orillas del Mar Rojo, entre las rocas mojadas por el llanto de Moisés desterrado!

Y el alma de Jhasua, emotiva y tiernísima, se expandió en amor hacia las pocas escogidas almas que vibraban al unísono de la suya.

El amor santo de su madre, de sus amigos de Jerusalén, de Betlehem, de los santuarios esenios, refrescaron su corazón como un rocío benéfico.

El amor de Judá y Faqui, de Simónides, de Noemí, de Thirza y Nebai, eran a su alma dolorida como una corona de lirios del valle, y en voz muy queda murmuró:

—¡Son las estrellas de mi reposo!... ¡Son los ángeles sembradores de rosas en mi camino de hombre!... ¡Benditos sean!

Tres agudas y potentes clarinadas cortaron los pensamientos del Maestro. Era la señal de que el combate empezaba.

El representante de Simónides en Tiro había conseguido sitios bien ubicados en el inmenso graderío, que rodeaba el estanque, que era en realidad, un lago redondo y amurallado. Se hallaban cercanos al gran balcón encortinado que podía dar cabida a trescientas personas, y que estaba ocupado por personajes del gobierno regional, y del poder romano, y por una nube de cortesanos y cortesanas que formaban la alta sociedad de Tiro.

Entre un grupo de doncellas vestidas a la griega y que bajo un quiosco de flores, tocaban arpas, laúdes y cítaras, Jhasua reconoció a la joven mujer que le había regalado el esclavo moribundo: una inmensa compasión por ella conmovió el corazón del Maestro. Y en su íntimo YO, se esbozó esta idea:

"¡Infeliz!... ¡El amor de Abel en los valles del Eúfrates, te redimió un día!... ¡Has vuelto a caer en la inconsciencia!... ¡Desventurada de ti, si en esta hora no te levantas de nuevo!..."

Un murmullo como de viento entre los árboles se sentía entre la muchedumbre, hasta que los trirremes empezaban a evolucionar para encontrarse frente a frente.

Un inmenso silencio de expectativa se hizo después.

El Maestro veía de cerca el esfuerzo titánico de los esclavos remeros, en la sombra de los pisos bajos de los barcos a donde sólo les llegaba la mezquina luz de agujeros practicados en la cubierta iluminada de antorchas, que producían un desbordamiento de claridad rojiza.

Jhasua recordó con inmenso dolor los tres años que el príncipe Judá había pasado como esclavo en una galera.

El agente de Simónides que estaba a su lado le decía:

—El remar horas y horas, no es nada comparado con el peligro de muerte en que esos infelices están.

—¿Por qué deben morir? —preguntó el Maestro.

—En estos tumultos, muchos esclavos se escaparon a nado por los acueductos, y antes de comenzar el combate, les amarran de un pie con una cadena empotrada al maderamen del barco; y si éste se hunde, ni un esclavo se salva. Eso es seguro.

—¡Infelices!... hasta allí ha llegado la iniquidad humana, —exclamó indignado el Maestro.

Desde ese momento ya no prestó más atención ni a la concurrencia, ni a los incidentes del combate, ni a las apuestas que seguían concertándose en torno suyo.

¡Sus ojos garzos dulcísimos no veían más que a los esclavos remando, y con un pie amarrado por una cadena!...

De su poderosa alma de Hijo de Dios, se levantó un grito supremo que debió resonar en los cielos infinitos como una angustiosa llamada de auxilio.

Y Zebeo le oyó murmurar:

—"¡Si soy el Hijo de Dios, ninguno de ellos ha de perecer!... ¡Yo lo quiero!... ¡yo lo ordeno!... ¡yo lo mando Padre mío en tu Nombre!... ¡Son vidas que Tú me has dado para que florezcan en obras dignas de Tí!... ¡Yo lo quiero!... yo lo mando... yo lo ordeno!!..."

Sus ojos entornados seguían con fija mirada el movimiento de los remos que castigaban acompasadamente las aguas. Zebeo lo miraba, encontrando en él la inmovilidad de una estatua. De pronto vió, al incierto resplandor de las antorchas, y en el sitio de los remeros, la figura de Jhasua que parecía tocar a los infelices esclavos. Sólo dos de los trirremes luchadores quedaban cerca del sitio en que ellos estaban, pero al desfilar otros barcos llevados por las exigencias de la lucha, vió Zebeo en varios, la misma figura blanca de Jhasua en la penumbra del casco de las naves. Y el cuerpo del Maestro seguía inmóvil con los ojos entornados mirando los remos que levantaban remolinos de espuma entre las agitadas aguas del lago.

Zebeo, lleno de estupor contemplaba el inaudito fenómeno. Por sus estudios del Santuario del Hermón, algo conocía de las fuerzas estupendas del espíritu humano que ha llegado a un alto grado de perfeccionamiento de sus facultades. Pero eso, parecíale sobrepasar a cuanto había leído en las viejas escrituras de los antiguos Profetas.

—¡En verdad —murmuraba— Dios ha bajado a la tierra en la persona de Jhasua de Nazareth!

La lucha continuaba tomando aspecto de barbarie y de salvajismo. Aquello no era un torneo como un deporte: eran piratas que luchaban por el oro ofrecido a los triunfadores.

Todos sabían que si perdían, quedaban arruinados y muchos de ellos, reducidos por completo a la miseria.

La lucha era pues de vida o muerte. Los nervios no resistían más aquella lucha bravía y salvaje. Las escenas de abordaje adquirían aspectos espantosos. Los puñales y las hachas cortaban sogas, tronchaban mástiles, rompían velas, algunas cubiertas aparecían ardiendo en llamaradas; y del fondo de los barcos, se percibía apenas en la sombra y el torbellino de las aguas, innumerables náufragos que se perdían en las negras bocas de acueductos y alcantarillas. La inmovilidad del Maestro continuaba, y el agente de Simónides y Zebeo se encontraban en duro aprieto, pues lo creían accidentado.

De pronto, los trirremes quedaron inmóviles por más que resonaban lúgubremente las campanas de los timbres de los pilotos que ordenaban los movimientos de los remeros.

Los capitanes furiosos porque el combate no se había decidido aún, no sabían qué pensar y hacían inauditos esfuerzos por averiguar la causa de tan extraño acontecimiento.

El Maestro exhaló un gran suspiro y levantándose dijo a sus compañeros:

—Vamos, no tenemos ya nada que hacer aquí.

—Falta aún la terminación de los juegos, y la apoteosis de los triunfadores —dijo el agente de Simónides.

—Los juegos han terminado —dijo el Maestro— y esta vez no habrá apoteosis, porque solo ha triunfado el Poder Divino, y esta muchedumbre no se ocupa de El.

Y los tres salieron sin ser advertidos entre el tumulto y ensordecedor griterío de la muchedumbre, que pedía a gritos la terminación de los juegos.

Todo Tiro estaba convulsionado al siguiente día, pues que nadie pudo averiguar cómo era que todos los remeros habían huido y por qué la anilla de su cadena había sido partida en dos pedazos.

Sólo Zebeo sabía el secreto, que *en secreto* se lo refirió al tío Jaime, el cual

141

lamentaba grandemente no haber acompañado a Jhasua a la Naumaquia donde Jehová había obrado tan estupenda manifestación de fuerza y de poder.

El Maestro y sus compañeros de viaje, ocuparon todo el día siguiente en recorrer las orillas del los acueductos en busca de los esclavos prófugos, para conducirlos al torreón de Melkart si estaban heridos, o al recinto de la Santa Alianza si habían escapado con vida y salud.

Los acueductos desembocan en el mar y la costa brava y montañosa presentaba aspectos fragorosos y agrestes.

Los infelices huían como gamos perseguidos, y el primer día sólo encontraron cinco. Les dieron de comer y les dejaron en sus escondites con el encargo de convencer a sus compañeros de que no recibirían daño alguno ni serían entregados a sus amos.

El Maestro tuvo la idea de decirles, que ya muy entrada la noche, se presentaran al contramaestre de los navíos que tenían pabellón amarillo y estrella azul, porque allí serían recibidos hasta nueva resolución.

El agente de Simónides que tenía orden de secundar las disposiciones del Profeta Nazareno, transmitió la consigna al personal de aquellos navíos, en cuyas bodegas se albergaron los infelices esclavos salvados de la muerte por el amor supremo del Hombre-Dios.

Todos aquellos esclavos, eran prisioneros de guerra de la Galia y del Danubio. Ningún derecho tenían sus actuales amos para retenerlos en tan mísera condición, una vez que sus respectivos países se habían sometido a los invasores romanos y pagaban fuertes tributos al César.

Era pues un deber de justicia restituirles a sus selvas nativas. Y diez días después, en dos galeras de la flota de Simónides, salían de Tiro, con rumbo a las costas europeas para ser devueltos al país nativo.

No faltó quien hubiese creído ver en los trirremes la noche de los juegos, un fantasma blaco que rompía las anillas en el pie de los esclavos con la misma facilidad que si fueran de juncos, y los supersticiosos tirios juzgaron de inmediato, que uno de los siete genios poderosos del terrible dios *Marduk*, rondaba por la ciudad de su dominio donde tantas iniquidades se cometían.

El joven Maestro no creyó oportuno manifestarse en publico en Tiro, y sólo aceptó la invitación que un buen hijo de Abraham amigo de Simónides le hizo para hablar en su sinagoga particular cuantas veces quisiera.

El Centurión aquel a quien le curó la esposa y los dos hijitos, fue a visitarle a los almacenes *"Estrella Azul"* y le dió a entender que lo juzgaba autor del estupendo acontecimiento de la Naumaquia, pues que sólo él podía realizar una maravilla semejante.

—Si lo has comprendido así —le contestó el Maestro— guárdalo en tu corazón te lo ruego, porque no hay aún en Tiro la comprensión suficiente para aceptar hechos que sobrepasan su capacidad. Me basta con que la lección les mantenga en temor, para no repetir en adelante esos bárbaros juegos, que no hacen sino excitar las bajas pasiones y provocar antagonismos de los unos para los otros.

LA SANTA ALIANZA EN TIRO

Tres días antes de aquel en que pensaba el Maestro regresar a Galilea, correspondía la asamblea mensual de los miembros de la Santa Alianza, cuyo principal dirigente era el mismo representante de Simónides. El Maestro estaba invitado a hablar.

Como es natural quiso ver de cerca los progresos espirituales y morales de sus adeptos.

Por los informes que recibió de los dirigentes, se dió perfecta cuenta de que eran poquísimos los atraídos por la enseñanza moral que se les daba. Eran éstos de la clase media, más mujeres que hombres y no pasaban de una veintena. En cambio eran numerosos los que, junto con la enseñanza, recibían el socorro material consistente en comestibles y ropas.

—Ya estamos tocando el fracaso de nuestro buen Simónides —decía el Maestro a los dirigentes de la Santa Alianza en Tiro. —Yo le había anunciado ésto, pero debemos persuadirnos que no es motivo para desaliento. Los espíritus de escasa evolución, necesitan ver la recompensa material al lado de la enseñanza moral.

"La falta de recursos materiales, es una prueba que sólo resisten sin claudicar, las almas de grandes vuelos y de superiores energías, que saben encontrar en su propio YO, los más grandes y fuertes estímulos para continuar su jornada subiendo siempre hacia la cumbre.

"No se puede pedir al gorrioncillo de nuestros valles, los vuelos gigantescos de las águilas.

"Lo que debe importarnos mucho es, que en agradecimiento al don recibido periódicamente, modifiquen sus costumbres haciéndose cada vez más dignos de la solicitud y cuidado de sus hermanos mayores.

A la segunda hora de la tarde designada, comenzaron a llegar los adeptos de la Santa Alianza, que siendo de la clase ínfima, no inspiraban recelo alguno a las autoridades, pues Simónides había informado que era un socorro particular que repartía entre los desposeídos de bienes materiales. Y estando ya ganada la voluntad del Centurión de la Guardia, menos había motivo para temer alguna represalia a reuniones tan numerosas.

Y los individuos de la clase media, o adinerada que deseaban asistir, aparecían como comerciantes que acudían a retirar mercancías de los almacenes allí existentes.

Era aquella una reunión de más de cuatrocientas personas.

Y el Maestro les habló sobre esa misteriosa fuerza salvadora que llamamos Providencia de Dios.

"—Hermanos de la Santa Alianza, a cuya sombra os cobijáis como bajo el manto de una madre.

"Yo soy un representante del Consejo de Jerusalén que vela por todos los que se han afiliado a esta hermandad, y será inmensa mi satisfacción si puedo llevar a mis hermanos del suelo natal el informe de vuestros progresos espirituales y morales.

"Vosotros sóis la porción de humanidad que más cerca está de la Piedad y Misericordia Divina, a la cual podéis sentir en todos los instantes de vuestra vida, mediante la certeza que debéis adquirir, de que su amorosa Providencia no descuida vuestras necesidades.

"El hombre acaudalado, que sabe sostenida y afianzada su vida sobre cimientos de oro, piensa poco o nada en esa gran Fuerza Creadora y conservadora de vidas, que llamamos Providencia de Dios, nuestro Padre Celestial.

"Sóis vosotros amigos de la Santa Alianza, los que, si hoy tenéis lumbre encendida y el pan sobre la mesa, ignoráis si le tendréis mañana porque sólo os apoyáis en el esfuerzo grande o pequeño que hacéis por un mísero jornal diario. Para vosotros más que nadie, se derrama permanente en cada rayo de sol, en cada vibración de luz, en cada ráfaga de viento, esa omnipotente fuerza misericordiosa que transformaría en pan los guijarros del camino, si de otra forma no consiguierais vuestro alimento para cada día.

"En las numerosas leyendas y tradiciones que se han tejido alrededor de la personalidad de Moisés, el legislador hebreo, hay una, cuyo sentido oculto se adapta admirablemente a vosotros. Es aquella que refiere el mandato de Moisés, de marcar todas las puertas de los hijos de Israel con la sangre del cordero que era costumbre comer en la fiesta de la Pascua. "Viendo esta señal —dice la leyenda— pasará de largo el ángel del Señor que vendrá a herir a los primogénitos de Egipto".

"Era Moisés gran conocedor de las características del pueblo que conducía, incapaz por entonces, de apoyar su esperanza y su fe en lo que es invisible a los sentidos físicos. Y la fe inconsciente de aquel pueblo niño, se encendió y se afianzó en aquella señal de sangre que marcaba sus puertas.

"Quince siglos han pasado desde entonces, y vosotros no sois ya tan niños como el pueblo de Israel cautivo en Egipto, y no necesitáis una marca de sangre en vuestras puertas para saber que estáis protegidos por la omnipotente fuerza misericordiosa, que si os ha traído a la vida, es para que la viváis en paz y justicia, bajo el suave manto de su Ley Soberana.

"Moisés escribió para sus hermanos de raza, una ley que la inspiración divina materializó, digámoslo así, para ese pueblo en medio del cual bajaría el Verbo de Dios a enseñar a los hombres. Pero esa misma ley fue grabada por el Supremo Creador, en el corazón de cada hombre venido a la vida material; y esa ley es tan simple y sencilla que puede encerrarse en pocas palabras: *No hagas a tus semejantes lo que no quieras que se haga contigo*.

"Ley suprema y única, que la escritura mosaica ha subdividido y especificado en diez artículos que se han llamado *Mandamientos*, los cuales están encerrados como en un cofre de diamantes, en aquel eterno principio divino que todo hombre lleva en su corazón: *No hagas a tus semejantes lo que no quieras que se haga contigo*.

"Vamos ahora amigos míos a donde quiero llegar, llevándoos a todos vosotros conmigo.

"Si ajustáis vuestra vida a ese único principio eterno, y basáis vuestra fe y esperanza en él, os digo en nombre del Dios Omnipotente que me asiste, que jamás os faltará lo necesario para vivir vuestra vida en paz y tranquilidad.

"Meditad y reflexionad continuamente, en el significado claro y sencillo del mandato eterno, y encontraréis en él, toda la rectitud, toda la justicia, todo el bien que instintivamente busca el hombre desde que nace hasta que muere.

"En esas breves palabras *No hagas a tus semejantes lo que no quieras que se haga contigo*, está condenado el despojo, el asesinato, la calumnia, la traición, el abuso de la fuerza, el engaño, la falsedad, y toda especie de daño causado a nuestros semejantes.

"No necesitáis, pues, ser israelitas para estar obligados a esta Ley Suprema y Eterna, porque nuestro Soberano Padre Creador, lo es de todos los seres con vida que pueblan los inconmensurables mundos del Universo. Y apenas han llegado las inteligencias a la edad del razonamiento, ya está dando voces internas en el fondo del corazón el eterno y divino principio: *No hagas a tus semejantes lo que no quieras que se haga contigo.*

"Tened asimismo en cuenta que todos los crímenes, delitos y abominaciones que acarrean a la vida humana la pléyade inmensa de dolores que la abruman, es por la falta de cumplimiento a ese eterno principio emanado de Dios.

"Ajustad pues a esta sencilla enseñanza vuestra vida diaria, y yo os prometo en nombre de Dios nuestro Padre Omnipotente, que viviréis tranquilos y felices, descansando vuestro corazón en su amorosa Providencia, que si cuida de las avecillas del campo y de los insectos que viven libando flores, más aún cuidará de vosotros que podéis decirle con el alma asomada a los ojos buscándole en la inmensidad:

¡Padre mío que estás en los cielos!... ¡He aquí tu hijo que espera y confía en Tí!

"Yo sé que hoy vivís confiados en la solicitud de la Santa Alianza, a la cual consideráis como vuestra madre, y que más de una vez anuda la zozobra en vuestro pecho, pensando que ella puede desaparecer. Si así fuera, otra forma tomaría la Providencia de Dios para vosotros, si os mantenéis dentro del eterno principio que os he anunciado, y que nuevamente repito, para que no lo olvidéis jamás: *No hagas a tus semejantes lo que no quieras que se haga contigo.*

"Quiero grabar a fuego en vuestros corazones la idea sublime y tiernísima de que todos somos hijos de Dios, y que El es el más amante y piadoso de todos los padres. Y cometeríais un grave delito, si llegárais a pensar que El os deja abandonados a las contingencias adversas de una azarosa vida mientras le buscáis, llamándole *Padre vuestro* en todos los días de vuestra existencia.

"Se ha vulgarizado la idea de que el dolor humano es un castigo de Dios, por el pecado de un matrimonio, que marca el origen de una nueva civilización: Adamú y Evana.

"Dios no castiga a nadie, ni puede su perfecta justicia aplicar penalidades a los hijos por las culpas de los padres, caso que las hubiera habido. Los dolores humanos son consecuencia de los errores humanos cometidos en una o en otra de las vidas sucesivas que nuestro espíritu inmortal vive, hasta alcanzar la purificación que le da derecho al Reino Eterno de dicha y amor, que nuestro Padre Universal nos tiene preparado.

"¿No es verdad, amigos míos, que cuando vosotros emprendéis un viaje tomáis la ruta que os han marcado para llegar con felicidad a vuestro destino?

"Y si por un gusto o una curiosidad o un capricho, dejáis aquel camino y tomáis otro, ¿a quién culparéis sino a vosotros mismos, si os extraviáis, si caéis en un precipicio, o tenéis que afrontar espantosa lucha con las fieras?

"Nuestra vida física no es otra cosa que un viaje, para el cual nuestro bondadoso Padre, nuestro Dios Amor, nos ha marcado el camino, en el eterno principio que tanto os he mencionado hoy.

"La desventurada humanidad, ha vivido y vive olvidada en absoluto, de ese principio eterno, que le marca el viaje feliz hacia el Reino inmortal y dichoso de su Padre. ¿A quién ha de culpar de sus dolores? ¿Es Dios que la castiga, o es ella misma, que obrando fuera de ley, se carga con las terribles consecuencias de su rebelión contra la Ley?

"La Santa Alianza a la cual pertenecéis, ha orientado sus actividades y sus ideales hacia ese código tan sublime en su sencillez, y que no obstante, abarca cuanto de bien y de justicia puede concebir la mentalidad humana en este planeta, y saciar los anhelos de santa felicidad que vibran al unísono en todos los corazones.

"Y si cada afiliado a la Santa Alianza, enciende su lamparilla en este principio inmortal de la Ley Divina, y busca con afán nuevos adherentes, pronto tendremos nuestras muchedumbres bogando en un mar de suaves claridades, donde florecerá el amor y la paz con exhuberancia de jardines primaverales.

"Amad a la Santa Alianza, no tan solo por el socorro material que recibís de ella, sino más aún porque es para vosotros un faro, que en los mares turbulentos de la vida, os marca el rumbo seguro que os llevará a la dicha eterna del Reino de Dios.

"Amigos queridos de mi corazón: bendecid vuestra pobreza, porque ella os congrega en este santo recinto donde encontráis a vuestro Padre Celestial flotando como un reflejo de amor, de paz y de sosiego para vuestras almas, atormentadas a veces por la incertidumbre del mañana.

"Yo quiero aniquilar para siempre ese duro tormento en vosotros.

"¿Puede acaso tenerlo el hijo sintiendo el abrazo estrecho del padre que le trajo a la vida, y que le ama sobre todas las cosas?

"¿Puede sentir temores el parvulito a quien tiene la madre en su regazo?

"¿Puede abrigar temores la esposa que siente, apoyado a su espalda, el brazo fuerte del compañero de su vida?

"Mucho más fuerte que padre, madre y compañero, es el brazo omnipotente de vuestro Soberano Creador, que jamás deja abandonada una criatura suya, cuando ella se acoge a su piedad infinita y a la justicia de su Ley Eterna!

"Y para terminar esta confidencia con vosotros, el Profeta de Nazareth, vuestro hermano, os transmite el pensamiento del Padre Celestial que os dice:

"Quiero que todas vuestras enfermedades físicas sean sanas desde este momento".

"Quiero que vuestras zozobras e inquietudes, vuestras torturas morales y materiales sean calmadas, como sosiego las tempestades del mar y la furia de los vientos".

"Quiero que vuestras ofensas y agravios recíprocos os sean perdonados y olvidados, en las suaves vibraciones de la tolerancia y la concordia".

"Quiero que vuestras deudas materiales, imposibles de pagar por absoluta falta de medios, sean borradas para siempre con el agua clara de la justicia, que nada se puede exigir, al que nada posee".

"Y si alguno de vuestros seres queridos estuviere encarcelado, hoy le quiero libre y feliz en medio de los suyos, porque Yo soy el Padre Universal, dueño de las vidas de los hombres".

"Así habla nuestro Dios-Amor al fondo de mi corazón en este día de paz y de gloria, que es para vosotros el gran Jubileo del Perdón, que la ordenanza de Moisés marcó a su pueblo, de cincuenta en cincuenta años.

"Amigos de la Santa Alianza, bendigamos todos juntos a la Bondad Infinita de nuestro Padre, que nos permite darnos el abrazo fraternal y decirnos unos a los otros desde lo hondo de nuestro corazón:

"¡Paz, Esperanza y Amor sobre todos los seres!"

Aquella multitud había ido cayendo de rodillas poco a poco, como si un profundo sentimiento de adoración al Supremo Creador les obligara a prosternarse con el alma y con el cuerpo, ante la Divina Majestad que así les colmaba de bienes.

Y la esbelta figura del Maestro, erguida en medio de todos, con sus ojos inundados de infinito amor, irradiaba de sí la intensa luz espiritual que se desbordaba sobre él como un torrente, desde el mundo de los Amadores de donde había bajado para salvar a todos los hombres.

Nadie quería retirarse. Ninguno quería partir de aquel santo lugar, donde se percibía claramente la Bondad Divina cirniéndose como una caricia materna sobre todas las frentes inclinadas a la oración!

Viendo el Maestro que nadie comenzaba a retirarse, con su alma llena de compasión y de ternura, les dijo:

—"El pan de Dios ha saciado vuestro espíritu. Es hora de que recibáis el don material para alimentar vuestros cuerpos. Idos en paz a vuestros hogares, que también allá encontraréis al Padre Celestial".

Las mujeres y los niños le rodearon para besar la orla de su manto blanco.

Jhasua levantó en brazos a un pequeñito de dos años que se apretaba a sus rodillas, y besándole tiernamente le levantó en alto y dijo a la muchedumbre:

—"Como a este pequeñito, os estrecho a todos sobre mi corazón y os digo: ¡Estaré siempre con vosotros! ¡Hasta luego!

Entregó el pequeñito a su madre y por una pequeña puerta lateral salió del recinto para que la multitud se decidiera a retirarse.

EN LA SINAGOGA DE JOSHAPHAT

En la sinagoga llamada de Joshaphat, nombre de su antiguo fundador y una de las más concurridas de Tiro, el Maestro habló varias veces y como su auditorio allí, era puramente israelita, les enseñó la verdadera interpretación que debían dar a la llamada Ley de Moisés, en cuya denominación incluían maliciosamente los doctores de Israel, todas las numerosas ordenanzas y prescripciones que se leen en el Deuteronomio, y cuyo carácter es judicial, administrativo, comercial e higiénico.

—La verdadera Ley de Moisés —decíales el Maestro— son los diez mandamientos de las Tablas, los cuales concuerdan en absoluta armonía con la Eterna Ley, que llevamos grabada todos los hombres en nuestro propio YO íntimo.

"Todo lo demás son simples prescripciones tendientes a guardar el orden, la limpieza, las medidas higiénicas, que evitan enfermedades, contagios y epidemias. Pero los israelitas en general, dáis mayor importancia a todo este catafalco de ordenanzas y descuidáis el principio fundamental de la Ley: *"No hagas a tus semejantes lo que no quieras que se haga contigo".*

"Os causa horror comer carne de determinados animales que las ordenanzas dan como dañinos a la salud, y véis como natural y justo, matar a pedradas a uno de vuestros semejantes por haber sido encontrado en falta.

"Veis con espanto que sean descuidadas las abluciones marcadas por las ordenanzas y las diversas purificaciones del cuerpo, y no os espanta enlodar vuestra alma con el atropello a los derechos del prójimo, todo lo cual está condenado por la Ley Divina.

"La Ley de Dios es una sola, eterna e inmutable, y tiene la finalidad de hacer al hombre justo y bueno, un verdadero hermano para su semejante. Las ordenanzas civiles, judiciales, medicinales e higiénicas, pueden ser muchas según las necesidades, climas y épocas, pero ellas no deben afectar ni rozar siquiera, la Ley Suprema de Dios, pues que entonces, en vez de ser constructivas son destructoras y traen a la larga, el estancamiento en el progreso moral y espiritual de los seres.

"De pocas personalidades de la antigüedad, se ha hecho el mal uso que de la doctrina y personalidad de Moisés. O acaso lo vemos así, los que formamos hoy entre el pueblo, que fue su pueblo.

"Es una triste condición humana, propia solo de la inferioridad y de la inconsciencia, el poner sombras en lo que es claridad, el arrojar manchas de betún sobre la blancura de la nieve; el salpicar de lodo las vestimentas blancas, y enturbiar las aguas claras de manantiales benditos.

"¿Quién puede reconocer en el espantoso y cruel separatismo de castas en la India de Krishna, la pura y elevada filosofía suya que decía: "No cometáis el delito de la separatividad, porque todos somos uno en el infinito seno de Atman".

"¿Quién encontrará en la egolatría y deslumbrante lujo de los príncipes y poderosos del lejano oriente, en los países de religión budista... quién encontrará el desprendimiento de Shidarta Sakya Muni, el Buda que renunció a un poderoso reino, para consagrarse al dolor de los desposeídos y de los hambrientos?

"Es deber vuestro, mosaístas que me escucháis, el volver valientemente por la honra de vuestro legislador Moisés, cuyo nombre ha sido fieramente enlodado por la inconsciencia de los que se llaman sus seguidores.

"La investigación, el estudio, el noble anhelo de la verdad, deben ser vuestras armas en una gloriosa campaña, para hacer surgir de entre el pantano en que fue arrojada, la doctrina y la personalidad de Moisés.

"Hay actualmente un hombre que es apóstol de la Verdad en la ciudad de Alejandría: el maestro Filón, que ha consagrado su vida a esta gloriosa campaña que os insinúo en favor de la depuración de la filosofía mosaica. Le secunda en sus esfuerzos el príncipe Melchor de Horeb, mosaísta ilustre, que en continuados viajes de estudio ha encontrado preciosos elementos comprobatorios de las transformaciones que la ignorancia y la inconsciencia humana han realizado en la obra civilizadora de Moisés.

"Y a fin de dar forma definida y práctica a vuestro anhelo de conocimiento y de verdad, escoged de entre vosotros, tres o cuatro de los más capacitados y enviadles a la Escuela del maestro Filón en Alejandría, a escuchar su enseñanza y revisar la abundante documentación que en sus archivos se guardan referente a los escritos y enseñanzas de Moisés.

"Entonces comprobaréis que el Moisés de vuestro *Pentateuco mosaico* no es sino una sombra, una triste caricatura del Moisés verdadero.

"Entonces realizaréis una magnífica obra cultural y de mejoramiento social de vuestro pueblo, de vuestra raza, de vuestra nación que difundida profusamente por Asia, Europa y Africa, va llevando su fe en un Dios Creador Unico, es cierto, pero va llevando también sus errores y la desastrosa tergiversación de los claros principios de Moisés, basados en la inmutable y divina Ley que recibiera por inspiración de los cielos de Dios.

"En vuestro Pentateuco mosaico, no aparecieron nunca los diálogos de Moisés con Aheloim, con Shamed, con Ariel, inteligencias sutilísimas... serafines de luz del cielo de los Amadores, que le esbozaban las grandiosas concepciones de la Eterna Inteligencia, y las creaciones sublimes de su Amor Soberano. No aparecieron tampoco las tiernas y a la vez profundas confidencias de Moisés, con su discípulo íntimo Esén, el cual escribió fielmente cuanto oyó de los labios de su Maestro. Ni los relatos de Jetro patriarca de Madián, ni los de Séphora su hija, y acaso no habréis oído ni mencionar, el poema tiernísimo que escucharon los ángeles de Dios, vaciarse como una copa de miel del corazón de Moisés, en el de su madre la princesa egipcia Thimetis, de quien se veía separado por ocultar el misterio de su nacimiento.

"Si os llamáis mosaístas, sedlo de verdad y conscientes de vuestro deber, de salvaguardar de errores, vuestra doctrina y vuestra ley.

"Este apostolado de verdad y de reivindicación que os enumero es inmenso, y trae consigo la seguridad de luchas terribles con los que traen a Moisés en los labios pero no en el corazón. Si os sentís con fuerzas para afrontar esa lucha, adelante!... ¡yo estoy con vosotros!

"Si no, a lo menos buscad para vosotros mismos la luz que en la Escuela de Alejandría podéis adquirir, y en vuestros archivos particulares guardadla hasta mejores tiempos.

"La Bondad y el Amor Divino, desbordarán sobre aquellos que se constituyan apóstoles de la Verdad y del Bien."

No bien hubo terminado Jhasua su discurso, cuando el dueño de la sinagoga, a quien llamaban el *profeta Nahúm* por sus facultades clarividentes, se acercó a él y con gran emoción le dijo:

—¡Señor!... la luz de Dios ha bajado hasta mí y hoy sé lo que no sabía ayer. El Mesías anunciado por los Profetas está en medio de nosotros. ¿Cómo desoiremos tu palabra si ella nos abre la senda de la verdad?

—Guárdalo en tu corazón Nahúm, pero encamina tus pensamientos y tus obras en concordancia conmigo —le contestó el Maestro.

Y un momento después escribió una epístola de recomendación para que Nahúm se presentara con sus íntimos en la Escuela de Filón en Alejandría, y le fuera facilitado el sacar copias de los verdaderos escritos de Moisés. Le dio también recomendaciones para el Gran Santuario de Moab, donde se conservaban las Escrituras de Esén, discípulo íntimo de Moisés.

La lúcida y sutil clarividencia del joven Maestro, le permitió ver que el buen israelita Nahúm, le venía siguiendo de cerca desde lejanas edades. Le vio fracasado en diversas épocas por su debilidad de carácter y en un aparte con él se lo dijo, prometiéndole ayudarle eficazmente para que no le ocurriera lo mismo en esta oportunidad.

Así terminó el Profeta Nazareno su estadía en la ciudad de Tiro, donde se embarcó en un anochecer, en uno de los navíos de Simónides que zarpaba con rumbo al sur, y desembarcó en Tolemaida para seguir por el camino de las caravanas hasta Nazareth.

EN LA CASA PATERNA

Los ángeles de Dios y el tío Jaime, fueron testigos del divino poema de amor, de ternura, de suavidad infinita que tuvo lugar en la vieja casa de Joseph, a la llegada del Maestro junto a su madre.

La humanidad terrestre, equivocada siempre en sus ideas y conceptos, abriga y sostiene la idea de que cuanto más grande es un ser, más desprendido se encuentra de aquellos a los cuales la Ley Eterna le unió por los vínculos de la sangre. Es uno de los graves errores, que la vida íntima del Cristo viene a destruir con la verdad razonada y lógica con que acostumbramos a comprobar todas nuestras afirmaciones.

Si el Amor es la Ley suprema y universal que gobierna a los mundos y los seres, lógicamente debemos suponer, que las más grandes y puras inteligencias, son las que sienten con mayor intensidad los divinos efluvios del Amor. Ellos, inmensamente más que el resto de los seres perciben las vibraciones del Divino Amor, que se apodera de cada alma en la medida que ellas pueden asimilar y resistir. Es el Amor Eterno como un desbordante manantial de purísimas aguas, que constantemente se derrama sobre todos los mundos y sobre todos los seres.

Figurémonos que todas las almas encarnadas y desencarnadas, somos vasos o ánforas, o fuentes de cristal y de ámbar, suspendidas entre el cielo y la tierra, en espera de la divina corriente de Amor que viene de la inconmensurable inmensidad de Dios. La diferente evolución de los seres, es lo que marca por ley, la capacidad de cada alma, para recibir, asimilar y unirse, a esa gran fuerza creadora que llamamos *Amor*.

Y así debemos comprender que las almas pequeñas y primitivas son como diminutos vasos para recibir el Amor. Las más adelantadas, son ánforas de mayor capacidad; las más superiores son fuentes abiertas a los cielos del Amor y de la Luz; y las hay tan sensibles y grandes en su inmensa capacidad de Amor, que pasan sus vidas terrestres o su vida en el espacio, en un continuo desbordamiento de Amor. Y por la ley de su mismo excelso y puro estado espiritual, Jesús de Nazareth, encarnación de Cristo o Mesías de esta humanidad, culminó y llenó la medida del amor más intenso a que puede llegar una inteligencia encarnada en esta tierra.

Según esta lógica irresistible, bien podemos afirmar que el Amor, es la pauta que marca la mayor o menor evolución de un ser. No debe creerse sin embargo, que se habla aquí de esas apasionadas manifestaciones que no pueden ni deben calificarse de *amor*, sino de deseo sensual, que es una de las formas del instinto puramente animal, más desarrollado en los seres cuanto más inferiores son.

El Amor de que aquí se habla, es un sentimiento profundo, irresistible que da a las almas grandes, la capacidad de hacer sacrificios heroicos por otras almas numerosas o reducidas, que la Eterna Ley pone en su camino.

El Amor verdadero es uno solo, que toma diversos y variados aspectos. Amor es el de la madre que se siente capaz de morir en cada instante de su vida, por el bien del hijo de sus entrañas. Amor es el de la hija, el hermano, los esposos que se sienten capaces de todos los sacrificios por los seres amados.

Siendo ésto así ¿podemos admitir ni por un momento, que Jhasua de Nazareth, encarnación del Cristo Divino en esa hora, pudiera ser el hombre frío, indiferente, desamorado para sus familiares y aún para su madre, como hacen aparecer algunos pasajes de los cronistas de su vida?

La lógica nos autoriza y manda suponer, que el Amor en el Cristo llegó a tales intensidades y heroísmos, que ninguna otra alma en la tierra puede alcanzar, en la actual evolución de esta humanidad.

Cuanto imagine o conciba nuestra mente en la capacidad de Amor del Cristo, será mezquino y pobre comparado con la realidad.

¿Es por eso que la humanidad tarda tanto en comprenderle y conocerle?

Ella tan mezquina, tan pobre, tan egoísta, que todo lo quiere para sí, y sólo piensa en sí misma ¿puede acaso imaginar el abismo de Amor, de un alma que se olvida en absoluto de sí misma, para pensar en los demás?...

¡Son alturas éstas, que a los pequeños nos producen vértigos!

¡Son cumbres tan lejanas aún de nosotros, que la mente se ofusca y sólo acertamos a decir:

¡Oh, locuras sublimes del Amor Divino!

— ¡Hijo mío!... —exclamó la dulce madre abrazándolo tiernamente—. ¡Ya me parecía morir sin volver a verte!...

— ¡Todavía no madre!... Aún tienes mucha vida por delante —le contestó él conduciéndola al estrado del cenáculo.

—Ya ves, hermana mía que he sido fiel a tu encargo —añadía el tío Jaime—. Jhasua vuelve a tu lado, sin que nadie haya tocado ni un cabello de su cabeza!

Y la amante madre... sin poder hablar casi por la fuerte emoción que sufría, recorría con su mirada llena de amor la persona de su hijo desde la cabeza a los pies, como queriendo convencer a su propio corazón de que él no había sufrido dolor alguno lejos de ella.

Y así que hubo pasado el primer éxtasis de amor de la madre y el hijo, vinieron las confidencias de cada corazón vaciándose en el corazón amado.

¡Cuántas zozobras y ansiedades había sufrido Myriam por la suerte de su hijo ausente!

Sus familiares la llenaban de temores, haciéndole ver demasiado audaz y peligroso el camino emprendido por su hijo. ¿No podía concretarse él, a enseñar la Ley y las Sagradas Escrituras en su tierra natal, sin causar torturas a su madre con sus largas ausencias?

¿Qué Profeta era éste, que buscaba ciudades paganas, idólatras, donde se vivía entre todas las abominaciones e iniquidades imaginables?

Tiberias, Cesárea de Filipo, Damasco y Tiro!... ¡La hez y borra, el lodo más negro que rodeaba al país de Israel! ¿Qué Profeta era ese? ¿cómo podía mantener su vida recta y sus costumbres puras según la Ley, si se lanzaba sin miedo a ese mar de vicios... a ese lodazal de iniquidad?

—Tu hijo, Myriam —le decían—, acabará por ser un renegado, que comerá carnes de animales inmundos, olvidará el sábado, olvidará los mandatos de la

Ley entre gentes de mal vivir y mujerzuelas paganas, desvergonzadas y engañadoras!...

— ¡Desventurada madre eres tú pobre Myriam, con ese hijo enloquecido por el profetismo!...

Y este largo y repetido murmullo de los familiares, caía como riego de plomo candente en el tierno corazón de la madre.

Pero un día llegaron epístolas de Jerusalén, que cambiaron el prisma por donde le hacían mirar la vida misionera de su hijo.

La viuda e hijos del príncipe Ithamar, el incomparable anciano Simónides, su parienta Lía, José de Arimathea y Nicodemus, todos ellos que tanto amaban y comprendían a Jhasua, la consolaban con misivas como ésta: "¡Madre bienaventurada que verás a la humanidad tender sus brazos pidiendo a tu hijo la salvación y la vida!

"Su grandeza extraordinaria va dejando un rastro de luz, de paz y de dicha por donde va pasando. Tiberias dormida en sus placeres se ha despertado para preguntar ¿quién es?

"En Cesárea de Filipo, enloquecida por una nieta de Herodes, ha devuelto la paz a numerosos hogares diezmados por sus corrupciones, y también pregunta *¿quién es?*

"Damasco, la poderosa reina del desierto, ante la grandeza de los poderes del Profeta Nazareno, se ha erguido en su lecho de arenas doradas y lagos de turquesa, para preguntar ansiosamente *¿quién es?*

"Y Tiro, la legendaria ondina del mar, la realidad grandiosa de los sueños del rey Hirám, se ha levantado en su carroza de espuma, entre el flamear de los pabellones de sus flotas y sus bosques de mástiles y de velas, y sus montes coronados de nieve para preguntar *¿quién es?*... ¿quién es ese hombre extraordinario que arranca su presa a las enfermedades, a los presidios y calabozos, y hasta a la muerte misma?

"¡Oh madre bienaventurada y feliz!" —decían las epístolas que llegaban hasta Myriam desde Jerusalén.

Mas también añadían:

"La grandeza de tu hijo, ha comenzado a despertar recelos en la alta clase sacerdotal, y el pontífice ha enviado mensajeros a la familia del príncipe Ithamar preguntando también, *quién es*, el joven nazareno que ha curado todos los leprosos del Cerro del Mal Consejo.

"Y la prudente y discreta Noemí ha contestado "que es un joven, médico, discípulo de los Terapeutas, que ha hecho grandes estudios en las Escuelas del judío Filón de Alejandría.

"Y a José de Arimathea y a Nicodemus, doctores de la Ley, el alto clero judío, les ha preguntado *por qué* ese joven rabí, no acude al Gran Colegio y al pontífice, y príncipes de los sacerdotes, para graduarse en las ciencias sagradas y formar con ellos las preclaras filas de los conductores de Israel.

"Y ellos han contestado que el joven nazareno, quiere seguir el camino en el llano, como los Terapeutas peregrinos, consolando a las muchedumbres afligidas por la miseria, y enseñando la Ley de Dios en las aldeas y pueblos a donde menos llega la palabra divina".

Todo este pequeño mundo de sus emociones, vació Myriam en el alma de su hijo para desahogar la suya, que se había visto agitada por corrientes adversas y encontradas.

Y cuando ella le hubo referido cuanto conturbaba su corazón y dado a leer las epístolas que en su ausencia había recibido, el gran hijo que era su dicha, su gloria y su martirio, le dijo dulcemente:

—Por encima de todo esto madre mía, flota la Luz Divina y la soberana voluntad de Dios marcándonos el camino que cada uno debemos seguir.

"Bienaventurados nosotros, si inflexibles a los comentarios adversos o favorables, no nos desviamos ni una línea de aquello que su infinita Sabiduría nos ha señalado.

"Vive en paz y quietud madre mía, descansando en el amoroso regazo de nuestro Padre común, y rogándole cada día, que se cumpla en nosotros su soberana Voluntad.

"Ahora, quiero partir el pan contigo y beber ambos de la misma copa el jugo de la vid.

"¿Qué significa esto en nuestra raza madre mía?"

—Que tú y yo nos amamos como si fuéramos una sola alma y un solo corazón —contestó la madre, con el alma rebosando felicidad.

Unos momentos después, rodeaban la mesa del viejo hogar de Joseph, Myriam, Jhasua y el tío Jaime, pues era la primera comida juntos después del regreso, y esa debía realizarse en la dichosa soledad de los más grandes amores.

Veinte días pasó Jhasua en la quietud del hogar paterno, viviendo de recuerdos y de esperanzas.

En aquella hermosa y plácida soledad, continuaba preparándose para la gran batalla final con el egoísmo y la ignorancia, con los fanatismos de toda especie, y con los grandes dolores de un pueblo agobiado por los impuestos y por las injusticias de los poderes reinantes.

Se hallaban en pleno invierno, y buscó de inmediato a los representantes de la Santa Alianza en las ciudades galileas, para informarse por sí mismo, si cumplían con los pobres ancianos y huérfanos las obras de misericordia que les estaban encomendadas.

Recibió afablemente la visita de los familiares, cuyas murmuraciones tanto habían atormentado a su madre durante su ausencia.

—Ahora, ya serás para siempre *nuestro Profeta*, ¿verdad Jhasua? —decíale una abuela egoísta que sintiendo calmados todos sus dolores y achaques en presencia del Maestro, quería que él no se ocupase sino de remediarla. Era la suegra de su hermanastro Matías que había dado a la achacosa anciana una porción de nietos.

A ella hicieron coro en las quejas y peticiones, otros de la numerosa parentela de Myriam y de Joseph, y casi todos en el sentido de que Jhasua no debía alejarse de Galilea, que siendo despreciada por los judíos de Jerusalén, considerados como la crema de la aristocracia israelita, debía él engrandecerla y glorificarla con los poderes y dones que había recibido de Jehová.

—¿Qué ganamos nosotros —le preguntaban— conque tú realices grandes prodigios lejos de tu pueblo nativo?

—Aquí llegaron voces —decía otro— de que en Damasco corría el oro entre las manos de míseros esclavos, por la palabra de un joven profeta nazareno, que nosotros sabemos eras tú. Mientras nosotros, tus parientes, tenemos que luchar duramente para que nuestras tierras o nuestros talleres nos den lo necesario para hacer frente a la vida y a los impuestos de que nos carga el gobierno. ¿Te parece ésto justo Jhasua?

—Y tú, curando muchedumbres de leprosos por otras partes y nos dejas olvidados con nuestros males y dolores —añadió otro, y no parecía que fuera a terminar nunca aquel salmo quejoso y gemebundo.

Jhasua les oía sonriente y les dejaba hablar. Cuando escuchó la última queja les preguntó:

—Y vosotros ¿os habías acordado de socorrer a los que no tienen fuego en el hogar en este crudo invierno?

—La Santa Alianza se encarga de eso —dijeron varias voces a la vez.

—Y si vosotros no os ocupáis de los infelices y desamparados ¿qué derecho tenéis para pretender que el Padre Celestial se ocupe de vosotros?

"La Santa Alianza ha sido creada para remediar en parte los dolores humanos, que las clases pudientes no se ocupan de aliviar, pero vosotros todos, podéis secundar a esa institución, con lo cual el beneficio para los desamparados y enfermos sería doble.

"Vamos a ver entre esta numerosa parentela mía ¿cuántos muertos hubo desde que yo me fuí? —preguntó Jhasua mirando a todos uno a uno.

— ¡Oh!... tanto como eso no; gracias a Dios estamos todos vivos para verte de nuevo; pero hijo ¿qué quieres? *lo nuestro es nuestro* y lo queremos con nosotros, y no con los ajenos —decía otra anciana, suegra de Elhisabet, la hija mayor de Joseph.

—Pero por lo visto, estáis empeñados en convencerme de que los vínculos de la sangre, ensanchan el campo al egoísmo, de tal manera, que el ser queda cautivo como un infeliz amarrado a su parentela, sin libertad para cumplir con los designios divinos que le trajeron a la vida?

"Yo soy respetuoso y amante de la familia, porque la Eterna Ley la ha puesto en el camino del hombre, como la grada primera de la escala infinita del Amor, por donde Ella quiere que subamos a nuestro glorioso fin, que es Dios.

"Pero debéis comprender que no puede ni debe estacionarse el alma, de origen divino y de vida eterna, en esa primera grada del Amor que es la familia. Quiero decir que el amor de la familia, sobrepasa el límite justo, cuando pretende circunscribir a él solo, las actividades de un alma con capacidad para amar a toda la humanidad.

"Yo os amo a todos vosotros, y soy capaz de sacrificar mi vida por salvar la de cualquiera de vosotros que se viera en peligro.

"Mas no tornéis vuestro amor hacia mí, en egoísmo puro, pretendiendo apartarme de los demás en beneficio propio. ¿No habéis pensado en que Dios, eterno dueño de todas las almas y dador de todos los poderes superiores, los otorga o los retira, según el uso que de ellos haga el espíritu misionero, a quien se los da?

"Y ¿qué diríais vosotros, si por atarme egoístamente a la familia carnal, me viérais desposeído de los grandes dones de Dios, e incapaz por tanto, de hacer bien alguno ni para vosotros ni para los demás?

"Pensad asimismo que lo que Dios da por mi intermedio a los demás, no os lo quita a vosotros; antes al contrario, si cooperáis conmigo de buena voluntad, sois dadores conmigo de los dones de Dios sobre todas las criaturas. ¿Me habéis comprendido tíos y tías, hermanos, primos, y sobrinos de esta vida mía, comenzada en medio de vosotros y unida a vosotros por los lazos de la sangre?

Matías el mayor de los hijos de Joseph, fué el primero en acercarse conmovido a su gran hermano al cual veía en ese instante como a un apóstol de Dios venido a la tierra, con fines que aún no comprendía claro.

— ¡Perdónanos Jhasua! —le dijo— y no veas en nuestros celos o egoísmos de familia, sino el grande amor que tenemos por tí, y el cual nos lleva a temer para tí los escollos y tropiezos que les costaron la vida a otros compatriotas nuestros, antes que tú llegaras a la vida.

"Nuestro padre el *justo Jospeh* como le llamaron todos, no está ya en la tierra para velar por tí. Yo soy tu hermano mayor, un anciano casi, que ha visto caer como árboles bajo el hacha de los leñadores, a tantas y tantos, cuyo anhelo de liberación de nuestro pueblo les llevó por el camino que has empezado tú.

"Pensamos, quizá equivocadamente, que el amor de los tuyos te será como un escudo, cuando las flechas enemigas disparen contra tu pecho.

"Y he ahí por qué estamos inquietos cuando te alejas, y quisiéramos tenerte siempre al alcance de nuestra vista.

Las mujeres ancianas comenzaron a llorar silenciosamente. Myriam se acercó a su hijo como queriendo suavizarle la pena que veía claro, le causaban los egoísmos familiares.

La emoción anudaba un sollozo en el pecho de Jhasua que guardaba silencio, y sólo hablaban sus ojos de dulzura infinita, derramándose en una honda mirada sobre el numeroso grupo de sus familiares, reunidos en torno suyo bajo el viejo techo paterno.

Y en silencio, pensaba: ¡Cómo atan los lazos de la sangre, aún a los seres de ya largos caminos, y que nos creemos emancipados de todos los afectos humanos!... ¡Dios mío!... ¡Padre y Señor de todas las almas!... Que tu luz y tu fuerza no me abandone en la lucha promovida por los que llevan mi sangre y aún no saben amar sin egoísmos y sin celos!...

— ¡Hijo mío!... —murmuró como un susurro a su oído la dulce madre—. Promételes que pasarás este invierno entre nosotros y todos quedaremos conformes.

Así calmó Myriam a aquella primera borrasca familiar en torno a su hijo, que conociéndose dado por el Altísimo Señor de los Mundos a toda esta humanidad, se veía compelido por sus familiares, a circunscribirse únicamente a ellos.

Accediendo pues Jhasua a la insinuación de su madre, les prometió que el año treinta de su vida lo pasaría en su país natal.

La vieja casa de Nazareth se vistió de fiesta y de gloria aquel día, en que toda la parentela de allí y de las ciudades vecinas, se habían dado cita para encerrar en la jaula de oro de los afectos familiares, a aquel divino ruiseñor mandado por Dios como en un vuelo heroico a la tierra, para cantar a todos los hombres el himno grandioso y sublime del Amor Universal.

Así celebró aquel invierno la familia carnal de Jhasua, su entrada en los treinta años de su vida.

En una noche helada como ésta, en que la nieve blanqueaba las montañas y las praderas, los huertos y los caminos, Myriam recordaba el glorioso día aquel, pasado en el hogar de sus parientes Elcana y Sara, allá en Betlehem. ¡Lo recordaba como si fuera ayer!... ¡Habían pasado treinta años!

Los familiare se habían retirado después de la comida al medio día, todos felices y esperanzados en el joven Profeta que daría brillo a la familia, sacándola por fin de la modesta obscuridad de la clase media. Y como en un susurro se decían al oído unos a otros:

"Si en vez de ser tan solo un gran Profeta, fuera el Mesías Libertador de Israel como algunos suponen, nuestra Galilea subirá mucho más alto que la Judea. Y el Templo de Jerusalén al cual los galileos entramos hoy como de limosna, será entonces como nuestro hogar propio, y será allí nuestro Jhasua, el Sumo Sacerdote, el Pontífice Magno.

—Será un Sumo-Sacerdote-Rey, porque algunos Profetas lo anuncian así en sus inspirados cantos —añadió otro de los más entusiastas soñadores con la grandeza material del hijo de Myriam.

Mientras la numerosa parentela tejía una inmensa red de sueños, de ilusiones y de esperanzas volviendo a sus hogares, la madre y el hijo quedaron solos en el viejo hogar.

Zebeo había quedado en Tolemaida por asuntos de familia y de intereses.

El tío Jaime, después del festín familiar, había partido a Caná donde tenía algunas posesiones encargadas a parientes.

Un hermano de Débora, la primera esposa de Joseph, había sido siempre como un celador de los jornaleros, que en el taller o en el huerto, cuidó siempre del fiel cumplimiento de cada cual.

No existiendo ya el taller desde la muerte de Joseph, continuó vigilando los trabajos de labranza en Nazareth y en Caná, donde también Myriam tenía posesiones.

Con Martha su mujer, ambos ancianos ya la habían acompañado durante la ausencia del hijo y del hermano, por lo cual eran para el joven Maestro, algo así como dos venerados abuelos, que lo habían visto de chiquitín y ahora lo veían ya hombre, y rodeado de una aureola de grandeza que ellos mismos no sabían comprender con claridad.

Sabiendo Jhasua que les hacía felices y dichosos, les llamaba *abuelos*, y en las largas veladas de aquel invierno les consagró muchas horas cuando sentado junto a su madre, al suave resplandor del hogar, les refería parte de lo que había visto suceder en sus viajes, y los descubrimientos que se habían hecho en las tumbas milenarias de Egipto o en los viejos archivos de sinagogas olvidadas, donde se guardaban las glorias verdaderas del pasado de Israel.

Todo un poema de amor y de felicidad vivió Myriam, en aquellos treinta días en que escuchó embelesada los relatos de su hijo, que se le consagró por completo.

Le hizo comprender la dicha infinita del alma que vive suspendida de la Voluntad Divina, preparándole acaso para el renunciamiento supremo, que él sabía ya próximo a llegar.

—Nunca debemos temer a la muerte, madre, ni esperarla con espanto y con horror —le decía, con una tan íntima y profunda convicción que la transmitía a quienes le escuchaban—.

"¿Qué es la vida?... ¿Qué es la muerte? —continuaba con entusiasmo creciente—.

"La vida en un planeta inferior como la Tierra, para el alma avanzada en su progreso, es un destierro de su patria verdadera, de la cual conserva recuerdos que le producen una nostalgia profunda; es una esclavitud en duras cadenas que le impiden realizar sus anhelos en la medida de sus capacidades; es un obscuro presidio a través de cuyas rejas sólo le llegan tenues resplandores de la divina claridad, en que se ha extasiado tantas veces.

"Y la muerte es la vuelta a la patria verdadera, tan hondamente amada, y deseada con tanto fervor; es el romperse de las cadenas que atan al alma a una grosera vestidura de carne que le asemeja a las bestias!... Es el abrirse los cerrojos del presidio y sentir de nuevo la gloria de la libertad que le hace dueña de la inmensidad infinita, donde reina la armonía, la belleza, la paz, el bien y el amor!

"Dime madre ¿es justo que amemos tan desmedidamente la vida? ¿Es justo que abriguemos tanto horror a la muerte?

"En dos formas debemos considerar la vida física en planetas inferiores: como una expiación por graves transgresiones a la Ley Suprema del amor a nuestros semejantes; o como un mensaje divino de amor hacia la humanidad en medio de la cual entramos a la vida carnal.

"En ambos casos, no podemos encontrar lógica alguna a nuestro apego a la vida, ni a nuestro terror a la muerte. Si estamos encarnados por expiación, cuanto más pronto la terminemos, será mejor para nosotros. Y si estamos aquí como mensajeros del Padre Celestial, una vez transmitido fielmente el mensaje ¿no hemos de desear volver a Aquel Padre que nos envió?

—A través de tu pensamiento y de tu palabra hijo mío, hasta la muerte se torna hermosa y deseable —le contestaba su madre encantada de escucharlo.

—Es hermosa y deseable, madre, si procuramos apartarnos de ese prisma ilusorio y engañoso, por el cual los espíritus de la tierra acostumbran a mirar las leyes de Dios y sus soberanos designios.

Todo lo supeditan a la materia, y viven como si no existiera nada más que lo poco que perciben los sentidos físicos.

"Para eliminar pues este gran error y espanto de la muerte, es necesario llevar las almas al convencimiento pleno de su eterna existencia en el seno de Dios, donde continúan viviendo descargadas ya del peso de la materia.

"Supongamos madre mía, que al igual que mi padre y Jhosuelín, dejo yo este cuerpo material que me acompaña, ¿soy por eso diferente de lo que era? ¿Me apartaré de ti olvidando este inmenso amor que nos une y confunde como dos gotas de agua en la palma de mi mano?

"La materia nos separa hasta cierto punto, por las mismas ineludibles exigencias que ella tiene; porque es como un espeso velo que encubre las potencias y facultades del alma. A través de un cuerpo físico, no vemos su pensamiento ni sus deseos, ni su voluntad, ni ese divino archivo de la memoria, guardador de tiernos recuerdos y de penosos remordimientos.

"Sólo vemos ese hábil compuesto de huesos, músculos, sangre y nervios, y de tal manera nos enamoramos de ello, que llegamos a olvidar completamente, que es tan solo la envoltura grosera de un ángel de luz caído entre el lodo terrestre, o de un maligno demonio del cual huiríamos si lo viéramos tal como es.

"Cuando deja la materia un espíritu adelantado que dió y conquistó mucho amor en la vida física, se mantiene tan unido a quienes amó y le amaron, como la luz de una lámpara con aquellos a los cuales alumbra; como el agua cristalina que absorben los labios sedientos, como el perfume del incienso cuando le quemamos en un pebetero.

"La luz de la lámpara, el agua que bebemos y el perfume que aspiramos, entran en nosotros de tan perfecta manera, que podemos decir con toda verdad: Esta luz que me alumbra es mía; este perfume que aspiro es mío; esta agua que bebo es mía, porque están dentro y fuera de mí mismo.

"Así viven en nosotros y se adueñan de nosotros aquellos seres amados que dejaron la esclavitud de la materia, por la libertad del espíritu.

"Y el hombre piensa y habla equivocadamente cuando dice: estos seres queridos que me arrebató la muerte, me eran aún necesarios, pues representaban mi fuerza, mi apoyo, mi sostén en la vida.

"Se fueron al espacio infinito mi padre y Jhosuelín que eran las columnas sostenedoras del hogar.

"¿Qué te ha faltado madre mía? Tú misma me refieres que aquellos deudores morosos que nunca estaban al día con mi padre, se han ido presentando ante ti unos detrás de otros, y todos ellos te han dicho:

—"Me pareció que en sueños me dijo Joseph tu esposo: Nunca te apremié por tu deuda; acuérdate que Myriam mi esposa puede necesitar eso mismo que yo nunca te exigí!".

"¿Qué significa esto, madre mía, sino que el justo Joseph continúa a tu lado velando por tí, y ejerciendo poderosa influencia en todos aquellos a donde alcanza su capacidad?

"Me has referido asimismo, que una noche diste tu permiso para hospedar en el granero a un desconocido viajero; que no bien entrado él, te llegó la noticia de que era un bandido que había robado y dado muerte a una familia de pastores.

"No me atrevo a arrojarlo en esta noche de tempestad —dijiste—. ¡Que sea lo que el Señor Quiera! Y desde tu alcoba viste que el viajero salía en silencio y se alejaba rápidamente por el camino que va al pozo, y era tal la prisa que llevaba, que parecía ir huyendo de alquien que le persiguiera. Y en tu granero no faltó ni un saquillo de lentejas.

—¡Oh hijo mío!... —contestó la madre llena de confianza y de tranquilidad—. Ya te dije, que en el acto pensé aquella noche, que mi justo Joseph había sido el ángel guardián mío en esa oportunidad.

—Luego los muertos viven, piensan y obran acaso de modo más decisivo y eficiente, pues que no pueden temer nada de nadie, ni venganzas, ni represalias, ni asechanzas de ninguna especie.

"¡Entonces madre!... atrás el espanto y terror de la muerte, que a decir verdad no existe, como aniquilamiento del ser inteligente y capaz de obras grandes y buenas...

"La muerte, madre mía, es como una hada blanca y buena que nos viste sus ropajes de luz, y nos suelta a volar por los campos infinitos!...

"¡No la temamos madre!... y cuando llegue enviada por nuestro Padre común, digámosle: bienvenida seas a cumplir en mí, la voluntad del Señor".

La dulce madre inundada de una divina placidez, recostó su cabeza tocada de blanco, sobre el hombro de su hijo que acariciaba aquellas manecitas pequeñas y suaves y las apretaba a su pecho, a sus labios, cual si fueran blancos lirios que se deshojaban entre sus manos.

¡YA ES LA HORA!

Una mañana de madrugada llegó a la casa de Nazareth, un criado de Zebedeo con el aviso de que Salomé, su esposa, se encontraba enferma y llamaba a Jhasua.

El se encaminó en seguida hacia la margen sudoeste del Lago; cuyas grandes dimensiones permitieron siempre a los nativos llamarle *Mar de Galilea*, en dura porfía con los herodianos que se empeñaban en llamarle *Tiberíades*, porque en sus orillas se erguía como una ánfora de marmol y de oro, la fastuosa ciudad de Tiberias, cuyo nombre era una permanente adulación a Tiberio César.

Allí tenía el Maestro muchas familias conocidas, entre ellas, la del anciano Simón Barjonne, antiguo portero del Santuario del Tabor, que no vivía ya sino en el amor y el recuerdo de sus hijos Simón y Andrés, que seguían con el comercio de pescado como lo hicieron sus antepasados.

Ellos y la familia de Zebedeo, eran los más fuertes comerciantes del pescado en esa parte del Lago. Una especie de sociedad unía a ambas familias, que tenía unas treinta barcas pescadoras con tripulantes a jornal diario, y que mediante un impuesto cobrado por agentes del Rey, tenían el predominio para la pesca en aquel delicioso remanso formado por las aguas del gran río Jordán.

El Maestro encontró a la puerta de la casa de Zebedeo, un hermoso doncel rubio de ojos azules profundos, con el cual se abrazaron tiernamente. Era Juan, al cual hacía varios años que no veía, debido en parte a los continuos viajes del Maestro, y también al hecho de que Juan había pasado buenas temporadas en el Santuario Esenio del Monte Carmelo, donde el Servidor era hermano de Salomé, y quería instruir a su joven sobrino a fin de que fuera un buen terapeuta peregrino. Pero la salud delicada de Juan, no le permitió seguir la penosa tarea, y volvió al hogar paterno a los dieciocho años.

Tal edad tenía, cuando Jhasua llegó a su casa aquella mañana llamado por su madre, atacada de una fiebre maligna que la tenía postrada en cama desde una semana atrás.

—¡Oh mi Profeta querido, mi niño santo! —decíale la buena mujer—. Sólo supe ayer que estabas en el hogar de tu madre, que de haberlo sabido antes, no estaría aún amarrada a este lecho.

—Que dejarás inmediatamente, mi buena Salomé, para darme aquellos pastelillos de miel que nadie los hacía como tú —le contestó el Maestro, tomándola de ambas manos y obligándola suavemente a levantarse.

Luego le ordenó los cabellos ya grises, sobre la frente, y alargándole él mismo el manto que estaba sobre el lecho continuó:

—Mira que el viajecito desde Nazareth aquí me ha traído un apetito, que si no te apuras, buena Salomé, se convertirá en hambre voraz...

Juan reía de buena gana, viendo los grande apuros de su madre para ponerse la toca y el delantal, prendas indispensables en el atavío hogareño de las mujeres galileas.

—¡Oh qué bien estoy, Jhasua!... ¡Mi gran Profeta!... ¡Como si nunca hubiese tenido fiebre!...

"¡Ahora mismo estarán los pastelillos calentitos y dorados como pompones de oro!"

Zebedeo, con Santiago, el hijo mayor, estaban en la tienda o carpa, que tenían tendida junto al Lago, donde clasificaban el pescado para enviarlo a los pueblos inmediatos, y sobre todo a Tiberias, cuyo gran mercado era el que mejor pagaba.

Juan guió a Jhasua hacia donde estaba su padre, para dar tiempo a Salomé a preparar el almuerzo.

Allí se encontraron con Simón y Andrés; luego con Zebedeo y Santiago.

La alegría de Simón (Pedro) no tuvo límites, al ver al alcance de sus brazos a aquel gallardo y hermoso joven, que los años pasados sin verle, le hacían encontrarle demasiado hombre.

—¿Cómo es que nos tenías tan olvidados, Jhasua, mientras nosotros pensábamos siempre en tí? —le decía Simón con espontánea franqueza.

—Cada cosa a su tiempo, Simón —le contestó Jhasua—. Lo que hoy vengo a decirte, no te lo podía decir antes. Regresado de Tiro supe la muerte de tu padre, y en Tolemaida me dieron la noticia de que también durmió con sus mayores tu buena compañera.

"¡Cuán dichosos son los que recobran sus alas, Simón, y vuelan a las alturas!

—¡Es verdad!... Pero la soledad es triste... Maestro.

"Supe un día que en el Santuario de Moab, te habían consagrado Maestro de Divina Sabiduría... y ¡con cuánta satisfacción me sale del pecho la palabra *Maestro*!

—Te advierto que muy poco tiempo sufrirás esta soledad —le contestó Jhasua, fijando en los azules ojos de Pedro una mirada profunda.

—¿Por qué lo dices Maestro?

—Porque hoy te digo: ¡Ya es la hora!...

—¿La hora de qué?...

—¡De seguirme donde quiera que yo vaya!...

—¿De veras lo dices Jhasua? ¿de veras?...

—Cuando vivía tu padre y tu esposa, no podía yo arrancarte de su lado porque eras su apoyo y su sostén. Pero ahora Simón, que los que amabas descansan en la libertad y en la luz ¿quién te impedirá seguirme?

—¡Oh, nadie Señor!... nadie! Me mando yo sólo y yo mismo me entrego a tu servicio.

—¿Por qué me has llamado *Señor*? ¿No recuerdas ya al niño que tuviste un día sobre tus rodillas... cuando te dije que no debías decir nunca una mentira?

—¡Oh, qué santa memoria la tuya!... Te llamo Señor, porque te veo demasiado grande a mi lado. Todo cuanto de maravilloso has hecho, lo sabemos aquí Jhasua, y lo guardamos en el corazón por mandato de los Ancianos.

—¿Y tus hijas?... ¿Y tu hermano Andrés? —preguntóle el Maestro.

—Andrés vendrá en seguida con Zebedeo y Santiago, que están entre aquel tumulto junto a la tienda.

"Mis dos hijas viven con mi suegra que a la muerte de mi mujer, las quiso a su lado.

—Bien Simón, te pregunto estas cosas porque para seguirme, no quiero que dejes un rastro de dolor detrás de ti. Entrega a tus hijas la parte de tus bienes que les corresponde y vente conmigo a cumplir la voluntad de Dios.

El abrazo que Simon dió a Jhasua, debió conmover a los ángeles del Señor por su espontaneidad sincera y profunda.

—¡Que Dios te pague Maestro la dicha que me das! Ahora mismo lo dejo todo y te sigo.

—Calma amigo mío, no te apresures demasiado y hablemos primeramente.

Juan que se había entretenido con los pescadores, se acercó en ese instante.

—También a ti Juan tengo que decirte lo que acabo de decir a Simón: *¡Ya es la hora!*

—¿Hora de qué? —preguntó el joven.

—De que me sigas a donde quiera que yo vaya.

Juan fijó en la faz del Maestro, sus grandes ojos azules como absortos en una visión de luz y de gloria, con la cual no había soñado jamás.

—¿Yo he de seguirte?... a ti Jhasua, que eres el asombro de las grandes ciudades, y que hasta los príncipes se honran con tu amistad?

—Eso mismo he pensado yo —dijo Simón— y no me atrevía a decirlo.

"Y he aquí que este zagalito fue más valiente que yo. Muy bien Juan, has dicho lo que yo quería decir.

—Veintinueve años me he rozado con Maestros de alta sabiduría, con príncipes y magnates; les di a ellos el mensaje divino que para ellos tenía.

"Hoy es la hora de bajar al llano, donde los pies se enlodan y lastiman, entre los zarzales y los guijarros de los caminos.

"Y para andar por el llano, debo rodearme de aquellos que nada echarán de menos para seguirme. ¿Me habéis comprendido amigos míos?

Juan por toda contestación se abrazó de Jhasua y se hechó a llorar como un niño.

—Nunca pensé Jhasua, que tú pudieras amarme tanto, como para desear tenerme a tu lado —dijo por fin el joven galileo, cuando la emoción le permitió hablar.

El Maestro conmovido también, le secó las lágrimas mientras le decía:

—Cada cosa a su tiempo. Ahora soy yo quien necesita de vosotros, ya lo véis —les dijo Jhasua.

Pedro y Juan fueron los heraldos del apostolado del Cristo, y a ellos se unieron dos días después Santiago, hermano de Juan, y Andrés hermano de Pedro.

Acababa el Maestro de poner los cimientos a su edificio espiritual, y con Pedro y Juan entró en la casa de Zebedeo, donde Salomé les esperaba con el blanco mantel tendido sobre la mesa, en que humeaban las fuentes de pescado frito y los pastelitos de hojaldre bañados con miel.

No se habló en la mesa de otra cosa que de los prodigios que el Maestro hiciera en todas partes donde había llegado, y él se esforzaba en hacerles comprender, que el poder divino se desborda sobre las criaturas en todo tiempo y en todo lugar, cuando circunstancias especiales se unen para dar entrada a los dones de Dios.

Les recordó la misma exteriorización de fuerza extra terrestre de que hizo uso Moisés, Elías y Eliseo, causando el asombro de todos en aquellos tiempos.

—Toda alma —les dijo— que abraza con fervor el apostolado del amor fraterno, y que se siente capaz de grandes sacrificios por la redención de sus semejantes, está en condiciones de servir como instrumento transmisor de los dones de Dios para sus criaturas.

—Perdona Maestro —dijo Simón (Pedro)— pero si tú haces tantos prodigios es porque eres el Mesías anunciado por los Profetas...

El Maestro añadió: —¡Ya es la hora!... Levantaos amigos míos que tenéis toda la humanidad terrestre, y veinte siglos por delante para difundir hacia los cuatro puntos cardinales, mi enseñanza de amor fraterno fundada en las últimas palabras de la Ley:

"AMA A TU PROJIMO COMO TE AMAS A TI MISMO".

Después del frugal almuerzo, subió con Pedro y Juan a una barca de las que se balanceaban muellemente en las aguas del lago. —Bogad —les dijo— que quiero sin más testigos que el agua y el cielo, entrar en vuestros corazones para tener la certeza de que sois los que debeis salir a mi encuentro en esta hora solemne de mi vida misionera.

—¿Qué estás diciendo Señor que no te comprendo? —preguntó Pedro con cierta inquietud.

Juan tampoco comprendía estas palabras del Maestro, pero su naturaleza tierna y sensitiva en extremo, le hizo recostar su bella cabeza rubia en el hombro de Jhasua mientras le decía muy quedo... casi al oído.

—¡Sólo sé que te amo inmensamente Jhasua!... ¡y no deseo nada más que amarte!

—Día vendrá en que comprenderéis esas palabras mías —díjoles el Maestro, y les refirió, como si les contara una historieta, perdida en los siglos, un bello poema de ternura de un Maestro de otras épocas, que se llamaba Antulio, y cuya madre Walkiria, le repetía constantemente: "No es necesario hijo mío que te esfuerces tanto en vaciar sobre mí tu divina sabiduría. Que tenga yo tu amor y que aprenda nada más que amarte! ...

Y el Maestro fijó en el rostro de Juan su mirada de iluminado.

—Como esa mujer de tu historia, siento yo dentro de mí —dijo Juan pensativo—. ¡Nada más que amarte!... —repetía nuevamente.

—Aún no terminé la historia —dijo el Maestro—.

"Cuando Antulio fué condenado a morir por causa de su doctrina, tenía un jovencito discípulo al cual había curado de una herida mortal en la cabeza; y éste lo seguía como un perrillo sin que él se apercibiera, y cuando ante el tribunal le dieron la copa de veneno, el jovenzuelo saltó entre la multitud como un ciervo herido, y dió un golpe de puño a la copa fatal que cayó rota en mil pedazos, al mismo tiempo que gritaba con furiosa desesperación:

"¡No beberá!... ¡no beberá!..."

"Una crisis de nervios le tiró al suelo, y no pudo ver la segunda copa envenenada que dieron al Maestro Antulio.

—¡Oh! —gritó Pedro sin poderse contener...— yo hubiera hecho lo mismo que el muchacho ese con la primera, segunda y tercera copa envenenada que hubieran dado a mi Maestro.

—Bogad hacia la orilla —dijo Jhasua— que he terminado la historia y he encontrado a los personajes...

—¿Qué queréis decir Maestro? —volvió a preguntar Pedro.

—Ya te lo diré más adelante amigo mío. Cada cosa a su tiempo.

"Ahora regreso a Nazareth y volveré al Lago de aquí a tres días.

Tal como lo dijo, lo cumplió y en el mismo sitio que el día anterior le esperaban Pedro, Juan, Santiago y Andrés.

—Maestro —díjole Santiago—. ¿No puedo yo seguirte como mi hermano Juan?

—Si tú lo quieres ¿por qué no?... —le contestó el Maestro—. Supe que ibas a casarte. Si lo hiciste, tu deber como jefe del hogar te impide entregarte a la vida errante del misionero.

—Iba a casarme con Fatmé la hija de Hanani, pero cuando se agravó su enfermedad del pecho, nos separamos de común acuerdo. Luego supimos aquí, que tú, Maestro, la curaste y yo insistí entonces, pero ella no aceptó continuar nuestras relaciones, diciendo que prefería cuidar en la vejez a sus padres.

—Andrés quiere también seguirte Maestro —dijo Pedro, mientras el aludido se doblaba sobre la arena de la playa para recoger unos cordeles de atar las redes. Era extremadamente tímido, y tenía varios años menos que Simón, su hermano.

—¿Y por qué no me lo pide él mismo? Así demostraría su decidida voluntad —añadió Jhasua.

—Maestro, mi hermano hace la mitad del trabajo, esperando que yo haga la otra mitad, Mi padre decía que de niños, ese hijo esperaba siempre que otro tomara el pan y le diera la mitad. No siendo así, no lo comía.

—En este caso el pan de Dios eres tú Señor!... Lo he tomado yo, y Andrés quiere la mitad, que yo jamás le negué...

El Maestro sonrió ante el casi infantil razonamiento de Pedro, y mirando a Andrés con inefable dulzura le dijo:

—Ven aquí Andrés a tomar la mitad del pan que tu hermano te cede. También para tí es la hora amigo mío, y espero que a mi lado adquirirás la decisión y energía que necesita toda alma que abraza el apostolado de la verdad.

Andrés se acercó lleno de confusión por ver al descubierto su defecto de excesiva timidez, que casi lo incapacitaba para desenvolverse en la vida sin el apoyo de su hermano.

— ¡Yo necesito hombres fuertes!... —díjole el Maestro sencillamente. Andrés mostró entonces sus brazos con los puños cerrados haciendo notar su buena musculatura.

—Yo solo, arrastro de la amarra una barca cargada —contestó de inmediato.

—Bien, bien amigo; igual fuerza que en tus puños, quiero que tengas en tu voluntad para que llegado el apostolado arduo y penoso de decir a los hombres la verdad, seas capaz de buscarte solo el pan de Dios y darlo a los demás en la medida que lo necesiten. ¿Me has comprendido Andrés?

—Si Maestro —contestó el futuro apóstol de Cristo, sintiendo que una energía nueva invadía su ser.

En este diálogo estaban, cuando se acercó Zebeo recién llegado de Tolemaida. Con él venía Tomás de Tolemaida, Felipe de Cafarnaum y Matheo de Acre, llamado también *el Levita*, porque su familia pertenecía a la tribu de Levi. Avisado por Zebeo de que el Maestro estaba en Nazareth donde permanecería el año treinta de su vida, y teniendo todos ellos parentela junto al Lago, pensaron en visitarle, pues ya recordará el lector que en otra oportunidad se habían encontrado en intimidad con él, recibiendo ciertos anuncios vagos de que tendrían que seguirle a su debido tiempo.

—He aquí que la voz del Señor va tocando la hora, como una campana de bronce, cuyos ecos llegan al corazón de aquellos que deben venir —dijo serenamente el Maestro, viendo a los cuatro que se acercaban.

Habían llegado a la casa de Myriam en Nazareth, y el tío Jaime les informó de que Jhasua estaba con las familias de Simón y Zebedeo junto al Lago.

El encuentro fue agradable para todos, pues todos ellos se conocían de los santuarios esenios del Carmelo y del Tabor, a donde concurrían por lo menos una vez cada año, y además existían entre todos, lazos de parentesco lejano o de amistad antigua.

—¿Cómo es que habéis venido los cuatro juntos? —preguntóles Pedro cuya sencillez y franqueza, lo llevaba a preguntar sin reparo alguno.

Los cuatro se miraron, y miraron a Jhasua, que escribía con un mimbre en la arena los nombres de los recién llegados.

—En sueños, el Maestro nos llamó —dijo Felipe, que era el más resuelto de todos.

—¿Verdad Maestro que nos has llamado? —preguntóle Tomás.

—Acabo de decir —contestó Jhasua— que la voz del Señor como una campana de bronce, va llevando sus ecos hacia los corazones que deben acercarse al mío.

—Yo estaba en Tolemaida —dijo Zebeo— muy entretenido con un enjambre de sobrinitos, hijos de mi única hermana, cuando me quedé dormido una noche en el estrado del hogar, viendo consumirse el fuego que poco a poco apagaba su llama. Paréceme como si en sueño te hubiese visto y oído tu voz que me decía: "Me seguiste en las glorias de Damasco y de Tiro, y me abandonas en las tristezas y humillaciones de la tierra natal".

"Realidad o sueño, al día siguiente me levanté decidido a venir a buscarte Maestro y aquí estoy.

Jhasua sonreía en silencio mirando a Zebeo con indecible ternura.

—Yo —dijo Tomás— estaba desazonado por la muerte de mi padre ocurrida el pasado estío, y más aún, por la partida de mi hermano al otro lado del Mar Grande, llevado por la ambición de acrecentar su fortuna. Coloqué muchas de las existencias de nuestro viejo negocio de sedas, tapices y encajes, entre la antigua clientela, y sentado en la barca del viejo Manoas, no sabía que rumbo tomar. El me refirió el prodigio de la curación de sus sobrinos reducidos al último extremo de dolor y de miseria. Bajo esta impresión me quedé dormido entre las cuerdas y velas de su barcaza, y soñé que veía a Jhasua de Nazareth, ya hombre, tal como ahora le veo. Me desperté con la idea fija de que él me había dicho así:

"Cuando yo era muy niño, y tú un jovenzuelo, me amabas y me acompañaste hasta el Monte Hermón. No es de fieles amigos seguirles en la hora prima, y abandonarle en las que vendrán".

"Al siguiente día pasaba por allí la caravana, cargué en dos asnos las mercancías que aún quedaban, y vine a buscarte Maestro, aunque después de tus prodigios en Tiro, te veo demasiado grande para tenerme a tu lado.

—Ahora necesito de los pequeños, Tomás, para que resplandezca más la obra de Dios que he venido a realizar —le contestó el Maestro.

"Has venido y estás aquí, porque *ya es la hora amigo mío*.

—Y yo —dijo Matheo— me veía también como pájaro sin nido desde que a mi hermana Myrina, cuyos hijos eran mi alegría, su marido la trajo a Naim.

Mi vida en la plaza del mercado de Séphoris cobrando los tributos del estado, era sobradamente triste y hasta odiosa, pues a veces me veía en situaciones harto difíciles y penosas.

"Conseguí por fin desprenderme de ese cargo, y una noche que me quedé dormido en mi tienda del mercado, soñé que pasaba por la plaza un profeta de manto blanco que me decía: *"Ya es la hora Matheo*; entrega al Estado lo que es del Estado, y ven a conquistar el Reino de Dios".

"Al siguiente día supe que ya se había nombrado mi sustituto, porque yo les rendía escaso fruto a los agentes del fisco, a causa de mi piedad con los pobres.

"La presencia de Zebeo y Tomás en Séphoris que me hablaron tanto de tí Maestro, hizo claridad en mi sueño con el Profeta de manto blanco. Recordé nuestra amistad de niños en el refugio de las Abuelas, en las faldas del Carmelo y pensé de inmediato: ¿Dónde estaré mejor que a su lado?"

"¡Maestro!... aquí estoy para no abandonarte más.

Jhasua profundamente enternecido abrazó a Matheo y después le dijo:

—Desde este momento quiero que tengas doble vista, y que todo cuanto veas lo atesores en el archivo de tu memoria, para futura enseñanza de la humanidad.

—A mí me ha ocurrido algo semejante —añadió Felipe—. La muerte de mi mujer me sumió en honda tristeza. Solo con mis dos hijas jovencitas, fuíme a vivir con mi hermana Elisabet en Cafarnaun, de donde me alejaron circunstancias diversas de la vida. La encontré ya viuda y sola, por el casamiento de sus hijos, que por sus negocios viven en Cesárea de Filipo. Mis dos niñas son ahora más suyas que mías por el amor que les ha tomado.

"Un día nos llegó noticia de las maravillas que un Profeta Nazareno había realizado entre los montañeses de Iturea. El recuerdo de Jhasua me vino de inmediato a la mente, y rememoré conmovido aquel encuentro que tuvimos años atrás en el santuario esenio, en momentos en que me sentía muy desventurado. Mi sueño de esa noche acabó de decidirme: "Ven conmigo Felipe —me decías Maestro—, porque ya es la hora de que cambies las cosas terrenas por las celestiales".

—Bien has hablado —díjole el Maestro—. Los desengaños y los dolores son los más usuales caminos que busca el Señor, para desprender las almas de las míseras dichas de la tierra, y encender ante ellas las claridades de un nuevo amanecer.

"Todos vosotros veníais vinculados conmigo para esta hora solemne, de mi nuevo acercamiento a la humanidad.

"Nuestra reunión de este instante, no debéis creerla casual y como ocurrida al acaso, sino como una vieja alianza a la cual habéis respondido con fidelidad. ¡Felices aquellos que oyen la voz divina del Amor Eterno, cuando les habla con su voz sin ruido y en un momento determinado y decisivo les dice: *"¡Ya es la hora!"*

Simón (Pedro), que no obstante de ser el mayor de los ocho hombres allí reunidos, era el más alegre, franco y bullicioso, sintiéndose inundado de felicidad, propuso una pesca hecha particularmente por ellos y no con fines de comercio, sino para ofrecer un festín al Maestro y repartir el resto a los pobres. Aparejó su barca más nueva, con una blanca vela sin usar, y con colchonetas flamantes de heno, recién secado al sol por sus propias manos.

Era una serena tarde de invierno con un sol opalino, que vertía su tibia claridad sobre el lago azul y las arenas doradas.

La alegría serena y dulce del Maestro, ponía notas de íntima dicha en todos aquellos corazones, que descansaban de las preocupaciones terrestres, no pensando ya, sino en que el alma genial del Mesías les había dicho: *¡Ya es la hora!*

Y descansaban en él de tan amplia manera, que en ese instante eran como niños que jugaban unidos, alrededor de su padre.

A dos millas de la costa, el Maestro les indicó echar la red, porque tuvo sin duda en cuenta la serenidad de las aguas más profundas en aquel sitio.

La pesca fue tan abundante, que tuvieron que llamar pidiendo auxilio a otras barcas de las que Simón y Zebedeo tenían siempre entregadas también a su trabajo.

De tal manera se había llenado la red, que fue necesario repartir la carga en tres barcas.

Cuando llegaron a la orilla, el Maestro les recordó que aquello no era para negocio, sino para que hubiera abundancia en la mesa de los necesitados.

Y la tienda de Simón y Zebedeo se vió invadida de los que siempre recogían los pececillos que los compradores desechaban por inferiores o pequeños.

Y los avaros agentes de los mercados de Tiberias, decían a Simón y a los hijos de Zebedeo:

—¿Qué mal genio turbó vuestro sueño anoche, que hoy regaláis el mejor pescado a los pordioseros?

—Porque hoy celebramos nuestro día de triunfo y de gloria —contestaba Pedro sin hacerles mayor caso.

—¿Israel es libre?... ¿Ha muerto el César?... ¿Ha muerto Herodes Antipas?...

Estas preguntas se sucedían en la tienda, donde otros días se vendía el pescado y donde ahora se llenaban las cestas de los pobres que sólo podían recoger lo que otros desechaban.

—Que Jehová aumente las aguas de nuestro mar galileo, y que el César y el Rey vivan muchos años —contestaban los hijos de Zebedeo, siempre atentos a no dejar escapar una frase que oída por algún romano o herodiano pudiera traerles complicaciones en su vida.

Una hermosa hoguera bajo la luz crepuscular del ocaso, fue encendida junto a la tienda para aquellos que no teniendo fuego en su casa, no podrían condimentar el pescado que habían recibido de regalo.

Fue la primera obra hecha por los ocho discípulos reunidos aquel día en torno del Maestro.

—Esto no lo vimos nunca —decían las pobres mujeres cargadas de niños, los ancianos desamparados—. Nos llenan las cestas de cuanto pescado cabe en ellas y luego nos dan el fuego para que los asemos. ¡Dios ha bajado a la tierra!

El Maestro, sentado en un banquillo junto a la tienda contemplaba aquel cuadro que fue tomando las tonalidades de una alegría desbordante. La multitud de niños pobremente vestidos, algunos descalzos; los viejecitos malamente envueltos en retazos de tejidos de lana, ya sin color definido, pero que algo les resguardaba del frío; las mujeres contentas de ver sus pequeños vástagos alimentándose abundantemente, todo contribuía a entristecer al Maestro que tan de cerca veía la miseria de su país natal.

—Mirad —dijo de pronto Jhasua—. Nuestro festín será completo, si damos calzas y abrigo a estos niños descalzos y a esos ancianos sin ropas. De aquí a

Nazareth hay tres horas, no podemos ponernos en contacto con los dirigentes de la Santa Alianza antes de la noche para socorrer a estas gentes.

"¿Cuál de vosotros tiene dinero en su bolsa para comprar en Tiberias?

—Yo, yo, yo... —dijeron ocho voces a la vez.

—Id pues dos de vosotros a la ciudad, traed mantos de abrigo para los ancianos y calzas de lana para los niños. La Santa Alianza, os lo repondrá mañana, bajo mi palabra.

Felipe y Santiago tomaron una barquilla y bogaron hasta Tiberias, cuyas blancas torres veíanse desde allí resplandeciendo a la luz del sol poniente.

Cuando asomaba en el cenit la primera estrella, el Maestro y sus ocho discípulos despedían a aquellas pobres gentes, a las cuales habían dado alimento para sus cuerpos exangües, y ropas de abrigo para cubrirlos.

—Señor —dijo Pedro todo sofocado—. Creo que nos hemos ganado el festín prometido.

— ¡Ahora sí, amigos míos! —le contestó el Maestro.

Entraron a la tienda porque el frío se hacía muy intenso.

Juan y Zebeo habían dispuesto la mesa con el blanco mantel de Salomé, que con una gran cesta de pastelillos de miel y una ánfora de vino, contribuía, desde su casa cercana, al primer festín del Maestro con sus discípulos.

De pie Jhasua ante la rústica mesa de la tienda, su mirada parecía perdida en pensamientos que nadie podía adivinar. Juan, que era muy sensitivo, lo advirtió y acercándose a él le preguntó muy quedo:

—¿Qué hay Maestro que pareces no estar en la tienda? ¿Falta aquí algo que deseas?

—Sí —le contestó con tristeza—. Faltan cuatro más que mi corazón esperaba hoy.

—Ha caído la noche —repuso Juan— y si deben venir, será mañana. ¿No es lo mismo?

—No es lo mismo, porque la voz secreta, que habla a todo el que quiere escucharla, me había dicho: "Hoy tendrás a los doce que deben seguir tus pasos".

Juan quedó como anonadado por una misteriosa fuerza que no comprendía. No podía ver al Maestro así preocupado y entristecido.

Los demás discípulos continuaban afanosos improvisando bancos, con las tablas en que colocaban diariamente el pescado para la venta y con las colchonetas de las barcas.

Un marcado ruido de remos que golpeaban fuertemente al caer al agua, y un cantar melancólico y triste, rompió de pronto el silencio de la noche.

— ¡Gentes en el mar!... —dijeron varias voces a la vez.

—Algún paseante de Tiberias —dijo Pedro— porque nuestros pescadores cenan y duermen a esta hora.

-- ¡Ya están allí! —añadió el Maestro levantando la cortina que cerraba la puerta de la tienda.

En efecto; el canto cesó y cuatro hombres saltaron de una barca sobre las arenas de la costa.

— ¡Tú les esperabas Maestro! —díjole Pedro saliendo; y detrás de él salieron otros más.

Cuando los cuatro viajeros llegaron, hubo un tumulto de exclamaciones, con lo cual quedó demostrado que se conocían, y que una ausencia de poco tiempo les había separado.

—¿Los del norte venís al sur? —preguntó Santiago—. ¿No hay negocio por allá?

—Lo hay sí, y mucho —contestó uno de ellos, llamado Dídimo o Bartolomé— pero Jaime llevó a Cafarnaun la noticia de que nuestro Profeta Galileo está en Nazareth y hemos venido a verle.

—Aquí le tenéis —dijo Pedro, levantando la antorcha con que alumbraba la costa, a la altura del rostro de Jhasua.

—Yo os esperaba —díjoles el Maestro— porque *ya es la hora.*

—Nadie nos anunció hora ninguna —contestó Judas Tadeo, acercándose—. ¿Nos mandasteis acaso aviso?

—Los ángeles del Señor van y vienen, llevando divinos mensajes a los hombres —contestó sonriente y feliz el Maestro.

Nathaniel o Santiago el menor, como más tarde se le llamó, era un familiar del Maestro, que enviado a Cafarnaum por asuntos comerciales, fue el portavoz que llevó la buena nueva.

Con ellos venía también Judas de Kerioth, pariente lejano de Bartolomé, que compadecido por las grandes desgracias de familia que le ocurrieron poco tiempo hacía, le invitó a venir a la margen sudoeste del Lago, donde tenían viejas amistades.

A Bartolomé y Judas Tadeo el Maestro les había conocido tiempo atrás, en aquel viaje que hiciera a Ribla.

Ambos originarios de Cafarnaum, eran esenios de grado primero como la mayoría de los buenos israelitas, y afiliados además a la Santa Alianza, cuya finalidad no habían llegado a comprender en absoluto. Para ellos era solamente una hermandad religiosa y de socorros mutuos.

—Este amigo quiere consultar contigo Jhasua, sus cosas íntimas —dijo Jaime— presentando a Judas de Kerioth. Sabe que eres Profeta y confía en tí.

El Maestro lo envolvió en una tierna mirada, mientras entrando todos en la tienda decía: —El Padre Celestial derrama su claridad sobre toda alma que se la pide con esperanza y fe.

—¡Cuatro sitios más en la mesa! —gritó Pedro, que por ser el de más edad y acaso el más querido entre todos, se creía con derechos de mando en la vieja tienda, hogar de los pescadores del Lago.

—He aquí que la Eterna Ley ha reunido hoy a mi alrededor los doce comprometidos para esta hora —dijo el Maestro.

Judas de Kerioth levantó sus ojos velados de negra angustia, y los fijó en Jhasua que lo miraba también.

—La Bondad Divina —añadió como contestando a la mirada de Judas que parecía interrogar— hace a veces con las almas como vuestras redes de pescar.

"Las tiende en el mar de su infinita inmensidad, y caen las almas en ellas como llevadas por suaves corrientes. No te sientas extraño entre nosotros Judas, porque escrito estaba que debías venir.

—¡Gracias Profeta de Dios!... —contestó el aludido, y fueron las primeras palabras que habló junto al Maestro.

Sentado a la cabecera de la mesa podía observar a todos.

Fue la vez primera que repartió entre ellos el pan y el vino, símbolo tiernísimo usado en el oriente para iniciar una amistad duradera, fuerte y profunda.

A la orilla del Mar de Galilea, bajo una tienda de pescadores, fundó el Cristo aquella noche memorable el místico santuario, cofre de su pensamiento eterno: *la hermandad fraternal entre los hombres.*

Cuando ya se terminaba la cena, entre amistosas conversaciones, salpicadas con la chispa de luz y de genio que escapaban de la mente del Ungido, llegó el tío Jaime que regresando de Caná, encontró a Myriam afligida porque su hijo salió a la madrugada para volver al atardecer, y era muy entrada la noche. Le acompañaba el abuelo Alfeo.

La luna radiante resplandecía de singular manera sobre la hermosa llanura que empezaba a cubrirse de nieve.

—También hay aquí lugar para tí, buen Jaime —díjole Pedro, con quien eran viejos amigos.

—Mi cena ya hizo la digestión —contestó el aludido.

—¿Qué hay en casa, tío Jaime? —preguntó el Maestro.

—Nada de nuevo, sino el amor de tu madre que aún espera junto al hogar.

—En verdad, creí regresar al ocaso; pero estos cuatro que esperaba, tardaron en llegar.

—¡Simón! —llamó en alta voz—. Hospédales en tu tienda esta noche y mañana, que yo volveré al día tercero.

Mas, sólo quedaron allí tres de los cuatro últimos que llegaron; pues Jaime con los otros siguieron al Maestro a Nazareth, donde tenían casas de parientes para hospedarse.

EL AÑO TREINTA

Apenas entrado el Maestro al año treinta de su vida, se vio rodeado de los doce discípulos elegidos entre las gentes del pueblo de Galilea.

Los tres primeros meses los ocupó en examinar minuciosamente sus conocimientos y el grado de su adelanto espiritual.

La vieja casona de Simón Barjonne, padre de Pedro y de Andrés había quedado sola, y allí fue el hospedaje de los doce en los primeros tiempos.

El tío Jaime se mantuvo siempre fuera de aquella pequeña Escuela, porque se reservó la tarea de administrador de Jhasua por especial encargo de Myriam, que sólo bajo esa condición se tranquilizaba ante la vida errante y azarosa abrazada por su hijo.

El Maestro llevó en este tiempo a sus doce discípulos al santuario del Monte Tabor, perdido entre las inmensas grutas de aquella montañosa región galilea, para que en el rico archivo de ciencia antigua que allí existía, ellos fueran instruídos en los caminos de Dios que habían seguido desde lejanas épocas, en cumplimiento de viejas alianzas que los siglos no habían podido romper.

Allí les dejó entre los solitarios, por setenta días y partió con su madre y el tío Jaime hacia Judea, para entrevistarse con su primo Juan, que enseñaba a las multitudes en las orillas del río Jordán.

Y mientras los maestros esenios se entregaban a la honrosa tarea de cultivar aquellos árboles rústicos y humildes con las aguas de la Divina Sabiduría, sigamos al Maestro hacia el sur del país en busca de Juan, llamado el Bautista, porque en visión *premonitoria* le había visto ya encarcelado por causa de aquella malvada mujer Herodías, que él abatió un día en Cesárea de Filipo, de donde había huído viéndose aborrecida por el pueblo.

Aliados desde lejanos siglos para esta hora de la evolución humana, necesitaba una entrevista con su gran amigo y pariente, antes que llegara la tormenta, en que Juan debía sacrificar su vida por la verdad y la justicia.

Quería ver de cerca la obra de Juan, y orientar entre ambos la enseñanza en que debían fundamentar la obra que en conjunto realizaban. El deseo de su madre de que le acompañase a Jerusalén a las fiestas de la Pascua, le dió oportunidad para realizar también sus designios referentes a Juan.

Desde su regreso del Monte Hor, donde conferenció con los grandes maestros de aquel tiempo, no veía a sus amigos de Jerusalén, y sólo por epístolas cruzadas con ellos y por mensajes de los Terapeutas peregrinos, o de familiares que viajaban todos los años, habían estado en contacto desde lejos.

El príncipe Judá con Nebai y Noemí, habían regresado de la estadía en su villa de la costa del mar, en la región del Lacio, en la hermosa Italia, segunda patria de Judá, puesto que toda su primera juventud la había pasado entre Roma y el golfo de Nápoles.

Tenían un hermoso niño de veinte meses, al que llamaron Jesuá Clemente, el cual había traído los cabellos de oro de Nebai y la fisonomía y ojos negros de Judá.

—Es nuestro primer regalo para tí, Jhasua —le dijo el príncipe Judá poniéndoselo sobre las rodillas.

El Maestro estrechó a su pecho aquella dorada cabecita, que le recordaba la Nebai risueña y bulliciosa de la cabaña de piedra, junto a la fuente de las palomas. Aquellos obscuros ojitos tenían la melancolía dulce de los ojos de su padre, cuando quince años atrás, le llevaban los soldados romanos prisionero destinado a las galeras del César.

Jhasua, Judá y Nebai rememoraron al mismo tiempo aquellos cuadros lejanos, que el recuerdo intenso y profundo hacía vivir como una llama que se encendía de nuevo.

—¡Que este niño sea el cofre de diamantes, que guarde en sí mismo nuestra alianza de amor eterno! —dijo Jhasua mientras tenía al pequeñín apretado a su corazón.

Cual si de tiempo atrás le conociera, el niño se complacía en enredar sus deditos menudos en los cabellos castaños del Maestro que le caían hasta el hombro.

—Dile a este Señor —decía Judá a su hijo— lo que serás cuando seas grande.

Y el niño, con su media lengua encantadora, que desfiguraba las sílabas y palabras, contestó: *"Soldado del Rey de Israel"*.

El Hach-Ben Faqui con Thirza y Noemí, no estaban en ese instante en el viejo palacio de la calle Comercio, pero llegaron una hora después. Habían acompañado a Noemí a las ceremonias litúrgicas de aquella mañana en el Templo.

Una criada traía en brazos una criaturita endeble, blanca y mustia como una flor de poca vida.

El abrazo del africano a Jhasua, demostró a éste que la vehemencia de aquella amistad no había disminuído en nada.

Thirza se acercó a Jhasua con su timidez habitual y presentándole su niñita le decía:

—Tendrás que hacerla vivir Maestro, porque esta pobrecilla parece haber traído todas mis angustias del calabozo. ¡Llora siempre y apenas si toma alimento!

Jhasua dejó al robusto niño de Judá que salió corriendo hacia su abuela, y tomó en brazos la débil niña de Thirza.

—Nació en Cirene —decía Faqui— y la hemos llamado Selene porque la reina de los Tuareghs lo pidió así.

Tenía más o menos igual edad que el niño de Nebai, pero era mucho más pequeña y no daba aún señales de caminar.

Jhasua la tuvo en brazos hasta que se despertó. Y él comenzó a hablarle:

—Desde hoy no llorarás más, Selene... nunca más, y empezarás a andar por tus pies sobre esta tierra a donde has llegado para ser una misionera mía, como tu primo Jesuá.

Y así diciendo, quitó la gruesa manta que la envolvía y bajó a la niñita al tapiz que cubría el pavimento de la sala.

Thirza corrió a tomarla temerosa de que sufriera una caída.

—Déjala —díjole el Maestro—; ¡no temas Thirza, no temas!

Todos miraban a la menuda criatura que parecía una muñequita, inmóvil ante las rodillas de Jhasua.

—¡Vamos Selene! —le dijo dulcemente—. Anda hacia tu madre que te espera.

La niñita vaciló un momento, y luego con sus bracitos tendidos hacia Thirza, comenzó a andar serenamente.

Y no hubo forma de hacerla parar, pues iba de uno a otro como si la energía que sentía en sí misma la obligase a caminar sin detenerse.

—¡Basta, ya basta! —le decía Faqui, queriéndola detener; pero la criatura parecía no oir, no obedecer otra voz que al pensamiento de Jhasua, que continuaba diciéndole: ¡anda, anda, anda!

Cuando él juzgó que aquel menudo cuerpo estaba ya suficientemente vigorizado, la tomó en brazos y la llevó él mismo a su cuna.

—Ahora duerme Selene, que el sueño te hará bien. —Unos momentos después la niña dormía profundamente.

—Cuando se despierte —dijo— dadle un baño tibio y luego le dáis a beber leche caliente con miel. Era solo falta de energía y vitalidad, pues no tiene mal ninguno.

—¡Oh, Jhasua!... —le decía Faqui—. ¡Siempre serás el mismo sembrador de beneficios por los caminos de la vida!

—Para eso vine a la vida, amigo mío —le contestó el Maestro.

Simónides volvió en ese momento del Templo, a donde había ido con su hija Sabad.

La presencia de "su soberano rey de Israel", como él le llamaba, le colmó de júbilo.

—¡Ya perdía casi la esperanza de volver a verte, mi Señor! —le decía abrazándolo una y otra vez—. Pero me imagino que ahora es nuestro turno y que mi Señor no nos abandonará más.

—Ahora seré todo para mis compatriotas —dijo el Maestro—, aunque fuera de vosotros, no encontraré grandes afectos en la tierra natal.

—¿Por qué, mi Señor?

—*"Porque nadie es profeta en su tierra"*, dice el adagio.

—Pero eso no va contigo Señor, porque tú eres el que eres en cualquier lugar de la tierra donde pongas los pies.

—¡Ojalá sea como tú dices, mi buen Simónides! —le contestó Jhasua.

Myriam y el tío Jaime se habían quedado en casa de Lía, que estando ya muy debilitada por la edad, casi no abandonaba el calor del hogar sino por extrema necesidad.

El Maestro la fortaleció, hasta el punto de que pudo llegar al Templo en esa Pascua, cuyas solemnidades fueron las últimas que vió en el mundo físico.

El príncipe Judá y Faqui invitaron al Maestro a la vieja casa de Nicodemus, donde ya dijimos antes, que tenía sus reuniones la pequeña Escuela sostenida por los cuatro amigos: José de Arimathea, Nicodemus, Gamaliel y Nicolás de Damasco.

Los cuatro habían sido designados profesores del Gran Colegio, donde se educaba la juventud israelita de alta posición. A fuerza de continuas rebeliones, el estudiantado había conseguido que cuatro cátedras fueran dadas a hombres menos intransigentes, y más adaptados a las corrientes nuevas que venían de las

Escuelas de Atenas, de Pérgamo y de Alejandría. Los viejos Rectores Hillel, Simeón y Gamaliel, que durante cuarenta años estuvieron sucediéndose en la suprema dirección de aquella casa de estudios, habían muerto, y la elección de Gamaliel (el joven) como Rector, y de José de Arimathea y Nicodemus como Regentes auxiliares, fue un verdadero triunfo del estudiantado israelita de aquel tiempo.

Mas como algunos íntimos de los viejos Rectores desaparecidos quedaban en sus antiguas cátedras y puestos importantes en el Gran Colegio, había siempre bandos y litigios entre los antiguos maestros intransigentes, y los modernos más tolerantes con las nuevas ideas.

De todo esto resultaba que los Doctores amigos de Jhasua, se veían grandemente cohibidos en su vida exterior, pues se sabían vigilados por ese enjambre de envidiosos, que buscan, aunque sea una pajilla para echar lodo sobre el adversario.

El único que quedó más libre de los cuatro, fue Nicolás de Damasco, que por no ser originario de Judea, encontró mayores oposiciones para los altos cargos a que subieron sus compañeros. Esta circunstancia le permitía mayor libertad de acción, para colaborar en la obra de liberación del pueblo hebreo a que estaban consagrados por completo, el príncipe Judá y Hach-Ben Faqui secundados por Simónides, y los príncipes Jesuá y Sallum de Lohes, y otros hombres prestigiosos de la aristocracia judía, que las crónicas de aquel tiempo han llamado "la secta de los Saduceos", sin duda por el nombre de un antiguo príncipe de nombre Sadoc, que fue el primer adversario que tuvo la tiranía dogmática de los Fariseos.

Hecha esta explicación, el lector comprenderá muy bien las precauciones que debían ser tomadas para realizar estas reuniones, en las cuales se estudiaban los medios de librar a la Nación Hebrea, no sólo de la dominación extranjera, sino también de la prepotencia del alto clero, que amparados en la Ley llamada de Moisés, explotaba al pueblo con los diezmos y primicias y más aún, con la ordenación de sacrificios de animales por sutilezas que en nada trasgredían la Ley.

Los miembros de esta Escuela o Sociedad secreta que era como la Dirección suprema de la Santa Alianza, soñaban todos con el nuevo Reino de Israel, que resurgía de las cenizas gloriosas de David y Salomón, teniendo por sede a Jerusalén, y por soberano a Jhasua de Nazareth, el Mesías anunciado por los Profetas.

El único ajeno a todas estas combinaciones y sueños, era el Maestro, que había fundado la Santa Alianza y contaba con ella, para educar al pueblo a base de la verdadera Ley Divina, y para aliviar sus dolores y la miseria en que se veía.

La casa de estas reuniones, ya dijimos que aparecía como sitio de reparto de ropas y provisiones a los pobres, y como taller de tejidos, para enseñanza gratuita a los huérfanos o hijos de familia sin recursos para la vida.

Esta antigua casona había sido elegida por su situación estratégica, muy adecuada para esquivar la vigilancia de los poderes reinantes.

Estaba situada cerca al muro oriental de la ciudad, a treinta pasos de la Puerta que llamaban de Joshaphat o de Betphagé, por su proximidad al Estanque de este nombre, y porque daba salida al valle de Joshaphat poblado de grandes monumentos funerarios, algunos de los cuales tenían comunicación con aquel Sendero de Esdras, que el lector conoció, y por el cual realizaban los levitas y sacerdotes esenios obras de misericordia, y aún de salvamento cuando se presentaba el caso.

Por aquel sendero habían salvado a los tres sabios del oriente, Melchor, Gaspar y Baltasar, de caer en las manos de Herodes, veintinueve años atrás.

Simónides, el hombre con ojos de lince, según decía el Maestro, había examinado aquella casa y había hecho de ella una fortaleza, en el sentido de que fuera apta para desaparecer de ella sin ser vistos, casó de una vigilancia extremada. Lo mismo se podía salir de allí por el Sendero de Esdras, hacia las grandes tumbas del Valle de Joshaphat, como al Monte de los Olivos, donde tenían refugio los Terapeutas, o al camino de Jericó. La proximidad al Estanque dotado de acueductos y alcantarillas, la proximidad al Templo y a la Torre Antonia, hacían aquellos lugares muy transitados por toda clase de gentes, por lo cual era muy fácil pasar inadvertidos.

El nuevo Procurador Romano Poncio Pilatos, era hombre tranquilo y enemigo de atropellos y de injusticias. Y el Centurión que mandaba la guardia pretoriana, era un joven militar que había servido a las órdenes del Duumviro Quintus Arrius, padre adoptivo del príncipe Judá. Se llamaba Longhinos, y le amaba con fervor, aunque lamentaba que fuera judío de raza, pues tenía el concepto de que todos ellos eran de alma vil, que se vende por el oro.

—Algún mal genio hizo que los dioses —decía Longhinos al príncipe Judá— se equivocaran al mandarte a la vida. Debías haber nacido junto al Tiber, y no junto al Jordán.

"Pero el nombre de Quintus Arrius, borra cincuenta veces tu nombre judío". —Y se empeñaba en llamarle Arrius. Las generosidades de Judá lo tenían cautivo de él y de su familia.

Todas estas circunstancias parecían favorables a los amigos de Jhasua, que trabajaban secretamente por el establecimiento del gran Reino de Israel, libre de dominaciones extranjeras.

Esbozado así el nuevo escenario, veamos a nuestros personajes, viejos amigos, cuyos sentimientos y forma de pensar nos son harto conocidos.

En esta casa que fue de la familia de Nicodemus, comenzó la lucha del Maestro, por persuadir a sus amigos que su camino no era el de las grandezas reales con que ellos soñaban.

Las crónicas cristianas hablan de un Satanás tentador que en un momento dado se presentó al Maestro, para sacarle de su camino por medio de brillantes sugestiones de poderíos y de riquezas extraordinarias.

En esta casa de Jerusalén la tarde aquella en que Judá y Faqui le llevaron a ella, comenzó el sufrimiento intenso del Maestro, que debía luchar solo contra el poderoso empuje de mentalidades fuertes que habían forjado y alimentado durante diez años, sueños hermosos y de posible realización, humanamente hablando.

Arquelao, hijo de Herodes, fue depuesto del efímero reinado que le dejó su padre sobre Judea y Samaria, y desterrado a la Galia por su ineptitud y sus escándalos que le hizo aborrecer del pueblo. Sus dos hermanos Herodes Antipas y Felipe, Tetrarcas respectivamente, de Galilea y Perea; Traconitis y Batanea, eran personajes secundarios de una tragicomedia que se desarrollaba entre la orgía y el crimen. El Supremo Pontificado era un feudo, del cual el alto clero sacaba el oro a montones, sin atender para nada al pueblo, que se debatía entre la miseria, a cuya sombra crecía el odio contra los poderes reinantes.

Toda la Arabia, desde Damasco al Mar Rojo, estaba en armas, esperando el aviso de Israel para lanzar sobre Palestina, el huracán de sus lanceros, de sus jinetes, que corrían como las avalanchas de arena arrastrada por el simún.

La bravía raza Tuareghs había mandado al desierto de Libia, sus mejores guerreros para esperar en Cirene el anuncio de que ya sonaba la hora de la liberación, para el Oriente oprimido y desgarrado por la loba romana.

El rey Abgar de Togorma (Armenia) había hecho alianza con el rey de Padám-Hirám, y sus indómitos montañeses tenían paso libre hasta Cachemir, a pocas millas de Antioquía.

Este rey Abgar era descendiente lejano de Asdrúbal, hermano del gran Aníbal, el héroe cartaginés, y conservaba un odio profundo a Roma.

El rey Izate Adiabenes, hijo de la piadosa Helena, discípula de Baltasar, entraba en la fuerte alianza de principados y reinos pequeños oprimidos y diezmados por el poderío romano.

El lector recordará que Helena era hermana de Noemí, y por tanto tía del príncipe Judá, el alma de este gran movimiento libertador.

Todo esto escuchó Jhasua en vibrantes discursos aquella tarde que concurrió a la vieja casona que fuera de Nicodemus.

—¡Tú eres un hijo de Israel! de la real descendencia de David, como la prueba tu genealogía que se conserva sin interrupción alguna desde sus días gloriosos hasta la hora presente —decía el príncipe Judá, con la vehemencia ardiente de su temperamento, redoblado por el grande amor que profesaba a Jhasua—.

"Nuestros más antiguos libros sagrados, nuestras crónicas milenarias, salvadas de todas las hecatombes de invasiones, incendios y exterminios, nos dicen con el testimonio de Esdras, de Nehemías y de Zorobabel, los tres grandes reorganizadores de nuestra nación y restauradores de Jerusalén y de su templo, que esas genealogías de las familias reales son auténticas, por lo cual, ni aún ese detalle falta a tu personalidad, para llevarnos al convencimiento de que eres tú Jhasua, el Ungido de Jehová, para libertar a su pueblo del dominio del extranjero.

"Diez años llevan estos príncipes y doctores de Israel, estudiando las profecías del advenimiento del gran ser salvador de nuestra raza, y todo concuerda y se refleja sobre tí, con la claridad de la luz solar sobre una fuente tranquila.

"Tus amigos aquí presentes han recorrido las capitales de Oriente, han conferenciado con sus reyes y sus príncipes, algunos de los cuales te han conocido últimamente, han visto tus obras, han sentido de cerca la luz que Jehová encendió en tu corazón, y no hay uno solo, que rechace la idea de que eres tú el anunciado por nuestros Profetas para traer a la tierra en nombre del Eterno, la santa libertad de los hijos de Dios.

"¡Sólo tú te niegas Jhasua el designio divino! ¿Es que no amas a tu pueblo?... ¿es que no te conmueve la miseria de nuestros hermanos?... ¿es que tú esperas otro que vendrá en pos de tí, o que acaso ya está entre nosotros y no le conocemos?...

"¡Habla por Dios Jhasua, que el momento es propicio!... Solo esperamos tu palabra, tu aceptación, tu firme voluntad de tomar el timón de nuestra nave que ha zozobrado, y que si tú no la salvas se hundirá irremisiblemente.

Todos los ojos estaban fijos en el Maestro, cuya serenidad era imponente. Parecía una estatua de mármol blanco en una costa bravía, esperaba el embate de las olas.

Algunos adivinaban su ruda lucha interior y José de Arimathea más que los otros, por lo cual dijo:

—Príncipe Judá... bien has interpretado el pensamiento de todos, pero debemos recordar que Jhasua no está al tanto del pensar y sentir de todos nuestros aliados en Oriente, y acaso él supone que todo se reduce a entusiasmos nuestros que él juzga imposibles de realizar.

"Propongo pues, que nuestro notario lea las actas levantadas en todas las capitales vecinas, aprobadas y firmadas por los reyes, príncipes y etnarcas adheridos a nuestra alianza.

Nicolás de Damasco, que era el notario, tomó de la mesa ante la cual estaban todos sentados, una voluminosa carpeta, llena de pergaminos de los cuales pendían las cintas de diversos colores, con los sellos de los personajes que los habían firmado.

Los pequeños Estados del Asia Menor con costas sobre el Mediterráneo, Cilicia, Pamphylia, Licia, Caria, Lasea (en Creta), Rhodas y Paphos (en Chipre) estaban representados en la gruesa carpeta que Jhasua miraba fijamente.

Los Tuareghs del Sahara habían conquistado algunos caudillos de Libia y de Egipto; y al rey Haret de Petra, se habían unido las tribus nómades del Mar Rojo y de Etiopía.

Nicolás de Damasco dió lectura a aquellas actas y los nombres de sus firmantes con fechas y lugares definidos; más el número de guerreros con que cada uno contaba.

Todos observaron que el Maestro iba anotando en un trozo de pergamino, las cifras que indicaban los hombres de armas que cada jefe de estado ofrecía.

Cuando se terminó la lectura, él hizo la suma de aquel considerable contingente de guerreros.

Sumaban cuatrocientos mil seiscientos hombres.

—Cuatrocientas mil seiscientas vidas humanas que representan otros tantos hogares, exponéis a morir para que yo sea Rey de Israel! —dijo con infinita amargura—. Y os llamáis hijos del Dios de Moisés, cuya Ley dice: *"No matarás"!*

"¿O creéis que las legiones del César os esperarán con los brazos cruzados o tocando cítaras y laúdes?

"El Rey David del cual decís que desciendo, devastó y asoló los países desde el Eúfrates al Mar Rojo, para ensanchar sus dominios y colmar sus ambiciones de poder y riquezas.

"Si desciendo o no de David, no lo sé, ni me interesa, pero sí sé que vengo del Padre Universal de los mundos y de las almas, para exterminar el odio y sembrar el amor sobre la tierra.

"Creo que el medio que me proponéis no está de acuerdo con la voluntad Divina respecto de mí.

" ¡Soy el Mesías anunciado por los Profetas!...

" ¡Soy el Ungido del Eterno para la salvación de la humanidad!

"Mi poder es eterno sobre todas las almas que vienen a este mundo, y nadie las arrancará de mis brazos porque son mías desde inmensas edades, y mías serán por toda la eternidad. Pero mi reinado no se impondrá con las armas ni con la violencia y el exterminio.

"El Supremo Señor a quien yo represento, no es el Jehová de los ejércitos que los Doctores y Príncipes de Israel vislumbraron, a la luz de los relámpagos y entre el brillar de las lanzas y el silbido de las flechas.

"Es el Dios que dijo a Moisés desde la cumbre del Sinaí: *Amame sobre todas las cosas y al prójimo como a tí mismo*".

"*Amame sobre la luz del sol que vigoriza toda vida, y cuya fuerza de atracción mantiene el equilibrio de los mundos de este sistema*".

"*¡Amame sobre el agua de las lluvias con que fecundo tus campos, para que tengáis aceite y trigo en tus bodegas y vino en tus lagares!*"

"*¡Amame sobre el aire que respiras, la luz que te alumbra, la tierra que te sostiene, los bosques que te dan fuego, los huertos que te ofrecen sus frutos y los jardines que te coronan de mirtos y rosas!*"

"*¡Amame sobre todas las cosas, porque soy tu Creador y tu Dueño, y ama a todos los seres semejantes a tí, porque soy el Padre de todos, y todos salisteis de mi seno para ser justos y felices en la posesión eterna de mi amor!*"

"Si el concepto que tenéis del Dios a quien adoráis, es diferente del que acabo de esbozar, creedme que estáis engañados, y que poca diferencia existe entre vosotros y los adoradores de Baal, Marduk o Astarté, que ordenan a sus devotos el exterminio de los adversarios.

"Mi reinado no se impondrá con las armas, ni con el exterminio, he dicho y añado aún más: Mi manto blanco de Maestro de Divina Sabiduría, no se manchará con sangre de hermanos, ni se mojará con el llanto de ancianos desolados, de viudas desamparadas, y de huérfanos ambulantes por los caminos.

"¿El Eterno Dador de la vida, me habría ungido acaso para levantarme un trono de oro a costa de innumerables vidas y de infinito dolor humano? ¿Creéis que Dios Omnipotente que hizo surgir millones de mundos de sí mismo, necesita que mueran asesinados en los campos de batalla multitud de sus criaturas, para levantar un enviado suyo, como rey de una nación determinada?

"Mi reinado es eterno sobre este mundo, que el Padre Celestial me dio en heredad desde inmensas edades, y yo sabré mantener este divino legado por los siglos de los siglos!...

"¡Mas no queráis apresurar la hora, ni torcer el camino que está marcado en el pensamiento de Dios, como ha marcado El su ruta a las estrellas y sus límites al mar!

"¿No me da El cuando quiere, poderes supremos sobre las enfermedades, sobre los elementos y sobre la muerte?

"¿Y osáis pensar que el Ungido de Dios se hará solidario de la matanza y el exterminio, cuando siente tan cerca de sí, la voz divina que le dice "Amame sobre todas las cosas y al prójimo como a ti mismo?"

"¡Mi trono estará formado de corazones amantes, amigos míos... mi corona real será forjada en diamante, por todos los que habrán triunfado de la mentira y la ignorancia, y vendrán a mí con manos puras y sus frentes coronadas de rosas!...

"¡Mi túnica de lino y mi manto de púrpura, serán tejidos por las manos que visten al desnudo y secan el llanto de los doloridos!...

"¡Oh, mis amigos de ahora y de siempre!... No queráis apresurar la hora de Aquel que me ha enviado entre vosotros, y que os pone a mi lado para secundar mi obra, no para impedirla.

"Esperad en paz y alegría de espíritu, que cuando el Padre me haya levantado a donde debo subir, lo que ahora no comprendéis será claro para vosotros como la luz del mediodía."

Un profundo silencio siguió a las palabras del Maestro.

Las frentes se habían inclinado pensativas, pues que las palabras de Jhasua con su irresistible lógica, no admitían réplica alguna.

Mas, su discurso era para ellos un cofre tan lleno de piedras preciosas, que no sabían cuáles elegir para formar la corona real con que deseaban ceñir su frente.

Se había reconocido él mismo, como el Mesías anunciado por los Profetas, y Ungido del Eterno para la salvación de la humanidad.

¡Había declarado eterno su reinado sobre la tierra, que era la heredad que el Padre le dió, y había añadido que *él sabría mantener ese divino legado por los siglos de los siglos!*

Luego Jhasua, era mucho más grande en su misión y en su capacidad de lo que ellos se habían figurado. A través de sus palabras podía comprenderse que había venido con potestad divina sobre todo este mundo, y que era demasiado mezquino el nombre asignado por ellos de *Rey de Israel*.

¡Era indudable! El pensamiento y el amor del Mesías abrazaba a todo el mundo conocido entonces, y a lo que faltaba por conocer más allá de los mares anchurosos y traidores, que los diálogos de Platón aseguraban que habían tragado inmensos continentes...

¡Era indudable!... Las palabras del Ungido Divino lo habían dicho muy alto. ¡Su reinado sería eterno y sobre todo este mundo! ¡La unidad de todos los países bajo su cetro, se realizaría sin violencia, sin batallas, porque su manto blanco de maestro no debía mancharse con sangre de hermanos!...

¡El enigma estaba descifrado para todos!... ¡Gracias sean dadas al Altísimo, porque todos veían la luz en el misterio que rodeaba al joven Profeta de Nazareth!

La alegría volvió a todos los corazones y un murmullo de aprobación, de renovado entusiasmo, se extendió por la vasta sala de la asamblea.

El anciano Simónides, que con los príncipes Jesuá y Salum de Lohes formaban una venerable trinidad de septuagenarios, comentaban ebrios de felicidad:

—¡Qué gloria para nuestro Jerusalén!... ¡Ser la capital del mundo!... Todo el orbe será un solo reino bajo la mano de seda del Ungido de Jehová —decía Simónides—.

"Pero ¿cómo podrá ocurrir tan grande acontecimiento? ¿Qué será del César romano?... ¿Qué huracán dispersará sus legiones?... ¿Acaso la Península Itálica se hundirá bajo el Mediterráneo y la orgullosa Roma con su César y sus legionarios irán a ser pasto de los tiburones en el fondo del mar?

"¿Acaso algún traidor volcán reventará como un abismo de fuego bajo el templo de Júpiter Capitolino, y Roma quedará reducida a cenizas?...

Los más jóvenes con el príncipe Judá y Faqui hacían también los más variados comentarios, interpretando de acuerdo con sus más vivos anhelos, las palabras del discurso de Jhasua.

José de Arimathea y Nicodemus se acercaron a Jhasua, que se paseaba silencioso por la inmensa sala, observando los tapices murales que tenían el doble valor de su antigüedad y de los delicados tintes admirablemente conservados.

—Mirad este tapiz —díjoles Jhasua, ajeno por completo a los vivos comentarios que se hacían en torno suyo.

—¡Ah sí!... Representa a la reina de Etiopía, Sabá la espléndida, con su bolsillo púrpura repartiendo su oro entre los mendigos de Jerusalén. Salomón la observa desde el terrado de su palacio —contestóle Nicodemus. —Yo lo adquirí por poco dinero, de un viejo mercader idumeo que aseguraba haberlo sacado de una de las grutas de los baños de Salomón, cuando se encontraron los subterráneos que daban acceso a ellas.

—Jhasua —dijo de pronto José de Arimathea—, creo que el motivo de nuestra reunión, es más importante que los tapices. ¿No lo crees tú así?

—En efecto, es así; pero ya he dicho cuanto debía decir —le contestó el Maestro.

—Has hablado como un sabio, hijo mío, pero nos has llenado de dudas. ¿Qué hacemos con todos los que esperan fuera de las fronteras del país?

—Que sigan esperando hasta que suene la hora. ¿Qué más he de decir? Sabes que yo soy un Enviado. Aquel que me envía es quien manda y no yo. ¿No lo comprendéis vosotros así?

—Mira con qué fuego discuten allí. Lástima grande sería perder en la inacción tanto entusiasmo —añadía Nicodemus viendo a los adherentes más jóvenes enardecidos formulando hipótesis a cual más grandiosa y sublime, sobre los grandes acontecimientos que las palabras de Jhasua dejaban entrever.

La dulce serenidad de la irradiación del Maestro, acabó por tranquilizar todos los ánimos, hasta el punto de que al separarse, todos demostraban al exterior que una grande esperanza había florecido en ellos.

EL SOLITARIO DEL JORDAN

Al siguiente día anunció Jhasua a su madre y a sus amigos, que debía hacer una visita a Juan el Solitario del Jordán, como llamaban al que años más tarde fue apellidado *el Bautista*.

—Mi señor —díjole Simónides—, bien ves que mis años no me permiten la ilusión de ver el día de tu gloria. Déjame al menos que te acompañe hoy, ya que el sitio adonde vas es cercano.

El Maestro sintió compasión de aquella alma que tan profundamente le amaba, aunque sin comprender a fondo su misión y su obra en medio de la humanidad.

Judá y Faqui quisieron también seguirle a los peñascales que rodean el Mar Muerto, pues habían deseado escuchar hacía tiempo lo que el Solitario enseñaba a las gentes.

Juan se encontraba por el momento bastante cercano a Jerusalén, pues se hallaba precisamente en el ángulo que forma la desembocadura del Jordán en el Mar Muerto.

En buenos asnos, el viaje era breve, o sea que saliendo de Jerusalén a la salida del sol podían estar allí antes de la caída de la tarde.

Jhasua aceptó la compañía de aquellos tres hombres que habían sido y eran el alma, digámoslo así de los entusiasmos por la libertad de Israel, que habían hecho correr como un fuego subterráneo por casi todos los estados del cercano oriente.

Se sabía amado intensamente por ellos y padecía de verles dormidos en un hermoso sueño, del cual no podía aún despertarles.

Comparaba las doradas ilusiones que aleteaban como mariposas de luz en sus mentes, con su pavorosa visión del Gran Santuario de Moab la noche víspera de su consagración, como Maestro de Divina Sabiduría.

Sabía que la terminación de su vida sería con el más infamante suplicio, que sólo se daba por entonces a los criminales de raza, o descendencia de esclavos.

De hacerles una revelación semejante, en esos momentos en que se levantaba como un sol naciente su grandeza de Profeta, de Maestro, de Mesías, le hubieran creído loco o en caso contrario, hubieran precipitado el huracán de la guerra, para evitar que el clero judío con la secta poderosa de los fariseos, le hicieran daño alguno.

Y para evitar estos dos errores, creyó prudente callar por entonces, a fin de que no entorpecieran el camino que él debía seguir.

Salieron pues, nuestros cuatro amigos una madrugada para ir hacia la orilla del Jordán donde predicaba Juan.

Simónides, el hombre de la visión a larga distancia, había mandado poner grandes alforjas en cada asno, pues seguramente una o dos noches deberían pasar en el desierto de Judea, en aquellos desnudos peñascales, entre cuyas escabrosas laderas sólo crecían espinos silvestres y encinas enanas.

Antes debían atravesar la riente pradera de Bethania con sus bosques de olivos, de cerezos y de vides.

Simónides tenía allí unos antiguos amigos, pues en su mocedad había trabajado en aquellos hermosísimos huertos, donde decía la tradición que estuvo situado el palacio de verano que hizo construir Salomón para la hija del Faraón de Egipto, con la cual se casó en su primera juventud.

Propuso al Maestro descansar allí al mediodía, con el propósito al mismo tiempo de enterarse por sí mismo, si sus agentes habían preparado a los jornaleros de las plantaciones en la forma indicada para la cruzada libertadora que vendría después.

Mientras estuvo la Judea bajo la garra de Valerio Graco, el gran enemigo de la familia de Ithamar y por tanto de Simónides, el anciano había rehusado hacer demasiado pública la nueva situación suya, y de la noble familia a la que estaba unido.

Grande fue su amargura, cuando se encontró con la triste realidad de que los viejos amigos dueños de la famosa granja de Bethania, hacía dos años habían muerto y que sólo vivía allí el mayor de los hijos llamado Simón Lázaro, con su esposa Martha, y la menor de sus hermanas, María, de doce años de edad.

Algunas parientas viudas empobrecidas por diversas circunstancias de la vida, estaban recogidas allí. Como es natural, había una gran tristeza en aquella vieja casona, donde la ausencia de los antiguos amos era muy sentida entre la servidumbre y jornaleros de las plantaciones.

Lázaro y Martha llevaban cuatro años de matrimonio, y como no tenían ningún hijo, la pequeña María era la estrellita azul que iluminaba el hogar.

Tal era la situación de la familia de Bethania, que tanta parte tomaría más tarde en la vida del Peregrino, del gran hombre que había venido a la tierra para derramar la verdad, el amor y la esperanza en todas las almas.

Por aquella familia tuvieron noticia nuestros viajeros de que Juan, llamado el Solitario del Jordán, decía en sus predicaciones que el Mesías anunciado por los Profetas estaba ya en el país de Israel, oculto por los ángeles del Señor, hasta que fuera el momento de manifestarse a los pueblos.

Y les mandaba prepararse en una gran purificación de alma, perdonando las ofensas y los agravios, haciendo limosnas a los necesitados, amparando a los perseguidos, consolando a los prisioneros y a los enfermos, que las leyes humanas arrojaban fuera de las ciudades.

El Maestro comprendió que el alma de la pequeña María se abrió de inmediato como un lirio marchito, cuyo tallo se pone al contacto de un fresco manantial.

Sus bellos ojos obscuros parecían irradiar una luz nueva al contacto de los del Maestro, que la miraban con indecible ternura.

Lázaro y Martha celebraron grandemente la reacción que observaban en la niña, cuya salud les inspiraba serios temores, pues la veían amenazada de languidez y de una consunción que se iba haciendo más pronunciada cada día.

Era de natural tan tímida que no se atrevía a acercarse a la mesa, y entreabriendo una cortina de la sala inmediata al gran cenáculo, parecía una pequeña estatua de la contemplación, cuyos ojos miraban fijamente al Profeta.

—Ven aquí, María —le dijo el Maestro—, y no tengas reparo alguno, pues todos somos tus amigos que te deseamos el bien, la paz y la alegría.

El pálido rostro de la niña se coloreó de un suave rubor y acudió al llamado de Jhasua que la sentó a su lado.

—Dime la verdad... ¡toda la verdad!... —decíale el Maestro.

—Nunca digo mentira... Profeta —murmuró la niña débilmente.

—Eso es verdad —observó Martha—, porque ni aún por ocultar una travesura no dice nunca una mentira.

Judá, Faqui y Simónides habíanse apartado con Lázaro al otro extremo del cenáculo, mientras Martha con varias criadas iba disponiendo las viandas sobre la mesa.

Informaban a Lázaro de los grandes acontecimientos que esperaban ver realizarse muy pronto en el país.

—¡Oh, si tu padre hubiera vivido en este momento!... ¡Qué baluarte tendríamos en él para nuestra causa! —decía Simónides al dueño de casa.

—Es que lo que hubiera hecho mi padre, puedo hacerlo yo —contestó Lázaro—. ¿De qué se trata?

Bajando mucho la voz, añadió Simónides:

—¡Ahí tenéis al Mesías anunciado por los Profetas!...

—¡Cómo!... ¡en mi casa!... ¡a mi mesa! ... pero ¿es posible?

Y los ojos de Lázaro se clavaron en la bella fisonomía de Jhasua que se entretenía hablando con la pequeña María, poniéndose a tono con ella, tal como si fuera un niño de su misma edad.

Simónides, Judá y Faqui explicaron a Lázaro tal como ellos lo entendían todo cuanto a Jhasua se refería; sus grandiosos poderes supra normales y los estupendos prodigios que realizaba. Los Ancianos de los Santuarios Esenios le reconocían como el Ungido Divino que Israel esperaba, y todo el oriente avasallado por la prepotencia de Roma, esperaba el momento de imponerlo como salvador y libertador de los oprimidos.

Durante la conversación de los amigos con Lázaro, el Maestro se consagró por completo a aquella menuda y grácil personita, en la cual la vida parecía querer escaparse por momentos. Era una belleza ideal, casi transparente, que irradiaba al exterior una gran bondad, unida a una melancolía profunda.

Jhasua, psicólogo de alto vuelo y gran Maestro de almas, comprendió que era aquel un espíritu descontento de la vida material, en la cual no encontraba nada que le halagase.

—Yo había pedido a mi hermano que me llevase a escuchar a ese solitario del Jordán a donde han ido muchos de Bethania —dijo la niña a Jhasua— pero él no lo hace, porque el camino es árido y piensa que yo no resistiré el viaje. ¡Yo lo deseaba... pero hoy no lo deseo más!

—¿Por qué antes sí y ahora no? —le preguntó el Maestro.

—Porque una vocecita queda, aquí dentro, parece estarme diciendo: *"ya ha llegado el que tú esperabas"*.

Y la niña daba suaves palmaditas sobre su pecho.

—¿Y a tí te parece que ese que tú esperabas soy yo?

—¡Sí, Profeta... eres tú!

—¿Puedo saber la causa de esa afirmación tan categórica que haces, María?

—Dicen que yo estoy enferma de alucinaciones, Profeta —dijo la niña con

183

tristeza—, porque veo cosas que no ven los demás. Y yo se y estoy convencida de que lo que veo, es verdad.

"Cuando murió mi madre tenía diez años y creí que iba a morirme de tanto llorar. Mi padre había muerto seis meses antes, y era un dolor dos veces renovado. Desde entonces empecé a ver casi todas las noches una mujer muy hermosa que se acercaba al lecho a secar mi llanto solitario, porque yo me ocultaba de todos para desahogar mi tristeza.

"Me habla de cosas misteriosas que no comprendo muy bien, pero que no obstante me dejan un gran consuelo interior.

"Hace dos noches la vi otra vez y sé que me dijo: *"Yo me llamo como tú, y tengo un hijo al cual seguirán todos los que llevan en el alma los mismos anhelos que llevas en la tuya"*.

"Cuando haya pasado el día de mañana, le verás a tu lado y tu alma será sana de la pesadumbre que la atormenta".

"El día anunciado es hoy, y has llegado tú, Profeta de Dios, y mi alma salta de gozo como un cervatillo en libertad. Ahora lo único que me falta saber es si tu madre se llama como yo: María.

—Es la verdad, querida niña: mi madre se llama como tú y es aún hermosa a pesar de sus cuarenta y siete años.

— ¡Yo quiero verla! —fue la intensa exclamación que salió espontáneamente del alma de María.

—La verás y acaso pronto. Ahora acabo de dejarla en Jerusalén.

No bien oídas estas palabras la niña corrió a su hermano y le dijo:

—Tienes que llevarme a Jerusalén ahora mismo para ver a la madre del Profeta que es la que me habla en mis sueños que vosotros llamáis *alucinaciones*.

—Bien, María, bien. Mañana iremos a las fiestas y el Profeta nos dirá cómo puedes ver a su madre — le contestó Lazaro.

—Señor —decía el dueño de la casa, haciendo sentar al Maestro en el sitio de honor en la mesa—. Lo que acabo de saber de tí, agranda enormemente la distancia que nos separa.

—Al contrario, amigo mío; lo que acabas de saber nos acerca mucho más puesto que tu fe y tu amor a Dios te colocan dentro del círculo de mis discípulos íntimos.

— ¡Grande honor para mí si lo mereciera! —dijo Lázaro—. Pero yo soy un pobre apegado a las cosas de la tierra, como el molusco a la roca y tú eres, Señor, el gran apóstol de la humanidad.

—Dentro de la Ley Divina, Lázaro, nadie se hace grande de un salto. De tí depende el hacer más breve o más larga tu subida a la cumbre. El que hoy es sólo un gorrioncillo, puede con el tiempo y el esfuerzo, llegar a ser águila que abarca la inmensidad.

En conversaciones como éstas, pasó la comida, y el Maestro recomendó a Lázaro y Martha no contrariar a la niña respecto a sus tristezas y a sus visiones, las cuales denotaban una facultad naciente: la percepción de escenas ocurridas en los planos espirituales, invisibles al común de los seres.

Y quedó resuelto que al día siguiente la llevarían a Jerusalén a la casa de la viuda Lía, la virtuosa matrona judía que era como una venerada abuela para la mayoría de las antiguas familias de Jerusalén y sus alrededores.

Y el Maestro escribió unas breves líneas para su madre, explicándole el caso de la pequeña María, a fin de que su ternura cooperase a la curación espiritual y física de la niña.

La casa de Bethania, el clásico lugar de los reposos del gran Peregrino, quedó así incorporada a la misión apostólica del Profeta de Nazareth.

Y esa misma tarde, antes de ponerse el sol, los cuatro viajeros se desmontaban entre los peñascales vecinos del Mar Muerto, donde vivía Juan el Solitario del Jordán.

Lo encontraron sentado a la puerta de su gruta, a la cual se retiraba después de la enseñanza y purificación de la segunda hora de la tarde.

A lo lejos, se veía como un campamento de tiendas de vistosos colores, que las gentes levantaban para permanecer varios días escuchando al gran hombre que les aseguraba la presencia del Mesías en el país de Israel. Y al igual que los afiliados a la Santa Alianza, todos soñaban con días de libertad y de gloria, de abundancia y de paz, después de los duros padecimientos de la invasión extranjera, y de la tiranía de Herodes el Idumeo, continuada por sus hijos.

Mientras Jhasua hablaba en intimidad con Juan, sus tres compañeros de viaje comenzaron a recorrer el valle del Jordán, hablando con unos y con otros para sondear el estado de los ánimos.

Se informaron de que más de la mitad de los peregrinos habían ido a las festividades de la Pascua a Jerusalén, pero habían dejado sus tiendas levantadas porque dos días después regresarían.

Cuando se enteraron de que aquel gallardo joven era el heredero del príncipe Ithamar, cuya desgracia fue tan sentida por el pueblo hierosolimitano, los amigos se multiplicaron para ofrecerles hospedaje en sus tiendas de campaña.

El entusiasmo y el asombro superó el límite cuando vieron al viejo Simónides fuerte y sano, andando por sus pies, pues muchos de ellos le habían visto inválido con las caderas y piernas dislocadas por los tormentos a los que fue sometido.

"Le ha curado el Profeta de Nazareth que recorre el país obrando prodigios y maravillas" Y como el murmullo de un río caudaloso, esta noticia corrió por la orilla del Jordán, entre las gentes de las tiendas que acudían a nuestros viajeros, para tomar mayores datos sobre el Profeta a quien no resistían las más terribles enfermedades.

"Era el que había curado a todos los leprosos del Cerro del Mal Consejo, junto al Torrente Cedrón".

"Era el que había levantado de su piel de oveja tirada en el suelo a los paralíticos, que eran como estatuas vivas en los pórticos exteriores del Templo".

"Era el que había abierto los ojos a varios ciegos de nacimiento, que ambulaban como fantasmas por los mercados en busca de socorros de los transeúntes".

"¡Era el que había sacado del calabozo a la viuda y la hija del príncipe Ithamar, asesinado por los piratas!"

"¡Oh!... ¿No sería éste el Mesías que Israel esperaba y que el Solitario del Jordán aseguraba estar ya en el país de Israel?"

Y cuando nuestros viajeros les anunciaron que el Profeta estaba en la gruta del Solitario en conferencia con él, la efervescencia subió de punto y querían correr hacia él para tocar su manto, para empaparse en la luz de su mirada, para escuchar su palabra, para recibir sus bendiciones.

Judá, Faqui y Simónides les tranquilizaron, prometiéndoles que el Profeta

185

iría al Jordán y podrían verle de cerca.

Hablando estaban aún, cuando vieron a lo lejos la esbelta silueta del Maestro, que como una escultura de marfil parecía recortada en el azul opalino del atardecer.

Caminaba al lado de Juan, con el cual formaban un marcado contraste. El Solitario vestía la túnica de lana obscura de los Terapeutas y su estatura alta y fuerte, su rizada cabellera obscura, su abundante barba negra, sus gruesas cejas, le daban un aspecto rígido y austero que causaba temor.

El maestro en cambio vestía todo de blanco; sus cabellos y barba castaños con reflejos dorados, sus dulces ojos claros, la palidez mate de su tez, todo le hacía aparecer sutil, delicado, casi como una visión que a momentos se confundía con las brumas malva y oro de la tarde.

La ardiente imaginación de Faqui le sugirió esta idea, que la tradujo en palabras:

—La Justicia y el Amor caminan hacia nosotros.

—¡Cuán joven es el Profeta!... —repetían algunas voces—. Parece no tener más de veinticinco años.

—¡Y cuán hermoso es! —añadían otros—. ¡Bien se ve que es originario del norte! La Galilea, vecina de Siria, se ha contagiado de la grácil languidez de los libaneses.

Cuando llegaron, cien ojos curiosos se clavaron en la bella y delicada faz de Jhasua, que sostuvo sereno aquellas ansiosas miradas.

—¡La paz sea con vosotros! —dijo al numeroso grupo de peregrinos que lo observaba.

—Y contigo, Profeta de Dios —le contestaron.

—Amigos —dijo el Maestro, dirigiéndose a sus compañeros de viaje—. Antes de que el sol se esconda, entraremos a las aguas del Jordán como todos los que vienen a Juan el Solitario.

Y diciéndolo, se quitó el manto, que dejó sobre los arbustos de la orilla.

Las aguas doradas del Jordán besaron sus pies, y Juan le dijo:

—Ni tu espíritu ni tu cuerpo necesitan ser purificados, porque fuiste puro y limpio desde antes de nacer.

—Haz conmigo como haces con los demás, Juan, porque tal es la Ley. —Y dobló su cuerpo sobre el agua que corría mansamente, para que su primo Juan la derramara sobre su cabeza.

La gloria del ocaso oriental, formaba un resplandeciente dosel sobre el manso río, que se teñía también de púrpura y oro.

La intensa emoción de Juan, cuyos ojos estaban inundados de llanto, la interna evocación del Cristo a sus grandes alianzas espirituales, aquel instante en que él se abrazaba ya de lleno con la humillación de las iniquidades humanas, formó una irradiación tan poderosa de amor en torno suyo, que los más sensitivos percibieron delicadas armonías como voces lejanas que cada cual tradujo de acuerdo con su sentir.

¿No habían oído voces extraterrestres los videntes y auditivos de Betlehem la noche del nacimiento de Jhasua?

¿No habían rasgado los cielos sus velos de zafiro y de turquí, para unirse a la tierra derramando sobre ella paz y amor a los hombres de buena voluntad?

¿No es el amor un himno mudo que todas las almas comprenden, oyen, sienten, porque es el Verbo Eterno, la palabra no hablada pero impresa en todas la almas, como un fuego ardiente que el soplo de Dios va encendiendo en toda vida?

¿Qué pasó en los seres que presenciaron aquel sencillo acto, que se les vió caer postrados en tierra con más fervor que si estuvieran bajo las naves majestuosas del templo de Jerusalén?

Un hálito divino había pasado rozando las aguas, las florecillas silvestres, las rocas musgosas que bordean el histórico río, testigo de las glorias y abatimientos de Israel.

Simónides, sin saber por qué, lloraba silenciosamente.

Judá y Faqui, emocionados en sumo grado, no podían pronunciar ni una palabra.

Y todo este complejo mundo de emociones y de sentimientos, no duró sino un instante, como una ola de luz que llega y luego desaparece; como una llamarada que se enciende un momento, lo bastante para iluminar un vasto horizonte.

—¡Es el Hijo de Dios bajado a la tierra! —dijo Juan en voz baja, pero cuyo eco parecía ir resonando de colina en colina como por extraña repercusión.

Jhasua pisó de nuevo el césped de la orilla, tomó su manto y continuó andando lentamente hacia la gruta de Juan.

Sus amigos recibieron también la ablución de las aguas del Jordán y siguieron a Jhasua, que continuaba andando sin volver la cabeza.

Cuando llegaron a la gruta, anochecía y la primera estrella vespertina encendió su lámpara de amatista con tan vivos fulgores que Jhasua, sentado sobre un trozo de roca, dijo mirándola tiernamente:

—Parece que Venus se asocia a mis pensamientos.

—¿Qué piensas, Jhasua, si se puede saber? —le preguntó Faqui, sentándose a su lado.

—¡Que sólo un amor infinito puede salvar a la humanidad, que perece... —contestó.

—Y ese amor se lo das tú, Jhasua desde largas edades —le contestó Juan.

—Y aún no ha sido bastante —añadió el Maestro—; pero la Ley quiere que esta última etapa sea la apoteosis suprema del Amor Eterno.

Judá, en un aparte con Simónides, le decía:

—No sé por qué me parece que somos demasiado pequeños para comprender a Jhasua. Comienzo a verle tan extraordinario, tan diferente de los demás hombres, que su personalidad se va como esfumando en ese mundo desconocido del Eterno Enigma. ¡Oh, Simónides, padre mío! a veces acaricio enloquecido de felicidad el hermoso sueño del reinado de Jhasua sobre el oriente salvado por él, y a veces un frío de muerte invade todo mi ser, cual si me viera acariciando una quimera que se desvanece ante mi vista.

—¿Quimera?... ¡Oh niño! no digas eso ni jugando! ¿Y las profecías?... y la fe de nuestros padres desde Adán hasta ahora?

"¿Puede ser todo ello derrumbado en un momento como un torreón de arenilla dorada? ¡No, no y mil veces no! Que ignoramos la forma y los medios por los cuales Jehová realizará sus designios, es verdad; pero esta ignorancia nuestra no significa que no sucederá.

—Amigos, —dijo Jhasua— por hermosos que sean los sueños, la vida humana pide sustento, y Faqui y yo hemos preparado la cena ¿Nos acompañáis?

El príncipe Judá volvió a la vida real y contestó al Maestro.

—Vamos Jhasua, vamos.

Y alrededor de un mantel extendido sobre un bloque de montaña, se tendieron en el césped los cuatro viajeros, más Juan el Solitario que había recobrado la plácida alegría de los días de su juventud primera.

Aquella cena sobre una piedra, a la luz de las estrellas y de la llama rojiza de la hoguera, sintiendo el rumoroso cantar de las olas quebrándose en los peñascos, tenía no se qué misterioso encanto que jamás pudieron olvidar los cinco seres que rodearon aquella mesa de roca.

En sus íntimas confidencias Juan refirió al Maestro, la espantosa lucha que sostenía con las fuerzas del mal, representadas fielmente por Herodias, residente en Galilea, separada de su marido el Tetrarca Felipe, y unida ilegalmente con Antipas, que repudió a su esposa legal.

Como había hecho en Cesárea de Filipo, la desvergonzada nieta de Herodes, continuaba haciéndolo en Tiberias, en Sevthópolis, en Archelais, en Phasaelis y aún en Jerusalén. Tenía palacios para su residencia en todas estas ciudades, en las cuales iba sembrando todas las corrupciones y todos los vicios de que era capaz su corrompido corazón.

En sus palacios tenía altares para los dioses paganos que fomentaban sus desórdenes, y había creado un cuerpo sacerdotal de mozos y doncellas para los cultos de sus dioses. De éste foco de infección moral se desbordaba un torrente de vicio, que iba inundándolo todo.

Juan se colocó frente a ella en una lucha terrible que sostenía desde dos años antes.

—Yo sé —decía Juan al Maestro—, que ella acecha mis pasos para quitarme la vida, porque el rey Herodes Antipas, pone débiles frenos a sus audacias inconcebibles, debido a que me respeta y oye en parte mis consejos. Le curé de úlceras cancerosas, herencia de toda esa familia, cuya sangre es veneno de muerte, y me guarda mucha consideración.

"Pero te aseguro Jhasua que ésta lucha feroz con las fuerzas del mal, me resta energías de tal manera, que en la soledad de este desierto en que vivo, lloro amargamente clamando al Señor para que ponga término a mi martirio.

"Entre las gentes que llegan a mí pidiendo la ablución del Jordán, para ser purificados en su cuerpo y en su espíritu, han venido asesinos pagados por Herodías para acabar con mi vida; pero como aún no es mi hora, sus ardides han sido descubiertos a tiempo, y fueron destrozados por los numerosos peregrinos que habiendo recibido tantos bienes, defendieron la vida amenazada del Solitario, como todos me llaman.

"Mas en mis horas de meditación y de acercamiento a la Divinidad en busca de socorro, me veo asaltado por turbas negras de espíritus inmundos, que vienen en los perversos y bajos pensamientos de esa mujer y de quienes la escuchan y la siguen.

"Tú lo sabes mejor que yo, Jhasua hermano mío, hasta qué punto se ensañan las fuerzas del mal, en contra de todos los que eligen para desenvolver su vida, el camino de apóstoles de la verdad, de la justicia y del amor; y que sólo una heroica fuerza de voluntad puede vencer en la tremenda lucha.

"Como te avisé a tí cuando salí al apostolado, avisé a todos los Santuarios Esenios, pidiéndoles la cooperación espiritual para cumplir debidamente mis pactos contigo, y con las Inteligencias Superiores que han marcado nuestros caminos.

"Y con todo éso, ya lo ves hermano mío!... llegan momentos en que me creo vencido; y tirado como un harapo de humanidad entre los peñascos que me cobijan, lloro en silencio!... exhalo ayes que nadie escucha, sino el viento que pasa silbando por la montaña!...

"¿Por qué Jhasua... por qué el bien ha de ser avasallado por el mal, si Dios, Señor de todo lo creado, es el bien por excelencia?

"¿Por qué esta raza de víboras, de la dinastía de Herodes, ha de venir envenenando a todo el país desde hace más de cuarenta años?

— ¡Juan! —le contestó el Maestro, con su voz suave de susurro de aguas mansas corriendo entre flores—. ¡Juan! ¿Has olvidado que faltan aún *dos milenios de años*, o sea veinte centurias, para que las razas de víboras como la de Herodes, desaparezcan de entre la humanidad?

"¡Cuántos mártires serán necesarios para luchar con ellas, vencerlas, transformarlas y redimirlas!

"¡Cuántas jóvenes vidas serán segadas por el hacha de los verdugos, cuántas se consumirán como hojarasca seca en las hogueras, cuántas colgarán de las horcas de donde les arrancarán a pedazos los buitres voraces!... ¡cuántos los crucificados como los esclavos de Espartaco!... ¡cuántos devorados por las fieras de los circos, para divertir a otras fieras humanas que corearán con carcajadas los ayes de las víctimas!...

"¡Oh Juan hermano mío!... Sólo ante tí puedo hablar de esta forma, porque tú eres fuerte como la montaña de granito, ante la cual se estrellan rugiendo las olas agitadas por la tempestad!

"¿Puedo decir a ninguno de los que se aprietan a mi lado para seguirme, *"tú serás una víctima de la inconsciencia humana?"*

"¿Puedo contestar a los que me llaman Maestro, que se verán cubiertos de baldón y de oprobio lo mismo que su Maestro? A ninguno puedo decírselo y estoy cierto de que así sucederá!

"Dios es el bien, y el mal triunfa. Dios es el amor, y el odio se impone. Dios tolera y perdona por largas edades, y la venganza y el crimen se levantan con fuerza de ley!

"Dios es el Dueño y Señor de cuanto existe, y las multitudes hambrientas y desposeídas ambulan por las ciudades y los campos, recogiendo mendrugos arrojados a los perros, o espigas olvidadas en los rastrojos...

"¿Qué significa todo esto Juan, qué significa?... Que la mayor parte de la humanidad, se entrega vencida a las razas de víboras como los Herodes de la Palestina, y que su liberación es lenta y penosa como el andar de una caravana en los caminos fangosos.

"Tú y yo iniciamos una marcha nueva, en esta hora solemne de la evolución humana en éste planeta. Detrás de nosotros vendrán centenares y miles, que irán cayendo a lo largo del camino como frutos maduros, en los senderos del huerto, para saciar el hambre y la sed de las turbas inconscientes!...

"Nosotros caeremos desgarrados, pero no vencidos en el camino obscuro y sombrío; porque la muerte por un ideal de redención humana no es la derrota sino la consagración suprema del Amor Eterno!

"Para luchar tres años frente por frente a la maldad y la ignorancia humanas, has pasado treinta en la austera santidad de los Santuarios Esenios, donde has bebido a raudales la luz, el divino conocimiento, la energía y el poder sobre todo mal!... Treinta años acumulando fuerza sobre fuerza para vencer a la raza de víboras que envenena a nuestro país!...

—¿Habré conseguido algo Jhasua en esta ruda jornada?... —preguntóle Juan con infinita tristeza.

—El apóstol de la verdad y del bien no fracasa nunca, Juan, hermano mío, aunque no recoja con sus propias manos el fruto de lo que ha sembrado!

"Es el tiempo... son los siglos que van recogiendo los laureles que coronarán un día la frente de los escogidos, sin que una sola hoja se pierda, ni se marchite, ni se seque!...

"Las fuerzas benéficas y salvadoras que acumulan hora tras hora los servidores de Dios, atrayendo con sus grandes anhelos, el amor, la luz, la bondad infinita sobre la humanidad delincuente, no se pierde en el vacío, sino que caen en las almas de los hombres, como cae la lluvia sobre los campos resecos; como entran los rayos solares por la escasa lucera de un calabozo!

"Si no fuera por ésta estrecha comunión espiritual, entre las almas purificadas de la tierra con sus hermanas gemelas de los cielos infinitos, en favor de las humanidades atrasadas ¿cómo se encenderían luces entre sus tinieblas, y quien sembraría la simiente divina de la verdad?

"¿Quién repetiría a los hombres la palabra fundamental de la Ley, *"Ama a Dios sobre todas las cosas y al prójimo como a tí mismo"*, si no los labios purificados a fuego, como los de Isaías, de los apóstoles de Dios? Ellos pasan por la vida desposeídos de todos los goces materiales, y ricos solo de los dones divinos que derraman sin mezquindad, como los astros su luz y las flores sus perfumes, y el manantial sus corrientes, sin esperar compensación alguna...

Las palabras del Maestro iban cayendo en el alma de Juan, extenuada por la espantosa lucha espiritual sostenida, como una suave llovizna que la vigoriza de nuevo... como una túnica blanca transparente que aligeraba sus vuelos hacia la Divinidad, única compensación deseada por él, que lo había renunciado todo para ser digno cooperador del Cristo en la redención de la humanidad.

Los ángeles de Dios debieron contemplar ebrios de gozo divino, la unión de aquellas dos grandes almas en la soledad del desierto de Judea, cercados de áridos peñascales, menos duros quizá que los corazones de los hombres que buscaban redimir y salvar!...

—Fortalecido por tu visita... alimentado con el pan divino de tu palabra Jhasua, hermano mío, el Solitario del Jordán tendrá fuerza para anunciar al Dios vivo, que si es Amor para los humildes y doloridos, es Justicia para los tiranos y los déspotas, que hacen de este mundo un lupanar, y de las almas escoria que se pierde entre el vicio y el crimen.

El sol del amanecer se levantaba como un fanal de oro detrás de las montañas, y los discípulos de Juan comenzaron a llegar para recibir de su maestro la instrucción matutina.

Eran catorce jóvenes de los pueblos vecinos del Jordán, que vivían en las grutas de las orillas del Mar Muerto, y que acudían diariamente al Solitario para seguir sus mismos caminos, de salvadores de los hombres.

EL AÑO TREINTA Y UNO

De regreso el Maestro a la placidez de la dulce Galilea, su primer cuidado fue presentarse en el santuario de las grutas del Monte Tabor, para reunirse de nuevo a sus doce discípulos íntimos.

En setenta días habían aprendido de la ciencia de Dios y de las almas, lo que en todos los años de su vida, apenas si habían vislumbrado débilmente.

Aquellos dos maestros de Jhasua, Melkisedec y Tholemi, ancianos ya, fueron los que prepararon a los Doce, para auxiliares del Maestro en su obra apostólica.

A ellos, que sólo habían dejado para seguirle sus redes de pescar, o sus tiendas de mercaderes, se les podía decir parte de la verdad en lo referente a la vida de Jhasua, sin conmover su esperanza ni su fe.

Ellos solos supieron desde entonces, que Jhasua de Nazareth no había bajado a la tierra para sentarse sobre un trono de oro, ni vestir la púrpura real.

Ellos solos supieron de qué cielos había descendido el gran espíritu, que venía a marcar nuevos rumbos a la evolución humana.

A través de las palabras de Melkisedec, ardiente como una llama y suave como perfume de incienso, conocieron la personalidad espiritual del Maestro, que les había llamado para seguirle en su breve pasaje por la vida del plano físico.

Desde entonces se familiarizaron con la idea del Reino de Dios, del cual tanto y tanto les hablaría el Maestro más tarde.

Aquellos setenta días de enseñanza y de meditación en las grutas silenciosas del Tabor, apagaron las luces fatuas de las ambiciones terrestres, y el hombre viejo desapareció del escenario, para surgir el hombre nuevo capaz de alimentar anhelos nobles y puros; capaz de contemplar la vida física en sus reales y verdaderos aspectos, y de mirar a la muerte con ojos serenos y corazón tranquilo.

Eran golondrinas viajeras, que habían venido siguiendo a un águila real, que debía levantar en sus alas poderosas, a toda la humanidad...

Eran la escolta de un príncipe soberano, que había venido a este ingrato país de esclavos, a romper sus cadenas y volver a la libertad!...

Y les dejaría sobre esta tierra como guardianes de la obra que venía a fundamentar, sobre la base de granito de la Ley Divina: *"Amarás a Dios sobre todas las cosas y al prójimo como a ti mismo".*

¡Qué grande veían a su Maestro, a la luz de la lámpara encendida para ellos en el Santuario del Monte Tabor!

Y en adelante vivirían siempre a su lado, llevando la misma vida de los Esenios: meditación, apostolado y trabajo.

La vieja casa de Simón Barjonne, padre de Pedro y de Andrés junto al lago Tiberiades, sería su hogar común mientras no se alejasen de allí.

En Tiberias vivía aquel buen Hanani, padre de Fatmé curada de tuberculosis por el Maestro.

En Naim tenían la granja de Toimai, padre de Dídimo o Bartolomé, como más vulgarmente le llamaban, y el hogar tranquilo de la viuda Mirina.

En Bethsaida vivía el anciano Judas, padre de Nathaniel con cuatro hijos y una hija, tan devotos del Maestro, que pusieron a su disposición el gran cenáculo de su casa para hospedaje suyo y de sus discípulos.

En la ciudad de Cafarnaum, residía la viuda Elhisabet, hermana de Felipe, cuyas dos hijas tenía con ella; y su casa fue la morada del Maestro, cuando el apostolado le retenía al norte del Mar de Galilea.

Familias todas educadas por los Terapeutas Esenios, que recorrían el país desde muchos años atrás, fueron colaboradores ignorados en la obra redentora del Cristo, que encontró en sus hogares, su propio hogar.

Toda la margen occidental del mar de Galilea, fue el primer escenario del gran Apóstol, que pasó allí la mayor parte del año treinta y uno de su vida.

El mundo ha llamado equivocadamente a Jerusalén, la Ciudad santa, nombre que debiera darse con verdad a las ciudades costaneras del Mar de Galilea, donde fue el Maestro Divino tan intensamente amado y mejor comprendido que en la vieja ciudad de los Reyes.

Jerusalén fue la ciudad asesina del Justo, en la cual unidos los tres poderes: el romano, el del rey y el del clero, hicieron de común acuerdo, el más heroico mártir que vieron los siglos.

¡Los senderos entre montañas que bordean el Lago, y que van de ciudad a ciudad, a una y otra aldea de las muchas que poblaban la ribera en aquel tiempo, fueran tantas veces holladas por sus pies de peregrino infatigable!

La arboleda exhuberante que tapiza aquellos cerros, los vallecitos verdes de césped y salpicado de anémonas rojas, las aguas tornasoladas del Lago, en que se reflejaba su imagen al pasar tocando con sus pies la orilla... todo, absolutamente todo en aquella región de Galilea quedó impregnado de su presencia, de la vibración divina de su palabra, del aura radiante que le envolvía... de la luz inefable de su mirada!

Las orillas del Lago, fueron el edén, el paraíso del Cristo sobre la tierra. ¡Fueron sus días verdaderamente felices!

De las familias de los pescadores, favorecidas todas con los beneficios del Hombre-Luz, del Hombre-Amor, que nunca vio un dolor sin remediarlo, se extendió el rumor como una ola gigantesca, de que el hijo del artesano Joseph y de Myriam, la mujer de la piedad, era un gran Profeta y Taumaturgo que curaba las más rebeldes enfermedades. Ni la lepra, ni la tisis, ni el cáncer, resistían al mandato del Hombre de Dios.

Y los nombres de los curados circulaban de boca en boca y de pueblo en pueblo, y nadie podía desmentirlo, porque allí estaba la prueba viviente de los hechos que se anunciaban. Debido a esto, las orillas del Mar de Galilea se vieron cubiertas de multitudes ansiosas y doloridas que acudían en busca de alivio para sus males.

Y él, de pie en la proa de una barca, que se balanceaba sobre las olas, rodeado por sus doce inseparables, hablaba a la muchedumbre sobre su tema favorito: "el amor a Dios nuestro Padre y al prójimo nuestro hermano".

La *Paternidad de Dios* fue uno de sus más bellos discursos: "Si conociérais al Padre como le conozco yo, le amaríais sin esfuerzo alguno —les decía, con una emoción de amor tan íntima y profunda, que la transmitía a todos los que le escuchaban— Si cada vez que asoma el sol en los arreboles de la aurora y se esconde en la bruma de oro del ocaso, levantárais vuestro pensamiento al Padre para confiaros a El, para repetirle una y mil veces vuestra entrega absoluta a su voluntad, para hacerle cada día la ofrenda de cuanto sóis con todas vuestras miserias, enfermedades y dolores, creedme que seríais todos felices, porque vuestro pensamiento unido al Padre atraería sobre vuestras vidas, todo el bien que buscáis en la tierra sin encontrarlo jamás.

"Pero vosotros tomáis un sendero equivocado que os lleva a las tinieblas y al dolor.

"Vivís buscando en las criaturas buenas o malas, lo que falta a vuestras necesidades, y os encontráis naturalmente con el egoísmo, con la mezquindad, con la indiferencia, que hace más crueles vuestros dolores, o con la impotencia para remediarlos; y de vuestra ansiosa búsqueda tornáis con las manos vacías y con el corazón deshecho, a las negruras de vuestro hogar sin lumbre, de vuestra mesa sin pan, de vuestro lecho helado por falta de abrigo. Olvidásteis a vuestro Padre, y El os deja padecer para que el desengaño de las criaturas os vuelva por fin a su amoroso regazo.

"Ahora confiáis en mí porque véis que tengo un cuerpo de carne igual que el vuestro, porque mi palabra entra por vuestros oídos y vuestras manos tocan las mías, y quedan marcadas en la arena las huellas de mis pies.

"Nuestro Padre Celestial os habla más alto que yo, y sus huellas eternas fueron marcadas en todo cuanto existe en el universo.

"Cuando el sol extiende su resplandor que todo lo vigoriza y anima, ¿no pensáis en el Padre que os besa con su luz divina y se infiltra en vuestra sangre, en vuestro cuerpo, en vuestra vida toda?...

"Cuando vienen las lluvias abundantes, y los torrentes del Monte Hermón bajan desbordados al Jordán, que renueva las aguas de este Lago y os ofrece centuplicados sus peces y sus moluscos ¿no pensáis en el Padre Celestial que provee así a vuestra alimentación?

"Cuando la correntada arrastra árboles secos, y pasan los vientos desgajando los bosques, cuyo ramaje va a cubrir a veces los huertos y los caminos ¿no pensáis en el Padre Celestial que provee así, a que tengáis lumbre en el hogar?

"Cuando vuestro huerto se cubre de flores, y vuestras higueras y castaños, vuestros olivos y vuestras vides, bajan a la tierra sus ramas cargadas de frutos ¿no pensáis en el Padre Celestial que así provee a vuestra alimentación?

"Son esas las formas de expresión de nuestro Padre Común, son esas sus palabras y sus huellas que vosotros encontráis y no lo reconocéis; más aún, le olvidáis para correr tras de las criaturas, para maldecir de vuestra situación, para envidiar al que tiene más, para alimentar la rebeldía y el odio contra los favorecidos de la fortuna, que nunca recuerdan al que nada tiene, y no pensáis que vosotros, puestos en su lugar, haríais lo mismo.

"Grabad sobre la mesa del hogar, los diez mandamientos de la Ley Divina que lleváis grabados en vuestro propio corazón, porque son la Eterna Ley Natural que vive desde que el hombre vive sobre la faz de la tierra, y si esa Ley es la norma de vuestra vida y cada día de ella, oráis al Padre con fe y amor, yo su Profeta, su Hijo, os digo solemnemente en nombre suyo: El cuidará de vosotros y de vuestras necesidades, como cuida de las aves del bosque y de las florecillas del valle que, no siembran ni siegan, y que ni Salomón con todas sus riquezas, estuvo vestido como ellas.

"Vuestro pensamiento me pregunta ¿cómo debe ser mi súplica al Padre Celestial? Y yo os contesto, que del mismo modo que pide el niño a su madre sin rebuscadas palabras y sin los adornos de la retórica, con la sola expresión de lo que necesita vuestro espíritu y vuestro cuerpo"

"Padre nuestro que estás en los cielos!... alabado sea tu Nombre. Venga a nosotros tu Reino y hágase tu voluntad, así en la tierra como en el cielo. El pan nuestro de cada día, dánoslo hoy. Perdónanos nuestras deudas así como nosotros perdonamos a nuestros deudores. Y no nos dejes caer en la tentación, mas líbranos de todo mal".

"El Padre sabe que todo esto lo necesitáis, mas su divina ternura para vosotros, se deleita en vuestra fe, amor y confianza en El y quiere que así se lo manifestéis.

"Las generaciones de la Edad de Piedra, formadas entre la furia de los elementos, cuando las fuerzas todas de la Naturaleza pugnaban a una, para dar a la corteza terrestre y su envoltura de éter, de gas y de fluidos la forma y consistencia perfecta, sentían a no dudarlo la grandeza y poderío de una Causa Suprema, que reconocían en el estampido del rayo, en el fragor de los truenos y relámpagos, en los torrentes desbordados, en el bramido de los mamohuts enfurecidos devastando selvas; en las montañas que abrían sus entrañas vomitando fuego, humo, llamas, vapores ardientes!... Y aterrados por aquellos formidables cataclismos que les llenaban de espanto, sólo sentían un Dios iracundo, terrible, que paseaba sus ejércitos en alas de los huracanes que devastaban los campos y los pueblos!... Y quedó viva y en pie, la frase legendaria *"del Dios de los ejércitos", "la ira de Dios", "la cólera de Dios"* desatada en las tormentas, en los huracanes, en los incendios producidos por el fuego interno de la tierra, expelido por los cráteres de cien volcanes que reventaban en distintos parajes de este globo.

"Todo aquello pasó! Era la infancia de la humanidad sobre el planeta, su casa, su morada para largas edades. Hoy no es la Edad de Piedra. Es la hora de la fraternidad y del amor, en que la Causa Suprema aparece ante su Creación Universal con sus más ténues y delicados ropajes, con sus millares de cortesanos cantando al amor, a la piedad, a la ternura, tal como un augusto emperador que quiere a todos sus súbditos vestidos de fiesta, tocando cítaras y laúdes, que repiten un cantar nuevo:

"Gloria a Dios en los cielos infinitos, y paz en la tierra a los hombres de buena voluntad".

"Os anuncio pues *un Dios* Amor, Piedad y Misericordia, al cual debéis llamar vuestro Padre, porque lo es con toda la ternura, y solicitud con que amáis y cuidáis vosotros a vuestros pequeñuelos.

"De hoy en más, nunca diréis que estáis solos y desamparados en los caminos de la vida, porque Dios vuestro Padre, vela en torno vuestro, con más solicitud que una madre, junto a la cuna de su niño.

"Pero es necesario que os procuréis por la oración y las buenas obras, el acercamiento a vuestro Padre Divino, del cual no os separáis, ni aún cuando le olvidáis!... entendedlo bien; pero su efluvio benéfico, su energía que vigoriza, su fuerza que será vuestra fuerza, no penetra en vosotros de igual manera, que cuando vuestra fe, esperanza y amor, le abre vuestro corazón de par en par, como penetra el rayo solar si abrís la puerta de vuestra vivienda.

"Comprended a Dios, y llamadle en vuestra sencillez; encontradle en el agua que bebéis, en el pan que os alimenta, en el fruto maduro que arrancáis del huerto, en el aire que respiráis, en los astros que os alumbran y en las florecillas silvestres que holláis por los caminos.

"En todo está Dios vuestro Padre, que os rodea por todas partes y que derrama el bien para vosotros, en todas las manifestaciones de la Naturaleza.

"Desde los cedros del Líbano hasta el musgo prendido en las montañas, todo encierra la virtud de Dios para vuestra salud y para vuestra vida.

"Y para que veáis resplandecer sobre vosotros, como una aureola radiante el amor del Padre, os digo en nombre suyo:

"¡Venid a mí los que lleváis cargas que no podéis soportar, los que tenéis en vuestro corazón dolores que os causan angustia de muerte!... venid, que nuestro Padre me ha dado poder para sanar vuestros cuerpos y consolar las tristezas de vuestra vida!

El inmenso gentío iba a precipitarse a las orillas del lago, pero el Maestro mandó acercar la barca hasta encallarla en la arena de la costa.

Y con una voz que tenía vibraciones de clarín que toca a diana les dijo:

—¡Sed curados de vuestras dolencias físicas y desaparezcan de vuestros hogares las rivalidades y el egoísmo, causa de vuestros dolores morales!

"¡Idos en paz, que el amor del Padre os colmará de dicha, si os entregáis a El como os he enseñado!

Un inmenso coro de clamores, de bendiciones y de hosannas resonó en las riberas del Mar de Galilea, aclamando al Profeta que espantaba al dolor, a la enfermedad... a la tristeza.

Los ángeles de Dios evocados fuertemente por el alma radiante del Cristo, debieron vaciar sobre aquella multitud dolorida y sufriente, cuanto bien, alegría y amor emana de Dios, como una esencia divina que penetra en los cuerpos y en las almas, porque se produjo tal algazara, que quien no supiera lo ocurrido, podría pensar que aquella muchedumbre había enloquecido en conjunto.

Los reumáticos arrojaban lejos de sí los bastones en que se apoyaban, o las sillas de ruedas en que se habían hecho conducir, los atacados del pulmón cuya voz afónica no se escuchaba ya más, gritaban aclamando al Profeta; los que padecían de llagas y úlceras, arrojaban las vendas para mostrar a sus familiares que estaban curados; los ciegos vagaban como sonámbulos, ante las maravillas de la luz y el panorama que se presentaba a su vista, obscurecida por accidentes o de nacimiento.

Nadie podía calmar aquella tempestad de alegría que se manifestaba en todas las formas, en que el alma humana exterioriza sus sentimientos.

Los doce íntimos del Maestro, mudos de asombro, miraban a la muchedumbre como enloquecida y miraban al Maestro de pie, sobre la cabina de la barca, contemplando el tumultuoso cuadro que se ofrecía a su vista.

De su alma de Ungido se levantaba un himno mudo pero intenso, de gratitud a Dios-Amor, que le ofrecía llena la copa de felicidad que se encierra en hacer el bien sin esperar ninguna recompensa.

Un precioso velero que venía del norte, se acercó a la costa atraído por los clamores de la muchedumbre.

—¿Qué pasa allí? —preguntaba una mujer joven y bella, que entre varias muchachas jóvenes como ella, paseaba muellemente por el Lago a la caída de la tarde.

—Es que aclaman al Profeta —contestó una de las doncellas, cuyo nombre era Fatmé, aquella Fatmé, que él había curado dos años antes.

—Y ¿por qué le aclaman? —volvió a preguntar la dama que parecía ser allí la que mandaba aquella excursión femenina.

—Habrá sanado a todos los enfermos, como me curó a mí —contestó la muchacha—. Allí está él de pie sobre la cabina de una barca. ¿No lo véis?

—Si que le vemos —contestaron todas. ¡Y qué majestad la suya! ¡Si parece un rey!

—Dicen que lo será sobre todo el oriente —añadió Fatmé que demostraba estar muy al corriente de todo lo que al Profeta concernía.

—¿Un Profeta-Rey? Será algo nunca visto —exclamó la dama abanicándose para espantar los insectos—.

''Los Profetas y los Reyes, son como el aceite y el agua, que aunque se unan por momentos, jamás se confunden ni se mezclan. Los Profetas buscan sólo a Dios, y los Reyes al oro.

El velero llegó casi hasta rozar con su proa la popa de la barca en que se hallaba el Maestro.

—Gentes de Tiberias —dijo Juan, viendo que Jhasua volvía su mirada al velero.

—Es la pagana del castillo de Mágdalo —añadió Santiago.

—¿Por qué la llamas pagana? —preguntó el Maestro.

—Porque no es de nuestra fe, y no vive como nosotros.

—Pero... ¿no os han explicado ya los ancianos del Tabor, que Dios ama a todas sus criaturas, tengan o no la fe de Israel? —preguntó de nuevo el Maestro como extrañado de que uno de sus íntimos manifestase tal sentimiento despectivo para una criatura humana.

—Es verdad Maestro —respondió el interpelado— pero se dicen tantas cosas de esa mujer, que uno no sabe si es una sirena de esas que dicen asoma de entre las aguas para enredar a los hombres, o es una hada buena cautiva de algún demonio en el castillo de Mágdalo, perdido entre los nogales.

—No es mala esa mujer —dijo Pedro—. Como es rica, le gusta el lujo y las fiestas, pero hace limosnas a los pobres.

—Apuesto a que viene con un bolsillo de dinero para repartir entre los enfermos y las viudas —añadió Andrés.

En efecto, vieron que los remeros tendían el puentecillo de desembarco a la costa, y las seis muchachas bajaron a la playa. Su llegada acalló un tanto a la multitud para fijar en ellas la atención.

Jhasua las miraba en silencio.

—Buscamos a los enfermos y a las viudas —dijo Fatmé que parecía ser la que guiaba aquella gentil expedición.

El Maestro no la reconoció en el primer momento. Tan cambiada estaba con su traje y peinado a la griega.

—¡No hay enfermos, que a todos los ha curado el Profeta! —salió una fuerte voz de entre la multitud.

—Pero habrá viudas pobres y pequeños huérfanos —insistió otra de las muchachas.

La que habían llamado *"la pagana del Castillo Mágdalo"* no hablaba, absorta mirando al Maestro, que atraído por aquella insistente mirada, volvió hacia ella los ojos.

La reconoció en el acto. Era la joven aquella que en la gran avenida de Tiro, la tarde de la batalla naval de la Naumaquia, le regaló un esclavo moribundo, que él colocó entre los dependientes de los almacenes de Simónides.

Ella también le reconoció y acercándose le preguntó:

—¡Profeta! ¿qué fue de aquel esclavo que se moría en la Gran Avenida de Tiro?

—Que vive como un hombre libre. y trabaja honradamente para ganarse el pan —le contestó Jhasua.

—Gracias a tus artes mágicas —dijo ella.

—Gracias a Dios que todo lo puede —contestóle él.

—¿Y tú has curado toda esta muchedumbre que te aclama? —volvió a preguntar la mujer.

—Dios es Amor, y alivia todos los dolores cuando con fe y amor se lo piden.

—Y ¿yo no puedo ser curada del tedio y aburrimiento que me fatiga?

—Ama a Dios y a tus semejantes como a tí misma y jamás te aburrirás de vivir.

—¡Tú odias el lujo y las riquezas Profeta!... —dijo con pena la hermosa mujer.

—Porque llenan de tedio y de cansancio el alma, como han llenado la tuya.

Sus jóvenes compañeras habían terminado el reparto de monedas entre las viudas y los huérfanos y Fatmé se acercó al Maestro.

—¿No recuerdas ya maestro a Fatmé la hija de Hanani?

—¡Oh, sí, hija mía!... No te había reconocido antes. Dile a tu padre que de aquí a tres días le visitaré.

—Ya no tengo nada de aquel mal —añadió la joven.

—Ya lo veo —dijo el Maestro— pues pareces un rosal en primavera.

—Volví al castillo de mi niñez —añadió Fatmé—. Esta es María que me colma de todo bien.

—¡Que nuestro Dios-Amor sea bendito por todo! —contestó el Maestro con suave ternura.

—Dile que venga al Castillo —dijo María al oído de Fatmé.

—Cuando visites a mi padre, acuérdate de nosotros Maestro y entra en el Castillo... —dijo con timidez Fatmé y en tono de tierna súplica.

El Maestro miró a María, en cuyos ojos vio también una súplica muda.

—¡Ya llegó la hora!... —murmuró Jhasua—. Está bien Fatmé; al visitar a tu padre, me detendré un momento en los muelles del Castillo, si con ello puedo hacer bien a sus moradores.

Las muchachas se embarcaron nuevamente y pronto el velero se perdió de vista al mismo tiempo que la muchedumbre se dispersaba alborozada.

Unos momentos después el Maestro tomaba el camino de Nazareth, dejando a sus doce discípulos en la vieja casa de Simón Barjonne padre de Pedro y de Andrés.

Al siguiente día era sábado, y estaba avisado por el tío Jaime, que un ilustre Rabí de la secta de los Fariseos, disertaría en la Sinagoga más concurrida de la ciudad. Jhasua deseaba escucharlo. Le llamaban Eleazar, hijo de Simón y era leproso, pero la maligna enfermedad no asomaba aún al exterior debido al espeso vello de sus manos, a la barba demasiado poblada y a las drogas, pomadas y afeites con que él lo disimulaba.

Un conocido hechicero radicado en Tiberias, bajo la protección de Herodias, era quien guardaba el secreto de la situación de Eleazar el fariseo, y hacía uso de todas sus artes para arrancarle el terrible mal antes de que fuera visible.

—¡Sálvame por Dios o por el diablo! —decíale Eleazar— y te daré cuanto quieras. Estoy casado con una hija del Sumo Sacerdote del Templo de Jerusalén, que manda en Judea más que el Procurador y que el rey... más aún que César y puede hacerte grande y poderoso. Pero sálvame, porque de lo contrario, no tardará en ser visible mi mal y me obligarán a sujetarme a la ley que arroja a los leprosos al Cerro del Mal Consejo y prohibe vivir entre las gentes de su pueblo. ¿Cómo puedo soportar un oprobio semejante, yo, un justo que no ha traspasado jamás un precepto de la ley?

Tal era el personaje que ese sábado hablaría en la Sinagoga principal de Nazareth, a donde había llegado unos días antes buscando acercarse al hechicero que prometía sanarle. Mas, ante todos, aparecía que aquel santo hijo de Abraham, deseaba propender a la instrucción religiosa de los galileos, tenidos por los judíos como incapaces de estudios elevados.

—Me sacrifico gustosamente —decía— por dar alta instrucción religiosa a Nazareth, el pueblo natal de mi madre.

Y los buenos galileos, crédulos como toda alma sincera y sin doblez, se maravillaron de la abnegación de Eleazar el fariseo, que dejaba el brillo de Jerusalén, para relegarse por un tiempo a sus silenciosas montañas, sólo por hacer el bien al pueblo natal de su madre. Los nazarenos le colmaron de atenciones y de regalos. Aquel virtuoso hombre de letras se lo merecía todo.

El Maestro desconocía todos estos detalles, y sabía solamente que un doctor de la ley, personaje principal de la secta de los fariseos, ocuparía la cátedra sagrada en la sinagoga de Abimelech, que así la llamaban con el nombre de su fundador.

Myriam, el tío Jaime y algunos otros familiares concurrieron con Jhasua a escuchar al ilustre orador sagrado que honraba con su palabra, una sinagoga de Nazareth.

Confundidos entre el devoto auditorio, el Maestro y los suyos no llamaron la atención en forma ninguna; y a poco rato, el gran hombre entró al severo recinto, acompañado del Hazzán de la sinagoga, de varios escribas que tomarían nota de su discurso, y de otros hombres importantes de la ciudad:

Su tema era éste: "La fiel observancia de la Ley, hace al hombre justo".

La clarividencia poderosa del Maestro, descubrió al punto cuanto había en el alma y en el cuerpo de Eleazar el fariseo, y por primera vez en su vida, se encontró frente a frente de la secta poderosa que trataría de estorbar su camino, y que en esos momentos estaba personificada en aquel ilustre orador sagrado.

Tampoco Eleazar se figuraba hallarse en la presencia del único hombre capaz de conocer su falsedad; del gran nazareno, que descubriría ante todo el mundo lo que era el fariseo judío... el prototipo de la hipocresía, de la avaricia y dureza de corazón, encubiertos bajo el sutil barniz de una mentida santidad.

Con admirable certeza, leyó el Maestro en el mundo interno de aquel hombre, que hablaba con la prosopopeya de un justo, y de un maestro de alto vuelo. El orador desglosaba de la obscura penumbra de la leyenda y de la tradición oral o escrita, las imborrables figuras de Abraham, Isaac y Jacob, ofreciéndolas al auditorio como prototipos de la virtud y la justicia, a que llegaba todo observador fiel a la Ley mosaica, y condenando con frases terribles, a los inobservantes por descuido o por malicia.

Los tres patriarcas mencionados vivieron dos mil años antes de Moisés, al cual atribuían los doctores de Israel, todo el catafalco de ordenanzas que tiene el Deuteronomio.

¿Cómo pues se permitía presentarlos como santificados por la fiel observancia de leyes, que fueron promulgados en el pueblo hebreo veinte siglos después?

Al mencionar las purificaciones ordenadas por la Ley, para las mujeres que han dado a luz y para los hombres recién curados de enfermedades ocultas, hizo el orador tal derroche de exageraciones, de amenazas y de terribles augurios, por la falta de cumplimiento a las ordenanzas legales, que era fácil comprender el estado de conciencia en que ponía a las almas sencillas y de buena fe, que se veían comprendidos en los tremendos anatemas del orador.

Terminaba luego anunciando que todas esas transgresiones por negligencia o por malicia, podían ser subsanadas y perdonadas por Dios, concurriendo al templo de Jerusalén con los dones ordenados por la ley, o sea los sacrificios de los mejores animales de los ganados, o las más escogidas producciones de los campos y de los huertos. "Los becerros, los corderos y cabritos; la flor de la harina, el aceite y el vino eran desde luego las más nobles y puras ofrendas que aceptaba Jehová, en expiación de las culpas contra la Ley".

A la fina observación de Jhasua no escapó el menor detalle. Vio los rostros angustiados de algunas jóvenes madres, que no habiendo podido llegar hasta Jerusalén para purificarse a los cuarenta días de nacidos sus hijitos, se veían expuestas a los tremendos castigos de Dios enunciados por el hombre justo, que en nombre suyo hablaba desde la cátedra santa.

Vio hombres ancianos y jóvenes con la inquietud asomada a los ojos, porque tampoco habían cumplido con las purificaciones ordenadas por la ley.

Y cuando el programa desarrollado por el orador tocó el turno a las enfermedades llamadas inmundas, como la lepra, el tifus; a la observancia del sábado como día del Señor, la severidad y estrictez llegó a un punto tal que muy pocos quedaron entre el auditorio, que no fueron tocados por el filoso estilete de aquel discurso desbordante de amenazas para los infractores.

"El terrible Jehová de los ejércitos rebosando en cólera contra sus hijos insumisos, mandaría sus ángeles de justicia en los vientos de la noche, en el rocío de las madrugadas, en las nubes obscuras de las tempestades, para flagelar a los audaces que se permitían traspasar los mandatos de su Ley soberana".

El terrible discurso terminó entre un silencio de muerte.

Era costumbre que el orador esperase alguna interrogación de parte de sus oyentes que tuvieran ciertas dudas sobre la argumentación hecha.

Jhasua se levantó de su asiento, y caminó sereno hacia la cátedra, frente a la cual se detuvo. El ilustre orador lo miró complacido, de ver que un joven galileo de tan noble continente se presentaba ante él, para hacerle seguramente una consulta, que pondría más en evidencia sus altos valores como hombre ilustre de Israel.

El Hazzán que conocía a Jhasua y sabía su capacidad y su modo de pensar, tembló de la cabeza a los pies por la borrasca que preveía, pero su deber era guardar silencio.

— ¡Honorable Rabí de Jerusalén! —dijo Jhasua con una leve inclinación de cabeza—.

"Tu estupendo discurso ha suscitado en mí algunas dudas, y es tu deber resolverlas, como es el mío exponerlas.

"He escuchado complacido cómo presentas a nuestros padres Abraham, Isaac y Jacob, como hermosos ejemplos de justicia y santidad para todo buen hijo de Israel, y en efecto creo que son los tres verdaderos santos de nuestro pueblo. Pero ellos no fueron santificados por su buen cumplimiento de las leyes del Deuteronomio, puesto que éste se escribió dos mil o más años, después de la existencia de nuestros tres grandes patriarcas.

"Ellos fueron justos, cumpliendo la Ley Natural que todos llevamos grabada en nuestro corazón, y que por sí sola tiene el poder divino de hacer justos a quienes cumplan con ella. De su propio corazón la copió Moisés en tablas de piedra, para que el pueblo hebreo, contagiado del paganismo idólatra del vulgo egipcio, no tratara de encubrir con las arenas del desierto la trillada y pura senda de Abraham, Isaac y Jacob.

El orgulloso fariseo estaba lívido, pues en toda su vida no había visto tan de cerca, lo que él llamaba en su fuero interno, la audacia de un ignorante.

—Para todo mi discurso —dijo por fin—, me he acomodado al nivel intelectual de mi auditorio. En una sinagoga de Judea no hubiese hablado lo mismo.

—Con esto quieres decir que en Galilea es muy deficiente la instrucción religiosa —dijo Jhasua—, pero creo, honorable Rabí, que no es desfigurando la verdad que se instruye y educa a los pueblos.

—¿Y quién eres tú, que te atreves a darme lecciones a mí, que llevo veinte años enseñando en el Templo y Sinagogas de Jerusalén?

—Sencillamente un hombre que ha buscado la verdad, que la ha encontrado en la meditación y el estudio, y que no gusta de verla desfigurada y encubierta por ningún velo ni disfraz —contestóle el Maestro con admirable serenidad—.

"Has hablado de la santificación del sábado, en el cual *"no es lícito ni aún enterrar a los muertos, ni asistir a un enfermo, ni levantar a un herido tirado en un camino".* Has hablado del ayuno y de las penas a que está sujeto el que no cumple con él. Pero has olvidado lo que dice el Profeta Isaías de que "el ayuno agradable a Jehová es la misericordia con los afligidos, con los desterrados y perseguidos, con los hambrientos y los desnudos". Es necesario pensar en que la mesa del pobre, pocos días tiene alimentos, y si éstos le llegan en día de ayuno, ¿debe pasar otro más sin comer?

"Si un profeta de Dios encuentra en día sábado, un leproso en su camino ¿debe dejarle sin curar, teniendo el poder divino de hacerlo?

El pensamiento del Maestro fue a lo profundo de la conciencia del fariseo que siendo leproso, no sólo faltaba a la Ley que ordenaba apartarse de las gentes, sino que lo encubría burlándose de la Ley.

Inquieto y turbado, no acertaba con lo que debía contestar, y sus ojos huían de los del Maestro, cuya mirada límpida y serena le llegaba como una acusación.

Se levantó para retirarse y dijo al Hazzán:

—Si hubiera sabido que teníais un maestro en Nazareth, no hubiera subido a esta cátedra.

—Ningún maestro está demás para enseñar al pueblo —contestó el Hazzán.

—Pedir explicaciones a un orador sagrado, está permitido por la Ley. En cambio tú faltas a la Ley, Rabí, no contestando a mi pregunta: ¿Puedo curar a un leproso en día sábado?

Los divinos ojos del Maestro buscaban el alma de Eleázar, que aún podía ser redimido del orgullo que le dominaba.

—La severidad de la Ley, ha hecho del leproso el ser más desventurado de la tierra —dijo el fariseo—.

"Si eres Elíseo Profeta, y tienes el poder de curar la lepra, ten piedad de los leprosos y cúrales aunque sea en sábado!

— ¡Muy bien, Rabí! En este día sábado, en la sinagoga de Abimelech en Nazareth, curo en nombre de Dios omnipotente, la lepra del que la tiene en su cuerpo—. La vibración de estas palabras del Maestro fue tan poderosa, que Eleazar se dejó caer de nuevo en el sillón de la cátedra, porque todo su cuerpo temblaba.

—Se ha desvanecido —dijo el Hazzán acercándose.

—No es nada —dijo el Maestro al público—. Esperad que aún debéis oír el final del discurso. Mis preguntas obligan al orador a ampliar el tema.

El fariseo comprendió la grandeza moral del hombre que tenía ante él, y su propia bajeza e hipocresía que amenazaba al pueblo con la Ley, y él se burlaba de ella.

Vio·que de sus manos desaparecían las señales de la lepra, y una suave frescura corría por todo su cuerpo. Se veía curado por aquel extraordinario Profeta que había leído hasta en el fondo de su alma.

Y ocupando nuevamente la cátedra habló en términos que dejó estupefactos a los oyentes.

La Misericordia Divina hablaba por su boca, mientras de sus ojos corrían lágrimas que trataba de ocultar de su auditorio. Pero su voz temblaba de emoción, de remordimiento, de conmociones internas profundas, cuando repitiendo palabras del Profeta Jeremías sobre la piedad y misericordia con los desamparados, con las viudas y ancianos indigentes, con los niños huérfanos, los perseguidos por la justicia, con los encarcelados y enfermos, recordaba sin duda que su vida era una completa contradicción a su actual discurso, que una misteriosa fuerza oculta le obligaba a pronunciar. Y una interior dulzura y suavidad embargaba su propio espíritu al hablar así, como si la presencia del Profeta Nazareno transformara su corazón, sus sentimientos y curándole de su ceguera espiritual como había curado la lepra de su cuerpo, le hiciera contemplar la Bondad Divina en toda su infinita dulcedumbre.

Cuando terminó, se abrazó de Jhasua y rompió a llorar a grandes sollozos.

— ¡Profeta de Dios! —le dijo— has curado la lepra de mi cuerpo y la lepra de mi alma envenenada de orgullo. Soy deudor tuyo para toda mi vida ¿qué puedo hacer por tí?

—Hablar al pueblo siempre como lo acabas de hacer —le contestó el Maestro—.

"En nuestros grandes Profetas —añadió— hay hermosos resplandores de amor, de esperanza y de fe, que pueden servirte de base para brillantes discursos, sin que nadie pueda argüir que te apartas de los Sagrados Libros.

"Tú sabes, Rabí Eleazar, que el Pentateuco llamado de Moisés, fue escrito en gran parte después que su cuerpo descansaba sin vida en Monte Nebo. Los verdaderos escritos de Moisés, los he visto yo y los he tenido en mis manos. Son pocos y breves, y están ocultos y custodiados por una fuerza superior que hasta ahora nadie ha podido vencer. Jeremías los conoció; Isaías los conoció... Elías y Eliseo los conocieron también. No te apartes de esos cuatro Profetas en tus discursos, y estarás dentro de la verdad y la justicia.

—Profeta Nazareno —dijo el Rabí después de unos momentos de silencio—. Yo tengo la antigua casa de campo que perteneció a mis abuelos maternos, entre las montañas que encajonan el valle de la antigua ciudad de Iazarón, hoy convertida en un suburbio extramuros de Tiberías. Con un pretexto·cualquiera me retiraré allí, para realizar en quietud y sosiego la transformación de mi vida. Mi posición en Jerusalén es muy falsa de hoy en adelante, y confieso que me falta valor para afrontar la lucha entre la conciencia que tú has despertado en mí, y el Sanhedrin donde mi suegro Hanán, ocupa un lugar preponderante.

"Allí esperaré tus visitas Profeta de Dios, si crees que merezco ese honor.

—Te lo prometo Eleazar amigo mío, para la próxima luna. Te mandaré aviso por los hijos de Simón Barjonne, que conocen hasta las plantas de heno que crecen en las márgenes de nuestro Lago —le contestó el Maestro, y salió de la sinagoga, porque se sabía esperado por su madre y el tío Jaime que no tornarían a casa sin él.

EL CERRO ABEDUL

Del Lago a Nazareth y de Nazareth al Lago, el hermoso sendero entre montañas cubiertas de vegetación y deliciosos vallecitos fue tan frecuentado por el Maestro, sus discípulos y sus familiares, que los pastores y labriegos se habían familiarizado con ellos, hasta el punto de confiarles todas sus cuitas, tal como lo habían hecho hasta entonces con los Terapeutas peregrinos. A esto se debió sin duda, que fuera una de las regiones más favorecidas con las fuerzas benéficas de que hacía uso el Maestro, para aliviar los dolores de sus semejantes.

Del país de los Gadarenos, en la opuesta ribera del Jordán, habían pasado a las grutas de las montañas galileas, muchos enfermos mentales, a los cuales el vulgo llamaba *endemoniados* por los accesos de furor que los acometían a intervalos.

Eran lo que entre nosotros vulgarmente se les llama *"locos furiosos".*

Los vicios y desórdenes de Herodías, habían producido este azote social hasta en las más apartadas comarcas de la Tetrarquia de Felipe, su marido, cuya debilidad de carácter daba lugar a los desmanes de la terrible mujer.

Las delictuosas artes de la magia negra ejercida por malvados hechiceros y adivinas, de las cuales se valía Herodías para los secuestros de jóvenes de ambos sexos, habían producido una gran cantidad de desequilibrados mentales, la mayor parte de los cuales, eran esposos o padres de los jóvenes elegidos por ella, como instrumentos para sus desórdenes de toda especie. Drogas venenosas, torturas físicas o morales, espantosos métodos de seducción, todo era aplicado para causar terror y miedo a aquellos a quienes quería alejar del escenario de la vida, para que no quedaran al descubierto sus delitos.

Y los pastores, labriegos y leñadores de la comarca, vivían en contínua zozobra por los indeseables vecinos habitantes de las grutas cercanas al Jordán.

—Maestro —decíale Pedro un día que pasaban por ese camino volviéndose de Nazareth al Lago—. Estas buenas gentes viven bajo el terror de los endemoniados que abundan en estas grutas. Tú que tienes todos los poderes del Padre Celestial, ¿no les remediarías este mal? Hay pobres pastores que ven diezmadas sus majadas por los lobos, debido a que son asustados por los endemoniados de las grutas, y huyen a sus casas, dejando abandonado su rebaño.

—Vamos a visitarles —dijo el Maestro—. Guíanos tú, Simón, que conoces el terreno.

Le acompañaban entonces a más de Pedro, Zebeo, Juan y Felipe.

Los enfermos mentales eran sólo nueve y promovían tal alboroto en toda la comarca, que se hablaba de una legión de demonios acaso tan numerosa como las legiones de César.

Los pastores habían indicado a Pedro el sitio preciso en que se encontraban las grutas. Era en el llamado Cerro Abedul, quizá por la abundancia de dichos árboles que se encontraban allí.

Los labriegos, pastores y leñadores, quedaron a la expectativa a cierta distancia, para presenciar sin peligro la lucha rabiosa que sin duda se entablaría entre aquellos cinco hombres que se atrevían a enfrentarse contra una legión de demonios.

—El del manto blanco —decían— es un Profeta novel, es el hijo del justo Joseph, que recibió el espíritu de Jehová en un viaje a Egipto, donde dicen que también Moisés fue visitado por Jehová. Las gentes del Lago están enamorados de él y cuentan maravillas. Ahora lo veremos.

Estos y otros parecidos comentarios hacían los vecinos de la comarca invadida, según ellos por los demonios, mientras el Maestro y los suyos se acercaban a la peligrosa colina.

Sentíanse espantosos alaridos como de hombres puestos en tortura. Tonos bajos, altos, que ya parecían rugidos de leones, como aullidos de lobos o ladridos de furiosos mastines, todo junto salía como un torbellino de sonidos del *"Cerro Abedul"*.

Los cuatro discípulos acompañantes, habían conseguido serenarse completamente mediante las palabras del Maestro:

—Quiero que os ensayéis a cooperar conmigo en el alivio de los dolores humanos —les decía, mientras caminaba hacia el Cerro—. Necesito pues de una gran serenidad de vuestra parte, y plena confianza en el poder divino que me asiste, para realizar toda obra de bien en favor de nuestros semejantes.

"Si alguno de vosotros se siente perturbado o inquieto por temor, por dudas o por cualquier sentimiento adverso a lo que vamos a realizar, dígalo francamente y vuélvase atrás, porque tal disposición de ánimo restaría fuerza y sería obstáculo a los poderes invisibles que cooperan con los obreros del plano físico."

Al decir esto, el Maestro miró a Juan, que caminaba a su lado y en el cual percibía un ligero temor.

—Yo temía Jhasua! tú lo has adivinado, pero esta mirada tuya ahuyentó de mi corazón el miedo... Ya no temo más, porque sé que eres el Ungido de Dios, y tu palabra es poderosa aún sobre los demonios.

"¡Déjame seguirte!..."

El Maestro le sonrió con dulzura mientras le decía:

—Mis caminos son duros Juan para un jovenzuelo como tú. Mas si mi Padre te llamó en tu hora primera, será porque te encontró capaz de responder valientemente a su voz.

"Estos casos —añadió el Maestro por vía de instrucción—, casi nunca se producen sin la intervención de inteligencias perversas, que desde el espacio actúan en connivencia con los encarnados, que les son afines. Y considerados bajo este punto de vista que es el real y verdadero, no están mal llamados *endemoniados*, pues que son presa de entidades malignas, que bien pueden ser calificadas de *demonios*, ya que esta frase ha llegado a ser un resumen de todo lo malo de que es capaz una inteligencia desencarnada.

"La causa originaria de estas perturbaciones mentales, es siempre una fuerte impresión dolorosa que sumerge al alma en gran desesperación. Tal estado psíquico es aprovechado por inteligencias malvadas para producir la obsesión directa, que es un absoluto dominio sobre la víctima, en cuya memoria influyen de manera tan tenaz, que no pueden borrar ni un momento el recuerdo de la impresión sufrida.

"Y si el Padre puso en mis manos el poder sobre todos los elementos, y fuerzas de la Naturaleza para ejercerlos en beneficio de esta humanidad que es mi herencia, no debe caber en vosotros temor alguno, pues por Divina Voluntad, toda fuerza buena o mala está bajo mi dominio.

—Entonces, Señor —dijo Pedro— voy creyendo que la Santa Alianza está en lo cierto, cuando por medio de sus dirigentes hace circular el rumor de que pronto serás el más grande Rey de la tierra. Pues si está contigo el poder de Dios ¿quién podrá contra ti?

—Es como dices, Pedro. Nadie me impedirá dejar establecido mi Reino de Amor sobre la tierra, donde reinaré por el Amor hasta la consumación de los tiempos. El Padre y yo hacemos nuestra morada en toda alma capaz de amar.

Llegaron al Cerro y el Maestro, después de unos momentos de concentración mental, comenzó a llamar por sus nombres a los nueve infelices refugiados allí.

Los aullidos y gritos callaron de pronto, como si aquellos seres se detuvieran a escuchar la voz dulce y suave que les llamaba de lejos.

El Maestro repitió dos veces más su llamada y cada vez con mayor energía, después de lo cual asomaron de sus cuevas los nueve hombres refugiados en ellas.

Su aspecto era tan siniestro, que un escalofrío de espanto recorrió el cuerpo de los cuatro discípulos acompañantes, que inconscientemente se tomaron de las ropas del Maestro.

Estaban casi desnudos, y el lodo de las húmedas grutas donde a veces entraban las resacas fangosas del Jordán desbordado, se había adherido a aquellos pobres cuerpos, que no parecían ya tipos de la especie humana.

El Maestro se acercó lentamente a ellos.

—¡Amigos! —les dijo— he venido a visitaros y espero que os sea agradable mi visita.

"Estas grutas son malsanas por su excesiva humedad, y yo quiero llevaros conmigo a otra habitación mejor.

"¡Vuestros familiares os reclaman y es tan buena la vida en torno al hogar, cuando hay amor en las almas!"

El Maestro y sus acompañantes se apercibieron de que aquellos nueve hombres eran mudos. Sus labios y mandíbulas temblaban contraídos como el que quiere emitir un sonido y no lo puede conseguir.

Los más violentos sacaban la lengua y querían clavarse en ella las uñas.

El Maestro les tomó las manos mientras les decía con gran suavidad:

—No quiero que os hagáis daño alguno. Soy un Profeta de Dios que por mi intermedio vuelve a la libertad vuestro espíritu encadenado, y vuestro cuerpo al uso de todos sus movimientos.

"¡Hablad! ¡Os lo mando en nombre de Dios!

Como heridos por un mismo golpe, cayeron los nueve a tierra entre gruñidos sordos y sollozos profundos.

El Maestro sereno, de pie en medio de aquel grupo de sus discípulos estupefactos, y de los locos tendidos en el suelo, se mantuvo silencioso por un largo rato.

Poco a poco la respiración de los dementes se fue normalizando hasta caer en un profundo letargo.

El Maestro mandó a dos de los suyos, a pedir túnicas a los vecinos para vestir a los enfermos.

Pronto se vieron rodeados de las familias de los labriegos y pastores, cuya curiosidad no soportaba más sin acercarse a mirar lo que allí pasaba.

¿Qué se había hecho de la legión de demonios que ponía terror en toda la comarca?

Sólo vieron nueve infelices seres tendidos como muertos, cubiertos de lodo y de inmundicia, que casi no se conocía en ellos la apariencia humana.

El gran amor que irradiaba el Cristo, personaje central de aquella muda escena de dolor y de espanto, llenó de compasión el alma de aquellas gentes, que ofrecían al Maestro ropas y sandalias para los enfermos. .

En una camilla improvisada, con varas de abedul y lienzo rústico, fueron bajando de uno en uno, aquellos cuerpos inermes hasta la orilla del Jordán, para lavarles toda la inmundicia de que estaban cubiertos.

Pedro hacía de jefe en esta operación, en la cual prestaron ayuda los pastores.

—Esto es igual que cuando lavo las ovejas sarnosas —decía uno que demostraba gran habilidad en la limpieza de aquellos pobres cuerpos humanos desfigurados por la horrible tragedia.

Los vecinos contaban cuatro años, de que habían tomado posesión del Cerro, aunque sólo hacía pocos meses, que aullaban y rugían como fieras. Antes creyeron que eran leprosos arrojados de alguna ciudad, hasta que los tremendos alaridos les dieron a entender que eran endemoniados.

Terminada la operación de limpieza, y convenientemente vestidos, fueron llevados a la choza de un pastor que estaba cercana, y que él había abandonado cuando se desató la tormenta promovida por esas fieras humanas.

Se encendió allí fuego en el hogar, y el Maestro mandó preparar tazones de leche caliente con miel, pues que pronto se despertarían.

Y antes de que esto sucediera, el Maestro recomendó a los vecinos del lugar, tomarlos sin temor ninguno como jornaleros en los diversos trabajos que realizaban, mientras él hacía las averiguaciones sobre los familiares de aquellos nueve hombres vueltos a la vida normal.

—Me veréis pasar por aquí con mucha frecuencia —les dijo el Maestro— y nunca os dejaré en olvido.

En seguida se volvió a los ex-dementes, y tomando a cada uno por las manos, les mandó levantarse y comer.

Su primer despertar fue como aturdidos, mirando hacia todos lados para orientarse. Después llamaban por los nombres a sus familiares.

Viéndose rodeados de extraños, un gran dolor o un penoso recuerdo nubló de tristeza sus rostros, demacrados y curtidos por la intemperie.

—Pronto seréis conducidos a vuestras familias si nos dáis los datos para encontrarlas —les dijo el Maestro, mientras les hacía dar el tazón de leche caliente y un trozo del pan moreno de los pastores.

Por toda contestación, comenzaron este salmo, nada agradable seguramente.

—¡La maldita Herodias me robó mis tres hijas!...

—Me robó la esposa, y sin ella, nuestro hijito murió.

—Me robó los dos hijos, esperanza de mi vejez.

—Me arrebató mi novia, con la cual iba a casarme en la siguiente luna.

Y la crónica dolorosa y trágica, seguía por el estilo. El Maestro estaba visiblemente conmovido ante aquel tremendo dolor.

—Paz, Esperanza y Amor —dijo en alta voz—. Para nuestro Padre Celestial no hay imposible, si vuestra fe y vuestro amor os hace merecedores de sus dones divinos.

"Si vuestros datos son exactos, esperad, que en la próxima luna os traeremos buenas noticias.

Todos ellos reunidos poco después a sus familiares, fueron portavoces que llevaron a la opuesta ribera del Jordán, la noticia del extraordinario Profeta que en tierras de Galilea hacía estupendos prodigios; que había vencido una legión de demonios, curaba las más rebeldes enfermedades, devolvía la palabra a los mudos, el oído a los sordos y la vista a los ciegos.

¿Quién podía ser este hombre sino el Mesías anunciado por los Profetas?

Familias divididas por antagonismos y rivalidades, volvían a unirse en torno al hogar, porque la palabra del Profeta que era rayo de luz, y agua dulce de ternura, desvanecía las tormentas de los celos y de la envidia entre los hermanos, nacidos de un mismo seno y cobijados por el mismo amor.

—¿Eres un genio tutelar de la tierra que así haces florecer todo a tu paso? le preguntaba alguno de los muchos favorecidos con el don divino de la paz en la familia.

—¿Eres un mago poderoso, que has devuelto a mi marido la confianza en mí que había perdido? —le preguntaba una distinguida matrona radicada en Tiberías, esposa del tribuno que mandaba la guarnición.

—Por haber protegido a un pastorcillo maltratado por su amo, te viste en el duro aprieto de ser despedida por tu marido ¿cómo piensas que el Dios bueno que es nuestro Padre, había de abandonarte? —decía el Maestro—. ¡Mujer!... piensa siempre que Dios ama al que obra misericordia con sus semejantes, y que más tarde o más temprano, su luz divina esclarece todas las tinieblas.

"¿Qué fue del pastorcillo aquel?"

—No pudiendo tenerlo en casa, lo hice llevar con mis criados al bosquecillo de arrayanes que está junto a los muros del Castillo de Mágdalo, a donde bajan siempre las doncellas griegas para ensayar las danzas de su culto.

"La castellana es generosa y pensé que le recogería —contestó la romana.

—A ese pastorcillo le conocía de muy niño, si es el Boanerges del camino de Damasco. Debo ir al Castillo cumpliendo palabra dada, y espero que le veré.

"Esto solo, es para mí una compensación al bien que te hice. ¡Dios te lo pague, mujer!

LA CASTELLANA DE MAGDALO

Ese mismo día llegó al vetusto castillo de Mágdalo, que en lo alto de una verde colina, parecía un centinela de piedra que velaba sobre la aldea de pastores y labriegos dormida a sus pies, cual una bandada de garzas blancas.

Se hizo acompañar de Pedro, Juan y Zebeo, tres almas ingenuas y francas que despertaron más que las otras, el amor y la ternura de Jhasua.

—Quiero que mis obras de niño tengan por testigos otros niños como yo. No faltará quien encuentre pueril, que el Ungido de Jehová gaste su tiempo en buscar un pastorcillo herido —decía el Maestro— mientras se acercaba al Castillo.

"Vosotros, que ya habéis sido instruidos en los misterios del Reino de Dios, debéis saber que en ese pastorcillo herido, está oculta una estrella preciosa, que alumbró mis caminos en una edad lejana.

—Explícate, Maestro, que no te comprendemos bien —dijo Pedro con su espontaneidad acostumbrada.

—Me dijísteis que los Maestros del Tabor os explicaron las "Escrituras del Patriarca Aldis".

—Así es la verdad —contestaron los tres discípulos.

—Entonces recordaréis a Bohindra, el Kobda Rey —dijo el Maestro.

—¿Cómo no recordarlo? Después de Abel, es la figura más luminosa que aparece en aquella edad de oro —contestó Zebeo.

—Bien has hablado Zebeo. Pues de cierto, os digo que el gran Bohindra del pasado, vive de nuevo en Boanerges el pastorcillo herido.

—¿Cómo lo sabes, Maestro? —preguntóle Juan.

—Porque le vi en mi primer viaje a Damasco de paso para Ribla.

—¡Oh misterios de Jehová!... —exclamó Pedro—. ¡Las almas como golondrinas viajeras van y vuelven a buscar el alero de la choza, o las almenas del castillo que habitaron, para formar de nuevo el nido con igual amor y perseverancia!

—Los secretos de Dios son sublimes —dijo Zebeo— ¡y cuán pobre y mezquina es la humanidad que no lo comprende!

—¡Es una niña ciega!... ¡Compadezcámosla! —dijo el Maestro—.

"¿Acaso ha reconocido a Elías el vencedor de Jezabel, en el Solitario del Jordán, luchando de nuevo con aquella malvada reina, que en esta hora se llama *Herodías*?

—¡Qué espeso velo se descorrió ante nuestra vista desde que estamos a tu lado, Maestro! —exclamó Juan—. Todo esto, lo comparo a una hada buena que de tanto en tanto nos trae ropas nuevas para dejar las viejas.

—Tu símil es exacto Juan, sólo que a veces la vestidura nueva trae las fallas del telar de donde salió, y el alma ha de luchar heroicamente para curar los desperfectos hasta ponerse a la altura de la evolución conquistada anteriormente.

Llegaron frente a la verja que separaba los bosques del Castillo, del camino que cruzaba por delante.

En el terrado estaba una mujer tendida en un canapé, bajo una pequeña tienda de tela oro y azul.

Y a corta distancia de ella, un jovenzuelo de unos catorce años escasos, que tocaba melodiosamente el laúd. Su cabello obscuro que caía en largos bucles sobre sus hombros formaba marcado contraste con la palidez de su rostro, que aún era imberbe. La túnica corta y plisada de los griegos, dejaba ver sus piernas cruzadas de cintas, que subían desde las sandalias color avellana con que estaba calzado.

—Ahí tenemos a nuestro pastor —dijo de inmediato el Maestro.

—Más parece un pajecillo de casa señorial que un pastor —observó Zebeo.

—Pero a ese chicuelo lo tengo yo visto remando en un botecillo cerca de nuestra tienda —añadió Pedro.

—Y también yo —dijo Juan—. Es el que anda de colina en colina y de árbol en árbol buscando pichones de alondras y de ruiseñores, que él los domestica luego y los aclimata al Castillo.

Juan dio el silbido usado entre los boteleros del Lago.

El adolescente miró a la verja y dijo de pronto:

— ¡Señora!... es el Profeta con sus amigos.

La joven mujer que demostraba una gran laxitud se incorporó lo más rápido que pudo, y cubriéndose con un ligero velo desapareció en el interior de la casa.

Boanerges bajó corriendo la vetusta escalera y con cierta timidez se acercó a Juan con quien tenía alguna amistad.

—La señora os esperó hoy de mañana —dijo— pero se alegra lo mismo de que vengáis ahora. Pasad.

—Tus heridas han curado y tu corazón también —le dijo el Maestro—. Creo que aquí serás dichoso.

—Mucho, Profeta, porque me veo aquí libre como un pajarillo en un bosque y porque todos me quieren como a los ruiseñores que cantan siempre.

—Pues sigue cantando, hijo mío, si con ello conquistas el amor y la paz —le contestó el Maestro, ya llegando adonde esperaba la "pagana del Castillo" según llamaban a la bella mujer de los cabellos de oro y del corazón cansado.

Se inclinó profundamente mientras decía:

—No merezco el honor que haces a mi casa, Profeta de Nazareth. Seas bien venido a ella, tú y los tuyos.

Les hizo reposar en una hermosa glorieta de mirtos y rosales rojos de Irania.

— ¡Jhoanin!... —dijo de pronto reconociendo a Juan el hijo de Salomé...— ¡Tú eres amigo del Profeta y nunca me hablaste de él!

—Creí que no tendría interés para ti, que no eras de Israel —le contestó Juan.

—Para vosotros no soy más que *la pagana*, que da su amor y su fe a dioses mitológicos, hijos del ensueño y la quimera...

Y pronunció estas palabras con un dejo de tristeza que no escapó a la observación del Maestro.

—Acabo de recorrer tierras de paganos, mujer —díjole el Maestro—, y he comprobado la eterna justicia del Altísimo, que ama con igual amor a todos los hombres, pues que todos son criaturas suyas que le buscan y adoran por los medios que alcanzan a comprender.

"Los unos lo encuentran en la radiante belleza de los astros, más estrechamente asociados a las alternativas de la vida humana. Otros en las diversas y múltiples manifestaciones de la Naturaleza, la floración de la primavera, las escarchas del invierno, los frutos del estío, y la tristeza del otoño.

"En Egipto, por ejemplo, encuentra el vulgo al Poder Supremo en su gran río Nilo, que desborda dos veces por año produciendo dobles cosechas.

"Es nuestro dios —dicen ellos— que nos trae abundancia y paz.

"Poco hace que llegué de Damasco, tierra llamada también de *paganos*; y encontré allí almas de pluma y seda, suaves y blandas a la palabra persuasiva del Maestro, que se pone a tono con su capacidad y sus sentimientos.

"No comprende al Eterno Señor de los mundos, quien le supone capaz de preferencias que otorgan privilegios a unos pueblos sobre otros, a unas razas sobre otras. El Eterno Hacedor de los mundos, es ante todo un Padre lleno de Infinito Amor, y cuya perfección absoluta no deja lugar para la menor sombra de injusticia o arbitrariedad.

"Es una horrenda profanación, el solo suponer que El sea capaz de colmar de beneficios a una raza o a un pueblo, y dejar a otros abandonados a la miseria, a la ignorancia y al dolor.

"El único pecado que los hombres observadores de esta generación, encontramos en el Patriarca Jacob, es su amor de preferencia para los dos hijos de Raquel: José y Benjamín. Su expiación fue dolorosa.

"La misma debilidad tuvo el Patriarca Abraham para con Agar, la madre de su hijo Ismael. La infeliz desamparada huyó al desierto cargada con su hijo para morir con él. Y allí en el desierto la consoló nuestro Dios-Padre, porque Agar, sierva pagana, era también una criatura suya.

"Ese mismo pecado tuvo el Patriarca Isaac, colmando de bienes a Jacob, y olvidando tristemente a Esaú. Fuego de discordia, encendió el odio entre los dos hermanos, que la dulzura de Jacob transformó en generosa amistad.

"Los tres son justos y dignos de nuestra veneración; y siendo humanos, nada puede escandalizarnos esa debilidad en ellos. Pero suponer flaquezas de este género en el Altísimo Señor de mundos y de seres, es una estupenda aberración, propia sólo de la ignorancia más completa, y de la más absoluta incomprensión, de lo que es nuestro Padre Universal.

"He hablado así para tranquilizar tu alma, mujer, pues que te veo atormentada con pesadumbres íntimas, que pueden desaparecer por el razonamiento y la comprensión de la Verdad Divina."

Durante esta conversación, sólo Juan había quedado junto al Maestro, pues Pedro y Zebeo guiados por Boanerges buscaron a Fatmé, hija de Hanani y de una hermana de Pedro. La sobrina, inmensamente agradecida al Profeta que la había librado del horrible mal, era una colaboradora activa de la Santa Alianza, y en un pabelloncito apartado del Castillo, había instalado un pequeño taller de confección de ropas para niños indigentes y ancianos desamparados.

La castellana tenía predilección por ella, y le daba amplia libertad de satisfacer su piadosa inclinación. Las otras doncellas del Castillo la ayudaban en parte, pero no con la dedicación que Fatmé ponía en sus tareas de misericordia con los necesitados. Hasta se había dado el caso de que la joven dio amparo en el pabelloncito de sus trabajos, a dos mensajeros del Scheiff Ilderin, ante los dirigentes de la Santa Alianza de Tiberías.

Se les sospechaba de transportar armas en las caravanas de Tolemaida, y el tribuno de la guarnición había recibido órdenes de severa vigilancia. A no ser por la influencia de la *pagana del Castillo* ante Herodes Antipas, que tenía el capricho de conseguirla para sus orgías, la buena Fatmé lo hubiera pasado muy mal.

El cargamento venía dirigido a Othoniel, mayordomo del príncipe Judá como recordará el lector, que lo había enviado por una temporada a dicha ciudad a procurarse los lugares adecuados, para ocultar discretamente los elementos que iban reuniendo en previsión de que fuera necesaria la defensa de Jhasua como Libertador de la Nación hebrea.

Othoniel tuvo fácil entrada a los festines de la castellana por intermedio de Fatmé. Ya había, pues, dos conductos, por los cuales era conocido a distancia el Profeta Galileo en el Castillo de Hermione, cuya hija huérfana de padres, llevaba esa vida inútil de mujer joven y rica que pide a la fortuna y a los caprichos del lujo, las satisfacciones y gustos efímeros que tan vacío y seco dejaban su corazón.

Boanerges, el pastorcillo, conocía al Profeta en sus encuentros con Juan sobre las mansas aguas del Lago, y como tenía la facultad de adivinación, según decían las doncellas, habían anunciado en sentidos versos que cantaba a su señora, *que muy pronto un grande amor llenaría en absoluto su corazón.*

En principio se creyó que era Othoniel, que tan rendidamente se enamoró de la castellana; pero pronto las doncellas bromeaban al pastorcito diciéndole:

—Esta vez te falló tu ciencia, Boanerges, porque nuestra María no se conmueve ante Othoniel.

Boanerges que era inconsciente del por qué de ciertos anuncios que hacía impremeditadamente, se encogía de hombros y contestaba:

—No seré el primer trovador que se equivoca.

—Las Musas de la Poesía y de la Música, te dicen mentiras bellas para burlarse de tí y de mí. No les hagamos caso —decía la castellana.

Y así pasaba el tiempo, hasta que llegó el Profeta Nazareno de vuelta de Damasco cuando ella contaba veinticuatro años de edad.

La joven mujer se explayó en referencias sobre el género de vida que hacía, siguiendo las costumbres en que había sido educada. Su madre era originaria de la Lucania, sobre el Golfo de Tarento (Italia), cuya vecindad con Macedonia y Atenas le había proporcionado un medio ambiente de cultura idealista, formada de las doctrinas de Sócrates y Platón, mezcladas al entusiasmo por las glorias y grandezas macedonias.

Su padre, hijo de griegos, nacido en las faldas del Monte Ida, en la isla de Creta, descendía de las familias homéricas, cuyo culto era la Belleza personificada en las artes; la poesía, la música, la danza, la escultura, la pintura. Como nacida de tales raíces, la castellana de Mágdalo, estaba a tanta distancia de la religión y costumbres hebreas, que nunca podía amalgamarse a ellas, y no se preocupó jamás de informarse ni por curiosidad, de la forma de vida, leyes y costumbres del pueblo de Israel. Perdió a su madre en la niñez, y después de la muerte de su padre, Hermiones, llenó su vida con ese mundo fantástico, creado por la Mitología de los grandes países de entonces, y con los poemas homéricos y virgilianos tan en boga en aquellos tiempos. Sola a los diez y siete años, y dueña de una gran fortuna, viajó por las grandes ciudades de la costa norte y oriental del Mediterráneo, hasta que eligió para continuar su vida, una de las posesiones que había heredado de sus padres, la aldea de Mágdalo, con su viejo Castillo sobre la hermosa colina que dominaba el Mar de Galilea.

Diríase que tal elección fue guiada por la Eterna Ley que forma los destinos humanos, pues siendo un espíritu de la alianza íntima del Cristo, su residencia en Galilea le acercaba inconscientemente a los caminos del gran Misionero de la fraternidad entre los hombres.

Mientras ella le refería su breve historia, el Maestro la escuchaba como sumido en honda meditación. La poderosa clarividencia de su espíritu le descubría en parte, el lejano pasado de ese ser, que debido a las contingencias propias de las vidas en el plano terrestre, había tardado veinticuatro años en abrirse a la luz magnífica de la Verdad Divina.

Vislumbró entre doradas brumas, panoramas del pasado que las Escrituras del Patriarca Aldis esbozaban nítidamente, y su corazón se enterneció casi hasta las lágrimas. Pero guardó silencio.

— ¡Mujer! —le dijo al despedirla—, has llegado de nuevo a tu camino, y esta vez será para no desorientarte más.

"Tu educación griega me hace suponer que estás familiarizada con la sabiduría de Platón, por eso puedo decirte que eres viajera desde edades remotas, perdidas en la obscuridad de los tiempos.

"Bendice a nuestro Dios-Amor que enciende de nuevo tu lámpara, y otra vez el manantial divino te inundará con sus aguas de bendición.

— ¡Profeta!... ¿qué lámpara es esa y de qué manantial me hablas? —preguntó la castellana con ansiedad.

—Entra en tu mundo interior y lo sabrás. En la casa de Eleazar el fariseo y doctor de la Ley, hablaré mañana después del mediodía, para amigos suyos que conocen los misterios de Dios y de las almas. Las escuelas de Grecia, de Pérgamo y de Siracusa que te son conocidas, te pusieron en condiciones favorables para comprender el Reino de Dios.

Mientras Fatmé y las otras doncellas hablaban con el Maestro, Pedro y Zebeo, Juan informaba a la castellana y a Boanerges dónde estaba la casa de campo de Eleazar en un suburbio de Tiberias, pues había comprendido que en las últimas palabras de Jhasua se traslucía el deseo de que ella le escuchase allí.

En el alma vehemente de esta mujer se desató una tempestad tremenda.

Había vivido desdeñando el amor, o sea dándole un último lugar en su vida, tomándolo como un juego pueril de pasatiempo; dejándose amar sin amar, por sólo el halago dulzón que se siente al recibir atenciones y ofrendas de corteses admiradores.

Mas ahora, su corazón recibió una sacudida profunda.

Aquel hombre hermoso y grave que tenía la majestad de un rey, y la austera virtud de un Profeta, de tal manera la había conmovido que se desconocía a sí misma.

El amor irradiaba de su mirada como un tibio rayo de sol al amanecer;

vibraba tan hondo en su palabra, que a ella le había resonado como una melodía lejana, largo tiempo buscada sin encontrarla jamás.

Bajo las frondosas avenidas de su parque se paseaba solitaria, huyendo la presencia de sus compañeras de diversiones y de juegos.

El Profeta le había dicho que *"entrara en su mundo interior" "que su lámpara se encendía de nuevo"... "que un manantial divino la inundaría otra vez con aguas de bendición"*.

Y se lo había dicho con una dulzura infinita, fijando en ella sus ojos suaves, de profundo mirar, que parecían atravesarla de parte a parte, llenándola de una dicha íntima que hasta entonces no había conocido.

¡Más, comprendía muy bien, que aquel hombre estaba muy alto para ella!... ¡Y no sólo alto, sino que le parecía como una indefinible mezcla de lo tangible con lo ideal; de la realidad con la quimera!...

La luna llena iluminaba los jardines, las fuentes, las blancas estatuas, copias de las más bellas creaciones de Fidias.

Las nueve Musas formando coro en derredor de un precioso Apolo coronado de rosas.

Todas estas bellezas que antes hablaban tan alto a sus sentidos y a su corazón, y que hasta parecían cobrar vida a momentos, bajo la tenue luz de las estrellas, ahora le resultaban fríos y mudos bloques de mármol, incapaces de responder a los interrogantes de su espíritu agitado por desconocida ansiedad.

Ni Aquiles, el héroe triunfador de la Ilíada; ni Ulises, vencedor de cien reyes, cantando en la Odisea podían compararse al Profeta Nazareno, que arrastraba a las multitudes con su palabra y cuya mirada levantaba el pensamiento de la tierra y lo llevaba a buscar otros mundos de luz, de paz y de amor!...

Los grandiosos poemas homéricos y virgilianos hablaban de dioses inmortales, de genios y hadas de eterna juventud, y todos ellos participando en las vidas de los hombres. ¿No sería éste un dios encarnado, un Apolo inmortal que a momentos se vestiría de los rayos del sol para animar toda vida, y presidir el concierto formidable de todos los rumores y armonías de la Creación?

¿No sería un hermoso Adonis de perpetua juventud, en una primavera eterna para alegría de los hombres?

¿Era su acercamiento a ella quien encendería de nuevo su lámpara, y haría desbordar un divino manantial?

No comprendía el sentido de tales palabras, pero su corazón presentía un cambio profundo en su vida.

Un inmenso amor reverente la impulsaba a levantar sus ojos y sus manos al cielo azul, para que las estrellas piadosas y buenas se compadecieran de su inquietud y sus ansiedades. Sentía la necesidad de llamar, de invocar... de adorar a una oculta Presencia Divina que no conocía, pero que adivinaba desde que los ojos del Profeta habían penetrado en su ser, como una esencia suavísima que perduraba indefinidamente...

De pronto oyó la voz infantil y melodiosa de Boanerges que sentado en el pedestal de la estatua de Dafne, cantaba:

Viajero del Infinito
¿A dónde vas corazón?
Y siento que tus latidos

Me dicen entre gemidos
¡Que vas buscando al Amor!

Y en ansioso interrogante
Preguntas que dónde está
Porque nunca le has hallado
En lo que llevas andado
¡Peregrino del Ideal!

¡Viajero del Infinito!...
Cese tu andar corazón,
Que el amor está en tí mismo,
Inmenso como un abismo
¡Porque Dios es el Amor!...

La castellana se le acercó.

—¿Por qué has cantado eso, Boanerges? —le preguntó inquieta.

—No lo sé, señora... yo canto sin saber por qué canto. Habría que preguntar al ruiseñor por qué canta en las noches de luna. ¡Si os he incomodado, perdón!...

—¡No, niño, no!... ¡Es que ahora ya sé dónde está el Amor! Está en el alma del Profeta que estuvo hoy en el Castillo.

—¡Ya te había dicho, mi señora... que había magia de amor en la palabra y mirada del Profeta!... Mas él... —y se detuvo con temor.

—Mas él ¿qué? ¿Qué ibas a decir?

—¡Que él vive como un hombre, pero no es un hombre! —contestó el adolescente.

Y su bella fisonomía, más pálida aún con el rayo blanco de la luna, aparecía bañado en una suave melancolía, y de esa mística unción que acompaña a la plegaria.

—¡Tú te figuras que es un dios encarnado, Boanerges!... —exclamó con vehemencia la mujer.

—¡Sí, señora!... ¡Yo le veo a veces envuelto en una bruma de oro!... y veo también cómo de él sale otra imagen suya, que sube de su cabeza y se aparta, y luego vuelve y torna a salir. Y sé que esa otra imagen es él mismo, exactamente él mismo, pero más hermoso aún que lo es su cuerpo.

"¡Es el genio del amor y de la dicha, y donde él va, todos son felices!

—Pero yo —dijo la castellana—, fui tan miserable y egoísta ante él, que debe tenerme asco...

—¿Por qué, señora? ¿Qué hiciste? ¿No lo recibiste bien acaso?

—Tú no sabes, Boanerges, que cuando estuve últimamente en Tiro, el Profeta estaba allá también. Yo iba a la fiesta de la Naumaquia y él caminaba por la Gran Avenida. Uno de los esclavos de mi litera cayó a tierra arrojando una ola de sangre de su boca... Y yo que iba retardada a ocupar mi lugar entre las danzantes, le dejé allí tendido y mandé a contratar otro. El Profeta se acercó a la litera a preguntarme si dejaba abandonado mi esclavo. Yo le contesté displicente: "Te lo regalo; haz de él lo que quieras".

"El Profeta recuerda esto, como lo recuerdo yo; y debo ser para él como una alimaña dañina."

—¡No, señora!... no caben en él tales pensamientos, te lo aseguro —contestó con firmeza el adolescente—. Le he visto detener con fuerza, la mano de un chicuelo malvado que iba a arrojar piedras a un mendigo cojo. Y cuando se vio impedido de hacerlo, pateó y gritó enfurecido; rompió con los dientes las mangas de la túnica del Profeta que lo sujetaba, y lo hubiese mordido a él, si no lo hubiera impedido Johanin que estaba cerca.

"Cuando el acceso de furor se calmó, el Profeta se sentó sobre una piedra, puso al chicuelo sobre sus rodillas y peinándole con sus dedos los cabellos desordenados, comenzó a contarle un hermoso cuento hasta que el niño conmovido empezó a llorar, con la cabeza recostada en aquel gran corazón capaz de olvidar su maldad. El chicuelo le quiere ahora tanto, que así que lo ve corre a besar su mano y a llevarle las mejores frutas de su huerto, repitiéndole siempre: "no tiro más piedras, ni a los mendigos, ni a los pajarillos".

—¿Y tú me quieres decir con eso, que el Profeta hará conmigo lo mismo? —preguntó la mujer a aquel niño poeta, cantor y músico que le daba tan hermosas lecciones.

—Sí, señora, y así lo hará; estoy seguro de ello.

La confidencia nocturna terminó como si se hubiera esfumado en el silencio de la noche profunda y solitaria.

La joven subió a su alcoba, y el adolescente tomó nuevamente el laúd y cantó como un ruiseñor semidormido entre el bosque:

Sosiega el alma y descansa
Cuando ha sentido al Amor
Que viene sembrando rosas
Del color de su ilusión.

La lámpara se ha encendido
Con la luz de su mirar,
Nunca más los vendavales
La volverán a apagar.

Estaba seca la fuente
Y ha brotado el manantial,
Que la llena de agua clara,
Hasta hacerla desbordar...

La castellana escuchaba el cantar de Boanerges desde la ventana de su alcoba sumida en la obscuridad.

Una ola inmensa, mezcla de amor y de indefinible amargura, se apoderó de ella.

Se tiró en su diván de reposo, y en un silencioso y suave llorar, desahogó la tempestad de encontrados sentimientos que la agitaban.

Al siguiente día el Maestro con sus doce discípulos se encontraba en la vieja casa de campo de Eleazar, el fariseo, a donde había sido invitado como recordará el lector. El Hazzán de la sinagoga de Nazareth el de Caná y Naín, estaban allí invitados también por el dueño de casa, al igual que otros amigos suyos escribas y hombres de letras, a los cuales había hablado del extraordinario Profeta que leía los pensamientos más profundos y para quien los corazones humanos eran como un libro abierto.

Entre incrédulos y creyentes, habían aceptado la invitación, más por la satisfacción del opíparo festín y el divertido pasatiempo que les proporcionarían las habilidades mágicas del personaje anunciado, que no porque tuviesen ni la más remota idea de que se tratara de un verdadero Profeta de la talla de Elías Tesbitha, de Eliseo o de Daniel, como aseguraba el vulgo.

De todos aquellos invitados el único que conocía a fondo a Jhasua, era el Hazzán de la sinagoga de Nazareth, que como esenio de cuarto grado, había callado siempre hasta que los hechos hablasen por sí solos.

El Hazzán de la sinagoga de Caná conocía mucho a la familia de Jhasua, sobre todo a sus hermanastros, los primeros hijos de Joseph que vivían allí. Sabía que hizo muchos viajes y que en las grandes Escuelas de Alejandría, de Ribla y en los Santuarios Esenios, hizo largos estudios. Le consideraba, pues, como un Doctor y Rabí sin título oficial del Sanhedrín, porque no lo había solicitado nunca.

El Hazzán de la sinagoga de Naín era nuevo en la ciudad, gran amigo de Eleazar y fariseo como él. Tal era la concurrencia que rodearía la mesa a la cual iba a sentarse el Maestro con sus discípulos. Unas treinta personas en conjunto.

Eleazar se veía impedido de manifestar que tenía la prueba de los poderes del Profeta en su propia curación, pues que nadie supo que estuvo leproso. Y así, por no descubrir su secreto, dejaba en pie las dudas de sus invitados, diciendo para sí mismo:

—Ya se despertarán como yo, cuando se vean al descubierto ante la mirada del Profeta.

Este fue colocado en el diván de la cabecera de la mesa, que quedaba frente a una de las puertas de entrada al gran cenáculo, por la cual le daba de lleno la luz de aquel mediodía primaveral.

Las glicinas y los jazmines tejían cortinados blancos y violáceos en muros y ventanales, por lo que el vetusto edificio parecía rejuvenecer en aquel día, cuyo recuerdo debía perdurar durante muchos siglos.

La conversación fue muy variada, y tocó innumerables temas doctrinarios y políticos, históricos y científicos, en lo cual se veía la intención bien manifiesta, de poner a prueba la capacidad del Profeta, principal personaje de aquella selecta concurrencia.

Ninguno le tenía allí mala voluntad, sólo que la fama de que estaba precedido su nombre, provocaba una curiosidad natural en todos.

El Maestro se apercibió de esto a poco de llegar, y se dispuso a proceder con un fino tacto, a fin de que su presencia fuera portadora del bien para todos, y que sus palabras y sus actos no dejaran tras de sí, más que resplandores de luz y efluvios de paz, de bondad y de amor. Y el conseguirlo plenamente, fue la más grande maravilla obrada aquella tarde.

—Profeta —le dijo uno de los invitados—, se dice que todos los corazones quedan al descubierto ante la penetración ultra poderosa de tu mirada. ¿Es esto verdad?

—¡Quién sabe si seré yo que penetro, o los corazones de los hombres que se descubren ellos mismos! El libro de la Sabiduría dice: "De lo que abunda el corazón, hablan los labios".

Esta sutil contestación del Maestro, hizo comprender a todos, que él no se dejaba sorprender por una pregunta inesperada.

—Se dice —añadió otro— que ninguna enfermedad resiste al mandato de tu voz. ¿Eres acaso Elías o Eliseo, que en cumplimiento de Leyes Eternas que todos nosotros conocemos, has venido a la tierra nuevamente a preparar los caminos al Mesías Libertador de Israel?

—Ni soy Elías, ni soy Eliseo, porque ambos viven vuestra misma vida hace más de treinta años, sin que los humanos se hayan apercibido de ello.

''¡Un profeta más, o un profeta menos! ¿Qué significa para los magnates de la ciencia, o del poder?

''Al mundo le interesa un César, con grandes tesoros y numerosas legiones; un guerrero que conquiste numerosos países y conduzca atados a su carro de triunfador, millares de esclavos. Pero un profeta sólo interesa a los desheredados, a los que arrastran pesadas cargas de angustia y de miseria, a los enfermos incurables a quienes la Ley marca con su imborrable estigma.

—Profeta —exclamó otro de los invitados—. A nosotros nos ha interesado conocerte y por eso estamos aquí. Que lo diga Eleazar que nos ha invitado y cuya invitación hemos acogido alegremente.

—El Profeta es para vosotros, el hombre de Dios que dice siempre la verdad, aunque sea dura como la piedra, y amarga como el áloe; y vosotros no habéis venido a buscar al Profeta, sino al mago obrador de prodigios, como van los niños al titiritero, que entre piruetas les dice sabrosos chistes para reír. ¿No es esto la más rotunda verdad?

Y el Maestro recorrió con su mirada todos aquellos rostros que veía por primera vez. Ninguno se atrevió a negarlo, porque unos y otros eran testigos, de que un momento antes de entrar el Maestro al cenáculo, todos ellos, menos el Hazzán de Nazareth y Eleazar, se habían prometido pasar una tarde llena de divertidas impresiones, con las maravillas que el mago galileo obraría en su presencia.

Eleazar, molesto ante el punto a que habían llevado la conversación intervino discretamente.

—Maestro —díjole dulcemente—. Quizá tengo yo la culpa de que estos amigos no hayan buscado en ti al Profeta, pues que al invitarles sólo les dije: ''Venid a comer conmigo, y os mostraré al hombre más extraordinario que he conocido en mi vida. Es un cofre de oro que encierra todo cuanto podáis desear''.

El Maestro sonrió a Eleazar que tenía a su lado, y al cual hacía beber de su vaso y con la mayor naturalidad, continuó la conversación.

—Nuestro libro de ''El Exodo'' —dijo— recordaréis que relata del maná que hacía caer Jehová para alimentar a Israel en el desierto, y en el cual cada uno encontraba el sabor de los manjares que deseaba comer.

''La Divina Sabiduría es como el maná, y cada uno encontramos en ella, lo que ansía nuestro espíritu, si estamos debidamente dispuestos para escuchar su voz.

—Bien —dijo un viejo escriba— puesto que eres un Profeta de Jehová, dinos lo que todos deseamos saber. ''Si has asegurado que Elías hace más de treinta años que vive en la carne, el Mesías a quien viene a anunciar, debe vivir también en la carne, y tú puedes saber **dónde está** para que nosotros nos unamos a él, y tratemos unidos de llevar el pueblo hacia él.

—De cierto os digo que el Mesías anda en medio de vosotros, pero sólo le reconocen aquellos a quienes la Divina Sabiduría otorga claridad.

"¿No dice también el sagrado libro que "Dios da su luz a los humildes y la niega a los soberbios?

—Los Rectores y Maestros del Gran Colegio de Jerusalén, han negado la presencia de Elías que algunos creen ver en Juan el Solitario del Jordán —dijo el Hazzán de la sinagoga de Nain, recién egresado de aquel grande establecimiento docente— pues dicen que nadie le autorizó para hacer de las abluciones del Jordán un ceremonial nuevo, no prescripto por el Sanhedrin, único que puede dictar ordenanzas referentes a la liturgia y al culto. Y añaden, que si fuera el precursor del Mesías o sea *la voz que clama en el desierto* anunciada por Isaías, del Sanhedrin habría salido, porque es el poseedor único de la Divina Sabiduría y de la soberana Voluntad del Altísimo.

—¿Podrías decirme, amigo, quien dio al Sanhedrin ese *derecho único* de propiedad que se atribuye? —preguntóle el Maestro. Todos los ojos se fijaron en él.

—Todos los poderes han venido al Sanhedrin, de Moisés, según nos vienen diciendo desde que abrimos los ojos a la luz —contestó el joven y flamante Hazzán de Nain.

—Que nos vengan diciendo lo que quieran —contestóle el Maestro—, pero vosotros y yo y todos los que tengan buen entendimiento, podemos discernir y analizar, hasta encontrar la verdad.

"Hace quince siglos que Moisés vivió en la carne, y el Sanhedrin, como todas las leyes y principios emanados de él, no cuentan más de seis siglos, los más antiguos, Moisés no eligió más sacerdotes que su hermanastro Aarón ayudado por sus hijos, todos ellos de la tribu de Levi. De esta circunstancia, sin intención alguna, se vino después a la afirmación errónea y ofensiva a la perfección infinita de Dios, que El designaba a la Tribu de Levi, como casta sacerdotal y única, destinada a servir al Templo y a dirigir las conciencias en Israel.

"¿Qué razón tendría el Eterno Creador de todos los seres, para asignar tal preferencia a la Tribu de Levi? ¿No eran las Doce Tribus descendientes de los doce hijos de su siervo Jacob? Y si ésta preferencia hubiéramos podido fundamentarla en la santidad y justicia de un hombre, habríamos encontrado más justo el privilegio concedido a la Tribu de Manasés, hijo de José, penúltimo hijo de Jacob, vendido como esclavo por sus hermanos, a los cuales tuvo la nobleza de perdonar cuando subió a Virrey de Egipto, y aún de colmarles de toda suerte de bienes.

"Creo amigos míos, que es una grave ofensa a la Justicia Divina el suponerla capaz de preferencias, que ni siquiera tienen el fundamento de una mediana lógica.

"Yo he tenido en mis manos los documentos auténticos del tiempo de Moisés, el cual sólo tuvo como auxiliares para la dirección de su numeroso pueblo, a setenta ancianos de los más capacitados y justos de entre todas las tribus, sin preferencia alguna. Entre ellos estaba Num, padre de Josué, cuya fuerza, valor y destreza para organizar multitudes, se manifestaban claramente, por lo cual Moisés había dicho en reuniones confidenciales: "Muchos hombres jóvenes como Josué, hijo de Num, conducirían a Israel a sus destinos, después que vosotros y yo descansemos junto a nuestros antepasados".

"Y os aseguro bajo mi palabra de Profeta de Dios, que no he visto en toda la antigua documentación del tiempo de Moisés y posterior a él, nada absolutamente que haya podido dar origen a la inmensa colección de ordenanzas legales que hoy abruman al pueblo de Israel, el cual ha olvidado los Diez Mandamientos de la verdadera Ley Divina, para poder prestar su atención y su obediencia a las leyes humanas acompañadas de duras penalidades a los transgresores.

"Muy pocas son las familias israelitas, donde se observa aquel *"Ama a tu prójimo como a ti mismo — honra a tu padre y a tu madre — no hurtarás — no matarás — no cometerás adulterio — no tomarás el Nombre de Dios en juramentos falsos".*

Aquí llegaba la disertación del Profeta Nazareno, cuando penetró al vasto recinto, una nube blanquecina de incienso de Arabia que se quemaba en un pebetero de plata llevado por una mujer velada de un amplio manto violeta, que el viento de la tarde y su apresurado andar, agitaba suavemente. Dejó el pebetero en un ángulo de la mesa, y cayó ante el diván en que reposaba el maestro como si hasta allí le hubiese acompañado la vida, y la abandonase en ese instante.

Su cabeza velada se apoyó en el borde del diván y rompió a llorar desconsoladamente.

Una inquietante curiosidad se apoderó de todos. La expectativa fue general. ¿Quién era aquella mujer? ¿Qué esperaba del Profeta? ¿Por qué lloraba ante él con tan indefinible angustia?...

Este la miraba sereno y sin decir palabra. A través de los pliegues del espeso velo, la había reconocido. Era aquella mujer que en la Gran Avenida de Tiro le había dicho una tarde: *"Te regalo ese esclavo moribundo. Haz con él lo que quieras".*

Alguien susurró, y la noticia corrió de oído en oído: —Es la pagana del Castillo de Mágdalo.

—Harta de adorar ídolos de mármol, busca a un Profeta de Dios que le saque los demonios —murmuró otro.

—Si ese hombre es de verdad un Profeta, ya habrá adivinado que esa mujer es idólatra, es pagana, y por tanto, una libertina.

A la sensibilidad del Maestro le llegaron estas malignas murmuraciones y se propuso dar una lección saludable a aquellos doctos puritanos, que teniendo sobre sí mismos una buena carga de debilidades y miserias, se escandalizaban de las costumbres extranjeras de aquella mujer, cuya raza y educación, eran muy diferentes de la raza de Israel.

—¿Por qué lloras mujer, y qué quieres de mí? —le preguntó el Maestro levantando el velo que cubría el rostro.

—¡Señor! —le dijo en lengua siria—. Tú sabes de mi padecer y sabes lo que quiero de ti.

Y destapando una redoma de ámbar llena de esencia de nardos, la vació sobre los pies y las manos del Maestro, y los secó con sus largos cabellos rubios, que la caída del manto dejaba al descubierto.

—¡Qué escándalo! —murmuró muy bajo un viejo escriba que estaba cerca de Pedro—. ¡Un Profeta dejándose tocar por una mujer de esa clase!

Pedro se volvió hacia él indignado, y le dijo con severidad: —Si el Maestro lo deja hacer, bien hecho está.

—¡Mujer! —dijo el Maestro a la castellana— me has ungido con tus perfumes como a un cadáver para la sepultura, y yo te digo que por esto que haces conmigo, te recordarán las generaciones venideras hasta el final de los tiempos.

"¡Sea como tú quieras! ¡Tus errores te son perdonados porque has amado mucho. Vete en paz!

La mujer besó las manos y los pies del Maestro y cubriéndose de nuevo salió del recinto tan rápidamente como había entrado.

Un fuerte rumor de comentarios adversos o favorables, se extendió en el cenáculo. Pedro, Juan y Zebeo defendían al Maestro en alta voz en contra de los ataques disimulados de los escribas y fariseos.

Algunos decían que *la pagana* estaba enamorada del Profeta al cual apartaría de su camino.

Eleazar el dueño de la casa se esforzaba en devolver la calma, lamentando grandemente que aquella mujer hubiera tenido la ocurrencia de venir a turbar la paz de su festín.

Cuando los rumores que ya subían de tono se calmaron, el Maestro demostró que iba a hablar. Eleazar pidió silencio y todos prestaron atención.

—Amigos, que juntamente conmigo hemos rodeado la mesa del noble Eleazar: Quiero contestar a los pensamientos que han cruzado por vuestra mente con referencia a mi persona y a mi manera de obrar. Mas no creáis que me sienta afectado por tales pensamientos, y si no fuera porque ellos me proporcionan tema para esclarecer algunas cuestiones que para vosotros están obscuras, ni siquiera los tomaría en cuenta.

"Habéis pensado algunos de vosotros que soy un rebelde a la autoridad del Sanhedrin, porque os he dicho que la autoridad y derechos que él se atribuye, no vienen desde Moisés. Y ahora os digo más: el Sanhedrin mismo sabe, y está convencido de la verdad de esta afirmación.

"Hubo un príncipe judío descendiente de una de las más antiguas casas, cuyas raíces llegan hasta Josué, el elegido de Moisés para conducir a Israel a la tierra de Promisión. Y este príncipe fue asesinado por los piratas en las islas del Mar Egeo. En su rico archivo se encuentran obras de arte antiguo, crónicas milenarias, documentos históricos que llegan hasta treinta y seis siglos atrás. Sólo en el hipogeo de Mizraim, el padre de la raza egipcia, mucho más antiguo que Menes el primer rey del país del Nilo que conoce la historia, he podido encontrar documentación más antigua que la que guarda el archivo del príncipe judío asesinado por los piratas. Sus ascendientes remotos y aún sus abuelos, fueron miembros del Sanhedrin, y aún dos de ellos llegaron a ocupar el soberano pontificado de Israel. Sus crónicas, sus documentos, sus relatos y tratados teológicos y doctrinarios, científicos y apologéticos, los he tenido en mis manos y los he revisado a satisfacción.

"Allí veo relatados con fechas del año, mes y día en que se fueron creando y ordenando en forma de libro, las distintas ordenanzas que hoy forman el monumental volumen llamado Deuteronomio. Y así como estos miembros del Sanhedrin conservaron esos documentos, del mismo modo conservarán los actuales, la documentación de sus antepasados que ocuparon esos mismos puestos en el alto tribunal que gobierna y juzga al pueblo de Israel. De modo que los actuales componentes del Sanhedrin, saben muy bien que su autoridad no viene desde Moisés, que no dio a su pueblo más ley, que los *diez mandatos* grabados en tablas de piedra, cuyo original se encuentra oculto en las grutas de la cordillera de Moab.

"Aquellos de vosotros que tuvieron el pensamiento de que soy rebelde al Sanhedrin, tienen ya mi contestación. No soy rebelde al Sanhedrin ni a ninguna de las autoridades constituidas en este país. Soy rebelde sí, y en sumo grado, a la mentira y al engaño, difundidos en los pueblos con fines utilitarios, porque acepto de lleno la Ley Divina que dice: *"No levantar falso testimonio ni mentir"*; y porque creo que sólo la verdad puede ser maestra de los hombres y llevarlos al más alto grado de progreso en las ciencias, en la filosofía y en la religión.

"La verdad es educadora y constructiva. La mentira corrompe y destruye, porque ataca a la lógica, a la razón y a la fe.

"Ahora daré la explicación conveniente a aquellos que han pensado que "si yo fuera en verdad un Profeta de Dios, sabría qué mujer es esta que acaba de salir, que ha besado mis manos y mis pies, los ha ungido con sus perfumes y los ha secado con sus cabellos".

Hubo aquí un movimiento de inquietud y de asombro entre todos, pues la mayoría de ellos, menos los discípulos y el Hazzán de Nazareth, habían tenido ese pensamiento.

—Vosotros —continuó el Maestro— os habéis escandalizado de mí, al verme aceptar con agrado, las manifestaciones del amor reverente de esa mujer. Y como no habéis querido pensar malamente de mí, me habéis disculpado, creyendo que yo ignoro *quién es y de qué manera vive.* Y de esta ignorancia mía, sacáis la consecuencia de que no soy un Profeta de Dios.

"Sé muy bien que *es pagana*, como llamáis vosotros a todo el que no pertenece a vuestro culto y a vuestra religión. Sé muy bien que vive entre la niebla dorada de la mitología, entre esa corte resplandeciente de dioses, hadas, genios y ninfas, que han creado las más ardientes imaginaciones del Egipto, de la Grecia y de la India y entre los cuales viven satisfechos todos los pueblos de la tierra menos el pueblo de Israel, que iluminado por Moisés, adora al Dios Unico Creador de Mundos y de seres.

"Ahora escuchadme bien. He vivido algún tiempo entre los paganos y he llegado a conocerlos a fondo. Y os aseguro con mi palabra de Profeta de Dios, que ellos adolecen de las mismas debilidades y miserias que tenéis vosotros en vuestra vida.

"Vosotros condenáis duramente al hombre infiel a la mujer de su juventud, y vosotros lo sois cada vez que se os presenta la oportunidad.

Vosotros denunciáis ante el Sanhedrin a la mujer adúltera, y con serenidad miráis como la arrastran fuera de la ciudad y la matan a pedradas. Y vosotros sois adúlteros en la sombra, pues que al hacerlo, cuidáis bien de ocultar vuestro pecado.

"Vosotros adoradores del Dios Verdadero, Padre uniersal de toda criatura, azotáis bárbaramente a vuestros esclavos, cuando el cansancio y la fatiga les hace reposar un instante; les dáis la comida de las bestias y cuando inutilizados por los años de enormes esfuerzos, no os dejan ganancia suficiente, les vendéis igual que a vuestras ovejas o les matáis si nadie los quiere comprar. Igual hacen los paganos".

Y al decir esto, el Maestro paseó la mirada como una luz para alumbrar las tinieblas por todos aquellos rostros venerables, coronados de cabelleras grises y envueltos en aureolas de honor y de respeto.

Muchos ojos bajaron al suelo no pudiendo resistir la mirada límpida del justo, único que podría condenar a los pecadores... y único que los defendía y los amaba.

—Decidme ahora con sinceridad: Si vosotros adoradores del Verdadero

Dios depositarios de la Ley de Moisés, justos a toda prueba, obráis igual que los paganos, ¿quiénes son más culpables: ellos o vosotros?

"Y si así lo reconocéis porque la lógica no admite réplica, ¿por qué os escandalizáis de mi tolerancia para con esta mujer pagana, que vive entre el lujo y la algazara de los cultos mitológicos en que nació y fue educada?

"Además, los Profetas de Dios son enviados para salvar a los que van errados por su camino, pues que los que van directos por su camino, no necesitan de guías.

"Es el ciego quien necesita de un lazarillo. Es el enfermo quien necesita del médico, y el hambriento de pan, y el sediento viajero de aguas claras y refrescantes.

"¡Varones doctos de Israel!... cuidad ante todo, de ser justos con vosotros mismos, primero que con los demás. Antes de ver la paja en el ojo ajeno, sacad la que tenéis en el vuestro. Y cuando coláis un mosquito en el agua de vuestro vaso, cuidad de no tragar un cangrejo.

"En todos los huertos crecen zarzales y cizaña. El hombre sabio y prudente, cuida de desbrozar bien su huerto y después mira el huerto del vecino, y si lo descubre enmarañado le dice: Amigo: ¿me permites ayudarte a limpiar tu huerto, que yo ya terminé con el mío?

"Así obra un adorador del Dios Verdadero, Padre Universal de los seres. Así obra el fiel cumplidor de la Ley de Moisés, ley de amor y no de terror, porque todos sus mandatos están refundidos en uno solo: "AMA A DIOS SOBRE TODAS LAS COSAS Y A TU PROJIMO COMO A TI MISMO".

"Alguno de vosotros que sufrís en vuestro cuerpo enfermedades ocultas, habéis pensado, que si de verdad soy un Profeta de Dios, podría sanar vuestros males. Pues bien, yo os digo en nombre suyo: sed sanos en vuestro cuerpo y esforzaos por curar vuestra alma, en forma que el amor a vuestro prójimo, aunque lleve la marca de los esclavos, os redima de todos vuestros pecados.

— ¡Tú eres el Mesías anunciado por los Profetas! —dijo de pronto un escriba anciano que padecía un mal crónico que ningún médico había podido curar.

"Desde mi mocedad —añadió— padezco un horrible mal que la ley declara impuro al que lo lleva y al que se le acerca, ¡y el Profeta Nazareno me ha curado!

Varios de los presentes dijeron lo mismo. El uno desnudó su rodilla vendada porque un viejo tumor le atormentaba, y él lo había disimulado diciendo que su cojera se debía al reuma.

Otro descubrióse el pecho donde una úlcera cancerosa le corroía desde años atrás.

Y por fin Eleazar el dueño de casa, quiso aportar el concurso de su confesión sincera y dijo francamente:

—Yo estaba leproso y ocultaba mi enfermedad para no caer bajo las penalidades de la ley.

"¡A tantos infelices atacados de este mal, hice arrojar de la ciudad a las grutas de los montes, y yo me he burlado de la ley!

"Es como dice el Profeta, ¡somos doblemente culpables, y nos creemos con derecho a escandalizarnos de las miserias de los demás!

"¡Es el Mesías que Israel esperaba! —exclamó Eleazar. Pedro gritó con todas sus fuerzas, como si quisiera desahogar su entusiasmo comprimido por el silencio que había guardado durante tanto tiempo:

— ¡Es El! ¡es El!...

Los demás discípulos gritaban también esas mismas palabras.

—Lo sabíais y no lo habíais dicho antes —dijo uno de aquellos ancianos.

—Como vosotros creéis ser depositarios de toda sabiduría —díjole Pedro— ¿cómo podíamos atrevernos a hablar nosotros, gentes del pueblo tenidas por ignorantes?

Todos los ojos estaban fijos en el Maestro que guardaba silencio. Por fin habló apremiado por aquellas miradas.

—Vosotros creéis ahora, porque habéis sido curados de vuestros males. Estos que me siguen, creyeron sin que yo les diese nada material como una prueba de quien soy. ¡Bienaventurados son los que sólo iluminados por el amor y la fe, piden entrar en el Reino de Dios!

"Tened presente siempre, que habéis reconocido el árbol por el buen fruto que os ha dado, y que igual conclusión sacarán otros de vuestras enseñanzas, que deben ser confirmadas con vuestras obras. Nunca enseñéis lo que no sois capaces de hacer.

"No carguéis sobre el prójimo cargas que vosotros no podéis o no queréis llevar. Es este el más elemental principio de equidad y justicia.

Uno de aquellos solemnes Rabís dijo de pronto:

—Está anunciado que el Mesías descendería de la familia real de David. ¿Está esa circunstancia tan principal en la persona de este Profeta?

Pedro saltó como una chispa.

— ¡Sí señor, está, y aquí tengo la prueba!

Y sin más tardanza sacó del pecho su anotador y comenzó a leer una larga serie de nombres, de los antepasados de Joseph y Myriam, padres de Jhasua.

Desde Boz y Ruth bisabuelos del Rey David comenzó la perorata genealógica de Pedro, que los dejó a todos en un silencio profundo.

Jhasua miraba sonriente a Pedro, al cual dejó explayarse a su gusto, porque conociendo su temperamento, comprendía lo que debió sufrir callando, entre aquellos personajes cuya sinceridad dejaba tanto que desear.

—No pierdas tu paz Pedro —díjole el Maestro— por cosas de tan poca monta. He dicho que por los frutos se conoce el árbol.

"La grandeza del espíritu no viene de la carne y de la sangre, que lo mismo puede ser grande el hijo de un leñador que el descendiente de un rey. ¿No hizo malas obra Roboan hijo de Salomón, cuya iniquidad causó la división y el odio que aún persiste entre la familia de Israel?

—Y decidme señores —dijo el anciano Rabí que había hablado antes—. ¿Qué nos corresponde hacer ante tan estupendo descubrimiento?

—Ver, oír y entender —contestó el Maestro—. Tenéis ojos, oídos y buen entendimiento. Unicamente os falta ser sinceros y justos con vosotros mismos y con los demás. Si lo sois, estaréis en el camino del Reino de Dios.

Jhasua se despidió de Eleazar y tornó a la casa de sus padres, mientras sus discípulos se dirigían a la tienda de las orillas del Lago.

GALILEA QUIERE UN REY

Pocos días después llegó a Nazareth un mensajero de Naim de parte de una virtuosa mujer, viuda de un primo del justo Joseph.

Esta viuda llamada Mirina tenía un hijo de diez y siete años que sería su apoyo en la vida y el consuelo de su soledad.

Mandaba a buscar a Jhasua, porque a su hijo José le habían comenzado unos terribles ataques que le dejaban como muerto.

Pero Jhasua estaba a orillas del Lago con sus discípulos en casa de Simón Barjonne, punto de reunión habitual de la pequeña escuela.

El tío Jaime salió apresuradamente con el mensajero en busca de Jhasua. Entre ir y venir, tardaron un día y una noche, y a la mañana siguiente entraba el Maestro con sus discípulos en la ciudad de Naim.

Se sorprendieron grandemente al encontrar en la calle principal un numeroso cortejo fúnebre, en el cual se sentían a distancia los lamentos de las plañideras, que en cumplimiento de los rituales para lo que se les había contratado gemían y lloraban deshojando flores sobre el féretro cubierto con un manto de lino ricamente bordado.

El muerto era el joven José, hijo de Mirina la viuda que había mandado buscar a Jhasua.

Detrás de él caminaba la desconsolada madre, cuyo llorar partía el alma, pues nadie ignoraba en la ciudad, el gran amor, que hacía del hijo y de la madre, un solo corazón y una alma sola.

Detrás de ella andaban penosamente mendigos, lisiados, ciegos guiados por lazarillos, todos ellos protegidos de la virtuosa viuda que era en verdad la providencia de todos los desamparados.

Sólo hacía dos años que se había enterrado al buen Joab, marido de aquella mujer, y su parentela y amistades, conmovidos, la acompañaban otra vez por aquel mismo camino al sepulcro de familia, que tenía en una gruta de la montaña que rodeaba la ciudad. El desconsuelo era pues general. El dolor allí demostrado, era sentido profundamente y el llanto derramado nacía del corazón.

Aquel ambiente de sincero pesar tocó las fibras íntimas del sensible corazón del Maestro, que hizo detener el cortejo y se acercó a la angustiada madre que arrojándose a sus pies se abrazó de sus rodillas mientras le decía entre sollozos:

— ¡Jhasua, hijo del primo Joseph!, ¡si hubieras estado aquí cuando aún alentaba, mi hijo no habría muerto!... ¡Puesto que eres Profeta de Jehová, concédeme el morir con él, y así no volveré a mi casa solitaria sino que quedaré en la tumba con él...!

Jhasua abrazó aquella dolorida cabeza y la obligó a levantarse del suelo.

—No llores así, Mirina, ni huyas de tu casa solitaria, porque el poder de Dios la llenará de sus dones, de su paz y de su amor.

— ¡Ya no está él!... —continuaba clamando la desolada madre.

El Maestro hizo separar la multitud dejando sólo a la madre junto al ataúd que fue rodeado por sus discípulos y el tío Jaime.

Abrió el féretro y apartó el blanco sudario que cubría el rostro joven y bello, aún bajo la austeridad serena de la muerte.

Todos se imaginaron que tratándose de un pariente aunque lejano, Jhasua quería ver aquel rostro amigo por última vez.

La pobre madre olvidando toda conveniencia se arrojó sobre el cadáver del hijo para llenarlo de besos y de lágrimas.

Tan sólo los discípulos y el tío Jaime, comprendieron que algo estupendo iba a ocurrir, pues vieron el rostro y aspecto del Maestro que aparecía como envuelto en una bruma de fuego. Abrió los ojos y los labios al cadáver; le descubrió el pecho y le tomó ambas manos.

Luego irguiéndose con una energía que lo transfiguraba, dijo en alta voz:

—José, hijo de Mirina, en nombre de Dios te lo mando: ¡Levántate y sigue viviendo para tu madre!

El joven se incorporó lentamente y sostenido de las manos por Jhasua, salió del féretro.

Un clamor de espanto resonó entre la multitud. La mayoría echaron a huir presa del pánico que se apoderó de todos. Los discípulos permanecieron firmes en sus puestos, pero sus rostros aparecían lívidos y sus manos temblaban.

El Maestro cubrió con su manto al joven y lo acercó a su madre que parecía una estatua de mármol con sus ojos inmensamente abiertos.

Y acompañado por sus discípulos, cantó el salmo de acción de gracias a la misericordia Divina que había consolado a su sierva.

—Salí de casa llorando y torno a casa feliz —decía ella andando apoyada en su hijo que a su vez le decía:

—Yo no estaba muerto, madre, sino que dormía. Esperaba a nuestro Jhasua para despertarme, y los enterradores no tuvieron la paciencia de esperar.

—Habían pasado las horas reglamentarias —dijo la madre— y no pude retenerte más a mi lado.

—Estos sueños semejantes a la muerte —dijo el Maestro—, no están sujetos a tiempo determinado. Sobre ellos manda solamente la Divina Sabiduría y el Eterno Poder. A veces son causados por desequilibrios del sistema nervioso y a veces porque el espíritu se resiste a continuar animando su materia, a la cual deja inerte, sin que exista lesión ninguna en ese organismo.

"Y dime, José, si puedes recordarlo, ¿por qué te resistías a tu cuerpo? Es vigoroso, es sano, es bello y perfecto por lo cual debes bendecir a Dios.

—Después te lo diré, Maestro —contestó algo turbado el jovenzuelo.

Y cuando la madre feliz entró en su casa poniendo en movimiento a sus criadas para preparar un festín en homenaje a Jhasua, el joven le dijo casi al oído:

—Ha venido de Esmirna el hermano mayor de mi padre, que pretende unirse en matrimonio a mi madre a fin de no empobrecerla, tomando él lo que corresponde de los bienes paternos que siempre administró mi padre.

"Ella está irresoluta y quizá aceptaría si yo no estuviese a su lado. Esta preocupación me atormentaba grandemente hasta que comencé a enfermar. No tengo ya voluntad de vivir con otro padre, y habiendo perdido a mi madre que no será mía, sino del hombre que sea su segundo marido.

—José —le dijo el Maestro—. El egoísmo es malo aún en el amor filial. Tu madre es muy joven y acaso fuera feliz en un segundo matrimonio con su cuñado, viudo también.

—Tiene treinta y cuatro años y mi tío cincuenta. Nada tengo que decir, sino que para mí es un dolor grande al cual no me resigno —contestó el joven.

—Y dime, José, ¿estás tú seguro de que no amarás a una doncella de tu edad con la cual te unirás para formar tu familia? —le preguntó el Maestro—. En tal caso, dejarás también a tu madre y ella quedará sola, sin esposo y sin hijo. ¿Te gustaría que ella se opusiera a tu felicidad?

—Yo no he pensado nunca en dejarla —observó el muchacho.

—¡Porque aún eres muy joven, pero lo pensarás más adelante!

"Te digo, que en esta casa de tus mayores, verás días felices al lado de tu madre, de una esposa y de unos pequeñines que serán tu gloria y tu alegría. Confía y espera, que nuestro Padre Celestial da en justa medida el bien, la paz y el amor, a quienes le aman y le buscan con pureza de pensamiento y rectitud en el obrar. ¿Qué sabes tú si una circunstancia inesperada cambia de pronto el curso de los acontecimientos? Por hoy eres feliz. El mañana pertenece a Dios nuestro Padre.

"Bástele al día su propio afán. ¿Me has comprendido José?

—Sí, Maestro Jhasua, he comprendido.

—¿Me prometes esperar tranquilo y alegre la voluntad de Dios que se manifestará pronto?

—Lo prometo, Maestro Jhasua, por la querida memoria de mi padre muerto y por la honra de mi madre viva —contestó el muchacho con gran resolución.

Unos momentos después entraban en la vieja casa solariega que había cobijado cuatro generaciones. Sus viejos olivares, castaños y vides, formaban un frondoso bosque cuya sombra benéfica era harto conocida de todos los indigentes y desamparados de Naín, que en días determinados tenían entrada libre a llenar sus cestas de hermosos frutos.

El padre de Mirina, la piadosa viuda de Naín, era hermano de José de Arimathea el gran amigo y protector de Jhasua desde su niñez. Anciano ya y viudo desde muchos años, había reclamado los cuidados de la hija a la cual servía de sombra desde la muerte de su marido. El reuma lo tenía sujeto a un sillón mullido en forma que su respaldo y posa-pies se extendían horizontalmente y le servía también de lecho, pues los grandes dolores que sentía al menor movimiento le había conducido a esta forma de vida.

Como su hermano menor, José de Arimathea, Jesaías, el mayor, había también hecho años de estudios en el Gran Colegio de Jerusalén, por lo cual estaba regularmente instruido en las sagradas letras y en la historia y ciencias cultivadas en aquel entonces.

Mucho había oído hablar del joven Profeta galileo y por vez primera se encontraba con él.

—Ahora podré cerciorarme —decía el anciano—, si los relatos de mi hermano José son cuentos griegos o son realidades.

Era Jesaías de aquellos judíos de la antigua escuela, de la cual conservaba los prejuicios y cierta estrechez de criterio que lo llevaba a mirar con recelo toda innovación. Alma sin inquietudes de ninguna especie, no sentía la necesidad de cambiar absolutamente en nada los viejos principios, tradiciones y costumbres de sus antepasados. Era pues, completamente diferente de su hermano José, cuyas inquietudes científicas y filosóficas lo habían llevado a la primera fila de los luchadores idealistas de su tiempo.

Jhasua le encontró tomando el sol bajo el verde dosel de las vides y tendido en su sillón-cama.

—Padre —dijo Mirina abrazándole tiernamente—. Aquí viene el Profeta que me ha devuelto a mi hijo desde el borde de la tumba.

El joven José caminaba al lado del Maestro.

El anciano que se había hecho llevar con los criados a lo más apartado del huerto, para no sentir los lamentos de las plañideras durante las honras fúnebres, ignoraba por completo el gran acontecimiento y mirando con espanto a su hija le dijo:

—¿Estas loca? ¡Pobre hija mía! —Y dos gruesas lágrimas rodaron de sus ojos casi apagados.

Jhasua con el joven José se pusieron ante él.

El anciano dio un grito semejante a un rugido y se cubrió el rostro con ambas manos.

—¡Eliseo!... ¡Profeta Eliseo!... ¡Sólo de ti salieron obras semejantes!... —murmuró por fin devorando con sus miradas a su nieto y a Jhasua que sonriente le tomó de las manos.

—Nuestro Padre-Dios omnipotente, puede crear profetas Eliseos cuando le place —díjole el Maestro.

—¡Abuelito! —decíale el muchacho arrodillándose ante el lecho—, yo no estaba muerto, sino que un pesado letargo me inmovilizó por completo. Aquí no tenemos grandes médicos, y los que había no supieron conocer mi mal, sino este Profeta de Dios, que a no haber sido por él me hubieran bajado a la fosa cerrada con doble puerta, y entonces sí que no volvía a la vida...

—¡Grande es el poder de Dios... sobremanera grande!... —seguía exclamando el anciano, que se resistía a creer a sus propios ojos—.

''¡Hija mía!... ¡eres la dulce Raquel de Jacob, que le costó catorce años de sacrificios!... por eso Jehová ha visitado tu casa con tan grandes maravillas.

El Maestro siempre reteniendo entre las suyas las manos del anciano, irradiaba sobre él una poderosa corriente fluídica que purificaba su sangre de la cristalización úrica acumulada en toda la parte inferior de su cuerpo.

Y cuando lo creyó conveniente, le dijo en tono afable y jovial:

—Ahora daremos juntos un paseo por este hermoso huerto donde cantan millares de alondras.

El viejo lo miró, creyendo no haber oído bien sus palabras.

—¡Vamos! —insistió Jhasua ofreciéndole su brazo para levantarlo.

—¡Te ha curado padre! —exclamó la hija en un grito de júbilo.

—¡Oh, oh!... ¡no puede ser!... ¡Decís que José no estaba muerto... tampoco yo tenía reuma! ¡Oh, ah... Dios ha entrado en esta casa, o estamos aquí todos locos de remate!

Jhasua sonreía y los discípulos que rodeaban esta escena decían entre sí:

—¡Ahora sí que es grande Galilea!... ¡Si Salomón levantara de la tumba mandaba trasladar el templo a Názareth, porque Jerusalén con toda su gloria, no vio maravillas semejantes!

Por fin el anciano Jesaías se decidió a comprobar que sus piernas podían sostenerlo, y apoyado en Jhasua y en su nieto dio la vuelta al viejo huerto que antes recorriera en su sillón-cama.

—¡No había mentido la palabra de mi hermano! —exclamaba—. ¡Bendita sea su lengua que me refería tus obras, Profeta de Dios! El justo Joseph, tu padre, debe tener un triple paraíso de dicha y de gloria, porque Jehová misericordioso le dejará ver tus obras que sólo vienen de El.

Estos acontecimientos en la casa de la piadosa viuda de Naín hicieron tanto ruido en Galilea, que los amigos de la montaña, como llamaba el príncipe Judá a sus legiones en formación, se acercaron ocultamente a Galilea con el propósito de proclamar a Jhasua, Mesías, Libertador y Rey de Israel.

—Todas nuestras montañas están llenas de leñadores y picapedreros —decían los buenos galileos.

—¿Será que Herodes Antipas va a construir ciudades nuevas a imitación de su padre?

Aquellos leñadores y picapedreros iban rodeando estratégicamente el Lago Tiberiades, con el fin de sorprender la guarnición romana de Tiberias, única fuerza militar considerable e inmediata que podía estorbar sus propósitos.

El jefe de este secreto movimiento fue a encontrar al Maestro a la vieja casona cercana al lago.

—Vuestro jefe supremo —díjole Jhasua— es el príncipe Judá y su segundo es el Scheiff Ilderin. El uno está en Jerusalén y el otro en el desierto. ¿Cómo pues hacéis esto sin su autorización y beneplácito? ¿Crees tú, amigo mío, que yo tengo prisa de ser rey?

—Señor —le dijo el montañés— eres el hombre más incomprensible que pisa la tierra, ¿Dónde se vio un hombre al que se quiere coronar como rey, y lo rehusa?

"Momento más propicio que éste no creo lo habrá. Todo Galilea arde de entusiasmo por ti, Señor, y la Iturea y Damasco lo están igualmente. Si tú no tienes prisa de ser rey, la tenemos nosotros, tus compatriotas, tus hermanos abrumados bajo el yugo extranjero.

"¡Nadie más que tú puede salvarnos y nos dejas esclavizados!

"¿Cómo podemos comprenderte Señor, y qué miras son las tuyas?

—Amigo mío —le dijo el Maestro— nadie os ama más que yo. Por encima de mi amor, sólo está el amor eterno de Dios nuestro Padre. Pero ni El ni yo necesitamos que os levantéis en armas para segar vuestras vidas, como las espigas en el campo. Al Padre Celestial le sobra poder para levantarme sobre cien tronos de oro y de marfil, si esa fuera su voluntad. ¿Qué es un reinado en la tierra? Es el resumidero de todas las injusticias y delitos imaginables, que a la sombra de una corona y de un manto real, aparecen como actos de justicia y de noble majestad.

"¿Qué os falta para ser felices?

—Un rey de nuestra raza que nos libre del yugo extranjero. Si no fuera por la Santa Alianza, nuestro pueblo en su mayor parte moriría de hambre —contestó el aguerrido montañés que comenzaba a desilusionarse.

—Bien, amigo mío: diez años lleva la Santa Alianza de grandes actividades silenciosas, remediando todas las necesidades que llegan a su conocimiento.

"Aún no hace dos años que mi nombre empieza a conocerse en Galilea y las gentes se arremolinan para coronarme rey. ¿Necesito acaso una corona para derramar el bien sobre todos vosotros?

"Quédate aquí conmigo y los míos, por un día solo. Pasado el mediodía cruzaremos el Lago, y acaso veas con tus propios ojos, algo que aclare tu ingeligencia respecto de mí.

"¿Eres casado?, ¿tienes hijos?

—Tengo una numerosa familia a mi cargo, pues aparte de mis cuatro hijos pequeños, velo por mis ancianos padres y por la familia de mi hermano mayor, que va muriéndose lentamente sin que ningún médico encuentre la causa de su mal.

—Por ahí debías haber empezado amigo mío. ¿No es esto más importante que buscar un hombre para hacerle rey?

—¡Señor!... ¡mi pobre hermano nada significa para nuestra Nación!...

—¿Dónde está tu hermano?

—En Bethabara desde que el príncipe Judá comenzó la instrucción a nuestras fuerzas.

—Piensa en él en este instante —ordenó el Maestro.

Su interlocutor iba a interrogar, pero Jhasua le indicó silencio.

—Piensa en tu hermano y no hables más hasta que yo te avise —insistió el Maestro.

Para los conocedores de los poderes internos de inteligencias superiores, no existe misterio alguno en la actitud del Maestro, que siguiendo el pensamiento del jefe galileo, se transportó al sitio indicado para aliviar a un hombre ignorado, padre de familia que se moría lentamente. Tenía una úlcera en el estómago que le llevaría al sepulcro en dos lunas a más tardar.

—Creí que te habías dormido Señor —dijo al Maestro, cuando le vio abrir de nuevo los ojos y volver a la realidad.

—El cuerpo duerme cuando el espíritu le manda —contestó Jhasua—. Y el espíritu, que es luz sumergida en la Eterna Luz, va y viene según la voluntad de Dios.

"Tu hermano Azur está curado gracias a Dios.

—¡Señor!... —exclamó aquel hombre—. Yo no te dije el nombre de mi hermano... ¡Está en Bethabara a la otra orilla del Jordán, a un día entero de viaje!... ¿Cómo pues dices que está curado?

—¡Abnar, amigo mío! Si conocieran los hombres la grandeza del Amor Divino y su soberano Poder, no os preocuparíais de buscar un hombre para hacerle rey. ¿He necesitado serlo yo, para aliviar tu carga y salvar a tu hermano de la muerte?

—Señor, tampoco te dije mi nombre y me has llamado Abnar. ¡Tú eres un poderoso mago y por eso obras tantas maravillas!

—Y bien amigo mío, ¿te convences que no necesito ser rey para obrar el bien en nuestra Nación?

—¡Libértala Señor y sálvanos aunque no seas rey!... Lo serás en nuestros corazones por todos los días de nuestra vida.

—¡Es el único reinado que deseo, Abnar!... el reinado en los corazones de todos los hombres de la tierra, que llevaré como ofrenda de amor y de gloria al Hacedor de los mundos y de los seres.

—¡No puedo comprenderte mi Señor! —dijo el montañés emocionado—. ¡Nadie en el país puede comprenderte, pero todos sabemos que eres grande y fuerte como el brazo de Jehová, que seca los mares y desata los torrentes, que da la vida y la quita, que cambia el curso de los ríos y paraliza los vientos!..

"¡Si hay dioses en la tierra, como dicen los paganos, tú eres uno de ellos!".

El Maestro se levantó para abrir la puerta, que él mismo cerró al entrar al viejo cenáculo de Simón Barjonne. La confidencia fue secreta, pues los discípulos ignoraban los preparativos bélicos que bajo la dirección del príncipe Judá y del Scheiff Ilderin, se hacían en las montañas de la otra ribera del Jordán.

—Señor —díjole Pedro—. Nuestra comida está dispuesta en casa de Zebedeo y Salomé. Allí nos esperan, porque festejamos a nuestro Jhoanin que entra en la gloria de los veinte años.

—Muy bien Pedro. Aquí tenemos otro comensal más. Después de la comida irá con nosotros al otro lado del mar—. Terminado el pequeño festín del cumpleaños de Johanín, se embarcaron. El lago aparecía tranquilo, y el pequeño velero de Pedro corría velozmente al empuje de los remos manejados por Santiago y Andrés, que eran los brazos fuertes de la brigada.

En la verde llanura al sur de Hippos, les esperaba una multitud clamorosa y azotada por el infortunio. Leprosos, ciegos, paralíticos y cuantos males llamados *incurables* azotan a los humanos, estaban allí representados de tan terrible manera que espantaba ver de cerca aquel dolorido conjunto.

Agentes secretos de Simónides, enviados desde Jerusalén habían removido tóda aquella angustia viviente, a fin de hacer brillar a los ojos de aquellos pueblos la grandeza del Mesías Salvador de Israel, al cual hicieron llegar la noticia, que en la opuesta ribera del Jordán había una multitud de enfermos que se veían imposibilitados de llegar hasta él.

—Yo iré hacia ellos —había contestado el Maestro. Tal era el motivo de aquel viaje.

Después de hablarles como médico de los cuerpos, de las causas de las enfermedades y modo de evitarlas, se reveló más aún como médico de almas sumidas en dolorosos extravíos, de cuyas consecuencias funestas no podían librarse por sí mismos.

—Habéis podido caer en el abismo —les decía— pero no tenéis fuerzas para salir de él. Tomaos pues, de mis manos y sed de hoy en adelante, hombres nuevos sin que quede rastro del hombre de ayer.

Los doce discípulos y Abnar el montañés, no eran bastantes para tomar nota de las tragedias de aquella infeliz porción de humanidad, que acudía al Profeta Nazareno como último refugio en busca de su remedio.

En los presidios de la ciudad de Hippos, una de las capitales más importantes de la Tetrarquía de Felipe, el tercer hijo de Herodes, había muchos prisioneros sepultados allí por orden de la malvada Herodías. Eran estorbos para la red de sus criminales maquinaciones, y solucionaba el problema enterrando vivos a los infelices que se ponían en su camino.

—Abnar —decía el Maestro al jefe montañés—. Esto es ser rey; ¿comprendes? La mujer causante de tantos dolores humanos, es nieta de un rey llamado *grande*, porque construyó muchas ciudades y torreones, y murallas y puentes y circos. ¿Ves esta turba doliente cuya vista causa escalofríos?

"La miseria traída al país por los derroches de lujo de Herodes y toda su descendencia, ha hecho todas estas víctimas que aquí ves.

"El fue llamado *Herodes el Grande.* Yo soy Jhasua de Nazareth, hijo de un artesano ignorado del mundo. El no adoraba a otro Dios que a sí mismo. Yo soy hijo sumiso del Poder Creador de todo cuanto alienta en el universo. El era un rey cubierto de oro. Yo soy un hijo del pueblo, que llevo polvo en mis sandalias y cansancio en mis pies.

"Mira pues la obra del rey y la obra del hijo del artesano.

Y dicho esto se puso de pie sobre el puente del velero y extendiendo sus brazos que abrían su manto blanco como una ala agitada por el viento, dijo en voz fuerte y sonora:

—Amigos míos: creed en el poder de Dios que cura en este instante todos vuestros dolores por intermedio de este hijo suyo, que os ama como El os ama.

"¡Amad a vuestros semejantes y haced el bien a todos, y os prometo en nombre de Dios nuestro Padre, que entraréis por un camino nuevo de paz y de bienandanza! .

"En nombre suyo, abriré los presidios donde fueron sepultados vivos, vuestros familiares y amigos que eran estorbo a las maquinaciones delictuosas de los que visten púrpura real. .

"¡En nombre suyo, os digo; sed sanos y salvos todos los que sufrís enfermedades en vuestro cuerpo y angustias en vuestro espíritu!"

Un concierto de bendiciones y de hosannas llenaron los aires, y una oleada inmensa de júbilo y de amor llegó al corazón de Jhasua que profundamente emocionado bajó al interior de la barca. Muchos hombres habían entrado al Lago con el agua que les subía de las rodillas, para acercarse al Profeta y besar sus pies; y otros tiraban fuertemente de la amarra, para que la barca llegase a las rocas de la costa.

¿POR QUE LLORA ESA MUJER?

Otro velero estaba anclado tocando la popa de la barca de Pedro, y unos remeros fornidos y negros como el ébano, pasaban del velero a la barca, grandes cestas de pan, queso, frutas de toda especie y fardos de ropas.

Los discípulos volvieron a la barca, y les salió al encuentro el pastorcillo Boanerges con la alegría pintada en el semblante.

—Mi señora —dijo— envía este cargamento al Profeta de Dios, para que él lo distribuya entre los necesitados.

— ¡Maestro, Maestro!... —llamaba Juan apresuradamente a Jhasua, que tendido en la cabina aparecía como dormido.

La curación de aquella enorme multitud de enfermos había extenuado un tanto al Maestro, y seguramente reponía sus fuerzas en la quietud y el silencio.

—La pagana del Castillo se ha convertido a Jehová, y os manda dones para los pobres —dijo Juan al oído del Maestro.

—El amor la hizo encontrar de nuevo el camino y encendió nuevamente su lámpara que ya no se apagará jamás —dijo Jhasua como hablando consigo mismo—. Tráeme a Boanerges —añadió— y repartid con equidad y justicia los donativos de esa mujer.

— ¡Profeta!... —dijo Boanerges cuando llegó al Maestro— ¡Ten piedad de mi señora que llora siempre!

—¿Por qué llora? ¿no es acaso una mujer dichosa en la satisfacción de todo cuanto desea? ¿qué le falta que pueda darle el Profeta?

— ¡La paz de su corazón que huyó de ella para siempre!... —contestó entristecido el pastorcillo que demostraba amarla intensamente.

—Para siempre no, hijo mío; pues que la paz es un don divino que el Altísimo da con generosidad a todo aquel que la pide, y se pone en condiciones de recibirla. ¿Sabes lo que le sucede a tu ama para haber perdido la paz?

—Lucha entre el amor nuevo que ha nacido en ella, y las normas de vida que llevó hasta ahora. Su maestro, su aya, su mayordomo, sus apoderados de Tiro y Sidón se han reunido en el castillo para tomar medidas con ella, porque dicen que está loca. Y un médico judío ha empeorado la situación, diciendo que mi ama tiene demonios en el cuerpo y que debe ir al Templo de Jerusalén para que se los saquen. Las doncellas compañeras, están llenas de temor y Fatmé me encargó secretamente que te pidiera fueras al Castillo porque sólo tu puedes remediar tanto mal.

— ¡Pero dime niño, ¿por qué dicen que tu ama está loca?

— ¡Señor!... Mi ama mandó abrir una fosa para enterrar todas las estatuas de los dioses griegos, y los trajes, velos, y ánforas de las danzas y de los festines, y se ha vestido como las mujeres de esta tierra.

"El mayordomo, el maestro y el aya, espantados por la excavación de la fosa, llamaron al médico, pues lo que hace la señora dicen que nunca lo hizo y debe padecer un mal. ¡Ven Señor conmigo y lo verás!, todos en el Castillo están disgustados y nadie se entiende.

El Maestro llamó a Pedro y le avisó que iba a llegarse hasta el Castillo cuyas almenas se veían desde allí.

—Cuando terminéis el reparto —le dijo— venid con la barca a buscarme antes de que llegue la noche.

Y embarcándose en el velero del Castillo se fue con Boanerges.

—¡Señor!... —díjole éste con gran timidez—. ¡No te dije lo más malo de lo que ocurre a mi ama!... ¡Como tú eres Profeta lo adivinarás!...

El Maestro fijó sus ojos en los del pastorcillo, cuya mirada quedó como suspendida de la luz que irradiaban los ojos de Jhasua.

—Serénate hijo mío —le dijo el Maestro, después de unos momentos—. Esas buenas gentes piensan que soy un mago que he causado el desequilibrio mental atribuido a tu señora.

—¡Sí, Profeta!... ¡eso es lo que dicen y yo no sabía cómo decírtelo!...

—¡No temas nada!... Ya les convenceré yo.

—¡Señor!... ¡Es que hay otra cosa más!... —murmuró el pastorcillo.

—¿Más todavía? ¡Oh, mi buen Boanerges!... tú has venido todo lleno de novedades hoy —decíale Jhasua riendo de los ojazos asustados del adolescente—. Vamos, explícate de una vez por todas.

—Han encerrado a Fatmé en su alcoba, para que no vea más a la señora porque dicen que ella tiene también los demonios en el cuerpo y se los pasó a mi ama por mandato tuyo... Anoche, cuando todos dormían Fatmé me llamó por su ventana que está en el piso alto sobre la terraza. Y como el mayordomo se guarda ahora todas las llaves, me vi obligado a trepar por el tronco de un nogal que toca el muro. Ella me mandó venir hoy escondido en el velero para rogarte que vayas.

"No quiere avisar a su padre que vive en Tiberias, porque la llevará del Castillo y ella ama mucho a la señora.

—Eres un hombrecito valiente y servicial Boanerges —decíale el Maestro, arreglándole los largos rizos obscuros, que un pequeño casquete de fieltro azul impedía que se enmarañasen con el viento.

—Tan feliz que fui este año último —decía el pastorcito— y acaso me tocará también a mí la retirada.

—¿Por qué lo dices?

—Yo estoy en el Castillo por la señora, ¿no lo sabes Profeta? Y si a ella le quitan el mando de su casa, me despedirán como a Fatmé y a las doncellas que son de esta tierra. Allí sólo quieren griegos, señor.

—No temas nada. Ya llegamos. Baja y avisa a tu señora que quiero hablarla.

La castellana salió seguida de Boanerges. Vestida como una galilea, al Maestro le pareció ver a su propia madre en los años de juventud.

El aya le seguía también a distancia. Era una mujer de cincuenta años que cojeaba al andar. La llamaban Elhida.

La castellana quiso arrodillarse cuando llegó el Maestro, pero él la tomó de las manos diciéndole:

—Con la mirada y la frente a los cielos hemos de buscar los dones de Dios.

"Bajo la sombra de los nogales tendremos una confidencia. —Y la hizo sentar en el primer banco de piedra que encontró a la entrada del parque. El aya llegó también y se mantuvo a cuatro pasos mirando al Maestro con ojos recelosos y desconfiados—.

"Ven Elhida a sentarte también aquí, que mi mensaje te toca de cerca —díjole el Maestro mirándola afablemente. ¿Me tienes miedo?

—Ven Elhida, que con el Profeta nos llegan todos los bienes —le dijo la joven haciéndole lugar al lado suyo.

La mujer cojeando siempre, se sentó también en silencio. Estaba alarmada de que el Profeta la llamara por su nombre.

—¿Cómo sabes tú cuando un cerezo es silvestre y amargo, y cuando es de cultivo y de dulce fruto? —le preguntó el Maestro.

—¿Quién es el que no lo sabe? —contestó la aya—. Por los frutos dulces o amargos se conoce en seguida.

—Muy bien. Yo te digo en este instante que en nombre de mi Dios que es amor y poder, dejo curado ese tumor maligno que tienes en la cadera y que te atormenta desde hace tres años.

"¿Te es amargo o dulce este fruto? ¡Así sabrás, si soy portador de los demonios o de los ángeles del Señor!

La mujer sintió un extraño temblor en todo su cuerpo... Palideció por miedo de haber incurrido en el enojo del Profeta y sintiendo que todo dolor y molestia le había desaparecido, se postró en tierra clamando:

—¡Perdona a tu sierva Señor, porque mis pensamientos te ofendieron sin conocerte. Has curado mi mal con solo tu palabra!... ¿Eres acaso la encarnación de Zeus dueño de todo poder?

—Soy un enviado del Dios verdadero que adora Israel, y en nombre suyo realizo todas mis obras en beneficio de mis semejantes.

"Ahora ve en paz a referir a tus compatriotas de esta casa lo que el Profeta ha hecho por ti, y no desconfíes del equilibrio mental de tu ama, que me ha reconocido antes que todos vosotros."

Elhida corrió apresuradamente hacia el Castillo a referir a todos su curación y a abrir la puerta a la pobre Fatmé que llevaba ya dos días de encierro.

—¡María!... —dijo el Maestro a la castellana de Mágdalo cuando quedó solo con ella—. Veinticuatro años tardaste para encontrar tu camino y ahora que lo has hallado, le llenas tú misma de punzantes espinas.

—¿Por qué lo dices Señor?

—Porque espantas la paz de tu casa y del corazón de tus servidores.

"Para amar a Dios y al prójimo como a ti misma, ¿juzgas necesario cambiar tus vestiduras griegas por las que se usan en esta tierra? ¿Crees necesario enterrar en una fosa las obras de arte que revelan el genio creador de un hombre, y que adornan el parque que fue solaz y recreo de tus mayores?

"No concibas tan mezquinamente la idea infinita del Infinito, que vive y alienta en todas las cosas y que fue llama de inspiración en la mente que soñó todas esas imágenes y les dio una vida de mármol que rememora vidas de carne y sangre como la tuya y la mía, vividas en lejanas edades, en este o en otros planetas.

"Ese bello Apolo entre las nueve Musas, ¿qué es?

"Representa nuestro sol que da vida, alegría y fulgor a todas las cosas. Las rosas de la Aurora coronan su frente y mil flechas de oro derraman sus manos extendidas. ¿Qué hay de condenable en ello?

"Aquella estatua de *Urania* coronada de estrellas y llevando en sus manos una esfera y un compás, simboliza la Astronomía que da a conocer a los hombres, el mundo sideral.

"A su lado está *Euterpe* con su lira de oro dispuesta a hacernos sentir las armonías inefables de la creación universal.

"*Clío*, con su libro monumental y una pluma de águila, nos escribe la historia de la humanidad, desde que la especie humana apareció en el planeta.

"Si nuestra alma es pura y limpia como el cristal de una fuente, en que se miran las estrellas, no veremos el mal en las cosas inanimadas, sino en las acciones delictuosas de los hombres.

"El Dios Creador de cuanto existe, no mira las estatuas de tu parque, sino los sentimientos de tu corazón para tus semejantes. No mira si vistes como una griega o como una galilea, sino que busca en tu corazón el amor con que vistes al desnudo, o proteges al huérfano y a la viuda, a los leprosos arrojados de las ciudades como bestias dañinas, a los encarcelados que dejaron vacío su sitio en el hogar donde lloran de hambre sus hijos.

"¿Comprendes mujer cómo debe sentir y comprender a Dios el alma que busca acercarse a El por la verdad, la fe y el amor?

—¡Señor!... —dijo la castellana—. Comprendo que el Dios tuyo es el Bien, la Paz, la Justicia y el Amor; y que fuera de ello no hay nada que haga la vida digna de ser vivida.

—Puesto que lo has comprendido, manda a esos jornaleros que abren la fosa, que echen abajo los árboles del bosque que están secos, y que se transformen en lumbre para los tugurios sin fuego en los helados inviernos, que hacen temblar de frío a los ancianos y a los niños. Mándales sembrar los campos de tu heredad y que haya trigo en abundancia con que puedas hacer la dicha de los que van por las calles pidiendo un mendrugo de pan. No gastes tiempo ni esfuerzo humano en destruir esas bellezas de mármol que no hacen mal a nadie, porque la malicia está en los corazones impuros y egoístas que buscan el bien y el mal en las cosas muertas, cuando uno y otro están en los corazones vivos y palpitantes.

La castellana llamó a su maestro, a su mayordomo y a su aya para que escucharan al Profeta, el cual se dio a conocer ante ellos con sus obras según lo acostumbraba.

El viejo maestro se había tornado sordo como una piedra, por lo cual daba sus lecciones a las doncellas y a Boanerges exigiendo que le hicieran por escrito las preguntas aclaratorias de sus dudas. Y el Maestro le curó de la sordera que sufría desde ocho años antes.

El mayordomo tenía sus piernas hinchadas de várices que a veces se ulceraban causándole grandes dolores. El Maestro curó también su mal y les rogó a todos que desde ese momento fueran auxiliares eficaces para su señora, que debía transformar su vida en piedad y misericordia para todos los doloridos que llegasen a ella.

El amor triunfante del Cristo, incorporó en esta forma, toda aquella casa, a su misión de bien, de amor y de paz en la tierra que le vio nacer.

AÑO TREINTA Y DOS

Los hechos relatados, tuvieron una gran repercusión en toda la provincia Galilea y aún llegaron a Samaria por el sur, y a Fenicia y Siria por el norte, en forma que el tranquilo Mar de Galilea se vio rodeado de numerosos peregrinos procedentes de ciudades y aldeas en busca del extraordinario Profeta que anulaba todos los dolores humanos.

Fabulosas leyendas se tejían en derredor de su personalidad, incomprensible para las muchedumbres ignorantes de los poderes internos del hombre, que por una avanzada evolución espiritual y moral, ejerce amplio dominio de todas las fuerzas de la Naturaleza.

—Ha revivido en él todo el poder de Elías, de Eliseo, de Moisés —decían las gentes viendo andar por sus pies a los paralíticos; limpios de llagas a los leprosos; con sus ojos claros a la luz del sol a los ciegos de nacimiento.

—Tiene en sí toda la sabiduría de Salomón —decían otros—. Seguramente este joven Maestro encontró el libro perdido que el rey sabio escribió en tres días de sueño, dando a conocer a los hombres las propiedades curativas de las aguas, de las piedras, de los árboles y yerbas de los campos.

Y entre la multitud que día a día llegaba a las riberas del Lago, acudían también Rabís presuntuosos y Fariseos, desconfiados del joven Profeta que arrastraba las masas para escuchar su enseñanza.

Llegado el rumor de tal celebridad hasta los pórticos del Templo, vinieron también dos enviados del Sanhedrin, para atraer al taumaturgo a ocupar un puesto bajo los doseles de púrpura y oro de los doctores del Templo de Jerusalén.

— ¡Háblanos Profeta! —clamaba la multitud una tarde en que el sol velado por espesas nubes, hacía suave y fresco el viento que soplaba del oeste, y rizaba las aguas del Lago, lleno de botes, barcas y veleros.

—Tus palabras nos traen la paz y la salud —clamaban otros— y hasta la miseria se torna llevadera después de haberte escuchado.

El Maestro dormitaba bajo la tienda de los pescadores, y Pedro se llegó a él para despertarle.

— ¡Señor!... ¿no oyes el clamor de estas gentes? Han cruzado el Lago y vienen de Gerguesa, de Hippos y de Gadara, para verte y oírte... ¡La mayoría son enfermos, cargados de dolor y de miseria que parte el corazón verles!...

—¿Qué quieres decirme con eso? —le preguntó el Maestro despertándose—. Si Dios les deja padecer ¿no crees tú que es justicia que padezcan?

— ¡Es como dices, Maestro Jhasua!... ¡pero también es cierto que el Altísimo te ha revestido del poder de aliviar todos los dolores humanos y que apena ver estas gentes que creen en ti esperando la salud, la paz y la vida, sólo de ti, Señor!

—Bien, bien, amigo mío; así quería verte implorando por los necesitados y doloridos, no espantándoles de mi lado como lo habéis hecho otras veces.

—Porque comprendía ayer menos que hoy Maestro, lo que eres, y temía para ti, males que hoy veo como imaginarios. ¿Qué mal podrá hacerte daño a ti, Hijo de Dios Vivo, con cien legiones de ángeles que te guardan?

—Tu fe se ensancha Pedro, como este mar que tenemos a la vista, cuando las nieves del Hermón se derriten haciendo desbordar el Jordán. Un día llegará, que harás tú lo que hoy me pides para estas turbas doloridas y atormentadas.

No bien la multitud vio al Profeta del manto blanco, se atropellaron en torno suyo y conteniéndoles él con una señal de su mano, se encaminó seguido de sus discípulos a una verde colina, cuya falda arrancaba desde las orillas del Lago, y subía a bastante altura con suave declive.

La multitud comenzó a subir detrás de él, quedando en el llano sólo los enfermos tendidos en camillas y las mujeres con niños en brazos.

En la primera estribación de la montaña el Maestro se detuvo y sentándose sobre un saliente de la roca, extendió su mirada sobre aquella muchedumbre a quien el dolor arrastraba hacia él, con la fuerza que da el poderoso instinto de la propia conservación.

—¡Padre mío!... —dijo en voz apenas perceptible y levantando sus ojos al infinito azul—. Te buscan en mí, porque padecen horrores.

"Si fueran felices no te buscarían.

"¡El hombre terrestre necesita el dolor para sentir tu Presencia, para buscarte y llamarte!

"¡Amor infinito que me animas, hazte sentir de estas desventuradas criaturas que aún no saben buscarte, sino por su propio interés!

Extendió sus manos en actitud de pedir calma y silencio y habló de esta manera:

—Ribereños del Mar de Galilea, y moradores todos de las comarcas vecinas que habéis caminado largas distancias para llegar hasta aquí.

"¿Qué habéis venido a buscar en la soledad de estas montañas, que hasta hoy fueron albergue de los pastores y de sus rebaños?

"Agobiados por dolores irremediables, habéis pensado por fin en el Supremo Hacedor de todas las cosas, y en que sólo de El, os puede venir el remedio que buscáis en vano entre los seres que os rodean.

"Como una nube de ceniza y de humo se levanta de vosotros mismos, la pesada bruma de vuestras angustias y dolores, de vuestras zozobras y ansiedades que no sois dueños de dominar y llegan a la mente del Profeta, que lee en vuestros corazones llenándose de piedad y conmiseración.

"Bendigo vuestros dolores que así os arrastran hacia la Divina Misericordia y os digo:

"¡Bienaventurados vosotros los pobres, que no maldecís vuestra pobreza y sacáis de ella el tesoro del sufrimiento. Vuestro es el Reino de los cielos!

"¡Bienaventurados vosotros que lloráis en silencio, oprimidos por la congoja, porque a vuestro lado llega la consolación!

"¡Bienaventurados vosotros los mansos que amáis la paz y la concordia, porque el amor será en la tierra vuestra heredad!

"¡Bienaventurados los que tenéis hambre y sed de justicia, porque la veréis resplandecer para vosotros hasta la saciedad!

"¡Bienaventurados los que tenéis el corazón misericordioso, porque alcanzaréis abundancia de misericordia!

"¡Bienaventurados los sembradores de paz entre los hombres, porque seréis contados entre los hijos de Dios!

"¡Bienaventurados los que tenéis puro y sencillo el corazón, porque veréis a Dios en todo cuanto vive en la Creación Universal!

"¡Bienaventurados los que padecéis persecución por la verdad y la justicia, porque vuestro es el Reino de Dios, suprema Verdad y Suprema Justicia!

"Alegrad vuestros corazones, porque los padecimientos actuales lavan vuestros pecados para que puros y limpios podáis entrar al gozo eterno del Reino de Dios.

"¿No se alegra acaso vuestro corazón cuando saldáis una deuda, cuando vestís un ropaje nuevo y sois invitados a un hermoso festín?

"Los dolores que os vienen sin buscarlos, son emisarios de la Divina Justicia y de la propia conciencia, que os obliga así a redimiros, experimentando en carne propia el dolor injusto causado a vuestros semejantes.

"Bueno es analizar la causa y origen de todos vuestros padecimientos, porque también los hay y muy duros, que son consecuencia inmediata de vuestros desaciertos, y transgresiones a las leyes de la Naturaleza, que es celosa en sus dominios.

"Todos los excesos que comete el hombre en el curso de su propia vida, se manifiestan más tarde o más temprano en su organismo en forma de enfermedades terribles, que se transmiten a sus descendientes.

"Aquel que vive entregado a la embriaguez del licor, ¿puede extrañarse de padecer apoplejía y fuego devorador en el fondo de sus entrañas?

"El hombre entregado a la lubricidad, ¿puede asombrarse de una vejez prematura, y del agotamiento de su cuerpo convertido en un fantasma viviente?

"El hombre dado a los excesos de la gula y que sólo piensa en llenar su vientre como las bestias, ¿puede maravillarse de que su sangre se torne impura y que sus órganos digestivos sean ulcerados causándole horribles dolores?

"Los coléricos e iracundos que hacen del propio hogar una continua borrasca de odios y de terrores, ¿pueden asombrarse de traer a la vida hijos desequilibrados, locos o maniáticos que son su tormento y su castigo?

"Si os empeñáis en pasar por las ascuas ardientes, de antemano sabéis que se quemarán vuestros pies y se tostarán vuestras ropas.

"Si os entráis en una ciénaga pantanosa, de cierto sabéis que os cubriréis de lodo hasta la cintura.

"Y si os empeñáis en cruzar por un campo de espinosos zarzales, estáis seguros de que los abrojos se prenderán a vuestras ropas y lastimarán terriblemente vuestros pies.

"Entonces, ¿por qué clamáis al Profeta de Dios que tenga piedad de vosotros, si no la tenéis vosotros mismos?

"Os dejáis dominar por vuestras pasiones que os arrastran a todo género de excesos, traspasando las leyes de la Naturaleza, que os brinda generosamente sus dones para vuestro uso, mas no para vuestro abuso.

"Todos tenéis oídos para oírme y entendimiento para comprender mis palabras, que os dicen a la faz de los cielos y de la tierra:

"Tened piedad de vosotros mismos, de vuestros hijos y de vuestros semejantes, porque el Padre Celestial, lo que hace hoy con vosotros, no lo hará en muchos siglos.

"En nombre del Supremo Creador de cuanto existe, os digo: "Sed sanos de vuestras enfermedades, los que padecéis en vuestros cuerpos y lavad con aguas de arrepentimiento y de misericordia las llagas de vuestras almas, para que los ángeles del Señor se acerquen a vosotros como a nuestro padre Abraham, a compartir la dulzura de la paz, de la esperanza y del Amor!".

"El Profeta Nazareno os bendice en nombre de Dios. ¡Idos en paz!"

La muchedumbre clamorosa en un júbilo rayano en locura, aplaudía al Profeta aclamándolo en todas las formas, lenguas y dialectos que hablaban en las distintas regiones a que pertenecían.

Los bastones, muletas, vendajes y camillas volaban por el aire, como cosas odiosas e inútiles ya para la vida que comenzaba a la sombra del manto blanco del Profeta... a la luz de aquellos ojos divinos, y de aquella palabra austera y suave, que los obligaba a pensar en un mundo superior al que hasta entonces les había rodeado.

¿Quién es aquel hombre hermoso como la luz del sol y dulce y bueno como el pan y la miel?

Y cien leyendas comenzaron a surgir de aquel enloquecido entusiasmo, que sin razonamiento alguno, veía todo únicamente bajo el prisma de lo maravilloso y sobrehumano.

No podía ser un hombre como los demás, aunque le supusieran dotado de todo el poder de los antiguos Profetas. Aquellos vaticinaban el futuro de países, ciudades y reyes, curaban algunos enfermos desahuciados por la ciencia, inutilizaban las malas artes de magos perversos, pero esto ... esto que veían y palpaban muchedumbres de centenares y miles de hombres, mujeres y niños, no lo habían visto ni oído jamás. ¿Quién era pues?...

Una voz poderosa salió de la muchedumbre:

—¡Es el Mesías anunciado por los Profetas!... ¡Es Moisés que vuelve para salvar a su pueblo del dominio extranjero, como le salvó de la tiranía de los Faraones!...

El Maestro seguido por el tío Jaime, había bajado la colina por un senderito oculto entre arbustos y trepadoras, que conducía a la aldea de Larazón, formada entonces de cabañas de pastores.

Entre las ruinas de lo que fue la antigua ciudad, había un refugio de ancianos desvalidos bajo la tutela de la Santa Alianza.

Allí fue a ocultarse el Maestro, huyendo del entusiasmo de aquella muchedumbre que olvidando toda conveniencia, exteriorizaba en alta voz su disconformidad con los poderes dominantes.

—¡Hagámosle nuestro Rey! —seguían gritando.

—En Decápolis —decían los de la opuesta ribera del Jordán— tenemos a Hippos, Gadara y Pella con murallas y fortalezas malamente guardadas. Aclamémosle allí nuestro Rey-Libertador, que el Tetrarca Felipe duerme con el vino de sus festines.

Pedro y sus compañeros, después de algunas dificultades, lograron tranquilizar a la muchedumbre, con la esperanza de que más adelante acaso realizarían sus anhelos.

—No comprometáis la seguridad del Profeta, levantando alarmas entre los poderes públicos —les decían—.

"¿Qué haréis si encarcelan al Profeta por causa de vuestro entusiasmo desmedido?

—El no quiere recompensa material, sino sólo que seáis buenos y felices —díjoles finalmente Pedro—.

"¿No oísteis que os dijo: "Idos en paz"? Pues obedecedle por el bien que os ha hecho y... ¡a mover los remos amigos y no paréis hasta la otra orilla!... No sea que vuestra desobediencia os traiga los males de que os véis libres ahora.

Este último razonamiento de Pedro, fue el más persuasivo y los que habían venido de la opuesta ribera, que eran los más numerosos, soltaron amarras y bogaron felices aclamando al Profeta.

Dos días después el Maestro pasó a Cafarnaum, situada sobre la orilla norte del Lago, donde tuvieron lugar escenas muy semejantes a las que acabamos de referir.

De las vecinas comarcas de los Gaulonitas y de los Itureos le trajeron numerosos ciegos, procedentes de unas minas de hulla que se habían incendiado dos años antes. Jóvenes, mujeres histéricas, con grandes perturbaciones mentales, niños idiotas y retardados desde su nacimiento, debido a los terrores sufridos por las madres, cuando la nefasta Herodias asolaba aquellas regiones con sus delictuosos caprichos.

Aquellas gentes llamaban *endemoniadas* a las infelices jóvenes histéricas, que a veces exhalaban gritos semejantes a aullidos, y sus familiares aterrorizados, y quejosos los vecinos, porque estas infelices eran una continua perturbación de la tranquilidad, pues que hasta las horas de sueño interrumpían, las habían relegado a una escabrosa montaña donde abundaban las grutas sepulcrales.

La sugestión que obra tan fuertemente sobre las naturalezas sensitivas acabó de enloquecerlas, pues en sus intervalos de lucidez se veían entre viejos sepulcros medio derruidos, que a veces dejaban al descubierto esqueletos y huesos humanos.

Las madres de aquellas infelices se turnaban para ir cada semana a llevarles provisiones de pan, queso y frutas secas; mas pronto se vio que este trabajo no podía ser realizado por débiles mujeres. Las histéricas en sus momentos de furor se volvían contra las portadoras de las provisiones.

Dos hombres pagados a buen precio, iban por la noche y dejaban los sacos de comestibles sin llamar a nadie.

La madre de una de aquellas desequilibradas, que tenía amistad con la familia de Felipe, uno de los Doce, fue aconsejada de presentarse al Profeta Nazareno para implorar su piedad.

Y fue así como el Maestro se encontró en Cafarnaum frente a las grutas de las *endemoniadas* a donde fue, con Felipe, Thomas, Andrés y Bartolomé.

Sabiendo que las dementes se hallaban medio desnudas porque despedazaban ellas mismas sus vestiduras, llevaron un fardo de ropas para las diez y siete mujeres relegadas allí.

El cuadro que se les ofreció a la vista fue de lo más horroroso que el lector puede imaginarse.

Aquellas mujeres con sus cabellos enmarañados, medio desnudas y en tal estado de abandono que apenaba verlas, llenó de piedad el corazón del Maestro, que se detuvo a cierta distancia durante unos momentos.

Estaban sentadas a la puerta de las grutas rompiendo nueces y pelando castañas que devoraban ansiosamente. Sólo cuatro de ellas aparecían en mejores condiciones que sus compañeras. Estas, en grupo aparte desmigaban pan que los gorriones se acercaban a comer. Esto parecía divertirlas. A ratos lloraban en silencio. A intervalos se oprimían la cabeza con ambas manos, como si un agudo dolor les atormentara.

El Maestro y los suyos, ocultos detrás de un espeso matorral las observaban sin que ellas se apercibieran.

La lucidez espiritual del joven Profeta, vio en pocos momentos lo que necesitaba para comprender el estado mental en que las enfermas se encontraban.

Por fin se acercó a ellas.

—¿Quién eres que no temes a los demonios que nos tienen subyugadas? —le gritó audazmente una de ellas.

—Vosotras estáis enfermas y yo soy un médico que os quiere curar. ¿Me lo permitís de buen grado?

—Si nos curáis, ¿nos recibirán de nuevo en la ciudad? —preguntó otra.

—Desde luego, porque ya sanas, volveréis a ser la alegría de vuestros hogares como antes erais.

Una grande calma fue invadiéndolas a todas.

Algunas avergonzadas por sus vestiduras rotas huyeron a las grutas.

El Maestro tomó a las cuatro que parecían en mejor estado y les entregó el fardo de ropas.

—Id todas juntas al Lago —les dijo—. Lavad vuestros cuerpos y vestíos convenientemente, que nosotros os esperamos detrás de esa colina, para llevaros nuevamente a vuestros hogares.

—Tenemos demonios en el cuerpo y en nuestras casas no nos reciben —dijo otra.

—No hay demonios en el cuerpo de nadie —contestó el Maestro—. Habéis sido sometidas a sufrimientos que alteraron vuestro sistema nervioso, eso es todo. La sugestión de este horrible lugar, hizo lo demás.

"Tened fe en Dios que hace justicia con los inocentes y tiene misericordia de los pecadores. Vamos, haced lo que os digo y yo os llevaré a vuestros hogares.

Unas horas después, el Profeta Nazareno entraba en la ciudad de Cafarnaum seguido de sus cuatro discípulos y de las diez y siete jóvenes que habían vuelto al uso normal de sus facultades mentales.

Este hecho despertó la admiración de las gentes de toda aquella comarca, pues las infelices llamadas *endemoniadas* traían aterrada a la población con sus aullidos y gritos.

Los niños idiotas y retardados, como asimismo los ciegos por el incendio de las minas, se vieron remediados en su situación, todo lo cual produjo tal entusiasmo, que llegó a repetirse el intenso clamor del pueblo.

"Es el Mesías que Israel esperaba. Es nuestro Rey, nuestro Salvador. Es el hijo de David que debía venir a ocupar el trono de sus mayores".

Cuando a poco llegaron unos agentes de la Tetrarquia para averiguar quién era el que aclamaba el pueblo con tanto entusiasmo, el Maestro habíase ocultado en la barca de Pedro en que realizara el viaje a Cafarnaum, y soltando amarras bogaba hacia el sur del Lago a gran velocidad.

JHASUA Y EL FUTURO DIACONO FELIPE

Año tras año llegaban las fiestas religiosas que llamaban la Pascua, con la que terminaban la época de ayunos y penitencia, que los devotos se imponían en cumplimiento de rigurosas leyes.

Pocos días antes de la Pascua del año treinta y dos de la vida Jhasua, se encaminó a Jerusalén acompañado de sus Doce íntimos, más otros muchos que se le unieron en calidad de discípulos.

Juan, el más joven de los Doce, fue decidido protector de los entusiasmos de la castellana de Mágdalo por el Profeta Nazareno, y convenció a Salomé su madre, de que llevase en su compañía a la castellana con su aya y tres de sus doncellas que eran hebreas: Fatmé, Raquel y Juana.

Para los ribereños del Mar de Galilea fue un asombro el saber que *la pagana* se unía a los devotos peregrinos. Salomé misma se asombró grandemente.

—Pero dime Juan —decía a su hijo—, ¿crees que esa mujer acostumbrada a no salir de casa sino en litera, va a resistir andando a pie de aquí a Jerusalén?

—Ya se lo he dicho madre, pero ella insiste en que andará a pie como anda el Profeta —contestaba Juan.

Se formó pues una numerosa caravana de peregrinos, entre los que iban también Myriam y el tío Jaime; la viuda de Naim, su padre y su hijo; Matías, el mayor de los hijos de Joseph con toda su familia; Abigail, aquella primera discípula de Jhasua niño, que casada con Benjamín, hijo de Matías y ya con dos hijitos, formaba también parte de la devota caravana.

Iban por el camino costanero del Jordán menos peligroso que el que atravesaba Samaria, cuyas escarpadas montañas eran buscadas como refugio por los bandidos perseguidos de la justicia.

En la primera jornada atravesaban la hermosa llanura de Esdrelón, poblada de mansos rebaños de ovejas y cabras. Las cabañas de pastores abundaban allí y el pintoresco Collado de More, donde la tradición decía que Issachar, hijo de Jacob, tuvo su cabaña y su altar de adoración a Jehová, ofreció a los peregrinos el primer descanso. La cabaña de piedra allí existente, bajo la sombra de olivos y vides centenarias, fue refugio para las mujeres, mientras los hombres se ocultaban de los ardores del sol a la sombra de los árboles.

El término de la primera jornada, era Sevthópolis, que a la proximidad de la Pascua desbordaba de peregrinos venidos del Norte, por lo cual nuestros viajeros prefirieron pernoctar en la vieja aldea de Beth-san, a sólo un estadio de aquella ciudad.

Era además una aldea formada casi exclusivamente de familias esenias, que vivían del tejido. La proximidad de los grandes rebaños de la llanura de Esdrelón, les había llevado a esta forma de vida.

Cada casa era un telar o un conjunto de telares, según las posibilidades económicas de cada uno.

—En ninguna parte encontré tanta ayuda mutua como en esta aldea de Beth-san —decía el Maestro a los suyos, al ver en qué forma tan ingeniosa y leal se socorrían unos a otros para hacerse más llevadera la vida—. Se refresca el corazón —añadía— al ver aquí tanta unión y compañerismo, que el que tiene mayor depósito de lana y fibra vegetal, es un anciano que no puede salir a buscárselas por sus muchos años; y todos los demás se creen obligados a traerle para que no carezca de la materia prima para los tejidos.

Y tanto puso el Maestro como ejemplo en sus enseñanzas prácticas lo que vio en la aldea de Beth-san, que cuando sus discípulos veían alguna persona solícita en compartir lo suyo con los demás, solían decir:

—"Parece que fuera un bethsamita".

Allí vivía Felipe, aquel niño que Jhasua conoció en una cabaña próxima al Tabor. Su padre de origen griego, a quien recordará el lector que Jhasua apartó del peligroso y nada honrado camino que seguía, había contraído segundas nupcias con una viuda griega también, y madre de un hijo menor que Felipe, que entonces tenía ya 25 años. Ambos jóvenes llegaron a amarse como dos hermanos, y Felipe, que le llevaba dos años de edad, y tenía la instrucción de los Ancianos de Tabor, encaminó a su amigo Nicanor, hijo de su madrastra, por su mismo camino.

El encuentro de Felipe con el Maestro, después de varios años de no verse, fue en extremo emotivo y lleno de los más tiernos recuerdos. La noche que los peregrinos pasaron en la aldea de Beth-san, fue para el joven Felipe una de las más felices de su vida. El y Nicanor eran los encargados de llevar a vender los tejidos de toda la aldea, por lo cual ambos tenían muchos conocimientos en Galilea, Samaria y Judea. Eran además agentes de la Santa Alianza, que cada seis meses les remitía desde Tolemaida un cargamento de provisiones y de ropas para los necesitados de aquella comarca.

—Maestro —decía Felipe, que se desbordó en confidencias aquella noche—. Tengo dos secretos muy importantes, o mejor dicho, los tenemos Nicanor y yo.

—Y esos secretos te están quemando las entrañas, y quieres desahogarte conmigo, ¿verdad? —le contestaba riendo el Maestro.

—Naturalmente, porque sólo tú puedes dejarme satisfecho.

—Vamos a ver, ¿de qué se trata?

Felipe encendió una cerilla y guió al Maestro al establo donde tres cabras blancas de Persia, proveedoras de la leche para la familia, dormitaban masticando su ración de la noche.

Por detrás del pajar vio Jhasua que abría una puertecita por donde ambos bajaron. Era aquello como una cueva o gruta labrada en la montaña según costumbre; pero de aquella primera, se pasaba a otra inmensa caverna, que tenía una abertura hacia el Norte y otra al Sudoeste, ambas cerradas con trozos de piedra y maderas.

Estaba casi toda llena de paja de trigo, chalas y espigas de maíz, ya desgranado, trozos de telares deshechos, y armazones de caña que habían sido secaderos de frutas.

Pero debajo de todo aquello había una enorme cantidad de armas, lanzas, flechas, espadas, alfanges árabes, hachas cretenses de doble filo, puñales damasquinos que resplandecían a la luz de la antorcha que Felipe encendió cuando llegaron a la caverna.

—¡Felipe!... —le dijo el Maestro—. ¿Qué haces tú con todo esto? Creo que para esto no te habrá nombrado agente la Santa Alianza.

—¡Pero Jhasua!... —exclamó Felipe asombrado en extremo—. ¿Acaso eres tú ajeno a lo que significa todo esto?

—¡Completamente!... Si has seguido desde lejos el curso de mi vida, debes saber Felipe que yo no soy hombre de guerra, sino de paz, de consuelo y de esperanza para las muchedumbres.

—¿Entonces ignoras Maestro Jhasua, qué grandes personajes de Jerusalén, de Antioquía, de Damasco, de Sevthópolis y Tolemaida, preparan muy secretamente un levantamiento para libertar al país de la dominación extranjera y proclamarte Rey-Libertador de Israel?

—Algunos rumores me llegaron hace tiempo, pero yo traté de matar esa quimera sin consistencia ni posibilidad. Mas veo con dolor que mis palabras en tal sentido cayeron en el vacío. ¿Puedo saber las órdenes que tienes al respecto de este depósito de armas y quién te las da?

—Las órdenes se reducen a guardarlas celosamente cuidando de mantenerlas en perfecto estado, así encubiertas en piel de búfalo como vinieron, y entre paja de trigo y chalas de maíz.

"Ahora, quien me las da, no puedo decirte Maestro Jhasua, porque no lo sé. Cada semana me llega un pequeño fardo por esta abertura o por esta otra.

Y al decir así, Felipe abrió los dos agujeros que ya mencionamos. Apenas abiertos, penetró una fría ráfaga de viento y el ruido de fuertes corrientadas de agua.

—Este del norte, es el río Sunén que viene desde el Monte Tabor; y este del oeste es el Haroseth que arranca de las vertientes del Monte Carmelo, y ambos desembocan en el Jordán.

—¿Quieres decir con esto que del Tabor y del Carmelo te llega cada semana un fardo de armas? ¡No puede ser Felipe!... ¡No puede ser!

—Los que mandan las armas, utilizan estos riachos para mandarlas en una pequeña balsa que de seguro será botada al agua muy cerca de aquí, pues que llegan siempre a la segunda hora de la noche o poco más. Yo pienso que me llegan de Pella y de Sevthópolis, que son traídas por las caravanas, pues que el día de llegada de ellas, seguro que esa noche tengo la balsa frente a estos agujeros.

El Maestro guardaba silencio y pensaba. Felipe continuó sus explicaciones:

—Yo vivo aquí con mi padre desde hace unos diez años, y ni aún sabía la existencia de esta cueva vecina a nuestro establo.

"Un comerciante muy rico de Sevthópolis vino un día a buscarme para recibir los donativos de la Santa Alianza y repartirlos entre los Ancianos, viudas y huérfanos de la comarca, Nicanor y yo pertenecíamos a ella desde dos años antes.

"Poco después vino un mercader de Pella a encargar tejidos especiales para tiendas de campaña. Me preguntó si deseaba ver al país libre y si esperaba al Mesías-Rey y Libertador de Israel.

—El Mesías ya está en el país al cual va conquistando con sus obras maravillosas —añadió.

—Ya lo sé —le dije— y yo le conozco desde muy jovencito.

—¿Cómo?... ¿Le conoces y estás aquí quieto como un murciélago en un hueco? —me preguntó. Luego me endilgó un fuerte discurso que llenó de fuego mi corazón, y al final resultó haber conocido esta vieja casa más que yo mismo y fue él quien me informó de la existencia de esta caverna, que había sido utilizada por su padre como un escondite para un hermano suyo, perseguido por la justicia como cómplice de un levantamiento libertador.

"Me dió a entender que él recibía órdenes de Jerusalén, y me pidió ser el recibidor de unos fardos que me llegarían todas las semanas por las dos vías que ya conoces Maestro Jhasua, haciéndome prometer por la vida del Mesías-Libertador que guardaría el secreto.

"Ni aún mi padre lo sabe, que como él es griego y ya viejo, no aceptaría mezclarse en estas cosas. De Nicanor no he podido ocultarlo porque él es como mi sombra y fiel como yo mismo. Cuando él sepa que el Mesías está en casa se volverá loco de entusiasmo porque ha oído a los Terapeutas hablar de ti Maestro Jhasua, y no habrá quien le contenga.

"Con esto queda terminada mi explicación.

—¿De modo que estás preparado Felipe para ser un guerrero matador de hombres? —preguntó el Maestro mirándolo fijamente—. ¡Y yo que me había imaginado que serías un misionero de mi enseñanza de paz y de amor entre los hombres!

—¡Maestro!... Yo creía que todo este preparativo se hacía con tu consentimiento!... —exclamó Felipe un tanto descorazonado.

—Yo sé que todo esto es una ilusión que va enciendiéndose como una llama de alma en alma, porque la mayoría de los hombres no comprenden otra grandeza que la que dan los poderes y la fuerza material.

"Mas... ya llegará el día en que todos los que me aman vean claro en el misterio de mi vida, y de la misión que ella debe cumplir en la tierra. Sigue guardando el secreto tal como lo has prometido, pero no te hagas la ilusión de que serás un guerrero, sino un predicador de mi enseñanza conforme a la Divina Ley.

"¡Muy desventurado serás Felipe si en esta hora de tu vida eterna, tuerces el camino que te has marcado!

Ambos se habían sentado sobre los troncos que cerraban las aberturas.

—¿Qué crees tú que le sucedería —continuó el Maestro— a un hombre de humilde condición, a quien un rey hubiese llamado a su palacio y haciendo pacto con él le hubiera alistado entre sus cortesanos, y que este hombre olvidándolo todo, se marchase a otros negocios?

—Podría sucederle —contestóle Felipe— que el Rey le diera un duro castigo, o que le dejase abandonado a sus propias fuerzas, ya que él había despreciado todo el bien que tuvo en sus manos.

—¡Justamente Felipe, amigo mío! Has hablado bien. Eso mismo te sucedería a tí, si ahora, en vez de predicador de la fraternidad y del amor entre los hombres, te hicieras guerrero, matador de hombres.

"Si sabes a ciencia cierta que soy el Cristo conductor de la humanidad terrestre, y que estás entre la gran alianza de mis colaboradores en esta obra, ¿cómo podrías abandonar tu sitio voluntariamente sin atraerte grandes males sobre tu vida actual?

"La Eterna Ley es para toda criatura una muralla de protección a su espíritu y a su cuerpo, en tal forma que el que va por el sendero elegido por sí mismo, en acuerdo con las Inteligencias Guías de la evolución humana, no encontrará obstáculos insalvables en su vida, que se verá resguardada de los mayores peligros.

"Las corrientes de Luz Divina y de Soberano Poder, son derramados con abundancia sobre las almas colocadas en el sitio que por ley les corresponde. Es este un principio fundamental sostenido por las Escuelas de Divina Sabiduría que tienen la experiencia de los siglos. Alma que se sale de su camino, es alma que fracasa en su misión y atrasa enormemente su propia evolución y la de los seres que le están confiados.

"Esto no significa que si abandonas tu sitio, se quede vacío. Será reemplazado de inmediato, pero tú tardarás mucho tiempo en reconquistar lo que por tu desviación habrás perdido.

—Entonces mañana mismo me desligo de este compromiso —dijo Felipe disgustado en extremo de la equivocación que había sufrido.

—No te precipites en tomar resoluciones inconsultas. Una vez comprometido, espera y sigue guardando el secreto para no causar daño a nadie. Basta que tengas la firme resolución de no tomar las armas sino en defensa de vidas seriamente amenazadas.

"Yo conozco a los dirigentes de esta red de preparativos bélicos, que los hacen con la noble intención de remediar los males que sufre el país y no por ambiciones personales.

"Mas el pueblo de Israel, desde Moisés hasta hoy, ha obrado tan fuera de la ley que tenía marcada, que por consecuencia lógica debe padecer lo que hoy padece. Fue en verdad un pueblo de dura cerviz, como se lo decía Moisés, que le dejó grabada en piedra, la Ley Natural que es la única Ley Divina, y no bien cerró Moisés sus ojos a la vida material, ya el pueblo de Israel la pisoteaba en sus más fundamentales mandatos.

"Al pueblo de Israel, le ha ocurrido lo que al hombre aquel de que te hice comparación hace un momento. Olvidó su pacto con el Rey Eterno, y se apartó locamente de los caminos marcados por Moisés, su Guía y Conductor. Israel se atrajo el mal para sí mismo y para los que tomen de él orientaciones en lo futuro. Será desventurado por muchos siglos, hasta que el dolor llegado al paroxismo le haga comprender su funesta equivocación.

"En la Civilización Adámica, fue uno de los primeramente llamados a la luz del Divino Conocimiento. ¡Olvidó y despreció aquel llamado y hoy toca las consecuencias!

"¿Verdad que es triste cosa tener el bien, la verdad, la luz y el amor en la mano, y dejarlos escapar como el niño la mariposa dorada que aprisionó?

La conversación se vió de pronto interrumpida por unos golpes sordos que el Maestro sintió dar en la roca que estaba a su espalda.

—Ya está ahí la balsa —dijo Felipe, levantándose—. Mas... hoy no llega caravana alguna, que llegaron hace cuatro días.

Entre ambos retiraron las piedras que cerraban la entrada y una oleada de viento huracanado les apagó la luz.

— ¡Socorro!... ¡Socorro! —gritaba débilmente una voz infantil entre sollozos lastimeros.

—Es un botecillo —dijo el Maestro.

—Viene a la deriva —añadió Felipe—, sin dirección y sin remos, la correntada le ha empujado hasta aquí.

Ambos salieron precipitadamente porque la vocecita seguía gritando.

— ¡Socorro!... ¡El bote se llena de agua, me hundo!...

— ¡El Poder de Dios es más fuerte que las tempestades! —exclamó el Maestro lanzándose al agua.

— ¡Voy contigo Señor!.... —dijo Felipe entrando también.

— ¡Ven! —le contestó el Maestro, tendiéndole su manto que flotaba como un ala blanca sobre las olas agitadas por el viento.

El botecillo encallado en la costa rocosa habíase abierto y estaba ya casi lleno de agua.

Felipe nunca pudo explicarse cómo anduvo sin hundirse sobre el manto del Maestro, las brazas que le separaban del botecillo encallado en la costa.

Cuando él llegó, el Maestro había sacado al niño que lloraba amargamente, porque su abuelito en el fondo del bote era ya un cadáver. Había salido de su choza en un arrabal de Sevthópolis a recoger juncos y ramas que arrastraba el río, y su abuelito sufrió un desmayo con vómito de sangre y se quedó muerto. El niño que sólo tenía nueve años, no pudo luchar con la correntada, y se abandonó llorando, a su impotencia.

Jhasua levantó al niño en brazos y le dijo:

—Igual es la sepultura en la tierra o en el agua. Dejemos ese cuerpo muerto en el fondo del río, y aquí tienes dos buenos amigos que velaremos por ti.

El infeliz niño empezó a consolarse. Felipe guiaba al Maestro por el tortuoso senderillo que llevaba a la entrada de la caverna.

Cuando estuvieron dentro, olvidaron armamentos y filosofía y con el niño en brazos pasaron a la cocina, porque aquella criatura temblaba de frío y acaso de hambre.

Su mísero ropaje empapado y deshecho, decía muy claro la extrema pobreza en que había vivido.

Felipe avivó las ascuas semi apagadas en el hogar, y un hermoso fuego iluminó con reflejos de oro la inmensa cocina, en cuyos estrados de piedra tenían sus lechos según costumbre, los muchachos de la casa. Allí estaba dormido Nicanor que se despertó a la novedad.

—Tenemos otro huésped —le dijo Felipe—, pero éste no entró por la puerta de casa sino por un agujero de la caverna. No tengas miedo —dijo al niño que miraba con azorados ojos todo cuanto veía.

—El Profeta Jonás, que conoce el fondo de las aguas, te ha traído a esta casa —decíale Nicanor— porque aunque no somos ricos, aquí no carecerás de nada.

El niño fué vestido con ropas improvisadas, y un tazón de leche caliente con miel y castañas, acabó de tranquilizarle.

El Maestro se sentó junto a él y le tomó una mano que aún estaba helada. Esta sencilla manifestación de cariño de tal modo le enterneció, que se abrazó del Maestro y echó a llorar a grandes sollozos.

Felipe y Nicanor iban a intervenir para consolarle, pero el Maestro les hizo señales de silencio.

Entornó sus ojos y continuó acariciando aquella negra cabecita de lacios cabellos que se sacudía en sollozos sobre sus rodillas. Allí mismo el niño se quedó dormido.

Felipe, que tenía las facultades espirituales bastante desarrolladas por los ancianos del Tabor, se apercibió de que Jhasua oraba por el alma del anciano abuelo muerto de un síncope cardíaco hacía pocas horas, y esto le despertó a la lucidez de su actual situación.

La escena astral que vio Felipe fue emocionante en extremo. El espíritu del anciano se abrazó a su nieto mientras su pensamiento decía: '' ¡Pobrecillo mío! Yo era el único amor que encontraste en tu vida de abandonado, y te dejo solo en el mundo''. Felipe miró al Maestro que continuaba inmóvil con sus ojos entornados y sus manos sobre la cabeza del niño dormido.

El alma radiante de amor y de ternura del Cristo Divino, consolaba a la vez a aquellas dos almas unidas en ese instante por un mismo inmnenso dolor.

Felipe, profundamente conmovido, lloraba silenciosamente, mientras Nicanor, que nada veía, no podía comprender aquella extraña escena:

Jhasua, como petrificado; el niño, súbitamente dormido y Felipe llorando en silencio. ¿Qué pasa aquí?, se preguntaba a sí mismo.

Cuando el pequeño huésped se despertó, estaba tranquilo pero muy triste. Se conocía el esfuerzo que hacía para no llorar.

—La hora es avanzada —le dijo el Maestro— y todos necesitamos descansar.

''Ven conmigo a mi alcoba, que yo compartiré mi lecho contigo —dijo al niño.

La alcoba improvisada para esa noche, no era otra cosa que el amplio local de los telares, rodeado de estrados de piedra y bancos de madera, donde las esteras, alfombras y mantas preparadas para la venta, sirvieron de lechos a los peregrinos que se hospedaban allí.

A la siguiente mañana, el niño abandonado refería su breve historia: su madre murió siendo él de cuatro años; su padre se unió a otra mujer y se fue del país. Su abuelo materno le asoció a su pobreza y le dió en abundancia lo único que poseía: su ternura de abuelo.

Esto también acababa de perderlo. ¿Cómo podía el pequeño huérfano consolarse?

—Felipe —díjole el Maestro—, este niño no puede seguir rodando solo por el mundo.

—No Maestro, será mi hijo. Yo le adopto desde este instante —contestó Felipe.

—Cuidado que no sea para disturbio en la familia, ni que tenga que sufrir hostilidades de parte de tu padre o de tu madrastra!... —observó prudentemente el Maestro—. Pues que en tal caso, yo le buscaré hogar entre los mismos compañeros de viaje. Salomé y Zebedeo... mi madre misma le cobijarían con amor.

—No hay nada que temer. A más el niño no quiere apartarse de este lugar. Venid a verle —contestó Felipe.

Ambos fueron hasta el sitio donde el botecito se hundió al encallar en la costa. No había rastros ni del bote ni del abuelo que se hundió con él.

El pequeño huérfano, sentado sobre una roca de la orilla tejía una guirnalda de flores silvestres, que entrelazaba en un grueso manojo de juncos verdes que sobresalían de las aguas del río. Terminada la guirnalda la arrojaba al sitio donde se hundió el botecito y decía:

—Abuelito, ésta es por el corderito que me compraste con tus ahorros de un mes.

Luego tenía otra más y la arrojaba al río diciendo: ''Abuelito, esta es por la túnica nueva que me compraste cuando vendimos la última carga de leña... Hecho esto levantaba un poco de agua en el hueco de sus manos, y besándola decía: ''Abuelito, esto es para que esta noche duermas en paz''.

Al Maestro y a Felipe se les anudó un sollozo en la garganta y abrazando ambos al amante huérfano, el Maestro le dijo:

—¡Bienaventurado tú, hijo mío, que así das cabida en tu corazón al amor y a la gratitud! Tú, sí que serás un buen seguidor del Cristo del amor que nunca termina.

Esta frase de Jhasua fue profética, pues ese niño cuyo nombre era Adin, fue protegido y amado no sólo por Felipe, sino por Juan el menor de los Doce, todos los cuales al correr de los años llegaron a comprender las grandes dotes que el huérfano poseía.

Por amor reverente al anciano abuelo muerto aquel día y cuyo nombre era Policarpo, originario de Chipre, quiso tomar su nombre, con el que ha pasado a la historia del primer siglo del cristianismo.

De él volveremos a ocuparnos más adelante.

En esa misma mañana, todos los peregrinos se enteraron de la tragedia del pequeño Adin, y todos, hombres y mujeres se sintieron como padres y madres para el huerfanito solitario, que había perdido esa noche el único amor que tenía en su vida.

Boanerges, el pastorcillo que ya conocemos, fue uno de los que más comprendió y sintió la amargura desesperante del niño, pues también él estuvo un día en igual condición.

—Yo era como tú, y hoy estoy colmado de amor. ¡No llores más!... —decía Boanerges al dolorido huérfano.

Y así fue en efecto, pues las mujeres que llevaban niños de su edad se apresuraron a vestirlo con buenas ropas, calzas y sandalias.

La caravana dispuso quedar allí un día más con el fin de dejar al niño provisto de todo lo necesario. Lo hubiesen llevado a Jerusalén, pero no fue posible apartarlo por el momento de aquel sitio donde *dormía el abuelo* según él decía.

El tío Jaime, Pedro, Santiago y Tomás, dispusieron ir a Sevthópolis, cuyos torreones y obeliscos se veían desde la aldea. La castellana de Mágdalo habló a Salomé madre de Juan, que era quien le había aceptado en su compañía, y con mucho secreto le comunicó lo que le pasaba.

—Soy muy infeliz, madre Salomé, porque no podré seguir con los peregrinos. Mis pobres pies no resisten más —le dijo enseñándole sus plantas lastimadas.

—Ya nos parecía a todos que para quien no está acostumbrada a viajar a pie, las jornadas son largas y duras. No te aflijas, todo puede remediarse. Mi hijo Santiago va a comprar con otros a la ciudad y puede alquilar un asno para tí.

—Para mí sola, ¡no!... que es vergüenza una joven montada y las mujeres de edad caminando.

''Que alquilen asnos para todas las mujeres y los niños. Toma el dinero que yo lo pago todo, y no descubras el secreto madre Salomé, para no avergonzarme más.

—Está bien, hija... está bien. Queda en paz. No es para tanto.

Y la buena anciana más tardó en salir en busca de los que iban a Sevthópolis, que el secreto en correr como una chispa de unos a otros.

¿Cómo podía ella encargarse de alquilar unos diez o quince asnos sin decir quién los pagaba?

El secreto llegó en seguida a Jhasua y a su madre, que fueron a ver a la castellana recluída desde que llegó, en la alcoba-hospedaje de las doncellas.

— ¡Qué mal guardó mi secreto la madre Salomé! —decía la joven grandemente mortificada por la humillación que sufría.

—No la culpes, hija mía —díjole Myriam—, pues quiso asociarnos a todos al contratiempo que sufres. Tú eres de otra raza y de otras costumbres, y no sabes cómo estos viajes en común, nos hacen a todos como hermanos. También yo estaba muy fatigada y el asnillo no me vendrá mal.

— ¡Naturalmente! —dijo el Maestro— no hay que dar importancia a las cosas pequeñas, cuando la vida nos presenta a cada instante cosas tan grandes y magníficas en que podemos ocupar nuestras mejores energías.

Las tres compañeras de la castellana y Elhida su vieja aya, volvían de una excursión matutina en busca de nidos de mirlos y alondras que los había en abundancia.

De pronto entró Hanani en busca de su hija Fatmé a quien habló en secreto. El iba también a la ciudad y decía a su hija, que el bolsillo que diera la castellana a Salomé alcanzaba para alquilar asnos para todos, lo cual, si era de su agrado les permitiría quedar tres días más en la aldea, donde había descubierto oportunidad para buenos negocios en beneficio de todos.

El Maestro intervino en el asunto y en acuerdo de todos, la cosa fue hecha como el buen Hanani lo había pensado. Los tres días de descanso en Beth-san, servirían al Maestro para poner en claro la situación creada a Felipe con el depósito de armas que le habían encomendado. Y como no quería hacer participantes de tal asunto a los Doce de su Escuela íntima, exclusivamente destinada a su obra de misionero divino, se valdría de Hanani, hombre prudente y conocedor de todas las alternativas y situaciones políticas del país.

A las dos horas de haber abandonado la aldea volvieron los encargados de los asnos, trayendo veintitrés de ellos enjaezados y listos para marchar.

EN EL PRESIDIO DEL BAUTISTA

El Maestro anunció que iba a cruzar el Jordán e ir a la ciudad de Pella, una de las más importantes capitales de la antigua Decápolis. Se hallaba frente por frente de la aldea de Beth-san, sólo dividido por el río Jordán y el laberinto, de hermosas serranías en que estaba como incrustada, Pella, con sus vetustos murallones labrados, la mayor parte, en las mismas montañas que la rodeaban.

Con buenas cabalgaduras, sólo tendrían dos horas de viaje, por lo cual regresarían al caer la tarde. El Maestro llevó consigo a Hanani, al tío Jaime, a su hermanastro Matías y al joven Felipe, que era el depositario de las armas.

Era Pella la más importante ciudad de la Perea, perteneciente entonces a la Tetrarquía de Herodes Antipas.

Al cruzar el Jordán, se enteró el Maestro que su primo Johanan el solitario del desierto, había sido llevado unos días antes a una fortaleza de Pella, no como prisionero, sino en calidad de refugiado para salvarguardarle de los intentos de asesinato por parte de Herodias que unida ilegalmente como sabemos con Antipas, buscaba los medios de exterminar al Profeta para cortar la influencia que ejercía sobre el Tetrarca.

En una gruta de las orillas del Jordán, encontró el Maestro a seis de los discípulos de Jhoanan que grandemente entristecidos, no hacían sino mirar el torreón de la fortaleza, en que fue encerrado su maestro al cual no les permitían ver.

—Venid conmigo —díjoles Jhasua—, que puede ser que encontremos un puentecillo para llegar hasta él.

Al decir así pensó que en Raphana, Dión y Pella, el Scheiff Ilderín era muy conocido y tenía grandes amigos, que lo eran a la vez del rey Hareth, poder supremo de la Arabia.

Mas, allí mismo supo, que entre el rey árabe y Herodes Antipas, se habían desatado duras hostilidades porque la legítima esposa de Antipas, era hija del rey Hareth, la cual viéndose malamente tratada por su marido a causa de Herodias, había huído a refugiarse en los dominos de su padre en Bosra, entre los montes Bazán. Las huestes del rey Hareth habían entrado una noche en Dión, ciudad fortificada de la Perea, donde mataron a casi toda la guarnición de la fortaleza.

Este incidente, no permitía al Maestro contar con la influencia del Scheiff Ilderín, ante las autoridades de la fortaleza de Pella, donde se encontraba detenido su primo Juan.

Ante el grave inconveniente, los discípulos del solitario cayeron en profunda desesperación.

Los compañeros de viaje del Maestro querían volver de inmediato a la tranquila aldea Beth-san, sobre todo Matías, su hermanastro que a su edad no se sentía con ánimo para mezclarse en dificultades de tal especie. El tío Jaime permanecía neutral, dispuesto a lo que su sobrino dispusiera.

Los únicos que le animaban, eran Hanani, padre de Fatmé, y el joven Felipe, que había cultivado la amistad de los discípulos de Juan, y no le sufría el corazón verlos perder toda esperanza de salvar a su maestro.

Pasados unos momento de reflexión, el Maestro se incorporó del césped en que se había sentado a la puerta de la gruta y dijo a todos:

—No pequéis contra la soberana Majestad, pensando que pueda más el odio de los hombres que su amor infinito. Entremos a la ciudad y Dios hará lo demás.

Se dispusieron en grupos de dos o tres para no entrar todos juntos. Los cinco que iban montados, dejaron sus asnos en la plaza de las caravanas, dándose cita en los estanques sombreados de árboles, donde los viajeros daban de beber a las bestias. La fortaleza prisión de Jhoanan, quedaba de allí a cien pasos.

El Tetrarca, para mayor seguridad del detenido, había dado a los guardianes una contraseña que él daría a un enviado suyo hacia el cautivo. La consigna era "César y Rey", pero sólo la conocía quien la había dado y quien la había recibido con juramento penado con la muerte si se faltaba a él.

Tal había sido la respuesta dada a los discípulos de Jhoanan cuando fueron a verle.

—La contraseña —les había dicho, y al no poder darla, les rechazaron con dura negativa.

—Esperadme un momento —dijo el Maestro retirándose a un rinconcillo solitario detrás de los estanques donde la arboleda era más sombría. Se sentó sobre la paja en que solían descansar los pastores que llevaban ovejas al mercado y se hundió en profunda concentración mental. Su luminoso espíritu se desprendió de su materia y se presentó al cautivo que escribía sus últimas voluntades, pues esperaba la muerte de un momento a otro.

Así en estado espiritual, el Maestro vió que Jhoanan escribía estas palabras.

"Jhasua, hermano mío: Escribo para ti mi última voluntad, para que sepas que te precedo contento en el camino del sacrificio a la Soberana Voluntad que nos envió juntos a esta tierra, donde el crimen es glorificado y la virtud y la verdad perseguidos.

— ¡Jhoanan, hermano mío!... —le dijo el Maestro que había materializado su forma astral para hacerse ver del gran prisionero.

Como el prisionero hiciese ademán de abrazarle, Jhasua le dijo:

—Mi materia duerme detrás de los estanques. Allí estoy con seis de tus discípulos, cuyo desesperado dolor me ha impulsado a usar este supremo recurso que nos concede la Eterna Ley. Mas yo conseguiré la contraseña, y vendremos a visitarte.

—Yo no conozco la contraseña —le dijo Jhoanan.

—Pero tú sabes como podemos conseguirla —insistió el Maestro.

—Sí; tomándola del pensamiento de Ariph-Pul, que es el conserje de esta prisión.

— ¡La tomaremos!... Ayúdame Jhoanan, que va en ello la fe de todos tus discípulos. La oculta Sabiduría Divina permite penetrar en el pensamiento humano cuando es en bien de nuestros semejantes.

Aquellas dos poderosas mentes se unieron y a poco rato el conserje entró a la prisión encontrando como siempre a Juan que escribía.

—Me has llamado, ¿qué deseas Profeta?

—Quería preguntarte si nadie vino a verme —le contestó Juan.

—Vinieron sí, unos que dicen ser discípulos tuyos, pero no puedo hacerles pasar.

—¿Por qué?

—Por no traer la contraseña, sin la cual no puedo abrir a nadie tu puerta, bajo pena de muerte — le contestó.

—¡La contraseña!... Entonces soy personaje de tanta importancia que el Tetrarca te da una contraseña para guardarme?

—Así es y no puedo remediarlo. El manda y yo obedezco.

—¡Bien Ariph-Pul! Gracias por la noticia. Perdona si te molesté.

—Tengo órdenes de servirte bien —contestó el conserje y salió.

La figura astral del Maestro volvió a aparecer ante Juan y le dijo:

—La contraseña es *"César y Rey"*; dentro de una hora estaré aquí con tus discípulos.

Envolvió al cautivo en suaves efluvios luminosos y desapareció.

El Maestro se despertó en el sombreado rincón de los estanques y dijo a sus compañeros:

—El amor es un mago divino que salva todos los abismos. Ya tengo la contraseña y dentro de una hora iremos a la prisión de Jhoanan.

—¡Oh, Maestro Jhasua!... Eres en verdad el Mesías Salvador de Israel, como nos lo dijo tantas veces nuestro maestro —dijo uno de los seis discípulos del prisionero.

—La contraseña es *"César y Rey"* —dijo el Maestro—, y con ella podéis entrar a visitarle cada vez que queráis.

Pero los días del prisionero estaban contados y sólo dos veces pudieron visitarle los suyos.

Jhasua llegó a la imponente fortaleza de Pella y desde la orilla del foso que la rodeaba, hizo sonar la campana que anunciaba gentes de afuera.

El puente fue tendido, y el Maestro con los seis discípulos de Jhoanan llegó a la poterna.

A las preguntas de práctica Jhasua contestó que pedía ver a Jhoanan el profeta, pues era su pariente cercano, y sus compañeros eran los discípulos del cautivo que antes vinieran y no consiguieron entrar.

Dió la contraseña y les dejaron el paso libre.

Jhoanan les esperaba, y su semblante austero y hermoso parecía tener ya esa serenidad del héroe que conoce y acepta complacido el sacrificio heroico.

Sus discípulos cayeron de rodillas a sus pies llorando amargamente.

Con Jhasua se estrecharon en un abrazo largo y mudo.

¿No era acaso más elocuente el lenguaje de sus almas que debieron hablarse entonces como las puras inteligencias de los cielos superiores?

Después que a cada uno de sus discípulos Jhoanan les habló en particular, preparándoles para lo irremediable que él sentía llegar, les recomendó seguir a Jhasua, el Mesías Ungido del Altísimo, y serle dóciles y fieles como lo habían sido con él.

"El es aquel que yo os enseñé a esperar y amar sin conocerle. ¡Cuánto más le amaréis ahora que lo tenéis a vuestro lado y podéis contemplar de tan cerca la grandeza y la gloria de Dios que ha llegado con él".

Luego les pidió que le trajeran uvas y manzanas, pues deseaba mantener su energía y fuerza mental hasta el último momento de su vida.

Ya que su cuerpo se hallaba impedido de obrar como quisiera, lo haría en espíritu hacia todos aquellos que necesitaban de su palabra. Esta petición del cautivo, obedecía también a que quiso quedar a solas con su primo Jhasua.

—¡Jhoanan! —díjole el Maestro—. Dios Todopoderoso puede salvarte de tu cautiverio si El lo quiere. ¿Qué es un rey ni cien reyes ante su poder y su justicia?

—Es verdad Jhasua, pero el Altísimo no puede querer que yo compre mi libertad al precio que me piden por ella —contestó el cautivo.

—¿Qué cosa te piden? —preguntó el Maestro.

—Que calle mi lengua, después de haber pronunciado en las plazas de las principales ciudades de la Tetrarquía de Antipas, sendos discursos retractándome de las acusaciones formuladas contra los escándalos, corrupciones y crímenes de su corte desde que está unido ilegalmente con Herodias, mujer de su hermano Tetrarca Felipe. ¿Crees tú que un Profeta de Dios puede cometer este acto cobarde y vil por conseguir su libertad?

Jhasua calló y un hondo suspiro se escapó de su pecho.

Comprendió entonces que el fin de Jhoanan se acercaba, y que con todo el Poder Divino de que se sentía revestido, nada absolutamente podía ni debía hacer para salvar al valiente prisionero.

Era la encrucijada terrible en que son puestos de ordinario los grandes seres que han venido a probar con el ejemplo de su vida, lo que puede el alma llegada a las altas cumbres de la Sabiduría y del Amor.

El sacrificio de todo absolutamente y hasta de la vida, es el sello divino puesto por la Eterna Ley a los guías conductores de humanidades.

—*La muerte por un ideal de redención humana, es la suprema consagración del Amor* —dijo Jhasua con acento conmovido y solemne, después de unos momentos de silencio—.

"También yo seré puesto en el mismo yunque Jhoanan, hermano mío, y acaso no tardaré mucho en seguirte.

—Que la Eterna Voluntad nos conceda a tí y a mí —contestó Jhoanan— que podamos dejar detrás de nosotros almas escogidas y fuertes capaces del sacrificio por la causa, a la cual sus maestros sacrificaron su vida.

Luego refirió a su primo todo cuanto hizo Herodias la malvada mujer que tenía dominado a Herodes, con el fin de conquistarlo y que él accediera a no censurar en sus discursos los vicios y crímenes de la Corte.

Había usado de todos los medios más ruines y bajos para comprar el silencio del Profeta. Le habían enviado jovenzuelas desvergonzadas y audaces pagadas por ella, y disfrazadas de zagales que buscaban alistarse entre sus discípulos, con el perverso fin de seducir al austero solitario y quebrantar su virtud, para echar por tierra toda su autoridad moral, fundamentada en la acrisolada honestidad del hombre de Dios.

Y cuando todos sus ardides fueron descubiertos y vencidos, comenzaron los intentos de asesinato al Profeta que llegaron por fin a conocimiento de Antipas, por lo cual aseguró en una fortaleza la vida de Jhoanan.

Herodias estaba ya vencida por el Profeta, pues el Tetrarca comenzaba a fastidiarse de sus eternas intrigas y maquinaciones que perturbaban su vida de placenteros festines, y coartaban su libertad de conquistador de bellezas exóticas.

Pero ella luchaba con la desesperación de la derrota, por mantener su prestigio de belleza otoñal, ante aquel hombre vicioso y débil, al cual había llevado a todos los desaciertos, y había puesto en ridículo en el país y en el extranjero.

—Ella está contenta de haberme reducido a silencio —decía Jhoanan terminando su confidencia con Jhasua—, pero como se sabe vencida, busca una venganza digna de ella. Si la ejerce en mí, no me interesa, pero mucho temo que la ejerza en mis discípulos que son numerosos, aunque los íntimos no son más que los seis que has conocido hoy.

"Te suplico pues, Jhasua hermano mío, que los lleves contigo y hagas con ellos como si fueran mis hijos, que dejo confiados a tu sabia dirección. Que se confundan con los tuyos y que se pierda mi nombre en obsequio a la seguridad tuya y de ellos.

"Tu mismo aléjate cuanto puedas de los sitios en que arde la persecución contra mí.

"Los míos no tardarán en volver. Toma —dijo Jhoanan sacando de un cartapacio que allí tenía, unos pergaminos—. Es mi testamento —añadió— que terminaba cuando tú llegaste. En él encontrarás mis memorias, mis obras comenzadas y no terminadas. Las tomarás como tuyas y las terminarás en mi nombre.

"Tus amigos Judá y Faqui han vuelto a verme dos veces y me han consultado sobre el levantamiento que preparan para salvar al país de su actual situación. Yo les he aconsejado que tal actitud no debe ir encaminada contra el poder de César, sino para echar abajo estos reyezuelos de cartón que con sus vicios y holgazanería, con sus derroches y lujos, son los que de verdad han traído la miseria de nuestro pueblo. El alto clero de Jerusalén y los dos Tetrarcas hijos del funesto Herodes, mal llamado *el grande,* que han formado alianzas para sostenerse mutuamente, son los causantes verdaderos de los males de Israel.

"En mi concepto, ese levantamiento está en ley. Yo soy de la falange de espíritus de Justicia y comprendo la necesidad de hacerla cuando las circunstancias lo reclaman. Que dos o tres Procuradores romanos han cometidos delitos y desaciertos, es verdad, pero también los hubo rectos y prudentes que evitaron horribles matanzas ordenadas por el Sanhedrin. Augusto y Tiberio, no han tenido mala entraña para los pueblos avasallados, y sólo a espaldas suyas se han cometido atropellos e injusticias. El azote de Israel ha sido Herodes y sus retoños... raza de vampiros, incapaces de vivir sino es exprimiendo el sudor y la sangre de los pueblos caídos en sus garras. Sus latrocinios y su lascivia, han llegado hasta el Templo del Señor, y han corrompido al sacerdocio con su oro y sus cobardes adulaciones. Desde el Pontífice abajo, todos se han convertido en míseros lacayos de esa raza maldita, que siembra la corrupción y el vicio donde quiera que posa sus pies.

"Estas pensando Jhasua... ¡alma de lirios y seda!, en las víctimas y en la sangre... ¡No te mezcles tú que no has venido para eso!... ¡Mas, déjales hacer! ¿No es necesario matar las víboras para que no maten con su veneno? Envenenar almas, es peor que envenenar los cuerpos. ¿Qué habrá mártires entre los nuestros?... es cierto. ¿Acaso tú y yo no lo seremos también en aras de nuestra idea de fraternidad humana?

"Tirar abajo la nefasta dinastía de Herodes, es una obra santa Jhasua, y la sangre de los mártires acaso purifique el templo profanado y su sacerdocio corrompido hasta la vileza.

"Herodias ya está marcada con la maldición de su raza: el cáncer, y no vivirá dos años más.

' Ambos Tetrarcas están marcados igualmente y tienen poca vida, pero como hay retoños tan viciosos como ellos mismos, la hora es oportuna antes de que tomen ascendiente en las esferas cercanas a los palacios.

"Todas estas reflexiones hice a tus amigos Judá y Faqui. Espero que no me desautorices ante ellos, sino que les dejes libertad de obrar sin tomar ingerencia tú en la marcha de los acontecimientos.

"¿No me contestas nada?

—¡Jhoanan!... veo que para la humanidad terrestre actual eres tú más hábil piloto que yo —contestóle Jhasua—, y me complace mucho haber llegado a tiempo para escucharte.

"Yo estaba absolutamente en contra de ese movimiento libertador, por creer imposible obtener con él los resultados que se buscan.

"Ahora, dándole el carácter que tú indicas, o sea que va solamente en contra de la dinastía de Herodes, lo veo con mayor optimismo.

Jhoanan continuó:

—A tus dos amigos y al anciano Simónides de la casa Ithamar, he entregado nombres y señas de las personas que les servirán de testigos ante el César, de toda la espantosa cadena de delitos que los descendientes de Herodes han cometido y siguen cometiendo impunemente, amparados en el apoyo de aquel que lo ignora en absoluto.

"Las condiciones del príncipe Judá, de ciudadano romano e hijo adoptivo del Duumviro Quintus Arrius, le abren las puertas para llegar hasta César. Si después de limpiar la ponzoña de los Herodes, consiguen de César la venia para proclamar un soberano en Israel que lleve en su pecho la savia de Moisés que es justicia, verdad y sabiduría, y ponen para ello sus ojos en ti...

Jhasua lo interrumpió con gran firmeza:

—Hasta ahora está todo bien Johanan, y te lo acepto como un programa posible y justo. Mas, en cuanto a mí, quiero mantener mi libertad de Maestro que enseña a los pueblos la Ley Divina. Estoy plenamente convencido de que *mi Reino no es de este mundo.*

"¿Has olvidado la visión del Santuario de Moab? ¿Has olvidado que yo acepté plenamente el holocausto para el cual pidieron las Inteligencias Superiores mi consentimiento? ¿No sería negra mancha en el Ungido del Señor, aceptar primero y negarse después, como hacen los inconscientes y los parvulos en los caminos de Dios?

—¡Habla!... ¡Habla, corazón de miel que no hay en él ni una gota de egoísmo! —exclamó Juan—. Dejaste sin terminar mi frase que comenzaba a decirte:

"Si ellos ponen sus ojos en ti, será la hora de explicarles claramente tu misión y que sea proclamado Judá hijo de Ithamar, de la tribu de Judá, cuarto hijo de Jacob, y cuyos antepasados estuvieron en la alianza íntima de Moisés.

"¿No tuvo Moisés a su hermanastro Aarón como consejero a su lado, que compartió con él todo el peso del gobierno de Israel? ¿No puedes ser tú el Maestro, el Profeta y Consejero del Rey de Israel?

"Tales son mis pensamientos, y quiero que antes de entregarme a la muerte, des a mi corazón de moribundo la alegría y satisfacción de propiciar mis ideales.

El Maestro pensó unos momentos y deseando endulzar los últimos días del prisionero le dijo:

—Me abandono a tu voluntad, Jhoanan, que creo de acuerdo con la Divina Voluntad. Te doy mi palabra de no oponerme a tus deseos.

Se unieron en un abrazo largo y mudo, pleno de emociones profundas y de adioses silenciosos.

Ambos sabían que no volverían a verse sobre la tierra.

Jhasua se retiró solo para dejar a Jhoanan con los suyos.

En los estanques le esperaban sus compañeros de viaje, con los cuales emprendió de inmediato el regreso a la aldea de Beth-san.

Cuando ya se disponían a tomar las cabalgaduras, Felipe se le acercó receloso, pues le veía silencioso y absorto en sus pensamientos.

—¡Cómo! Regresamos sin haber solucionado el problema que tanto te intrigaba, Maestro Jhasua... el de las armas que guardo en la caverna.

—Ya está todo solucionado Felipe, no te preocupes —le contestó el Maestro tomando el asno que Hanani le presentaba.

—¿Qué se saca en limpio del movimiento libertador? —le preguntó, entregándole las bridas.

—La prudencia y sabiduría de Jhoanan lo ha resuelto todo del mejor modo que podía resolverse. En Beth-san os daré más detalles y puesto que todos vamos a Jerusalén, es allá donde todo lo pondremos en claro.

"Pero cuidado que no quiero que este asunto trascienda a los íntimos de mi escuela de Divina Sabiduría. Las cosas de Dios son de Dios; y las cosas humanas son de los hombres. Sed pues muy discretos en este particular.

Con gran emoción les refirió parte de su confidencia con Jhoanan, y los predispuso para las grandes revelaciones que seguramente encerraban los pergaminos de su testamento.

Cuando llegaron a Beth-san, no escapó a la sensibilidad de Myriam la preocupación de su hijo. Pedro y Juan lo advirtieron también; pero sólo la madre tuvo el valor de hablarle de ello:

—Partiste alegre y dichoso y vuelves con una nube de melancolía en los ojos. ¿Qué pasó en la otra orilla del Jordán?

—Contigo no puedo tener nada oculto madre, porque lo percibes todo —le contestaba Jhasua, sonriendo—:

"Nuestro pariente Jhoanan está detenido en la fortaleza de Pella, —añadió.

—Yo me lo esperaba de un día a otro, desde que llegaron a Nazareth las noticias de que Jhoanan la había emprendido contra los escándalos de la corte corrompida por Herodias.

"Jhasua, hijo mío! —añadió la amante madre—. Cuando entremos a Jerusalén, sella tu boca!... No sea que vayas también tú a hacer compañía al pobre Jhoanan. Es dicha que no viva su madre en este tiempo. ¡La pobre Elhisabet hubiera llorado tanto!

—Madre mía, permíteme insistir en que debes cambiar tu forma de interpretar la vida y la muerte. Para la carne, es dolorosa la destrucción de la carne, más para el espíritu es alegría y dicha la libertad del espíritu. La carne está destinada por la Ley a perecer y dispersarse en moléculas. El espíritu es de eterna vida... ¡de inmortales destinos!

"El Profeta de Dios debe decir la verdad a los grandes y a los pequeños, y claudica de sus deberes y traiciona su causa si así no lo hace.

"Puedes estar tranquila por ahora, que no tengo la menor idea de buscar notoriedad con polémicas públicas en Jerusalén. Sólo hablaría si circunstancias especiales me obligasen a esclarecer un error con la manifestación de la verdad.

Una dulce mirada suplicante y un suspiro profundo fue la respuesta de la tierna alma de Myriam, cuya vida toda fue un continuado presentimiento del sacrificio de su hijo.

A sus Doce íntimos les informó de la prisión de Jhoanan efectuada para resguardar su vida de los intentos de asesinato por parte de Herodias, y les anunció asimismo que el solitario del Jordán esperaba muy pronto ver decretada su muerte, y que en tal caso sus discípulos se unirían con ellos.

Esto desagradó mucho a Judas Hiskariot, a Santiago y a Tomás. Los demás no dejaron traslucir impresiones contrarias, pero tampoco se demostraron inclinados a la unión con los discípulos de Jhoanan.

El Maestro percibió de inmediato tales disposiciones de ánimo y su hermoso semblante se nubló de tristeza.

—Sembré en vosotros el amor, y la simiente se ha secado —dijo después de unos momentos de silencio—.

"En verdad os digo, que por grandes que lleguéis a ser en las ciencias más profundas y en los internos poderes del espíritu, si el amor está muerto en vosotros, no veréis el Reino de Dios sino después de mucho tiempo.

—¡Maestro! —dijo Juan—, si me lo permites, puedo explicar mis sentimientos en este punto, que acaso sean también el de todos éstos.

"La noticia que tenemos de los discípulos del Profeta Jhoanan nos dicen que ellos van por un camino diferente del nuestro. Acaso esto ha producido la alarma en todos nosotros.

—Tú eres el menos indicado para hablar —díjole con cierta dureza su hermano Santiago— porque eres el menor de todos y la ley dice que los "jovenzuelos deben callar ante los ancianos". Serían Pedro o Felipe los que debieran hablar por todos.

El Maestro los observaba en silencio.

—¡Maestro! —dijo Pedro—, hablaré yo que tengo más años que todos mis compañeros. Es verdad que el anuncio no nos ha caído bien, y a Tomás, Santiago y Judas les ha disgustado visiblemente. Acaso obra en nosotros el temor de que no podamos mantener la armonía y la paz que, si entre los Doce que hemos sido conocidos y amigos, deja a veces mucho que desear, unidos con los del Profeta Jhoanan, será más difícil todavía. Yo creo que no hay otra causa más que ésta.

—Sí, es así... Es así justamente —se oyeron repetir varias voces.

—Insisto en deciros —repitió el Maestro—, que sembré en vosotros el amor y la simiente se ha secado.

"Aun no sois capaces de amar a vuestros hermanos como os amáis a vosotros mismos.

"El egoísmo dormita en vuestros corazones como una serpiente narcotizada, a la cual le falta mucho para morir.

"Todos sois esenios de los grados primero, segundo o tercero, y todos tenéis comenzado el cultivo de vuestras facultades superiores con miras al futuro, en el cual seréis guías y conductores de almas. ¿Cómo les enseñaréis el desprendimiento, el desinterés, el olvido de sí mismas, si aún no habéis conseguido hacerlos germinar en vosotros?

"Setenta días de ejercicios espirituales en soledad y retiro tuvisteis para comenzar, en las grutas del Tabor. Veintitrés lunas lleváis a mi lado oyéndome enseñaros el amor fraterno como lo más grande y excelso que hay en todos los mundos entrados en el camino de la purificación. Y hoy, cuando os anuncio que seis huérfanos del espíritu buscarán vuestro calor y vuestra ternura cuando no esté en la tierra su maestro, se levanta una sublevación en vuestro mundo interno, que les rechaza de vuestro lado.

"Y ¿sabéis cuál es la causa íntima y profunda, que vosotros mismos quizá no habéis descubierto?

"Yo os lo diré: La vida austera de sacrificios y de privaciones en la que ha desarrollado Jhoanan sus altas dotes espirituales, ha impreso en sus discípulos íntimos, el sello característico de su ascetismo, desnudo de toda satisfacción terrenal. ¡Son águilas que abarcan la inmensidad! Vuestro amor propio se resiste a la comparación, en la cual creéis que saldréis perdiendo en mi concepto. Teméis que la superioridad de los discípulos de Jhoanan, forjados en el duro yunque del sacrificio diario, os robe mi afecto y mi simpatía. Que acabe yo por creeros demasiados niños para mis sueños de grandeza espiritual futura, y de ahí la rebelión que se ha levantado en vuestro mundo interno.

"Sed francos y leales para conmigo y para con vosotros mismos, ¿no es verdad... completa verdad lo que acabo de decir?

Pedro fue el primero en contestar.

—¡Sí, Maestro!... es toda verdad! Hemos puesto de manifiesto nuestro exagerado amor propio, y la mezquindad de nuestro amor al prójimo.

—La superioridad de ellos será una constante humillación para nosotros —arguyó Tomás.

—La humillación, amigo mío —díjole el Maestro—, es una medicina altamente benéfica para que aprendan las almas a conocerse a sí mismas, que es el fundamento del edificio espiritual que cada uno debe levantar en su mundo interior.

"A vosotros no os sirve de acicate y estímulo, mi enseñanza reforzada con el ejemplo, porque decís: "El obra así porque es el Ungido del Señor, es su Mesías, su Verbo Eterno, y con esto aquietáis vuestra conciencia que os dice: Adelante con la luz que llevas encendida en tu mano! Adelante por ese camino iluminado de estrellas que se abrió para vosotros!... Adelante con vuestro bastón de peregrinos labrado en madera incorruptible!... Adelante con vuestro saco lleno de buena simiente y vuestra ánfora rebosante de elixir de sabiduría!".

"Los discípulos de Jhoanan, no tuvieron ni más luz ni más agua clara que vosotros. Ellos os servirán de acicate para alcanzarles en el camino, y colocaros hombro a hombro con ellos.

"Si no sois capaces de hacer callar vuestro amor propio para abrirles vuestros brazos y vuestro corazón, cuando ellos vengan a nosotros, deberé convencerme que no supe elegir a mis colaboradores en mi obra de elevación espiritual de la humanidad, y que estoy fracasado en el comienzo de mi tarea.

Jhasua vio que una honda consternación aparecía en aquellos mustios semblantes. En algunos ojos asomaban lágrimas fuertemente reprimidas.

Y el Cristo del amor y de la piedad dulcificó su voz y sus miradas cuando les decía pocos momentos después:

—Yo os perdono con todo el corazón este primer dolor que me dais, y aunque sé que no será el último, os digo: Vosotros sois mis amigos, mi familia espiritual, los herederos de mi legado de amor para la humanidad; las místicas alondras que yo dejaré volando por encima de todos los tejados, en los palacios y en las chozas, en las montañas y en la llanura para que enseñéis en todas las lenguas y en todos los tonos, que el Amor es la ley suprema de la vida y el triunfo sobre la muerte; que en el Amor está toda justicia y toda santidad, toda belleza y toda perfección porque *Dios es el Amor!*

El tío Jaime se acercó al grupo a anunciar que la refección de la noche era anticipada, para emprender de inmediato el viaje aprovechando la frescura del anochecer, iluminado por una hermosa luna en creciente.

PARABOLA DEL HIJO PRODIGO

En esta última cena al atardecer en la aldea de Beth-san, al rumor de los ria-chuelos que casi unían sus corrientes al cruzar rozando las rocas de la caverna del establo, en la vieja casa habitación de Felipe y Nicanor, comenzó el intenso poema de amor de María de Mágdalo, en el oculto y secreto escenario de su propio corazón, que iluminado súbitamente, adivinó en el Profeta Nazareno el sublime ideal que había soñado.

En las creaciones magníficas de Homero, de Platón, de Sócrates, de Virgilio, había vislumbrado el Bien y la Belleza llevados a la perfección, como un aleteo, esparciendo a los vientos oleadas de frescura, suave y deleitable, que sugestiona al espíritu. Pero aquellos vislumbres tomaron tintes definitivos y fuertes de soberana realidad, en la augusta personalidad del Maestro Nazareno.

Entonces comprendió y amó más aún a sus maestros *paganos*, según el deprimente calificativo de los rabinos judíos, porque ellos le habían despertado el presentimiento de que el Bien y la Belleza cantados por ellos, tenían su realización en la tierra. ¿Dónde estarían ocultos? ¿Bajo qué cielo estaría su tálamo de rosas blancas y lirios de los valles?... ¡Oh esposos eternos, el Bien y la Belleza, que soñaron vagamente todas las más antiguas religiones, y los envolvieron en los ropajes sutiles del símbolo y del misterio!

La pagana del Castillo de Mágdalo, la idólatra que tenía estatuas de los dioses y de las Musas en sus jardines de ensueño, la griega que espantaba sus melancolías entre los velos color de aurora de exóticas danzas, veía a pocos pasos de sí, la bella y austera personalidad de un hombre que encarnaba el Bien completo, puesto que sólo era dichoso cuando espantaba el mal, cuando secaba lágrimas, cuando anulaba al dolor, a la miseria; cuando toda angustia se tornaba alegría, y en medio de las desesperaciones brotaban flores de divina fragancia!

Un hombre que encarnaba la Belleza perfecta, pues que no había en él ni el más pequeño rasgo de ambición, de egoísmo, ni de interés; que buscaba el amor de los humildes, de los desposeídos, de los pequeños, porque ellos no podían ofrecerle compensación alguna; que de corazones delincuentes hacía brotar las flores divinas del arrepentimiento y la purificación; que inundaba de paz y serenidad todas las almas porque él mismo era la paz, la suave quietud, la divina esperanza!...

Sentada entre Myriam y Salomé en la larga mesa de rústicas tablas apoyadas sobre caballetes de cerezo, la castellana se dejó absorber por estos pensamientos, sin ver que su escudilla de vino y su plato de lentejas y su cestilla de uvas, estaban sin tocar.

En la cabecera de la mesa frente a ella, estaba el hombre excelso que hablaba con los más ancianos de entre los viajeros. Su voz le sonaba como una melodía lejana, que parecía sumergirla en un mundo hasta entonces desconocido por ella. Sus miradas se posaban con inefable dulzura sobre todos los rostros que rodeaban la mesa. Aquellas miradas le parecían rayos de luz de un sereno amanecer, que iluminando las almas las transformaba también en luces diáfanas y puras, las embellecía, las hacía semejantes a él.

Su imaginación tejía un mundo de nereidas, de ondinas, de genios benéficos, que la grandeza sobrehumana del Profeta hacía surgir en torno de ella, como por arte de un encantamiento divino!

— ¡Madre!... —dijo de pronto la voz grave y dulce del Profeta—. Tu compañera de mesa no come y el viaje es largo.

Una sacudida imperceptible agitó a la pagana del Castillo, como si aquellas palabras hubieran tocado un oculto resorte en su corazón.

— ¡Come, hija mía! —díjole Myriam.

—Estás distraída —añadió Salomé.

—Está fatigada —dijo Elhida, su aya.

La joven se ruborizó intensamente viéndose al descubierto en sus pensamientos íntimos, entre aquel mundo extraño a donde había penetrado en seguimiento del Profeta que la fascinaba!

La dulce mirada del Maestro se posó compasiva sobre ella, pues comprendía perfectamente cuanto pasaba en el fondo de aquel espíritu turbulento que se había herido en sus andanzas idealistas y buscaba por fin reposo a la sombra del árbol eterno de la vida!

— ¡María! —le dijo Jhasua—. Eres la última que ha llegado, pero has llegado a tiempo. Aquieta tus pensamientos porque Dios, nuestro Padre es Dios de paz y no de turbación.

La emoción tan intensa, anudó la palabra en su garganta y la joven guardó silencio.

La voz del Maestro deshojó una tierna parábola que ha quedado resonando a través de los siglos, como una amorosa cadencia perpetuamente renovada y eternamente sentida. Y lo hizo sin duda para reconvenir sin herirles a algunos de los presentes, que siendo israelitas de pura sangre, no se hallaban a gusto en la compañía de aquella mujer, que era la contradicción viviente de sus dogmas, sus prácticas, sus costumbres:

"Hubo un hombre justo a quien el señor había enriquecido con abundancia de bienes materiales, con hijos, siervos y amigos, por lo cual su vida era en extremo dichosa y alegre: Padre mío —díjole uno de sus hijos—, dame la parte de herencia que me pertenece porque quiero salir a conocer el mundo, a gozar de la vida, pues aquí me consumo en el hastío, viendo campos sembrados, labriegos que cosechan y engavillan, ganados que pastan vigilados por los pastores... Comer, dormir y trabajar, es hastío a mi corazón que desea recibir otras impresiones, vivir de otra vida que no conozco, pero que existe en las grandes ciudades plenas de bellezas, donde canta la alegría como el agua de los manantiales!...

"El buen padre entornó sus ojos y estrujó su corazón para no dejar traslucir su pena.

"Entregó a su hijo lo que pedía, y cuando lo vio partir sin volver la cabeza, el anciano dobló la suya cubierta con la nieve de los años y lloró silenciosamente. ¡Era tan amado de su corazón aquel hijo, que se iba lejos, acaso para no volver!

"Aquel padre subía todas las tardes al torreón más alto de su castillo, donde permanecía largas horas mirando el camino que se perdía a lo lejos como una franja cenicienta entre valles y colinas. Y entre lágrimas silenciosas murmuraba esta plegaria: Señor!... de todos los bienes que me diste, lo más amado son mis hijos. Uno me ha abandonado ¡Devuélvemelo Señor y que mis ojos le vean por última vez antes de morir!

"Mientras tanto el hijo, de ciudad en ciudad se embriagaba de placeres, de alegría, de músicas, danzas y cantares. Su vida era un festín continuado, y se sentía un pequeño soberano entre una corte de amigos que le halagaban con todos los mimos imaginables.

" ¡Esa vida era la que él había soñado, cuando languidecía de tedio en la aldea de su padre! Feliz de mí —decía— que tuve el valor de romper las rancias tradiciones de la familia, que si no, aún estaría oyendo eternamente a siervos y jornaleros hablar de los ganados flacos o gordos, de que el lobo atacó a éste o al otro rebaño de ovejas, de que los surcos del sembrado deben abrirse de nuevo para que las aguas rieguen todo por igual.

"¿Qué comparación tiene una vida con la otra?

"Y engalanándose con vestiduras nuevas que ceñía con cíngulo de plata, y prendía con broches de oro y piedras preciosas, acudía a un nuevo festín que su espléndida generosidad ofrecía a sus numerosas amistades.

"Pasaron siete años y por fin la herencia de su padre se consumió toda, y el hijo soñador incauto y desprevenido, se vio envuelto en la miseria, abandonado de amigos y conocidos que habiéndole ayudado a dilapidar la fortuna en orgías y festines, no pudieron ayudarle ni aún a matar el hambre que lo devoraba. Había ido vendiendo vestiduras y joyas, y cuando no poseía más que la sencilla túnica que sacó de la casa de su padre, se cubrió con ella y huyó de la dorada ciudad en que consumió su patrimonio.

"Sentado en una piedra, en el camino trillado de las caravanas, esperó la llegada de ellas, para suplicar le tomasen como camellero y poder volver en un mísero asnillo a la lejana aldea que le vio nacer.

"Mas viendo su blanca piel, y sus manos y pies delicados como de una cortesana, se le reían diciendo: Has de ser buen camellero tú con esas manos de leche y rosas que tienes. Vete a danzar en los jardines de la corte que sólo para eso eres bueno.

"Su hambre y desesperación le llevaron a correr por los campos donde pastaban piaras de cerdos, bajo la sombra de viejas encinas. Y las bellotas caídas al suelo de aquellos árboles centenarios, fueron el único alimento con que pudo satisfacer el hambre que le acosaba.

"Entonces le vino el recuerdo de su amante padre, que tuvo en completo olvido mientras duró su prosperidad.

" ¡Cuánto más le valdría no haber salido nunca de su lado!

"Iré, sí, iré a él —dijo por fin— y arrojándome a sus pies le diré así: ¡Padre mío! he pecado contra el cielo y contra ti. No soy digno de que me llames tu hijo, mas déjame el lugar del último de tus criados, que yo te serviré por sólo la comida y la ropa que quieras darme.

"Y como lo pensó lo hizo.

"El anciano padre que en esos siete años había envejecido como diez, sólo podía subir al torreón apoyándose en el brazo de un criado, y en su bastón de encina.

"Mas... ¿cómo podría su corazón pasar un solo día, sin mirar al camino ceniciento que sus ojos cansados encontraban ya como cubierto de brumosas nieblas?

"¡Señor!... continuaba su plegaria de todos los días. ¡Devuélvemelo antes de que mis ojos se apaguen y no puedan mirar su rostro por última vez!

"Y una tarde nebulosa y triste como su alma, próxima ya a perder toda esperanza, sus cansados ojos percibieron una nubecilla de polvo que levantaba el penoso andar de un viajero sin camello ni asno, que aparecía como un punto obscuro en la lejanía del camino ceniciento.

"El corazón le dio una sacudida en el pecho, y dijo a su criado: ayúdame a bajar, porque el viajero que veo a lo lejos es mi hijo que vuelve a mis brazos.

"El criado sonrió compasivo ante el loco delirio del pobre anciano, que creía ver a su hijo perdido en cuanta sombra humana cruzaba a lo lejos.

"El amor le dio fuerzas por última vez, y soltándose del brazo del criado apresuró sus pasos para acortar la distancia...

"¡Era de cierto el hijo amado que volvía a su padre! Su plegaria de siete años había sido por fin escuchada por el Señor, que vencido por su perseverancia en esperar, le devolvía al hijo que tanto había llorado! Hasta el Eterno Omnipotente se deja vencer por el amor verdadero!

"El padre feliz hizo un grande festín, en que vistió a sus hijos con las más preciosas vestiduras y colmó de dones a sus criados y servidores, amigos y parientes, porque la dicha desbordaba de su corazón y quería a todos felices, cuando él lo era de verdad.

"Los otros hijos le reclamaban así: Para nosotros que permanecimos siempre a tu lado no hiciste nunca un festín; y para este hijo que te abandonó durante siete años, haces un festín digno de las bodas de un rey.

"—Es festín del nacimiento de un hijo de la vejez —contestaba el padre. Este hijo acaba de nacerme cuando ya me inclinaba a la sepultura! ¿No he de recibirlo como un don divino al son de cítaras y laúdes?..."

Cuando el Maestro terminó su parábola, de todos los ojos rodaban lágrimas, y él añadió: "Tal es nuestro Padre Celestial cuando torna a El un hijo que corría extraviado por los caminos polvorientos de la vida!

"Le abre sus brazos y sin un solo reproche porque le basta su arrepentimiento, le hace entrar en su Reino y le viste la túnica nueva de la purificación y del perdón.

"Y si el Padre Celestial, suprema perfección, y excelsa pureza, abraza con infinita ternura a los recién llegados a su corazón. ¿Qué debemos hacer nosotros, criaturas suyas, a las cuales tanto ha tenido El que perdonar?

La castellana de Mágdalo que se veía directamente aludida en la parábola del Profeta, se había abrazado a Myriam y lloraba convulsivamente.

El Maestro se le acercó y le dijo:

— ¡María!... El día aquel en que me ungiste con tus perfumes te dije: *Mucho se te ha perdonado porque has amado mucho.* Hoy te lo repito de nuevo. No llores más, porque hoy comienza el festín de tu vida espiritual que no terminará hasta que bebas el vino sagrado en el mundo de la luz, de donde saliste a peregrinar por este destierro.

— ¡Pobrecilla!, —exclamó la tierna Myriam secándole el llanto. —¿Por qué llora así esta mujer, hijo mío? —preguntóle conmovida.

—¿No lo has comprendido madre? —le interrogó Jhasua emocionado también—. ¡Era el hijo que se había ido y ha vuelto! ¡Yo, enviado del Padre, la esperaba por Él!

"¡Ojalá vengan a mí como ella, todas las criaturas de Dios que alientan sobre la tierra!

Anochecía y las cabalgaduras estaban listas para continuar el viaje.

Felipe, el guardián de armas, se unía también a los viajeros y quedaba encargado Nicanor de recibir y guardar secretamente el fardo que llegara en su ausencia. Las mujeres de la caravana, a quienes la parábola del Maestro hacía vibrar de compasiva ternura, quisieron acompañar al pequeño Adin, el huerfanillo solitario, a rendir un postrer homenaje a su abuelito tragado por el río, y tejieron entre todas una inmensa corona de flores que el pobre niño arrojó llorando a la azulada corriente mientras decía con su vocecita infantil:

"¡Abuelito! no puedo olvidarte más porque eras todo mi amor"...

Tomado de la mano de Nicanor, vio alejarse a los peregrinos y cuando desaparecía el último, dijo a su compañero:

—Otra vez iremos tú y yo... cuando no me duela tanto el corazón de abandonar al abuelo que duerme en el fondo del río.

Nicanor lo abrazó enternecido prometiéndole llevarle a Jerusalén para la fiesta llamada de las Cabañas.

EL SANHEDRIN BUSCA UN MESIAS

Aún brillaban las estrellas en el azul sereno de los cielos, cuando nuestros peregrinos llegaron a un hermosísimo vallecito, encajonado entre una verde colina y la orilla misma del Jordán, a cuyas aguas podía bajarse por una tosca escalera de piedra labrada en las rocas que amurallaban la costa.

Habían caminado gran parte de la noche y al esconderse la luna, las mujeres y los niños comenzaron a sentirse atormentados por esa sensación de peligro que se diseña en la mente a la vista de la obscuridad.

Pedro, Hanani y el tío Jaime, que eran los guías de la peregrinación, resolvieron detenerse en un descanso, en el tranquilo vallecito llamado Cañaveral, por un pequeño bosque de cañas de bambú, que parecía amurallar el valle protegiéndolo de vientos recios y de las miradas de los viajeros que pasaban por el camino.

Había vestigios de haber descansado allí otros viajeros con niños, pues encontraron unas ropitas olvidadas y la hoguera recientemente apagada.

Zebedeo y Matías que viajaban con sus familias, quisieron enclavar las estacas de un pequeño toldo para descanso de las mujeres y los niños, hasta que viniera la luz del día y continuasen la jornada que terminaba en Archelais.

El Maestro descendió con los Doce, el tío Jaime y Felipe el murallón de rocas que forma el cauce del Jordán. Y allí, en una explanada de piedra, sintiendo que las mansas olas les besaban los pies, se sentaron a indicación del Maestro.

El les anunció que revisarían el Testamento de Jhoanan cautivo en la Fortaleza de Pella.

—Vosotros y yo —dijo— somos los herederos del Profeta del Jordán y él ha pedido que continuemos lo comenzado por él.

"Veamos lo que podremos hacer en sus obras de salvación de las almas.

El Maestro se sumergió en un profundo silencio.

A los pocos minutos, Juan, Zebeo, Felipe el joven y Felipe el apóstol, comenzaron a percibir que la cabeza del Maestro se rodeaba de una aureola de luz dorada, que fue extendiéndose alrededor de su cuerpo semi-recostado entre el césped y yerbas que cubrían las rocas.

Luego esta percepción se extendió poco a poco a los demás discípulos, hasta que por fin se hizo visible para todos.

Luego vieron que esa radiación adquiría una potencia extraordinaria, como ondas de agua luminosa que iban a perderse a lo lejos, en la penumbra de las últimas horas de la noche, iluminada vagamente por la suave claridad de las estrellas.

Sobrecogidos de respeto y de pavor, se habían ido poniendo de rodillas como ante una estupenda manifestación de lo Infinito, del Eterno Enigma, que todos ellos presentían su existencia, pero que nunca percibieron con sus sentidos físicos.

La radiación que rodeaba el cuerpo del Maestro, fue condensándose hacia la parte superior; y de su pecho y su cabeza levemente inclinada hacia el hombro izquierdo, vieron levantarse como una columna de niebla luminosa, que iba a perderse en el éter azul, salpicado de estrellas.

Nunca pudieron los discípulos, precisar el tiempo que duró aquella muda manifestación del contacto del alma del Cristo con la Divinidad. Habían sido tan intensamente felices mientras ella duró, que no fueron dueños de medir el tiempo.

Poco a poco las radiaciones fueron esfumándose y el Maestro volvió en sí, de la profunda meditación en que se había sumergido.

Pedro fue con su elocuente espontaneidad, el primero que comunicó al Maestro lo que percibieron en torno a él, cuando se quedó dormido.

—No dormía —les dijo— sino que oraba. Durante el viaje no pude hacerlo por la natural preocupación de la mente, absorta en las incidencias que van sucediéndose en el camino; pero lo necesitaba tanto mi alma cautiva en la materia, que llegado a este lugar de quietud, me vi obligado a dejarla escaparse al seno del Padre que es Amor.

"Pero esto no os debe causar temor alguno, pues en toda oración intensamente sentida ocurre lo mismo.

"Los ángeles del Señor, encargados de cooperar a la iluminación de las almas destinadas a conducir a la Sabiduría otras almas, habrán obrado dentro de la Ley lo que es posible realizar, para que las verdades divinas sean conocidas de aquellos que las buscan, y con ferviente corazón las desean.

"Para que nuestra alma se sumerja en Dios, no necesitamos postrarnos con el rostro en tierra, ni encerrarnos bajo las bóvedas de un templo, ni vestir sayo de penitencia con silicios y ayunos.

"Dejamos nada más que nuestra alma busque a Dios por el Amor, y se sumerja en El como un pececillo en el agua del mar, como un pajarillo en el aire, como un átomo de luz en la infinita claridad.

"Tampoco necesitamos de muchas y rebuscadas palabras, porque a Nuestro Padre todo Amor y Piedad, le basta conque nuestra alma le diga en completo abandono hacia El: " ¡Padre mío!... Yo te amo cuanto puede amar una insignificante criatura tuya"... y ni aún necesitamos decírselo, sino sólo sentirlo. El percibe nuestro íntimo sentir y lo recoge en su Amor Soberano, como nosotros recogemos una menuda florecita, cuyo perfume nos avisa que existe!...

"Ahora encended las antorchas y veamos las últimas voluntades de nuestro hermano prisionero."

El manuscrito estaba dividido en dos partes.

Era la primera el relato de su vida de estudio y meditación en el santuario esenio del Monte Quarantana, donde bajo la dirección de los solitarios desarrolló sus facultades psíquicas.

La segunda parte era un estudio biográfico del Mesías anunciado por los Profetas, en relación con la austera Fraternidad Esenia, de la cual se consideraba un representante salido al mundo exterior a preparar el camino en la obra del Verbo encarnado.

Aparte se veía una simple hoja de pergamino en que estaban escritas las señas de los lugares, sitios y personas que retenía sometidas a ciertos métodos y ejercicios curativos de los cuerpos y de las almas enfermas, como los esenios llamaban a los delincuentes perseguidos por la justicia humana, que ellos ocultaban en las grutas de las montañas hasta conseguir su regeneración y poder entonces solicitar su indulto.

La peñascosa región desierta de la Judea, en derredor del Mar Muerto, era el principal refugio donde ocultaba Jhoanan a sus enfermos del alma, escalonados en distintos grados y condiciones, desde los que guardaban un odio y rencor profundo a la humanidad, hasta los que habían llegado a la lucidez de reconocer su culpabilidad, y arrepentirse de la vida delictuosa que habían hecho.

Los seis discípulos íntimos que Jhasua había acompañado hasta la Fortaleza de Pella, eran auxiliares, para con aquellos criminales que se acercaban a él pagados para asesinarle, y la Divina Luz les alumbraba de súbito y pedían cambiarse de asesinos en penitentes. ¿Cómo no habían de ser grandes los discípulos de Jhoanan, si estaban templados a fuego y purificados en el crisol del amor, aún a sus hermanos delincuentes y malvados, dañinos como culebras que se arrastran en el polvo para verter su veneno sin que la víctima se aperciba?

Eran ochenta y seis criminales sometidos a su método regenerador, que el Profeta llamaba de *purificación*, y ciento veinte enfermos de cáncer, de lepra, y de afección pulmonar o tisis, como se llamaba en aquel tiempo. Su relato terminaba así:

"Jhasua hermano mío: como te encomiendo a mis seis discípulos íntimos que son como yo mismo, te dejo también a mis amados delincuentes perseguidos por la justicia humana, más interesada en matar a los que no le sirven, en vez de transformarlos en plantas útiles para los campos del Señor. Me he sentido impulsado hacia los míseros reptiles que nadie ama, que todos odian, para tener la infinita alegría de ayudarles a levantarse del polvo y volar como pájaros libres a la inmensa grandeza de Dios".

— ¡Qué grande alma es la de Jhoanan! —exclamó Jhasua cuando terminó de revisar el manuscrito del Profeta cautivo.

Poco después continuaban el viaje hasta Archelais, donde algunos antiguos amigos se unieron a nuestros peregrinos. Y de unos a otros corría el rumor de que el Mesías estaba entre el pueblo de Israel y que acaso todos le verían en las grandes fiestas que iban a realizarse en Jerusalén.

Luego, en Pasaelis y en Jericó, el vago rumor resonaba más alto y todos comentaban que jamás se vio en el país afluir tanta concurrencia de gentes a la ciudad de los Reyes.

De los rumores, se formaron comentarios y suposiciones que poco a poco fueron tomando aspecto de realidades.

El Maestro y los suyos oían y callaban ante el torrencial desbordamiento del entusiasmo popular. Los israelitas residentes en las ciudades y poblaciones que Jhasua había recorrido realizando en ellas sus obras portentosas, eran como el eco que iba a resonar en todas las mentes, despertando de nuevo el anhelo adormecido por las continuadas desilusiones que desde la entrada de los tres viajeros del lejano Oriente en Jerusalén, treinta años atrás, el pueblo de Israel se había hecho, sin que hubiera podido comprobar la realidad.

—Le hemos visto en Naim donde ha resucitado un muerto —decían los de aquella localidad—.

"Le hemos visto en Damasco, en Tiro, en Sidón, en la Iturea, en las orillas del Mar de Galilea, donde ha curado leprosos, paralíticos, ciegos de nacimiento, cancerosos y tísicos en último grado.

"Seguramente vendrá a Jerusalén para ser coronado rey por el Sumo Sacerdote, y allí podremos verle todos, postrarnos a sus pies y pedirle que remedie todos nuestros dolores, que extermine a la raza maldita del Idumeo, que ha profanado nuestro Templo, pisoteado nuestras leyes, y robado las vestiduras pontificales y los vasos sagrados. Que fulmine con su poder a los orgullosos romanos que pasean sus águilas y sus estandartes, por donde sólo puede flotar el aliento divino de Jehová.

El Maestro se dio perfecta cuenta del estado efervescente en que se encontraba el pueblo amontonado a las puertas de la ciudad, cuya amplitud parecía no poder dar cabida a esas oleadas humanas, que llegaban en numerosos grupos de peregrinos venidos de todos los rincones del país, y aún de muchas regiones más allá de los límites de Palestina.

El numeroso pueblo de Israel, incontable como las arenas del mar, según la promesa divina al Patriarca Abraham, se hallaba diseminado en Siria, Arabia, Egipto e Idumea, igualmente que en las islas y costas del Mediterráneo. Y los rumores de la presencia del Mesías en aquella Pascua de gloria, atrajo tan numerosa concurrencia, que las plazas y calles de la ciudad, los flancos de sus cerros, sus barrancos, valles y colinas, todo se vio cubierto de tiendas de vistosos colores, y hasta fuera de las murallas, los peregrinos se escalonaban en las alturas, a lo largo de todos los caminos que convergían a las puertas de la dorada capital.

Los discípulos del Maestro, que tenían parientes o amigos, se dispersaron buscando hospedaje en aquellos modestos hogares. Los que a nadie tenían, se refugiaron en el local de la Santa Alianza. Jhasua y sus familiares, se hospedaron según costumbre en la casa de la viuda Lía, y otros en el hogar de José de Arimathea, el gran amigo del justo Joseph.

A la siguiente mañana, el Maestro recibía la visita de sus amigos de Jerusalén, que le informaron de la presencia del príncipe Melchor, de Filón el maestro de Alejandría, del Scheiff Ilderin con los principales hombres del desierto de Arabia, y del Cheig Buya-ben, padre de nuestro amigo, el Hack-ben Faqui, los que venían representando a la reina Selene, soberana del pueblo Tuareghs, relegado a los peñascales del desierto de Sahara desde la destrucción de Cartago.

Guardando la severa consigna del secreto más profundo, todos acudían a aquella Pascua, en la dorada Jerusalén de los Reyes *por lo que pudiera suceder".

¿Qué era, preguntamos nosotros, lo que *podía suceder?*

¡Todos soñaban con el reinado de la justicia predicho por los Profetas! Y este gran sueño, como una visión magnífica se iba engarzando con fulgores de amatista, en todas las almas poseedoras del gran secreto: *el Mesías está entre el pueblo de Israel.*

Nadie sabía la hora de la proclamación gloriosa. Todos ignoraban qué sol sería el que alumbrase el júbilo de Israel. Pero llegaría, no podía dudarse, porque sería pecar contra los Profetas de Jehová.

Los insistentes rumores, habían traspasado las doradas puertas de los atrios sagrados, y el alto clero judío se preguntaba: "¿De dónde ha brotado ese hilillo de agua rumorosa que se va ensanchando como un torrente y el Sanhedrin nada sabe, y las grandes y nobles familias sacerdotales no tienen persona alguna entre ellas que pueda dar origen a tales rumores?"

Caifás, que hacía poco tiempo había subido al solio pontifical, se decía a sí mismo: "Si acaso me tocara a mí la gloria de coronar al Mesías, Rey de Israel! En tal caso, yo seré su ministro, su guía, su consultor, pues él será un parvulito, un adolescente acaso que necesitará quien alumbre sus pasos. ¿Y quién mejor que el Sumo Sacerdote de Jehová, su representante?... ¿el legado supremo de su autoridad y sus derechos divinos?...

El anciano Hanán su suegro, austero doctor de la vieja escuela, afilaba también sus armas para sacar provecho del advenimiento del Mesías, caso de ser ciertos los rumores que desde algunos años antes persistían entre el pueblo.

Por su notoria habilidad para manejar los enredadizos hilos de ambiciones que chocaban entre sí, había obtenido una bien merecida superioridad entre sus numerosos colegas, y de allí que el Supremo Pontificado recaía siempre desde años atrás, en él o en uno de sus hijos, yernos o parientes cercanos, lo cual daba el mismo resultado, o sea que el viejo Hanán era el verdadero Pontífice Rey, dueño de vidas y haciendas en el pueblo de Israel.

Y en la proximidad de las grandes fiestas religiosas, cundía entre el alto clero la misma alarma: "¿Aparecerá por fin el Mesías?"

Y sin saber por qué, tal hecho les producía un temor y un pánico inexplicable. Los capítulos 2o. y 3o. del Profeta Malaquías, les espantaban como el rugido de un dragón en la obscuridad."Ahora pues, oh sacerdotes, a vosotros es este mandamiento: Si no acordareis dar gloria a mi Nombre, enviaré maldición sobre vosotros, y maldeciré vuestras bendiciones porque no me ponéis en vuestro corazón. He aquí que envío mi mensajero, el cual preparará el camino delante de Mí. Y luego vendrá a su templo el Señor a quien vosotros buscáis y el ángel del pacto a quien deseáis. Y ¿quién podrá estar ante El cuando El se mostrará? Porque El es como fuego purificador y como jabón de lavadores. Y sentarse ha para afinar y limpiar la plata; porque limpiará a los hijos de Leví, los afinará como a oro para que puedan presentar a Jehová ofrenda de justicia".

Estas terribles palabras del Profeta Malaquías a los sacerdotes de Israel, resonaban como truenos cargados de relámpagos en el templo y entre el Sanhedrin, cada vez que los rumores populares les obligaban a pensar en el momento en que el Mesías de Jehová traspusiera las doradas puertas del Templo de Jerusalén.

En las vísperas de las grandes fiestas, el viejo Hanán, astuto como una serpiente que se apresta a devorar un pajarillo, apostaba su policía secreta en todas las puertas de la ciudad, para que muy disimuladamente tomaran nota de los viajeros que entrasen, sin olvidar detalle de cualquier cosa que llamara su atención. Debían tener en cuenta especial cuando fueran personajes de alcurnia, pues que el Mesías, si había nacido, debía venir en el séquito de las familias de rancio abolengo que se hallaban diseminadas en el país.

Jhasua y sus compañeros de viaje, que entraron montados en humildes asnos, no hubieran despertado interés alguno en los policías secretos de Hanán, a no ser por un sencillo hecho que ocurrió cuando nuestros viajeros trasponían la Puerta de Sión.

A cierta distancia fuera de la muralla, se encontraba un grupo de seis leprosos encubiertos según costumbre, que en la extremidad de una caña tenían un bolso atado para recibir las limosnas que los viajeros quisieran darles.

El Maestro los vio, y dirigiendo hacia ellos su cabalgadura, les dijo: "el mejor donativo que os puedo dar es la salud, si creéis en Dios Todopoderoso".

—¡Creemos, Profeta... creemos! —fue el grito unánime de los infelices.

—En nombre de Dios, Padre de toda vida, os digo: Sed sanos y alabad al Señor en unión con todos vuestros hermanos.

Y tirando de las mantas que les cubrían: —Lavaos en la piscina de Siloé y vestíos de limpio para presentaros al sacerdote como manda la Ley.

Algunos de los compañeros se acercaron a los enfermos para dejar dinero en el bolsillo, a fin de que pudieran comprarse las ropas necesarias.

El policía de Hanán que estaba ante la puerta en observación de los viajeros, vio este hecho que llamó naturalmente su atención.

¿Quién era ese hombre joven, hermoso, cuya austera dignidad le asemejaba a un rey? Debía ser un mago o un profeta, por cuanto pretendía curar a los leprosos, a los cuales vio salir corriendo entre gritos de júbilo hacia la piscina de Siloé, allí cercana.

Vio que le acompañaban hombres y mujeres vestidos modestamente, y esto hizo que diera muy escasa importancia al hecho.

Pero cuando más tarde vio entrar a los seis hombres que declararon ante el guardia de la puerta, ser ellos los leprosos que siempre se acercaban a pedir limosna, y les veía con su piel sonrosada y limpia y la alegría en sus ojos, les preguntó *quién les había curado.*

—No sabemos —le contestaron—. Entre unos viajeros que venían por el camino de Jericó, estaba un profeta que nos dijo: "Sed curados en nombre de Dios". Ahora déjanos pasar que vamos al Templo para que el sacerdote nos dé su *visto bueno* y podamos celebrar la Pascua con los demás.

El policía de Hanán anotó en su cartapacio de bolsillo: "Entre viajeros llegados de Jericó, entró un profeta joven y hermoso que curó a seis leprosos en la Puerta de Sión. No se sabe su nombre ni su procedencia. Venían él y sus compañeros de viaje montados en asnos".

Por la puerta de Joppe había entrado una brillante comitiva alrededor de una pequeña carroza en que viajaba una princesa judía, de la antigua nobilísima casa de Rechab, príncipes de la región de Beth-hacceren. Venía con sus dos hijos varones, el uno de trece años y el otro de diez.

Este dato le fue llevado también al viejo Hanán, el cual no tardó en presentarse al palacio que los príncipes de Rechab tenían desde los tiempos de la última restauración de la ciudad y del Templo, edificado en un flanco del cerro llamado *Monte Sión*, en cuya cima se alzaba el imponente palacio real de David, reconstruido por Herodes el Idumeo.

El dato del joven profeta que curó a los leprosos, no le interesó mayormente, por tratarse de que eran gentes del pueblo. Este otro dato, sí que valía la pena de tomar cartas en el asunto.

Un principito de trece años, descendiente de una de las más nobles y antiguas casas de Judea, cuyo fundador había sido el brazo derecho de Eliacib, Sumo Sacerdote, en la reconstrucción de la ciudad y del Templo en tiempos del Profeta Nehemías, ¡sí que podía ser el Mesías anunciado por los Profetas!

Hizo de inmediato que su yerno Caifás, Sumo Sacerdote, pusiera en movimiento el conjunto de Escribas de servicio en el Sanhedrin, para buscar en genealogías de las casas nobles de Judea, si por alguna rama lateral, paterna o materna, aquel niño descendía de la sangre real de David, conforme estaba anunciado.

De toda la búsqueda de los escribas se encontró que Rechab, fundador y príncipe de Beth-hacceren, que compró con herencia de sus antepasados, descendía por línea materna, del primer hijo que tuvo David de su segunda esposa Abigail, cuando huyendo del rey Saúl se refugió en Siclag, donde le amparó el rey Achis Gath.

El Sanhedrin estaba rebosante de júbilo, pues de todos los candidatos a *Mesías* que se habían presentado en los últimos treinta años, ninguno había sido aceptable por diferentes causas que no pudieron ser salvadas.

Mas el júbilo se tornó en desilusión cuando Hanán regresó con la noticia de que el niño que aparentemente reunía las condiciones, era sordomudo de nacimiento. Se llamaba Josué. Era un bello adolescente de mirada llena de inteligencia y de bondad, pero era sordomudo! ¿Cómo podía haber encarnado en él el Ungido de Dios para salvar a su pueblo? Un astuto y viejo escriba dio una idea:

—Moisés estuvo también varios años impedido a medias de hablar por un defecto físico en sus órganos bucales y, no obstante, fue el hombre elegido por Jehová para salvar a su pueblo de la dura esclavitud de los Faraones.

Estas palabra del Escriba fueron acogidas como una vaga esperanza.

Hanán recordó en ese instante el otro dato que había recibido: el joven Profeta que entró a la ciudad, casi al mismo tiempo que la princesa con sus dos niños entraba por otra puerta. Aquel Profeta había curado seis leprosos. ¿No podría también curar al niño sordomudo?

Mas, ¿cómo encontrar al taumaturgo entre la enorme multitud de gentes llegadas de todo el país, y aún de otros países vecinos?

Hanán volvió a entrevistarse con la princesa, madre del niño, futuro Mesías de Israel, para anunciarle la nueva esperanza que alentaba a todos.

—Sabemos —dijo— que ha entrado en la ciudad al mismo tiempo que tú un mago o profeta que antes de entrar curó a seis leprosos. En encontrarle estará nuestro triunfo.

—Acaba de salir de aquí —contestóle Aholibama— un agente comercial de Joppe, de nombre Marcos, gran amigo de mi padre, que nos ha inducido a traer a mi hijo para que un profeta pariente suyo le cure de su mal. Dice que ha curado leprosos, ciegos de nacimiento y toda clase de enfermedades conocidas como incurables. Le traerá a mi casa mañana a la segunda hora.

—Y si tú lo permites —contestóle Hanán—, a la segunda hora estaré yo aquí para presenciar la curación.

Así convenido, a la siguiente mañana, Marcos, esposo de Ana, que no era otro que el agente comercial de Joppe, llevó a Jhasua al palacio de Rechab bien ajeno por cierto de que el Sanhedrín andaba ya mezclado en este asunto.

Hanán llevó consigo al policía aquel que le dio el dato de la curación de los leprosos para comprobar si era el mismo personaje el que curaría al niño sordomudo.

La princesa Aholibama, mujer sencilla y de intensa fe en los poderes divinos concedidos por Dios a determinados seres que el vulgo llamaba *pro-*

fetas, salió al gran portal de su casa a recibir al hombre de Dios que le traía la dicha esperada trece años sin haberlo encontrado jamás, aún cuando habían recorrido medio mundo buscando el don de la palabra para su hijo primogénito.

Cuando el Maestro llegó acompañado de Marcos, la pobre madre se arrojó a sus pies, llena de esperanza, y la plegaria brotó de su alma, intensa y pura como plegaria de madre, que ruega por el hijo azotado por la desgracia.

— ¡Señor... —le dijo—, ten piedad de mí, que llevo trece años llorando la desgracia de mi hijo! ¡Mi esposo fue a dormir con sus mayores, y yo he quedado sola con mi dolor!

El Maestro, enternecido, la ayudó a levantarse, mientras le decía:

—Ten paz en tu alma, mujer, que el poder de Dios es más grande que todos los dolores del mundo.

Cuando entraron en la sala principal, encontraron allí al anciano Hanán vestido con el lujo y suntuosidad que acostumbraban los encumbrados personajes de su rango. Su litera estaba a la puerta con cuatro esclavos negros de gran corpulencia.

Su gran manto rojo con franjas oro, su turbante cuajado de piedras preciosas, lo mismo que su cinturón y el broche pectoral que sujetaba su manto, todo resplandecía como una ascua al tenue rayo de sol que penetraba por un ventanal.

Jhasua le saludó con una inclinación respetuosa y se dirigió de inmediato al niño, que a indicación de su madre, se levantó de su asiento y se acercó al Maestro.

—El Rabí Hanán, presidente del Sanhedrin —dijo Aholibama, haciendo la presentación de práctica.

—Jhasua de Nazareth, para serviros a todos —contestó el Maestro.

Hanán miró a su policía, como preguntándole ¿es éste el que curó a los leprosos en la Puerta de Sión? Y el policía, con leve inclinación de cabeza, le respondió que sí. El sagaz anciano clavó sus ojillos negros y vivos en el noble y sereno semblante de Jhasua y no pudo menos de confesarse a sí mismo que aquel hijo del pueblo tenía en toda su persona la noble majestad de un gran hombre. Todo en él subyugaba y atraía como si de todo él se desprendiera un indefinible encanto que producía paz, contento interior, inefable dulzura.

Aunque de dura corteza fluídica y espiritual, el majestuoso Rabí Hanán no fue dueño de sustraerse a la benéfica influencia del Maestro.

Observó que sus vestiduras de cachemira blanca, sin un solo adorno, eran de una limpieza inmaculada, por lo cual no le fue difícil calcular la mayor o menor elevación de su posición social. "Rico no es —pensó—, porque no lleva adornos ni joyas en sus vestidos, que, sin embargo, no son los de un hijo del bajo pueblo. ¿Qué es, pues, este hombre?"

—Soy un discípulo de los antiguos Profetas de Israel —contestó Jhasua al pensamiento de Hanán, cuyo asombro fue grande ante la prueba que acababa de recibir de que el joven Nazareno leyó en su pensamiento. Pero Jhasua hablaba también con Aholibama, haciendo que no se apercibía del asombro de Hanán.

—Y como discípulo de ellos —continuó—, doy muy poca importancia a las cosas exteriores tan fugaces e inestables. El mayor bien apreciado por los Proтetas de Dios, es el de poder hacer el bien a sus semejantes. ¿No es así, Rabí Hanán?

—Justamente es así —contestó, con cierta turbación, el interpelado.

—Es ése mi único anhelo en la tierra —continuó el Maestro—, y si me lo permitís, usaré el poder divino para curar aquí a los que están enfermos.

—Mi niño sordomudo —dijo Aholibama, llena de esperanza.

—Sí, mujer...; tu niño, el Rabí Hanán, que tiene úlceras cancerosas en sus intestinos, y este policía, que padece de asma.

Todos se miraron unos a otros, sin encontrar palabras para contestar.

—Pues si éste no es un profeta de buena ley, que venga Jehová y lo diga —pensó el policía.

Jhasua, sin preocuparse ya de lo que ellos pensaran, entornó sus ojos y se concentró profundamente en sí mismo para ponerse en contacto con la Energía Divina, que le asistía con sin igual generosidad cuando quería hacer el bien a sus semejantes.

Pasaron unos momentos de silencio solemne, en que los corazones latían con inusitada violencia.

Luego, el Maestro tomó las manos del niño Josué, lo acercó suavemente a su pecho y haciéndole abrir la boca, le exhaló en ella tres poderosos hálitos. Besó tiernamente aquella frente límpida y serena y le dijo con infinita dulzura:

—Ahora besa a tu madre y dile que le amas mucho.

La madre le recibió en sus brazos llena de emoción, y luego rompió a llorar cuando oyó la voz de su hijo, nunca oída hasta entonces, que le decía:

— ¡Madre, te amé mucho siempre, pero mis labios no te lo podían decir!

— ¡Jehová bendito! —gritó Hanán retrocediendo un paso como si viera levantarse de la tierra un fantasma—. ¿Eres Eliseo Profeta que ha resucitado...?

El Maestro sonrió, sin contestarle.

— ¡Rabí Hanán!... —exclamó después—. En nombre de Dios Omnipotente, quiero que sea sano tu cuerpo, y que El llene tu corazón de piedad y misericordia, de sabiduría y de justicia, para que seas en Israel lo que El quiere que seas.

El anciano cayó lívido en su sillón, y una oleada de inmundicia arrojó de su boca, manchando sus lujosas vestiduras y hasta el tapiz que cubría el pavimento.

—No es nada —dijo el Maestro, viendo el espanto de todos ante el repugnante accidente—. Traedme una jofaina con agua y paños limpios.

Aholibama llamó y unas criadas trajeron lo que el Maestro había pedido.

—La Divina Energía ha extraído la inmundicia que corroía tus entrañas, Rabí Hanán —dijo, mientras mojaba los paños y le limpiaba la barba, el pecho y las manos.

Pidió jarabe de cerezas y le dio a beber. La reacción vino de inmediato.

—Aún estás fuerte, Rabí —añadió Jhasua—, y tienes vida larga para hacer bien a Israel.

"Lo que has pensado hacer con este niño no está en su ley, porque él no es el que tú supones.

—¿Dónde está, pues, el Mesías anunciado por los Profetas, que el pueblo asegura que está en Israel? —preguntó, ansioso, Hanán.

—"Dios da su luz a los humildes y la niega a los soberbios", dice la Escritura Sagrada; y El te dejará conocer la verdad cuando sea el momento.

Luego se dirigió al policía, que estaba como una estatua detrás del sillón del Rabí.

—Dios te ha curado, amigo, y nunca más te repetirán las crisis de ahogo que tanto te atormentaban —le dijo, y buscó con la mirada a Marcos, que había presenciado en silencio aquel insólito espectáculo—.

"Ya he terminado, vamos —le dijo.

—¡Profeta!... —exclamó la princesa—. ¿No esperas ni una palabra de agradecimiento?

—No es necesario, puesto que sé que lo agradecéis. Me esperan en otra parte. ¡Que la paz sea con vosotros!

Y salió rápidamente, seguido de Marcos.

La estupefacción de todos les impidió insistir en detenerle.

—¡Qué hombre, Jehová bendito!... —exclamaba Aholibama—. ¡Qué hombre! ¡Nos da a todos la vida y escapa sin esperar que se lo agradezcan!

El Rabí Hanán, taciturno por ver frustrados sus planes de crear un Mesías para sacar provecho de él, olvidaba un tanto el inmenso beneficio que acababa de recibir.

—Me ha curado mis úlceras, es cierto, pero me ha herido en el corazón! ¿Qué hacemos sin Mesías, que ya han pasado más de treinta años del anuncio de los astros, y aún no hemos visto la estrella que esperamos? ¿Será que la soberbia ciega nuestros ojos y no vemos la luz ante nosotros?

Este pasaje hace surgir en nuestro horizonte mental una profunda reflexión:

El poderoso Hanán, que manejaba a la nación israelita como maneja un niño los hilos que mueven su payaso de cartón, tuvo al Mesías a su lado, recibió sus beneficios y *no lo reconoció*. Más aún: poco tiempo después fue el alma negra y traidora que le hizo condenar a muerte, porque el hombre justo que le había hecho bien y lo había derramado sobre todo el pueblo y comarcas del Mediterráneo, contestaba a su conjuro satánico:

—En nombre de Dios te conjuro que nos digas la verdad: ¿Eres tú el Mesías, el Verbo de Dios, o debemos esperar otro?"

—¡Yo soy! —contestó el Maestro.

Y por aquel *"yo soy"* que le obligaron a decir, fue condenado a la infame muerte que se daba a los esclavos rebeldes.

La soberbia cegó a los magnates de Israel y no vieron la luz encendida en su propio camino.

Sin preocuparse más el Maestro de este incidente, se dirigió con Marcos a casa de sus amigos, la familia de Ithamar, donde era ansiosamente esperado.

Allí, como en todas las casas, grandes o pequeñas, a la proximidad de la Pascua se encontraban atestadas de peregrinos, y así fue que Jhasua encontró al viejo y severo palacio de Ithamar convertido en una verdadera hospedería.

El Cheig Buya-Ben, padre de Faqui, el Príncipe Melchor de Horeb, el maestro Filón de Alejandría, el Scheiff Ilderin de Bozra, con tres jefes del Desierto de Arabia, y Marcos, con Ana, su esposa, era un selecto conjunto de viajeros que ponían locos de felicidad al viejo Simónides, administrador de la colosal fortuna que, según él, estaba destinada a establecer sobre bases sólidas el nuevo Reino de Israel. Todos ellos no hablaban de otra cosa sino de la esperanza que florecía en todos los corazones de que en aquella Pascua debían verse cumplidos sus anhelos.

Noemí, la virtuosa ama de casa, con sus hijas Thirza y Nebai, más Sabad, madre de ésta, preparaban un gran festín a Jhasua, que sobrepasara a cuantos habían hecho hasta entonces para él.

Simónides con Judá y Faqui estaban completamente absorbidos por la organización de los adherentes de la Santa Alianza, que habían acudido a centenares de todas las regiones de la Palestina y aunque muchos tenían parientes o amigos en la Capital, para todos aquellos que a nadie tenían, debieron preparar alojamiento levantando tiendas en cuanto terreno baldío encontraron en la vieja ciudad de los Reyes. Ya hemos dicho que la superficie de Jerusalén era completamente desigual, pues se había edificado sobre los cerros, barrancones y valles encajonados en forma que muy pocas eran sus calles por donde se pudiera caminar doscientos pasos sin cambiar de orientación. Tan pronto la calle subía una empinada cuesta, como bajaba al fondo de un barranco, o costeaba un promontorio cortado a pico, en cuya cima brillaban los mármoles bruñidos de alguna mansión señorial.

En los flancos de cerros y colinas donde no había edificación, Simónides había hecho enclavar tiendas, armadas como por arte mágica, pues una mañana amanecieron innumerables tiendas de vistosos colores, que daban a la venerada ciudad de David, un aspecto fantástico de inusitada alegría que aumentaba por la noche, con el fulgor de una hoguera a la puerta de cada tienda.

Jerusalén era pues un hormiguero humano, un formidable concierto de voces, cantos al son de cítaras, laúdes, flautas y tamboriles.

La noche del festín que en el palacio de Ithamar se realizaría en homenaje al Profeta Nazareno, dos hombres contemplaban la bulliciosa alegría de la ciudad.

Jhasua sobre la terraza del tercer piso de la casa de Ithamar, que era el pabellón de verano, y el Rabí Hanán en las terrazas del Templo sumido en penumbras.

Nuestro asiduo lector que ha venido siguiéndonos paso a paso en el estudio de los acontecimientos y de los personajes que actuaron en ellos, habrá comprendido seguramente que le llevamos ahora a un parangón entre aquellos dos hombres que contemplaban silenciosos a Jerusalén: Jhasua, encarnación del Bien y del Amor, y Hanán, el egoísmo y la falsedad encarnados.

—¡Qué oportunidad más brillante —pensaba Hanán— para proclamar al niño Josué como Mesías de Israel, en estos momentos en que el fervor de la esperanza pone fiebre en todos los corazones! Pero ese Profeta que de verdad lo es, asegura que este niño no es el Mesías que ha de venir.

''Y si yo insistiera en proclamarle, para salvar ante el pueblo la honra de nuestras Escrituras y de nuestros antiguos Profetas, ¿qué sucedería?...''

Sobre la terraza del palacio de Ithamar, a trescientos pasos del templo, había una poderosa antena que captaba las ondas de todos los pensamientos relacionados con él: El Verbo encarnado que meditaba en la triste condición de egoísmo y atraso en que se encontraba la humanidad.

—Seguramente el Rabí Hanán —pensaba el Maestro—, estará tentado de proclamar al niño Josué como Mesías de Israel, para satisfacer el entusiasmo popular.

''Hombre impío y soberbio que ha pisoteado tantas veces su conciencia y la fe de sus mayores, que burle ahora la fe del pueblo y sacrifique a esa inocente criatura llevándola a una falsa posición, no sería más que añadir el calificativo de *impostor* al de traidor a su patria y a su fe, que se conquistó aliándose con el usurpador idumeo, para entregar maniatada la nación a una dominación extranjera.

Su pensamiento como un poderoso foco de luz se hundió más y más en el Eterno Enigma. En un hondo suspiro descargó la angustia que lo embargaba, y pensó nuevamente con los ojos fijos en el Templo, cuyas cúpulas y torres brillaban a la rojiza llama de hogueras y de antorchas.

''Menphi, mal consejero y ministro impío del Faraón, que puso angustia al corazón de Moisés, otra vez te interpones en el camino de la luz!... Pereciste como un lagarto ahogado bajo las olas del Mar Bermejo... Tu pecado cien veces repetido endureció tu corazón... y esta vez serás un monstruo de falsedad y de ingratitud, que te llevará a ser arrastrado por estas mismas calles rebosantes de multitudes y por este mismo pueblo al cual miras como a un rebaño de esclavos!

''¡Alma desventurada hecha de soberbia y de ambiciones!... ¡Aún estás a tiempo de redimirte y de salvarte!

''¿No será esta acaso la última oportunidad que la Bondad Divina te brinda para dejar tu sendero de crimen en las tinieblas, y ver la luz que se puso en tu camino?''

Su pensamiento ligero y audaz como el vuelo de un águila se tendió a lo Infinito, cofre gigantesco, depositario de las eternas verdades que la incomprensión humana rechaza porque le deslumbran, y con la lente del recuerdo vio en las negras profundidades del Mar Sereno (el Pacífico) un jefe pirata hundiendo el barco de Juno, el salvador de esclavos; un potentado de Bombay, comprando asesinos que atravesaron con traidoras flechas el corazón de Krishna; un pontífice rey de la olvidada Atlántida, ofreciendo la copa de veneno a Antulio el filósofo-luz, el defensor de los humildes, huérfanos y mendigos!...

— ¡Desventurado! —exclamó Jhasua cerrando sus ojos como negándose a ver más en aquel horrible camino de crimen y degradación—. ¡Y aún quieres hundirte más!... ¡Rabí Hanán! —exclamó impensadamente—. Ten piedad de ti mismo y no adelantes otro paso más, porque te espera el abismo!...

Marcos había subido a la terraza para llamarle y al oír la exclamación de Jhasua, se detuvo detrás de las doradas rejillas acortinadas del pabellón de verano.

El tremendo apóstrofe del Cristo Divino, llegó al Rabí Hanán, como un último llamado de su conciencia o *Yo superior* a detenerse en el camino delictuoso por donde corría sin freno desde lejanas edades.

—¿Por qué no pensar —se preguntaba a sí mismo— que pueda ser el Mesías anunciado por los Profetas, el hermoso taumaturgo nazareno que hizo tan estupendos prodigios esta misma mañana?

''Representa de veinticinco a treinta años más o menos, el tiempo que ha pasado desde la conjunción de Júpiter, Saturno y Marte... Llegaron tres sabios del Oriente que aseguraban el nacimiento del Mesías en el país de Israel...

''Mas éste es Nazareno... ¿Puede acaso salir algo bueno de Galilea?... ¡Es Judea!... ¡Judea la predilecta de Jehová!... ¡Cómo es la sangre real de David que debe correr por las venas del Mesías que Israel espera!...

"¡Luego este joven Profeta, no parece ser fácilmente manejable!... ¿No tuvo la audacia de decirme: *Eso que piensas de este niño no está en su ley porque él no es el Mesías que Israel espera?*"

Soltó al viento una risa forzada y nerviosa y añadió:

—¡Profeta Nazareno!... Sigue curando lepra, úlceras, tisis y parálisis... ¡Resucita muertos!... ¡Haz andar los esqueletos como el Profeta Ezequiel!... ¡Pero el Mesías de Israel lo tendré yo en mi mano como a un ruiseñor jovenzuelo para enseñarlo a cantar!...

—¡Infeliz! ¡Mil veces infeliz!... —exclamó el Maestro doblando su cabeza como una flor marchita sobre sus manos cruzadas en la balaustrada de mármol, que circundaba la terraza.

Marcos no pudo contenerse más y se le acercó precipitadamente.

—¿Qué tienes, Jhasua, hermano mío?... ¿Ha ocurrido una desgracia? Veo lágrimas corriendo de tus ojos, ¿qué pasa? ¡Dímelo pronto!

"¿Tu madre acaso?... ¿El tío Jaime?...

—Cálmate Marcos, no es nada de eso. Ellos deben llegar aquí en este momento.

—¿Qué es entonces Jhasua? Dímelo por favor, que yo me desquicio todo cuando te veo así.

—Es que acabo de convencerme de que soy impotente para arrancar al alma del Rabí Hanán del camino del abismo por el cual se empeña en precipitarse.

—¡Hanán!... ¿El lobo del Sanhedrin?... ¡Jhasua! ¡Alma de cordero!... ¡Si te acercas a él, te devora hermano mío!

"¡Déjalo con su carga de crímenes que ya se encargará la Justicia Divina de hacérselos pagar todos juntos!

"Bajemos que allá nos esperan.

—Bajemos si quieres —le contestó Jhasua andando tras él, con la tristeza en el alma y una palidez manifiesta en su hermoso semblante.

En el último descanso de la escalera tapizada de azul, detuvo a Marcos para decirle:

—No hagas alusión ninguna al secreto que has sorprendido allá arriba.

—¡En cuanto a eso, descuida, pero no se Jhasua que te ha dado por preocuparte de esa serpiente cobra, más dañina que un escorpión!...

—El resiste a su conciencia, debido al incidente de ésta misma mañana en el palacio Rechab.

"Quiere proclamar Mesías de Israel al hermoso niño curado hoy.

"Los pensamientos van y vienen, ya lo sabes Marcos, porque lo has estudiado como yo, aunque sin llegar al desarrollo máximo.

"¡Hará sus víctimas al niño y a la madre, y después él mismo se hundirá en el abismo!...

—¡Jhasua... Jhasua!... ¡Tú podías evitar todo esto, y no se qué fuerza es la que lo impide! —exclamó Marcos con tristeza.

—La Voluntad Suprema se cumplirá por encima de todas las cosas —dijo el Maestro, ya sereno y dueño de sí mismo—. Bajemos Marcos.

Al llegar al gran vestíbulo del cenáculo, se encontraron con el Príncipe Judá que entraba trayendo a Myriam y al tío Jaime.

—Si no voy yo por ellos, no vienen. ¿Qué dices Jhasua? ¿Es que tú no les habías dicho que les esperábamos en el festín?

—Sí, lo dije, pero ya sabes que los dos son gotas gemelas, y se retraen tímidamente de los grandes personajes. ¡Tu casa, Judá mío, está llena de magnates!...

—Magnates con alma de golondrinas, que lo mismo se posan en las cornisas de un palacio que en el alero de una choza.

Myriam y el tío Jaime sonreían.

—No era por los personajes de aquí, sino por miedo a cruzar la ciudad que está hecha una Babilonia —dijo Myriam—.

"No me gusta así Jerusalén —añadió la dulce y austera madre del Hombre Dios—. Se oyen gritos soeces, disputas de ebrios y se ven escenas indignas de la ciudad de los Profetas.

—Estamos en la humnanidad terrestre madre —díjole Jhasua— que hasta en las doradas cúpulas del Templo sigue ostentando el infeliz estado de atraso en que se encuentra.

Y de nuevo la sombría figura del Rabí Hanán se cruzó por la mente de Jhasua con los tintes trágicos de un demonio encarnado, del cual se encargaría pronto la Divina Justicia, para hacer con él lo que el hortelano con la higuera estéril: reducirla a astillas, y luego a cenizas que esparcen los vientos en todas direcciones...

JHASUA ACLAMADO EN EL TEMPLO

El absoluto dominio de sí mismo que el Maestro tenía, le permitió ser en el festín preparado por la noble familia de Ithamar, lo que siempre fue en todas partes: el astro benéfico, que inundaba de paz y alegría todos los corazones.

La suave ternura de aquel ambiente saturado de fe, de esperanza y de amor, hacia el personaje central sobre quien convergían todas las miradas, retempló el alma del Ungido Divino que pudo decir con profunda verdad: Es este uno de los más dichosos momentos de mi vida actual.

Sentado entre el Príncipe Melchor y el Maestro Filón, a los cuales seguían José de Arimathea, Ilderin y Buya-ben, Nicodemus, Simónides, Gamaliel, Nicolás de Damasco, y a su frente su madre entre Noemí y Sabad, con Judá y Nebai, .·Thirza y Faqui, el tío Jaime, Marcos y Ana, todos suyos, el Maestro se vió sometido a una prueba que el vulgo llama *tentación*, acaso más dura que la que había pasado contemplando con terror las negruras que envolvían a Hanán.

—Todas estas almas —pensó el Maestro— sueñan con mi papel de libertador de Israel, y yo podía complacerles empequeñeciéndome ante Dios y mi propia conciencia.

"Mas, ¿qué significaría la gloria de un pueblo, si para ello debo claudicar de mis grandes pactos para la hora actual de evolución en esta y otras humanidades gemelas?

"Qué dicha suprema les embargaría si yo les dijera como Moisés, en la hora de la esclavitud en Egipto:

"Yo seré vuestro libertador del yugo extranjero, y os llevaré a la grandeza y a la dicha que soñáis".

"Mas, ¡sería ese el primer paso en falso que daría el Ungido de Dios para fundamentar con su sacrificio heroico la fraternidad humana de la tierra!

"Mi herencia eterna es toda la humanidad. Ni este pueblo, ni aquel otro, ni el de más allá...

"Las almas en misión, tienen rutas inmutables como los astros, la estrella Polar alumbra todos los mares del mundo y su luz orienta a los viajeros de todos los caminos, en el mar y en el desierto, en las montañas y en las llanuras!...

Esta serie de pensamientos fueron interrumpidos por el anuncio de Othoniel, el mayordomo de la casa.

—La princesa Aholibama de Rechab, pide hablar con Marcos, el agente comercial de Joppe, y manifiesta tener grande urgencia en ello.

La sobremesa fue interrumpida y los concurrentes se dispersaron en grupos por los patios y jardines.

—Jhasua —dijo Marcos—, paréceme que este anuncio va más contigo que conmigo.

—Anda y ve —le contestó el Maestro.

La noble casa de los Príncipes de Rechab era harto conocida, y así todos se interesaron por el motivo que traería a la Princesa, cuando era ya entrada la segunda hora de la noche.

—Vendrá buscando la curación de su primogénito sordo-mudo —dijo Gamaliel.

El Maestro les refirió el acontecimiento de esa misma mañana y que el Rabí Hanán quería proclamar ese niño como Mesías de Israel.

—¡No puede ser!... —fue la voz múltiple que se levantó.

—¡Y no será !... —gritó Simónides—. ¡No será aunque tenga yo que morir ahorcado!...

—La Princesa Aholibama es una santa mujer y preferirá morir antes de ser cómplice de una falsedad semejante —añadió Gamaliel que parecía conocer más a la familia—. Desde que murió el esposo en una Pascua en Jerusalén, no había venido más. ¿Cómo es que está aquí?

—Pues claro está, que ha venido por la noticia de Marcos de que vendría un Profeta que podía curar a su hijo —añadió Simónides.

—¡Vamos todos hacia ella!... ¡Todos! —dijo el príncipe Judá, tomando del brazo a Melchor, cuyo testimonio le parecía de más peso que todos por el anuncio recibido por él y sus dos amigos, Gaspar y Baltasar, cada cual en su lejano país.

Myriam, toda asustada, se retraía, pero Nebai, que era tan valerosa y resuelta, la tomó del brazo diciéndole tiernamente:

—¡Vamos, madre Myriam, que tu voz es la que debe resonar más alto!

Y así rodeándola con su brazo la llevó en pos de todos al gran salón, donde Jhasua y Marcos hablaban con Aholibama que había venido con sus dos hijos y una doncella.

Su gran carroza estaba a la puerta, con una pequeña escolta de cuatro esclavos montados en mulos negros, según era la antigua costumbre de la casa.

La pobre madre con grande sobresalto y temor había venido buscando a Marcos, para que de nuevo la pusiera en contacto con el Poderoso Profeta que hacían tan estupendos prodigios. Esperaba de él otro más: que la librase de las garras de Hanán, el cual le había anunciado esa misma tarde su resolución de encargarse del niño Josué, pues el Sanhedrin estaba convencido de que él era el Mesías que Israel esperaba. Ella buscó el amparo de su padre el viejo príncipe de Rechab, pero él opinó que no se resistiera al Sanhedrin, que acaso estaría en lo cierto.

Aholibama no podía consentir en que le fuera arrancado su hijo, y quería huir con él a donde pudiera verse libre de la influencia de Hanán. Solicitaba de Marcos una entrevista con el Profeta Nazareno, bien ajena por cierto de que iba a encontrarle en aquella casa.

—¡Señor!... —le dijo arrojándose a sus pies—. Hoy mismo diste a mi hijo el uso de la palabra, hazme ahora el prodigio de que el Sanhedrin no lo arranque de mi lado. Dios que hizo de piedad y ternura el corazón de las madres, no puede mandar que a mí, me sea arrancado el primogénito, ahora que estoy sola sin el amparo de su padre.

—¡Cálmate, mujer! —le dijo el Maestro ayudándola a levantarse—.

"Bien has hecho en venir, y acaso te ha guiado un ángel del Señor que quiso consolar tu pena.

En este momento entraron al salón todos los concurrentes al festín. Gamaliel se acercó a la familia Rechab.

—¡Cuán ajeno estaba de verte en Jerusalén, Aholibama —le dijo.

—Marcos me impulsó a venir en busca de la curación de mi hijo.

— ¡Y estoy curado! —dijo el niño en alta voz— Y ahora hablo todo el día sin parar, para que mi lengua aprenda a moverse ya que tanto tiempo estuvo parada. ¡Este Profeta me ha curado... El, él... nadie más que él!

Y Josué, lleno de tierna gratitud, se abrazó de Jhasua mientras levantaba a él sus ojos húmedos de emoción.

El Maestro le estrechó sobre su corazón, diciéndole:

—¡Que Dios te bendiga, hijo mío; tienes el corazón y el nombre de un fiel discípulo de Moisés. ¡Ojalá sean tus obras un claro exponente de abolengo espiritual!

Por voluntad de todos habló el príncipe Melchor, para exponer su certeza inquebrantable de que el Mesías anunciado por los Profetas nació la misma noche de la conjunción de los astros Júpiter, Saturno y Marte, treinta y dos años atrás, y cómo él y sus dos compañeros que hasta entonces no se conocían recibieron idéntico aviso, y fueron guiados por una misteriosa luz a través de montes y desiertos hasta encontrarse reunidos en la encrucijada de los tres caminos: de la Persia, de la India y del Egipto. Juntos entraron en Jerusalén, donde un sacerdote esenio que oficiaba en el altar de los perfumes, les indicó que el Divino Ungido estaba en Betlehem.

El discurso de Melchor con toda la vehemencia que da la convicción y el amor, llenó de lágrimas muchos ojos, y el silencioso llorar de Myriam hacía llorar a todas las mujeres.

—Jhasua de Nazareth, Hijo de Dios, ungido por El para esta hora solemne de la humanidad por la cual te has sacrificado!... Declaro aquí en presencia de todos y bajo mi solemne juramento, que tú eres el Cristo Hijo de Dios Vivo, el Mesías anunciado y esperado desde hace seis siglos, cuando el clarín de bronce de Isaías, hizo estremecer las almas con su primera llamada!

¡Señor Dios de los cielos y de la tierra! —exclamó el anciano príncipe levantando sus brazos y sus ojos a lo alto — ¡Que se incline tu omnipotencia sobre este puñado de seres ansiosos de tu verdad y de tu luz!

Las Inteligencias Superiores guías del Verbo encarnado respondieron de inmediato a la formidable evocación de Melchor. El gran salón se iluminó de un dorado resplandor que deslumbraba la vista, y entre espirales de luces amatista y oro, todos percibieron las palabras del canto de gloria y de paz que escucharon los pastores de Betlehem treinta y dos años hacía:

"GLORIA A DIOS EN LOS CIELOS INFINITOS Y PAZ EN LA TIERRA A LOS HOMBRES DE BUENA VOLUNTAD"

Todos habían caído de hinojos, y algunos con su rostro inclinado al pavimento repetían las misteriosas palabras que seguían brotando como una armoniosa cascada de entre los torbellinos de luz que inundaban el salón.

Sólo Jhasua y su madre aparecían de pie, unidos en un suave abrazo, como si ella, toda atemorizada hubiese buscado amparo entre los brazos de aquel gran hijo que tanto amaba, y por el que tanto había de padecer.

La princesa Aholibama lloraba con una emoción indescriptible. Cuando pudo hablar se acercó a Jhasua y doblando una rodilla en tierra le dijo:

— ¡Señor!... cuando curaste a mi hijo, te amé como a un Profeta!... Mas ahora, una interna adoración se ha encadenado al amor. Eres el Hombre Dios que todos esperamos como única salvación!

— ¡Es el Rey de Israel! —gritó Simónides—. ¡Preséntenle armas!

— ¡Almas, en vez de armas, es lo que busca el Mesías de Jehová! —exclamó el Maestro, abriendo sus brazos en el ansia suprema de abrazar a toda la humanidad.

Todos se precipitaron hacia él, que fue abrazando uno a uno en medio de una profunda emoción.

Pasado este momento, se deliberó sobre lo que debía hacerse para salvar al niño Josué de las garras de Hanán, que mediante un horroroso fraude, quería tomarle de instrumento para sus fines ambiciosos y egoístas.

El Cheig Buya-ben, ministro y actual enviado de la Reina Selene de los Tuareghs, envió a Aholibama con sus dos niños, acompañados por su asistente al puerto de Gaza, donde tomarían al día siguiente un velero de la flota de Ithamar que debía salir con rumbo al puerto de Canope en Cirene, región de dominio Tuareghs por concesión expresa del Emperador Augusto. Allí, bajo la protección de la indómita raza de Aníbal, numerosa y ardiente como las arenas del Sahara, estaría segura Aholibama con sus dos niños.

La gran carroza salió silenciosamente por la Puerta de Joppe por donde había entrado dos días antes, y sin que nadie le pusiera obstáculo, pues las prodigalidades de la familia Rechab, tenían ganados desde largo tiempo a los guardias romanos que custodiaban la ciudad. Además, a nadie podía extrañarle, que la princesa volviera a su dominio de Beth-Acceren.

Pero la carroza, con su escolta torció rumbo al sur, y corriendo toda la noche llegó al mediodía al puerto de Gaza, donde encontraron el velero que partiría al anochecer.

Así salvó a su hijo la princesa Aholibama, de las garras del viejo Hanán, para quien, el sacrificar una o más vidas a su ambición insaciable, era cosa de poca monta.

La Ley Eterna que tiene caminos ignorados de los hombres para sus grandes fines, llevó esos seres a las montañas de Cartago, el Peñón de Corta-agua de la prehistoria, donde debían ejercer un apostolado fervoroso por la causa del Cristo en años posteriores. Almas fieles a la Alianza de Solania la gran mujer prehistórica del país de Aníbal, volvían a su viejo solar, como vuelven las golondrinas viajeras a buscar el ruinoso torreón donde en otra hora colgaran su nido a la sombra de las palmeras y de las acacias.

Al siguiente día comenzaron las grandes solemnidades en el Templo de Jerusalén.

El Maestro y los suyos, concurrieron a la segunda hora de la mañana; hora en que ya habían pasado las degollaciones de animales y la cremación de las grasas y vísceras ordenadas por el ritual. Los numerosos criados al servicio del templo, habían lavado la sangre que caía del altar de los holocaustos, y el gran recipiente de mármol y bronce estaba cerrado.

En la segunda hora se ofrecían perfumes, frutos, flores y cereales, se cantaban salmos, y los oradores sagrados ocupaban por turno la cátedra para dirigir la palabra al pueblo, que aparecía silencioso y reverente llenando las naves, atrios y pórticos del Templo de Salomón.

Debemos hacer notar que la guardia de la Torre Antonia se triplicaba en estos días de grandes tumultos, a fin de guardar el orden sin inmiscuirse en las ceremonias religiosas de los judíos. Dicha guardia estaba bajo el mando inmediato de aquel militar romano que sufrió un accidente mortal en el circo de Jericó y entre sus numerosos subalternos había una buena porción de prosélitos como llamaban los israelitas a los simpatizantes de su doctrina del Dios Unico, Señor del Universo. Pero lo eran secretamente, por veneración al joven profeta que salvó la vida a su jefe.

El Procurador Poncio Pilatos, hombre de paz y de letras, no gustaba ni poco ni mucho de las discordias entre las distintas sectas en que estaba dividido el pueblo de Israel, y así les dejaba que se entendieran ellos entre sí, en lo referente a su teología dogmática. Los Rabinos judíos consideraban herejes a los samaritanos, y nulos en asuntos religiosos y legales, a los galileos.

Y aún los nativos de la misma Judea estaban también divididos en Fariseos y Saduceos. Los primeros eran puritanos y rígidos al extremo en el cumplimiento de las mil ordenanzas del ritual.

Eran justamente de aquellos de quienes el Divino Maestro decía que "veían la paja en el ojo ajeno y no veían la viga en el suyo" que "colaban un mosquito y se tragaban un cangrejo".

Los Saduceos, entre los cuales estaba la mayor parte de las familias judías de antigua nobleza, daban más importancia a los principios de piedad y de misericordia con los desvalidos, menesterosos y desamparados, basándose para ello en el gran principio de la Ley Mosaica: *"Ama a Dios sobre todas las cosas y al prójimo como a tí mismo".* Estos vivían la vida humana con holgura, con comodidades y sin hacer ostentación de austeridad religiosa ninguna. Los Saduceos estaban más inclinados a la filosofía Platónica en cuanto al espíritu humano, y no aceptaban la resurrección de los muertos en la forma que los Fariseos lo sostenían.

De allí la gran aversión que ambas tendencias se prodigaban mutuamente.

El pueblo en general simpatizaba con los Saduceos, que eran generosos en sus donativos y ejercitaban la misericordia y piedad con los pobres, como la obra principal de su fe.

Teniendo en cuenta que la enseñanza del Cristo se basaba toda ella en el amor al prójimo, el pueblo lo tomó como un Profeta salido de entre la secta de los nobles Saduceos. Y los Fariseos y sus adeptos, vieron en él un enemigo en materia dogmática y religiosa. Hecha esta explicación, el lector está en condiciones de interpretar y comprender perfectamente los acontecimientos que después se desarrollaron.

La secta de los Fariseos era aborrecida en general por el pueblo, pero era la que estaba en el poder desde hacía años, pues el Rabí Hanán, era el alma del fariseísmo israelita de aquella época.

Por fin apareció en la sagrada cátedra un doctor joven, hijo de Hanán, cuyo nombre era Teófilo.

Abrió el libro llamado Deuteronomio atribuído a Moisés, que en cap. 32 v. 17 comienza así: "No ofrecísteis sacrificios a Dios, sino a los diablos; a dioses ajenos, que no conocieron ni temieron vuestros padres. Y violo Jehová y encendióse en ira por el menosprecio de sus hijos e hijas. Y dijo: esconderé de ellos mi rostro y veré entonces cuál será su postrimería. Porque fuego se encenderá en mi furor y arderá hasta lo profundo, y devorará la tierra y sus frutos, y abrasará los fundamentos de los montes. Yo allegare males sobre ellos. Consumidos serán de hambre, y comidos de fiebre ardiente y de amarga pestilencia. Dientes de bestias enviaré sobre ellos y veneno de serpientes".

Un discurso desarrollado sobre tan terribles y maldicientes palabras como tema, fue en verdad un aluvión de veneno de serpientes que aterraban al pueblo ignorante en su mayor parte.

Los oyentes del grupo de los Saduceos pensaban y murmuraban entre sí:

—Haría falta que se levantara de su tumba Jeremías Profeta, Esdras, Hillel o Simeón, para tapar la boca a ese energúmeno que vomita tanta ponzoña.

Los amigos de Jhasua tendían de tanto en tanto hacia él sus miradas, pensando el sufrimiento que debía tener ante tan terrible vocabulario. Pero no supusieron que quisiera tomar la palabra por no enfrentarse con el predominio sacerdotal.

Grande fue el asombro de todos cuando el flamante doctor Teófilo, hijo de Hanán bajó de la cátedra, y vieron a Jhasua pedir permiso al sacerdote de guardia, para ocupar la cátedra sagrada, en la cual apareció con esa admirable serenidad suya que parecía coronarle con una aureola de paz y de amor.

Un clamor unánime resonó bajo las naves del Templo: —¡Dios te salve Profeta Nazareno!... ¡remedio de nuestros males!... ¡alivio de nuestros dolores!...

Una legión de Levitas se precipitó entre el tumulto para hacer guardar silencio.

Los viejos doctores y sacerdotes se levantaron de sus sitiales para imponer silencio con su adusta presencia.

Pero como el Rabí Hanán cuchicheó al oído de su yerno Caifás y de otros, que el orador era el Profeta que había curado al proyectado Mesías sordomudo, lo miraron con cierta benevolencia, pensando en que continuarían obteniendo provechos de los poderes superiores del joven taumaturgo.

El Maestro abrió el mismo libro que Teófilo acababa de utilizar, y lo abrió en el mismo capítulo 32 y comenzó así:

—El capítulo 32 del Deuteronomio versículos 1, 2, 3 y 4, servirán de tema a las palabras que os dirijo amado pueblo de Israel, congregado en el Templo de Salomón para oír la palabra de Dios.

"Escuchad cielos y hablaré, y oiga la tierra las palabras de mi boca —dice Jehová".

"Goteará como la lluvia mi doctrina; destilará como el rocío mi razonamiento; como la llovizna sobre la grama, y como las gotas sobre la hierba".

"Así es Jehová al cual invocáis. Así es nuestro Dios al cual adoráis".

"El es la roca inconmovible cuya obra es perfecta, porque todos sus caminos son rectitud: porque es Dios de Verdad, y ninguna injusticia hay en El; es justo y santo, y la corrupción no debe manchar a sus hijos".

"Pueblo de Israel, y adoradores del Dios Unico, Padre Universal de todo cuanto existe:

"Con espantados ojos contempláis los caminos de la vida donde arde en llamaradas el egoísmo, el odio, la ambición, agostando vuestras praderas en flor, destruyendo los dones más hermosos de Dios nuestro Padre, que os colmó de ellos para que llevéis vuestra vida en paz y alegría, bendiciéndole en todos los momentos de vuestra existencia. Abrid de nuevo vuestro corazón a la esperanza ante las palabras de la Escritura Sagrada que he tomado como tema de mi discurso. *"Goteará como la lluvia mi doctrina, destilará como el rocío mi razonamiento".*

"Todos cuantos sentís la Divina Presencia en vuestro corazón, sois los labradores del Padre Celestial, que esperáis ansiosamente la lluvia dulce y suave de sus leyes de amor y de paz que os dijo por boca de Moisés: "Hijos míos, amadme sobre todas las cosas y al prójimo como a vosotros mismos. No toméis nunca en vano mi Nombre para un juramento falso. Santificad en unión espiritual Conmigo, el día de vuestro descanso. Honrad con amor reverente al padre que os trajo a la vida y a la tierna madre que llenó de cantos y flores de ternura vuestra cuna. No dañéis a vuestros semejantes ni aún con el pensamiento, ni atentéis jamás contra su vida, porque sólo Yo, que la he dado, soy Señor y Dueño de las vidas de los hombres. No manchéis vuestro ropaje de hijos de Dios, en las charcas inmundas de lascivia, porque os quiero puros y perfectos como Yo lo soy desde la eternidad.

"No pongáis vuestros ojos en los bienes de vuestro hermano, porque Yo vuestro Padre os he dado a todos el poder y las fuerzas necesarias para sacar de los frutos de la tierra el necesario sustento. No manchen vuestros labios la falsedad y la mentira, el engaño y el fraude, porque Yo vuestro Padre, soy Dios de Verdad y de Justicia, y no acepto ofrenda de corazones engañosos y torcidos.

"No manche vuestro pensamiento ni vuestro deseo, el tálamo nupcial de vuestro hermano porque si arrastráis a otros a pecado, también se mancha vuestro corazón, que es tabernáculo santo en que quiero tener mi morada.

"Amadme pues más que a todas las cosas, porque sois míos desde toda la eternidad, y amad a vuestros hermanos porque todos sois hijos de mis entrañas de Padre, Autor de toda vida, y mi Amor Eterno se derrama por igual, como la lluvia sobre los campos sobre todo ser que alienta con vida sobre la tierra.

"Como la llovizna sobre la grama, y como gotas de rocío sobre la hierba, así es Jehová al cual invocáis; así es nuestro Dios al cual adoráis —nos dice la Escritura Sagrada.

"¿Cómo no esperaréis con ilimitada confianza en El, cuyo infinito Amor se desborda sobre toda criatura que llega a El y le dice: ¡Padre mío!... ¡Soy tu hijo débil y pequeño que necesito de Ti en todos los momento de la vida! ¡Tengo frío Señor porque mi hogar no tiene lumbre!

"¡Tengo hambre Señor porque en mi mesa falta el pan!

"No puedo ganarme el sustento porque los años me abruman, porque la enfermedad me aflige!... porque las guerras fratricidas me quitaron los hijos que me diste!... ¡porque la ambición y el egoísmo de los poderosos consumieron el fruto de mi trabajo! ¡Los surcos de mi rastrojo quedaron vacíos, porque yo sembré y otros cosecharon!... Padre mío, ten piedad de mí, que como tu siervo Job, estoy entre los escombros de lo que fue un día mi dicha; mi horizonte está en tinieblas y no acierto hacia dónde llevar mis pasos".

"¡Adoradores de Dios, Padre Universal de toda vida!... hablad así con El, desde el fondo de vuestro corazón, dejando correr las lágrimas de vuestros ojos, y en nombre de Dios os digo, que si así es vuestra oración, no habréis salido de vuestra alcoba, cuando El os habrá hecho sentir que oyó vuestra súplica y que acudirá a vuestro remedio.

"Me habéis llamado **Profeta Nazareno** cuando he aparecido en esta cátedra, honrada por la palabra de tantos sabios doctores como tuvo y tiene Israel, y yo, siervo del Altísimo, aceptando el nombre que me habéis dado, os digo solemnemente en nombre suyo:

"Quiero que cuantos estáis bajo estas bóvedas que escucharon las plegarias de tantas generaciones, salgáis de aquí curados de vuestras enfermedades físicas y consolados de vuestros dolores del alma.

"Quiero que salgáis de aquí llenos de fe y esperanza, en que Dios vuestro Padre no reclama de vosotros sino la ofrenda pura de vuestro amor sobre todas las cosas, y para vuestro prójimo como para vosotros mismos.

"¡Que la paz, la esperanza y el amor alumbren vuestros caminos!

— ¡Profeta de Dios!... ¡Profeta de Dios!... bendita sea tu boca que vierte miel y ambrosía!...

— ¡Bendita sea la madre que te dió a luz!...

— ¡Bendito el seno que te alimentó!

Y el formidable clamoreo de bendiciones siguió al Maestro que bajaba de la cátedra sagrada.

El alto clero y dignatarios del Sanhedrín y del Templo, sufrieron con disgusto la ovación popular ofrecida a un humilde hijo de Galilea, pero la mirada de águila de Hanán les había hecho comprender la conveniencia de tolerar aquella *inconsciencia del pueblo ignorante*, porque podían necesitar más adelante de los poderes internos del joven taumaturgo.

Además, la satisfacción de tener a un Mesías, Rey de Israel a su conveniencia, calmó el despecho que produjo en muchos de ellos, el entusiasmo del pueblo por el Profeta Nazareno.

No bien el joven Maestro estuvo en los pórticos del templo, la ardorosa juventud galilea se precipitó sobre él y levantándolo en alto lo sacaron a las escalinatas exteriores entre hosannas y aleluyas al Profeta de Dios, al Ungido de Jehová para salvar a su pueblo. Las palabras de *Mesías* y de *Rey de Israel* comenzaron a sonar tan altas, que los ecos volvían al templo, causando alarma en los altos dignatarios allí congregados.

Entre aquella fervorosa multitud de jóvenes galileos, estaban los *amigos de la montaña* que el Príncipe Judá y el Scheiff Ilderin habían preparado para un momento dado.

La efervescencia popular amenazaba tornarse en tumulto, y los *zelotes* del Templo corrieron por la galería que la unía con la Torre Antonia, para pedir que la guardia dispersara aquel *escandaloso* motín, prendiera a los alborotadores y sacara fuera de los muros de la ciudad al Profeta, que así había enloquecido al populacho.

Pero la guardia contestó que no tenían órdenes de intervenir en una manifestación de entusiasmo popular hacia *un genio benéfico* que curaba todas las enfermedades.

Entonces salió el Sanhedrin en pleno con toda su corte de Doctores, Sacerdotes y Levitas, para amedrentar al pueblo y al Profeta con terribles anatemas.

Y aquí fue el mayor estupor y anonadamiento, en que el Sanhedrin, clero y pueblo se encontraron. La litera descubierta que la multitud había levantado en alto, con el Profeta de pie sobre ella, se encontró de pronto vacía; y sobre ella, una resplandeciente nube dorada y púrpura, como si los celajes de un sol poniente se hubieran detenido sobre el pueblo delirante que ovacionaba al Maestro.

Y las mismas voces que escuchó Betlehem dormida entre la nieve treinta y dos años atrás, resonaron entre un concierto de melodías suavísimas:

"Gloria a Dios en lo más alto de los cielos y paz a los hombres de buena voluntad".

EL MAESTRO EN BETHANIA

La Divina Presencia se sintió tan honda, tan suave... tan inefablemente saturada de amor, que la multitud hizo un gran silencio y muchos cayeron de rodillas adorando la majestad de Dios que se les hacía presente...

El Sanhedrin mismo, sobrecogido de pavor, volvió precipitadamente al templo, cuyas puertas cerraron por dentro con barras de bronce, que significaba la clausura hasta que los ánimos se calmaran.

—¡Es el Mesías anunciado! —decían en tono bajo muchas voces.

—Una nube de fuego lo ha ocultado para que no reciba daño alguno de los envidiosos viejos del Sanhedrin.

—Es Elías Profeta —decían otros—, que ha sido llevado a los cielos en un carro de fuego.

Los amigos de Jhasua, sus familiares y sus discípulos, vieron como todos, el dorado resplandor que lo envolvió y cuando el silencio se hizo, todos ellos percibieron la voz de Jhasua que les decía al oído: *"Os espero en Bethania".*

Y reuniéndose ellos rápidamente, salieron de la ciudad por la Puerta Dorada que era la más inmediata al Templo, y se dirigieron hacia la conocida granja de Lázaro y Martha, aun dudando de si era verdad, el anuncio misterioso y la voz conocida y suave que se los había dado.

Allí sentado, sobre el tronco de un árbol caído, a la entrada del bosque de castaños que rodeaba la vieja granja, estaba el Maestro desgranando espigas de trigo, que en manojos había arrancado del campo vecino, para dar de comer a las golondrinas y gorriones que revoloteaban en torno suyo. Las avecillas estaban habituadas a recibir a esa hora su ración de manos de la pequeña María, hermana de Lázaro, que apareció en ese instante a cumplir su deber para con las diminutas criaturas de Dios a las cuales tan tiernamente amaba.

—¡Maestro!... —fue su exclamación—. ¿Qué haces sólo aquí?

—Ya lo ves María, doy de comer a tus pajarillos.

El séquito que venía de familiares, amigos y discípulos llegaron también, y fue esta la primera reunión que tuvo el Maestro y los suyos, en aquel delicioso rincón que fuera, hasta su muerte, el amado lugar de su reposo cuando estaba en Jerusalén.

En aquel suavísimo ambiente de amor y de compañerismo, el alma del Ungido Divino se desbordó como una cascada que lo inunda todo, con sus aguas límpidas y refrescantes.

Venía él mismo impregnado del amor popular manifestado tan espontáneo y ardiente, que no era posible sustraerse a su poderosa influencia.

Sus Alianzas Espirituales superiores le habían velado con substancias fluídicas radiantes, con el doble fin de iluminar a todas las inteligencias allí reunidas, y en especial a los magnates del Templo como un postrer llamado del Eterno Amor, y a la vez sustraerlo al despecho y celo que empezaba a germinar en

288

las almas cargadas de egoísmos, de los dirigentes del pueblo de Israel.

No faltó quien hubiera visto que el Príncipe Judá, el Scheiff Ilderin, José de Arimathea y Simónides muy conocidos entre aquella muchedumbre, habían salido de la ciudad por la Puerta Dorada hacia el valle de las tumbas.

Este rumor corrió de unos a otros, en forma que a poco de llegar los íntimos del joven Profeta, el camino de Bethania era como un desfiladero de hormigas, que habiendo descubierto un rico panal de miel, corren en su busca unas en pos de otras.

Al finalizar su discurso en el Templo les había curado a todos de sus dolencias físicas, y en cada familia hubo uno o dos favorecidos con el don divino por intermedio del Profeta. ¿Cómo era pues posible perderle de vista sin hacerle conocer el agradecimiento y amor de que estaban rebosantes?

El Templo se había cerrado detrás del hombre santo, del Hombre-Dios que vencía todos los males del mundo, que les amaba con inefable ternura, que hacía florecer con sus palabras, la esperanza en sus corazones atormentados por las mil angustias que trae consigo la vida humana.

Los oradores que allí les hablaban, no lo hacían sino para llenar sus corazones de espanto a la cólera de Jehová, siempre amenazante por sus debilidades y negligencias.

No les hablaban sino para pedirles más y más donativos, más ofrendas, diezmados sus ganados, sus aves domésticas, los frutos de la tierra regada con el sudor de su frente y removida con penosos esfuerzos.

¿Qué habían ellos de ir a buscar al Templo, donde nadie les consolaba en sus angustias ni les orientaba en las mil encrucijadas de su azarosa existencia?

La comparación surgía de inmediato, entre los oradores del Templo y el apóstol desconocido que nada pedía sino amor hacia Dios-Padre bondadoso y bienhechor, y al prójimo nuestro hermano. Y no sólo no les pedía nada, sino que les daba más de cuanto puede esperarse y darse en esta vida.

Les daba amor, consuelo y esperanza; hacía suyos sus afanes naturales y justos, les solucionaba graves problemas familiares, les orientaba por los mejores caminos, les daba paz, alegría, vida y salud... ¿qué más podía darles el hombre santo que no quería nada para sí?

El bosque de palmeras y de nogales, los olivares inmensos, las avenidas de castaños y de almendros, todo aquel extenso huerto se vio inundado de gentes que preguntaban por el Profeta que les había hablado en el Templo, y había curado todas sus enfermedades.

El compasivo corazón de Jhasua no supo ni pudo negarse al amoroso reclamo, y subió con sus amigos a la terraza de la vetusta casa solariega cuyos muros ennegrecidos, decían bien claro que varias generaciones se cobijaron bajo su techo.

El delirio subió al máximun, cuando le vieron aparecer junto a la balaustrada y que abriendo sus brazos como para estrecharlos a todos, les decía:

—Os amo inmensamente más de lo que vosotros pensáis, y sé cuán agradecidos estáis por los dones que habéis recibido de nuestro Padre Celestial, que os ama más aún de lo que yo os amo.

"Mas, yo os ruego que permanezcáis tranquilos en Jerusalén, engalanada para vosotros, y no comprometáis la seguridad del Profeta, a quien por causa de vuestro entusiasmo, seguramente miran con desconfianza los altos dignatarios del Templo.

—Háblanos Profeta de Dios, aquí, donde nos cobijan los cielos radiantes de luz y la tierra cubierta de árboles y de frutos...!

"Aquí no arde la cólera de Jehová, sino que tú lo llenas todo de esperanza y de paz!

Por el camino de Jerusalén continuaba la nutrida peregrinación de gentes en busca del Profeta.

Los amigos de Jhasua que le acompañaban deliberaron entre sí, y Melchor se acercó a él para decirle:

—Háblales hijo mío, porque creemos que no es conveniente volver tú al Templo, ni aún a la ciudad, donde los Fariseos y adeptos al Sanhedrin deben tener un gran disgusto por lo ocurrido.

"El hecho inusitado de cerrar súbitamente las puertas del Templo, que jamás se cierran en los siete días de las fiestas, da a comprender el estado de sobreexcitación en que el Sanhedrin se encuentra.

El joven Maestro se volvió de nuevo al pueblo congregado a sus pies y le habló así:

—El soberano Señor, Creador de los cielos y de la tierra, se ha demostrado hoy como un tiernísimo Padre para todos vosotros, que llegásteis a El a rendirle vuestra adoración con el sencillo corazón de los hijos que llegan confiados, a quien les da el don de la vida y de cuanto bello y grande se encierra en ella.

"Amame sobre todas las cosas" os dijo el Padre Celestial por boca de Moisés *"y ama a tu prójimo como a ti mismo"*. Nada más os ha pedido, sino que hagáis florecer el amor en vuestro corazones, como florecen vuestros huertos y jardines a la llegada de la primavera.

"Y ¿qué cosa es el amor? me preguntaréis... Y ¿dónde encontraremos el amor?...? ¿Y cómo conoceremos cuando hay amor en un corazón de hombre?

"Y yo os digo que el amor, es ese divino sentimiento que fluye de Dios nuestro Padre, hacia todas las almas llenándolas de piedad y de ternura para con todos los seres emanados de su Amor Omnipotente.

"Y para que este divino incendio prenda en todos los corazones, la Eterna Sabiduría ha creado la familia, sagrada escuela del amor, que va del esposo a la esposa, haciendo florecer en torno suyo los hijos, que atados por una dulce cadena en torno a aquellos que les dieron la vida, va ensanchándose en nuevas uniones, en perdurables alianzas, entre las cuales va corriendo como un río de bendición la misma sangre en los cuerpos físicos. y el mismo sentimiento en las almas inmortales.

"¿Y dónde encontraremos el amor? me preguntáis también con vuestro ansioso pensamiento.

"El amor fluye de Dios, y se encuentra como una chispa en todas las almas nacidas del seno del Padre, que es amor. Y se encuentra como una ascua entre cenizas, en las almas primitivas y de escasa evolución; y resplandece como llamarada de antorcha, en las almas adelantadas que cultivaron en sí mismas la bondad, la misericordia, la dulzura divina del perdón para todas las ofensas; la inefable piedad para todos los que sufren en el cuerpo o en el alma las miserias de la vida, las consecuencias de errores propios o ajenos, las desgarradoras angustias del olvido, de la ingratitud, del abandono de aquellos a quienes el corazón se ha prendido por los lazos de la sangre o por alianzas de las almas, que no se rompen ni con la muerte!

"Allí se encuentra el amor amigos míos... en las almas capaces de sentir en sí mismas la Divina Presencia, porque empezaron ha muchos siglos la tarea penosa y lenta de su purificación.

"La esencia purísima del amor, emanación de la Divinidad, no es perfume que se obtiene en un día: no es flor que se corta en un instante y se prende sobre el pecho; no es luz de cirio que se enciende en un momento, ni es manantial desbordado de repente. Es perfume extraído gota a gota del seno mismo de Dios, que lo da a medida del anhelo de cada alma; es flor de montaña, hacia la cual ha de llegar el alma paso a paso por escabrosas cuestas, en las que irá dejando el sudor de muchas fatigas y regueros de sangre de sus pies heridos!

"Es claridad de estrellas, obtenidas mediante el vencimiento de las bajas pasiones, que impiden la ascensión triunfante del alma hacia la Divina Luz.

"Es manantial de puras y armoniosas corrientes, que comenzó siendo hilillo de agua apenas perceptible, y que el valor, la perseverancia, el denodado esfuerzo, convierte por fin en un torrente desbordado de aguas de piedad, de misericordia, de dulzura infinita sobre todos los seres, buenos o malos, justos o pecadores, grandes o pequeños, porque todos son hijos del Padre Celestial, de cuyo seno salieron como una chispa y a donde tornarán transformados en llama viva...!

"Tal es, amigos míos, el amor que os pide el Padre en su divina ley por boca de Moisés, y os lo pide con su voz de invisible ruiseñor que canta en la selva, cuando la noche ha llegado...!

"AMAME SOBRE TODAS LAS COSAS Y A TU HERMANO COMO A TI MISMO".

"Amame en el mendigo escuálido y harapiento que tiende a tu paso su descarnada mano implorando socorro...!

"Amame en el huérfano abandonado, a quien sorprende el sueño en los caminos cubiertos de nieve, sin techo y sin pan...!

"¡Amame en el anciano desvalido, cuyas manos tiemblan apoyadas en una vara de encina, a falta de un brazo amigo en quien descansar...!

"¡Amame en la viuda sin amparo, que a la soledad de su corazón se une la incertidumbre del mañana, y la zozobra de lo inesperado...!

"¡Amame en el presidiario, en el condenado a cadena perpetua, para el cual no existe la familia ni la sociedad, que a la angustia de lo irremediable, va unido el remordimiento duro y cruel, como picotazo de cuervo en una herida que aún sangra...!

"¡Amame sobre todas las cosas, os dice Dios nuestro Padre por boca de Moisés, porque sólo el amor os conquistará la paz, la dicha, el bien y la justicia que buscáis!

"Tal es amigos míos la Ley Eterna del Amor, único precio puesto por Dios a nuestra felicidad perdurable.

"Nada conquistamos vistiendo un sayal de penitencia y cíngulo de silicio, si alienta en nuestro corazón, como serpiente dormida, el egoísmo y el odio!

·"Nada conquistamos atormentando el cuerpo físico con ayunos y penitencias, si dejamos vivas en nuestro espíritu las fierecillas rabiosas de la malevolencia y de la envidia, de la soberbia y la ambición, de donde surgen como espinas de un zarzal, las rencillas, las discordias, los antagonismos y las guerras que inundan los campos de sangre, las ciudades de ruinas y los corazones de angustia.

"Amame sobre todas las cosas dice el Señor, y al prójimo como a ti mismo, y todo lo habrás conquistado, y tendrás todos los cielos por herencia; y todas las legiones de ángeles, arcángeles y serafines de mis Eternas moradas, serán tus hermanos... compañeros en las fatigas y en el esfuerzo, compañeros en la paz, en la gloria, en la inmarcesible dicha de la posesión eterna del bien.

"La fiebre ardiente de mi deseo, ve ya en lontananza a esta tierra de mis desvelos convertida en un mundo de paz, de dicha y de amor, como muchas de esas estrellas radiantes que atraen nuestras miradas, desde las insondables lejanías de los espacios infinitos...!

"Mas... entre la visión de mi deseo, y la gloriosa realidad, muchas centurias pasarán en la angustia y en el llanto, en la iniquidad y en el odio, hasta que suene la hora en que la Ley Eterna cierre la puerta a espíritus primitivos y a los cristalizados en el mal, y que esta tierra se transforme por fin en huerto cerrado a todo egoísmo, y sólo abierto a la paz, a la esperanza, al bien y al amor!

"...Me habéis llamado Profeta de Dios, Ungido del Altísimo y habéis dicho verdad, porque lo soy, y os traigo el divino mensaje del Amor del Padre hacia vosotros.

"Por eso sólo, he dejado mi Reino de luz y de amor!

"Por eso sólo, aprisioné mi espíritu en esta vestidura de carne que no tardaré en dejar, para tornar a la patria de donde salí.

"Mas no la dejaré amados míos, sin antes haber grabado a fuego en vuestros corazones, que Dios nuestro Padre es Amor, y que para haceros grandes y felices, no os pide nada sino *vuestro amor sobre todas las cosas, y que améis a vuestros semejantes como os amáis a vosotros mjsmos.*

"No la dejaré sin haceros comprender a todos, que es agravio a la Divina Majestad suponerle capaz de cólera y de venganza, porque esos son bajos y ruines delitos, propios de seres viles y malvados.

"No la dejaré sin dejar al descubierto el engaño de los falsos maestros, que atolondran a las almas con el *supuesto furor Divino,* que si pudiera existir, sería para enmudecer su palabra de mentira con que arrastran a los pueblos a la división, a la crueldad, al odio contra sus hermanos que no participan de sus funestas elucubraciones filosóficas, fruto de erróneos principios sobre Dios y la naturaleza, y destinos de las almas creadas por El.

"No abandonaré esta vestidura de carne sin haber repetido una y mil veces que el bien, la santidad, la justicia, no están en los ceremoniales de un culto cualquiera que él sea, sino en el fondo del alma, santuario de la inteligencia, del razonamiento y de la voluntad; del alma chispa divina e inmortal, destinada a perfeccionarse por el amor a su Padre Creador y a su prójimo, que sólo a eso se reducen los diez mandamientos del Mensaje Divino traído por Moises.

"Antes que yo, lo dijo otro Profeta del Señor: *"Misericordia quiero y no sacrificios de sangre".*

"No quiero ofrendas de corazones, rebosantes de egoísmo y de soberbia".

"No acepto ofrendas de manos manchadas con llanto y sangre de mis hijos oprimidos y vejados".

"¿Complacerá acaso al Dios de la piedad y del amor, que un rico ganadero degüelle centenares de ovejas y de toros en el altar de los holocaustos, mientras sus esclavos y servidores sufren hambre y desnudez, vejaciones y miserias?

"¿Estará la pureza y santidad de las almas, en consumir cántaros de cera en luminarias, y sacos de incienso quemados en el altar de los perfumes, mientras bajo las naves del Templo arrastran su angustia y su miseria los que carecen de lumbre en el hogar y de pan en su mesa?

"¡Oh hermanos míos...! Mi Padre que es Amor por encima de todas las cosas, no me dejará abandonar esta vestidura de carne hasta que todos vosotros y otros tanto como vosotros, hayáis oído estas palabras mías:

"No con ceremonias ni reverencias, ni postraciones ni ayunos y penitencias se conquista la grandeza y la dicha del espíritu, sino con el renunciamiento de todo. egoísmo, de todo interés personal, de toda soberbia y prepotencia, de toda crueldad y tiranía".

"Y vosotros que me escucháis, llevad mis palabras por todos los rincones del mundo, por los collados y los valles, por la inmensidad de los desiertos y las profundidades del mar. Y cuando nadie haya quedado sin escucharlas, sentaos a reposar a vuestra puerta, bajo la sombra de vuestras vides tejidas de pámpanos, y decid con la dulce paz de vuestro deber cumplido:

"Hemos sido mensajeros fieles del Ungido del Señor, que trajo a nuestra tierra la esencia pura de la única Ley Divina: *¡Ama a Dios sobre todas las cosas y al prójimo como a ti mismo!*

"¡Amados míos!... os digo para terminar:

"Venid a mí cuando os halléis fatigados con cargas que no podéis llevar, y con angustias que os hacen imposible la vida!... Venid entonces a mí con vuestros dolores y con vuestras desesperanzas, que yo os aliviaré!...

"Con mi alma rebosante de amor, y mis manos destilando como miel la dulzura Divina, soy para vosotros el don del Padre en esta hora, en que más que en ninguna otra, os quiere manifestar con hechos palpables, la inmensidad infinita de su Amor Eterno!

"Que la paz sea sobre vosotros!...".

La muchedumbre prorrumpió en un clamor unánime:

—Es nuestro libertador!... es nuestro Rey... Es el anunciado de los Profetas, y el Templo ha cerrado sus puertas!...

—¡Que el fuego del cielo consuma como yerba seca al Sanhedrín que rechaza al enviado del Señor!...

Con el fin de evitar que continuaran resonando frases hirientes para los altos dignatarios del Templo, el príncipe Judá se inclinó sobre la balaustrada en que estuvo antes apoyado el Maestro y dijo a la multitud:

—Si de verdad amáis al Profeta, guardad silencio y volved a Jerusalén, llevando en vosotros mismos su amor y su bendición para toda vuestra vida. Lo que Dios tenga decretado que sea, eso será. Idos en paz que ya sonará la hora de cumplir todos con nuestro deber.

Estas palabras tranquilizaron a la multitud que comenzó a dispersarse tranquilamente.

Mas, debemos decir que entre aquella numerosa concurrencia, había dos sujetos animados de sentimientos muy diversos referentes al Hombre-Dios.

El uno era un hermanastro del Rabí Hanán, fanático admirador del que él llamaba *"genial conductor del pueblo de Israel"*. Con gran disimulo había seguido a uno de los grupos que salieron hacia el camino de Bethania, con la sospecha de que el desbande de gentes por la gran Puerta Dorada obedecía acaso a una consigna. Era este sujeto, el jefe de la policía secreta de Hanán.

El otro individuo era un mago o hipnotizador, originario del lejano Oriente que residía en Sidón, desde hacía muchos años, y que había acudido a Jerusalén en procura de algunos negocios que le dieran dinero y celebridad a la vez. No sólo los devotos israelitas acudían a las solemnidades de la Pascua, sino mercaderes de toda especie, bien convencidos de que las buenas ganancias abundan en las aglomeraciones de gentes incautas y sencillas.

Este sujeto que presenció el fenómeno psíquico de la desaparición del joven Profeta entre una nube ópalo y rubí, comprendió al instante que era un hombre-genio, dueño de grandes poderes y fuerza supranormales, y se propuso acercarse a él, no con fines de hacerle daño, pues bien sabía que estaba muy por encima de su nivel, sino para obtener algunas instrucciones sobre la forma en que había llegado a tan magníficas alturas.

El hermanastro del Rabí Hanán, se volvió a la ciudad confundido con la muchedumbre, cuyos comentarios trató de escuchar cuanto le fue posible, y no fue mucho lo que sacó en limpio, pues las prudentes palabras del príncipe Judá, hicieron muy cautos en palabras a los amantes del Profeta Galileo.

El único que se acercó a la casa de Lázaro pidiendo hospitalidad, fue el mago con el pretexto de comprar una cantidad de cera y aceite de olivas.

Lázaro le recibió afablemente y como ya era el medio día, le invitó a su mesa, diciéndole que después de la comida, hablarían del negocio que lo traía.

Las conversaciones fueron muy animadas durante la comida, pero sin rozar puntos peligrosos de tocar, en esos instantes.

De pronto Jhasua se sintió molestado por la mirada y el pensamiento de aquel desconocido, y sostuvo esa mirada tan fuertemente que el mago cambió su vista a otra dirección.

La pequeña María estaba de pie detrás de Jhasua atendiendo a servirle en cuanto necesitase. De pronto las piernas le flaquearon y tuvo que apoyarse en el diván en que él estaba recostado.

—María —díjole Jhasua en voz baja— vete a tu alcoba y no salgas hasta que yo te avise—. La niña obedeció sin replicar y sin comprender del todo aquella orden.

El mago se dio cuenta de que el joven Profeta lo había descubierto, y que debería usar de otra táctica más sutil.

La comida terminó y el fingido comprador de cera y aceite pidió a Lázaro le enseñase estos productos.

Jhasua con sus doce íntimos se apartó por una avenida de palmeras a bastante distancia de la casa. Los amigos que le habían acompañado, se encerraron en el cenáculo a deliberar la forma en que convenía proceder para estar alerta y a la defensiva, por si el Sanhedrin se extralimitaba en sus medidas restrictivas sobre el pueblo que aclamaba a Jhasua, y que parecía despertarse a la verdad ocultada tanto tiempo.

Fue aquella una Pascua de febriles actividades entre los familiares y adeptos del Divino Maestro.

En Jerusalén las mujeres, tiernas y maternales siempre, se hacían como una sola en torno a la madre del Verbo encarnado.

La castellana de Mágdalo, la última que había despertado a la gran verdad, era quien más ponía la vehemencia de su temperamento al servicio de la causa común, en la cual podía dar libre expansión a sus entusiasmos debido a los bienes de fortuna que poseía.

Ella conocía de nombre al anciano Simónides que fue agente comercial y consignatario de su padre, para la venta de los productos de sus campos y bosques de Galilea.

Al llegar a Jerusalén se entrevistó con él de inmediato, y el entusiasmo del anciano.por el Mesías anunciado de los Profetas, por el futuro Rey, Libertador de Israel, se transmitió con toda su fuerza a María Mágdalo, que desde ese.instante ya no vivió sino para el divino ensueño del Profeta-Rey; para la hermosa quimera, que haría de ella, la *loca de amor* por el Cristo, que hasta hoy se recuerda después de tantos siglos, como un símbolo de los grandes amores idealistas que engrandecen y purifican a las almas.

Como ella quiso tener en la ciudad, una casa albergue de todas las mujeres que vinieran siguiendo al Apóstol Nazareno, Simónides que administraba el viejo palacio que perteneció al príncipe Henadad de Ceila con encargo de venderlo, se lo transfirió con las escrituras correspondientes. Estaba situado en la calle del Monte Sión, cerca de la Puerta de Sión, al sur de la ciudad, donde hoy existe el Barrio Armenio.

Por lo distante que quedaba del Templo y del barrio comercial del gran Mercado de la Puerta de Jaffa, era un sitio ideal para el retiro y la soledad, a que la dueña se sentía inclinada desde su despertar al nuevo y sublime ideal.

Ni ella ni Simónides tan llenos de ilusiones y de ensueños, pudieron suponer jamás, que dentro de aquellos muros cargados con el peso de varios siglos, y con las tragedias humanas de muchas generaciones, se encerraría la cuna del Cristianismo, salpicada con la sangre del Cristo-Mártir y regada con el llorar silencioso de su madre, discípulos, amigos y familiares cuando se hundió todo ante ellos, entre el terror y el espanto, a la muerte del Divino Fundador.

El anciano Simónides, que años atrás se había encargado de traer en sus barcos mercantes las estatuas de Musas y de diosas para los jardines de Mágdalo, ahora amueblaba.y decoraba el viejo palacio *Henadad* para albergue de las primeras discípulas del Cristo que pusieron la nota delicada de ternura y de amor a la sublime epopeya cristiana que comenzaba entonces, y que debía continuar entre gloriosos apostolados y sangrientos martirios, en los veinte siglos que seguirían.

Enunciadas ya las actividades que en Jerusalén se habían desarrollado días antes, volvamos a los bosques de Bethania donde hemos dejado a nuestro genial Jhasua, al final de la avenida de palmeras, donde comenzaba a encresparse el terreno en cerros y colinas, y donde tenía su nacimiento el arroyo Azriyen que regaba la comarca, e iba a desembocar en el río Jordán.

Después de las profundas y variadas emociones sufridas, el joven Maestro sintió la necesidad de la concentración de su espíritu en Dios su Padre Amor y Bondad, juntamente con aquellos doce hijos de su elección, que le acompañaban en la intimidad desde tres años atrás.

Allí despejaría su mente del polvillo pesado de las cosas terrestres, y dejaría volar su espíritu a la amplitud soberana de lo Infinito.

Los doce amados, sin despojarse aún de su egoísmo de enamorados, dijeron todos a una voz:

—¡Gracias a Dios que estamos solos con el! ¡Ahora vuelve a ser nuestro exclusivamente!

El Divino Maestro los miró sonriente y lleno de compasión.

Veía claro cómo en esos tres años de intimidad, se había hecho intenso en ellos el fuego de aquel amor que debía llevarles a la muerte por él.

Veía también los celos nacientes entre ellos, y que en los menos evolucionados, adquirían aspectos pasionales que él procuraba diluir, en el fluido purísimo de su amor sin egoísmos de ninguna especie.

Sintió como nunca su amor por ellos que tan hondamente le amaban, y dejándose llevar en las alas ultrapoderosas de la Luz Divina que le acompañaba, se vio aliado con ellos desde otras edades en que también le siguieron más cerca o más lejos, según las circunstancias especiales en que hubieran venido a la existencia física.

Y les habló de la solidaridad universal, mediante las alianzas eternas de las almas que a través de los siglos se van haciendo más y más fuertes.

—En el Reino de nuestro Padre, hay muchas moradas —les decía— y cada uno de vosotros tendrá la que habrá conquistado con su esfuerzo y su sacrificio en favor de sus hermanos débiles y pequeños.

"Será más grande, más glorioso y feliz en su cielo de luz y de amor, aquel de vosotros que haya consolado más dolores humanos, que haya secado más lágrimas, que haya sufrido cansancio y fatigas en bien de sus semejantes. Será más grande y feliz, aquel que después de haber aliviado necesidades de orden material que son las más apremiantes, se consagra en redoblados esfuerzos a iluminar a las almas de sus hermanos, con la divulgación de las Verdades Eternas que el Padre guarda en sus moradas infinitas, para que sus hijos más adelantados las den discretamente a sus hermanos pequeñuelos, en la evolución y en el progreso a que todo ser viviente está destinado.

"Vemos en los espacios infinitos, agrupaciones más grandes o pequeñas de soles, estrellas y planetas que forman conjuntos armónicos y marchan por órbitas que se enlazan unas a otras y no se apartan jamás de su sol central, si no es por un mandato especial de la suprema ley de atracción.

"De igual manera las almas que la ley de afinidades ha unido en conjuntos magníficos, forman alianzas imperecederas, indestructibles para llevar la verdad, el bien, el amor y la justicia sobre determinados pueblos, países o continentes.

"Son bandadas de palomas mensajeras que el Padre suelta a volar en determinadas direcciones, para dar más rápido impulso al progreso eterno de todos los seres.

"Ninguna inteligencia es inútil. Ningún esfuerzo hacia el bien y la verdad se pierde, aunque no tenga de inmediato el éxito que se desea.

"Si todos los hombres que sustentan ideales elevados de mejoramiento humano, anularan sus egoísmos en aras del bien común, no seríamos testigos hoy de la prepotencia de unas razas sobre otras avasalladas y oprimidas; no presenciaríamos el horror de las guerras, de las devastaciones que siembran la tierra de desolación y de miseria, de lágrimas y de sangre.

"La ley suprema de la solidaridad de todos los mundos y de todas las humanidades que los habitan, es tan majestuosa y sublime, como la grandeza del Padre que la ordena y dirige.

"Y así como un planeta o satélite que se saliera de su órbita. fuera de su ley, sería para encontrar su destrucción, de igual manera las almas afiliadas a una alianza ordenada por la Voluntad Divina, cargarían sobre sí mismas las dolorosas y terribles consecuencias de su desviación en el sendero elegido.

"Vosotros unidos a mí en una alianza libre y espontánea, de amor y de fe, habéis visto en vuestras meditaciones solitarias el rayo de luz divina que ha marcado vuestro camino a seguir, en los siglos que vendrán en pos de este punto inicial.

"De la forma en que respondáis todos al mensaje del Padre que llevaréis a las almas, dependerá desde luego la grandeza y la gloria de vuestro cielo futuro".

Cuando así hablaba el Maestro, un criado llegó jadeante por la violenta carrera que traía desde la casa que a lo lejos, quedaba perdida entre el espeso bosque de olivos y de castaños.

Todos prestaron atención.

— ¡Muerto el amo!... ¡Muerto el amo! —gritaba. Y el angustiado siervo no acertaba a decir otra cosa.

Jhasua se le acercó para calmarlo y que pudiera explicarse mejor.

Al cabo de unos momentos dijo: El amo se había sentido mal de súbito y que entrado en su lecho, se quedó muerto, sin respiración, sin aliento, mudo, rígido. No puedo creer que sea muerto —añadió— el amo Simón, tan querido de sus servidores para los cuales era como un verdadero padre.

—Vamos allá —dijo el Maestro por toda contestación.

Un gran desconsuelo encontraron en la vieja casa, donde tan poco hacía que cesaron las muertes repetidas, llevándose los padres y los hermanos del único que quedó con su pequeña hermana María.

Martha y María salieron llorando a recibir al Profeta y lamentándose amargamente le decían:

— ¡Si hubieras estado aquí, él no habría muerto!... ¿Por qué te alejaste Señor de esta casa que fue azotada por una nueva desgracia?

—No lloréis con esa desesperación —les dijo a ambas mujeres— y pensad que el poder de Dios sopla como el viento que riza las olas y levanta nubecillas de arena dorada en el desierto. No lloréis y llevadme a la alcoba del buen amigo, elegido acaso para que el Padre sea glorificado en él.

Cuando estuvo en la alcoba de Simón, llamó a sus doce íntimos, más los familiares que le habían acompañado.

Se acercó al lecho y examinó el cuerpo rígido y helado en el cual no aparecía ni la más ligera palpitación de vida. Bajo los párpados, los ojos cristalizados, no miraban ya.

El Maestro de pie, sereno imperturbable, ajeno a cuanto le rodeaba, se concentró en sí mismo y todos cuantos le rodeaban lo imitaron, pues tuvieron todos la intuición de que iba a volverlo a la vida como hizo con el hijo de la viuda de Naim. El silencio era solemne.

— ¡Simón!.... ¡Simón, amigo mío! —dijo de pronto el Profeta, en cuya faz resplandecía una extraña luz—.

"No es aún la hora de tu partida al reino de las almas libres, y no es la Divina Voluntad quien ha cortado las actividades de tu cuerpo.

"En nombre de Dios Omnipotente te lo mando: levántate para que vean éstos que amo, que el poder recibido de mi Padre es más fuerte que las maldades de los hombres".

El cuerpo rígido dio una fuerte sacudida, sus manos se crisparon ligeramente; abrió sus labios en una ansiosa aspiración; sus párpados se movieron con rapidez, hasta que por fin se abrieron llenos de claridad y como si hubieran estado largo tiempo entre tinieblas.

El Maestro lo tomó de ambas manos, mientras los espectadores llenos de pavor miraban levantarse aquel cuerpo, en el cual volvían vigorosos los aspectos de vida que habían desaparecido por completo unos momentos antes.

— ¡Lo ha resucitado!... ¡Lo ha resucitado! —esclamaban.

Martha y María se abrazaron de él y le decían:

—Estabas muerto y el Maestro Jhasua te ha devuelto a la vida. ¡Bendito sea Jehová que nos permite ver tales maravillas!

El Maestro silencioso continuaba sus poderosas actividades mentales hasta que los hechos le probaron haber sido anulado en absoluto el terrible estado cataléptico en que una fuerza potente y maléfica lo había sumido.

Cuando la reacción fue completa en Simón Lázaro, Jhasua se sentó sobre el diván en que estaba su amigo, y les dio una explicación amplia del fenómeno psíquico que habían presenciado.

—La catalepsia —les dijo— es una cesación completa de todas las funciones del organismo humano, provocada por un poderoso pensamiento encaminado a producir una muerte real. El autor de la catalepsia es un asesino encubierto, pues nuestro amigo, llevado a la sepultura, hubiera muerto de verdad por asfixia.

"¿Qué se hizo del comprador de cera y aceite de olivas? —preguntó a Martha.

—Los criados le vieron tomar el camino de Jerusalén y no bien se hubo marchado cayó Simón en un letargo penoso hasta que se apagó por completo la respiración.

"No sabíamos dónde estabas Señor y la tardanza en encontrarte dio lugar a que el cuerpo se pusiese rígido y helado.

—Ese hombre es un mago de mala ley que usa su ciencia y su poder en perjuicio de sus semejantes y en beneficio propio —añadió el Maestro—.

"Cosa grande y bella es cultivar los poderes internos otorgados por la Divina Sabiduría a los hombres; pero ¡ay de aquel que usa los dones de Dios para causar mal a sus semejantes! Más le valdría no haber nacido, o que las ruedas de un molino le arrastrasen a lo profundo del mar".

"Así como el que usa los poderes divinos que ha recibido, en dar la salud, en consolar todos los dolores, en llevar la paz, el amor y la esperanza a las almas, adquiere en una sola vida un caudal de purificación y de dicha, de paz y de bienaventuranza, de igual manera quien los emplea para el mal se crea para sí un abismo de desdicha, porque un crimen trae otros, hasta que la medida se colma, y no en esta tierra sino en mundos inferiores, expiará el infeliz el mal uso que hizo de los más grandes dones de Dios.

"Bien sería llamarte desde hoy Lázaro —dijo afablemente Jhasua a su amigo cuando le vio en perfecto uso de sus facultades— porque has sido librado del sepulcro.

—Pero, ¿qué es lo que ha pasado aquí? —preguntó Simón viendo una alarma grande en todos.

—Que fuiste muerto y el Profeta de Dios te volvió a la vida —díjole Simónides gozoso de añadir una gloria más a su incomparable Rey de Israel.

"¿Y todavía podrá dudarse —añadió— de que él es el Mesías anunciado por nuestros grandes Profetas?

"Juzgadlo vosotros, que sois Doctores de Israel —dijo dirigiéndose a Nicodemus y José de Arimathea.

—Ya está juzgado y reconocido por nosotros desde la cuna —contestó este último.

—Y la mayoría del pueblo se despierta también —añadió el primero—. Sólo falta que el alto clero se rinda a la evidencia.

—¡Calmaos! —díjoles Melchor, cuyos grandes ojos negros casi apagados por los largos años de estudio a la luz temblorosa de cirios, estaban clavados en la hermosa faz del Maestro—. ¿No véis ese rostro que resplandece de divinidad, y esos ojos que parecen buscar tras del éter azul, toda la belleza de su Ideal Supremo? ¿No comprendéis que nada son para él, las grandezas y glorias humanas?

El maestro continuaba mirando con sus ojos llenos de divino ensueño, la bruma de oro de la tarde que lo llenaba todo de opalina claridad.

—¡Mi Reino no es de este mundo! —dijo con una voz profunda y tiernísima—. Y mi alma rebosaría de dicha, si todos vosotros llegarais a la comprensión de este Reino mío, que no está bajo el dominio de los poderosos de la Tierra.

Jhasua estaba sentado en el diván de Simón, del cual éste acababa de levantarse. La pequeña María, su hermana, se sentó a sus pies sobre el tapiz del pavimento, como si quisiera absorber por completo las palabras del Maestro, la luz de sus miradas, la vibración dulcísima de amor que trascendía del Profeta de Dios, produciéndole como un anonadamiento suave y tierno que nunca había sentido.

Los más sensitivos entre todos los presentes iban cayendo en ese mismo estado psíquico, el cual podemos llamar sentimiento de adoración y de absoluto rendimiento ante la Majestad Divina, que parecía flotar como una ola intangible de acariciante ternura.

El Maestro comprendió todo cuanto pasaba en los que le rodeaban y les dijo:

—*"Adorarás al Señor, Dios tuyo, y a El solo servirás"* —dice el principio de la Ley de Moisés.

"Y ya que estáis sintiendo la Majestad Suprema del Padre en torno vuestro, solo porque mi pensamiento se ha sumergido un instante en. El, comprended de una vez por todas, la infinita distancia que hay entre las efímeras grandezas terrestres y la infinita grandeza de Aquel que me ha enviado y cuyo Reino no tiene fin.

Una hora después retornaban todos a Jerusalén menos el Maestro, para cuya seguridad se resolvió que quedase en Bethania en la vieja casa de Simón, el que creía deberle la salud y la vida.

El tío Jaime tranquilizó a la tierna madre del Ungido, que sufría dura inquietud desde la mañana en que había sucedido el incidente ya conocido por el lector.

Al siguiente día, volvían los Doce íntimos a reunirse a su Maestro acompañados de Myriam y de las mujeres galileas que les habían seguido.

Así fue como la granja de Bethania mereció ser llamada el reposo del Maestro, y fue a la vez escuela de Divina Sabiduría, donde en un ambiente de cálida ternura y de amistades que no debían romperse jamás, deshojó el Verbo de Dios, las flores inmarcesibles de su luminosa doctrina.

AÑO TREINTA Y TRES — MUERTE DEL BAUTISTA

El Procurador Romano representante de la autoridad del César en las provincias de Judea y Samaria, era Poncio Pilatos, hombre amigo de la justicia y de la paz, por lo cual dejaba pasar como si no las viera, las rencillas político-religiosas en que siempre estaban enredados los judíos con los samaritanos, los saduceos con los fariceos, y unos a favor y otros en contra de Roma, según los intereses particulares de cada cual.

Los que se veían beneficiados por la autoridad romana, estaban por ella, como era una buena parte del alto clero que manejaba los asuntos de Israel. Estos procuraban mantener la cordialidad con el Procurador Pilatos.

Los que eran dependientes por sus intereses del Tetrarca Herodes Antipa eran herodianos, aunque fuera en apariencia.

Los independientes formaban la gran mayoría, y éstos no estaban ni con Pilatos ni con Herodes, y suspiraban ansiosamente por un salvador del oprobio y la opresión de la nación israelita.

En la tranquila y apacible Bethania, se hallaba el Divino Maestro con sus Doce discípulos íntimos, más su madre y el tío Jaime, con algunas de las mujeres galileas que vinieron juntos en vísperas de la Pascua.

Esperaban que Jerusalén se vaciara de los millares de peregrinos que habían materialmente obstruido sus plazas, calles y suburbios, y que los caminos adyacentes se despejaran también, para emprender el regreso a Galilea, sin sufrir los inconvenientes del hacinamiento de gentes, en el trayecto y hospederías.

Una de las antiguas doncellas compañeras de la castellana de Mágdalo, se había casado un año antes, con el Maestresala del Palacio de Herodes en Tiberias.

Este hecho había ocasionado ciertas vinculaciones sociales entre el Castillo de Mágdalo y la real residencia de las orillas del Lago.

En un cumpleaños del Tetrarca, María y sus compañeras griegas habían concurrido al festín, llegando hasta promoverse una escena de pésimo gusto entre Antipas y su esposa hija de Hareth, rey de Edón en la Arabia Desierta. Las danzas clásicas griegas de la castellana y sus compañeras, entusiasmaron de tal modo al Tetrarca, que dejó muy mal paradas no sólo a las reglas más primordiales de la etiqueta, sino hasta las más rudimentarias de la buena educación. Aquel desastroso festín había terminado con el repudio de la princesa árabe, por querer imponerse a los desmanes reales, que entre la ebriedad de los licores y la de sus vehemencias pasionales, había llegado hasta el ridículo, avergonzando a la hija de Hareth, ya asqueada de tiempo hacía, de su vicioso consorte.

La castellana y sus compañeras, defendidas de los desmanes del Tetrarca por oficiales romanos concurrentes al festín, habíanse retirado súbitamente dejando al sátiro real, entregado a su furia netamente *herodiana*.

Este hecho al parecer de tan escasa importancia, tuvo consecuencias bastante graves, pues ocasionó un entredicho entre el Tetrarca Herodes Antipas con el Procurador Poncio Pilatos, jefe supremo de las guarniciones romanas en Palestina.

Antipas había encarcelado esa noche a los oficiales romanos concurrentes al festín, y Pilatos encarceló por represalia a oficiales y altos jefes de la corte del Tetrarca cuando se enteró de lo ocurrido, y entre ellos el maestresala Chuza, marido de Juana, la antigua doncella de la castellana de Mágdalo.

Esta tirante situación entre el Produrador romano y el Tetrarca, estaba en todo su vigor cuando llegó la Pascua, cuyos detalles diversos hemos hecho conocer del lector. El Tetrarca se trasladó a Jerusalén donde tenía como residencia habitual el Palacio Asmoneo, antigua propiedad usurpada a la descendencia de los nobles Macabeos. Y lo hizo para demostrar al Procurador que no le temía, pues que se ponía ante él en la misma capital de Judea. Herodías se aprovechó de la huída de la hija de Hareth, para unirse descaradamente con su cuñado, poniendo bien de manifiesto la verdad de las murmuraciones que desde tiempo atrás corrían, referente a relaciones delictuosas entre el Tetrarca y la esposa de su hermano Felipe.

Pero Poncio Pilatos no era hombre de dejarse vencer por ese fantasma de gobernante, vil retoño de un reyezuelo usurpador y vasallo de Roma, y le intimó que saliera voluntariamente de Judea, si no deseaba ser humillado por medidas extremas.

A la tranquilidad de Bethania llegaron todas estas noticias, y consideraron prudente esperar que pasara la borrasca para regresar a Galilea, que estaba bajo el dominio del airado y furibundo Tetrarca.

Pocos días después, Antipas emprendía viaje a lo más apartado de sus dominios en la Perea, de la otra ribera del Jordán y se instaló con toda su corte en la Fortaleza de Machecus, más conocida por Maqueronte, en la margen oriental del Mar Muerto.

Para más defensa, en previsión de un posible ataque de Hareth su suegro, trasladó la mayor parte de la guarnición de Pella, con la cual fue llevado también Juan el Bautista, detenido en aquella Fortaleza como recordará el lector.

Cuando el Maestro supo el traslado de Juan, comprendió que los días de su primo estaban contados. Vio además la siniestra figura de Herodías detrás de esta orden de traslado, que alejaba al solitario de las multitudes que le amaban y que habían hecho sentir en diversas ocasiones su resolución, de defender la vida de Juan aún a costa de sus propias vidas. En aquellas escabrosas montañas, al fondo de la Perea del otro lado del Mar Muerto ¿quién defendería al Profeta?

La amarga angustia de sus discípulos buscó de inmediato la piedad de Jhasua, como último refugio ante lo inevitable que se acercaba.

El tío Jaime fue el hilo conductor de los huérfanos de Juan hacia la apacible Bethania, donde temporalmente descansaba el Maestro. De inmediato ordenó una profunda concentración mental entre todos los que allí se encontraban, para ayudar al mártir en la prueba final a que sería sometida su fe en el Ideal Supremo, y su firmeza en defender el bien y la justicia a la vista de los cielos y de la tierra.

Cinco años había durado el apostolado ardiente de Juan en la Palestina, y en las cercanías ribereñas del Jordán, como en las áridas montañas del desierto de Judea, donde parecían estar aun resonando sus vigorosos discursos condenatorios de las corrupciones de los poderosos, que cual torrente de inmunda baba corría sobre las muchedumbres, corrompiendo sus costumbres y agravando su miseria.

Para intensificar más esta gran fuerza espiritual, con que el Cristo Divino, quería fortificar la heroica firmeza de Juan, abrió el pergamino en que este dejaba su testamento y lo leyó ante las cuarenta personas que se albergaban entonces en Bethania.

Y aquella silenciosa y consternada asamblea escuchó de labios de Jhasua esta sencilla declaración:

"Yo Juan de Hebrón, siervo del Altísimo, declaro ante Dios y los hombres, que muero sosteniendo los divinos ideales en que nací, y fuí formado por mis padres en la infancia, y por mi madre espiritual la Fraternidad Esenia, en medio de la cual pasé mi juventud y primera edad viril, y donde fuí favorecido con tan grandes dones de Dios, que ninguna fuerza de la Tierra o del averno será capaz de apartarme de la fe en que he vivido, y de las convicciones que me han sostenido hasta el fin.

"Entre estas convicciones profundas está en primera línea, el divino misterio de la encarnación del Verbo de Dios en la personalidad humana de Jhasua de Nazareth, en el cual han tenido cumplimiento los vaticinios de nuestros grandes Profetas.

"El es el Ungido Divino enviado a este mundo, para enderezar los caminos de los hombres y llevarlos al Reino de Dios.

"El es el Cristo Mensajero del Amor Divino, que será puesto en la balanza de la Eterna Justicia como contrapeso a los odios y egoísmos humanos, llegados al paroxismo del crimen y la iniquidad.

"Seguidle los que tenéis luz de Dios para reconocerle.

"Seguidle los que tenéis encendida en el alma la chispa divina del Eterno Ideal!

"Seguidle los que anheláis una vida superior a la vida de las muchedumbres inconscientes.

"Seguidle los que sufrís las injusticias humanas, los que sembráis flores de amor y recogéis ingratitudes; los que habéis visto marchitarse y morir todas las esperanzas humanas y lleváis un sepulcro en vez de un corazón!...

"Amadle hasta el oprobio y hasta la muerte, los que buscáis al Amor sin encontrarle en la Tierra, porque él es el divino tesoro del Amor Inefable del Padre sobre la humanidad terrestre...

"Este es mi primer legado.

Y he aquí el segundo:

"En las grutas de refugio conocidas de mis seis discípulos íntimos, dejo muchos hijos amados de mi espíritu que les arranqué de la muerte, del crimen y del vicio, para encaminarles a la honradez y al bien.

"Entre el Monte de los Olivos Bethphagé y Gethsemaní, se encuentran los refugios de mis arrepentidos, de los cuales sólo tienen conocimiento los dos ancianos Terapeutas que viven en la Gruta de Jeremías fuera de la muralla de Jerusalén, a un estadio al oriente de la Puerta de Damasco, próxima a las canteras.

"Tanto ellos como ellas, están condenados por las leyes humanas a calabozo perpetuo o a muerte, los unos crucificados por ser esclavos fugados de sus amos a causa de malos tratamientos; otros a lapidación por haber cometido adulterio; otros a la hoguera por creérseles hechiceros y magos, que anunciaron a los poderosos la justicia divina que caería sobre sus maldades.

"Son todos ellos mi herencia para el Ungido que viene en pos de mí, y para sus seguidores en la obra divina de salvación y de perdón.

"Que el Altísimo Señor de todo lo creado reciba mi espíritu cuando abandone la vida carnal, que tomó en servicio suyo y en cumplimiento de su Voluntad Soberana.

"Así sea".

El lector bien comprenderá que la lectura del testamento de Juan hizo rebosar en las almas la simpatía y amor hacia él, en tal forma, que un torrente de fuerzas uniformes y afines envolvió en ese instante al valeroso cautivo en la Fortaleza de Maqueronte. Un éxtasis sublime de amor y de fe absorbió sus pensamientos, sus anhelos, hasta sus manifestaciones de vida durante tres días consecutivos.

Las actividades poderosas de aquel gran espíritu en planos muy superiores al terrestre, parecían haber anulado casi por completo a la materia y el guardián al llevarle el alimento le encontraba inmóvil sentado sobre su lecho, y apoyado en el negro muro de la prisión.

Antipas lo supo, y cobarde ante la superioridad de su víctima se sobrecogió de espanto.

Tenía la convicción de que Juan era un Profeta de Dios y temía cargar con la responsabilidad de su muerte.

Menos malo que Herodías, pensó en dar libertad al cautivo y así lo manifestó al guardián. Pero la malvada mujer se interpuso, pues quería a toda costa vengarse del apóstol que tuvo la audacia de condenar en público su escandalosa vida.

Ella quería matarle, tenía hambre y sed de su sangre; quería verle colgado en un patíbulo de infamia y luego arrojar su cadáver a los perros hambrientos y a los cuervos voraces!...

Y obedeciendo el guardián sobornado por ella, convenció al débil e indolente Tetrarca, de que debían esperar el paso de la caravana que subía de Madian a Hesbón a unirse a la de Filadelfia que atravesaba el Jordán, con la cual el profeta podía llegar hasta los suyos.

Unos días después se repetía la fecha magna de los herodianos, el cumpleaños del Tetrarca, que anualmente se festejaba con un escandaloso festín, donde los despilfarros dejaban exhaustas las arcas reales, y otra vez los alcabaleros urgían al pueblo hambriento por nuevos y más pesados tributos.

Herodías que desde tiempo atrás planeaba su venganza de Jhoanan el solitario, había hecho venir de Sidón media docena de jóvenes bailarinas de lo más desvergonzadas e impúdicas que poseía aquella ciudad, tristemente célebre entonces por la corrupción y vicios de la juventud. Eran las profesoras de baile de su hija Salomé, a la cual venía utilizando como instrumento para prolongar su dominio sobre el Tetrarca. Reconocía su decadencia como mujer, y conocía las violentas pasiones de Antipas, al cual quería maniatar de nuevo con los juveniles encantos de su hija. ¡Horrenda depravación que sólo podía germinar en un corazón como el de Herodías!

El cumpleaños del Tetrarca sería motivo oportuno para el debut de la bella y agraciada Salomé, en la danza *"La serpiente de oro",* en la cual aparecía con una exótica vestidura de pequeñas escamas de oro adheridas al cuerpo, mediante una invisible y apretada malla de finísima seda color de carne. Era en verdad una serpiente de oro de la cabeza a los pies, pues sus dorados cabellos hacían juego con toda su indumentaria.

Y vestida así, unos momentos antes del baile la llevó ella misma a la prisión de Jhoanan creyendo enloquecerlo con los encantos de su hija, para que le fuera más cruel la muerte después de haber contemplado aquella belleza juvenil.

La furia de la mujer fatal llegó al colmo, cuando el cautivo se aferró con toda su hercúlea fuerza a las anillas del muro en que estaba atada su cadena, y hundió su cabeza en el tragaluz abierto en la pared. Ni aun se dignó posar sus ojos un momento, en ninguna de las dos, ni contestar una palabra a todas las sugestiones y amenazas que Herodías le dirigió.

Le abofeteó, le dio puntapiés y con un agudo alfiler que sostenía su peinado le pinchó rabiosamente la espalda para obligarle a volverse a mirarlas...

Jhoanan era una estatua de piedra apretada de cara a la muralla, no daba la menor señal de sentirse molestado por las iracundas manifestaciones de aquella mujer.

En un último acceso de furor impotente, levantó el cántaro del agua y lo estrelló sobre Jhoanan que recibió impasible el tremendo golpe.

Echando chispas de sus ojos, y horribles insultos de su boca, salió llevándose a la princesa encantada, para la cual fue como un espolón de fuego, el desaire hecho a su belleza de quince abriles por el único hombre que había osado despreciarla.

La historia ha sido fiel, al narrar este hecho final de la vida, santamente heroica de Jhoanan el Bautista. Ocurrió lo que la malvada Herodías había planeado: El Tetrarca ebrio ya, se volvió loco por la *serpiente de oro* y cuando terminó la lúbrica danza, sentó a la jovencita en sus rodillas y le dijo: Pídeme lo que quieras divina Salomé, que aunque sea la mitad de mi tetrarcado te lo daré. Lo juro por todos los dioses de Roma, por el mismo César y por el Jehová del pueblo de Israel.

El aplauso de los cortesanos se sintió como un terremoto.

La niña fue a su madre y ésta sólo le dijo: Pídele la cabeza de Johanan el profeta, colocada sobre una fuente de oro.

Unos momentos después entraba por la puerta del gran salón, el mayordomo del Castillo llevando la hermosa cabeza del profeta que aún destilaba sangre.

La jovencita no pudo recibirla, porque cayó desmayada de horror y de espanto.

Entonces Herodías tomó por los negros cabellos la lívida cabeza de Jhoanan y abriéndole los ojos díjole: Mírame ahora, ya que con vida no quisiste hacerlo.

Los cortesanos aterrados por la maldad de aquella mujer no osaban hablar palabra.

Antipas, beodo por completo, aparecía tirado entre la púrpura y oro de su diván y llamaba a gritos a Salomé.

Herodías desahogó su furia, pinchando con su alfiler de oro los ojos y la lengua del hombre justo, que había condenado su escandalosa vida.

Después arrojó la cabeza por un ventanal gritando: ¡Que haga festín la jauría de perros del Tetrarca!

Y se encerró por tres días con su hija en su pabellón del Castillo. Una crisis de nervios estuvo a punto de enloquecer a la infeliz muchacha, víctima de su malvada madre.

Una esclava idumea recogió la cabeza y el resto del cuerpo del profeta, cuando fue arrojado al muladar. Jhoanan había salvado de morir crucificado a su padre esclavo como ella, y que por malos tratamientos se rebeló contra el látigo del amo, al cual tiró a tierra con graves contusiones. El Profeta le tenía recluido en sus grutas del Mar Muerto, a donde ella esperaba huir también algún día. Vio entonces llegada la oportunidad; y muy entrada la noche cuando todos dormían la embriaguez del festín, cargó los restos sangrientos del apóstol sobre un asno y se encaminó a las grutas junto a la desembocadura del Jordán. Envuelto el cadáver en el pobre lienzo de su manto, la esclava lo tendió en el fondo de la primera gruta encontrada en su camino.

Vio en la puerta una enorme mata de cactus rojos, cuyas grandes flores parecían corazones sangrientos esculpidos en las rocas. Algunos espinos ostentaban sus florecillas como pelusilla de oro. Y la joven esclava lastimándose las manos morenas, recogió aquellas flores silvestres y coronó con ellas la mutilada cabeza de Jhoanan.

—No tengo nada más que ofrecerte profeta de Dios —dijo entre sollozos la humilde mujer que había nacido esclava, y tenía en su alma grandezas de arcángel.

Cubrió con piedras el hueco de la puerta y sola en el desierto, como otra Agar, siguió buscando las grutas donde el profeta ocultaba a sus protegidos.

Todo esto había ocurrido al siguiente día de la concentración mental ordenada por el Divino Maestro, a los que le rodeaban en Bethania.

Uno de los discípulos de Jhoanan, tuvo la visión mental de lo ocurrido en la Fortaleza de Maqueronte.

Zebeo, uno de los Doce íntimos de Jhasua, recibió aviso espiritual por la escritura, de que una esclava del castillo había recogido el cadáver del mártir y le había sepultado en una gruta del Mar Muerto.

Los desolados discípulos de Jhoanan se pusieron en viaje hacia aquel sitio y pasados varios días encontraron a la infeliz esclava tirada sobre la arena desfallecida de hambre y de sed.

Cuando la joven pudo hablar les hizo el relato de lo ocurrido y les guió a la sepultura del profeta.

En una gran caverna a un estadio de allí, se encontraba el refugio de los condenados a muerte que el apóstol había escondido. Y los discípulos con los veintidós penitentes construyeron allí mismo entre las áridas montañas del desierto de Judea, un pequeño santuario de rocas y continuaron la vida austera en que les había iniciado el maestro.

Herodias murió catorce meses después, devorada por un cáncer en el pecho, que le subía hasta la garganta y la lengua, que se le cayó a pedazos.

Salomé, casada un año después con un hermanastro de su padre, que era hijo de la última mujer de Herodes el Grande, la samaritana Malthace sobrevivió cinco años a su madre Herodías, y murió envenenada por su propio marido.

Dos de los discípulos de Jhoanan volvieron a Bethania, cuando ya el Maestro se disponía a regresar a Galilea con todos sus compañeros de viaje.

La consternación de Jhasua fue visible para todos cuando tuvo el relato de la muerte de Jhoanan.

—Ha muerto decapitado en el fondo de un calabozo —pensó— mientras que yo moriré a la vista de todos colgado en un patíbulo de infamia.

Y volvió a repetir su frase:

"La muerte por un ideal de redención humana es la suprema consagración del amor".

En Jerusalén habían comenzado grandes actividades de los amigos del Profeta Nazareno, en preparación secreta para los acontecimientos que se esperaban.

En el que fuera años atrás Palacio Henadad adquirido por la castellana de Mágdalo para refugio de viudas, se habían celebrado reuniones secretas entre el príncipe Melchor, con los príncipes judíos Sallum de Lohes, Jesuá y Judá hijo de Ithamar.

José de Arimathea y Nicodemus habían concurrido también. Estudiaban el plan de liberación propuesto por Jhoanán el profeta mártir.

Comprobaron asimismo que todos los datos dejados en su testamento eran exactos, y que los testigos que corroborarían las denuncias ante el Delegado imperial de Siria, vivían todos y estaban dispuestos a dar testimonio de la verdad, con la única condición de que fueran protegidas sus vidas.

La virtuosa Helena, hermana de Noemí y madre del joven rey Izate Adiabenes, de las orillas del Eúfrates, había concurrido a Jerusalén en aquella Pascua, y decidió quedar establecida en la capital del mundo israelita.

Enterada por su hermana de lo que se proyectaba, puso la mitad de sus bienes a disposición de los dirigentes de aquella cruzada libertadora.

Compró tierras a las afueras de la muralla norte de Jerusalén, y en esas tierras estaban comprendidas las antiguas canteras de la Gruta de Jeremías y el vetusto panteón llamado de los Reyes, porque en sus inmensas criptas estaban sepultados muchos de los últimos reyes de Judea.

Estas tierras limitaban al oeste, con el inmenso bosque de olivas perteneciente al príncipe Jesuá. Por el lado occidental de las murallas, desde el camino de Jaffa hasta unirse a las posesiones del príncipe Jesuá, había comprado Simónides para el príncipe Judá, mientras el Hach-ben Faqui había hecho lo mismo en las afueras de la muralla sur, quedando en dicho solar la antiquísima tumba de David ya conocida por el lector, y la parte de uno de los acueductos que surtían de agua a la ciudad.

La mayor parte de esas tierras habían sido confiscadas por los Procuradores Romanos, que sin escrúpulo alguno las reducían a oro, vendiéndolas a quienes dieran más por ellas.

Por el lado oriental de las murallas estaban el Monte las Olivas, Betphagé, el Huerto de Getsemaní, Bethania y un campo sembrado de antiguas tumbas, perteneciente todo ello a familias esenias que de muchos años atrás lo poseían por herencia no interrumpida desde sus lejanos antecesores.

El lector comprenderá por esta descripción, que los soñadores con la libertad de Israel estaban perfectamente ubicados, para estacionar sus legiones de defensa en torno a la ciudad de los Reyes.

Mientras tanto Jhasua, ajeno a todo este movimiento preparatorio, visitó con sus Doce, las antiguas Sinagogas de Nehemías y Zorobabel, donde encontrara en otra ocasión tesoros históricos de gran interés para los santuarios esenios dedicados a conservar la verdad en sus archivos de rocas.

—Si algún día —les dijo— cuando yo haya vuelto al que me envió, os sentís animados a escribir lo que os sea dado de lo alto, venid a depositarlo en estas arcas de encina guardadas por la honradez legendaria de los fundadores de estas dos sinagogas, únicos santuarios de Divina Sabiduría que han quedado en la ciudad de los Profetas.

"Nehemías y Zorobabel los dos grandes hombres que levantaron con su fe, templo y murallas de la devastada Jerusalén, parecen velar por los tesoros históricos de la raza dos veces elegida por la Eterna Ley, para albergue de la Divina Sabiduría en contacto con la humanidad terrestre.

Ante esta alusión a una separación definitiva, Pedro, reflejo de la impresión de todos, le dijo:

— ¡Señor!... ¿qué haremos nosotros sin ti, si apenas sabemos andar a tientas por los caminos de Dios? Contad de seguro que todo se lo llevará el viento.

—Y ¿para eso creéis que os tengo conmigo hace más de dos años —le contestó afablemente el Maestro, siguiendo con ellos hasta la Puerta llamada *de los Rebaños,* y que tornasen a Bethania donde le esperarían para regresar todos juntos a Galilea.

Mientras caminaban les dijo:

—Yo soy para vosotros, como el dueño de una heredad que quiere cultivar, y como debe emprender un largo viaje la deja al cuidado de sus doce hijos mayores.

"A cada uno le hace depositario de cierta porción de sus caudales para que con ellos trabajen y hagan producir su heredad.

"A unos les da cinco talentos de oro, a otros cuatro, a otros tres, dos, uno, según ve sus capacidades y su voluntad.

"Cuando ha terminado su viaje, el dueño vuelve, y llama a cuentas a sus hijos en la misma heredad que les dio a cultivar. Los unos se acercan y dicen: ¡Padre!... he sembrado, he luchado con las tempestades, con la sequía, con las heladas, con las plagas de insectos malignos, pero algo he cosechado, lo bastante para devolverte doble el capital que me diste.

"Los otros le dicen a su vez: hemos sembrado pero la cizaña ahogó muchas veces la simiente, y la peste mató las bestias de labranza, y fue tan mezquina la cosecha, que temiendo perderlo todo, guardamos en lugar seguro tu oro y aquí lo tienes. Sólo hemos podido conservarlo para devolvértelo.

"El padre entonces les dice:

"Vosotros que no os habéis acobardado por las duras contingencias de la lucha, de la cual salisteis triunfadores, pasad a tomar posesión de un Reino que no tiene límite ni conoce fin, donde desplegaréis nuevas actividades puesto que demostrasteis saber perseverar en la lucha hasta vencer.

"Y vosotros que os dejasteis vencer, comenzad de nuevo la siembra en la misma heredad hasta que como vuestros hermanos, seáis capaces de vencer todas las dificultades y presentarme los frutos recogidos de vuestra labor.

"¿Qué os parece mi parábola? ¿Obró con justicia el dueño de la heredad?

—El dueño de la heredad eres tú Maestro —dijo prontamente Matheo— y nosotros somos quienes debemos sembrarla. Muchos fracasaremos y los menos serán quizá los que triunfen.

— ¡Fracasaremos todos!... —añadió Andrés—, ¡si tú Señor no estás con nosotros!... ¿Por qué hablas de alejarte y dejarnos, y después que nos hiciste gustar el agua dulce de tu compañía?...

— ¡Donde tú vayas Señor iremos todos!... —dijo Juan, en cuyos candorosos ojos ya temblaba una lágrima...

El Maestro se enterneció visiblemente.

— ¡Está bien... está bien! —dijo—. Haced de cuenta que lo dije para probar vuestra fuerza de voluntad, y el grado de conciencia que tenéis de vuestras responsabilidades.

— ¡Responsabilidad! ¿por qué? —preguntó Tomás.

—Amigos míos a cada uno de vosotros he dado una lámpara encendida. Y las lámparas son para alumbrar en las viviendas y en los caminos, en las aldeas y en las ciudades.

"Si escondéis vuestra luz bajo un celemín, seréis culpables de los que tropiecen y caigan a causa de las tinieblas.

—Tus palabras Señor tienen un sentido oculto —observó Nathaniel— y parece que hablas para el futuro. Tú conoces el futuro y no quieres revelarlo.

—¿Y para qué ha de revelarlo? —dijo Zebeo tristemente—. Nos causaría desesperanza desde antes de comenzar la tarea. ¿No es así Maestro?

—La Divina Sabiduría se reserva el futuro, porque la pequeña y débil criatura humana, es casi siempre incapaz de mirar en la tiniebla de lo **porvenir**, sin sufrir escalofríos de espanto.

"¿No oculta el buen médico la marcha y el fin de ciertas enfermedades para no alterar la tranquilidad del paciente?

"Nuestro Padre Celestial es ante todo Padre y Médico de sus hijos, y cuando debe hacer dolorosas amputaciones para curarles, no las anuncia de·ordinario, hasta que ellos mismos las vean llegar.

— ¡Señor! —exclamó desolado el buen Pedro—. ¡Tú no puedes hacer vencedores a todos! Hazlo así Señor!

— ¡Te engañas Pedro! No soy yo el que hará vuestros triunfos sino vosotros mismos. Por mandato del Padre, os doy la luz y os enseño el camino del triunfo, y como Enviado del Padre os digo por El: Soy el camino, la verdad y la vida, que habéis elegido.

"¿No me llamáis vuestro Maestro? Decís bien, porque lo soy. Haced pues lo que viereis en vuestro Maestro, y estaréis en la verdad y no erraréis el camino, Vuestra vida eterna será entonces una corona de triunfos.

Cuando llegaron a los bosques de Bethania encontraron que el joven Felipe, ayudado por los criados de Lázaro, tenían todos los asnos enjaezados y listos para partir.

Antes que el Maestro y sus Doce, habían llegado la familia de Ithamar con Helena de Adiabenes y Melchor de Horeb para despedirse de los viajeros, entre los cuales iría el príncipe Judá y Simónides.

Los cuatro Doctores amigos de Jhasua que ocupaban cátedra en el Gran Colegio, extraían para sus alumnos del obscuro seno de las sagradas profecías, la verdad que ya no podía ocultarse: El Mesías prometido por los Profetas estaba ante el pueblo de Israel.

Sus obras lo proclamaban bien alto. El pueblo corría tras él. ¿Por qué sus altos dirigentes mantenían cerrados sus ojos para no verlo?

Hanán el astuto anciano que conocemos se había presentado al Gran Colegio para escuchar las lecciones de aquellos cuatro Doctores que se habían constituido *"agentes"* según él decía, del maestrillo galileo.

—Estáis torciendo el rumbo de nuestra juventud —les dijo—.

—"¿Queréis que se mantenga el orden y la disciplina en el pueblo con un hombre que enseña la igualdad de la plebe con la nobleza y hasta del esclavo con sus amos? ¿No es eso incitar a la rebelión? Si tanto le amáis cambiad de lenguaje, no sea que vosotros mismos ayudéis a dictar su sentencia.

"Está escrito que el Mesías saldrá de Betlehem de Judá de la misma cuna del Rey David.

"Vosotros sabéis esto como yo, y os atrevéis a sostener lo insostenible, afirmando que un galileo, Jhasua de Nazareth es el Mesías anunciado por los Profetas.

—Noble Hanán —contestó al instante José de Arimathea—. Si te tomas el trabajo de buscar en el libro de los nacimientos que se guarda en la Sinagoga pública de Betlehem, encontrarás treinta y dos años atrás registrado allí el nombre de Jhasua hijo de Joseph y de Myriam, ambos de la Tribu de Judá, y ambos de la estirpe de David.

—¿Por qué entonces le llaman el galileo, el Profeta Nazareno?

—Porque Jacob padre de Joseph, heredó de sus abuelos maternos tierras en Caná y en Nazareth y se fue a cultivarlas, por lo cual su hogar y medios de vida están en aquella provincia. No obstante la mayor parte de su parentela reside en Jericó y Betlehem, donde Jhasua nació en casa de Elcana y Shara, tíos de Myriam, a donde había concurrido por negocios familiares. De todo esto hay muchos buenos israelitas que son testigos y que aún viven, y vieron al niño recién nacido la misma noche de la conjunción de Júpiter, Saturno y Marte, tal como los astrólogos caldeos, persas e hindúes venían anunciando desde lejanos tiempos.

"Nicodemus y yo le hemos visto en el día de la Purificación de su madre, a los cuarenta días de haber nacido en Betlehem.

"Eramos muy jóvenes, con sólo veintidós años, y actuando el anciano Simeón como sacerdote oficiante, fue testigo de que Ana la profetisa paralítica, que se hallaba en el Templo, vio una gran luz sobre el niño y fue ella curada de su parálisis de treinta años...

—Y si tan enterados estabais ¿por qué no lo dijísteis en aquel entonces?

—Noble Hanán, mala memoria tienes cuando has olvidado que el Sanhedrin mismo mandó callar todas estas cosas, alterado por la cólera de Herodes que ordenó la degollación de los niños betlemitas nacidos en ese tiempo, para exterminar así, al que los sabios venidos del lejano Oriente buscaban como Ungido de la Divinidad. La salvación del niño estaba en el ocultamiento y el silencio.

—Y vosotros tres ¿qué decís? —preguntó el viejo Hanán a los tres compañeros de José.

—Habiendo sido testigos de los hechos tal como José los ha referido, no podemos menos que reconocer que cuanto él ha dicho es toda la verdad.

—Bien —dijo algo turbado—. Os advierto que si sois hijos de Israel y queréis conservar vuestra buena posición, seguid callando como callasteis hasta ahora, pues no vosotros sino el Sanhedrin debe decir la primera palabra.

Y se retiró.

Los cuatro doctores amigos fueron presentando unos en pos de otros su renuncia a los cargos que desempeñaban en el Gran Colegio, y se retiraron a la vida privada.

Muchos alumnos dejaron también las aulas por solidaridad con sus maestros, y hubo por entonces una triste emigración de estudiantes a las Escuelas de Alejandría, de Siracusa, de Athenas y de Tharsis.

Y ellos fueron como palomas mensajeras de la **buena nueva** para aquellos países, donde aún no se tenía noticia del gran acontecimiento que debía cambiar la faz moral de la humanidad.

Tan sólo en Alejandría, había dejado traslucir el maestro Filón que una nueva era había comenzado para la cultura humana, que sería encauzada por senderos también nuevos de paz, de fraternidad y de elevación moral y social.

Mientras esto ocurría en Jerusalén, Jhasua con su pequeña caravana de discípulos y familiares llegaban al caer de la tarde a las murallas de Jericó, donde debían pernoctar en atención a que viajaban mujeres y niños.

Allí tenía Myriam parte de su parentela como recordará el lector.

A más era el extremo norte de la **línea oblicua,** según la frase enigmática usada en epístolas secretas, por los dirigentes del movimiento libertador de Israel. En la caravana el príncipe Judá, Simónides, Hanani y Matías, eran conocedores de la importancia de esta **línea oblicua,** formada por las únicas tres ciudades de la Judea, consideradas como plazas fuertes para las legiones libertadoras.

Hebrón, Betlehem y Jericó. Serían los puntos de concentración y la previsión del anciano Simónides, las había dotado de inmensos depósitos de cereales, legumbres y carnes saladas, provenientes de los ricos países vecinos: Egipto y Arabia.

Ricos mercaderes se habían instalado de la noche a la mañana según la frase vulgar, con molinos, prensas y lagares que producían a millares los sacos de harina, los cántaros de aceite y los pellejos de vino. Los pobladores de las tres ciudades se creían los privilegiados hijos de Abraham, exceptuados de la miseria que acosaba a Israel.

Y si fue siempre bella Jericó por la fertilidad de su suelo, regado por cien arroyos afluentes del Jordán, entonces lo era mucho más por el bienestar de sus moradores, y por la alegría sana de sus mujeres, que rivalizaban en lozanía con las **rosas de Jericó,** celebradas por los vates de aquel tiempo.

En la Gran Plaza del Circo, se hallaba uno de los almacenes depósitos que hemos enunciado, y allí fue el hospedaje de los peregirnos. Para las mujeres se dispuso un pabellón en las terrazas.

Pronto corrió la noticia de que el Profeta que espantaba las enfermedades y la muerte estaba en Jericó, y antes de cerrar la noche, una multitud que engrosaba por momentos, llenó la Plaza del Circo en uno de cuyos ángulos se encontraba el hospedaje del Maestro.

Pedían a gritos su presencia en favor de una porción de inválidos, de ancianos reumáticos o ciegos, de niños cubiertos de erisipela. Y quien más fuerte clamaba por él, era una mujer anciana que tenía su única hija poseída por espíritu del mal, la cual aullaba siempre con el aullido del lobo, causando el terror en los vecinos del suburbio en que la infeliz habitaba.

Y entre el sordo rumor de la muchedumbre, se destacaban claramente los aullidos de un lobo, que iban haciéndose cada vez más roncos hasta asemejarse a un estertor. Por fin la horrible voz articuló sílabas, luego palabras y la multitud comprendió que decía: ¡Hijo del Altísimo!... Sólo a ti entregaré mi presa.

El Maestro salió apresuradamente y se abrió paso hacia la madre de la *mujer lobo* como la llamaban comúnmente. Vestida con un saco de cuero de cabra y con las manos atadas con un cordel, era conducida por dos criados que la sujetaban con una cadena pendiente de la cintura. Su madre lloraba desconsoladamente.

Con sus cabellos enmarañados, la mirada extraviada y el color cetrino del rostro demacrado y sucio, espantaba el aspecto de la infeliz posesa.

El Maestro se detuvo ante ella y dijo a su madre:

—El amor del Padre Celestial es inmensamente superior a la fuerza maligna que domina a tu hija.

"¡Mujer!... Dios escucha el clamor de tu fe.

Extendió su diestra sobre la cabeza de la joven, que cayó al suelo como herida por un rayo, y un silencio de muerte se hizo entre la multitud.

—Desatadle las manos —ordenó el Maestro—, y quitadle la cadena.

Cuando lo hubieron hecho, tomó a la joven por la diestra y le dijo en alta voz:

—Bendice a Dios Japhia porque ya eres libre.

La madre y la hija se arrojaron a sus pies bendiciéndole por el bien que de él habían recibido.

El clamoreo de la muchedumbre subió de tono y algunos escribas y fariseos, maestros en la ciudad, llegaron a saber la causa de aquel tumulto.

—¿Qué pasa aquí que alborotáis de este modo cuando se acerca la noche? —preguntó uno de ellos.

—¿Quién piensa en la noche cuando estamos viendo a un hombre de Dios obrar maravillas en nombre suyo? —le contestó un fornido mozo que era de los más entusiastas adeptos de la Santa Alianza.

"Los ciegos ven, los paralíticos arrojan sus muletas, y los posesos se ven libres de los demonios —añadió otro—. ¿Quién vio nada semejante?

—Aun no ha terminado el sábado, ¿cómo se atreve ese hombre a curar enfermos? ¿No dice la ley "Santificarás mi fiesta con descanso y oración? —añadió un adusto fariseo cuya indumentaria indicaba ser persona de buena posición.

—Amigo —le dijo Jhasua que lo oyó— si se te cae una bestia en un pozo en día sábado ¿la dejas perecer con perjuicio de tus finanzas?

"Valen más los seres humanos que adoran a Dios, que todas las bestias de tus rebaños. ¿No dice también la Ley: Ama a tu prójimo como a ti mismo?

Y el Maestro continuó abriéndose paso entre la muchedumbre hasta no quedar un sólo enfermo que no fuera curado.

El fariseo que se vio humillado en público y más aún con las sátiras que oyó entre la muchedumbre, se retiró disgustado y pensando que era gran audacia la de aquel Rabí desconocido, que se permitía darle lecciones a él, hombre de cincuenta años y Doctor de la Ley.

Iba a levantar una furibunda protesta ante la guarnición romana residente en aquella plaza, cuando sintió detrás de él un vocerío aclamando al Profeta Nazareno. Era la multitud de enfermos curados por él.

Algunos conocían al fariseo y eran conocidos por él, de verles desde años atrás ciegos o paralíticos sentados a la puerta de las sinagogas o en los mercados esperando los mendrugos.

—¡Rabí Sedechias!... —le decían locos de felicidad —mirad nuestras piernas y brazos como de doncellas que van a la danza.

— ¡Rabí Sedechias!... Ahora puedo ver tu rostro venerable porque el hombre de Dios abrió mis ojos a la luz... ¿No bendices a Jehová conmigo?

Y continuaba la procesión de los enfermos curados, gozosos de hacerse ver del más ilustre Rabí que honraba Jericó.

Cuando pasó aquella madre con su hija obsesada por espíritus malos y ya libertada por el joven Profeta Nazareno, el Rabí Sedechias no pudo menos que declararse vencido, pues él y otros de sus colegas habían luchado en vano por libertar a la infeliz Jhaphia de la maligna fuerza que la encadenaba.

La muchacha caminaba envuelta en el manto blanco del Profeta y su madre dijo al fariseo:

— ¡Mírala Rabí Sedechias, qué cambiada está mi pobrecita!...

"¡Dicen por ahí, que ese Profeta, es más que Profeta!, que es el Mesías esperado en Israel. Tú lo sabrás sin duda. ¿Es esto verdad?

Anonadado Sedechias por lo que estaba viendo se sintió forzado a contestar:

— ¡Debe ser verdad!... ¡mujer!... debe ser la verdad...

Y juntando sus manos sobre el pecho como acostumbraban los fariseos en plena calle, oró así:

—Altísimo Señor de los cielos: Si es la hora de tu luz sobre Israel, no dejes en tinieblas a tu siervo que practicó, tu Ley para merecer la claridad de este día!...

Y volvió sobre sus pasos hacia la Plaza del Circo con el deseo de ver de cerca al Profeta; pero la plaza estaba ya desierta y la noche caía serena sobre la blancura del Circo, destacándolo más de las palmeras que lo rodeaban y de las obscuras callejas que se esfumaban en las tinieblas. Sólo se veía luz en el gran almacén-depósito que hemos mencionado.

—¿Yo... penetrar en un almacén-depósito de vinos y comestibles, a esta hora?... —se decía—. Pero frente a esta casa se hizo el tumulto y aquí había hombres galileos...

Cuando él estaba en estas observaciones en la obscuridad sólo alumbrada por el reflejo de luz que salía de los almacenes, llegó el Maestro con tres de sus compañeros que volvía de fuera de las murallas donde su piedad le llevó a curar unos leprosos que se veían imposibilitados de acercarse hasta él.

Con sólo su túnica blanca ceñida a la cintura, con el cíngulo violeta de los Maestros Esenios, aparecía más grácil y juvenil su delicada silueta. Con su manto había cubierto a la joven posesa, y sin esperar a proveerse de otro en la posada, corrió a las afueras de la ciudad porque el clamor de los leprosos desbordaba la piedad en su corazón.

"¡Profeta de Dios!... no nos dejan acercarnos a ti porque estamos condenados por la Ley como inmundos!... ¡Señor... apiádate de seis infelices leprosos que claman por ti a la puerta de la ciudad!"

— ¡Hijo mío, tu palidez me asusta! Estás fatigado —le decía su madre mirando los círculos violetas que rodeaban aquellos ojos amados.

— ¡Señor —le decía Pedro—, por mi edad me has autorizado para avisarte cuando te excedas en tus tareas por los enfermos, es hora de descansar.

—La noche ha cerrado ya, hijo mío —le decía su tío Jaime— el rocío empieza a caer como una llovizna, y de aquí a la muralla hay unos quinientos pasos...

—¿Pero estáis sordos que no escucháis esos clamores?... —les preguntaba con la pena retratada en el semblante.

— ¡No oímos nada!... Es el cansancio, Maestro —contestaron—, es el estado nervioso en que te pone la fatiga que te hace oír clamores en todas partes...

—Volveos vosotros a la posada, que yo solo iré hasta la puerta —dijo y sin esperar más, echó a andar con gran ligereza.

Los de más edad volvieron con Myriam y demás mujeres a la posada y Juan, Zebeo y Felipe siguieron al Maestro.

Los leprosos estaban allí a veinte pasos de la puerta y seguían en sus dolientes clamores.

—Vuestra fe es más grande que la distancia que he recorrido para llegar a vosotros —les dijo—.

"¡Sed salvos!... ¡sed limpios, sed curados en nombre de Dios! —exclamó con tal vibración de amor y piedad, que hasta los tres discípulos que le seguían se sintieron envueltos en ella y cayeron de hinojos adorando a la Majestad Divina, que tan profundamente se hacía sentir—.

"Id a lavaros al arroyo —les dijo— vestíos de limpio y presentaos al sacerdote de turno para que os declare curados y podáis volver a vuestras familias.

— ¡Señor! —le contestó uno de los leprosos— debemos quemar estos harapos y no tenemos un sextercio para comprar ropas nuevas.

—No dudéis... no temáis... ¿qué es más, los vestidos o la salud y la vida? Y si el Padre Celestial os ha dado en un instante la vida y la salud ¿no os puede cubrir también con una túnica limpia?...

"Id y haced lo que os digo que mi Padre tiene millares de ángeles que le obedecen y le sirven.

Los discípulos se miraron con asombro unos a otros y cuando los leprosos echaban a andar se despojaron de sus mantos, los partieron por la mitad y se los entregaron.

El joven Felipe que no siendo de la vida en común de los Doce, llevaba dinero consigo, dio dos denarios a cada uno de los enfermos para que al siguiente día completasen su vestidura.

Así volvían nuestros cuatro personajes de la excursión a las afueras de la ciudad, cuando encontraron al Rabí Sedechias hecho todo ojos mirando por el portalón al interior del almacén.

—La paz sea contigo Rabí —díjole el Maestro, que reconoció de inmediato al fariseo, que le había censurado las curaciones de esa tarde cuando aún no había terminado el día sábado.

— ¡Y contigo Profeta! A ti te buscaba —le contestó.

—Viene muy fatigado —intervino Zebeo —y aún no ha tomado refrigerio alguno. Si pudieras volver mañana...

—Entra, Rabí —díjole afablemente Jhasua, poniéndole su mano en el hombro—. Entra y si no lo tomas a mal, partiré mi pan y mi vino contigo...
Entraron.

—Simónides —dijo el Maestro— el Rabí Sedechias, honra esta casa con su presencia. Mi porción de la cena la partiré con él.

Simónides para quien era la gloria, un acto de confianza del Maestro para con él, se acercó lleno de gozo y le dijo:

—Mi Señor... eres tú quien manda en esta casa y en todas las casas que dependen de mi.

"Seas bienvenido Rabí Sedechias, a estos rústicos almacenes transformados en hospedería por esta noche.

Se sentaron todos alrededor de una larga mesa.

El fariseo se asombró grandemente de que también las mujeres tomasen puesto allí, que en la rigidez tiránica de sus costumbres se usaba que comieran separadas.

A la derecha de Jhasua estaba su madre y a la izquierda el Rabí Sedechias.

—¿En la mesa de un Profeta de Dios se sientan las mujeres? —preguntó sin acritud pero con una curiosidad que no pudo disimular.

—Rabí Sedechias —dijo el Maestro llenándole el vaso con el vino de la ánfora puesta ante él—. ¿No es mujer tu madre?

—¡Claro que lo es!

—¿No dice la Ley dada por Dios a Moisés: Honra a tu padre y a tu madre?

—Sí que lo dice —contestó el interpelado.

—Y ¿te parece que honra a su madre el hijo que rehusa sentarla a su lado en la mesa como si fuera indigna de tal honor?

"¿No le trajo ella en sus entrañas y le alimentó de su seno? ¿Es algo más el hijo cuando ha crecido que cuando era pequeñín y dormía en su regazo?...

—¡Razonas muy diferente a nosotros, Profeta!... pero no puedo menos que reconocer la luz de Dios en tu razonamiento —contestó el Rabí.

—Me alegra que estemos de acuerdo y ello me hace comprender que eres fariseo por costumbre y porque tus antepasados lo fueron. Tú estás preparado Rabí para maestro de la Ley Divina, no de las leyes de los hombres...

—Y ¿qué otra cosa son, dime, los Doctores de Israel sino maestros de la Divina Ley? —preguntó Sedechias.

—¡No! —dijo secamente Jhasua—. Tengo observado que la mayoría de los Doctores de Israel son destructores de la Ley Divina.

—¡Profeta!... ¡mira lo que dices!... —exclamó casi espantado el fariseo.

—Sé bien lo que digo y afirmo. Rabí Sedechias —insitió el Maestro.

"Te ruego que glosemos juntos la Santa Ley y luego me dirás si tengo o no razón. Y no temas hablar en presencia de todos éstos que son verdaderos israelitas, de conciencia formada en la Ley de Dios, no en las leyes de los hombres.

"*Amarás a Dios sobre todas las cosas y al prójimo como a ti mismo,* es el primer mandamiento de la Ley —dijo Jhasua.

—Así es y los Doctores de Israel lo cumplimos al pie de la letra.

—No lo cumplís Rabí Sedechias y perdonadme. ¿No sostenéis vosotros el derecho del amo para azotar bárbaramente a sus esclavos, y aún condenarles a muerte? ¿No mandáis que el esclavo vitalicio sea agujereado en su oreja izquierda clavándole en la puerta de vuestra casa para dejarle eternamente marcado en su vil condición? ¿No sostenéis y mandáis que el amo tiene derecho de vender sus esclavos como vende sus ovejas o sus asnos separando los hijos de sus madres, los maridos de sus mujeres, y a los hermanos entre sí?

—Justamente... es así la ley.

—La ley vuestra, pero no la Ley de Dios. ¿Es eso dime *amar al prójimo como a vosotros mismos?*

—¡Pero son esclavos, Profeta, y no prójimos!... —arguyó el fariseo.

—¡Ah!... es sutil tu salida, Rabí, pero la Ley Divina no ha hecho diferencia alguna entre el esclavo y el que no lo es, y tanto salió de la Omnipotencia Divina el alma del amo, como la del esclavo; y la Naturaleza, obra de Dios, forma de igual manera el cuerpo de los reyes como de los vasallos, de los nobles y de la plebe, de los amos y de los esclavos. ¿Es esto verdad, Rabí Sedechias?

—Sí, es la verdad, Profeta...

—Bien. Entonces quiere decir que los promulgadores y sostenedores de esas leyes, van en contra del primer mandamiento de la Ley de Dios.

—¿Cómo así?...

—Es así, porque los sabios de Israel al promulgar sus leyes sólo tuvieron en cuenta sus conveniencias, y olvidaron por completo la Ley Divina. En la legislación de los Doctores y Príncipes del Sanhedrín, el amor al prójimo es desalojado por una cruel rigidez para los débiles y pequeños.

"En cambio tiene un manto de tolerancia para los fuertes y los poderosos .

"El quinto mandamiento de la Ley dice: *No matarás* y los legisladores de Israel ordenan matar a pedradas a la mujer encontrada en adulterio. ¿Por qué el Sanhedrín no aplica esa Ley a Herodías y para mayor escándalo, se alía con Antipas, y deja asesinar a Johanán, única voz que reprendió a la adúltera?

"¿Y por qué esa ley es sólo aplicada a la mujer y no al hombre adúltero como ella?

"El séptimo mandato divino dice: *No hurtarás*. Y los legisladores que han añadido *ojo por ojo, diente por diente*, cometen impunemente horrendos latrocinios con las viudas y los huérfanos. El Templo que en los antiguos tiempos fue refugio de viudas y huérfanos desamparados, es hoy refugio de viudas y huérfanos *despojados* por los altos dignatarios del Templo, que encuentran hábiles combinaciones financieras para que los bienes de viudas y huérfanos pasen a sus arcas particulares... ¿Acaso ignoras tú esto, Rabí Sedechias?...

El interpelado guardaba silencio porque se veía abrumado por la lógica de acero del Profeta Nazareno que continuó diciendo:

—La exigencia de nuevos y costosos holocaustos, es otra forma del hurto condenado por la Ley Divina. ¿No ves en ello el comercio ilícito de los sacerdotes?

"Todo el comercio de Israel está acaparado por las grandes familias sacerdotales, los Boethos, los Phabilos Kantaros y los Hanán que reinan en la actualidad mediante el oro del Templo, conque compran su triunfo. Sólo se han librado de sus garras dos o tres grandes fortunas, cuyos administradores tuvieron el talento necesario para esquivar sus zarpazos.

Y al decir así, la mirada del Profeta se cruzó con la de Simónides y el buen anciano le agradeció la alusión.

— ¡Profeta de Jehová! —exclamó el Rabí Sedechias—. No sigas más te lo ruego, porque en verdad te digo que estoy herido de muerte en mis ideales y convicciones.

"¿Qué será del pueblo de Israel?...

—El pueblo de Israel se salvará o perecerá, según que se incline hacia la verdad o hacia la mentira —contestóle el Maestro.

—Y tú que eres el hombre vencedor de lo imposible ¿no puedes salvar a Israel? —preguntó con angustiado acento Sedechias.

—*Dios me dió el poder de salvar al que quiere ser salvado* —dijo el Maestro solemnemente—. La Ley Eterna es inmutable. No varía ni cambia jamás. Ningún Profeta, ningún Enviado, ningún Maestro será autorizado para violentar el libre albedrío de los seres. Se pierde el que quiere perderse y se salva el que quiere salvarse. Y yo como enviado suyo, digo al pueblo de Israel y a todos los pueblos de la Tierra:

"Yo soy el camino, la verdad y la vida... Venid a mí los que queráis ser salvados y que el Reino de Dios sea abierto para vosotros".

— ¡El Reino de Dios!... —exclamó el fariseo como esperando ver de pronto una visión magnífica... —Y ¿dónde está el Reino de Dios?

—¿Y tú que eres Doctor en Israel no sabes dónde está el Reino de Dios?

—Hasta ahora he creído que está en el Sagrado Templo, donde se guarda la Thora y el Arca de la Alianza, y los tesoros que el pueblo ofrenda a Jehová en siglos y siglos...

— ¡No y mil veces no!... —afirmó con aplastante energía el Maestro—. El Templo es un amontonamiento de piedras, de mármoles, de finísimas maderas, de oro bruñido, donde el hombre ha dejado su arte y ha vaciado el sudor de su frente, pero todo eso es cosa muerta, fría, sin palpitaciones de vida.

"El Reino de Dios es la Energía Eterna puesta en acción permanente; es la Luz Divina de la inteligencia, que enciende a millares las lámparas de la Fe para los que buscan ser alumbrados por ella, es la dulce vibración de la Esperanza, en las Promesas Divinas para todos los que han merecido ver en ellos su cumplimiento; es en fin la potencia suprema del Amor que emana incesantemente del Padre como inagotable torrente, para todos los que quieren saciarse en sus aguas de vida eterna...

" ¡El Reino de Dios está pues en todos los mundos poblados de almas capaces de Fe, de Esperanza y de Amor! ¡Está en todos los rincones de este pequeño mundo de expiaciones dolorosas, allí donde está un puñado de almas o una alma sola despierta a la Verdad Divina y que sea por tanto capaz de Creer, de Esperar y de Amar!...

" ¡Creer! ¿en qué? ¡En la omnipotencia del Amor Divino que encierra en Sí mismo todo cuanto alienta con vida en el vasto universo!

" ¡Esperar! ¿qué?... La hora suprema de la liberación y del merecimiento, que en la inmensidad infinita resuena para cada alma como un clarín de triunfo, cuya melodía traducida en palabras le dirá: Entra en tu morada, a poseer el Reino que has conquistado.

" ¡Amar! ¿qué ha de amar? El Ideal Supremo con que sueña desde el primer despertar de la inteligencia; que ha buscado durante siglos y siglos y que ha encontrado por fin palpitando en su propia vida, aleteando como pájaro cautivo en sus propios anhelos... derramándose de su propio corazón en oleadas de piedad incontenible para todos los que sufren miserias físicas y miserias morales... para los que soportan el látigo de la injusticia humana, para los que el crimen encadena, y la sociedad esclaviza... para todas las víctimas voluntarias o forzadas de la monstruosa ignorancia humana, que teniendo a la vista la infinita grandeza de Dios, y la omnipotencia de su Amor soberano, se empeña en encerrarse en un cascarón de barro como el escarabajo, símbolo egipcio del alma esclavizada en la materia, sin querer convencerse de la grandeza de su destino; la posesión eterna de Dios.

"Has comprendido, Rabí Sedechias?...

"El Reino de Dios está en tí mismo, si quieres abrir tu alma a la Verdad Divina. En ti mismo está tu Soberano Rey, tu Divino Dueño que te dice:

"Porque amas como yo te amo, he hecho mi morada en tu propio corazón".

El Rabí inclinó su altiva cabeza sobre el borde de la mesa, donde aún estaba sin vaciar su copa... y lloró silenciosamente durante un largo rato.

La interna oración de las almas, llenó de silencio el improvisado cenáculo, mientras el Hombre-Luz posaba su mano llena de bendiciones sobre aquella cabeza que se doblaba al peso del deslumbramiento del alma, frente por frente a la claridad Divina...

—Cuando la luz se ha encendido para mí, tu ausencia la apaga nuevamente... Profeta —dijo el fariseo, cuando la emoción le permitió hablar.

La cena había terminado y las mujeres primeramente y los demás comensales después, fuéronse retirando a sus alojamientos, quedando solos junto a la mesa el Maestro y Sedechias con Pedro, Nathaniel, Zebeo, Juan y Felipe el joven.

—¿Que mi ausencia apaga tu luz has dicho? No, amigo mío. Cuando el Padre Celestial ha encendido su claridad en una alma, ninguna ausencia puede apagarla, si tú mismo no la apagas.

—Dos palabras más, Profeta, para que yo comprenda con perfección tus caminos:

¿Eres contradictor de Moisés o afirmador de Moisés?...

La genial mirada de Jhasua envolvió como una llamarada la faz de Sedechias y encontrándolo sincero le habló así:

—La Suprema Inteligencia, amigo mío, manda de tiempo en tiempo sus enviados al seno de la humanidad, para desbrozar nuevamente los caminos y limpiarlos del polvo que la incomprensión y la ignorancia de los hombres arroja a montones sobre ellos.

"Y estos enviados, ya se les llame Profetas, Maestros, Filósofos o Sabios, jamás destruyen los unos la obra de los otros, antes la completan y esclarecen, teniendo en cuenta la mayor capacidad intelectual, moral y espiritual, de las porciones de humanidad a quien va dirigido el mensaje.

"La Verdad Divina es una sola y es inmutable e inconmovible, porque es eterna como la Causa Suprema de que procede.

"Yo no puedo contradecir a Moisés, ni a ninguno de los Profetas, Maestros o Filósofos, que, enviados por la Eterna Sabiduría, vinieron antes de ahora a la humanidad. Pero sí, puedo decir a la humanidad, que ha falseado la doctrina enseñada por ellos; que ha borrado de la faz de la Tierra los senderos abiertos por ellos; que en vez de dar a beber el vino añejo y puro de la Verdad Divina traída por ellos, lo sepultan en sus bodegas de donde lo dejan salir por gotas y aún mezclado con resina aromática que embriagan los sentidos y deslumbran la imaginación. ¿No es ésto, dime, lo que ha pasado con la enseñanza de todos nuestros Profetas y aún del mismo Moisés, de cuyo nombre y gloria está tan celoso Israel?

"¿Dónde encuentran en este pueblo la honradez acrisolada del patriarca Abraham, la fidelidad de Isaac, la noble lealtad de Jacob, el perdón heroico de José?

"¿Qué rastros encuentras de ellos en la vida de los altos dignatarios y dirigentes de Israel?

"Hemos visto tú y yo en esta noche, que de los diez mandamientos de Moisés sólo viven en la conciencia del pueblo, los que permiten la creación de prácticas y fórmulas puramente exteriores, como es el tercero que prescribe *santificar los sábados con descanso y oración* ampliado hasta la más ridícula exageración, sirviendo así de traba al verdadero espíritu de la Ley que es el amor fraterno y la ayuda mutua. Del sexto, *no fornicar*, ha surgido una dura cadena ni aún soñada por Moisés, que va directamente en contra de la unificación de todos los pueblos y de todas las razas, que tienen el mismo origen e idéntico fin.

"Esta cadena, es la prohibición bajo pena de muerte, de contraer matrimonio con sujetos de otras razas y de otras creencias.

"De la Ley de Moisés, cuyos fundamentos son el amor a Dios y al prójimo, debió surgir como arroyuelo de su fuente, el amor universal a todos los hombres que pueblan la Tierra, y ese fue el pensamiento Divino interpretado por Moisés, y traducido a palabras grabadas en tablas de piedra para hacerlos indestructibles...

"La clara visión de Moisés del Amor de Dios como Padre Universal de cuanto alienta en la creación, le inspiró la idea sublime de un pacto eterno del Creador con sus criaturas, y el pacto fue rodeado de cánticos de amor y de alegría, de fiestas de concordia entre las familias, entre los amos y los siervos, que con palmas floridas y espirales de incienso se daban el ósculo de paz, de amistad y de perdón de todos los agravios.

"Pero los hombres más materia que espíritu, más carne que inteligencia, más egoísmo que amor, encontraron bien pronto el camino para llegar a la más grosera y repugnante materialidad de la idea original, basada toda en el amor de Dios a sus criaturas y de ellas entre sí, encontraron el sello de aquel pacto en la ceremonia brutal de la circuncisión, que en nada modifica ni cambia al alma del hombre que continúa siendo un criminal o un justo, porque los ritos y las fórmulas y las prácticas exteriores, no tienen ni tendrán poder sobre las condiciones morales y espirituales del hombre.

"Quince siglos han pasado desde Moisés, y tú sabes tanto como yo, y como todos los letrados de Israel, que esa larga cadena, más larga aún de ordenanzas y de leyes fueron promulgadas a mucha distancia del Legislador, cuya obra de elevación humana destruyeron casi por completo. Yo soy pues un restaurador de la obra de Moisés, aunque ya sé que seré condenado en nombre de la Ley de Moisés, como serán condenados en el futuro y en nombre mío, los que fieles intérpretes de la Verdad Divina, pretendan limpiar de zarzales y de polvo el camino abierto por mí, en la hora presente.

"Lo que hizo ayer la incomprensión y la ignorancia, lo hará hoy y lo hará mañana, hasta que haya sonado la hora en que la Justicia Divina detenga el torrente desbordado del mal, abriéndole cauce hacia mundos inferiores en busca de una posible transformación.

—Todo cuanto has dicho Profeta —dijo el fariseo— lo he pensado más de una vez, y desde el fondo de mi espíritu he visto levantarse como una espantosa visión, la desgracia futura de Israel, a quien su dura cerviz le arrastrará hasta el fondo del abismo.

"Mas dime: ¿La Justicia Divina hará responsable al pueblo de la prevaricación de sus dirigentes?

"¿Pedirá cuentas al pueblo ignorante, indefenso, que acepta lo que le dan y obedece a ciegas lo que le mandan?

—No todas las responsabilidades son medidas por la Eterna Justicia con la misma vara —contestó el Maestro—. Al que más se le ha dado más se le exigirá.

"A las cuatro grandes familias sacerdotales que desde varias generaciones vienen formando el Sanhedrin, transmitiéndose como por herencia los más altos puestos en ese supremo tribunal, la Justicia Divina hará responsable de todo el dolor, miseria y la degradación que soporta Israel.

¿No eligió Moisés de entre todo el pueblo, los setenta ancianos más honorables y justos que pudo encontrar, y a ellos encomendó la custodia de la Divina Ley y la pureza de las costumbres *de acuerdo con ella*?

"¿Cómo se explica que al poner los pies en la Tierra prometida y aún antes de vadear el Jordán, ya olvidó Israel el inexorable *"No matarás"* y se entregó a la matanza y la devastación con un furor que espanta?

"¿Son ellos los hijos de Abraham, que retuvo sin sepultar a su amada Sara hasta que hubo pagado cuatrocientos ciclos de plata por el campo en que estaba la gruta que sería su tumba?

"¿Son ellos los hijos de Jacob cuya honradez acrisolada y noble desinterés, desarmó la cólera de Esaú y de Labán, a los que nada debía y no obstante les colmó de ofrendas y de dones?

"¿Quién fue el iniciador de la claudicación de Israel?

"Cuando toda una cesta de fruta se ha corrompido, ¿sabes tú cuál fue la primera?

"Lo que los hombres no saben ni pueden averiguar, lo sabe Dios, Luz Infinita y Eterna, y no tanto a los pueblos como a sus dirigentes, príncipes, pontífices, sacerdotes o doctores les preguntará en el día tremendo de su justicia. ¿Qué habéis hecho de mi Ley? ¿Por qué la habéis borrado del camino de Israel, que debía transmitirla a toda la humanidad?

Hubo un penoso silencio en que las miradas de los cinco discípulos presentes iban del Maestro al fariseo, pues bien comprendían que la conversación había llegado a un punto decisivo, del cual debía surgir un vencedor y un vencido.

La lógica del Maestro era aplastante y ya presentían que Sedechias no podía menos que reconocer la verdad.

— ¡Profeta! —díjole por fin—. La Verdad Divina está en tus palabras.

"Negarlo sería negar la luz del sol y la claridad de las estrellas. Mi situación es harto difícil, porque estoy emparentado por mi mujer con Schammai, cuya fama de luchador intransigente debe serte conocida. Está al frente de nuestro partido y su palabra es oída como la de un maestro.

—Tú eres libre Rabí de seguir sosteniendo la mentira, o de abrazar la verdad. Yo nada te exijo.

"El camino de la sabiduría está sembrado de espinas, y nada tienen de común las encumbradas posiciones y los poderes terrenales con la Verdad Divina.

"¿No resplandeció un día bajo las tiendas de nuestros Patriarcas nómadas?

— ¡Profeta!... ¿Serías capaz de hablar de igual manera que lo has hecho hasta hoy, en presencia de Schammai?

—Tú me has llamado Profeta, y ¿piensas que un profeta temería decir la Verdad en presencia de un hombre que sabe la Verdad y se empeña en ocultarla?

"Schammai ya tiene noticias de mí, y rehusó encontrarse frente a frente conmigo.

"Su corazón no está dispuesto como el tuyo, Rabí Sedechias, y él no se abrirá a la Verdad Divina aunque sienta que le abraza las entrañas.

"Además tiene fama de ser uno de los grandes sabios de Israel. ¿Ha de dignarse escuchar a un visionario galileo, nacido en los talleres de un artesano?

—Dios da su luz a los humildes y la niega a los soberbios —dijo Pedro—. Me hace daño Maestro oir que te compares con ese orgulloso Schammai que va por la calle entre una corte de adulones que lo ayudan a creerse un Moisés.

—¿Son discípulos tuyos estos que te rodean? —preguntó Sedechias.

—Sí, son los que continuarán mi obra cuando yo haya vuelto a mi Padre.

—Demasiado pocos para la grandeza de la doctrina.

—Los que me siguen a todas partes y hacen vida en común conmigo son doce. Los que me siguen de más lejos, son innumerables. Aún hay amantes de la Verdad en Israel, aunque la aman en secreto mientras llega la hora de manifestarse ante la faz del mundo.

—Dame tu mano Profeta —dijo el fariseo extendiendo su diestra hacia Jhasua—. Yo soy de los que te seguirán en secreto hasta que los acontecimientos me permitan abandonar la Judea.

El Maestro estrechó con efusión aquella mano leal que se tendía hacia él, mientras sus ojos llenos de inefable ternura se fijaban en los del fariseo que estaban llenos de lágrimas.

—Mañana salgo de Jericó con destino a Galilea, donde podrás encontrarme cuando quieras en Nazareth o en las orillas del lago.

—Con preguntar por la casa de Simón Barjonne o por la de Zebedeo a la vera del mar de Galilea, hasta los peces te darán noticia, Rabí —dijo Pedro— y allí sabrás dónde hallar al Maestro.

—Gracias amigos —dijo Sedechias levantándose.

—Que la paz sea contigo —le dijo Jhasua cuando le vió dirigirse a la puerta.

—¡Profeta!... ¡Si tú lo quieres yo volveré a tí!... —dijo de nuevo el fariseo—. Dí tú una palabra y volveré.

—¡Lo quiero Sedechias!... ¡Ven!

La alta figura blanca del Rabí se perdió en la obscuridad de la calle, y el Maestro continuaba mirando el negro espacio de la puerta por donde acababa de desaparecer.

—Es un noble corazón —dijo—. Sólo le falta fuerza de voluntad para desligarse de las trabas de la secta que le aprisionan.

EN PHASAELIS

Al siguiente día la pequeña caravana se ponía en marcha para pernoctar en Phasaelis, acercándose cada vez más a la ribera del Jordán, cuya proximidad se veía claro, en la exuberante vegetación por entre la cual pasaban nuestros viajeros.

El anciano Simónides y el príncipe Judá se adelantaban siempre a los demás, cuando se acercaban al término de cada jornada.

Al Maestro no le pasaba desapercibido este detalle que relacionaba con lo que le había dicho el mártir Johanán en su prisión de la fortaleza de Pella; "Mientras enseñaba en el Jordán vinieron a verme tres amigos tuyos, el príncipe Judá, hijo de Ithamar de la casa de Hur, el Hach-ben Faqui de Cirene, y Simónides, de Antioquía, para averiguar si obran con justicia al pretender la liberación de Israel. Les aconsejé no rebelarse contra César, sino contra la dinastía de los Herodes".

Al adelantarse a los demás viajeros, ponían como pretexto la preparación del hospedaje para todos.

El Maestro sufría al comprender la tenaz ilusión que ponía venda en los ojos de aquellos seres, que eran tan suyos por la amistad y el amor que les unía, como unida está la rama al árbol que le da vida.

—Sería matarlos de un sólo golpe —pensaba Jhasua— si les dijera que está muy cerca la hora en que se descargue sobre mí la espada de justicia que debía aniquilar a esta humanidad.

"Son niños aún en el oculto camino de los renunciamientos heroicos y de las inmolaciones completas.

"Los cánticos de Betlehem anunciando la paz a los hombres de buena voluntad, despertaron a muchos al Amor que bajaba hecho carne a la Tierra.

"El canto de los cielos ensombrecidos y de la Tierra temblorosa en el día que va a llegar, despertará a estos amantes ilusionados con el Maestro Nazareno convertido en Rey de Israel.

"Yo soy la resurrección y la vida. La muerte sólo alcanza a la materia, pero es impotente ante la grandeza del espíritu.

"Yo soy la resurrección y la vida, diré a las turbas aterradas en el preciso momento de mi libertad, como espíritu misionero de la Voluntad Suprema.

— ¡Maestro!... —le dijo Juan de pronto, volviendo hacia atrás—. Tu cabalgadura afloja el paso y te vas quedando solo.

Como despertando de sus pensamientos, el Maestro le contestó así:

—Cuando un hombre emprende un viaje, piensa muchas veces en el día y hora de la llegada a su destino. Naturalmente me absorbía el pensamiento de que *nos acercamos al fin*.

Juan no comprendió el oculto sentido de tales palabras.

—¡Oh! nuestra Galilea Maestro... nuestro lago... nuestros barquichuelos mecidos por las olas y nuestros huertos llenos de perfume de flores y cantos de pájaros!... ¡La Judea me sabe como un entierro... y nuestra Galilea como unas bodas!...

—La figura está bien Juanillo, contemplada desde tu punto de vista —le contestó sonriente el Maestro.

—¿Y de qué forma puedo mirarla?...

—Un entierro significa la libertad de un espíritu, o sea *la resurrección* y la vida, y unas bodas son la entrada a un bosquecillo donde no se sabe a ciencia cierta lo que se encontrará: si arroyuelos cristalinos o ciénagas turbias... Si flores o zarzales... Si avecillas canoras o serpientes venenosas...

"¿No es esto la verdad?

—¡Cierto Maestro!... Y nunca lo había pensado así.

"Mas eso de que la muerte es la *resurrección y la vida* no me resulta muy claro...

Algunos viajeros acercaron sus cabalgaduras al Maestro para tomar parte en su conversación con Juan.

—Los saduceos afirman —dijo Tomás— que los cuerpos de nuestros muertos resucitarán en un día determinado.

—Cuando oís cantar al grillo —dijo el Maestro— no sabéis precisar el punto de dónde sale ni qué anuncia su voz, si una próxima lluvia o un sol de estío. Así son muchas veces las doctrinas enseñadas por los hombres. En todas ellas hay algo cierto: la voz del grillo que canta. La sabiduría está en encontrar toda la verdad que se esconde alrededor de una vocecita perdida entre el follaje de los campos.

"Dios nuestro Padre y dueño, es el único Autor del espíritu y de la materia. Al uno le dió *vida eterna*, y jamás puede perecer ni disgregarse ni disolverse. Su perfecta simplicidad, excluye en absoluto toda disolución. A la otra le dió vida precaria, fugaz, efímera, fácil de destruir... de reducir a polvo.

"Las leyes divinas son invariables e inmutables como Dios mismo. Lo que pensó y ordenó desde toda la eternidad continúa de igual manera, aunque las humanidades tarden siglos y millares de siglos en ir comprendiendo las leyes divinas. Y los hombres se hinchan de soberbia por cada *secretillo* del Padre que alcanzan a descubrir en la infinidad de los tiempos...

"¡Como si las manifestaciones múltiples de la Energía Eterna no hubiesen estado en permanente actividad desde que vive de Sí Mismo. El que no tuvo principio, ni tendrá fin!...

"Bien pues. El filósofo judío Sadoc, fundador de la escuela Saducea, creyó haber descubierto los fundamentos del mundo, cuando un lejano antepasado suyo le escribió en un pergamino la indicación del sitio preciso en que estaba oculto un antiquísimo documento, que restablecía los derechos de su familia, a las tierras asignadas por Josué a la Tribu de Dan, a la cual pertenecía.

"Le escribió en un pergamino, y la noticia resultó cierta, luego su lejano antepasado, muerto dos siglos hacía, había *resucitado de entre los muertos.*

"¡Y vivía!... ¿quién podía negar que vivía?

"Pensad unos momentos:

"El Supremo Hacedor no corrige sus obras porque todas ellas *son perfectas*. La materia destinada por El a perecer, no torna a la vida *si todo principio de vida* le abandonó por completo. Los casos inusitados de retorno a la vida, deben explicarse, por una reanudación de las funciones orgánicas en cuerpos donde aun no fueron aniquilados *por completo* los principios vitales.

"Lo que le ocurrió al filósofo Sadoc, le ocurrió en distintas formas a los filósofos griegos Sócrates y Platón, a Mizrain y Menes, egipcios, a Confucio y Lao-Tsé chinos, a Zoroastro el persa.

"La vuelta del alma humana a su verdadera existencia de libertad, de luz y de amor, es la única y real resurrección, que se obra en todos los seres cuando se ha producido la muerte o aniquilamiento completo de la materia, cesación absoluta de la vida orgánica, destrucción completa de todo principio de vida.

"Yo soy la resurrección y la vida, os dirán los cielos y la Tierra en todos los tonos en la hora precisa, en que mi espíritu abandone esta materia que llevo conmigo.

"Y en verdad os digo, que al alborear el día tercero de la libertad de mi espíritu, me veréis y escucharéis mi voz como ahora.

"Consumado el gran holocausto, veréis mi entrada triunfal como Hijo de Dios en el Reino de su Padre.

"La muerte es pues la liberación. Morir es vivir. ¡No tengáis pues, horror a la muerte, que es la gran amiga del alma!

"Sintiendo estoy vuestros pensamientos de rechazo y de duda a este respecto, porque el instinto de propia conservación puesto por Dios, como oculta fuerza en todo ser que vive, os impulsa a esquivar el peligro.

"Mas yo os digo, que cuando el espíritu ha despertado plenamente a la realidad de su vida eterna, aparece en él una fuerza superior al instinto, que le lleva a obrar de acuerdo con ella, sin que le detenga en su impetuosa carrera, ningún peligro de muerte que se ponga en su paso.

"¿Qué son los apóstoles, qué son los mártires y los héroes? Consagrados voluntariamente a un ideal superior, acallan todas las voces de la materia y no oyen más que al espíritu, buscador eterno de su perfección mediante el renunciamiento y el sacrificio en beneficio de sus semejantes.

—¡Hijo mío! —dijo de pronto Myriam, que con el tío Jaime y las demás mujeres seguían de cerca al Maestro—. En este remanso sombreado de hermosos árboles podíamos detenernos a tomar un refrigerio. Parecería que hablar de la muerte, te alimenta, como el pan.

—Tienes razón madre —le contestó Jhasua que detuvo su cabalgadura y saltó a tierra. La ayudó a bajar y extendiendo sobre el césped los pellones y mandiles, la hizo sentar y él a su lado, para resarcirla del olvido en que la había tenido desde la salida de Jericó.

—Ahora toca el turno a las doncellas —dijo la anciana Salomé, a quien Zebedeo acababa de sentar junto a Myriam.

—¡Ay de mí!... —exclamaba Elhida dejándose caer sobre el césped—. ¡Galilea huye delante de nosotros y no llegamos nunca!

—¡Pobre Elhida! —dijo junto a ella María de Mágdalo—. Siguiéndome te impusiste este sacrificio demasiado grande para tus años.

—El sacrificio es la prueba del amor verdadero —dijo el Maestro, mientras ofrecía a su madre una cesta con pastelillos y hermosos dátiles de Bethania.

—¡Oh, mi héroe!... —exclamó Myriam mirando con infinita ternura a Jhasua—. ¡Siempre pensando en el sacrificio y la inmolación!... ¿Cuándo pensarás en tu dicha y la de los tuyos?

—Ahora mismo madre mía, estoy pensando en tu dicha y en la mía que es a la vez la de todos estos buenos compañeros que nos rodean.

"¿No es la dicha la frescura de este remanso en cuya tersa superficie se reflejan los cielos?

"¿No es la dicha este alimento ganado con el sudor de la frente o extraído de los frutos de la tierra, sembrados o recogidos por nuestras manos?

—Nada de esto he sembrado ni recogido yo —dijo con tristeza la castellana de Mágdalo, indicando la cesta de delicados manjares, preparada por Elhida su vieja aya.

—Pero es muy tuyo mi niña —díjole ésta prontamente—. Con tu dinero lo he comprado yo misma en el mercado de Jericó...

—Ciertamente buena mujer —le dijo el Maestro — pero María quisiera conocer la dicha a que acabo de aludir, o sea alimentarse del propio esfuerzo.

La fiel mujer se estrechó más a la joven, como si sintiera la necesidad de protegerla de ese nuevo modo de mirar las cosas de la vida a que se veía inclinada.

—Ella debe alimentarse de lo que su padre ganó honradamente para ella —dijo sacando de la cesta y ofreciéndolo a todos, trozos de aves y cabrito asado al horno, tortas de almendras y pastelillos de nueces, vinos exquisitos y frutas escogidas.

—Paréceme que tú eres la madre de todos —dijo la castellana, mirando con ternura a Myriam que también la miraba compadecida de su tristeza—. Nunca conocí la ternura de una madre... Haz tú como si lo fueras y dame la porción que debo tomar... ¿No eres en verdad la madre de todos?

La mirada serena del Maestro se fijó en ambas mujeres y comprendió en ese instante, el amor que iba de la una a la otra, como una corriente sutil de íntima simpatía y afinidad. Y era el amor hacia él que las ataba a las dos con una fuerte cadena...

—Nutrir los cuerpos mientras las almas se aman, es celestial comida —dijo el Maestro—. Dame madre de los manjares de María, que también quiero comer lo que no he sembrado ni recogido.

—Ha tenido ella una feliz idea. Ahora sé que soy la madre de todos, y en verdad que es hermoso serlo.

Y la dulce mujer del amor y del silencio comenzó a repartir los manjares entre todos los presentes.

Al caer de la tarde llegaban a Phasaelis, donde no ocurrió nada extraordinario a no ser la curación de algunos enfermos en la plaza de las caravanas.

Entre éstos los más notables fueron dos jóvenes hermanos tuberculosos avanzados, que salían de la ciudad hacia una choza que sus padres tenían en lo alto de un cerro vecino. Los muchachos se apoyaban en los brazos de su padre, mientras la pobre madre llorando en silencio caminaba detrás y pensaba:

—*Les llevamos a morir allá arriba.* Absorta en este triste pensamiento, no se fijó en los viajeros que desmontaban junto a la puerta por donde ellos salían.

El Maestro que vió y sintió el dolor de aquellos cuatro seres y acaso el doliente pensar de la madre, con su asno aún de la brida se acercó a ellos.

—¿Adónde vais con esos muchachos enfermos y a pie? —les preguntó sencillamente.

—¿Es que quieres prestarnos tu asno? —dijo el padre extrañado de la pregunta hecha por un desconocido.

—Antes de eso es necesario hacer otra cosa —añadió, poniendo sus manos sobre el pecho de los enfermos.

—¿Creéis en Dios Todopoderoso? —volvió a preguntarles, y fue la mujer que contestó en el acto.

—Creemos, sí creemos, y tú eres un Profeta suyo que puedes salvar a mis hijos.

—Bien has dicho mujer... La Voluntad Divina y tu fe, han curado a tus hijos.

La faz de los muchachos se había coloreado de un suave carmín y hacían aspiraciones profundas como si quisieran absorber todo el aire en un momento. Su voz sorda y afónica se tornó clara de repente y ambos comenzaron a gritar:

—¡Nos ha curado!... ¡nos ha curado! —Y seguían como inconscientes al Maestro y los suyos, que entregadas ya las cabalgaduras a los guardianes se dirigían hacia la posada.

Cuando la voz de los muchachos atrajo la atención de los vecinos, ya el príncipe Judá y Simónides habían hecho entrar en la posada a los viajeros.

—Id a vuestra casa —dijo el Maestro a los dos jovenzuelos— y no olvidéis agradecer a Dios el beneficio que habéis recibido.

La madre llegaba jadeante en ese momento y clamaba:

—¡Señor!... ¡Señor!, pero ¿es cierto que están curados?...

—¡Sí mujer!, ¿por qué dudas?

—¡Temo que el mal volverá en cuanto te alejes de aquí... Señor!... ¡déjanos que vamos todos contigo y no moriremos nunca!...

—¡No temas!... —díjole el Maestro poniendo su mano sobre la cabeza de la mujer arrodillada ante él—.

''Vuelve tranquila a tu casa con tu marido y tus hijos, que yo sigo viaje a Galilea. Si por Divina Voluntad fueron ellos curados, ¿cómo piensas que se enfermarán de nuevo?

''Pronto volveré por aquí y desde hoy te digo que comeré a tu mesa ese día. ¿Dónde vives?

—En la entrada a la callejuela de la Torre Chica, mi marido es el portero. Con preguntar por la casa de Santiaguín el portero, allí todos le conocen. Aquí viene.

''Bendícenos a los cuatro, Señor, y espanta todos los males de nuestra casa.

El Maestro sonriendo de los grandes temores de la mujer les decía:

—¡Os bendigo a todos! Santiaguín, ¿hay cautivos en tu torre? —preguntó al marido.

—No, Señor, porque hubo un intento de evasión en la luna pasada y los que había fueron ahorcados unos y otros encerrados en la Torre Mayor.

La faz del Maestro se nubló de tristeza.

—¡Siempre matando!... ¡siempre matando!... —dijo con voz que parecía un quejido.

—Es que eran malos, Señor, y mataron a dos guardianes...

—Obrad vosotros el bien y sed misericordiosos para que Dios nuestro Padre lo sea con vosotros. Idos en paz que yo volveré.

Y entró en la posada siguiendo a Simónides que había venido a buscarle...

—¡Oh, mi Señor! —le decía el buen viejo... —¡Eres como la miel!... y no hay quién te libre de las hormigas y de las moscas!...

—Es tanto el dolor humano, amigo mío, que por todos los caminos me sale al paso. ¿Qué quieres que haga?

— ¡Sí, mi Señor!... ¡Todos parecen adivinar quién eres y te siguen como tu sombra!...

Poco después estaban todos alrededor de la mesa en una gran sala, que era el recinto en que se congregaban de tiempo en tiempo los protegidos de la Santa Alianza para recibir socorros. También se hospedaban allí los Terapeutas esenios, en sus penosas tareas de médicos y enfermeros gratuitos de los que pedían su ayuda.

Para las gentes en general aquella casa era eso y nada más. Pero para Simónides y el príncipe Judá era algo más aún, pues entre los enormes fardos de ropas, sacos de legumbres y tinajas de aceite se abría una puerta muy disimulada que daba a un huerto de viejas higueras y emparrados, entre cuya espesura existía un ruinoso castillo abandonado a raíz de una tragedia ya casi olvidada de las gentes.

Tan espeluznantes eran las leyendas que se referían de aquel castillo, que todos huían de transitar por sus inmediaciones cuando se acercaba la noche.

Ya sabemos que Simónides era un gran oportunista en lo que se trataba de adquirir inmuebles que nadie quería como medio de resarcir a la familia de Ithamar de los despojos sufridos por la confiscación de gran parte de sus bienes realizada por Valerio Graco.

Y así, el hábil comerciante había comprado aquella finca por la mitad de su valor, pues a decir verdad era para todos como un terreno baldío.

Para él que conocía palmo a palmo a Judea, aquel vetusto solar era de inestimable valor. Ocupaba el espacio que en nuestra forma de medir, diríamos tres cuartos de manzana, y el cuarto restante, lo ocupaba el local destinado a las obras piadosas de la Santa Alianza. Con ésto el lector comprenderá que el príncipe Judá, hijo de Ithamar, era poseedor único de un vasto solar de tierra en lo más estratégico de la ciudad.

Quedaba tocando con la muralla trasera de la Torre Mayor por un lado, y por el otro con los establos de la inmensa plaza de las caravanas, junto a una de las puertas de la ciudad. Las gentes veían que se amontonaban materiales de construcción en el boscoso solar del castillo, y a los jornaleros se prometían buenos salarios cuando empezaran las obras. Se decía que lo había comprado un romano ilustre: *Quintus Arrius* hijo, para una academia de esgrima, gimnasia y ejercicios atléticos, a que tan inclinados eran los romanos. *Quintus Arrius* hijo, era el nombre romano del príncipe Judá como recordará el lector.

Aquel viejo castillo que aparentemente no era más que una ruina, tenía en realidad la consistencia de una fortaleza. Le llamaban *Aridatha* y había de él la tradición de haber sido construido por orden de Amán, primer ministro del rey Asuero, cuyos dominios abarcaron desde Etiopía al Indo. Estaba destinado a calabozo de torturas cuando el ministro obtuvo el decreto de exterminio para los hijos de Israel, que no se cumplió debido a la intervención de la reina Esther.

Aridatha era el nombre del servidor de Amán que lo habitó. Cabe pensar que el odio judío hizo después imposible la vida a los habitantes que lo ocuparon en lo sucesivo.

Tal era el adusto y casi tétrico escenario que rodeaba la modesta sala improvisada como cenáculo para nuestros peregrinos.

El príncipe Judá llegó el último a sentarse a la mesa y el Maestro se apercibió de que venía agitado.

—Muchos afanes traes, Judá amigo mío —le dijo indicándole un asiento cerca de él—. Bástale al día su propio afán, dice la cábala. ¿No hiciste hoy cuanto debías hacer?

—¡Acabo ahora de terminar mi día, Jhasua! —le contestó sonriente Judá—. Mientras tú curabas enfermos yo me ocupaba de hacer trabajar a los sanos. ¿No es también una obra de justicia?

—Según el trabajo que sea —le respondió el Maestro.

—Reedificar el castillo Aridatha que está detrás de esta casa e instalar en él una academia de gimnasia, esgrima y ejercicios atléticos para nuestra juventud israelita exclusivamente. Quiero combatir así la anemia y el raquitismo que va siendo plaga en Judea. Es notable la diferencia entre la juventud de Judea y la de Galilea y Samaria.

"¿No hay nobleza en tales propósitos?

—Desde luego, pero dime ¿quién sostendrá los enormes gastos que ocasione una institución semejante? —preguntó el Maestro.

—Ahí tienes al banquero de Israel, que responde por todo —dijo alegremente Judá indicando a Simónides que estaba en la mesa frente a ellos.

—También coopera el Hach-ben Faqui y los príncipes Jesuá y Sallum de Lohes —añadió el anciano satisfecho de su obra—. ¿No sabemos todos que el Reino de Israel se restablecerá pronto conforme a lo anunciado por nuestros Profetas?

"El Rey que viene deseará tener súbditos fuertes y sanos, no piltrafas de humanidad, tristes frutos de la miseria y del hambre.

"Ya están contratadas y mitad pagadas las próximas cosechas del Nilo y del Eúfrates, para los protegidos de la Santa Alianza y los alumnos de la Academia.. ¿No es digna esta obra de tus sueños de amor fraterno, mi Señor?

Jhasua pensó en la triste escena de los tuberculosos que acababa de curar y contestó en el acto.

—Es en verdad una gran obra la vuestra, aunque tendréis que luchar con los rigoristas fariseos que en todo lo que no sea el Templo y la Sinagoga, ven abominación de paganos.

"Pero soy de los convencidos de que sin lucha y sin sacrificios, ninguna reforma es posible así sea en el orden intelectual, moral o social.

—Mañana comienza un centenar de obreros la reconstrucción del castillo que ya no se llamará *Aridatha*, nombre de infamia para Israel —añadió el príncipe Judá—, sino *Turris-Davidica* para que no le suene mal la lengua al Procurador romano, y a la vez le sea grato a nuestros compatriotas.

—Maestro —dijo Matheo— si el rey David y todos nuestros ilustres antepasados viven en el seno de Abrahán según la frase habitual ¿verán ésta obra que quiere realizar el príncipe Judá... y en general todas las obras buenas que se hacen en el que fue su país?

—El *Seno de Abrahán* —contestó Jhasua—, es nombre alegórico dado a la región del plano espiritual habitada por las almas de los justos. Y como los justos viven en la claridad divina, no solamente perciben y conocen las obras buenas que hacen los encarnados, sino que cooperan invisiblemente en ellas.

"Están equivocados los que piensan que en las moradas del Reino de Dios no hay más que la extática contemplación de la Divinidad.

—¿Qué hay pues a más de eso, si se puede saber? —preguntó el príncipe Judá—. Tengo vivo interés de saber si nuestros grandes hombres del pasado aprobarán o no nuestras actuales obras benéficas en favor de Israel.

—Ya lo he dicho: las aprobarán y cooperarán en ellas. "Como es abajo es arriba", dice uno de los antiguos principios de la Enseñanza Secreta. Lo cual quiere decir, que en las infinitas moradas que tiene el Padre para corregir o premiar a sus hijos, se realizan obras y trabajos semejantes a los del plano físico, y siempre con los fines de aprendizaje, de cultivo y perfeccionamiento de las almas.

"Hay maestros y discípulos para los cuales hay aulas de una graduación infinita de conocimientos, según la ciencia o el arte que cada espíritu quiere cultivar en sí mismo.

"De aquellas moradas de luz y de eterno progreso, traen sus geniales inspiraciones los músicos, los poetas, los pintores.

"De allí traen sus conocimientos siderales los que se dedican con incansable afán a seguir desde la tierra la ruta de las estrellas, sus dimensiones, las enormes distancias que las separan.

"La alquimia, la astrología y el cálculo en que han descollado tanto los caldeos y los egipcios, de las eternas moradas del Padre las trajeron para beneficio de la humanidad terrestre.

"Y si de las artes y de las ciencias pasamos a lo espiritual y moral, la amplitud de las actividades llega casi a lo inverosímil. No hay obra de piedad y de misericordia en que no se encuentren a centenares y a millares las almas de nuestros hermanos, amigos, parientes, prestando su concurso invisiblemente en la mayoría de los casos, y visiblemente en algunos. ¿Qué otra cosa significan las apariciones de ángeles que refiere la Sagrada Escritura a Abrahán, a Jacob, a Moisés y aún a Adamú y Evana en los orígenes de la Civilización Adámica?

"Son la manifestación de las grandes actividades de las almas de los justos en beneficio de sus hermanos encarnados en los planos físicos.

"Ahora en cuanto a tu pregunta, Matheo, si nuestros justos del pasado verán esta obra que acaba de mencionar el príncipe Judá, no hay duda que la ven y la aprueban porque buena y noble es en sus principios y en sus fines. Y la verán de más cerca o de más lejos según la situación actual en que ellos se encuentren. Las almas van y vienen con esa santa libertad, don de Dios para orientar sus caminos hacia donde comprenden que pueden purificarse más, y realizar más grandes avances en la senda eterna del progreso.

"Para formarse una idea más exacta del reino de las almas, podéis figuraros un infinito campo poblado de estancias o moradas, en cada una de las cuales viven las inteligencias desencarnadas, realizando las obras que les lleva la vehemencia de sus afectos, sus convicciones y sus anhelos.

—Y los malos, Maestro. . . ¿dónde viven después del sepulcro?. . . —preguntó Pedro.

—¡Malos, malos!. . . —dijo pensativo el Maestro—. Es esa una palabra que no siempre expresa la realidad, en cuanto al reino de las almas se refiere. Allí la escala comienza en aquellos que todo lo ignoran y cuyo atraso intelectual y moral es completo: son pues, ignorantes y atrasados. Allí hay abnegados maestros, Cirios de la Piedad, que les enseñan el camino del bien y de la justicia.

"Los verdaderos malos son espíritus conscientes de que lo son, y quieren seguirlo siendo, porque así satisfacen sus aspiraciones de riqueza, de poder, de dominación sobre sus semejantes. Para esos tiene el Padre moradas correccionales severísimas, donde las almas permanecen en padecimientos iguales a los que causaron a sus semejantes, hasta que han comprendido su error y se deciden a cambiar de camino. En estos casos el arrepentimiento y deseo del bien, es la llave de oro que les abre las puertas de inmediato.

"El Padre no tiene cadenas perpetuas, y por eso está mal que los jueces terrestres las impongan. El castigo para ser justo, debe durar lo que dura el deseo del mal.

"Cuando ha cesado el deseo del mal, debe cesar la corrección para dar lugar a la expiación santa que redime, bajo la luz serena de la esperanza en un futuro de paz y de amor.

—¿Cuándo verá esa humanidad por los mismos cristales por donde tú, Señor, miras todas las cosas? —preguntó Simónides.

—Si os digo el tiempo que según mi creencia tardará, temo que os sentéis todos sobre una piedra y os quedéis petrificados como ella.

"Es mejor que digamos con nuestro deseo: ¡llegará pronto!

Al terminar la cena, el Maestro hizo la acción de gracias acostumbrada y se retiraron a descansar.

A la madrugada siguiente salieron hacia Archelais, primera jornada de Samaria.

Durante el trayecto no ocurrió incidente digno de mencionarse, pero al llegar a la ciudad encontraron las puertas cerradas.

Los guardias dijeron que había un motín popular, y que solamente se dejaba entrar sin dificultad ninguna, a las mujeres y a los niños. Pero para dar entrada a los hombres se necesitaba el *visto bueno* del Centurión.

—Hijo mío —dijo Simónides al príncipe Judá— haz valer tu nombre romano, que la noche llegará pronto y no podemos pasarla aquí.

El lector debe recordar que Samaria y Judea, estaban bajo la jurisdicción del Procurador romano Poncio Pilatos.

—Y si tu nombre no bastara —añadió— me veré obligado a presentar el permiso firmado por César, para que mis caravanas transiten libremente por todos sus dominios.

Tan severas eran las órdenes que la guardia tenía, que no bastó el nombre romano de *Quintus Arrius* hijo, que dio el príncipe Judá y fue necesario el documento secreto de Simónides.

Jhasua se había retrasado con sus discípulos y familiares y llegó en el momento en que les era ya franqueada la entrada.

El Centurión les dio toda clase de excusas y se ofreció para cualquier cosa que pudieran necesitar.

—Estaría por deciros —añadió mirando a las mujeres y los niños—, que no paséis de la plaza de las caravanas. Las piedras vuelan como pájaros y me disgustaría que dos amigos del César que viajan con la familia sufrieran contratiempo.

—¿Qué pasa aquí? —preguntó el Maestro.

—Que hay motín en la ciudad, y el Centurión cree peligroso que sigamos —contestóle Judá.

—Somos gentes de paz, Centurión —dijo el Maestro.

—Ya lo sé, pero esos demonios de herodianos arrojan piedras desde los árboles.

—¿Se puede saber la causa de este disturbio? —preguntó de nuevo el Maestro.

—¡Qué sé yo, señores míos, de los enredos que hay entre judíos, galileos y samaritanos! Sólo llevo aquí tres semanas y ya estoy loco de remate...'

Uno de los guardias, dijo:

—Vinieron aquí dos viajeros, que dijeron ser discípulos de un profeta que hizo degollar el rey Herodes Antipas. El pueblo les hizo una demostración de simpatía, y los herodianos otra demostración de odio, que si no es por nuestra intervención los ultiman a pedradas.

Jhasua iba a protestar de inmediato, pero Judá le hizo señal de silencio.

—El profeta sacrificado —dijo— era amigo del César, y en mi calidad de ciudadano romano reclamo esos dos viajeros maltratados para tenerlos conmigo.

—También yo los reclamo en nombre del César —añadió Simónides.

—Aquí están en la enfermería de esta torre —dijo—. Tened la bondad de seguirme.

El Maestro siguió a Simónides y a Judá, mientras el resto de los viajeros desmontaban en la plaza de las caravanas y esperaban en el depósito de cargamentos.

Myriam y las demás mujeres se apretaban unas a otras como corderillas asustadas.

—Desde que Herodes puso sus pies en Galilea, no tenemos ya paz ni sosiego —dijo la castellana de Mágdalo—. Por mi madre que era romana, tengo en mi casa todas las garantías que el gobierno de Roma concedió a mi padre.

"En el castillo cabemos todos; venid conmigo si en vuestras casas no estáis seguros.

—Gracias, hija mía —dijeron a una voz Myriam y Salomé—. ¿Qué puede querer Herodes ni Herodias, de humildes gentes como nosotros?

Mientras estos comentarios femeninos, los hombres se habían ido acercando a la torre por averiguar lo que ocurría.

Tirados sobre una colchoneta de cerda, había dos cuerpos humanos vestidos de lana obscura, y cuyas cabezas vendadas hacían comprender que eran heridas graves.

La sangre había empapado las vendas, y aquellos rostros lívidos decían bien claro, que habían perdido mucha sangre.

—Soy médico —dijo el Maestro al centurión—. Mandad que me traigan agua, vino y aceite.

Se arrodilló junto a ellos y vio que ambos respiraban y que la pulsación aunque débil se dejaba sentir en su ritmo normal.

El príncipe Judá y Simónides que se habían presentado con derechos sobre los heridos pidieron camillas y escolta para llevarles a la posada, anticipando que pagarían lo que fuera necesario.

Mientras todo este preparativo, el Maestro con sus doce rodeaban a los heridos mientras les quitaban las sangrientas vendas.

El pensamiento tiernísimo de Jhasua volaba hacia Jhoanán y le decía:

—¡Hermano mío!... feliz de ti que estás libre en el Reino de Dios, mientras los que te siguieron, soportan aún el duro cautiverio a que les someten sus hermanos inconscientes y ciegos.

"¡Mira tus dos pajarillos heridos sólo por ser discípulos tuyos!...

Ambos jóvenes se incorporaron como movidos por una corriente poderosa y mirando hacia un rincón de la sala decían: ¡Ya viene!... ¡Ya viene por nosotros!...

—¡Aún no es la hora!... —les dijo la voz dulcísima de Jhasua, que también había percibido la aparición radiante del profeta mártir. Extendía sus manos llenas de bendiciones sobre el grupo de seres que había dejado como herederos y continuadores de su obra de precursor del Verbo de Dios.

Aquellas dos grandes almas: el Cristo y su precursor, habían venido a la Tierra unidos por una indestructible alianza que la muerte de uno era muy poca cosa para romper. De antemano habían aceptado ambos su inmolación en beneficio de la humanidad.

La presencia divina se hizo sentir de todos en aquellos momentos, si bien, solo el Maestro y los dos heridos percibieron la radiante aparición de Jhoanán.

Cuando el criado llegó trayendo lo que se le había pedido para la curación, las heridas estaban cerradas y solo se percibía un color rosado subido en el sitio en que estuvieron.

Contusiones, golpes, agotamiento físico, todo había desaparecido y los ex-heridos referían con suma tranquilidad cómo se había producido el motín.

El criado dejó todo y corrió al Centurión.

—Ven y mira —le dijo— que los que estaban medio muertos, están más fuertes y sanos que nosotros.

"Aquí anda la magia señor, y el espanto se aprieta a mi garganta como la soga de un ahorcado.

—Poca cosa eres si te asustas por eso. Sabes que estamos en un país de profetas maravillosos. Nosotros tenemos nuestros dioses: ellos tienen los suyos.

Y cuando iba a cerciorarse de lo ocurrido les encontró a todos saliendo de la sala.

—Centurión —le dijo Judá— las camillas y la escolta no son necesarias porque los enfermos andan por sus pies.

—Buen médico tenéis que en breve tiempo hace andar dos cuerpos deshechos a pedradas.

"Menos mal que así ha ocurrido, que si no, esta misma noche mandaba preparar lo menos cincuenta horcas para esos amotinados que se resisten a bajar de los árboles porque saben lo que les espera.

—Centurión —díjole el Maestro— ¿qué quieres de mí por la vida y la libertad de todos ellos?

—Y ¿quién eres tú, que puedes comprar la vida de cincuenta fascinerosos? ¿Y para qué? ¿No ves que son fieras dañinas que deben exterminarse?

—Déjame probar con ellos y después harás lo que te parezca —insistió el Maestro.

—Bien. Veo que estoy ante uno de esos profetas que abundan en esta tierra. Te lo concedo hasta que cierre la noche. Me atenacea la curiosidad de ver lo que harás con ellos. Ahí los tienes en lo más alto de esos cedros.

—Gracias Centurión. Que la paz sea contigo —contestó el Maestro, saliendo seguido de los suyos que miraban los árboles, de donde seguían saliendo piedras.

—Quedaos vosotros quietos aquí, —les dijo a los suyos—, y hazme el favor Centurión de no salir del pórtico de la torre.

Se encaminó solo, hacia el grupo de árboles ubicados alrededor de un estanque de mármol.

En la penumbra del atardecer la silueta blanca del Maestro se destacaba con nitidez de la sombra proyectada por los árboles, y el obscuro verdor de la yerba que tapizaba el suelo. Todas las miradas estaban fijas en él.

—Bajad os ruego amigos míos, —dijo a los rebeldes cuyas cabezas asomaban curiosas al ver aquel hombre joven y hermoso, que se acercaba desarmado a parlamentar con ellos.

—Se rinde el romano ¿eh?, y se escuda tras el Rabí porque tiene miedo —dijo en alta voz uno de ellos.

—Es el Profeta Nazareno que cura los enfermos en el Lago —añadió otro—. De seguro que ha pedido nuestro indulto.

—Justamente —contestóle el Maestro— lo he pedido y lo he conseguido a condición de que abandonéis vuestra actitud agresiva y salgáis de la jurisdicción del Procurador Romano. De lo contrario, ésta misma noche se levantarán las horcas para vosotros.

"¿Sois herodianos? idos con él, y dejad en paz a las gentes.

—¿Quién nos asegura que no es ésto un lazo de esos lobos romanos para cazarnos como moscas? —dijo el primero que había hablado—. Mira Profeta, que tú eres bueno como el pan, no lo dudamos, pero detrás de ti está la guarnición de la torre. ¡No bajamos! A la media noche habremos resuelto el problema.

El Maestro guardó silencio y no habrían pasado dos minutos, cuando los cincuenta y tres hombres cayeron como pesados fardos que un poderoso vendaval hubiese tirado a tierra.

Ni uno de ellos se movía.

— ¡Desobedecieron al Profeta y los ha matado! —gritó un soldado echando a correr seguido de toda la guarnición.

Los compañeros del Maestro corrieron también, y gentes que transitaban por la plaza de la torre se detenían a contemplar el inusitado espectáculo.

El Centurión llegó también, y de inmediato se dirigió a Jhasua que examinaba los cuerpos inermes de los insurrectos.

—¿Te convences Profeta de que éstas fieras humanas no se les conduce con hilos de seda?

—Sí Centurión, estoy convencido, pero tampoco se les corrige con la horca. ¿Qué habrás ganado, matando cincuenta y tres hombres, padres de familia acaso, si muertos ellos, otros tantos se levantarán impulsados por el odio y tomarán venganza de ti cuando menos lo pienses?

"¡Ya ves lo que son ahora!, un inerme montón de carne y huesos que puedes destrozar como quieras. Pero tú que eres un oficial de la Roma educadora de pueblos ¿vas a ensañarte con un puñado de hombres a quienes ha fanatizado esa indigna Herodías, que no bastándole su escandalosa vida, ha sembrado el odio entre hermanos de raza y de fe?

—Será como dices Profeta, pero yo estoy aquí para guardar el orden y seré castigado severamente si dejo impune la rebeldía de estos miserables —contestó el Centurión—. Desde la madrugada tienen alborotada a la población.

—Te doy mi palabra, de que no bien se despierten cruzarán el Jordán y no volverán más a Archelais. Te entregarán sus armas: ya ves que no es solo el zurrón con piedras, sino puñales y alfanges con el busto de Herodias en el mango, lo que llevan estos infelices. —Y al decir así el Maestro indicaba al Centurión los mangos de los alfanges de los hombres tendidos en tierra.

—Concedido —dijo el oficial romano— aunque más no sea que por ver hasta dónde llegan los estupendos poderes de que estás dotado.

Mentalmente el Maestro les mandó despertar y todos ellos se incorporaron, soñolientos como si hubiesen dormido largas horas.

—No me obedecisteis —les dijo con severidad el Maestro— y empeorasteis vuestra situación. ¿Qué haréis ahora?

Todos ellos echaron mano a sus armas y las dejaron ante el Centurión que parecía una estatua. Vaciaron los saquillos de piedras y acercándose a Jhasua dijo el que parecía ser el jefe:

—¡Profeta!... quisisteis salvarnos la vida a todos, y fui yo quien me opuse. Yo sólo debo morir. Así pagaré el daño que he causado sirviendo a esa maldita mujer.

"¡Centurión!... aquí me tienes. Ruégote que tengas piedad de mis compañeros que no han hecho más que obedecerme.

Y extendió sus manos al oficial para que le atara la cadena.

Una mujer con las vestiduras desgarradas y los cabellos blancos destrenzados en desorden llegó corriendo seguida de tres criaturas pobremente vestidas con el terror pintado en el semblante.

—¡Que van a ahorcar a mi hijo!... —gritaba la anciana—. ¡Me lo acaba de avisar un profeta de Dios!...

"¡Perdón!, ¡perdón para él! —y la infeliz anciana se abrazó a las rodillas del Centurión.

—¡Padre!... ¡padre! —clamaban llorando los niños—. ¿Qué hiciste que van a ahorcarte? —y se colgaban de sus brazos, de sus ropas, de su cuello.

El adusto oficial romano, se mordía los labios hasta hacerse sangre y se clavaba las uñas en sus manos fuertemente cerradas.

El Maestro le seguía mirando con inmensa ternura, irradiando sobre él toda la piedad de su corazón.

Los soldados de la guarnición, volvían algunos la espalda porque aquella escena les hacía daño.

¡También tenían madre anciana, e hijos pequeños!

Las mujeres e hijos de algunos de los otros rebeldes llegaron también como si un mismo mensajero les hubiese avisado a todos. La escena de dolor y de llanto que allí se produjo la adivinará el lector, porque es difícil pintarla conforme a la realidad.

El Maestro se acercó al oficial y le preguntó:

—¿Mandarás levantar ésta noche las horcas?

—No Profeta, porque tú te has interpuesto entre la muerte y ellos. Y si eres poderoso para salvarles la vida a ellos, lo serás también para detener el castigo que yo merezco por ésta debilidad.

—¡Descuida!... que cuando Dios mi Padre hace las cosas, las hace perfectas.

El príncipe Judá se acercó al Centurión y le dijo: —Si has oído hablar de la gloria conquistada para Roma por el Duunviro Quintus Arrius, yo que soy su hijo, te hago donación de un solar de tierra o de un buque mercante, según que quieras trabajar en la tierra o en el mar, por si éste hecho te induce a renunciar tu cargo y emanciparte de la vida militar.

—Gracias amigo —díjole el Centurión emocionado en extremo—. En verdad ésta vida de la espada y el látigo no está hecha para mí. Te acepto la donación que la pagaré con mi trabajo algún día.

—Todo está pagado con la acción que acabas de hacer —le contestó el príncipe Judá—. Simónides y yo quedamos en Archelais por doce días y daremos forma legal a nuestro pacto.

El Centurión dijo a los autores del motín: —Haced por salir esta misma noche fuera de los muros de la ciudad. Tomadles una seña —dijo a los guardianes— y dejadles paso libre hasta el primer albor.

"Lo que hice hoy, acaso no podré hacerlo mañana.

—Idos en paz —les dijo el Maestro— y recordad siempre este día en que Dios, nuestro Padre, tuvo piedad de vosotros y os concedió la libertad y la vida para que viváis conforme a su Ley.

Aquellos hombres comenzaron a dispersarse con sus familiares y se perdían en las callejas ya sumidas en las primeras sombras del anochecer. El Maestro les seguía hasta perderles de vista.

De pronto vio que dos jovenzuelos volvían apresuradamente.

—Señor —dijo uno de ellos al Maestro—. Nosotros no tenemos a nadie en el mundo. Este es huérfano y solo, y yo también. La necesidad nos hizo unirnos a la banda de Herodías, pero queremos trabajar libres de ella. Tú que nos has salvado a todos de la horca, danos por piedad un trabajo honrado para ganarnos el pan.

— ¡Hanani! —llamó al Maestro, al padre de Fatmé—. ¿No habría en tus talleres de tapicería trabajo para estos dos muchachos?

—Lo hay siempre que me prometan ser juiciosos y honrados —contestó al momento.

—¿Te encargas de ellos?

—Sí Señor, desde éste momento.

—Venid pues con nosotros a la posada —añadió el Maestro— y olvidaos de todo cuanto ha pasado. Hoy empezáis una vida nueva.

La guarnición volvió a la torre y los viajeros a la plaza de las caravanas, donde las mujeres llenas de zozobras esperaban el regreso del Maestro y los suyos.

Estando ya en la mesa preguntó Pedro:

—¿Por qué será Maestro, que salen a tu paso todas las desgracias para que tú las remedies?

—No tan solo a mí, Pedro, sino a todos los hombres se presentan las oportunidades de hacer el bien; pero no todos las tomamos en cuenta.

"En la mayoría de los casos decimos egoístamente: ¿Qué tengo yo que mezclarme en lo que no me incumbe? Que se arregle cada cual con lo suyo y haga según su parecer.

"Y eso no es cumplir con la ley divina del amor fraterno. *"Ama a tu prójimo como a ti mismo"* significa: *Haz por él lo que quieres que se haga contigo.* La corrección al que la necesita es también una forma del amor y de la justicia.

"Las oportunidades de hacer el bien las presenta el Padre a todos sus hijos y muchas veces en la vida, a fin de que ninguno pueda excusarse de no haberlo hecho por falta de oportunidades. Y os digo hoy que en la voluntad y decisión con que las almas aprovechan las oportunidades de hacer el bien, puede verse claramente el grado de adelanto espiritual y moral de cada cual.

"Están los que hacen el bien mirando sacar de ello un pequeño o grande beneficio. Están los que hacen el bien por la satisfacción que les causa el amor y gratitud que los beneficiados les prodigan.

"Y están por fin, los que no esperan ni quieren una cosa ni otra, y hacen el bien porque una fuerza interna les impulsa a hacerlo; porque el fuego del amor les obliga a manifestarlo con hechos, y la vida les es tediosa y pesada si no están al servicio de todos los dolores humanos. ¡Entre estos últimos estaréis vosotros!... debéis estar vosotros, porque el discípulo ha de ir pisando las huellas de su Maestro, si quiere ser fiel a su enseñanza de amor desinteresado y puro.

"Por eso os he dicho y lo repito: Si en vosotros alienta el amor que vive en mí, mi Padre y yo, haremos nuestra morada en vuestro corazón.

Se hizo un tranquilo rumor de comentarios entre los presentes, y el Maestro comprendió que algunos se sentían muy débiles para subir tan alto.

—Vendrá un día —les dijo— en que la claridad y fuerza divinas tomarán posesión de vosotros de tal forma, que os desconoceréis a vosotros mismos.

—¿Cuándo será eso Maestro —preguntaron varias voces a la vez.

—Cuando yo haya subido al Padre, en esa ascensión de la que no se vuelve a la carne —les contestó.

"Más aún que ahora, podré vigilar vuestros pasos, y allanar vuestro camino —añadió—; pero será necesario que me lo digáis en vuestra oración, porque del contacto de vuestro anhelo vivo y profundo con el mío, surgirá esa fuerza divina que os hará vencer los obstáculos y salir victoriosos de todas las pruebas a que seáis sometidos, en confirmación de las eternas verdades que de mí habéis recibido.

Algo así como un silencio de meditación se hizo y de los ojos serenos de Myriam, se deslizaron dos lágrimas mudas que la joven María sintió caer en sus propias manos cruzadas sobre las rodillas de aquella a cuyos pies estaba sentada.

—Tú piensas lo mismo que yo —díjole— y por eso lloras. Cuando él suba al Padre ¿a quién acudiremos nosotros?

La dulce madre la miró asombrada de aquella especie de adivinación de sus pensamientos.

—Guardemos todo ésto en nuestro corazón hija mía, y que la voluntad de Dios sea cumplida en nosotros —le contestó levantándose, pues que todos se retiraban a descansar.

Cuando el sol del nuevo día se levantaba en el horizonte, nuestros viajeros continuaban el viaje a Sevthópolis, donde la pequeña caravana se dividió en dos: los que debían ir a Nazareth, Nain y Caná y los que torciendo a la derecha tomarían el camino al Lago de Tiberiades. El joven Felipe quedó en la aldea de Beth-san.

Estaban por fin en tierra natal, la pintoresca Galilea, donde les parecían más suaves las brisas, más azul el cielo y más perfumadas las flores.

El Maestro y sus doce con la familia de Zebedeo, Hanani y las mujeres del Castillo de Mágdalo, tomaron el camino de Tiberiades, prometiéndose encontrarse de nuevo con Myriam y el tío Jaime en la siguiente luna llena en el Monte Tabor, época en la cual había promoción de grados después de tres días de silencio y oración.

LA APOTEOSIS DEL UNGIDO

Hemos llegado, lector amigo, a la parte final de nuestro relato sobre la vida excelsa de Jhasua de Nazareth, encarnación del Verbo Divino en la Tierra.

Entramos en un campo de oro y zafir, resplandeciente de manifiestaciones supra-normales donde la grandeza de Dios parece desbordarse sobre la personalidad augusta del Cristo encarnado.

Faltan sólo ocho lunas para su entrada triunfal en el Reino de su Padre, y su alma siente cada vez con mayor intensidad el ansia suprema de la Divina Unión.

Planea más allá de las blancas nubes del cielo galileo, más allá de las estrellas que se perciben como puntos de luz desde los valles terrestres, y vuelve con pena a las pequeñeces mezquinas de nuestro mundo, donde ha sembrado el amor y se irá sin verle aún florecer.

Sabe que muy pronto dejará todo esto, y su corazón se desborda en amor sobre todos aquellos que le rodean y que algo llegaron a comprenderle; sobre aquellos que amó y le amaron, cuanto puede amar la débil criatura terrestre. . .

Y trae a la memoria sus nombres, sus vinculaciones con ellos, sus lejanas rutas pasadas, y el obscuro enigma de lo porvenir.

Dos corrientes poderosas de amor le atraen con fuerza irresistible: sus elevadas alianzas espirituales que dejó en las radiantes moradas de los cielos superiores para bajar a la Tierra, y sus afectos terrestres profundos, que llenaban de emociones tiernísimas a su corazón de hombre.

Y sus discípulos y amigos le veían pensativo, sentado a la vera del Mar de Galilea, o sobre una barca mecida por las olas, mientras su mirada se perdía a lo lejos como una luz que se difunde por la inmensidad.

Buscaba la soledad con más frecuencia que antes, y en prolongados retiros en las quebradas de la montaña, o en la espesura de los follajes, se dejaba llevar por las alas radiantes de la contemplación interior, donde sin duda templaba la amarga desolación de los que dejaba, con la divina alegría de los que iba a encontrar.

Pero tal estado extraordinario en la psiquis del Gran Maestro, no le retenía en sus tareas de misionero.

Ni un solo día pasaba sin que la Energía Eterna hiciera sentir su soberano poder sobre todos los dolores humanos que se cruzaban en el camino del Ungido. Y su corazón, flor divina de ternura y de piedad, enamorado eterno del dolor, parecía sentir la ausencia de las angustias humanas, cuando pasado el mediodía, no había escuchado el pedido de auxilio: ¡Señor!. . . sálvame!

Y entonces pedía a sus amigos de la intimidad que le acompañasen a orar para que el Padre, piedad y misericordia infinitas, hiciera sentir a todos los doloridos de la Tierra, el alivio, el consuelo y la esperanza, mientras estaba en la materia el que había venido para salvarles.

Algunos de sus amigos íntimos confiaron a otros, o vaciaron en pergaminos los conmovedores relatos de esta epopeya final del alma del Cristo, en íntima unión con la Divinidad.

Hemos llenado páginas y páginas relatando día a día la vida del Cristo en relación con la humanidad que estuvo en contacto con él.

Encantador como niño en la ternura íntima del hogar y la familia; afable y dócil en su adolescencia, iluminada ya con fúlgidos chispazos de su inteligencia superior; nimbado con una aura de amor y de piedad, de ansias supremas de sabiduría en su juventud de apóstol que se inicia; y la culminación de su grandeza como Enviado Divino en su edad viril, todo ello en relación con los que tuvieron la dicha de conocerle, ya fueran de altas posiciones, como de la turbamulta que lloró junto a él sus dolores, que le pidió salud, vida, pan y lumbre para acallar los gritos de su miseria. . .

Hemos visto, pues, al Cristo entre los hombres lo bastante, para comprender que nadie como él supo hacer suyos los dolores de sus semejantes, que nadie como él supo tocar sin herir las íntimas fibras del corazón humano, lacerado por toda suerte de desesperaciones y de angustias; que nadie como él tuvo la suave y delicada tolerancia para aquellos cuyo despertar a la verdad divina, no había sonado aún en los Eternos designios...

Creemos conocer al Cristo divino en sus relaciones humanas.

Justo es dedicar este capítulo final, para que junto contigo, lector, ensayemos el conocimiento de Cristo en relación con la Divinidad. ¿Seremos capaces de subir tan alto?

¿Seremos capaces de seguir los vuelos gigantescos de su espíritu, señor de sí mismo, porque escaló las cumbres de la pureza en el amor de la perfección en las obras y de la potencia de su voluntad?

¿Sabremos sentir la melodía del Amor Divino, cuando él ora a su Padre, Amor Universal, para que lo derrame por su intermedio como una lluvia de bálsamo sobre todas las criaturas de la Tierra?

¿Podremos comprender a la Soberana Omnipotencia que se vacía como un torrente desbordado de salud, consuelo y esperanza sobre todas las desesperaciones humanas, cuando el Cristo retirado a la soledad de los montes se sumerge en la Divinidad en la oración profunda, y en hondos pensamientos sin palabras, le ruega con la sencillez de su alma hecha de amor y de fe?

"¡Padre mío!. . . la humanidad terrestre es mi herencia. . . Tú me la has dado!. . . ¡Está ciega y no ve!. . . ¡Está leprosa y cubierta de llagas!. . . ¡Yo la amo como Tú me amas!. . . ¡Quiero hacerla dichosa. . . feliz, iluminada de sabiduría. . . coronada de paz y de esperanza!. . . ¡La grandeza infinita de los cielos es tuya!. . . ¡Millares de seres de luz obedecen a tu Eterno Pensamiento!. . . ¡Tú piensas y está hecho!. . . ¡Que ellos cubran la pequeñez de esta Tierra como bandada de aves canoras y canten a los hombres palabras de paz, de amor y de esperanza. . . que apaguen todos los odios, las venganzas. . . los rencores!. . .

"¡Que enciendan una lámpara de amor en cada corazón humano... que la estrella polar de la fe alumbre todos los caminos de los hombres!... que rasguen las tinieblas en todas las conciencias... que ni un alma sola quede envuelta en la obscuridad..."

Y el alma radiante del Cristo, retazo de Divinidad unido a la carne... llamarada de amor hecha corazón de hombre, continuaba deshojando rosas blancas de paz y de consuelo... rosas bermejas de amor y de esperanza sobre todos sus semejantes, la mayoría de los cuales ni aún tenían noticia de que en un ignorado rincón de la Palestina avasallada por Roma, en las montañas galileas o sobre las azules ondas del lago, un hombre... un hombre solo, el Cristo Ungido de Dios, inundaba la Tierra de amor, paralizaba los odios, contenía las furias de la cólera en los poderosos, desataba las cadenas a muchos esclavos... anulaba sentencias de muerte... calmaba tempestades en los mares, y epidemias en las ciudades... aquietaba las legiones guerreras en somnolencia de paz y de sosiego. '' ¡Paz a los hombres de buena voluntad'' habían cantado los cielos a su llegada a la Tierra. Y la larga paz romana, atribuída a la política de Augusto, fue la respuesta al mandato divino, porque el Ungido así lo pedía al Autor Supremo de la Verdad y de la Vida!

¿No tenía su Padre Amor Universal, inmensas legiones de seres de luz para verter en cada corazón humano una gota de miel que endulzara todas sus angustias, un vaso de agua refrescante para su sed?...

Entremos sin temor, lector amigo, a los senderos silenciosos y encantados reservados por el Eterno, al pensamiento humano.

Tomémonos de la clámide blanca, de esa maga divina que llamamos *meditación*, la cual lleva una antorcha encendida por la Divina Sabiduría, para alumbrar los caminos de todas las almas que buscan claridad.

Junto a ella, la ignorancia huye despavorida, la inconsciencia se diluye en la luz, la incomprensión se esfuma, y da paso a esa dulce tolerancia que espera indefinidamente...

Tan sólo en los jardines iluminados de la Meditación podremos acercarnos un paso no más, a la grandiosa obra apostólica del Ungido en unión con la Divinidad.

Está sobre el Monte Tabor a donde ha subido solo, porque siente su alma afiebrada de amor. La Divinidad le atrae como un poderoso imán. Detrás de sí, está toda la humanidad que sufre, que gime estrujada por todos los egoísmos que hacen de cada vida un desgarramiento continuo.

¡El lo sabe! ¡El lo ve! Lo siente en las íntimas fibras de su corazón de hombre, y sufre angustias de muerte en cada tragedia humana que su clarividencia percibe aún a inmensas distancias...

¡Las leyes inmutables a que está sujeta la materia, impiden a la suya correr en pos de todos los dolores para poner su mano en todas las heridas en todas las deformidades y degeneraciones de la humanidad reducida a piltrafa!... ¡Pero la santa y divina libertad concedida por el Altísimo al espíritu humano, le permite extender sus alas hambrientas de inmensidad por cada tugurio, por cada mísera cabaña, por la derruída choza como por los trágicos palacios, torreones y castillos, donde también los poderosos arrastran cadenas y gimen por la impotencia de su oro, para darles ni una migaja de felicidad!...

¡El Cristo lo olvida todo!... ¡Ya no ve ni percibe más que la infinita grandeza de su Padre-Amor Eterno, y a la humanidad infeliz arrastrándose en el polvo de su propia miseria!

Que la antorcha radiante de nuestra *maga divina*, la Meditación nos alumbre por un resquicio el mundo interno del Ungido, apremiado por tan diferentes visiones.

¡Su Padre-Amor Universal e Infinito, le da todo sin límite ni medida!... ¡Todo es suyo en aquellos instantes de unión suprema y divina! ¡Todo es suyo!... ¡Absolutamente suyo!...

¡La humanidad terrestre necesita todo!... Hambrienta, desnuda, leprosa, ciega, cubierta de llagas más morales que físicas, se arrastra como un harapo en fangales que ella misma creó para su mal.

¡Y nuestra *maga divina,* si acertamos a ver su luz y escuchar sus voces sin ruido, nos dirá que el Cristo de la piedad y del amor, recoge con ansia indescriptible, los tesoros de Dios Padre Universal, que se los da sin límite ni medida, y los derrama a torrentes sobre esta humanidad infeliz, que recibió todos los dones para ser buena y dichosa, y se empeña en continuar miserable y desventurada!...

Los discípulos y familiares que habían quedado también en piadosos ejercicios, en el humilde santuario de rocas o en sus grutas particulares, comienzan a extrañarse de la tardanza del Maestro. Le habían visto subir la cumbre del monte, como un corderillo blanco que se perdía entre el verde follaje.

Pedro, Santiago y Juan suben en busca suya.

Al verle envuelto en radiantes claridades, inmóvil con sus ojos cerrados y sus manos cruzadas sobre el pecho, caen de rodillas, porque el cuadro que se presenta a su vista no es de la tierra, y creen que se han abierto los cielos y que Jehová convertido en un millar de soles, va a llevarse a su Maestro en carroza de fuego, como a otro Elías-Profeta. ¡Poco a poco se va haciendo en ellos la luz, y perciben claramente imágenes vivas, luminosas, transparentes, en torno a su Maestro, sobre el cual derraman más y más como arroyos caudalosos, de un agua maravillosa que refulge como fuego, y esparce frescura de nieve blanca y sutil!

¿Qué es aquello? ¡No saben definirlo ni precisarlo! ¡Una inefable dicha los inunda, les absorbe los sentidos, la vida, les paraliza todos los movimientos, y caen en el suave letargo extático que es como un retazo de cielo abierto sobre la Tierra!

Abismados ante aquel mar de luz, que es como una inundación de ternuras infinitas, murmuran palabras incoherentes, sollozan, ríen, tienden sus brazos hacia su maestro, al cual ven como un astro soberano que estuviera suspendido entre el cielo y la Tierra.

¡Qué excelso... qué grande aparece ante ellos el Hijo del Dios Vivo, anunciado por los Profetas tantos siglos atrás, y al cual ven ahora en todo su esplendor y a pocos pasos de ellos!

La visión se esfuma lentamente en las últimas claridades de la tarde que muere, y el Maestro se acerca a ellos para sacarles de su estupor. Les ruega guardar silencio respecto a la radiante manifestación espiritual que han presenciado, y bajan los cuatro en ese silencioso recogimiento que embarga al espíritu, cuando ha percibido por un momento la infinita dulzura de Dios-Amor.

El Maestro en silencio entra al Santuario de rocas, iluminado por temblorosos cirios, donde los solitarios que fueron sus maestros de la primera juventud, muy ancianos ya, cantaban el salmo 146, cuyas férvidas notas de Adoración al Dios de la piedad y la misericordia, enternecieron hasta lo sumo las almas de los tres discípulos favorecidos con la esplendente visión, y sin saber cómo ni por qué, se abrazaron estrechamente y rompieron a llorar a grandes sollozos.

Mas nadie se asombró de esto, pues era común que emociones ternísimas durante el canto solemne de los salmos, arrancaran sollozos y lágrimas a los más sensitivos.

La castellana de Mágdalo y sus compañeras, se iniciaron esa tarde en el grado primero de la Fraternidad Esenia; y dejadas todas las galas conque la costumbre griega adornaba a las mujeres, se cubrían con el manto blanco de las doncellas esenias, lo cual parecíales que más les acercaba al hombre justo, que irradiaba santidad de toda su persona.

Era costumbre que en tal ceremonia llena de tierna sencillez, las doncellas fueran presentadas ante los ancianos Maestros por una viuda respetable y de reconocida virtud, a la que llamaban *madrina,* derivado de *madre*. Y fue Myriam la elegida en este caso.

El Maestro de los maestros estaba sentado entre los Ancianos, porque complacía el deseo de ellos de que fuera él quien velara las cabezas de las doncellas, y les hiciera sacar a la suerte, la cedulilla con el consejo de la Sabiduría que debía orientar aquellas almas hasta el final de la vida.

Resonaban las notas suavísimas con que entre los esenios se acompañaba el canto de los versos del poema de los Cantares, cuando la hermosa madre de Jhasua, venerable en el ocaso de su vida, entraba a la gran gruta-santuario, seguida de las diez doncellas que recibirían el velo blanco de iniciación.

Cuando se acercaban al centro , reconoció a su hijo entre los ancianos sentados en torno al pedestal de roca en que se veneraban las tablas de la Ley.

Una emoción inmensa la embargó de pronto, pues comprendió que sería él mismo quien recibiría la ofrenda de almas que ella traía para Jehová.

¡Dichosas almas aquellas, las cuales, entre la madre santa y el hijo excelso, eran introducidas al jardín encantado de la verdad, de la sabiduría y del amor!

El Maestro comprendió que la castellana de Mágdalo se quedaba atrás con el manifiesto propósito de ser la última en acercarse.

¿Era que vacilaba aún? ¿Era que aún no había despertado por completo su espíritu a la Ley Divina que aceptaba en ese instante?

Cuando llegó su turno, se acercó temblando y cayó de rodillas entre convulsivos sollozos.

La dulce Myriam se inclinó sobre ella para darle consuelo y aliento, para acallar sus sollozos que resonaban dolorosamente en el ámbito adusto del santuario de rocas.

La vió vaciar sobre los pies de Jhasua una redoma de esencias y que doblando su cabeza sobre ellos los secaba con sus rubios cabellos destrenzados.

—¡El va a morir, madre! —dijo la joven entre sollozos—. ¡Yo le veo morir trágicamente!...

Myriam miró a su hijo con angustiados ojos, y vió su faz que resplandecía entre un nimbo de oro y zafir, en medio del cual, y como un fondo de cuadro, se destacaba una cruz formada de estrellas.

El Maestro lo comprendió todo, y antes que su madre se abrazara a él, unió las dos cabezas veladas de blanco y poniendo sus manos sobre ellas dijo con palabras que la emoción hacía temblorosas:

—¡Benditas seáis vosotras que habéis visto la Voluntad Suprema antes que los demás!...

El augurio tremendo comenzó a flotar desde entonces, en el santuario esenio del Monte Tabor, y voló de allí al Monte Hermón y a las cumbres nevadas del Monte Carmelo en la orilla del Mediterráneo, al Monte Ebat en Samaria, al Monte Quarantana a orillas del Mar Muerto, y a las alturas inaccesibles de los Montes de Moab.

Una fuerte cadena de pensamientos afines comenzó a tejerse entre los Ancianos de todos los Santuarios esenios, a los cuales se unieron las tres Escuelas de Divina Sabiduría fundadas por aquellos tres ilustres viajeros del oriente, que treinta y dos años antes habían llegado a Jerusalén, en busca del Verbo Divino anunciado por los videntes de todos los países y confirmado con muda solemnidad por la conjunción de los astros.

Era una cadena de diamante en torno del Ungido, cuya grandeza espiritual se manifestaba casi de continuo, como si el Eterno Amor quisiera obligar a la humanidad terrestre, a despertarse por fin a la Verdad Divina.

En todas las sinagogas de la Galilea, en las orillas del Lago de Tiberiades, en las montañas de Samaria y de Perea, en la Batanea y el Aurán, se veía flotar el manto blanco del Maestro Nazareno como una caricia para los débiles y oprimidos, víctimas siempre de la prepotencia y de la injusticia; y como un azotón de fuego para los poderosos déspotas, para los falsos profetas encubridores de la Verdad, para los devotos hipócritas, *"sepulcros blanqueados por fuera, y por dentro, llenos de podredumbre", los que colaban un mosquito y tragaban un cangrejo, los que veían la paja en el ojo ajeno y no miraban la viga en el suyo".*

Y su voz resonaba como un clarín de bronce, haciendo enmudecer a los viejos doctores de la Ley, Escribas y Sacerdotes, que despojaban del fruto de su trabajo a los pueblos, ordenándoles ofrendas y sacrificios a Jehová, que ellos sustraían con insaciable avaricia del Templo del Señor.

Como jauría de lebreles, acobardados por el rugido del majestuoso león de la selva, huían de las plazas y las sinagogas, todos aquellos que se veían directamente aludidos en los vibrantes discursos del gran Maestro, en medio de numerosas muchedumbres.

Sus familiares sufrían angustiosos temores. Sus discípulos temblaban, esperando ver por momentos aparecer un pelotón de soldados romanos o de esbirros de Herodes, para prender a su Maestro, cuya palabra era como un látigo fustigando los vicios e iniquidades de los poderosos, de las cortes reales y de los magnates, que resplandecían de oro bajo los atrios del Templo.

Cuando sus íntimos le rogaban suavizar sus palabras, él solo respondía:

—¡Ya es la hora!... ¡Durante tantos años fui ruiseñor que canta... vaso de dulzura y de piedad... paño de lágrimas para todos los dolores humanos!... ¡Ha llegado por fin la hora!... ¡No temáis! ¡Es la hora de mi Padre! ¡Es la hora de su Justicia! ¡Es la hora del triunfo y de la libertad! ¿No véis cernirse ya en los cielos la gloria del Padre, cantada por sus angeles y sus santos porque se acerca el triunfo de su Elegido?

"¿Qué ha de temer el Cristo hijo de Dios Vivo, de los potentados de la Tierra?...

Al oírle así, todos sus amigos, discípulos y familiares cobraban aliento y se llenaban de entusiasmo y de gozo, interpretando sus palabras en el sentido de que pronto lo verían proclamado como rey, más poderoso que David y Salomón.

La irradiación que emanaba su persona y su palabra llegó a tan extraordinaria potencialidad, que bastaba verlo o escucharlo, cuando hablaba a las multitudes para sentir su influencia benéfica sobre las enfermedades físicas y las enfermedades morales.

Más aún, su sola presencia daba la satisfacción a los deseos justos y nobles de aquellos que le amaban y creían en él.

Era víspera del día en que los Doce de su intimidad acostumbraban a hacer un gran reparto de pescado entre todas las familias indigentes de los alrededores del Lago de Tiberiades. Los más expertos en la materia habían pasado la noche tendiendo las redes en distintas direcciones, y a la madrugada se encontraron con las redes casi vacías.

La tarde antes hubo desfile de góndolas iluminadas, carreras de botes en el lago, según costumbre cuando el Tetrarca Antipas estaba en su palacio de Tiberias, y los peces habrían huido a las profundidades tranquilas de la parte norte del lago.

La verdad es que Pedro y sus compañeros estaban llenos de angustia, pensando en que pronto empezarían a llegar las familias que en tal día recibían la importante donación, de cuya venta sacaban el pan necesario para toda la semana.

¿Qué les dirían como excusa? ¿Por qué se habían comprometido para faltar así a la promesa, como vulgares embusteros que prometen y no cumplen?

El Maestro bajó de la colina a donde había subido de madrugada a orar, y se acercó a sus discípulos, que de inmediato le comunicaron la angustia.

Se acercó al lago casi hasta tocar el agua con sus pies. Contó con la mirada las barcas pescadoras que habían pasado la noche esperando la pesca. Miró unos instantes la tersa superficie de aquel pequeño mar galileo donde tantas horas felices había pasado; y en su mente se avivaron recuerdos de escenas tiernísimas de amor y de gratitud, de los seres sobre los cuales su piedad se había desbordado como un manantial...

Se vio de niño al lado de su padre y de Jhosuelín, su hermano, asando pescado sobre la playa mientras descargaban de una barcaza la madera que venía desde Iturea para el taller de Joseph.

Se vió niño también al lado de su madre, bogando hacia Cafarnaum donde tenían parientes y amigos muy ancianos que habían reclamado su presencia antes de morir.

Sobre aquel lago había curado los pulmones deshechos de Fatmé la hija de Hanani; había curado el alma agonizante de hastío de la castellana de Mágdalo; había vuelto la paz y la dicha a madres desesperadas al ver morir lentamente a sus hijos de consunción y de fiebre...

Algo así como una ardiente llamarada de amor iluminó su faz, y enterneció su corazón hasta el llanto...

—¡Pedro!... —gritó—, manda echar las redes a todas esas barcas que se balancean ociosas sobre las olas.

La orden fue obedecida con presteza, y con seguridad de éxito.

Una hora después, la playa estaba poblada de gentes que esperaban la donación.

Era la humanidad hambrienta y mísera de toda la comarca vecina, que esperaba del lago el alimento para toda la semana.

Las redes no habían sido aún sacadas, y las pobres gentes empezaban a encender sus pequeñas hogueras para asar el pescado que sería su desayuno y acaso su única comida del día.

Y el Maestro, acercándose a todos aquellos fuegos, acariciando a los niños, animando a los ancianos, consolando a las madres cargadas con numerosa familia, les decía con su voz musical que nadie que la hubiese oído podría olvidarla jamás:

—Haced más grande el fuego, ponedle un tronco más grueso, porque hoy el Padre Celestial os trae triple ración de pescado, y para llevarlo limpio al mercado estaréis aquí hasta la tarde.

Las gentes le miraban y sonreían dichosas con la promesa del hombre santo, que nunca hablaba a los humildes sino para llenarles el corazón de amor y de esperanza!...

Las crónicas de ese tiempo han dicho que las redes de los barcos pescadores casi se rompían por la extraordinaria abundancia de pesca en aquel día, y dijeron verdad... ¡toda la verdad! Zebedeo y otros ancianos como él, que habían pasado su vida a la ribera del mar de Galilea, aseguraban que nunca vieron una pesca semejante.

Fue llamada *la pesca milagrosa* y el hecho corrió como en las alas del viento dentro y fuera de la Palestina...

Los magnates del Templo ardían de cólera y de despecho. ¿Quién era aquel hombre que obscurecía de todas maneras su magnificencia, que echaba tierra sobre su sabiduría de doctores de Israel, de jueces, de maestros, de legisladores, pontífices y sacerdotes?

La pestilencia incurable de la lepra le obedecía, y un inmenso desfile de leprosos iban diariamente al Templo a ser reconocidos como sanos y devueltos a sus familiares.

Los poseídos de espíritus del mal, los ciegos, los paralíticos, los tuberculosos, los cancerosos, los contrahechos, los sordomudos, los cautivos, en cadena perpetua, los condenados a la horca, eran salvados por él... ¿Quién era aquel hombre y con qué autoridad hacía tan estupendos prodigios?

¡Ahora hasta los peces del mar galileo le obedecían y se entregaban a las redes para alimentar a las turbas hambrientas y desposeídas!...

Y el Sanhedrin estaba en conciliábulo permanente para dilucidar el enigma. Y los Escribas se quemaban las cejas a la luz temblorosa de los cirios, buscando en las viejas escrituras un rastro perdido en la obscuridad de los siglos, que les diera la clave de aquellos estupendos poderes que desde Moisés al presente no se había visto nada semejante!

Fue necesario hacer concurrir a las asambleas a los tres *personajes cumbres* de la sapiencia judía de la época: Hanán, Schamai e Hillel que sólo eran llamados para los definitorios solemnes e inapelables. De los tres, era Hillel el verdadero sabio, que apartando de sí todo fanatismo, todo prejuicio, toda idea de engrandecimiento personal, procuraba dar a cada cosa su justo lugar y que la verdad brillara por encima de todo aunque fuera en perjuicio propio.

Schamai fue de opinión que no se molestase al Profeta Nazareno por el momento, ya que él sólo atendía a las necesidades físicas y morales del pueblo, y no tocaba directamente ni al Templo, ni a la ley, ni al alto tribunal de Israel. Tampoco había pretendido proclamarse rey, ni presentarse como Mesías. Cierto que no había demostrado nunca el menor deseo de acercarse a las primeras autoridades religiosas que gobernaban a Israel, y esa falta de sumisión podía interpretarse como rebeldía; pero el pueblo todo estaba con él, y no habiendo acto ninguno condenado por la Ley, sería grave imprudencia encender la cólera del pueblo atacando directamente a su benefactor.

Hanán, ya conocido del lector por su hábil astucia, opinó igual que Schamai y sólo añadió que se nombrase tres doctores y tres escribas de los más hábiles y sutiles en la observación, para que estudiasen de cerca y muy secretamente la vida y las enseñanzas de Jhasua de Nazareth. De esta observación, podía surgir un motivo legal para condenarle, o una comprobación evidente de que era un enviado de Jehová para salvar a su pueblo del yugo del extranjero.

Hillel, cuya modestia le hacía hablar siempre el último, trató el asunto desde una altura digna de él, digna también de sus dos parientes sacrificados años antes al fanatismo sacerdotal; Hillel su tío y Judas de Galaad su cuñado; digna asimismo de su amigo íntimo Filón de Alejandría a cuyo lado había bebido a grandes sorbos el precioso elixir de la más antigua sabiduría de todos los países, recogido como en ánfora de oro por Ptolomeo I en el Serapeum y en el Museo de Alejandría.

Hizo una breve reseña de todos los profetas y hombres ilustres sacrificados por las autoridades religiosas de Israel, las cuales caían siempre en el mismo error de creerse dueños absolutos de la verdad, siendo así que *lo absoluto* sólo pertenece a Dios; y el hombre sea cual fuere su posición y su altura, está siempre sujeto a error, máxime cuando en su fuero interno sostiene la ensoberbecida frase: *la verdad soy yo.*

Hizo alusiones brillantes a la esperanza de Israel de un Mesías Salvador, que sus grandes Profetas venían anunciando desde seis siglos atrás. Hacía más de treinta años que se produjo la conjunción de los astros que según los astrólogos hindúes, caldeos y persas debía coincidir con la encarnación del Avatar Divino en la Tierra. ¿Debían creer o rechazar todos estos anuncios?

Hasta entonces se habían aceptado como verdaderos y justos.

¿Por qué no pensar entonces que Israel se encontraba ante la realización feliz de los vaticinios proféticos?

¿Qué inconveniente había para reconocer en ese joven Profeta dotado de tan extraordinarios poderes, sólo comparables a los de Moisés, para reconocer en él al Mesías esperado?

Opinó, pues, el anciano Hillel que el Sanhedrin hiciera oraciones solemnes en conjunto para pedir la luz divina en el presente caso, cuya importancia reclamaba de todos un verdadero deseo de conocer la verdad para imponerla sobre la Nación Israelita.

El hecho de que el Mesías debía ser Pontífice y Rey de Israel, era a su juicio lo que todos esperaban desde siglos hacia; y los actuales dirigentes, demostrarían estar esclavizados por el *becerro de oro*, si por no descender de las altas posiciones conquistadas, se negaban a reconocer la verdad.

El noble viejo Hillel comprendió que su discurso no era del agrado del Pontífice Caifás, ni de su suegro Hanán que tenían entronizada su propia familia en la alta esfera directriz de la religión y la política.

Y salió del Templo pensando: "El Dios de Abraham, Isaac y Jacob, ya no está en el Templo de Jerusalén, donde se adoraba otra vez el *becerro de oro*, que causó la indignación de Moisés cuando bajaba del Sinaí.

"Desventurada raza de Israel, iluminada por tantas lámparas y hundiéndote más y más en las tinieblas!..."

Con lo antedicho, queda descorrido el velo para que el lector vea claramente las fuerzas contrarias que actuaron en la condena del hombre santo, del Hombre-Dios que *pasó por la Tierra haciendo el bien*, y los más altos dignatarios del Templo de Jerusalén le condenaron a morir.

Las grandes fuentes de riquezas del país eran el ganado, el vino y el aceite, y esas fuentes estaban en poder de las cuatro grandes familias sacerdotales, qué

344

manejaban los destinos y el oro de Israel.

El oro que entraba al Templo con la venta del ganado, aceite y vino para los sacrificios, daba para comprar a los ministros de César, al Procurador Romano y al fantoche-rey Herodes Antipas.

El tesoro del Templo mantenía unidos a los tres poderes que sacrificarían al Cristo Salvador de la humanidad, sin pensar acaso ni por un momento que aquel espantoso crimen les hundiría a los tres en un abismo de dolor, de destrucción y les convertiría en polvo y ceniza. . . ¡nada!

¿Qué quedó del Imperio Romano? Las grandiosas ruinas de sus coliseos y palacios que hoy entristecen a los viajeros que conocen su historia.

¿Qué fue del soberbio Sanhedrin judío, responsable único de la muerte del Justo?

La mayoría de sus miembros asesinados por la plebe enfurecida, pocos años después, se hundieron con los magnates de su raza entre las llamas del incendio y devastación llevada a cabo por Tito, hasta cumplirse las palabras del Cristo cuya clarividencia vio cercana la destrucción de Jerusalén y del Templo: *"No quedará piedra sobre piedra".*

Y la raza de los Herodes, *raza de víboras* según la frase de Jhoanan el Profeta, sólo se la recuerda para hacer parangones con todo lo infame, corrompido y maldito que de tiempo en tiempo aparece en la faz de la Tierra para tormento de la especie humana.

ULTIMA ESTADIA EN NAZARETH

El castillo de Mágdalo, como un centinela de piedra que guardaba a la vez, la aldea, los bosques y el lago, había sufrido una grande transformación.

Ya no resonaban allí las músicas profanas de danzas y de festines.

Su dueña había vestido la túnica parda y el velo blanco de las mujeres esenias, y se había rodeado de todas las viudas y ancianos desamparados en las poblaciones vecinas.

Su maestro Jhepone había marchado a Corinto, su tierra natal, porque se lastimó enormemente de la transformación de la hija de su gran amigo, y le sufría el corazón ver aquel palacio de belleza, de ciencia y de arte, convertido en hospicio de vagabundos, de viejos esclavos y esclavas despedidos de sus amos por inútiles para el trabajo.

En los hermosos jardines llenos de fuentes y de surtidores, ya no se veían las canéforas griegas danzando envueltas en velos color de aurora, ni se escuchaban sus laúdes y sus arpas.

Sólo se veían tomando el sol, unas cuantas decenas de viejecillas paralíticas, de ancianos con muletas, de endebles jorobadillos que daba pena ver.

Hasta que un día pasando el Profeta Nazareno por el camino que aún hoy existe, entre la montaña en que se levantaba el castillo y el lago de Tiberiades, Boanerges el pastorcillo, le vio de lejos y corrió a avisarle a su señora.

Esta bajó como una exhalación, salió al camino y postrándose a los pies del hombre santo al cual no veía desde el día del Tabor le dijo:

—¡Señor!. . . Mi casa que es tuya, está llena de los dolores humanos que tú sólo sabes aliviar. Siguiendo tu enseñanza he llegado a amarles como a mí misma. Nada les falta bajo mi techo, sólo la salud, la fuerza, la vitalidad. . . ¡Señor, sé para ellos lo que has sido para todos los doloridos que se acercan a ti!. . .

El Maestro le dejaba hablar y callaba como si quisiera probar hasta dónde llegaba la fe de aquella mujer en su poder divino.

La vio próxima a llorar por la compasión de sus protegidos, y tomándola de las manos la levantó del suelo.

—¡Mujer!. . . Sea como tú quieres —le dijo, encaminándose con sus doce íntimos al castillo de Mágdalo, cuyas torrecillas, pobladas de palomas y de golondrinas, resplandecían a la luz radiante de la mañana.

Sus manos caían como ramos de jacintos sobre las cabezas encanecidas, sobre los miembros torcidos y secos, sobre las jibas monstruosas de adolescentes contrahechos. . .

¡Qué glorioso festín el de aquel día en el viejo castillo, refugio de la ancianidad desvalida y de la niñez enfermiza!

Aceptó quedarse a la comida del medio día, a condición de que fuera servida bajo los emparrados del huerto, y que estuvieran sentados en torno a la mesa todos los ancianos, mujeres y niños que habían sido curados.

¡La alegría resplandecía en todos los rostros, y todos los ojos buscaban los del Profeta que aparecían llenos de promesas y de bendiciones!

Sus discípulos que conocían de años atrás todos aquellos seres atrofiados por la enfermedad y la miseria, se dispersaron entre ellos y les reprendían por no haber acudido antes para ser curados por el Maestro. Pero ¿quién había de llevarles si sus pies no podían andar, sin parientes, ni amigos, porque todos se habían cansado de sus largas enfermedades y miserias?

¡Y cada cual refería su drama, su tragedia íntima vivida tantos años, y que en un momento de fe y de amor, había desaparecido como al soplo misterioso de un embrujo divino!

—¡Todos ríen, mujer!.. —dijo el Maestro sentado junto a ella—. Sólo tú padeces.

—Así es la verdad, Maestro —dijo ella—, porque yo he visto lo que no vieron los demás: tu muerte trágica que quisiera evitar y que sé que es inevitable.

—Mal haces, María, en contemplar a la muerte con espanto y horror, cualquiera sea la forma en que ella se presente.

"¡La muerte por un ideal de redención humana, es la suprema consagración del amor!

"Y yo he venido a encender fuego de amor en la Tierra.

"¿Qué de extraño tiene que el primer abrasado por esa llama divina sea yo mismo?

"Del Infinito bajé desgarrando mi vestidura de luz, para cubrirme con la pesada materia terrestre que me predisponía a las humillaciones y dolores humanos.

"¿Qué es pues para mí la muerte? Piénsalo, mujer, ¿qué es la muerte? Es la vuelta al Reino del amor y de luz de donde salí, para enseñar a esta humanidad la ley divina del amor a la cual se resiste desde inmensas edades.

"Es la vuelta a mi verdadera patria después de unos años de destierro voluntario, en el cual he recogido flores preciosas de afectos indestructibles, de mis alianzas terrestres que me esperaban y que me verán partir con amargura...

"Vosotros todos los que me amáis ¿podéis medir acaso el enorme sacrificio que significa para un espíritu que escaló las cumbres del Divino Conocimiento, que fue dueño de toda la belleza, de toda la sabiduría, de todo el amor de los cielos superiores, el hundirse de pronto en la ciénaga de todas las miserias y bajezas de la Tierra?

"Mundo nuevo cuya ley actual es el pecado y el dolor, es horrendo calabozo para quien ha pasado ya largas edades en la luz y en el amor.

"¡Todo esto significará para mí la muerte, a la que tanto temes, mujer. Es mi gloria, es mi libertad, es mi triunfo final, mi grandeza y mi dicha perdurable, agrandada inmensamente, hasta donde no podéis comprenderlo, por este sacrificio postrero, que me hace dueño de los secretos del Padre, con el cual entraré a ser una misma esencia, una misma luz, un mismo pensar... un mismo amor!

"¡La unión suprema con la Eterna Potencia!   ¡Vida divina de amor, en el Eterno Amor!... ¡El y yo... ¡todo uno... ¡como una gota de agua en un piélago de cristalinas corrientes!... ¡como un foco de luz en una claridad infinita!...

"Con un bautismo de sangre inocente, bautizaré esta Tierra y conquistaré el derecho de eterna posesión de las almas que en ella se han redimido y se redimirán, hasta la consumación de los tiempos!..."

Varios de los discípulos se habían acercado a escucharlo.

Por el pálido rostro de la castellana corrían dos hilos de lágrimas silenciosas, que no se preocupaba de enjugar.

—Maestro —dijo por fin— creo comprender vagamente esa eterna belleza que será tu posesión dentro de poco... Acaso en mi pobre imaginación entreveo como una bruma tu gloria y tu dicha en el Infinito... Pero... ¿y nosotros, Maestro?... y tu madre para la cual eres todo en su vida, y yo ¡pobre de mí!... ¡la última golondrina que llegó a tu tejado con las alas heridas muriendo de cansancio, aleteando ansiosamente a ras de la tierra, luchando entre la ciénaga que la rodea y la luz que presiente!...

"¡Oh, Maestro!... ¡Todo se hundirá detrás de ti, y no bien hayas tendido tu vuelo a la inmensidad, que todos pereceremos como avecillas privadas de aire... como peces sacados fuera del agua... como plantas raquíticas a las cuales les falta el riego de su jardinero!...

"¿No ves todo esto, Maestro, no lo ves?... ¡Tendrás tu dicha inefable!... ¡tendrás tu gloria imperecedera!... ¡Entrarás como un soberano en tu Reino de amor y de luz!... ¡Y para nosotros será el abismo!... ¡será el olvido... cenizas muertas de una hoguera apagada para siempre... ánforas rotas de un elixir maravilloso que no manará nuevamente, porque se habrá secado como la fuente en el desierto!

"¡Cirios que parpadearon un día con exangüe claridad, y que tu eterna ausencia convertirá en pavesas negras aventadas por el vendaval!"

Y la infeliz mujer cayó de hinojos al pavimento llorando convulsivamente.

Los discípulos estaban visiblemente consternados, y Juan que amaba a la castellana, con la que habían jugado juntos en la ribera del lago, lloraba en silencio cerca de ella, sintiendo que sus amargas quejas encerraban toda la verdad.

El Maestro visiblemente emocionado ante la intensidad de aquel dolor que no esperaba, se inclinó sobre la desconsolada joven y poniendo sus manos sobre ella, le dijo casi en secreto:

—¡María!... ¡no llores más y duerme!... En el sueño recibirás consolación.

María se levantó y tomándose del brazo de Fatmé, que lloraba junto a ella, se encaminó en silencio a su alcoba.

El Maestro se retiró solo a un apartado rincón del parque, donde las glicinas lacias y los arrayanes de oro habían formado una florida techumbre.

Se dejó caer sobre un banco y se cubrió el rostro con ambas manos.

Cuando pasado un momento se descubrió de nuevo, en su faz había rastros de lágrimas, pero aparecía en ella una grande serenidad.

—¡Padre mío! —clamó con entristecida voz—. ¡Soy una débil criatura! ¡Sálvame de mi corazón de carne!... ¡Vine de Ti y a Ti he de volver triunfante!...

"¡No quiero ni la sombra de un pensamiento de vacilación ni de duda! ¡Soy tu Hijo!... ¡Soy tu Ungido... tu Cristo... tu Verbo Eterno... Cúmplase en mi tu Voluntad Soberana!..."

Apoyó su hermosa cabeza en el respaldo del banco, y dejó perderse su mirada en el azul infinito resplandeciente con la luz del medio día.

Sus alianzas espirituales se cirnieron sobre él como un sol de amanecer, y un divino éxtasis se apoderó de su espíritu transportándolo a las luminosas moradas eternas, a donde pronto volvería coronado como un vencedor. Desde aquellas cumbres serenas, miró el dolor que dejaría en los suyos, en los que tan hondamente le amaban.

Y su alma extática, ebria de amor y de fe, clamaba al Eterno Consolador:

—¡Padre mío!. . . ¡que su llanto se torne en gozo, porque serán salvadas tantas almas como flores hay en tus campos. . . como arenas en tus mares. . . como avecillas volando por tus espacios!. . .

Pedro, Zebeo y Nathaniel, que cautelosamente le habían seguido, oían sus palabras suaves como el murmullo de una fuente, y lloraron de emoción profunda al ver que el Maestro padecía por lo que ellos iban a padecer.

Y los tres prometieron mentalmente al Ungido que continuarían su misma senda, aunque debieran morir sacrificados también como él. . .

En una noche de luna llena se hallaba sentado el Maestro en lo alto de una colina, desde la cual dominaba la ciudad de Tiberias, dormida en sus esplendores y su fastuosidad de sultana, engalanada para un eterno festín.

Al pie del cerro dormía también en plácida serenidad, el mar de Galilea o lago Tiberiades.

El mismo fulgor plateado de la luna tendía sobre ambos sus velos de nácar, Jhasua, dejó que su ardiente imaginación de oriental, corriera a toda velocidad tejiendo divinos poemas de amor y de fe, que él soñaba para un futuro cercano.

Era la primera hora de la noche y sus doce habían entrado a la ciudad pagana como la llamaban, para realizar por mandato suyo una grande obra de misericordia.

Una de las doncellas del castillo de Mágdalo, recordará el lector, que estaba casada de poco tiempo con el mayordomo del palacio de Herodes, cuyo nombre era Chuzha. La esposa Juana, había hecho llegar a sus compañeras de antes, la noticia de que esa noche serían ahorcados en los fosos del palacio real, catorce esclavos galos elegidos de Herodias por su belleza física, para seducir a las hijas del Rey Hareth de Arabia, suegro de Herodes, en venganza del edicto que el rey árabe había promulgado, imponiendo pena de muerte para todo príncipe, princesa o guerrero de su raza, que se uniera en matrimonio con persona de la raza de los Herodes, a la cual llamaba raza inmunda y maldita.

Los infelices esclavos galos habían vuelto sin haber podido cumplir la orden de su señora. Habían sido hasta entonces los mimados en las orgías de la corrompida mujer, y aún no la conocían en los aspectos terribles de su cólera, cuando se veía defraudada en sus deseos. Había acariciado la horrible idea de tener en su poder, las bellas hijas del rey Hareth, o sus nueras, o las jóvenes esposas de sus más gallardos jefes de guerra, para deshonrarlas y escarnecerlas casándolas con esclavos de su servicio. Y mientras estuvo en la fortaleza de Maqueronte, planeó el malvado designio, del cual tuvo el desengaño, estando ya en Tiberias.

De esos accesos de furia diabólica que la acometían cuando no eran satisfechos sus deseos, surgían de inmediato las sentencias de muerte para los infelices que no habían podido complacerla, así hubieran sido antes, los privilegiados de sus caprichos.

Los profundos fosos del palacio real tenían compuertas hacia el lago, por donde eran arrojados los cadáveres de los que morían sin juicio público, y cuya muerte convenía ocultar del pueblo gobernado por aquel reyezuelo de cartón, juguete de una mujer malvada.

Tal era el fin que iban a tener esa noche catorce esclavos galos, jóvenes que no llegaban a los veintidós años y que maldecían de su suerte y de su poca perspicacia, que no acertaron a escaparse de las garras de Herodías.

Bajo la misma techumbre dorada que cubría a Herodías, estaba una ferviente discípula de Cristo: Juana de Cafarnaun esposa del mayordomo Chuzha, que con todo el riesgo que significaba para ella, había llevado la triste noticia al castillo, de donde a su vez Boanerges la transmitió al Maestro.

Y mientras los discípulos hacen prodigios de cautela y de ingenio, para realizar la empresa de acuerdo con Juana y su marido, detengámonos lector amigo, junto al Cristo entregado a sus pensamientos, y escuchemos el conmovido monólogo en que aquella grande alma exterioriza sus anhelos, sus ansiedades.

"¡Padre mío!... ¡Sé que muy pronto volveré a Ti... Y volveré con la pena inmensa de no haber arrastrado hacia Ti todas las almas encarnadas en la Tierra!

"Los mismos que me siguen son aún débiles y vacilantes...

"¡Las cien encrucijadas de la vida tienen sorpresas terribles e inesperadas, desfiladeros inaccesibles... precipicios como abismos!

"Dispersos como ovejas sin pastor, tomarán acaso sendas equivocadas... en desacuerdo con las que tiene marcada tu voluntad soberana...

"¡Padre mío!... Feliz de volver a Ti, siento en mi corazón las mil espinas punzantes de las avecillas de mi bandada, que deberán llevar a toda la humanidad terrestre, las aguas claras de tu inmutable y eterna Verdad.

"¡No quiero para mí sólo la gloria del vencedor!... ¡Padre mío!... ¡Yo la pido también para ellos!... ¡para todos los que me aman... para todos los que han creído en tu Enviado... en tu Ungido... en tu Hijo!

"¡Veinte centurias correrán ante ellos, con cansadora lentitud, en las cuales hará la humanidad con ellos, del mismo modo que lo hará conmigo! "¡Sé muy bien, que no será el discípulo mejor tratado que su Maestro!

"¡Padre mío!... ¿Serán firmes en su fe en Ti?... ¿Renegarán acaso de la enseñanza de su Maestro, por la cual serán perseguidos?...

"¿Volverán la vista atrás dejando tu heredad comenzada a sembrar?... ¿Dejarán perecer a la humanidad de hambre y de sed?... ¿Dejarán apagar sus lámparas encendidas por mi, cuando yo haya vuelto a Ti, Padre mío?...

"¡Me extremece la duda!... ¡Me agobia el temor!... que yo vea tu luz alumbrando sus senderos... ¡Padre mío!... ¡Ten piedad de mi!... ¡ten piedad de ellos!... ¡ten piedad de toda esta humanidad que me has dado como preciosa herencia, que he de devolverte multiplicada en sus méritos al mil por mil!...

Jhasua dobló su cabeza sobre el pecho como agobiado por el enorme peso de sus pensamientos, y un mar de luz dorada comenzó a ondular en torno suyo cubriéndolo completamente.

Era la respuesta de su Padre a los ansiosos interrogantes de su espíritu.

¡En aquel sublime éxtasis vio la gloria que le esperaba, y vio los caminos de sus discípulos y seguidores, sacrificados en aras de su fe en él de su firmeza en defenderla, de su tenacidad heroica en seguirle!

Vio a los esclavos galos, cuyas vidas salvaba en ese instante, que llevaban como un oriflama de gloria, su doctrina de amor fraterno a su tierra natal, sobre cuyo hermoso cielo se diseñaron primeramente como esculpidas en oro, las frases que sintetizan toda su enseñanza: ¡*Fraternidad, Libertad, Igualdad!*
¡Era la Galia, el primer vergel que florecería en la heredad del Padre!...

¡Vio a los suyos, dispersos sí, por todos los continentes, por todos los países, por ciudades y aldeas, mas no como ovejas sin pastor, ni como bandadas de aves errantes que perdieron el rumbo, sino como pilotos de grandes o pequeñas naves que bogaban entre bravías tormentas, pero que no naufragaban nunca!...

Los vio encarcelados y perseguidos; los vio morir entre los mil suplicios y torturas que es capaz de inventar la ignorancia y el fanatismo, de los que creían que matando los cuerpos mataban la idea... La idea divina del Cristo que decía: Sois todos hermanos. Ama a tu prójimo como a ti mismo.

Desde el Trópico a los Polos, vio a los suyos llevando el blanco pendón de la paz, que los ángeles de Dios habían cantado la noche de su nacimiento. Cuando volvió en sí, se encontró rodeado de sus doce discípulos íntimos, más los catorce esclavos galos, que todos de rodillas en torno suyo le miraban absortos en la divina claridad que le rodeaba.

—¡Se quema el Profeta!... —habían gritado los jóvenes esclavos y ese grito le había sacado del estado extático en que se encontraba.

—Me dormí esperando vuestro regreso —les dijo— y he soñado con tantas maravillas, que me siento inundado de dicha y de paz.

Y se encaminaron a pedir albergue al castillo de Mágdalo que estaba a un estadio.

Era muy entrada la noche, y no convenía llamar demasiado la atención formando un grupo tan numeroso.

Los esclavos galos fueron enviados a Tolemaida con la primer caravana que pasó, para que un barco de la flota de Ithamar que aún estaba administrada por Simónides, los devolviera a Lutecia, su tierra natal.

Unos días después, se encontraba el Maestro en Nazareth en la casa paterna.

Era aniversario de la muerte de su padre, y quiso acompañar a su madre, en la conmemoración que en tal día se hacía todos los años.

Era un día de recogimiento en oración y canto, de los salmos rogando al Altísimo por la paz, la luz y la gloria de aquél cuya memoria les era tan hondamente querida.

Todos los hijos de Joseph habían acudido a la vieja casa morada del justo, donde todo les recordaba su abnegación, sus esfuerzos por el bien común, y la solicitud y prudencia, con que supo encaminar a todos sus hijos por las sendas de la honradez y la justicia, que lo hizo grande ante Dios y ante los hombres.

Se encontraba presente Marcos, que había acudido acompañando a Ana la menor de las hijas de Joseph.

Era la hora nona y hacían la oración de la tarde

Reunida toda la familia en el gran cenáculo, las mujeres tocaban el laúd acompañando la letra del Salmo 133, en que el Rey-poeta canta la belleza del amor familiar, al cual compara con el óleo perfumado que unge los cabellos, con el rocío que desciende desde el Hermón y refresca la tierra y hace florecer los campos.

El alma del Cristo se desbordaba de ternura al suave calor de la familia, sintiendo a su lado la dulce voz de su madre que parecía flotar entre el cielo y la Tierra, en aquellos momentos solemnes en que recordaba al amado compañero de su vida con Jhasua a su lado, y con todos los familiares que tan tiernamente la amaban.

En el silencio de la tarde, sonó de pronto el galope de un caballo que venía por el camino del sur. Ni aún retuvo la carrera al entrar en la ciudad, y fue a detenerse ante el portal del huerto de Joseph, cuyo aldabón hacia resonar con fuerza, repetidas veces.

Marcos salió precipitadamente y la alarma hizo acallar voces y laúdes.

—Nada temas madre! —dijo Jhasua poniendo su mano sobre las de Myriam— El justo Joseph está entre nosotros, y cuida de ti más aún que lo hacía durante su vida física. ¿No sabes madre el poder que tienen las almas de los justos para proteger a los que aman?

—¡Sólo temo por ti hijo mío! —fue la respuesta de aquella amante madre, que se olvidaba de sí misma para sólo pensar en su hijo.

Marcos entró en ese instante seguido de un mensajero.

Era un criado del viejo tío Benjamín de Jericó, de la familia de Myriam, como recordará el lector en pasajes anteriores que hemos relatado.

Traía una epístola para el tío Jaime, en la cual relataba este hecho: "En un tumulto callejero promovido por soldados herodianos que iban hasta Hesbón y que se encontraron al salir de la ciudad con un grupo de jinetes árabes que entraban, fueron heridos de muerte dos soldados romanos de la guarnición que desde la Fortaleza de Kipros vigilaba Jericó y hacía guardar el orden. Los herodianos azuzados por Herodias, habían cobrado odio contra los súbditos del rey Hareth, y no perdían oportunidad de buscar pendencia con ellos en cada encuentro que tenían.

El centurión de la guarnición romana que había perdido dos de su centuria, encarceló en la Fortaleza a todos los que se encontraron próximos al lugar del tumulto. En aquel grupo de jinetes árabes venía el hijo mayor del Scheiff Ilderin, y entre los que salieron en defensa suya cuando fueron atacados por los herodianos, estaban dos nietos del viejo tío Benjamín y el joven hijo de aquella princesa árabe, al cual Jhasua había vuelto a la vida años atrás, cuando el niño de sólo once años estaba ya moribundo consumido por la fiebre.

El hijo del Scheiff Ilderin, iba a Jerusalén a entrevistarse por orden de su padre con el príncipe Judá. Injustamente atacados, por los herodianos al entrar a Jericó para pasar allí la noche, se habían defendido valerosamente apoyados por grupos de transeúntes, entre los que estaban los nietos del anciano tío Benjamín y el hijo de la princesa árabe.

Se corría el rumor de que el amanecer del siguiente día se haría en la fortaleza de Kipros una ejecución de todos los detenidos, si esa noche morían los dos soldados heridos de gravedad.

El caso era tan extremo y tan sin solución posible, que los parientes de Myriam pensaron que sólo su hijo, el gran Profeta que tenía poderes sobre la muerte, podría salvar a los que estaban amenazados sin ser culpables.

La consternación fue grande entre los concurrentes al cenáculo de la vieja casa de Joseph al enterarse de tales noticias. Todas las miradas se clavaron en Jhasua y en todas ellas vio él, esta súplica: ¡Sálvales tú que todo lo puedes.

—Orad vosotros al Padre Dueño y Señor de todas las vidas humanas, que yo haré lo que El me permita hacer —díjoles el Maestro que se retiró a su alcoba, pidiendo que no le molestasen hasta que él volviera.

Ya solo en su alcoba, rogó intensamente a sus alianzas espirituales que le ayudasen a salvar aquellas vidas amenazadas de muerte, por la injusticia y barbarie entronizadas en aquel país, y se recostó en su lecho para provocar la emancipación de su espíritu mediante el sueño.

Realizado el desprendimiento, su alma poderosa y lúcida se transportó a la bella ciudad de los rosales, penetró a la Fortaleza de Kipros, y encontró a los detenidos en la planta baja de la torre principal, que sumidos en loca desesperación se aferraban a los barrotes de las rejas, a los cerrojos, se daban golpes contra los muros queriendo derribar aquella fuerza de piedra que los detenía.

Todos vieron la blanca figura del Profeta Nazareno que les era tan conocido. El les hizo señal de silencio, y abriéndoles sin llave las puertas, les hizo salir a todos ordenándoles que salieran también de Jericó. Era la media noche y las puertas de la ciudad estaban cerradas. La blanca figura astral les acompañó hasta el muro, y junto a la casilla del guardián dormido, les franqueó también la salida, y se vieron en medio a-los caminos que se dividían hacia distintas ciudades. Tomaron todos el camino de Jerusalén, donde contaban con personas que podían protegerles. En la puerta abierta de la ciudad de Jericó, vieron esfumarse la blanca figura del Profeta que les había salvado la vida de modo tan maravilloso.

Los dos soldados gravemente heridos, se sentaron de pronto sobre sus camillas y uno al otro se preguntaban ¿qué había pasado? El uno había caído con el vientre atravesado por la espada de un herodiano. El otro recibió una cuchillada en la espalda, no recordaban nada más.

Las puertas de la Fortaleza estaban abiertas. La torre delantera estaba vacía. Los centinelas y guardias dormían profundamente.

—O la guarnición toda ha sido pasada a cuchillo, o somos nosotros dos, almas del otro mundo —se decían ambos.

—Yo no me siendo herido —decía el uno.

—Ni yo tampoco —decía el otro—. ¿Qué ha pasado aquí?

Al amanecer se presentaron al centurión que creyó estar viendo visiones, pues les contaba ya entre los muertos.

Los soldados herodianos fueron puestos en libertad, pero con orden severa de no pasar más por Judea, donde serían apresados en cuanto se les viera por allí.

El centurión era uno de aquellos dos soldados romanos que varios años antes, Jhasua había curado de graves heridas en el accidente del circo de Jericó, que casi costó la vida al Jefe de la Torre Antonia y a sus dos acompañantes.

Y pensó de inmediato:

—Sólo conozco un hombre capaz de realizar el portento que aquí se ha obrado esta noche:

"¡El Profeta Nazareno! Los dioses le son propicios, porque él es un dios con vestidura de hombre—. Y rogó a los suyos que guardasen silencio sobre aquel hecho, del cual ningún informe legal podían dar, porque nada sabían.

Cuando el Maestro volvió al cenáculo, aún encontró a su madre y familiares entregados a su ferviente oración.

—Bendigamos todos juntos al Padre —les dijo— porque me ha permitido hacer lo que todos vosotros pedíais.

LOS SECRETOS DEL PADRE

Durante dos semanas permaneció el Maestro al lado de su madre en Nazareth, y sus diálogos íntimos con ella y el tío Jaime, como sus enseñanzas a sus discípulos, descubren en él una intensidad de amor a Dios y a la humanidad, casi llevado al delirio.

"El alma que ama a Dios —decía— de tal manera se unifica con El, que le siente vivir en sí misma con una potencia y plenitud que llega a absorberle por completo.

"Olvida a momentos que es un desterrado en un mundo de pecado y de dolor, y tiende el vuelo a las eternas claridades que son su plano habitual."

Preguntado por uno de sus íntimos sobre la enorme diferencia de unas almas con otras, siendo que todas tienen el mismo origen divino e idénticos destinos eternos, el Maestro explicó así:

—"No hay en las lenguas habladas por los hombres, palabras capaces de reflejar los secretos del Padre, que son como llamaradas de luz percibidas en momentos determinados por espíritus de avanzada evolución.

"Pero como vosotros, por alianzas de muchos siglos, habéis querido ser en esta hora los que alumbréis el camino abierto por mi ante la humanidad, el Padre pondrá en mis labios su verbo Eterno, y en vuestra mente la lucidez necesaria para comprenderme.

"Encended una hoguera con la hojarasca seca de los campos y los árboles del bosque. El viento sacudirá aquella inmensa cabellera de llamas, que arrojará una lluvia de chispas radiantes en todas direcciones. Observad que de aquellos millares de millones de chispas, no todas encienden nuevos fuegos, sino que la mayoría de ellas caen a tierra donde la humedad del césped o el lodo de los campos las mantiene inermes y semi apagadas, hasta que las chispas hermanas las remueven entre las cenizas y las alimentan con buenos combustibles.

"Desde la eternidad sin medida, y antes de que los tiempos fueran, la Energía Suprema como una hoguera inmensa de amor emanaba a millares de millones, partículas radiantes de Sí misma, que se aglomeraban unas con otras en una vasta inmensidad esférica, apropiada a su naturaleza incorpórea, sutil más que el gas y que el éter.

"Allí debían desenvolverse, crecer, expandirse en vida propia, individual, inteligente, como partículas que eran de la Eterna Inteligencia Creadora. Tal como el germen de la vida física se desenvuelve, vive y crece en el seno materno.

"Todas las manifestaciones de la vida en los planos físicos, son como una copia de lo que sucede en las eternas moradas donde guarda el Creador sus secretos casi incomprensibles para la mente humana terrestre.

"Las edades que según nuestras medidas de tiempo, necesitan para desenvolverse y crecer aquellas chispas vivas, partículas de la Divinidad, no puede precisarlo la humana inteligencia. Mas, como nada permanece inmóvil ni estacionario en la Creación Universal, llega una hora en que las chispas son un Yo *pensante*, y entonces comienza su tarea marcada a fuego, por la eterna ley de la evolución y del progreso. El *Yo pensante o Ego*, como le llaman las Escuelas secretas de Divina Sabiduría, imita a su Soberano Creador y envía hacia un plano físico, o mundo ya en condiciones de albergar vidas orgánicas, una partícula o emanación de sí mismo, para comenzar la escala progresiva de su propia evolución.

"El momento decisivo y solemne en que el Yo *pensante* envía hacia un plano físico su primera emanación, puede compararse para mejor inteligencia ;del asunto, con el momento en que un ser nace a la vida material.

"Y así el Ego o *Yo pensante*, desempeña el papel de un padre de la antigua era, que traía a la vida física numerosa prole. Son las personalidades que se suceden unas a otras, como se suceden los hijos en la naturaleza humana.

"Y del mismo modo que los hijos se distancian enormemente del pensamiento de su padre y tuercen el camino, lo encuentran de nuevo, cometen desaciertos, caen y se levantan, igualmente sucede con las emanaciones inteligentes del Ego o *Yo pensante*, el cual, como nacido de la Eterna Potencia, tiene su misma inalterable paciencia con los desaciertos, locuras y devaneos de sus personalidades físicas que son creación suya, imagen suya, hijos suyos. Y las edades pasan y los siglos corren como polvareda de arena que llevan los vientos.

"El Eterno Absoluto no tiene prisa ninguna. El Ego o *Yo pensante* creado por El, no la tiene tampoco. La evolución no se realiza a saltos, sino paso a paso, como los viajeros en el desierto.

"Casos hay no obstante, en que algunos viajeros vislumbran el peligro de una próxima tempestad, o del avance de una manada de elefantes furiosos, o la proximidad de una selva poblada de fieras, y entonces procuran apresurar cuanto pueden la marcha, antes de que les sorprenda la noche. Esta *noche* de los viajeros por el desierto, equivale a la terminación de un *ciclo* de evolución, en el viaje eterno de las almas. . .

"Esa tempestad, esa tromba de elefantes enfurecidos y esa selva poblada de fieras, son las diversas situaciones en que se ven las inteligencias encarnadas en el correr de sus vidas físicas, todo lo cual puede causarles grandes entorpecimientos, si por holgazanería o falta de previsión no han evitado los peligros, puestos como barreras en su evolución. Todo es comparativo, ya lo veis. *Como es arriba es abajo* dice el viejo principio cabalístico.

"Hemos levantado una punta del velo que encubre los secretos del Padre, y creo que es lo bastante para que comprendáis el por qué de la diferencia de unas almas con otras. No nacieron al mismo tiempo, ni crecieron con igual presteza, ni anduvieron a igual velocidad, ni vivieron en un mismo medio ambiente, ni entre idénticas circunstancias y bajo la presión de fuerzas y corrientes iguales.

Un inmenso silencio siguió a esta disertación del Maestro. Se conocía que todos meditaban, y el Maestro comprendió que aún quedaban otros interrogantes en la mente de sus íntimos.

—Bástale al día su propio afán —dijo levantándose del sitio que había ocupado en un diván del cenáculo, junto a su madre—. Otro nuevo día nos puede descubrir un nuevo secreto.

"Guardad pues, para mañana eso que bulle en vuestro pensamiento."

Jhasua, su madre y el tío Jaime se retiraron a sus alcobas al descanso de la noche, dejando a los Doce, dueños del gran cenáculo de la casa de Nazareth, donde ellos dormían cuando se hospedaban allí.

"Otro nuevo día nos puede descubrir un nuevo secreto", había dicho el Maestro al terminar la confidencia de la noche anterior.

Y había añadido más: *"Guardad para mañana eso que bulle en vuestro pensamiento"*.

Por largo tiempo debían permanecer vivos en la mente los recuerdos de aquellas inolvidables veladas en el cenáculo de la casa de Nazareth, en torno al Maestro y en presencia de su madre, que como la estatua viva de la piedad, imprimía a todas aquellas reuniones las suaves tonalidades de su bondad y su ternura.

Durante el día, los discípulos se diseminaban, a veces en grupos o aisladamente según fueran las ocupaciones a que les llamase el deber impuesto por el nombre de discípulos del Ungido divino, para enseñar una senda nueva a la humanidad.

Mas llegada la noche, la pequeña escuela se reunía en torno al Maestro, a escuchar las enseñanzas profundas que él reservó siempre a sus amigos más íntimos que estaban preparados para comprenderle.

El *nuevo secreto del Padre* que debía ser descubierto era el siguiente:

—Anoche pensásteis —comenzó el Maestro— que cuando el *Yo pensante o Ego*, emite hacia un plano físico su primera emanación inteligente ¿cómo y dónde se coloca éste pequeño soplo o hálito vivo para comenzar la vida de una personalidad?

"Tened por seguro, que la Eterna Sabiduría no ha olvidado ni el menor detalle en las necesidades presentes y futuras de cada chispa divina que debe desenvolverse, actuar y crecer en los millones de mundos destinados a esa evolución primitiva.

"Y entre los millones de espíritus de luz que pueblan las moradas del Padre, están los conductores, maestros y guías de esas chispas divinas o emanaciones inteligentes, a cuyo desenvolvimiento y evolución atienden solícitamente sin abandonarlos jamás, hasta verlas entrar en el augusto santuario del Divino Conocimiento, donde empieza la evolución sin tutela inmediata. Tal como obra un buen padre cuando los hijos llegan a la mayoría de edad.

"Cuando en aquella chispa divina e inteligente ha llegado a despertarse el conocimiento de sí misma, su YO superior o Ego, es desde luego su primer tutor, su guía y maestro íntimo, el cual ha evolucionado a su vez hasta ser señor de sí mismo, y poder marcar o imprimir a sus personalidades, la orientación y modalidad que su libre albedrío le sugiere.

"La solidaridad y armonía del Universo, es tan fuerte para unir en perfecto equilibrio la marcha de los mundos, como la marcha de las almas encarnadas en ellos, que a ninguno le falta ni le sobra lo necesario para realizar su evolución y su progreso eterno. Tiene lo justo.

"De este admirable equilibrio, armonía y solidaridad, nacen las eternas alianzas de las almas, unas con otras. ¿No se establece fuerte alianza entre los padres y los hijos, los hermanos entre sí, los maestros con sus discípulos, los labriegos de un mismo campo, o los pastores de un mismo rebaño? Y si así pasa de ordinario en la materia que tanto obscurece al espíritu, con mayor facilidad ocurre entre las almas, en los intervalos más o menos largos de su libertad en los planos espirituales.

"En las inmensas legiones de espíritus adelantados, están los que gobiernan los elementos de la Naturaleza: el agua, el aire, el fuego, el éter, la tierra; están los que dirigen la evolución de los reinos mineral, vegetal y animal. Para el ojo previsor de la Eterna Potencia Creadora, no pasa desapercibido ni un peñasco que se desprende de una montaña, ni un hilo de agua que surge de improviso de la grieta de una roca, ni el menudo césped que cubre un escondido valle, ni el musgo que crece en las losas rotas de una sepultura olvidada!

"Hay inteligencias a millares que rigen y gobiernan todas esas múltiples manifestaciones de la vida, cuya pequeñez e insignificancia aparente, no atrae en forma alguna la atención de las gentes, que ignoran la grandeza encerrada en aquellos humildes orígenes de una evolución futura.

"Tan sólo espíritus de gran adelanto, detienen su atención en una pareja de golondrinas que anidan en su tejado, o en un enjambre de abejas que sin pedir nada a nadie, laboran silenciosamente la miel en un rinconcillo de su jardín; en el perrillo casero que sigue al amo como su sombra durante la vida, y hasta va a gemir sobre la tierra removida de su sepultura.

"Y si para un alma adelantada no pasan desapercibidos estos menudos detalles, en la vida de los seres de especies inferiores que la rodean ¿de qué manera tan diáfana y clara, tan real y precisa estarán en la Suprema Inteligencia, cuya vibración permanente anima toda vida por pequeña que ella sea?

"¿Os parece imposible que la infinita grandeza de Dios, se ocupe así de lo que para vosotros es de poca importancia o ninguna?

"No lo pensaríais, si contempláis al Supremo Hacedor como a la *Causa única* de toda manifestación de vida en el vasto universo.

"Está El, impulsando la marcha de los mundos, el rodar de las esferas, la danza gigantesca de las estrellas en la anchurosa inmensidad! Está El, en el andar lento de las pesadas bestias de la Tierra, como en el vuelo de los pájaros, en el aleteo de las mariposas, en el oleaje de los mares y de los ríos, y hasta en los pétalos delicados de la flor que atrae vuestras miradas!

"Todo es El, y en todo está El, Causa Suprema y única de toda vida, así de lo más grande y hermoso, como de lo más pequeño y hasta despreciable.

"Con la mayor solicitud que cuida un labriego sus sembrados, un pastor su rebaño, y un padre sus hijos, vigila y cuida la Eterna Providencia del Padre sus obras todas, sus creaciones inmensas, ilimitadas, sin término ni medida, y cuyos alcances infinitos no puede abarcar ni comprender la humana inteligencia, mientras se mantiene obscurecida por la envoltura física que reviste en este planeta.

"Ahora comprendéis, cómo y por qué caminos encuentra el lugar de su evolución primitiva, el primer soplo o hálito vivo e inteligente emanado del *Yo pensante* o Ego, principio divino de todo ser.

"Vuestra oración sea para esto; para conocer la grandeza de Dios y su Amor infinito y eterno, a todas sus obras, a las cuales somete a la invariable ley de la renovación y transformación permanente, hasta llegar a la suprema perfección.

"Yo os preparo para ser maestros de vuestros hermanos, y vuestra oración no ha de ser siempre para pedir el pan de cada día y el alivio de un dolor. Hora es ya de que olvidéis a momentos, vuestra materia física para pensar en la inefable belleza de la Esencia Divina que anima todo lo creado.

"Cuando habréis conseguido dar ese gran paso en vuestro camino hacia el Infinito, o sea olvidaros de vosotros mismos para absorberos en El, será cuando más cuidados y vigilados estáis por El hasta el punto de que sin pedirle nada para vuestra vida material, lo tendréis todo con generosa abundancia. Es así de generoso y excelso el Divino Amor, cuando las almas se le han entregado por completo.

"Yo os preparo asimismo, para ser los continuadores de mi enseñanza salvadora de la humanidad terrestre.

"Muchas veces me habéis oído decir: Yo soy el camino, la verdad y la vida. Soy luz para este mundo y quien me sigue no anda en tinieblas.

"Y así como para entrar a participar del festín de bodas del hijo de un rey, necesitáis invitación especial y traje especial, os digo: la invitación os la traigo yo, pero el traje lo debéis buscar vosotros. Os hablo en un símbolo que tiene perfecta aplicación en este caso. Con mi enseñanza íntima os abro la puerta del Divino Conocimiento, que es el festín del hijo del rey. El traje especial, es la purificación de vuestra alma, mediante el rechazo enérgico y firme de todo pensamiento y acto contrario a la Ley Divina, y después, mediante el amor de Dios y del prójimo manifestado no con palabras, sino con hechos dignos del verdadero servidor de Dios, que ama en El y por El, a todas sus criaturas.

"Algunos de vosotros iniciasteis esta purificación al comienzo de vuestra vida. Otros la habéis iniciado después, y para hacerla eficiente en alto grado, cuando os reunisteis en torno mío os envié por setenta días al santuario del Tabor, donde los ancianos maestros os enseñaron a fondo el modo de tejer la túnica especial para el festín simbólico, representación de la unión del alma con la Divina Sabiduría.

"Realizada esta unión por la purificación del espíritu, Ella comienza a entregarnos uno a uno sus eternos secretos, para que uséis de ellos en bien de vuestros hermanos menores.

"Me habéis visto curar todas las enfermedades y aliviar todos los dolores humanos. Me habéis visto calmar las tempestades en el mar y en la tierra, paralizar la acción delictuosa de los seres malvados, desaparecer de pronto en medio de una multitud, llamar a la vida a los que antes de hora la dejaban.

"Y vosotros deberéis hacer lo mismo cuando yo haya vuelto al Padre, y marchéis por mi camino sin mi presencia material."

Un murmullo de voces interrumpió suavemente al Maestro que sonreía con su habitual bondad, viendo los azorados ojos de los presentes.

—¡Maestro!... ¡es sueño... puro sueño el pensar que podamos nosotros hacer tus mismas obras!...

—¡Sueños!... ¡ilusiones!... quimeras que no llegarán a realizarse jamás.

Cuando se acallaron los murmullos pesimistas y desesperanzados, el Maestro continuó su enseñanza íntima:

—"Os dije que ya es hora de que vuestra oración haga algo más que pedir el pan de cada día, y que elevándose por encima de todo interés personal, busquéis la unión con la Divinidad, eterna dueña de todos los poderes que conocéis y los que no conocéis.

"Entre las infinitas moradas del Padre hay estancias radiantes, que si pudierais verlas de cerca os deslumbrarían y acaso os cegarían. No son habitación de humanidades, sino inmensos depósitos o fuentes de esencia elemental viva o energía latente, que espera indefinidamente su evolución futura.

"Mientras va llegando parcialmente esa hora, esta energía latente o esencia viva, puede ser utilizada y llamada a actuar por los pensamientos y deseos vehementes de las inteligencias humanas, encarnadas o desencarnadas. De ella he usado yo para realizar las obras que conocéis en beneficio de los doloridos y enfermos de la tierra.

"Habéis visto que para mí, la oración me ocupa más tiempo que la comida, y que varias veces al día, me aparto de vosotros para orar.

"¿Qué pedirá el Maestro? —os habéis preguntado más de una vez.

"¡No pido nada! Mi oración es como el que acude ansioso y anhelante a una cita de amor, en que sé que soy ardientemente esperado. La Divinidad y yo somos entonces dos enamorados vehementes, que nos deseamos con una ansia incontenible! Ella es siempre la que da, y yo el que recibe siempre los dones inagotables que manan, como si fueran la sangre viva de un corazón que no se agota jamás!... Mi pensamiento se convierte allí, en una gran fuerza tan poderosa como un vendaval que va de polo a polo rozando la Tierra, llevando en sí mismo el bien, la salud, la paz, la infinita dulzura de su fuente de origen, en la medida de mi deseo.

"Arrastra entonces consigo, inmensa cantidad de esa esencia elemental viva, o energía latente, tan dócil al pensamiento que obra en ella, que se torna en vitalidad para los organismos debilitados, gastados y deshechos; en fuerza moral para los enfermos del alma; en vida nueva para los que acaban de dejarla antes de su hora; en invisible freno para las corrientes atmosféricas que producen las tempestades; en sutil corriente etérea que puede trasportarme en un instante para impedir un accidente desgraciado que afecta a seres inocentes.

"Todo ésto y mucho más, recibe el ser que se sumerge por el amor en la Divinidad, mediante ese acto tan silencioso y sutil que llamamos *oración*. Es el pensamiento unido a la Divinidad, con la cual llegan como en un magnífico cortejo nupcial, las grandes alianzas espirituales que todo ser se va creando en el correr de los siglos y de las edades, y con las cuales llega a formar un solo pensamiento, un solo sentir, un solo amor.

"Nunca es una sola inteligencia la que realiza las obras que el vulgo llama *maravillosas.* Es la unión de inteligencias afines, la unión de pensamientos y de voluntades, la unión soberana en el amor quien realiza en los planos físicos las hermosas creaciones del deseo puro, santo, nobilísimo, germinado en una alma enamorada de Dios y de sus semejantes.

"Es evidente que la capacidad de poner en movimiento benéfico esas energías latentes o esencia viva de que os hablo, está en relación con la evolución y progreso espiritual y moral de cada ser.

"Por eso os hice comenzar vuestra senda de cooperadores míos, con aquella purificación de setenta días entre los ancianos maestros del Tabor.

"Por eso Johanán el Profeta-mártir, vació esas energías latentes o esencia viva en las aguas del Jordán, y sumergió en ellas a todos lo que acudían a él en demanda de salud, consuelo, paz y esperanza.

"El agua y el vino que bebísteis entre los ancianos del Tabor; el pan y los frutos de la tierra que saciaron vuestra necesidad, impregnados estaban en esa fuerza viva que es fluido en el éter, esencia en el líquido, átomo en los cuerpos, gas en la atmósfera, bruma acariciante y tibia en el resplandor dorado del fuego del hogar. Todo ésto fue vuestra purificación inicial, y debido a ella os sentíais renovados, *como hechos de nuevo,* según lo que vosotros mismos me dijisteis cuando llegué a sacaros de vuestro retiro''.

Un murmullo pleno de recuerdos y de ternuras se extendió por el gran cenáculo de la casa de Nazareth. Todos afirmaban que era verdad.

Myriam como en un éxtasis miraba a su hijo, cuya grandeza empezaba a deslumbrarla, tal como si mirase una luz demasiado intensa y viva.

El tío Jaime, Ana y Marcos se sentían así mismo sobrecogidos de un religioso pavor, cual si presintieran la proximidad de un grande acontecimiento en que debieran unirse los cielos y la Tierra.

— ¡Perdón, Maestro! —dijo de pronto Judas de Iskariot, que casi nunca hablaba ante todos—. No sé lo que habrá ocurrido a mis compañeros en el Tabor durante nuestra permanencia allí; pero de mí puedo decir que mis pensamientos, preocupaciones e inquietudes, sólo se adormecieron para despertar al poco tiempo más tenaces y profundas.

''Quisiera saber, Maestro, a qué se debe ésto, si a una mala disposición mía, o a que mis problemas íntimos no tienen solución posible en mi existencia actual.

Todos los presentes lo miraron con extrañeza, pues ninguno lo había oído jamás abrirse con tanta franqueza y menos ante todos.

El **Maestro** lo miró unos momentos con tan indefinible ternura, que Judas bajó sus ojos húmedos de lágrimas.

—Judas, amigo mío —díjole el **Maestro**—. Te he respondido sin hablar. ¿Has comprendido mi respuesta?

—Sí, Maestro —contestó el aludido, y sin llamar la atención salió luego del cenáculo, porque se sentía ahogar por los violentos latidos de su propio corazón.

Los celos no le dejaban encontrar la paz. Parecíale que todos sus compañeros le hacían sombra. Por una extraña lucidez de ese momento, creyó ver a todos superiores a él. Una angustia sorda le estrujó el corazón. Pensó que el Maestro le tenía lástima justamente por su inferioridad.

Diversas tareas apostólicas de enseñanza y de obras de misericordia, ocuparon la atención del Maestro y su pequeña escuela de Divina Sabiduría.

Una epidemia desarrollada en Séphoris, que alcanzó a varias aldeas del norte de la llanura de Esdrelón, les absorbió cerca de cuarenta días, en los cuales los discípulos comenzaron a percibir, que casi todos ellos iban adquiriendo lentamente poderes y fuerzas hasta entonces inadvertidas por ellos mismos.

Observaron que cuando sus deseos benéficos para sus semejantes iban unidos como en una orden expresa *al poder y amor de Cristo hijo de Dios Vivo,* tenían efectos sorprendentes sobre los atacados de la peste, y en general sobre los atormentados por otros dolores y dificultades.

Esta eficiencia extraordinaria en favor de los doloridos, les animó de tal manera en el misericordioso apostolado, que hasta altas horas de la noche se les veía en grupos de dos o tres recorriendo chozas y tugurios, aldeas y cabañas levantando de su postración a los enfermos y calmando la desesperación de aquellos a quienes la muerte de los suyos les había dejado solos en el mundo.

Y como el dolor tiene a veces claridades de lámpara maravillosa, de aquella epidemia azote de Séphoris y las aldeas vecinas, resultó un considerable número de nuevos seguidores del Profeta Nazareno. ¡Sólo él sabía consolar!... ¡Sólo él comprendía todos los dolores humanos!... Sólo él tenía un remedio eficaz para cada una de las tremendas angustias que les atormentaba.

Ya no eran sólo *doce* que le seguían. Eran setenta, que habían quedado sin familia, sin parientes ni amigos ¿a dónde volverían la mirada que no encontrasen la indiferencia, la cruel indiferencia que ante la desgracia de su semejante se encoge de hombros y dice fríamente: a mí ¿qué?, ni me va, ni me viene.

En la noche negra de su angustia, sólo oyeron una voz amiga, dulce como una canción de amor que les decía:

—Venid a mí, los que tenéis sobre vosotros pesares y cargas que no podéis llevar. Yo os aliviaré.

Y corrieron en pos de él.

Y seguido de todos ellos se encaminó hacia el Monte Carmelo, a buscar entre los solitarios de aquel santuario de grutas, donde estuvo en su adolescencia, albergue y cultivo espiritual para sus nuevos discípulos.

Todos eran de familias pertenecientes a la Fraternidad Esenia y del grado primero, al que pertenecía la gran mayoría de los buenos israelitas adoradores sinceros del Dios de Moisés.

No eran, pues ajenos por completo a lo que significaban los austeros solitarios que en el célebre Monte de Elías y Eliseo, continuaban su vida de oración, trabajo y estudio, todo lo cual les hacía capaces de ser como una providencia viviente para aquella comarca.

Jhasua les había prometido una última visita *antes de volver al Padre*, según su frase habitual.

Aquella imprevista circunstancia anticipó quizá el cumplimiento de su promesa, pues Séphoris se encontraba a una jornada escasa del Monte Carmelo.

Las grutas, asilo de refugiados, se habían aumentado enormemente en los últimos diez años. En el laberinto casi impenetrable de aquella hermosísima montaña, toda cubierta de frondoso ramaje, cada agujero en la peña era como un nido de águila, donde uno o más refugiados vivían de su trabajo, prefiriendo su tranquila pobreza a las turbulentas agitaciones de las poblaciones, donde los odios de partidos y de sectas, hacían casi imposible la vida.

Las mujeres se albergaban en las cercanías de la Gruta de las Abuelas, que recordará el lector, a las cuales ayudaban en sus tareas de hilado y tejido, preparación del pan, quesos y secadero de frutas para todos los habitantes de la montaña que venía a ser como una población silenciosa, en la cual todos sus individuos aportaban su esfuerzo para que aquella ignorada colmena humana no careciese de lo necesario. Los hombres refugiados allí, por diversas situaciones y necesidades, eran dirigidos de inmediato por los terapeutas peregrinos, cuya misión ya conocida del lector, era como el vínculo que unía a los grandes maestros de los santuarios con los hermanos en la fe, diseminados por todo el país.

Los setenta nuevos discípulos del gran Profeta Galileo, fueron a engrosar aquella oculta población de seres desesperanzados de la vida, en los cuales sólo él podía despertar esperanzas nuevas para el porvenir.

En sus almas profundamente heridas por los dolores y miserias humanas, el Verbo encarnado supo encontrar la chispa divina semiapagada que sólo esperaba un aliento vigoroso para encenderse de nuevo.

Y con este pensamiento fijo, lleno del ardiente fuego de su fe y de su amor, los presentó a los ancianos maestros suyos, que fueron, con estas tiernas y sencillas palabras:

"Todo cuanto hiciereis por estas almas que gimen como el pequeñuelo, huérfano de su madre, por mí lo hacéis, y el Padre os compensará largamente aún en esta misma vida".

Excusado está decir, que los solitarios los recibieron con ternuras de padres.

Aquellas palabras suyas: "Lo que hagáis por ellos, *por mi lo hacéis*", de tal modo penetreron en su yo íntimo, que los veintitrés solitarios existentes entonces en la montaña histórica, prometieron a Dios, a sus antiguos Padres los Profetas, y al Mesías anunciado por ellos, que aquellos setenta huérfanos de las tempestades de la vida, serían como sus hijos desde aquel momento .

En los diez días que allí permaneció el Maestro, tuvo lugar una de las más grandiosas manifestaciones de su potencialidad de espíritu superior, bien llamado *Hijo de Dios Vivo.*

Invitado por sus viejos maestros a ocupar la tribuna sagrada hecha de troncos de árboles y cubierta con los rústicos tejidos de *las Abuelas*, quiso continuar allí las enseñanzas profundas comenzadas en el cenáculo de su casa paterna en Nazareth.

La radiación espiritual intensa acumulada durante siglos en aquel humilde santuario entre rocas, formaría un precioso escenario a su palabra vibrante de fe, de esperanza y de amor, teniendo ya casi a la vista la gloria de su Reino al que pronto debía volver.

Los veintitrés solitarios ancianos, ya estaban sentados en torno suyo, más sus íntimos, menos Judas de Iskariot, que de Nazareth se había ausentado por unos días a Gadara en cumplimiento de un encargo familiar. Tenía allí un tío materno que le administraba su patrimonio.

El Maestro comenzó su disertación:

—Os dije en mi confidencia última que a vuestra *oración*, en la hora presente, debéis llegar como el que acude a una cita de amor donde sabe que es ardientemente esperado.

"¿Quién os espera?... La Amada sobre todas las cosas, la Divinidad, a la cual vais con el ansia suprema del cervatillo a la fuente, del pequeñuelo a su madre, del pájaro a su nido.

"Allí os espera el agua fresca para vuestra sed, el seno materno para vuestra hambre, y el calor del nido tibio para vuestra desolación.

"Vais como el viajero perdido en una selva obscura, a encontrar una estrella nueva que alumbre vuestro camino en adelante, o como el viajero que fue dejando entre los espinos del camino su vestido hecho girones, y va a buscar un ropaje nuevo de preciosos tejidos que le permitan presentarse cuando llegue al término de su viaje.

"La Divinidad, vuestra excelsa *Amada sobre todas las cosas*, sabe cuanto necesitáis y os da todo, y aun lo que no habéis llegado a pensar, y nada quiere de vosotros sino vuestro amor rendido y ardiente, que os despreocupa de todo lo que no es Ella y para Ella, en el momento solemne de vuestra entrega absoluta...

"¡Vuestra fe vive en Ella!... ¡Todo lo esperáis de Ella!... Amáis a todo cuanto existe en Ella y por Ella.

"¡Es la Amiga Eterna!... ¡Es la Madre Eterna!... Es la Eterna Esposa de las almas que se han vestido con la túnica santa de la purificación, que es inegoísmo, desinterés absoluto, amor compasivo para todos los seres, voluntad permanente de sacrificarse por sus semejantes y de buscar y seguir la verdad donde quiera que se la encuentre.

"El cortejo nupcial de la Amada Eterna, os rodea por todas partes.

"Son las alianzas espirituales que os habréis creado en el correr de las vidas sucesivas, a través de los siglos, y ellas os introducen en el alcázar de nácar y oro, donde según la visión de Bhuda, el dulce Profeta de la India, "entraréis en una región de luz soberanamente bella, más allá de muchos millones de miríadas de mundos, donde estaréis a cubierto de todo engaño, de todo dolor, de toda miseria, tras de siete filas de balaustradas de nácar y ámbar, de siete filas de velos de luz impenetrable, de siete cordones de árboles musicales y movibles, como el resplandor permanente de miríadas de esmeraldas vivas"...

"Y en este elevado asunto, el Profeta de las renunciaciones heroicas, no hace más que confirmar las visiones del filósofo atlante Antulio, de Manha-Ethel cuya lectura escucharéis en una de estas noches si el Maestro Archivero se digna desdoblar para vosotros, los viejos pergaminos con la sabiduría de los Dacthylos continuadores de Antulio.

"A este reino de amor, de luz, de dicha inefable, me he referido siempre que os he dicho: *"Mi Reino no es de este mundo"*.

"Y sólo por la meditación en la forma y modo que os enseño, puede el hombre penetrar en esos santuarios de la Luz Divina, aún estando sumido en las obscuridades frías y dolorosas del plano físico terrestre.

"Ante una visión semejante ¿qué son todos los reinos y grandezas de la Tierra, sino polvo y escoria?

"¿Qué son los imperios de Asuero, de Darío, de Alejandro, de los cuales sólo quedan imponentes ruinas?... ¿Qué será la gloria de los Césares? ¿Qué el nuevo reino de Israel, con el cual sueñan muchos amigos que de verdad me aman, pero que aún no llegaron a comprender que más allá de sus sueños materiales, se dilatan hasta lo infinito las moradas radiantes de dicha y de gloria que guarda la Divinidad, la Eterna Esposa, para quienes la buscan y la aman?

"Algunos de vosotros vivís aterrados con la visión de mi próxima partida a las moradas de la luz y del amor que trato de haceros comprender, y ese espanto lo engendra y lo mantiene vuestro desconocimiento más o menos grande, de lo que es la vida del ser en aquellas sublimes regiones. Creéis sin duda QUE ES la separación completa; y la ausencia —diréis—, es el olvido, es el rompimiento de los lazos tiernísimos que unen en la vida física a los que se comprenden y se aman, es la anulación de todo afecto, de toda reciprocidad entre los que quedan en la materia y los que partieron al reino de la luz.

"En verdad, os digo, que estáis muy equivocados los que alimentáis tales pensamientos.

"Los seres que vistieron en la tierra la túnica de purificación con sus nobles pensamientos y santas obras de misericordia para con el prójimo, cargado de pesadumbres y miseria, entran al dejar la materia, en aquel divino Reino del amor y de la dicha, y ven continuamente presentes, a todos los seres que le son queridos y que les amaron con puro y desinteresado amor.

"Esto os parecerá difícil de suceder, y hasta imposible, porque deconocéis la fuerza poderosa que el pensamiento humano adquiere en aquellas sublimes regiones, donde las actividades mentales y el amor puro lo *es todo*, y ninguna valla ni barrera puede oponerse a su formidable poder.

"Los seres que residen en aquellas regiones de inefable dicha, ejercen la acción benéfica de sus pensamientos, de su amor y tierna solicitud hacia los que le son queridos, mucho más que podían hacerlo en la vida material, sujetos a todas las dificultades, tropiezos y contingencias adversas, propias de los planos físicos.

"Más aún: tienen el poder de atraerles hacia aquellas dichosas estancias, ya sea en el desprendimiento natural del espíritu encarnado durante el sueño físico, o ya en las horas de meditación profunda, en que el alma encarnada se aparta voluntariamente de todo lo grosero y vil, para buscar en la Divinidad a los amados sumergidos en Ella.

"Y estos encuentros en las moradas de luz, más allá de la atmósfera y del éter, son la gloria más pura, la dicha más inefable que puede soñar o concebir el alma humana, aún encarnada en un plano físico.

"Imaginaos pues, que me he libertado yo de las cadenas de la materia en que me veis aprisionado, y estoy ya en las moradas del Amor Eterno y de la Eterna Claridad. ¿Creeréis acaso que pueda caber en mí, el olvido de vosotros y de esta dulce alianza que comenzada en épocas lejanas, se ha fortificado inmensamente en esta hora de mi holocausto postrero en favor de la humanidad?

"Estoy seguro que ninguno de vosotros cree a su Maestro capaz de semejante olvido, sino que antes al contrario creéis con toda firmeza, que mi amor os seguirá envolviendo como un inmenso manto blanco tendido desde lo infinito, ondulante y suave como una caricia materna a veces, y otras como una techumbre de acero para proteger vuestra evolución encargada a mi tutela, siempre que vosotros no rechacéis voluntariamente esta amorosa vigilancia.

"Cuándo la Justicia y el Amor del Padre me hayan levantado a aquellas alturas, podré atraeros hacia mí, de modo tan real y verdadero, como ahora os he llamado a escuchar mi palabra.

"Surge de vuestra mente en este instante esta interrogación: ¿Podremos recordar nosotros aquí en la tierra, que estuvimos a tu lado Maestro unos momentos no más en tus cielos de dicha y de amor?

"¿Podremos recordar cuanto veamos y oigamos en aquellas radiantes mansiones?

"En verdad os digo que eso será el fruto de vuestra oración profunda, sincera; oración del alma, no de los labios, oración de sentimiento y de fe, no de frases aprendidas de memoria y pronunciadas mecánicamente como el rodar siempre igual de los engranajes de un molino. Eso no es oración. Es un encadenamiento de palabras más o menos bien combinadas y bellas que pueden poner al alma en un cierto grado de tranquilidad, sin elevarla ni un ápice hacia las mansiones luminosas de la fe viva, de la esperanza justa y pura, y sobre todo del amor intenso como una llamarada ardiente que se dilata hasta lo infinito!

"La meditación u oración en esta forma que os enseño, os hará poner lentamente en condiciones de recordar en el plano físico, nuestros encuentros gloriosos y dulcísimos en las moradas de luz. Aquí os debo una explicación más.

"Cuando yo, posesionado nuevamente de mi Reino de Amor y de Luz, os atraiga hacia mí durante vuestra meditación, no creáis que lo hacéis en un salto formidable de la tierra donde moráis a la estancia en que yo estaré, sino que iréis pasando de una región a otra, en graduaciones casi imperceptibles, para que vuestra mente no sufra las tremendas impresiones de un cambio tan brusco y tan completo.

"Este plano físico está en obscuridad comparado con el inmediato superior, y a medida que vuestra alma ascienda en ese glorioso camino, irá entrando en regiones más y más luminosas y radiantes, hasta encontraros conmigo, que soy el que os habré atraído a mi Reino.

"Oídme pues atentamente: A medida que vais subiendo por las distintas regiones que forman el obligado pasaje, os vais despojando de los fluidos groseros propios de los planos inferiores, y vuestra alma se irá envolviendo en los sutilísimos fluidos más puros y diáfanos que el gas y el éter, porque son vibraciones de luz, colores y sonidos propios de aquellas purísimas regiones.

"Cuando se habrá realizado nuestro amoroso encuentro, nuestra mística cita de amor, será necesario que vuestra alma regrese por el mismo camino, a su plano propio: la tierra donde está encarnada.

"Y así como al subir, se fue cubriendo de los sutiles velos fluídicos necesarios para penetrar en aquellas divinas moradas, al bajar, deberá ir dejándolos para tomar nuevamente los ropajes fluídicos de las regiones por donde va pasando, hasta llegar a la pesada envoltura propia de este plano físico. En este proceso de rigurosa ley, de ir dejando las sutiles vestiduras fluídicas de las moradas de luz, el alma va dejando también gran parte de las impresiones y recuerdos de cuanto vió y oyó en aquellas excelsas alturas, quedándole solamente algo así como una inmensa sensación de paz, de amor, de quietud; un gran deseo de volver nuevamente a la oración, a la soledad, al olvido de todos los goces y alegrías terrestres.

"Pero os digo en verdad, que la continuación de practicar esta forma de oración o meditación, despertará de tal manera vuestras facultades superiores, que poco a poco, vuestra mente irá reteniendo más y más las impresiones y los recuerdos de lo que vió y oyó en estos divinos encuentros, en los cielos o reinos de luz y de amor.

"Y en esta hora solemne, víspera casi de mi partida hacia el Padre, hago un pacto con vosotros y con todos lo que de cerca me han seguido en esta última etapa de mi vida mesiánica; y en este pacto, yo soy el que promete y vosotros los que esperáis: Desde mi morada de luz y de amor os atraeré hacia mí en la forma antedicha, y estaré con todos vosotros hasta el final de los tiempos, o sea cuando el Eterno Juicio del Padre llame a separación de los justos y de los réprobos, los primeros a moradas de dicha y de paz; y los segundos a mundos inferiores donde el dolor de largas y tremendas expiaciones les despierte la conciencia de lo que son.

"Y sello mi pacto eterno con todos vosotros diciéndoos, que las fuerzas del mal puestas en acción contra vosotros, jamás os vencerán si os mantenéis unidos a mí como estáis en este instante.

"Al consagrar así mi nueva alianza de amor con vosotros, os doy entrada a mi Reino y os digo que todo amor *puro y desinteresado* que florezca en vuestra vida terrestre, así sea a la familia, a los amigos, a los compañeros de ideal, a los maestros o guías que os enseñan los caminos del bien y de la justicia, os dan derecho para penetrar en mi Reino aún encarnados en este plano terrestre, a compartir sus inefables bellezas, sus elevados conocimientos, muy superiores en verdad, a todos los que pueden adquirirse por los medios materiales en el plano físico.

"Nada queda oculto en aquellas divinas claridades, por lo cual quienes penetran en ellas, pueden leer en los anales eternos de la Luz, imperecederos archivos del Absoluto, donde fue grabada a fuego la historia de la evolución de cada mundo, y de la humanidad que la habitó desde lejanas edades.

"Cuando vosotros, después de esta jornada lleguéis a mi Reino, podréis buscar entre vuestros íntimos amigos de la Tierra a algunos de ellos que con su conciencia despierta a la Verdad, al Amor y a la Justicia Eterna, pueda percibir en estado de vigilia las verdades divinas que queráis sugerirle, para cooperar así desde vuestro cielo dichoso, a la evolución espiritual y moral de esta humanidad.

"Hasta ese punto puede llegar la inteligencia y unión íntima de un morador de aquellas elevadas regiones, con los seres afines y queridos que dejó en el mundo terrestre, siempre que ellos se dispongan voluntariamente y sin intereses personales de ninguna especie, a servir como instrumentos y cooperadores de las inteligencias desencarnadas moradoras de aquellos cielos de luz, de amor y de dicha perdurable.

"¿Puede darse una mayor y más íntima unificación? ¿Podéis pensar con justicia en que seréis olvidados por los felices moradores del Reino de Dios?

"Suponeos que estáis ya en aquellas divinas estancias de conocimiento superior y de inefable dicha, dueños de los archivos de la Luz Eterna, en que encontráis grabados nítidamente en forma de panoramas vivos, toda la historia de la evolución de cada mundo con la humanidad que lo habitó, desde que pudo albergar vidas orgánicas. Y veis también que esos panoramas vivos, no concuerdan por completo y en muchos puntos con los relatos *llamados históricos* que conocisteis en vuestra vida física.

"Y es entonces, cuando el amor a la verdad os abrazará como una llamarada ardiente, y buscaréis con ansia indecible alguno de vuestros amigos íntimos de la Tierra, compañeros de ideales que por su grado de evolución y afinidad con vosotros os sirva como instrumento para percibir en estado de vigilia, vuestras sugerencias, relatos o poemas que véis claros y vívidos, en las divinas moradas del Reino de Dios.

"¿Podéis medir y comprender la sublime grandeza de este apostolado de la Verdad Eterna, que realizaréis desde lo alto de vuestros cielos de luz, de dicha y de amor, en beneficio de la humanidad que conoce tristemente desfigurados, los acontecimientos más notables de su propia historia?

"Los actuales afiliados a las ignoradas Escuelas de Divina Sabiduría, conocemos gran parte de la historia de la evolución humana terrestre desde sus comienzos, debido a los relatos de muchos hermanos moradores de aquellos cielos dichosos donde impera la verdad absoluta.

"Las evoluciones promovidas por los Flámenes en la desaparecida Lemuria, por los Profetas Blancos en Atlántida, también dormida bajo las aguas, por los Dacthylos del Atica prehistórica, y por los Kobdas del Nilo, antes de las dinastías faraónicas, nos son conocidas justamente por el medio que os acabo de insinuar.

"Esta misma evolución actual promovida por la Fraternidad Esenia continuadora de Moisés, será referida a la humanidad un día, extrayendo de los Archivos eternos de la Luz, las verdades que escapan de ordinario a los relatores terrestres, más o menos informados, más o menos parciales al referir los acontecimientos, ya sea en asuntos políticos, campañas militares, o desenvolvimientos filosóficos o religiosos de las porciones de humanidad, países o ciudades afectados por ellos.

"Tal es amigos míos la comunión de los santos, la comunión de las almas con la Divinidad, hacia la cual nos sube la oración profunda, sincera, grito del alma desterrada en los planos físicos, palpitación de nuestra propia vida, añorando su origen divino.

"¡La oración!... ¡vuelo sublime del pensamiento hacia lo Absoluto!

"¡Fuerza desconocida de la mayoría de las almas encarnadas en esta Tierra, que enloquecidas por los deseos materiales no alcanzan a comprender que cuanto más se alejan de su centro original, más, más y más desventuradas son!...

"¡La oración!... ¡dulce cita de amor, del alma encarnada en la Tierra con los moradores del Reino de Dios!

"Orad cuando yo haya vuelto a mi Padre, y El me enviará a vosotros tan real y verdaderamente como lo estoy en este instante.

"Y cuando reunidos en mi nombre me llaméis con vuestro pensamiento, estaré en medio de vosotros para deciros: La muerte no es la separación para los que de verdad se aman. La muerte es la libertad del alma de la pesada envoltura material que pone trabas penosas a sus grandes anhelos!...

"¡La fe y el amor se dan la mano, para abrir ante las almas ebrias de luz por la oración profunda, toda la magnificencia del Reino de Dios!...

"¡Orad!... ¡orad, y los cielos infinitos se abrirán para vosotros como al soplo divino de un poderoso *fiat*!

La voz vibrante del Maestro se iba como esfumando en una divina resonancia que parecía venir de muy lejos, llenando la penumbra del humilde santuario de rocas, de tan suave ternura que estremecía las almas y arrancaba lágrimas de emoción.

La claridad opalina de un dulce atardecer, comenzó a cernirse cual bruma de oro que obscurecía la trémula llama de los cirios, y todos presintieron los esplendores divinos que iban a presenciar.

El Maestro había echado su cabeza atrás, apoyada en el respaldo del tosco sitial de troncos en que estaba sentado, y sus ojos entornados, hacían comprender ese elevado estado espiritual que en lenguaje humano llamamos *éxtasis*.

Una ronda majestuosa de seres extra-terrestres comenzó a diseñarse claramente en la penumbra del sagrado recinto.

Las formas fluídicas fueron condensándose más y más, hasta hacerse casi tangibles, y todos los presentes creían oír la repetición de las últimas palabras del Maestro:

"¡La fe y el amor se dan la mano, para abrir ante las almas ebrias de luz por la oración profunda, toda la magnificencia del Reino de Dios.

"¡Orad!... orad y los cielos infinitos se abrirán para vosotros como al soplo divino de un poderoso *fiat*".

Los excelsos visitantes se fueron diseñando en la atmósfera tan claramente, que pudieron ser identificados aquellos que habían desencarnado hacía poco tiempo como Johanán, el profeta mártir, Joseph el justo, esposo de Myriam, Jhosuelín su hijo, Baltasar el anciano astrólogo persa, a cuya muerte estuvo presente Jhasua en Thipsa a orillas del Eúfrates, y el anciano sacerdote Simeón que ofreció al Señor, a Jhasua niño, a los cuarenta días de nacido.

Y voces suavísimas como emanadas por ellos mismos, continuaban repitiendo las palabras que había dicho el Maestro unos momentos antes:

"¡La muerte no es la separación para los que de verdad se aman! La muerte es la libertad del alma de la pesada envoltura material que pone trabas penosas a sus grandes anhelos".

¡Las moradas del Padre se habían abierto!... Habían descorrido los velos de sus secretos impenetrables a los profanos, para que los amigos del Hombre-Dios, continuadores de su siembra de amor sobre la Tierra, se empaparan de la sublime y eterna realidad, de su existencia más allá de donde alcanza la inteligencia humana, encerrada como una crisálida en su capullo, en el concepto puramente material de la vida.

El cuerpo físico del Maestro se había tornado resplandeciente, y parecía formar parte del magnífico cortejo de soles humanos, cuyo número no era posible contar.

Las paredes rocosas habían desaparecido entre aquel desfile interminable de formas bellísimas, radiantes, etéreas, de tan suaves tonalidades, que semejaban los colores del iris, subidos a una intensidad de vibraciones que no solo deslumbraban, sino que las melodías emanadas de ellos, cual si fueran musicales sus pensamientos, anulaban por completo la sensación de vida material en todos los que presenciaban aquella magnificencia de luz, colores y armonía.

La potente irradiación venció por último la resistencia física, y todos cayeron en la dulce inconsciencia del sueño hipnótico.

Sólo el Maestro y los ancianos presenciaron en estado de plena conciencia, aquella estupenda manifestación con que las alianzas espirituales del Ungido, quisieron corroborar sus últimas y más profundas enseñanzas.

Cuando todo había pasado, el Maestro despertó a los suyos con estas palabras:

—¡Levantaos y no dudéis nunca más! Ahora sois hombres nuevos, que iluminados por la verdad Divina entráis en vuestro camino de misioneros míos, para la conquista de la humanidad.

Cuando después del refrigerio de la noche se encontraron solos para descansar, se decían los unos a los otros en íntimo secreto comentario:

—Estoy extrañado de ver que vivimos aún con estos cuerpos de carne. Me creía en el otro mundo.

—Creí que la vida se había terminado y que éramos habitantes del Reino de Dios —decía otro.

—Ningún goce de la tierra puede ya excitar nuestro deseo, después de lo que hemos visto —añadía un tercero.

Y se quedaron dormidos en los estrados de piedra cubiertos de esteras de juncos y pieles de ovejas, en la *sala del fuego* como llamaban a la gruta mayor, donde ardía la hoguera en que se condimentaban los alimentos y se reunían todos en las horas de la comida.

— ¡En la morada del Padre nos encontraremos de nuevo! —díjoles a los ancianos el joven Maestro, a la salida del santuario abriendo sus brazos en una suprema despedida.

Los ancianos solitarios se arrojaron en ellos ahogando los sollozos de su corazón, pues todos sabían que era la última vez que le veían sobre la Tierra.

Y bajó del Monte Carmelo pensativo y sereno, seguido de los suyos embargados también por la emoción de los ancianos.

Sus discípulos empezaban a comprender que la hora tremenda para ellos se acercaba, y se confesaban unos a otros que estaban muy lejos de la lúcida serenidad, con que quería el Maestro que esperasen la llegada de esa hora.

Muy lejos estaban de figurarse la terrible tragedia que terminaría aquella hermosa vida, que había pasado como una estrella benéfica encima de todos los dolores humanos. Y se figuraban una serie de hermosísimos panoramas extraterrestres, entre los cuales desaparecería de la Tierra el Ungido de Dios.

—Una legión esplendorosa de ángeles bajará de los cielos a llevar a nuestro Maestro a su Reino Eterno —decía Pedro con su habitual espontaneidad.

—O acaso nuestros grandes Profetas que anunciaron su venida, bajarán como un cortejo real para transportarle a las moradas eternas —añadía Juan lleno de ardiente fervor.

—Yo creí —Dijo Matheo— que en los esplendores de aquella noche de las visiones, el Maestro subiría a su Reino.

"Desde la cumbre del Monte Carmelo, era en verdad una gloriosa subida. El fuego de la palabra de Elías aún parece resplandecer sobre la montaña santa.

—¡Quién sabe!... —dijo Tomás—. Acaso será en Tabor.

—Yo pienso que la subida ocurrirá en Jerusalén para que el Sanhedrin que se niega a reconocerle, vea la evidencia por sus propios ojos —añadía Zebeo.

—Oí al Maestro —dijo Santiago— que iremos a Jerusalén en breve, pues se acerca la Pascua. La despedida de los ancianos me hace pensar que la hora está cerca.

El Maestro se había quedado unos pasos atrás y conversaba afablemente con Andrés, Felipe y Nathaniel, a los cuales recomendaba que al llegar a Séphoris trataran de informarse si los encargados de la Santa Alianza remediaban las necesidades más apremiantes de los convalecientes de la cruel epidemia.

En aquella ciudad les esperaba Judas de Iskariot y todos juntos siguieron a Nazareth.

Allí se encontró el Maestro con una reunión de mujeres, que desplegaban grandes actividades en torno de su madre.

Estaban sus parientes de Caná y de Naín, las jóvenes del Castillo de Mágdalo, Salomé con la familia de Hanani, el tapicero de Tiberias padre de Fatmé, que ya conoce el lector.

Su madre le comunicó que esperaban al siguiente día una porción de asnos que habían contratado para ir a Jerusalén.

Aun faltaban unos sesenta días para comenzar las fiestas religiosas de la Pascua, pero la castellana de Mágdalo quería disponer en su casa de aquella ciudad un buen hospedaje para el Maestro, sus discípulos y familiares.

El anciano Simónides le había instado para que anticipara el viaje, *pues había perspectivas de grandes acontecimientos que no podía revelar en una epístola*, decía la que recibió María dos días antes.

—Sí, en verdad —dijo el Maestro al enterarse de esto—. Habrá grandes acontecimientos.

"Melchor y Gaspar mis viejos amigos acudirán también. Yo necesito verles a todos reunidos allí. Nunca se habrá reunido tanta gente en Jerusalén como en esta Pascua final.

—¿Por qué *final*, hijo mío? —preguntóle su madre con cierta alarma interior.

—Digo final porque en ella terminará mi apostolado para dar comienzo a mi reinado.

Oír estas palabras y prorrumpir todos, en hosannas y aplausos fue como un estruendo de júbilo y entusiasmo.

Y un murmullo sordo de comentarios comenzó entre todos, por lo cual nadie se entendía.

Tan sólo su madre y María de Mágdalo no pronunciaron palabra, limitándose a clavar sus miradas ansiosas en la faz del Maestro que no reflejaba inquietud alguna. Un vago temor las había sobresaltado a ambas, pero al ver la dulce serenidad del Maestro, continuaron los preparativos del viaje.

—De aquí a diez días estaré yo también allí con vosotras —les dijo— pues aún tengo que visitar las ciudades de las orillas de nuestro mar Galileo.

Las viajeras salieron de Nazareth dos días después acompañadas de Zebedeo y Hanani, mientras el Maestro con el tío Jaime y sus doce emprendió la última recorrida por los pueblos y aldeas de su amada Galilea.

Una infinita ternura parecía desbordarse de su corazón al visitar aquellos amados lugares, donde tan feliz había sido, y a los cuales sabía que no los vería más con sus ojos de carne.

Y otra vez los recuerdos más tiernos y emotivos se levantaban en su espíritu como un rumor de pétalos, que el viento del atardecer arrancaba de los tallos y los echaba a rodar mustios por las arenas de la playa sobre las olas mansas de aquel lago, que reflejaba por última vez su imagen en la serenidad de sus aguas opalinas.

Y sintiendo que una honda melancolía anudaba un sollozo en su garganta, aconsejó a los suyos ir a pescar y preparar la cena en la tienda de la orilla del lago, donde pensaba pasar esa noche.

Gozosos aceptaron la orden, y el Maestro subió a una pequeña colina, desde donde dominaba el lago teñido de oro y rosa con los últimos resplandores del ocaso.

Nada elevaba más dulcemente su alma a las alturas infinitas como la contemplación de las bellezas de la naturaleza, *el gran templo de su Padre* según su frase habitual.

La solitaria y profunda oración del Hijo de Dios, duró hasta que una hermosa luna creciente se levantó como un fanal de plata en el azul sereno del cielo galileo.

Cuando sus discípulos le vieron regresar a la tienda, observaron en él tal plenitud de dicha y de paz, que la transmitía a todos inundándoles de una dulzura infinita.

—Maestro —dijo Juan lleno de fervor—. Daría con gusto la mitad de los años que me restan de vida, por saber lo que ha pasado entre el Padre y tú en esta larga oración.

El Maestro le miró sonriente y le dijo como a un niño a quien se le reprende por exceso de curiosidad.

— ¡Juanillo!... entraste demasiado joven en el santuario de los ancianos, pero si has entrado, es porque eres anciano de espíritu como ellos y por tanto no debes hacer preguntas sobre la intimidad secreta del alma con Dios.

—Perdón Maestro... pero veo y siento tanta grandeza y tantas maravillas en tí, y alrededor de tí, que por fuerza me veo convertido en un interrogante continuado.

—Ya lo sé Juan, ya lo sé. El Supremo Creador te dotó de tan exquisita sensibilidad, porque un día tendrás que ser intermediario entre el cielo y la tierra, en esta misma vida —le contestó el Maestro.

—No comprendo eso Maestro. *Intermediario entre el cielo y la tierra* ¿qué significa?... ¿qué quiere decir?

— ¡Hombre!... que harás profecías como las hicieron nuestros Profetas —contestóle Pedro—. ¿No se llamaron ellos intermediarios de Jehová para con su pueblo? ¿Estoy en lo cierto Maestro?

—Sí Pedro, estás en lo cierto, y para que tengáis una idea más precisa y clara de las bellezas de mi Reino, a donde vosotros me seguiréis un día, os referiré lo que el amor del Padre me ha permitido ver en la oración de esta tarde.

Todos prestaron atención.

—En los setenta días de instrucción espiritual que pasásteis en el retiro del Tabor, habéis comprendido lo que es el hombre encarnado en la tierra o sea un admirable conjunto de espíritu y de materia. A esta última, la conocéis tan sólo por las sensaciones que experimentáis en ella, y aún con ese escaso conocimiento, presentís que es una maravillosa máquina viva, cuyos órganos, músculos y fibras parecerían tener inteligencia propia, según es la precisión y acierto con que todos cuidan de sus funciones respectivas, a los fines para los cuales están hechos.

"Y así, el pobre cuerpo maltratado del más infeliz esclavo, es una de las grandes maravillas creadas por el Supremo Hacedor.

"Y si esto es la materia que constituye el cuerpo del hombre, ¿qué no será la parte más noble de su ser, el alma, emanación directa de Dios a la cual ha dotado, en principio, de sus poderes y facultades? ¿No sintió Moisés en una de sus visiones el Divino Pensamiento que decía: "Hagamos al hombre a nuestra imagen y semejanza"?

"Algo os he hablado sobre el alma en una de mis confidencias anteriores, y ya que la curiosidad de nuestro Juanillo me hace hablar de mi oración de esta tarde, oíd pues, lo que he percibido en ella.

"Oraba yo con fervor y lágrimas rogando al Padre me permitiera vislumbrar los caminos seguidos por todos los que amo, en el interminable correr de los siglos y de las edades futuras. Era necesario para mi paz y sosiego, para terminar con serena alegría esta etapa final de mi existencia terrestre.

"Que pueda yo llevar conmigo, la certeza plena que todos aquellos que me fueron dados en esta hora suprema por el amor y la afinidad continuarán fieles a mi mensaje hasta la hora lejana de tomar posesión del Reino Eterno que les habré preparado."

En los ojos de todos vió el Maestro este interrogante: "¿Cuál fue la respuesta?"

—Oídme —continuó, dando al tono de su voz una conmovedora solemnidad—.

"Me fue dado ver vuestros **Egos o Yo Superior** como os dije en una enseñanza anterior, que es la verdadera emanación de Dios y semejanza suya, residentes todos ellos en la morada de luz que les es propia, y como su cuna eterna hasta la postrera glorificación.

"El grado de progreso a que vuestro Yo Superior ha llegado en el correr de las edades pasadas llenó de íntima dicha mi espíritu, y aunque hay diferencia de grados de adelanto entre unos y otros, he podido llegar a la convicción, de que al finalizar este ciclo de evolución, tendré reunidos en torno mío a todos los que he amado en esta hora solemne de mi vida eterna.

"Me vi yo en un cielo hermosísimo, cuyos esplendores de luz, coloridos y armonías, ningún lenguaje humano puede describirlo. Poblado de seres gloriosos en la más elevada perfección, sostenían entre ellos sublimes conversaciones sobre la evolución de los sistemas de mundos que les están confiados. Si os podéis figurar lo que será un lenguaje de pensamientos luminosos de cambiantes colores y tonos, según la idea que representan, y todo ello flotando en un oleaje interminable de armonías dulcísimas, podréis tener una idea aproximada de la belleza y la dicha de aquella celestial morada.

"Con el pensamiento, que es allí su forma de expresión, uno de aquellos elevados seres me dijo:

"—Ahora llegan los tuyos a formar tu corona eterna".

"Yo comprendí al punto aquel lenguaje de pensamientos, y antes de que pudiera yo responder, vi que un enorme cortinado de velos de oro se abría, y todos los que he amado en esta vida, estaban ante mí resplandecientes de felicidad.

"Era una enorme multitud, pues cada Ego o Yo Superior vuestro, venía seguido de un largo cortejo que identifiqué de inmediato.

"Eran todas las personalidades creadas y vivificadas por vuestro Ego desde esta hora, hasta el final de los tiempos. *Ni una sola personalidad habíais perdido*, pues en todas vuestras existencias tuvísteis en cuenta mi enseñanza de amor fraterno de la hora actual. ¿Sabéis la dicha inefable que esta visión me ha producido?

"¿Valoráis ahora el poder supremo de la oración, cuando ella sube del alma a la Divinidad, y la Divinidad se desborda de amor y de luz sobre el alma encarnada, que reclama con ansia infinita esta sublime comunión?

"¿Queréis una dicha mayor? ¡Os he visto entrar en mi Reino con todo el caudal de merecimientos, progreso, facultades y poderes que habréis conquistado durante los siglos que deben venir hasta el final de este ciclo!

—Maestro —dijo Tomás, que era el más analítico y observador—. Habéis dicho que en vuestra visión percibisteis que *ni una sola personalidad habíamos perdido*. ¿Cómo debe entenderse eso?

—Es bien sencillo Tomás. Ya os dije otra vez que el Ego o Yo Superior que es la verdadera alma, emanación de Dios, crea sus personalidades para realizar las existencias sucesivas mediante las cuales se engrandece y perfecciona. Y alguna vez puede ocurrir aunque muy raramente, que sea tan grande la desviación moral de una personalidad, que el Ego la aparte de sí, como el buen jardinero corta de un árbol, las ramas estériles y dañinas, cuyo crecimiento perjudica al árbol mismo. No otra cosa quise decir cuando hablé un día de la higuera estéril, que era cortada y arrojada al fuego para convertirla en ceniza.

"El Yo Superior o alma, emanación divina, sufre angustias de muerte cuando su *yo inferior* le es rebelde y se enreda en los planos físicos con toda suerte de crímenes en contra de sus semejantes.

"¿No habéis sentido una inmensa tristeza después de haber cometido una injusticia con alguno de vuestros hermanos?

"Esa tristeza que llamáis remordimiento es como el clamor intenso de vuestro Yo Superior, que os hace sentir su descontento por la falta cometida.

"¿Habéis comprendido ahora?

—Sí, Maestro, y muy claramente —contestaron todos a la vez.

A JERUSALEN

El Maestro se encaminó por fin hacia Jerusalén.

Estaba decidido a exponer sus principios de fraternidad humana ante todo Israel reunido, sin que la presencia de los grandes magnates del Templo coartara su libertad.

Debía levantar antes de volver a su Padre, la pesada cortina de tiniebla con que había sido cubierta la Divina Ley promulgada por Moisés.

Aquellos diez mandamientos sublimes, cimiento y corona de la perfección humana yacían sepultados bajo un enorme catafalco de prescripciones y ordenanzas, a cuyo cumplimiento estaba obligado todo israelita bajo las más severas penas.

La ley de Dios, había sido olvidada para dar lugar a la voluntad triunfante del más alto tribunal religioso del país.

¿Cómo podía callar en esa hora suprema, en que por última vez vería a toda la nación reunida? ¿Cómo podía permitir que el engaño y la mala fe continuaran desviando las conciencias y apartando las almas del camino de la verdad?

Cuando los viajeros llegaban a Jericó, se encontraron con el príncipe Judá y el Hach-ben-Faqui que les esperaban.

—Yo no os mandé aviso de mi llegada —díjoles alegremente el Maestro al abrazarles de nuevo.

— ¡Jhasua!... ¿cuál es el súbdito que ignora el camino de su Rey? —le contestó Judá—. Todo Israel te espera con ansiedad.

—Nunca comenzó la afluencia de gentes con tanta anticipación —añadió Faqui.

—Tu residencia Jhasua será Bethania si estás conforme. De allí podrás ir a la Ciudad Real cuando te plazca.

Después de minuciosos detalles sobre la extraordinaria llegada de peregrinos de los puertos del Mediterráneo, entraron a Jericó para descansar.

La ciudad de los rosales y de las blancas torres, aparecía completamente inundada de extranjeros, sobre todo árabes, cuyas briosas cabalgaduras cruzaban haciendo resonar los cascos en las piedras de las calles. Eran los jinetes del Scheiff Ilderín, que comenzaban a llegar de Bosra en grupos de cincuenta, que iban tomando ubicación en las ciudades vecinas de Jerusalén: Rama Pethed, Emaus, Nicópolis y Bethlem.

Este concurso no era una novedad, pues los hijos de la Arabia habían atravesado el Jordán desde muchos años atrás, para adorar a Dios en el Templo de Salomón, al cual conservaban profunda admiración y respeto por su extraordinaria sabiduría. ¿Saba, la bella reina africana de pura sangre árabe, no había sido amada intensamente por el gran rey hebreo del Cantar de los Cantares?

Además la Judea, estaba por entonces bajo la autoridad inmediata de Roma, y los jinetes árabes, no era contra Roma que apuntaban sus lanzas, sino contra la dinastía de Herodes, con quien tenían una larga cuenta que saldar.

Allí se informó el Maestro, que el príncipe Hartarh de Damasco con su esposa y su hijo curados por él, acudirían también a las fiestas para participar de su gloria cuando fuera subido al trono de David.

En aquella hermosa ciudad del norte, no olvidaban al Profeta Nazareno, que había pasado como una estrella polar abriendo horizontes nuevos para todas las clases sociales, y aún para los incendiarios del Peñón de Ramán.

Iba a ser proclamado Rey desde Idumea hasta Fenicia, y desde el Mar Mediterráneo hasta la frontera de Arabia. Todos los países vecinos serían grandemente favorecidos por los extraordinarios poderes supranormales de aquel Profeta maravilloso, que mandaba sobre los elementos, sobre las enfermedades y sobre la muerte.

Grandes habían sido Asuero, Darío y Alejandro, Hirán de Tiro, David y Salomón, pero ninguno de ellos había mandado sobre los vientos y las tempestades, sobre las enfermedades más incurables, y sobre la muerte misma. Y si todo esto lo había hecho no siendo nada ¿qué no podían esperar de él siendo Rey?

Todos los reyes de la Tierra le pedirían su amistad, y acaso el César mismo se convertiría en súbdito suyo, para merecer la protección de aquel genio estupendo como no se había visto otro sobre la tierra.

No había duda posible. El mundo iba a ser transformado en un paraíso de prosperidad, de dicha y de paz, bajo la mano poderosa y benéfica de aquel justo, en quien el Altísimo Dios de los cielos y de la Tierra había depositado todos sus poderes maravillosos.

El mar le obedecía. Andaba sobre las aguas cuando era necesario salvar vidas humanas.

Se transportaba como un rayo de luz de una parte a otra, traspasaba murallas, contenía la furia de los malvados, la espantosa lepra huia a su sola presencia, y hasta la misma muerte era dócil a su voz.

¿Qué sería pues, este mundo gobernado por él? Ningún mal era posible a su lado. Había llegado pues el hombre que haría dichosa a la humanidad.

Tal era el rumor sordo, muy discreto para no entorpecer los acontecimientos, pero que circulaba a media voz de unos a otros en aquellos pueblos cansados de padecer la tiranía despótica de los hombres del oro y del poder.

En la tierra no había sino dolor y miseria. Los pocos triunfadores de la vida desempeñaban según costumbre, el triste papel de amos y verdugos de las multitudes, que no tenían otro dilema que éste: Soportar o morir.

¿Cómo no iban a soñar con un libertador? ¿Cómo no habían de esperar una mano poderosa y un gran corazón, capaces de torcer de repente el desventurado camino por donde la humanidad se precipitaba al abismo? El Maestro no ignoraba estos sentimientos y modos de ver, de las multitudes doloridas con respecto a él.

Las confidencias y comentarios privados de sus familiares y amigos íntimos, eran como el eco de aquellos murmullos de ansiedades y deseos.

Su grande alma de sensitivo percibía profundamente todas aquellas intensas vibraciones, que le hicieron sufrir un verdadero martirio durante los últimos días que precedieron a su muerte.

Esperaban verle subir a un trono, y él subiría a un patíbulo de infamia. Esperaban que él les salvaría de la dominación extranjera, de los onerosos tributos del César, del rey, del Sanhedrin judío, y él mismo caería inmolado como una víctima, de aquellos tres poderes arbitrarios, injustos, despóticos.

Iba a enfrentarse con estas tres fuerzas que formaban la triple cadena opresora de aquellos países avasallados, y su firme resolución de enrostrarles sus inicuos procederes fuera de toda ley y de toda justicia, le traería necesariamente una condena que terminaría con su vida física.

El lo había aceptado así de antemano, y era el precio de su entrada triunfal al Reino de su Padre.

Desde Jericó se vió acompañado por una multitud de peregrinos que venía de Hurán, de Batanea, de Perea, de los montes Jebel.

¡En todos los rostros aleteaba la esperanza!... ¡En todos los corazones florecía la ilusión!...

Un anhelo de suprema justicia y equidad vibraba en todas las almas como en un solo concierto, cuyas notas valientes parecían decir libertad, fraternidad, igualdad.

¡Y el Maestro se sentía a sí mismo como el punto central de todas aquellas ilusiones, anhelos y esperanzas!

"Ellos no pueden comprender —se decía a sí mismo— que el beso de mi sangre inocente a la Tierra lavará sus crímenes, y arrastrará a la humanidad hacia un nuevo camino, aunque ese camino sea tan largo de andar como el pasaje lento de veinte centurias de luchas y martirios".

"Ellos no pueden comprender el valor infinito que tiene la ofrenda de la vida, en aras del Ideal Supremo del Amor Universal que es Dios mismo, en todos los seres y en todas las cosas.

"Tampoco alcanzan a comprender que la Eterna Ley de Justicia, en esta hora solemne de la evolución humana, hará la separación de los réprobos y de los justos, según que hayan aceptado o no, la Voluntad Divina manifestada por el Verbo Eterno encarnado.

"¡Ay de los que cerraron su corazón a la palabra divina, mensajera de la Verdad y del Amor!"

"¡Ay de los que pronuncien la sentencia de muerte para el Verbo de Dios!

"La maldición y el odio de los hombres les seguirá a todas partes, y en todos los puntos de la tierra serán extranjeros, y hasta el pan, el agua y la lumbre les sabrán como usurpados a aquellos, cuyas maldiciones les seguirán como el eco terrible de millares de voces hostiles.

"¡Desventurados!...

"¡Padre mío!... ¡perdónalos porque no saben el mal que se hacen a sí mismos!...

"No conocen la profundidad del abismo a donde voluntariamente se arrojan para inmensas edades, cuya extensión no se puede medir!

"¡Mi corazón se estremece de espanto, ante la tremenda visión del dolor que les aguarda para millares de siglos, en mundos de tinieblas, destinados por tu Eterna Justicia para expiación de aquellos que derraman sangre inocente a sabiendas, de que cortan la vida de un mensajero tuyo!"

Habían llegado a las primeras colinas de aquella agrupación de montañas boscosas conocidas como el "Monte de los Olivos", por los grandes olivares que se extendían en toda aquella comarca.

El Maestro quiso descansar allí, mas que por cansancio físico, por el deseo de apartarse en soledad, para que su espíritu sacudido fuertemente por los dolores humanos, que preveía, tomara nuevos alientos en la íntima comunión con la Divinidad.

Y mientras los viajeros se entregaban a la contemplación del hermoso panorama que ofrecía a lo lejos, la ciudad de los Reyes con sus blancos palacios sobre el Monte Sión, las cúpulas doradas del Templo sobre el Monte Moria, las almenas de las torres y murallas, el Maestro en la soledad de una caverna natural de la montaña, bajo la sombra de los inmensos olivos, se entregó a la más profunda meditación.

Un día quiso saber si a la terminación de este ciclo de evolución, vería a todos los amados de su corazón entrar en el Reino de Dios, y El, se lo había concedido con infinita generosidad.

Ahora quería ver lo que haría la Eterna Justicia de su Padre, con aquellos que llevasen su rebeldía en contra del Amor Universal, hasta ahogar en sangre y muerte la voz de su Verbo encarnado.

Y sus grandes alianzas espirituales descorrieron el velo de los arcanos divinos.

Recostado su cuerpo físico sobre piedras cubiertas de musgo, y desprendido su espíritu en el éxtasis, vió su muerte como la vió en la visión de Moab, en la víspera de ser consagrado Maestro de Divina Sabiduría; y vio a los que le condenaron a muerte y al populacho judío comprado con oro, para pedir a gritos su ejecución sobre el madero en cruz, tal como se hacía con los esclavos rebeldes. Vio su entrada triunfal en el Reino de su Padre, acogido con inefable amor por millares de espíritus luminosos que le aclamaban como a un vencedor.

Y desde aquellas supremas alturas, vio rodando en un tenebroso abismo un mundo más tenebroso aún, que envuelto en una nebulosa de llamas y de humo, giraba vertiginosamente a la vez que corría a gran velocidad por la inmensidad de un espacio vacío, tal como si huyera despavorido en busca de salida de aquel infinito campo de obscuridad.

Y cual si la visión se acercara más y más hacia el vidente, percibió con claridad la superficie árida de tierras volcánicas de aquel mundo en formación, donde aguas cálidas y fangosas servían de habitación y de lecho a monstruosas bestias marinas, cuyas fauces rojizas sobresalían a flor de agua esperando presas para devorar.

Vio escasos grupos de habitantes humanos que en las cimas de las áridas rocas escarbaban con las uñas, para arrancar larvas y moluscos que devoraban hambrientos.

Otros saltaban por los peñascos tratando de atrapar unos feos animalejos semejantes a murciélagos, que devoraban crudos, a mordiscos salvajes.

Y vio por fin, con espanto y horror que otros descuartizaban el cadáver de un muerto reciente, y devoraban sus carnes y vísceras ensangrentadas y tibias aún.

Las continuas erupciones volcánicas les corrían de un lado a otro, sin poder encontrar un sitio seguro donde levantar una mísera choza de piedras y ramas.

Les vio gemir desesperados, porque un torrente de lava hirviendo se desbordó sobre una vertiente de agua fresca que brotaba de la grieta de un peñasco, y quedarían sin agua hasta que después de mucho andar entre aquellos interminables peñascales, encontrasen otro hilo de agua para aplacar la sed.

" ¡Desventurados!... ¡infelices!...

"¿Qué habéis hecho para que la Justicia de Dios os trate de esta manera?, interrogaba el vidente espantado de lo que veía.

Algo como un vendaval de humo negro y pesado llevó lejos el mundo aquel, sumido en tinieblas, y la visión del Gólgota apareció de nuevo clara y vívida, y en una cruz, un hombre joven y hermoso, pero exhausto y agonizante que tuvo aún fuerzas para clamar:

"¡Padre, perdónales porque no saben lo que hacen!"

Muchas veces escuchó el vidente que decían: —"Ahí tienes lo que hicieron aquellos habitantes del tenebroso mundo que has contemplado".

—"Yo los perdono también a ellos. ¡Yo quiero salvarles!... ¿Quién me impedirá salvarles? —contestaba con suprema angustia el vidente.

—"Nadie te lo impedirá —contestaban las voces divinas— pero toda expiación tiene su tiempo fijado en la eternidad, y mientras esa hora no haya sonado, nadie puede salvarles".

—"¿Qué hora es esa que mi amor no puede romperla? —insistía el alma piadosa del vidente.

"Es la hora del arrepentimiento de los culpables" —contestaban las voces celestiales que sostenían con el Cristo este diálogo en el Infinito—.

"Y como son libres de arrepentirse o no, la hora de su libertad la marcan ellos mismos, y si ellos no tienen prisa, menos la tiene Dios que es eterno".

Una bruma de oro y rosa envolvió el cuerpo del vidente para fortalecerle con suaves efluvios, y que no sintiera en su materia los terribles efectos de las angustias que había sufrido.

Cuando Judá y Faqui llegaron a su lado le encontraron aún semidormido, pero la divina irradiación que le envolvía les dió a comprender que Jhasua, el dulce Jhasua de su primera juventud, había subido muy alto en su meditación de esa tarde.

—Perdona Jhasua —le dijo el príncipe Judá— pero debes tomar algo para que sigamos viaje, y entremos a Bethania antes de la noche.

—Vamos —le contestó el Maestro sin volver aún a su estado normal.

Esperaban al Maestro en Bethania todos los amigos de Jerusalén, los más íntimos, los que le seguían con el pensamiento a todas partes donde iban sus pasos.

Aumentaban ese núcleo escogido, los de Galilea que habían llegado unos días antes, juntamente con Myriam su madre.

Los dueños de la casa o sea Lázaro, Martha y la pequeña María rebosaban de felicidad. La esperanza, la alegría y el amor florecían como risueña primavera, en aquella tranquila morada del trabajo y la honradez.

Era la residencia elegida para el Mesías de Israel, y ninguna gloria podía compararse con ésta.

Los amigos de Betlehem habían llegado también esa mañana. Ancianos venerables que recibieron al Cristo la noche de su nacimiento, no podían fallar en aquella gloriosa cita, al final de la cual debía brotar como un florón de luz, el triunfo definitivo de todos sus ideales políticos y religiosos.

Alrededor de Myriam, se estrechaban las mujeres ancianas como aves viajeras cansadas de un largo vuelo. Lía, Salomé y Sara las más ancianas, formaban el grupo escogido de las *abuelas*, a las cuales Myriam miraba como a madres suyas, por la delicada ternura con que ellas la preferían.

Noemí, madre de Thirza y del príncipe Judá, Susana, esposa de José de Arimathea, Ana de Nicodemus, y Verónica de Eleazar, madres ya de muchos hijos, se estrechaban también a Myriam, la madre dichosa del más grande Profeta de Israel, porque en El estaba encarnado el Verbo de Dios, el Ungido del Altísimo para levantar a Israel sobre todos los pueblos de la Tierra, para transformarlo en un jardín de paz, de justicia, de prosperidad.

Jamás vio el Maestro tanto amor floreciendo en torno suyo, como aquella tarde de su entrada en Bethania, que bajo el suave resplandor del ocaso parecía envuelta en una bruma de oro diáfana y sutil, que hacía más serena y profunda su placidez habitual.

El amor verdadero lo embellece todo. ¡Qué hermosa parecía al Maestro aquella Bethania iluminada por el amor!

Sus huertos y sus jardines, perfumados de flores y de frutos, eran como un verjel de hadas llenos de todos los encantos imaginables.

—¡Jhasua! —dijo de pronto el príncipe Judá, mientras el Maestro saludaba a todos—. Faltan lo viejos más hermosos y valientes que hay entre tus amigos. ¿aciertas quiénes son?

El Maestro tendió su mirada por todos aquellos rostros vueltos hacia él, y después de esta observación dijo con gran firmeza:

—De Jerusalén faltan Simónides, Sallum de Lohes y Jesuá de Mizpa. Y de fuera, faltan Melchor de Horeb, Gaspar de Srinagar y Filón de Alejandría.

—¡Justo! —dijeron muchas voces a la vez.

—Tienes una asombrosa memoria —dijo Nicodemus, acercándosele para abrazarle, pues aún no lo había conseguido a causa de la multitud.

—Pues esos valientes viejos que ya entraron en la década de los noventa abriles, vendrán esta misma tarde los de cerca, y los otros llegarán en estos días según tenemos aviso —añadió el príncipe Judá, que parecía ser el alma de aquel entusiasmo.

—Desde aquí hasta las murallas de Jerusalén —dijo José de Arimathea— es una ciudad de tiendas, por lo cual parece que estuviéramos en plena Bagdad.

—Todas las hospederías y aún los klanes extramuros son insuficientes para los peregrinos, que llegan de los cuatro puntos cardinales —añadió Faqui con gran satisfacción.

—Y nuestro Simónides que no se deja sorprender por los acontecimientos, ha puesto un centenar de obreros para levantar tiendas en toda tierra baldía, sin desperdiciar ni el Cerro del Mal Consejo, que hasta hace poco era el terror de las gentes por causa de los leprosos —explicó Marcos, que como sabemos era un auxiliar del anciano.

Jhasua continuaba hablando en intimidad con unos y otros mientras pensaba:

—¿Tanta concurrencia de gentes viene para verme morir?

"¡Si a todo este pueblo efervescente y esperanzado, yo dijera una sola palabra de lo que planea en contra mío el alto clero de Jerusalén, ni uno solo de ellos quedaría con vida!

"¡Mas no es una corona de piedras preciosas la que quiero para mi frente, sino una corona de almas puestas en camino de salvación por mi amor y por mi sacrificio!

"¡Es mi entrada triunfal en el Reino feliz de mi Padre lo que busco, no los triunfos sujetos a la veleidosa voluntad de los hombres!"

En una sala contigua al gran cenáculo, se hallaban las ancianas, y mujeres ya de edad madura, entregadas a la tarea de disponer infinidad de cestillas de junco con bollos dorados recién sacados del horno, con frutas y pastelillos, queso y manteca para la refección de esa noche entre la numerosa concurrencia. Mientras Martha en la cocina con una veintena de criadas estaba absorbida en la condimentación de cabritos, aves y pescado para este festín último, que habían de celebrar como en familia, antes del grandioso y feliz acontecimiento que era el sueño de todos.

La juventud femenina, acompañada por los hijos de Nicodemus, de José de Arimathea y bajo la dirección de Lázaro, se encontraban en el gran pabellón de los telares, convertido en un verdadero almacén de mercader. Estaban entregados todos al trabajo de plegar y desplegar túnicas, mantos, velos y ordenarlos cuidadosamente doblados en la estantería que cubría las paredes.

La multitud que acompañara al Maestro en su entrada a Jerusalén debía ir vestida de gala, según las costumbres sencillas de los afiliados a la Fraternidad Esenia, en la cual no era permitido lujo ninguno.

El Maestro recorrió todas aquellas dependencias comprobando así, hasta qué punto estaba hecha carne en todos ellos la idea de que había llegado la hora de verle proclamado como rey de Israel.

Varias veces estuvo a punto de decirles toda la verdad, pero con supremo esfuerzo se contenía, para no entorpecer la marcha de los acontecimientos.

Cuando llegaron los tres ancianos de Jerusalén que faltaban, se dio principio a la cena que por ser tan concurrida, hubo de hacerse en el gran cenáculo y dos salas contiguas.

Entre aquel desbordamiento de entusiasmo y alegría, tres mujeres, las tres de nombre María se esforzaban en ponerse a tono con todos los que rodeaban al Maestro, pero tenían una secreta alarma como si presintieran la tremenda borrasca que les amenazaba: la madre de Jhasua, María de Mágdalo y la pequeña María de Bethania, que con sólo trece años de edad, tenía el juicio y la reflexión de la edad madura.

Procuraban estar siempre juntas, como si un lazo invisible, les atara una con otra, y como nada pasaba desapercibido a la fina observación del Maestro, pronto se dio cuenta de la secreta afinidad de aquellas tres almas, y comenzó a llamarlas desde entonces *Mis tres Marías* con tan delicada ternura, que las demás compañeras aparentaban ponerse celosas.

Y a fin de que el lector conozca a fondo el estado psíquico en que los amigos cercanos del Maestro, se encontraban, veamos lo qué dicen y comentan ellos en los inolvidables días de Bethania, que precedieron al holocausto del gran Mártir.

De algunos de ellos se conservan relatos y crónicas que nos sirven de ilustración en este caso:

Un diálogo entre José de Arimathea y Nicodemus, escrito por este último, hace vivir de nuevo aquellos momentos: "Cuando él llegó a Bethania en su último viaje a Jerusalén, José me llamó a un aparte y tuvimos este diálogo:

—"¿No has observado tú que hay algo en Jhasua que no concuerda con el entusiasmo de toda esta multitud de amigos que le rodea?

"En verdad que no se ve nada en él que se parezca a una aceptación de lo que todos creemos que es un hecho próximo a realizarse. Si alguien hace alusiones a ese negocio, Jhasua desvía hábilmente la conversación haciéndola recaer en la gloriosa dicha que guardan las moradas del Padre para los valerosos y denodados hijos que han cumplido con su deber, aún a costa de los mayores sacrificios".

—"Eso mismo he observado yo, y cuando a poco de llegar traté de sondearle si él pensaba que la nación israelita tuviese su completa independencia o que continuase bajo el protectorado de Roma, me contestó desilusionado: "—¿También tú, José, sueñas como los demás? ¡Sois todos niños en los caminos de Dios! ¡Te creía bien despierto a la Verdad Divina y aún duermes!. . .".

—"No, hijo mío, Jhasua, no duermo, sino que quiero de ti la verdad completa. ¿Serás en verdad el rey de Israel?

"Mi reino no es de este mundo, —me contestó— y aunque lo he repetido muchas veces, veo con dolor que no llegan a comprenderme. Olvidaron el espíritu de las profecías, para atenerse tan sólo a la letra muerta y por ésto van engañados.

"Dios, que es bondad y amor supremo lo quiere así, para evitar pérdidas de vidas humanas, cuya responsabilidad pudiera caer sobre el Ungido de la paz y del amor.

"Comprenderán la realidad, cuando ya no puedan evitarla, lo cual entra en el designio del Padre".

—"Tú piensas —añadí— que todo ésto terminará en una ruptura definitiva con la autoridad civil y religiosa que gobierna el país, pero si cuentas con la sumisión incondicional de todas las fuerzas vivas de la nación a las disposiciones del Sanhedrin, acaso te equivoques, Jhasua. El pueblo quiere su Libertador, su Rey, y no sé si se le podrá satisfacer con esa hermosa frase de doble significado:

"Mi reino no es de este mundo". ¿Qué quieres decir con eso? ¿Qué tienes plena certeza de que vas a morir para volver así al Absoluto de donde has venido? ¿Es aquel el Reino a que aludes?

"Y si tal hecho llega a producirse, ¿qué dejas detrás de ti que te asegure la cosecha de lo que has sembrado?

"La miserable condición humana nos dice que a "rey muerto, rey puesto'. Cuando dejen de ver en ti la realidad de sus anhelos y esperanzas, te olvidarán, Jhasua, y me resisto a creer que tal sea el triste fin del Mesías enviado a Israel para salvarle de la miseria y del oprobio. El Ungido del Eterno debe cambiar la faz de este mundo, y ese cambio no se ha producido aún.

"¿Qué me contestas a todo ésto?

"Con su habitual complacencia Jhasua me contestó: "Cuando tú plantaste en tu huerto tus olivares y tus palmeras, ¿recogiste de inmediato los frutos que esperabas de tu plantación?"

—"No, porque yo he recogido los frutos de los que sembró mi padre; y mis hijos recogerán de los que he sembrado yo.

—"Bien has contestado, José —me dijo—. Y si para cosas materiales y perecederas —añadió— se espera pacientemente la hora ¿qué no deberá suceder para lo espiritual y eterno? Yo he sembrado y sigo sembrando. El Padre hará fecunda mi siembra que cambiará la faz de este mundo pero no hoy ni mañana sino cuando el tiempo haya madurado los frutos".

"Tal fue la contestación del Maestro a José de Arimathea que me la transmitió aquella primera noche de Bethania en el último viaje que hizo a Jerusalén.

"Desde ese momento José y yo comprendimos que el Reino de Israel era un sueño, que no se realizaría por entonces, y acaso nunca, añado ahora, después que he visto el desarollo de los últimos acontecimientos''.

Este breve pasaje de una crónica escrita por un doctor de Israel, Nicodemus, nos demuestra como esos dos grandes amigos del Maestro llegaron a comprenderlo en los últimos días de su vida terrestre.

Sus doce íntimos sabían que volvería en breve al Reino de su Padre, pero no pensaban ni remotamente en qué forma sería esta partida.

''Siendo el Ungido de Dios, su Verbo encarnado, su Hijo, mandará una legión de ángeles que le transporten a los cielos infinitos, pues no de otra manera sucederá lo que él llama: su entrada triunfal al Reino de Dios''. Esta era la certidumbre que tenían los íntimos de su Escuela de Divina Sabiduría. Y cuando el Maestro percibía la vibración de este pensamiento, les repetía aquella frase que ha llegado a nosotros conmoviéndonos profundamente:

''Velad y orad para no caer en tentación''.

¿Qué tentación era ésta que el Divino Maestro tanto temía para los suyos? Era justamente esa: ¿sería fuerte su fe lo bastante para seguir reconociendo como Ungido de Dios, como a su Verbo Eterno, a un hombre que moría cargado de oprobio y de infamia en lo alto de un patíbulo?

Confundido con los malhechores de la más baja estofa, abandonado de Dios y de los hombres sin que nadie levantara su voz para defender y probar su inocencia, ¿continuarían creyendo sus amigos y discípulos que aquel pobre cuerpo maltratado y vejado era la encarnación del más grande ser que había pisado la Tierra?

¿Dónde estaba relegado el Poder Omnipotente que no le arrancaba del odio de sus enemigos?

¿Dónde estaba oculta la justicia Divina que no caía como un vendaval de fuego sobre los hombres injustos y malvados?

Todo esto sabía el Maestro que pasaría como una ola de tiniebla por las mentes atormentadas de los suyos, y volvía a repetirles una y otra vez: ''Velad y orad para no caer en la tentación, porque el espíritu está alerta, pero la materia es débil y pesada''.

Hablando una tarde bajo la sombra de los nogales y olivos seculares, uno de los suyos le preguntó en qué consistía de verdad la grandeza y perfección de un espíritu.

—En Israel —decía Marcos— tenemos la costumbre de discutir sobre cuál de los Patriarcas y de los Profetas es el más grande entre todos, y nunca llegamos a ponernos de acuerdo, porque nuestra simpatía por unos o por otros nos impide seguramente ser imparciales en nuestro juicio.

—Es un tema ese —contestó el Maestro— sobre el cual nunca se debiera discutir, porque en el secreto camarín del alma, tan sólo Dios puede penetrar.

''Ciertos aspectos exteriores en la vida de un ser, puede permitir a los humanos emitir opiniones o juicios más o menos acertados, pero la verdad absoluta sobre su grandeza espiritual, nadie la puede tener.

''La perfección suprema del alma humana, está en relación directa con su perfecta unión con Dios, que es la absoluta perfección.

''Pero no puede la criatura humana medir los grados de esa unión de un alma con la Divinidad.

''En los círculos estrechos en que generalmente viven los adeptos de todas las religiones, se evalúa la grandeza de un alma por su mayor o menor cumplimiento de las prácticas o ritos en uso en la teoría religiosa a que pertenecen. Y ésta es la causa de los juicios equivocados que se hacen.

"Todas las religiones conocidas, han ido surgiendo a través de los siglos, y de acuerdo con el grado de evolución de los pueblos en que han nacido. Estas religiones que han marcado normas de vida a sus adeptos, son mejores o peores según que estén de acuerdo en mayor o menor grado con la Religión Universal, única emanada directamente del Soberano Creador y que tiene una sola base, una sola cláusula que abarca toda santidad, toda pureza, toda perfección posible en los planos físicos:

"AMA A DIOS SOBRE TODAS LAS COSAS Y A TUS SEMEJANTES COMO A TI MISMO".

"Alrededor de esta única Ley Divina, han formado los hombres un enorme amontonamiento de ritos, de ordenanzas, de leyes, una verdadera Torre de Babel, sin lógica ninguna, sin razonamiento, inspirados tan sólo por un mezquino concepto de Dios y de la vida.

"El primer gran error de todas las religiones, es creer que Dios, perfección absoluta, se irrita, se encoleriza al igual que *un amo* cuando se desobedecen sus mandatos.

"Una vez que le creen irritado, encolerizado, nace la necesidad de aplacarle con ofrendas de un orden o de otro, según el grado de adelanto y comprensión de los seres.

"Dios no se irrita ni encoleriza jamás. El solo pensarlo repugna al alma que de verdad le ama. Y si Dios pudiera ser factible de cólera, la tendría al ver que le ponen al mismo nivel de cualquier menguado hombrezuelo de mal caracter.

"Pero ni aún ésto altera su infinita serenidad. ¡Es tan grande en su plenitud de amor y de dicha, que nada absolutamente puede afectarle!

"Conocido este aspecto del equivocado miraje de las religiones con respecto al Supremo Creador, fácil es comprender cómo se equivocan los hombres en sus juicios sobre la grandeza espiritual de los seres que se han destacado de entre la multitud por sus obras.

"Y para comprender más fácilmente este asunto, observemos lo que ocurre cerca de nosotros con las distintas sectas religiosas en que está dividido el país.

"Los fariseos, escrupulosos observadores de todas las prescripciones que fueron añadidas a la única Ley Divina, se creen muy superiores en grandeza y perfección moral a los saduceos, a los samaritanos, y en general a todos los hombres de la tierra.

"Su perfección, según ellos, está en la práctica severa y estricta de los ritos en uso, a los cuales dan más importancia aún que a la Ley de Dios misma.

"Y bajo este concepto, se creen con el derecho de vomitar anatemas, y desahogar su odio contra todos los que no están en acuerdo con ellos.

"¿Podemos en buena lógica pensar que Dios-Amor y Justicia eternas, Poder inconmensurable, haya de estar supeditado a tan mezquinos y equivocados conceptos?

"¿Puede ningún hombre en la tierra, por grande y poderoso que sea, pretender encadenar la Voluntad Divina, a sus modos de ver, a sus mezquinos conceptos de las leyes soberanas e inmutables de la Creación Universal?

"Con desdén y desprecio profundos, nuestros compatriotas llaman *idólatras paganos, hijos de satanás,* a los habitantes de las demás naciones de la tierra que no tienen noticia del cúmulo de ordenanzas y ritos, en que la mayoría de los hijos de Israel viven como entre un molde de hierro. ¿Pueden impedir acaso que entre los llamados idólatras y paganos hijos de satanás, haya almas grandes y puras que aman a Dios y a sus semejantes, sin necesidad de fórmulas y de ritos, que no han conocido nunca?

"Melchor, Gaspar y Baltasar, son paganos para Israel; ¡mas os aseguro que no hay cien israelitas capaces de realizar las obras hechas por ellos, ni de amar a Dios y a sus semejantes como ellos les aman!

"Sócrates y Platón, fueron paganos para Israel; mas yo pregunto: ¿Cuántos israelitas hay capaces de la grandeza de esas almas sin egoísmos, sin interés, que dieron de sí cuanto pudieron y hasta la vida por el bien de sus semejantes y sin recompensa alguna?

"Homero, el vate genial de la Grecia antigua, fue un pagano para Israel. ¿Qué saben los hombres de la íntima adoración de las almas al Supremo Creador, ya le den un nombre u otro, ¿Qué saben hasta qué cumbres llegaron en la perfección de sus vidas llevados por las ciencias, por las artes, por mil y mil formas que presenta el creador a la comprensión de sus criaturas?

"Y en cuanto a nuestros Patriarcas y Profetas, tanpoco podéis discutir sobre su grandeza, pues ella depende como os dije de su mayor unión con la Divinidad. ¿Acaso basta para emitir un juicio, el conocer una personalidad de las mil y mil que tiene un ser hasta que llega a la perfección?

"Cuando terminada toda la serie de encarnaciones sucesivas de un *Ego o Yo pensante*, le vierais recoger todas las personalidades que mandó a la vida física y refundirlas en sí mismo, porque terminó su carrera y obtuvo la perfección, entonces sería llegado el momento de poder decir con justicia y verdad: *Este es grande.* Mientras no ha llegado ese día, es absurdo pretender entrar en el secreto de las almas reservado sólo a Dios.

"Las apariencias exteriores no son muchas veces la verdad, ni significan lo que se pretende demostrar con ellas.

"El hombre justo, el hombre de bien, oculta cuanto puede sus buenas acciones, porque huye de toda exhibición. Y de su mayor o menor unión con la Divinidad, nadie puede ser testigo, porque entre Dios y el alma que le ama, no cabe nada absolutamente, ni aún el reflejo de un pensamiento extraño.

"No os afanéis pues, por saber cuál es más grande entre los amantes de Dios-Amor, porque en eso no estriba vuestro adelanto ni el suyo.

"Pensad sí, y esforzaos en imitar la vida de los justos que pasan por la tierra haciendo el bien, aunque no sean prosélitos de la fe de Israel.

"La Verdad Divina es una sola, y brilla más que un sol para todo el Universo de millones de mundos. Es infantil puerilidad el pretender que esta Verdad Divina, patrimonio de todos los mundos, pueda ser acaparada por cualquiera de las teorías religiosas de este pequeño planeta, que es menos que una cereza en las inmensidades del Universo infinito."

Esta hermosa instrucción terminó con la llegada del anciano príncipe Melchor de Horeb, acompañado de cuatro discípulos suyos de la Escuela del Monte Hor.

Estaba tan extenuado por sus muchos años y por la fatiga de sus viajes continuos, que aparecía como una sombra bajo el dosel que le cobijaba sobre su inmenso camello blanco. Cuando la noble bestia se arrodilló para que el viajero descendiera, ya estaba Jhasua junto a él y le recibió en sus brazos.

Lo que aquellas dos almas se dijeron en ese abrazo largo y mudo, lo podemos suponer viendo los ojos de ambos llenos de lágrimas.

—Vienes para verme morir —diría Jhasua seguramente.

—Vengo para morir contigo —decía el alma del anciano Melchor.

Ambos sabían el doloroso holocausto en que el Hombre-Dios entregaría su vida física.

Cuando dos días después llegaron a distintas horas y por distintos caminos Gaspar y Filón, el Maestro dijo en presencia de todos:

—Ahora está con todas sus piedras preciosas mi corona real, ¿quién más feliz que yo?

Y su mirada más dulce y tierna que nunca, se tendía como efluvio de millares de besos por todos aquellos rostros, cual si quisiera grabarlos profundamente en su recuerdo.

Con Melchor, Gaspar y Filón, tuvo largas conferencias diseñando el programa futuro.

Allí quedó repartido el mundo, en fracciones de las cuales habían de encargarse los discípulos de ellos, en unión con los Doce del Maestro para derramar como divina esencia la sublime doctrina de la fraternidad universal.

A la última de estas conferencias, hizo el Maestro asistir a todos sus amigos presentes en Bethania, con el fin de establecer un fuerte lazo de unión entre todos.

—Todos vuestros corazones palpitan al unísono del mío —les dijo con su voz temblorosa de emoción—. Y si el Padre os congrega en esta hora en torno mío, es para obrar y pensar en un común acuerdo, tal como yo pienso, obro y quiero. Y que el consejo de los ancianos sea escuchado como la voz de la sabiduría que habla por ellos.

Comparando los viejos manuscritos encontrados en Sinaí, en Horeb y en Hor, con los de Bombay, Persépolis y Alejandría, podemos darnos una idea de las combinaciones hechas en aquellos últimos días por el Maestro, con los tres sabios ancianos que no le perdieron de vista desde su nacimiento hasta su muerte.

Gaspar, Melchor y Filón de Alejandría, Baltasar desencarnado ya, existía en el espíritu de su Escuela.

Esa inmensa red de misioneros del Cristo que se extendió como una bandada de palomas por todos los países conocidos entonces, fue el resultado de estas conferencias posteriores de Bethania, donde el Maestro trató de dejar esbozados los caminos a seguir en el futuro.

Generalmente se ha creído que él derramó la divina semilla y dejó el porvenir a merced de los acontecimientos, y tal modo de obrar no está de acuerdo con su genial concepción de la obra renovadora de la humanidad, que dejaba fundada.

Una mente tan lúcida y preclara como la suya, no podía obrar jamás con una imprevisión, propia de espíritus nuevos en los eternos caminos de las almas en su andar ascendente hacia la Suprema Perfección.

DE FRENTE AL SANHEDRIN

Mientras tanto, el príncipe Judá, Faqui y Simónides, que eran el alma triple de la alianza libertadora de Israel, se multiplicaban por medio de fieles agentes y servidores, para ofrecer hospedaje a la multitud de peregrinos llegados de todàs partes. El israelita disperso por todas las naciones civilizadas de entonces, era casi más numeroso que los residentes en la Palestina.

Toda la costa del Asia Menor y de Europa, sobre el Mediterráneo, estaba inundada de israelitas que comerciaban activamente fuera del país natal.

Atraídos por la consigna "El Mesías está en Israel para libertar a su pueblo", había corrido a media voz entre todos los hijos de Abraham, numeroso como las arenas del mar, y las Pascuas de los últimos años fueron enormemente concurridas con la esperanza de que en una de ellas sería la glorificación de la patria oprimida.

El Sanhedrin por su parte, había tendido una red de espionaje para seguir de cerca los pasos del joven Maestro; y día a día ese alto tribunal acumulaba despecho y cólera ante las obras estupendas que el Profeta-taumaturgo realizaba en todos los pueblos, ciudades y campos del país.

Mas no era solamente eso lo que irritaba a los magnates del Templo de Jerusalén. Era más todavía la enseñanza que aquel audaz Maestro se permitía dar al pueblo *bajo y soez* (según su sentir) debido a la cual comenzaban a creerse iguales ante Dios que ellos, los doctores, los sabios, los padres de Israel.

Los sacrificios habían disminuído enormemente y por tanto la entrada de oro y plata en las arcas sacerdotales.

El Maestro Nazareno había convencido a casi todo Israel y comarcas vecinas, de que a Dios se le agradaba con obras de piedad y de misericordia, que Dios era Amor por encima de todas las cosas, y se complacía más en la adoración y reconocimiento de un corazón sencillo y bueno, que en las degollaciones de toros, becerros y carneros sobre los altares del Templo.

Y siendo así, que los grandes hacendados del país eran las más ilustres y antiguas familias sacerdotales, cuyas enormes riquezas eran el fruto de la venta de animales para los sacrificios, el lector comprenderá claramente que un Mesías como Jhasua de Nazareth, no podía ser jamás del agrado del Sanhedrin, sino por el contrario, considerado como un enemigo harto peligroso para sus finanzas que habían marchado viento en popa hasta que su palabra comenzó a oírse, afianzada y fortalecida por las maravillosas obras que realizaba por todas partes donde ponía sus pies.

Mediante la furia de Herodías se libraron oportunamente de la voz amenazadora de Johanán, el Profeta del Jordán.

Ahora tenían que buscar el medio de librarse de este otro Profeta, más peligroso aún, pues que gran parte del pueblo empezaba a señalarlo como al Mesías anunciado por los Profetas.

¿Qué harían con él? ¿Cómo lo harían caer en sus redes sin sublevar al pueblo?

Una hábil combinación de espías, podía darles la clave de la forma en que debían obrar para obtener algo parecido a un motivo legal, para darle muerte, o por lo menos sepultarlo en algún torreón de los muchos que había desde remotos tiempos.

Primeramente hicieron espionaje sobre las personas allegadas al joven Profeta.

Cuando tuvieron amplio conocimiento sobre este particular, los espías estudiaron las condiciones de las personas cuya lealtad al Maestro pudiera ser vencida mediante promesas adecuadas a este fin.

A las mujeres se las tentaría por la vanidad y el lujo: trajes suntuosos, joyas preciosas, buenos partidos matrimoniales, etc. etc. A los hombres se les buscaría el lado flaco de la codicia del oro y del poder.

José de Arimathea y Nicodemus fueron llamados ante el Sanhedrín para dar información sobre las pretensiones que tenía el joven Maestro que se mantenía alejado de la suprema autoridad del país.

Les interrogaron separadamente y ambos dijeron lo mismo sin que les hubieran dado tiempo a ponerse de acuerdo: "Que Jhasua de Nazareth no tenía pretensión ninguna de orden material, sino sólo explicar a los pueblos la Ley de Moisés, y aliviarles en sus enfermedades, en sus dolores y en su miseria.

"Nadie es más desinteresado que él, que hasta ha renunciado su herencia paterna en favor de su madre viuda y vive de la generosidad de sus discípulos que tienen bienes materiales".

A la pregunta de si era amigo o enemigo del César, amigo o enemigo de Herodes, ambos contestaron lo mismo:

"Para Jhasua de Nazareth, sólo existe Dios-Padre-Dueño de cuanto existe, y considera a toda criatura humana desde el más poderoso monarca al más despreciado esclavo, como a hermanos suyos, pues son hijos de Dios. Si obran mal, reprueba el mal. Si obran bien, aprueba el bien, y en su corazón no cabe el odio para nadie porque está lleno de amor, de paz y de la dicha infinita de hacer el bien".

—Entonces —dijo el presidente del Concejo— ese hombre es invencible... ¡invulnerable!

—Has dicho toda la verdad —contestó José de Arimathea— es invencible e invulnerable.

—A Jhasua de Nazareth —añadió Nicodemus— jamás se le podrá condenar con justicia. Se le podrá asesinar inícuamente como se hizo con nuestros grandes Profetas, con una cuchillada a traición, o de los mil modos usados por los bandoleros y piratas, pero una condena legal y justa jamás se dará contra un hombre que no ha hecho más que hacer el bien por donde ha pasado.

—Todo hombre por grande y justo que sea, tiene siempre algún lado flaco —dijo Hanán sentenciosamente—. Pero vosotros le amáis demasiado para descubrirlo.

—Descubridlo vosotros que no lo amáis —contestó José de Arimathea.

—Veo que no se puede contar con vosotros —dijo el presidente del Concejo.

—¡Para una injusticia nunca! —afirmó Nicodemus—. Para la equidad y el bien estamos dispuestos. Como guardianes que sois de la Ley de Moisés, creo que seréis los primeros en el cumplimiento de sus preceptos básicos: "No tomar el nombre de Dios en vano. No levantar falso testimonio ni mentir. No matar. Amar a Dios sobre todas las cosas y al prójimo como a ti mismo".

Un gesto de ira mal disimulada, pasó como un relámpago por aquellos rostros envejecidos en la mentira y el crimen.

Ambos amigos del Maestro se retiraron con una intensa amargura en el corazón, pues vieron claramente el deseo de aquellos malvados viejos, de encontrar la forma de sacar del medio a Jhasua con apariencias de legalidad.

Los espías recibieron la orden de tentar a las mujeres que seguían al Profeta, ya sea por halagos y promesas, ya por el temor a la difamación.

Enterados de que hasta la pagana idólatra del Castillo de Mágdalo le seguía de cerca, la tomaron como uno de los muchos medios que pensaban usar para minar el prestigio del joven Maestro ante las muchedumbres.

Los hijos de aquellos graves doctores jueces de Israel, habían asistido más de una vez a las fiestas de estilo griego que se dieran antes en el Castillo de Mágdalo, cuyas riquezas abrían su apetito de buitres insaciables, y jamás obtuvieron preferencia alguna de la joven castellana. Ni la sabiduría de Schamai pudo atraerla como prosélita al judaísmo.

Y que este joven Rabí desconocido, sin escuela, según ellos, sin títulos oficiales, sin fortuna, hubiera conseguido interesarla, era el colmo de la humillación, demasiado duro de soportar a su orgullo de raza, de jerarquía y poder.

¡No podía ser!

Las posiciones estaban pues definidas: O ellos, o él ante el concepto público. María de Mágdalo fue visitada por una hermana de Hanán, en su nueva residencia de Jerusalén.

Era una matrona muy devota y que quería aparecer como un modelo de distinción, ya que era la crema de la aristocracia judía de ese tiempo. Por la suntuosidad de su litera y de la servidumbre que la acompañaba, bien podía compararse al boato de una princesa de sangre real.

María estaba avisada por Gamaliel de que las principales damas de las grandes familias sacerdotales, querían iniciar amistad con ella.

José de Arimathea y Nicodemus la instruyeron sobre la forma en que había de contestar, para no comprometer al Maestro, pues tenían la seguridad de que la someterían con disimulo a un interrogatorio.

Conociendo ellos la vehemencia de su temperamento y su carácter altivo, contrario a la simulación, temían que no obrase conforme a la necesidad del momento.

La devota dama judía encaró el asunto con suma cautela, pues conoció desde el primer momento que su interlocutora estaba bien preparada para hacerle frente.

Después de un hábil preámbulo lleno de zalamería le dijo:

—Hija mía, nuestra casa ha visto con satisfacción tu entrada en la santa fe de Israel, lo cual derrumba la barrera que te separaba de nosotros. Has pisoteado los ídolos paganos, y eso es un triunfo que te engrandece y dignifica.

—Noble señora —contestóle María—, creo que no estás bien informada respecto a mi vida, porque yo no he pisoteado ídolos paganos. Mi culto ha sido la belleza de la creación universal en todas sus manifestaciones; las artes y las ciencias, en lo que ellas tienen de grandioso y sublime para toda inteligencia que trata de comprenderlas.

"Fui educada en la religión de Homero, de Sócrates, de Platón y de Virgilio, o sea el bien y la justicia.

"La religión de Israel no la he conocido hasta ahora, es verdad, y debido a eso, comprendo muy bien que mis costumbres griegas han debido lastimar profundamente vuestros sentimientos y modos de ver y de apreciar las cosas de la vida.

"Comprendo asimismo cómo, los devotos israelitas han juzgado mi vida con una severidad que habría aterrado a cualquiera otra mujer, pero no a mí, que jamás me he preocupado de exhibirme en mis actos.

"Fui enseñada a vivir sin molestar ni ofender a nadie, y sin pretender tampoco acomodarme a las costumbres y gustos de los demás.

"He vivido para mí misma, y ahora comprendo que en esto he sido egoísta, pues formo parte de una humanidad para cuyo beneficio todo esfuerzo y voluntad son necesarios.

"Desde ahora comienzo a olvidarme de mí misma, para consagrar al bien de mis semejantes, todo lo bueno que yo pueda dar.

—Y ¿por qué se ha obrado en ti este cambio tan fundamental hija mía? —preguntó amablemente la dama judía.

—Desde que tuve la suerte de escuchar la palabra del Profeta Nazareno, comprendí que había otro sendero con más claridad y belleza que el que seguía, sobre todo con más amor. Y ésto me decidió a hacerme discípula suya.

—¿Nada más que eso? —insinuó con maliciosa sonrisa la astuta mujer—. Porque tengo oído mucho, de la belleza física de ese joven Profeta, tras del cual corren las mujeres y los niños.

—Y también los hombres, señora —la interrumpió María—. La más elevada sabiduría sale de su boca como un torrente desbordado, y todos los que anhelan la verdad, corren hacia él.

—Pero ¿qué más se puede saber de lo que está escrito en nuestros sagrados libros? —insistió la dama con un tono un tanto agresivo.

—Todas las religiones tienen sus libros sagrados, muy respetables por cierto; pero cuyos principios no satisfacen a todas las inteligencias en el momento actual. El Profeta Nazareno no trae un nuevo libro, porque al explicar los diez mandatos de las Tablas de Moisés, sostiene que cada hombre o mujer debe ser un *libro vivo* que enseñe el bien, la justicia y el amor de los unos para los otros.

"El mismo es un libro vivo de justicia y equidad, de bondad y de amor.

"Y por eso las multitudes le siguen. Aparte de que no deja ningún dolor humano sin remediarlo. A vuestro hermano mismo, el ilustre Hanán, le curó de la úlcera cancerosa que tanto le hacía padecer...

—¿Pero, cómo...? —exclamó la devota judía—. Yo no sabía esa circunstancia. ¡No puede ser!...

—Sí señora!... hubo testigos, y ocurrió en la casa de una princesa judía, cuyo primogénito sordomudo, fue curado por el Profeta Nazareno en el mismo momento que al ilustre Hanán.

—Será así, puesto que lo aseguras.

"Aunque mi visita —añadió— no es petitorio de mano, me permito insinuarte, hija mía, que uno de mis sobrinos, el hijo menor de Hanán desea relacionarse contigo con fines matrimoniales. Cumplió la pasada luna su mayor edad y su padre le ha puesto en posesión de su cuantiosa herencia, que consiste en el más hermoso de nuestros palacios de familia, en Accarón con las tierras que le pertenecen hasta la orilla del Mar Grande, tierras riquísimas de olivares, castaños y viñedos. Tiene además pradera de pastoreo para el abundante ganado, que es una mina de oro, pues es de lo mejor que hay en el país para los sacrificios del Templo.

"El palacio está decorado a todo lujo, pues allí estuvo un tiempo la emperatriz Livia, esposa de Augusto y su hija Julia. La riqueza en trajes y joyas es incalculable.

"En vez de seguir vanamente a ese Profeta Galileo, pobre y de origen desconocido, creo que mi propuesta es ventajosa para tí...

—No continúes por ese camino, noble señora —interrumpió nerviosa María de Mágdalo—. Mi educación griega o pagana como la queráis llamar, no me ha enseñado a venderme como se vende una esclava o una bestia, por elevado que sea el precio que me ofrezcan.

"Soy libre y quiero seguir libre y dueña de mis actos. La insinuación que me hacéis señora, me honra grandemente y agradezco la deferencia...

—Queríamos arrancarte de la seducción de ese hombre y tú misma te hundes... —dijo la judía con ira bien manifiesta.

—Y ¿qué importancia tengo yo para que queráis hacerme ese bien? ¡Hay tantas princesas judías que serían dignas compañeras del hijo del ilustre Hanán!

—Y dime ¿qué has encontrado en ese mago obrador de milagros, curandero de leprosos y apestados?

—He encontrado señora que es el único hombre capaz de hacer el bien sin interés de la recompensa. Y en la tierra es ésto tan raro y exótico, como si encontrase de pronto una estrella entre el césped de mi jardín.

—¡Es un seductor de doncellas! —exclamó airada la judía y se levantó para retirarse—. Esto sólo bastaría para desterrarle del país.

—¡Correríais el riesgo de que el país quedara desierto!... —contestó temblando de indignación María de Mágdalo.

—Veremos y te acordarás. ¡Cuánto más te valdría haberme escuchado, joven imprudente!

La devota hermana de Hanán salió seguida de su cortejo de lujosos criados.

María de Mágdalo corrió a su alcoba, y tirándose sobre su lecho lloró desesperadamente.

Martha, que de Bethania había venido a Jerusalén con ella y otras compañeras, se acercó sobresaltada de aquel desconsuelo.

La joven sólo contestaba entre sollozos:

—¡Quieren perder al Maestro y han mandado esa víbora a estrangularme!

Se sintieron voces de hombres en el pórtico de entrada y luego la voz de Lázaro que decía:

—¿No recibís al Rey que llega? —Martha bajó corriendo la escalera y se encontró con su marido que traía consigo al Maestro y a los tres ancianos, Gaspar, Melchor y Simónides.

Martha les refirió brevemente la visita que acababa de retirarse, dejando a María en una desesperación terrible.

—Hazla venir aquí, Martha —dijo el Maestro, entrando al pórtico interior—. Dile que yo la llamo.

Martha subió de nuevo a las alcobas y acercándose a María que aún lloraba angustiosamente le dijo:

—El Maestro está aquí y te llama.

¿Quién sería capaz de resistirse a este llamado tiernísimo del amor del Cristo?

Tal fuerza de sugestión tuvo siempre esa frase que entre los grandes místicos fue tomada como un símbolo del Amor Divino llamando ansiosamente a todas las almas.

La desconsolada María se envolvió en su velo y bajó al llamado del Maestro. Apenas le vió corrió hacia él y cayendo a sus pies se abrazó a sus rodillas.

—¡Señor! —le dijo— ¡los hombres del Templo quieren perderte!... ¡Huye, Señor, huye!... que todos nosotros iremos contigo a donde quiera que vayas. En esta ciudad llena de víboras, pereceremos todos.

—Cálmate María —le dijo dulcemente el Maestro poniendo su diestra sobre la doliente cabeza agitada en sollozos—.

''¿Crees tú —añadió— que podrán ellos tocar ni un cabello de mi cabeza si mi Padre no se lo permitiera?

''No llores por mí, mujer, sino por aquellos que no quieren la luz divina encendida ante ellos. ¡Lloremos por sus tinieblas para las cuales no habrá claridad posible en siglos y siglos!

Simónides quiso averiguar todo lo ocurrido y María se lo refirió.

—Deja esto por mi cuenta niña y no te desconsueles más.

''Aún Jehova no echó tierra en mis ojos, y ni el César romano ni los Herodes pudieron vencerme, ¿qué han de hacer esos infelices cuervos, abrillantados de oro y pedrería en contra de nuestro Señor que tiene millares de pechos serenos y fuertes para defenderle?

''Anda, hija, anda y trae a estos viejecillos algo para tomar fuerzas, porque hemos venido a pie para no llamar la atención.

El Maestro sonreía de la buena lógica de Simónides, ante la cual todo volvió a la calma.

Poco después comenzaron las exploraciones entre los Doce. A Tomás le hicieron llegar una propuesta de hacerle agente comprador de telas de púrpura y piedras preciosas para los ornamentos sacerdotales; a Bartolomé, Matheo, Nataniel, les buscaron el lado débil, ofreciéndoles puestos bien rentados, ya en el Gran Colegio, o ya en la administración de los cuantiosos bienes de las familias más potentadas de Judea.

A Juan por su juventud y belleza física, se interesaba en adoptarle como hijo un rabino de gran fortuna, ya anciano y sin herederos, a cambio de que siguiese estudios superiores en el Gran Colegio. Y el buen Pedro con su acrisolada honradez fue buscado insistentemente para ocupar la mayordomía vacante de una rica princesa viuda, grande amiga de la esposa del Pontífice Caifás.

El último a quien exploraron fue a Judas de Iskariot cuyo carácter retraído y taciturno no les prometía mucho.

Fue el único que no dió negativa, sino que pidió una espera para aceptar o no.

Todas estas proposiciones eran hechas con tan rebuscadas maneras y hábiles combinaciones, que no aparecían como salidas directamente del Sanhedrín, al cual no se mencionaba en ellas ni aún de paso.

De no haber sido por el interrogatorio hecho a José de Arimathea y Nicodemus, ni aún se hubiesen apercibido del origen de aquellas generosas solicitaciones.

—Qué extraño resulta todo ésto —decía Santiago—. Hasta ahora se nos ha tenido a los galileos por ineptos y de menguada inteligencia, y hoy los sabios y poderosos judíos nos solicitan a porfía. ¿Qué significa ésto?

—¡Naturalmente! —decía Simónides—. La fama del Maestro da lustre a los discípulos, y si él es un hombre genial, los que le siguen de cerca tendrán asimismo una buena dosis de inteligencia.

VERCIA LA DRUIDESA

A la plácida serenidad de Bethania llegó en un anochecer una extraña caravana de hombres rubios, con ojos color de cielo. Preguntaban por el Profeta Nazareno del manto blanco, pues en Nazareth les habían dado noticias que él se encontraba a las puertas de Jerusalén, en la aldea de Bethania.

Los discípulos del Maestro reconocieron a dos de los viajeros. Eran de los catorce esclavos galos que salvaron de morir ahorcados en los calabozos del palacio de Herodes en Tiberias. Con ellos venían tres hombres de edad madura, y una joven mujer extremadamente blanca y rubia, que ocultaba su gran belleza con espeso velo echado sobre el rostro.

Habían venido de Marsella en un barco mandado por uno de los capitanes dependientes de Simónides. Procedentes de las montañas de Gergovia en la Galia, habían cruzado el mar y hecho tan largo viaje porque la joven mujer aquella que era sacerdotisa de los Druidas, había recibido el mandato de sus dioses de llegar a la Palestina donde residía el *Salvador de este mundo y vencedor de la muerte"*.

El Maestro les recibió afablemente según acostumbraba con todos. Uno de los ex esclavos galos, que conocía bien la lengua sirio-caldea, explicó la situación y objeto de aquel viaje.

La joven allí presente, era nieta del famoso héroe galo Vercingetorix, que se midió con las poderosas legiones de Julio César, el cual le hizo prisionero y luego le mandó matar para coronar su triunfo con la cabeza del héroe que había luchado heroicamente por la libertad de la patria Gala.

Los valerosos Druidas moradores de selvas, habían salvado a la pequeña hija del héroe galo, Vercia y ésta era hija de aquélla y se llamaba también Vercia. Por veneración al héroe inolvidable la habían elegido *Druidesa*, y era la gran sacerdotisa de su culto a la magnificencia de la naturaleza, templo vivo del Gran Hessus su Dios Supremo. Sólo contaba diecisiete años.

Uno de sus acompañantes era su tío paterno. Su madre, la hija del héroe, había muerto de pesar hacía 12 años, cuando su marido fue denunciado ante el Procónsul Romano de reclutar fugitivos en las montañas donde nace el Loira. Sepultado en un calabozo de Gergovia, había tratado de evadirse y fue atravesado por una lanza romana clavada en el corazón. Vercia era pues huerfanita y sólo tenía como familia, a su tío paterno que era el Bremen (Jefe Supremo) de los druidas de las selvas, que ún no se habían sometido a Roma.

Los catorce esclavos salvados de la horca por el Profeta y los suyos, llevaron a las montañas del Loira la noticia de un *Salvador del mundo* que andaba por las riberas del Mar de Galilea; y el Bremen galo, quiso unirse a él para ofrecerle cuanto era y cuanto tenía, a fin de exterminar a esa *raza maldita* que había destrozado la libertad de su patria y dado muerte a los jefes de su raza y perseguido a sus familiares.

El Maestro escuchaba en silencio los dolorosos relatos que llegaban a él desde la lejana Galia, y veía a través del velo que cubría el rostro de la joven, deslizarse lágrimas silenciosas que ella dejaba correr sin secarlas.

—¡Siempre el dolor! —exclamó cuando el relator calló.

El Bremen galo hizo decir por su intérprete que aun cuando no hablaba la lengua siria, la comprendía bien, por lo cual el Profeta Nazareno podía hablarles libremente, que ellos le comprenderían.

—Uno de los maestros de mi primera juventud —comenzó Jhasua— pasó parte de su vida en la Galia transalpina en Aquitania, a orillas del Garona. Debido a esto conozco algo de vosotros y de vuestro país, de vuestra religión y costumbres.

"Mas de la mitad de mi vida la he vivido entre hombres de meditación y de estudio, y he comprendido la magnitud del error cometido por casi todos los que han pretendido ser civilizadores de humanidades. Este error ha consistido siempre en las barreras puestas entre las razas, los pueblos y las religiones. La vida y la libertad son los más preciosos dones de Dios a sus criaturas; y los que fueron considerados los más grandes hombres de la tierra, no han hecho sino atentar contra esos dones divinos en provecho propio, con un egoísmo tan refinado y perverso, que asombra ver que ello sea fruto de un corazón humano.

"Vosotros habéis cruzado el mar para traer al Profeta Nazareno la ofrenda de vuestra adhesión, con la esperanza de que os sean devueltos esos dones de Dios que os han quitado los hombres: la vida y la libertad que las conserváis refugiados en vuestras selvas y montañas impenetrables. Queréis la libertad de vivir con vuestras costumbres, religión y lengua y el egoísmo humano os lo impide. Y si no claudicáis de vuestra fe y de vuestros derechos, seréis considerados como una raza salvaje, indómita, rebelde a la civilización.

"Vuestra religión os ha enseñado, que el alma humana tuvo principio, pues nació del seno del *Gran Hessus*; pero que es eterna y está destinada a volver en estado perfecto a su divino origen. Para obtener pues este perfeccionamiento a través de los siglos, ha de pasar necesariamente por infinidad de pruebas que son como el crisol para el oro. Y esas pruebas las estáis pasando los galos independientes en vuestras selvas, sin querer claudicar ni de vuestras convicciones ni de vuestras leyes.

"Me llamáis Profeta, que quiere decir *explorador del mundo invisible*. Sabed que con exploraciones y en la noche misma en que fueron libertados del calabozo y de la horca vuestros catorce compañeros, yo tuve la visión del futuro de vuestro país: Seréis la vanguardia de los buscadores del don divino de la libertad, de que os privaron las legiones romanas, y de que os privarán aún los hombres del futuro, hasta que vuestra raza gala tenga la fuerza de dar a esta humanidad terrestre el más terrible ejemplo de justicia popular que hayan dado los pueblo oprimidos, por la injusta prepotencia de las minorías adueñadas del oro y del poder.

Un relámpago de júbilo brilló en los claros ojos de los galos, y la Druidesa olvidó el cubrirse y audazmente levantó su espeso velo para ver más claro al hombre que había pronunciado tales palabras. Y en la primitiva jeringoza de su lengua montañesa, gritaron tres veces la palabra *Libertad*.

Enterado Simónides, de los nuevos aliados que buscaban la sombra benéfica *del Señor* según él decía, se acercó a la reunión y después el príncipe Judá, que en su larga estadía en Roma y entre las milicias romanas, se había tratado mucho con legionarios galos y aún en la servidumbre de Arrius su padre adoptivo, había conocido muy de cerca a algunos.

Allí se estableció una fuerte alianza con el Bremen y la Druidesa, para ayudarse mutuamente en la conquista de la libertad.

Fueron invitados a alojarse en un modesto pabelloncito bajo la sombra de los castaños, donde pudieran sentirse más libres e independientes de los numerosos huéspedes que se albergaban en la vieja granja de Lázaro.

El príncipe Judá que tuvo una larga conferencia con ellos, les dió a comprender la esperanza que abrigaban todos de que en esa Pascua sería el triunfo definitivo del Mesías de Israel, que fuera anunciado seis siglos antes por todos los Profetas y augures de diversos países.

La Druidesa escuchaba sin pronunciar palabra.

Y cuando llegó la medianoche, se levantó del lecho y buscó el más viejo castaño a cuyo pie puso la *piedra del fuego sagrado*.

Encendió la pequeña hoguera con retoños secos de encina y con yerbas aromáticas y olorosas resinas, y sentada en un tronco a pocos pasos de allí, levantó al infinito azul sus blancos brazos desnudos y oró al Gran Hessus por la libertad de todos los oprimidos de la tierra y por sus hermanos de raza, que habían dejado del otro lado del mar.

Después se quedó inmóvil con la mirada fija en las inquietas llamitas que el viento suave de la noche llevaba de un lado a otro.

Cuando las llamas se apagaron quedando sólo las ascuas semicubiertas de cenizas, los claros ojos de la Druidesa se abrieron grandes, llenos de luz cual si quisieran beber del pálido resplandor lo que su anhelo buscaba.

Una blanca visión perceptible sólo para ella que había desarrollado en alto grado la facultad clarividente, le apareció como flotando sobre el hogar en penumbras. Era el Profeta Nazareno del manto blanco que la miraba con infinita dulzura.

Entendió que le decía:

"Has venido para verme deshojar la última rosa bermeja de nuestro pacto hace siglos".

Y como si un ala de sombra hubiese borrado la hermosa visión, le apareció un pequeño y árido monte, al cual iba subiendo penosamente el mismo Profeta cargado con un enorme madero en cruz.

La joven comprendió todo, y exhalando un doloroso gemido cayó en tierra desvanecida.

Calculando que había terminado la parte culminante del culto, el Bremen se acercó a ella y la levantó del suelo.

Sintiendo helados sus miembros y que apenas respiraba, la condujo al lecho donde la abrigó cuidadosamente y haciéndole aspirar una esencia esperó que se despertara.

Pero la joven no despertaba más. Cuando el sol penetró a la alcoba, el Bremen envió un mensajero a la casa de Lázaro, para avisar al Profeta que la Druidesa había caído en un letargo y que no conseguía despertarla.

El Maestro fue allá, acompañado de los ancianos Gaspar y Melchor, únicos que conocían a fondo el secreto tremendo del holocausto cercano.

Se figuraba lo que había ocurrido y temía que hubiese testigos profanos en el secreto de Dios...

Extremadamente blanca e inerte la joven parecía una estatua yacente de marfil, representando la Isis dormida de un Serapeun egipcio.

El maestro le tomó una mano y la llamó por su nombre:

— ¡Vercia! Despiértate que yo te lo mando.

La joven Druidesa abrió los ojos y al ver a Jhasua junto a ella se cubrió el rostro con ambas manos y rompió a llorar a grandes sollozos.

Los dos ancianos oraban en silencio y el Bremen con sus brazos en alto en la puerta del pabellón miraba al cielo azul con sus ojos inundados de llanto.

Cuando la tempestad de sollozos se hubo calmado, dijo la joven:

— ¡Profeta!... ¡En el fuego sagrado vi anoche la visión de tu próxima muerte! Los oprimidos seguiremos siendo oprimidos, porque tu Reino es el Reino del Gran Hessus y tú recibirás tu herencia eterna y nosotros quedaremos en la tierra sin patria y sin libertad.

— ¡Desde mi Reino estaré con vosotros hasta el fin de los tiempos, mujer, valerosa que me vienes siguiendo de cerca hace ya ocho milenios de años! Por dos veces te encuentro en esta última jornada mía, y esta vez será para que veas mi entrada triunfal en el Reino de Dios.

"¡El amor es más fuerte que la muerte, Vercia!... Y mi espíritu libre te visitará muchas veces en tu fuego sagrado para que en esta etapa de tu vida, lleves mi doctrina del amor fraterno desde las montañas de la Galia hasta las orillas del Ponto, donde colgarás definitivamente tu nido, para las veinte centurias finales que comenzaron con mi vida actual.

"¡La muerte es la libertad y tú amas la libertad!

"Tú que comprendes esto mejor que otros, has venido para animar mi hora final."

La joven se había ya calmado completamente y tomando la diestra del Profeta la besó con profundo respeto.

— ¡Feliz de ti que vas a morir, mensajero del Gran Hessus! —exclamó de pronto la Druidesa—. ¡Infelices de nosotros que quedamos con vida y sin libertad!"

"Los druidas no tememos la muerte porque ella es la libertad y la dicha; es la renovación y el renacimiento en una vida nueva. ¿No es hermoso para el sol, morir en el ocaso para renacer en la aurora?

"¿No es bello para la floresta secarse en el invierno para resurgir con vida nueva en la primavera?

"¡No es para morir que necesita valor el hombre, sino para vivir... para vivir esta vida miserable de odio y de esclavitud, cuando el alma humana fue creada para los amores grandes, nobles y santos!...

"¡Di tú una palabra, divino hijo del gran Hessus, y todos los hombres de la tierra seremos libres y dichosos!..."

Los grandes ojos azules de la Druidesa brillaban con extraña luz, fijos en Jhasua que la miraba con piadosa ternura.

—Contigo morirá nuestra última esperanza de libertad —continuó diciendo Vercia con exaltación creciente—. Y en este mismo instante haré a Hessus un voto de vida o muerte. ¡Moriré si tú mueres! ¿De qué sirve la vida sin libertad?

— ¡No mujer! —exclamó el Maestro deteniéndole la diestra que levantaba a los cielos para pronunciar el solemne juramento—.

"¡Tú no morirás conmigo, porque yo he terminado el mensaje del Padre y tú no lo has comenzado!

"La Galia y los países del Danubio y del Ponto te esperan para abrir su corazón a la luz y sus labios sedientos a las aguas de vida eterna. ¿O es que vas a claudicar antes de haber comenzado?...

La joven Druidesa dobló su cabeza sobre el pecho y dos hilos de lágrimas corrieron de sus ojos entornados.

—¡Mi mensaje —continuó diciendo el Maestro— es semilla de libertad, de fraternidad, de igualdad y de amor! Quien colabora en mi mensaje, es sembrador conmigo de fraternidad, de libertad y de amor.

"¡Druidesa!... ¿Somos aliados?"

Vercia levantó sus ojos inundados en llanto y le contestó:

—¡Aliados hasta que el fuego sagrado del gran Hessus haya consumido todas las tiranías y todas las esclavitudes!

El Maestro estrechó la mano que Vercia le tendía leal y firme murmurando a media voz:

—¡Entonces, hasta que el amor haya florecido sobre la tierra!...

LOS AMIGOS DEL PROFETA

El sábado primero de su llegada a Bethania, el Maestro se encaminó a Jerusalén a la madrugada, cuando aún las sombras de la noche no se habían disipado por completo.

Le acompañaban Pedro, Matheo y Nathaniel. Todos los demás irían en pos de él, pero a distintas horas para no llamar la atención.

Melchor y Gaspar serían llevados en literas, en atención a su avanzada edad. Al despedirse de ellos el Maestro les dijo a media voz estas palabras:

—Es necesario aún usar cautela, pues quiero resguardar por ahora la vida que me es necesaria para decir en el Templo verdades que deben ser oídas y que aún no he dicho allí.

—Hasta luego hijo, hasta luego, que allá te seguimos a escuchar tus verdades —le habían contestado sus ancianos amigos. Filón de Alejandría estaba ya en Jerusalén desde dos días antes, en casa de Nicodemus, con quien tenía vinculaciones de familia por su hermano Andrés, cuya esposa era sobrina del gran filósofo.

A ambos lados del camino de Bethania a Jerusalén estaban como pintadas en las colinas y cerros, multitud de tiendas grandes y pequeñas, y todas sumidas en la silenciosa penumbra propia de aquella hora.

El Maestro y sus acompañantes fueron de los primeros que entraron en la dormida ciudad, por la puerta llamada del Pescado que era la primera en abrirse.

Hacia un lado y tras de los pilarones que formaban la arcada, vieron un bulto obscuro e inmóvil.

—Eso parece un hombre muerto —dijo Nathaniel que le vió primero.

—O un hombre vivo que carece de hogar y de lecho —contestó el Maestro acercándose al bulto.

Era en efecto un infeliz paralítico, que quedó allí tirado sobre una piel de cabra malamente envuelto con su frazada color de tierra.

El maestro le descubrió la cabeza y el hombre despertó.

—¿Qué haces aquí? ¿No tienes casa? —le preguntó.

—Mi casa es una cueva fuera de la ciudad —dijo—, pero cuando anoche pude llegar arrastrándome hasta aquí, la puerta estaba ya cerrada, amo, y por eso pasé aquí la noche. El guardián me dió la sobra de su comida y no lo pasé tan mal.

—Tienes reuma, ¿verdad? —continuó el Maestro—. Aún no eres viejo y no te vendría mal volver a correr como en tus buenos tiempos.

—¡Oh amito!... hace once años que estoy así. Y como no puedo ganarme el pan, pido limosna en el mercado.

—¿Eres israelita? —le preguntó Pedro.

—Lo soy y creo en el poder de Jehová y en Moisés su Profeta —contestó— pero ellos parecen haberme olvidado.

—Dios no olvida nunca a una criatura suya, amigo mío —le dijo el Maestro—. Y en prueba de ellos te digo en este momento:

"Levántate y ven conmigo a oír lo que diré en el Templo del Señor.

El paralítico abrió enormemente sus ojos y quiso gritar cuando el Maestro tomándolo de ambas manos le obligó a ponerse de pie.

—Ven conmigo —insistió— y deja allí ese mísero lecho para que sea arrojado al muladar.

El hombre les siguió como un autómata sin saber si era que soñaba o era realidad su nuevo estado. Cuando llegaron al mercado le compraron manto y sandalias.

Mientras subían la inmensa escalinata, la Puerta Bella se abrió, y el resplandor de los cirios y el perfume del incienso trascendió hasta el pórtico exterior.

El pobre paralítico cayó de rodillas y besó el umbral de mármol, por donde no entraba desde once años atrás.

—Señor —dijo sollozando— este Profeta me abre de nuevo la puerta de tu Templo. ¡Bendito sea por siempre, el único hombre que tuvo piedad de mí!

El Maestro le acarició la cabeza y le dijo:

—No te separes de éstos que me siguen, porque hoy tendrás hogar y familia. —Y a los suyos les indicó que le esperasen allí mismo donde él los dejaba.

Le vieron entrar en uno de los camarines laterales donde se guardaban los incensarios y las fuentes en que se hacían las ofrendas de pan y frutas.

Era ese el lugar de cita con los sacerdotes Esenios, que entonces como cuando era adolescente y jovenzuelo, allí se retiraban a la espera de su turno para desempeñar las funciones que les eran propias. Allí se había encontrado siempre con ellos y allí encontró al que estaba de turno entonces, que era Sadoc, tío paterno del mártir Johanán.

El lector recordará que en esa cámara estaba la entrada al viejo *Sendero de Esdras,* por el cual salvaron la vida a los tres viajeros del Oriente, Gaspar, Melchor y Baltasar. Dicho camino subterráneo, tenía salida hacia la tumba de Absalón, cercana al Monte de los Olivos.

El Maestro le abrazó efusivamente pues desde mucho antes de la muerte de Johanán no se veían.

—Sadoc —le dijo— hoy es un gran día para la Verdad. Hoy voy a ponerme frente a frente del Sanhedrín que seguramente mandará prenderme. Mas esto es necesario evitarlo porque aún no es la hora.

"El mensaje del Padre no está completo y la Verdad debe salir de mi boca bajo las bóvedas mismas del Templo de Salomón.

—Tus palabras significan algo que no comprendo bien hijo mío —le contestó el Esenio.

—Quiero decirte que estés preparado y alerta, para si el Sanhedrín manda prenderme, poder librarme de sus manos por el *Sendero de Esdras.*

"Fuerzas espirituales poderosas, les hicieron impotentes contra mí, en otras oportunidades, más tú y yo sabemos que dado el medio ambiente en que actuamos, no siempre esas fuerzas encuentran paso libre, y es necesario estar precavidos.

—Se me viene a la mente la estratagema de que se valieron nuestros hermanos Simeón y Eleazar para salvar a los tres viajeros del oriente —dijo Sadoc, y tal lo haremos ahora.

—¿Qué fue ello? —preguntó el Maestro.

—Vistieron con vestiduras iguales que las suyas, a tres terapeutas nuestros de parecida estatura para producir confusión en caso de ser descubierta la huída.

—¿Y tú dices de hacer ahora lo mismo?

—Justamente —contestó Sadoc—. Varios Levitas de los nuestros que te igualan en estatura y color de cabello, pueden llevar manto blanco como éste que tú usas, y entre el tumulto de gentes, muchos de los cuales te conocen de lejos, es fácil usar con éxito la estratagema de nuestros hermanos que protegieron tus primeros días, pero que no están en esta vida para velarte en los postreros. Aquí llega Imar mi compañero de turno —añadió Sadoc aludiendo al personaje que llegaba. Era un sacerdote joven de unos treinta y seis años y de la austera escuela que la Fraternidad Esenia mantenía para aquellos afiliados que, por ser de familias sacerdotales, no podían eximirse de prestar servicios al Templo cuando eran llamados.

Era alto, de gallarda presencia y cuyos cabellos y barba rubios podían bien dar un parecido a Jhasua.

Informado de lo que estaban tratando, pasó a la cámara inmediata que era guardarropas y un instante después volvió alegre y risueño, diciendo a sus compañeros:

—¿Hago bien *un Jhasua de Nazareth*?

—¡Admirable! —contestó Sadoc.

—¡A ver si yo mismo creo en una doble personalidad! —añadió riendo el Maestro.

Para darse un mayor parecido, Imar había partido su cabellera al medio, y quitado turbante y cintas, se había embozado en el manto de lana blanco tal como Jhasua lo usaba.

—¿Y qué harás ahora? —le preguntó el Maestro.

—Cuando tú atraigas la atención de las gentes que te escucharán con ansias, yo me infiltraré entre el tumulto hasta ponerme detrás de la cátedra donde está el cortinado de púrpura.

"Hay dos Levitas nuestros que pueden hacer este mismo papel y siendo que la cátedra tiene dos escalinatas de bajada, tontos seremos si no somos capaces de anular la astucia de esos lebreles rabiosos.

Los dos Levitas fueron llamados, y ya fueron tres los vestidos y peinados al uso de Jhasua de Nazareth.

Mientras tanto, los Doce del Maestro, más el tío Jaime, estaban en un grupo cercano a la cátedra y con los ojos fijos en la cámara donde vieron penetrar al Maestro.

El Templo se iba llenando de gentes, los candelabros de siete brazos se encendían a todo lo largo de la nave encortinada.

Era el sábado antepenúltimo de la Pascua, y la aglomeración de creyentes comenzaba entonces formando verdaderos oleajes humanos que afluían por todas las puertas.

Myriam, la madre del Profeta Nazareno, llegó en ese instante entre las mujeres que le habían seguido desde Galilea, y fueron a instalarse en un lugar especial, que Simónides había adquirido mediante un bolsillo de oro, en el recinto destinado a las mujeres. Allí, a pocos pasos de la cátedra era en verdad sitio privilegiado y digno de ser ocupado por las grandes amantes del Salvador de Israel.

Myriam su madre, Noemí, Helena de Adiabenes, Nebai, Thirza, Ana de Nazareth, María de Mágdalo, Salomé, Susana, Verónica, Ana de Jerusalén, Martha y María de Bethania, y por fin la mujer de gala de los ojos azules, la Druidesa Vercia que penetraba por primera vez a un Templo obra de los hombres.

Entre nubes de incienso y postreras vibraciones de los instrumentos músicos, un majestuoso doctor de la Ley subió a la cátedra sagrada y desarrolló elocuentemente el tema preferido en aquella época:

"El temor de Jehová es el principio de la ciencia: los necios desprecian la sabiduría".

"El temor de Jehová es fuente de vida que aleja al hombre de los lazos de la muerte".

Estos versículos de los Proverbios, cap. 1 v. 7-14-27 fueron interpretados ampulosamente por el orador, dejando como siempre en su auditorio un sentimiento de pavor hacia el terrible *Jehová de los ejércitos* dueño de los rayos y las tempestades, que podía en el día de su ira fulminar a toda criatura existente sobre la faz de la tierra.

Terminada la instrucción *oficial* como podría llamarse, podían hacer uso de la palabra otros oradores, según costumbre, y luego de una discreta espera, apareció en la cátedra el Profeta Nazareno, cuya dulce serenidad imponía respeto y despertaba de inmediato una fuerte simpatía.

Abrió el libro de Isaías y leyó estos dos versículos del cap. 55: "Mis pensamientos no son vuestros pensamientos, ni mis caminos vuestros caminos —dice Jehová. Porque como los cielos son más altos que la tierra, así mis caminos son más altos que vuestros caminos y mis pensamientos que vuestros pensamientos".

Cerró el libro y su tranquila mirada se extendió por toda aquella multitud pendiente de su palabra. Una veintena de doctores, escribas y magnates del Templo, apoltronados en grandes sitiales, iban también a escucharle.

Tenían pues ante ellos al tan celebrado Profeta Nazareno, que desde hacía tres años andaba llenando el país con la fama de sus portentosas obras.

Y se hicieron todo oídos para no perder ni una sola palabra:

Y el joven Maestro, comenzó así:

—La más alta sabiduría que puede encontrar el hombre en la tierra es aquella que le pone al descubierto los pensamientos y los caminos de Dios.

"¡Bienaventurado aquel que logra encontrarlos y que tiene la fuerza y la voluntad de seguirlos!

"Y desdichados mil veces aquellos que habiendo recibido la iluminación necesaria para leer en el pensamiento divino, cierran su alma a la verdad anunciada, como cierra su puerta el que rechaza la luz del sol.

"A este mismo pueblo amado del Señor, dirigió aquellas palabras nuestro gran Profeta Isaías, para impulsarlo a seguir los caminos de Dios antes que los caminos marcados por los hombres.

"El pensamiento divino, cual un astro radiante se levantó para Israel en el amanecer del desierto; y la palabra de Moisés le dió forma, y los diez mandatos divinos surgieron como estrellas en el cielo obscuro de la humanidad.

"He ahí los caminos señalados por Dios a todo hombre venido a esta tierra.

Y ¡cuán pocos son, los que llevan por ellos los pasos de su vida!

"Porque es más fácil llevar una ofrenda al altar de los holocaustos, que acallar un deseo nacido en el corazón como un áspid venenoso.

"Porque es más fácil ayunar un día, que renunciar a los bienes que el prójimo adquirió con el sudor de su frente.

"Porque es más fácil encender cirios y quemar inciensos, que apagar un odio generador de venganzas.

"Porque es más fácil arrojar a un hambriento un mendrugo de pan que decirle: Ven a mi mesa y partiré contigo mi pan y mi vino.

"Es más fácil cumplir escrupulosamente con las abluciones de ritual, que limpiar el alma de la avaricia y la soberbia.

"Es más fácil doblar las rodillas y gritar a todos los vientos: Santo, Santo, Santo es el Dios de los ejércitos, que amarle sobre todas las cosas y al prójimo como a sí mismo.

"Pueblo de Israel que me escucháis bajo las naves del Templo de Salomón. Desandad en vuestra memoria los caminos andados, y llegad de nuevo a Moisés que trajo el mensaje de la Ley Divina más perfecta que han visto los siglos, única que puede dar la verdadera dicha al corazón del hombre.

"En su bueno o mal cumplimiento estribará vuestro futuro feliz o desventurado, y tened por cierto que en el día de la eterna justicia que llega ineludiblemente para toda inteligencia creada, no se os pedirá cuentas de cuántos becerros mandásteis inmolar sobre el altar, ni de cuántas medidas de aceite y vino depositásteis en las bodegas del Templo ni de cuánto oro trajisteis a sus arcas; pero sí se tomará estrechísima cuenta de todo mal que hayáis hecho a vuestros semejantes, así sea el más infeliz de vuestros esclavos! Se os señalarán como marcadas a fuego todas las injusticias que habréis cometido, todos los dolores causados a vuestros hermanos todo el llanto derramado por vuestra causa porque todo ello atenta contra aquellas palabras de la Ley: "Ama a tu prójimo como a ti mismo".

"Y si miráis por otra faceta del prisma maravilloso de los pensamientos de Dios, a que aludió el Profeta Isaías, veréis cómo en los anales eternos de la Luz Increada, resplandecen como estrellas vuestras obras de misericordia sin quedar olvidado ni un vaso de agua que hubiereis dado con amor a cualquiera de vuestros semejantes.

"Desfilarán ante vosotros como en un panorama vivo, todos los desnudos que habréis vestido, los hambrientos que habréis llevado a vuestra mesa, los enfermos que habréis asistido, los presidiarios que habréis alumbrado con luz de esperanza, los huérfanos, las viudas, los desamparados a quienes habréis abierto vuestro corazón como un nido tibio a su helada desolación...

"Y entonces una voz poderosa y eterna bajada como un torrente de armonías inefables, resonará por todos los mundos que pueblan el Universo, y sentiréis que penetra todas las fibras de vuestro ser cuando os dirá:

"Venid a Mí vosotros que habéis hecho obras conforme a mis pensamientos y habéis andado por mis caminos de justicia, de paz, de fraternidad y de amor. De mi Amor Eterno nacisteis, y a mi Amor Eterno volvéis envueltos en la túnica blanca de mis escogidos, los que calcaron en sus vidas mi supremo mandato: "Ama a tu Dios sobre todas las cosas y a tu prójimo como a ti mismo".

"Sublime Ley de Jehová, mensaje divino de Moisés que une a todos los hombres de la tierra en amorosa hermandad, que destruye todos los odios y anula el crimen y la venganza.

"¡Sólo ella tendrá el soberano poder de destruir para siempre los antagonismos de razas, los privilegios de castas, dinastías y familias! ¡Tendrá el invencible poder de arrasar como el simún en el desierto, las fronteras que dividen los pueblos, las barreras religiosas que apartan los unos de los otros, la hostilidad de las diferencias sociales, que son mares de oro para los unos y muladar de miserias para los otros!

"Tan sólo por ella se cumplirán las palabras del Profeta Isaías en su capítulo 11: "Morarán juntos el lobo con el cordero, y el tigre con el cabrito se acostará; el becerro y el león andarán juntos y un niño los pastoreará.

"La vaca y la osa pacerán unidas y el leopardo y el buey comerán la misma paja.

"El niño de pecho jugará sobre la cueva del áspid y extenderá su mano sobre la caverna del basilisco.

"No harán el mal ni dañarán en todo mi santo monte, porque la tierra estará llena de conocimiento de Dios, como cubren las aguas la inmensidad de la mar".

"Pueblo de Israel, amado de Jehová, esperad el día de la justicia y del amor, que es promesa divina y no puede faltar.

"¡Los cielos y la tierra se mudarán, pero la palabra de Dios permanece eternamente!...

Una pequeña agitación se advirtió en derredor de la sagrada cátedra de donde había bajado el orador, entre el murmullo de aprobación y de entusiasmo del numeroso auditorio.

Los amigos del Maestro se habían ido acercando discretamente, y cuando el Comisario del Templo con tres agentes uniformados se acercó para invitar a Jhasua hacia la sala de audiencias del Sanhedrin, encontraron saliendo de atrás del cortinado de la cátedra, al joven sacerdote Imar que conoció el lector en la cámara de los inciensarios.

—Sígueme.

—¿A dónde? —preguntó Imar.

—A la sala de audiencia para dar cuenta de la forma audaz y agresiva en que has hablado.

—¿Hablado yo?, aún tengo el incensario en las manos y esperaba la terminación del discurso para ofrecer el incienso en el altar, que ahora es mi turno.

—Pero, ¿no eres tú el orador que habló últimamente?

— ¡Qué he de ser yo, pobre de mí! Soy Imar, hijo de Gedalias de la antigua familia sacerdotal de Simeón de Bethel.

El comisario no escuchó más y corrió entre la multitud pescando a todos los hombres jóvenes que llevaban manto blanco. Ninguno era el profeta Nazareno, cuyo discurso vibrante había quemado las entrañas de los magnates, mercaderes del templo.

Al afligido grupo de mujeres discípulas del Maestro, se acercó un joven Levita, y habló a Myriam para decirle que a su hijo le encontrarían en el valle de las antiguas tumbas, de donde podrían volver con él a Bethania.

Sadoc mismo lo había acompañado por el "Sendero de Esdras" que tenía salida a la tumba de Absalón.

Así terminó la primera *batalla pública* presentada por el valiente Rabí Nazareno, a los doctores y potentados del Templo en cuya presencia proclamó la verdadera Ley de Dios en contraposición al monumental catafalco de las leyes arbitrarias e interesadas de los hombres.

Y mientras el Sanhedrín soltaba cual jauría de lebreles su policía secreta, para dar con el joven Profeta del manto blanco, el pueblo saliendo del templo le aclamaba con un entusiasmo pocas veces visto en Jerusalén desde que estaba bajo la dominación romana.

Pilatos mismo y su esposa Claudia, habían subido a la terraza delantera del palacio del Monte Sión donde residían, para averiguar cuál era la causa de aquel delirio popular.

Y llamando a los guardias de la gran puerta de la verja que rodeaba el parque, les hizo averiguaciones del caso.

—Ya lo sabes, señor —le contestó uno— estamos en un país de profetas que obran maravillas, y hoy ha hablado en el Templo uno de ellos que parece tener todos los poderes de Júpiter.

—Y ¿qué maravillas ha obrado?

—¡Pues casi nada, señor!... Dicen que no hay casa, palacio o choza donde no haya sanado enfermos declarados incurables. Ciegos de nacimiento, paralíticos, leprosos, tísicos, cancerosos, contrahechos y sordomudos... de todo ha hecho tabla rasa aún sin tocarles...' Los que han entrado enfermos al templo, han salido sanos con solo escucharle...

—¡Exageración, fantasía!... —decía el procurador romano—. A no ser que sea un mago poderoso o un Dios encarnado. Creo que los judíos esperan un Mesías... algo así como otro Salomón que sea a la vez sacerdote y rey. Yo no creo nada.

—¡Tú no crees nunca nada! —exclamó su esposa Claudia—. Para tí es todo el César y sus legiones... Y es indudable que hay algo superior a eso.

—¿Superior al César?... ¡No delires, mujer!... Dentro de poco será el único amo del mundo.

—Sí, sí, amo del mundo y no lo es ni de su propia casa. Le han asesinado en sus narices a su hijo Drusso, su brillante heredero, y aún no sabe quién es el asesino. ¡Magnífico amo del mundo! Está medio loco en Caprea.

—Pero ¿puedo saber qué moscón te ha picado que estás agresiva contra Roma? ¿Te has hecho judía, amiga de los profetas?

—¿Te acuerdas de Arvoth, el escultor rodesio? —preguntóle Claudia.

—Sí, el que restauró las estatuas del palacio de Herodes en Cesárea.

—¡El mismo! Tenía una hija hermosa como una estrella de oro, que está casada con el hijo de Quintus Arrius el gran Duunviro de celebrada memoria.

—¡Me alegro!... Y ¿A dónde vas con eso?

—Me hice amiga de ella que tiene un gran talento y que sabe tanto como los hombres ilustres del foro romano. Me ha prestado libros antiguos preciosos y debido a ésto, sé que la grandeza del César y de su imperio, pasará como pasaron los imperios más grandes que el suyo y hoy sólo se recuerdan como leyendas del pasado.

"Me he enterado también de ese joven profeta causa de estas aclamaciones populares...

—Y ¿qué más?... Estás hecha un portento.

—El profeta ha curado mis dos lindas esclavas galas, que habían quedado mudas de espanto cuando fueron capturadas para el mercado.

—¡Por Júpiter Capitolino!... que ésto pasa el límite de las noticias callejeras. Y ¿se puede saber las pretensiones de ese maravilloso profeta?

—¿Pretensiones?... ¡Ninguna! El vive en un mundo que ni tú, ni yo conocemos. Su único anhelo es hacer dichosos a todos los hombres.

"Y la nación israelita reunida ahora en Jerusalén, espera declaraciones suyas definitivas...

—Le bendeciré toda mi vida, si se lleva a su mundo toda esta plaga judía samaritana y galilea, que me hacen venir loco cada día con sus eternas contiendas por cuestiones religiosas y legales.

"Ya sabes, Claudia, ni soy hombre religioso, ni quiero serlo, porque son los más intransigentes y falsos de todos los hombres. Al amparo de sus profetas inventores de cuentos, traen cada enredo al tribunal que cualquier hombre cuerdo se vuelve loco... Haz tú como sea tu gusto... pero a mi, déjame en paz con lo que veo y palpo.

"El César y sus legiones que extienden su poder por toda la tierra, es para mi la única realidad. Con que mi querida Claudia, hasta luego.

El Procurador descendió la escalinata de la terraza, dejando sola a Claudia que buscaba con la mirada al joven profeta del manto blanco entre el tumulto de gentes, que se dispersaban por tortuosas y desiguales calles de Jerusalén aclamándole:

"¡Es la gloria de Israel! ¡Es el Salvador de Israel!... ¡Es el refugio de los desamparados!... ¡Es el padre de los pobres y el médico de todos los enfermos!

Una delegación del Sanhedrín se presentó a Pilatos pidiendo la inmediata prisión de Jhasua de Nazareth que desde la cátedra sagrada había inducido al pueblo a rebelarse en contra de las leyes religiosas de los sacrificios y de las ofrendas.

Una de las esclavas galas curadas por el Maestro subió corriendo a dar aviso a su señora de que las autoridades religiosas judías pedían la prisión del Profeta santo que les había devuelto el uso de la palabra.

Aún no les había recibido Pilatos sino el Centurión de guardia.

Claudia habló al Centurión privadamente:

—Si quieres que te conceda a mi esclava Delhi como esposa y liberta, despacha a esos hombres y no pases aviso a mi marido.

—¡Señora!... no sé si puedo hacer ésto sin comprometerme.

—Diles una excusa cualquiera; que el Procurador está indispuesto y que se le pasará recado cuando él esté a la vista. Yo hablaré a mi marido por ti.

—Bien, señora; por la promesa relativa a Delhi hago cualquier sacrificio.

La delegación del Sanhedrín se retiró protestando de la forma indigna con que eran tratados por aquellos *paganos idólatras, hijos de Satanás.*

Al siguiente día fue solicitada la presencia del procurador en la ciudad de Antípatris, para unos juegos olímpicos en los cuales le habían designado presidente del Jurado. Entre los competidores estaban los hijos de ilustres caballeros romanos, cuya amistad le interesaba conservar. Y la delegación del Sanhedrín tuvo que aguantar la fiebre que les devoraba por tener cuanto antes en sus manos al Profeta Nazareno.

Cuando estuvieron todos reunidos en Bethania se produjo una escena harto dolorosa para el joven Maestro, debido al gran desconsuelo de Myriam, su madre, y de todas las mujeres que le amaban.

A fin de tranquilizarlas, los hombres de más edad le aconsejaron retirarse por unos días de las cercanías de Jerusalén.

—Bien —dijo el Maestro complaciente siempre en cuanto le era posible—. "Iré por breves días al Santuario del Monte Quarantana.

Los amigos de Bethlehem, prácticos en aquel camino se ofrecieron para acompañarle. Y otra vez, Elcana, Josías, Alfeo y Efraín hijo de Eleazar, que vieron a Jhasua recién nacido, hacían el mismo viaje que hicieron para llevar al Santuario la buena nueva de su nacimiento. Pero esta vez no lo hacían a pie sino en buenos asnos amaestrados, en atención a la ancianidad ya octogenaria de los tres amigos bethlemitas y al poco tiempo de que disponían. Efraín que al nacimiento del Mesías sólo contaba dos años, era entonces hombre de treinta y cinco años que había adquirido una regular posición al lado de un arquitecto de fama, constructor del más bello palacio y torreón de piedra, en la ciudad de Herodium, media jornada al sur de Bethlehem.

—De modo que eres todo un hombre hecho a golpes de piedra —le decía el Maestro, cuando al pasar por Herodium, Efraín le enseñaba con orgullo los dos imponentes edificios en los cuales había trabajado desde quince años atrás.

Al atravesar costeando desfiladeros en las montañas, le señalaba satisfecho los peñascales abiertos, quebrados, demolidos en parte, de donde doscientos picapedreros cuyo trabajo vigilaba, habían extraído los enormes bloques de piedra para las obras.

Le enseñó la gruta donde había vivido Johanán el mártir, antes de comenzar las predicaciones a orillas del Jordán.

Mientras tanto los tres ancianos se esforzaban en arrancarle al Maestro el secreto de lo que iba a suceder en Jerusalén.

Elcana, en su calidad de pariente era quien más insistía en tal sentido.

—Hablemos con franqueza, hijo mío, Jhasua, creo que estos tres viejos que te vieron nacer, merecen un poco de tu confianza!

"No hay ciudad ni pueblo en el país que no cuente con buenos elementos de la Santa Alianza para ponerse a tus órdenes si has de ser un Mesías-Rey.

—¿Y si no fuera tal, no contaría con nadie? —preguntó tristemente el Maestro.

—Lo mismo podrías contar con todos, pero es necesario que sepamos cuál es tu pensamiento y tu resolución.

"El Sanhedrín, ya lo ves, no es tu amigo porque lo has desenmascarado públicamente, y por las calles de Jerusalén se cantan a coro estribillos que les harían salir los colores a la cara, si tuvieran dignidad y vergüenza.

"¿Sabes lo que cantaban anoche después de la queda?

— ¡Si tú no me lo dices!... —contestaba riendo el Maestro.

—Pues cantaban así:

> El Profeta Nazareno
> Sin fortuna y con honor
> Ha dejado al descubierto
> Que es hoy un sucio mercado
> El Templo de Salomón.

— ¡Es verdad! También oí yo la canzoneta esa —afirmaba Josías.

—Y yo la aprendí de memoria —dijo Efraín— y cantándola iba a media voz cuando me crucé con un devoto fariseo que me llenó de insultos llamándome impío hijo de satanás.

El Maestro sonreía pero no contestaba nada.

—Ya ves, hijo mío —continuaba Elcana—. Esta situación no puede prolongarse mucho. El que dé primero la clarinada, es el que ganará la partida. Yo bien sé que el príncipe Judá y quienes le secundan, esperan una palabra tuya. Se figuran que esa palabra la pronunciarás al comenzar las fiestas de Pascua.

"Si es que aceptas ser proclamado como el Mesías-Rey y libertador que Israel espera, será una la actitud que se adopte. Y si no lo aceptas, será otra, porque no podemos permitir que esos esbirros del averno, te atrapen como a un corderillo indefenso que se lleva al matadero.

"Creo que no podrás negar, hijo mío, que tengo razón. Si el justo Joseph, tu padre, hubiera vivido en esta hora, no te hablaría de diferente manera, que yo te hablo.

—Es verdad, tío Elcana, es verdad —contestó por fin el Maestro—.

"Me apena hondamente el comprobar que los que me aman no aciertan a reconocerme en lo que únicamente soy: El Mesías anunciado por los Profetas para remover los escombros con que los dirigentes de Israel han sepultado la Ley Divina traída por Moisés. Para dar a la humanidad este mensaje del Padre, no necesito ni de la púrpura real, ni de ejércitos armados que recorran el país como los guerreros de David sembrando la muerte y la desolación.

"La Ley de Dios es Ley de amor, de fraternidad, de igualdad humana, porque todo ser humano es su hijo, y sería espantosa aberración pensar que su Mesías, se abriera camino en el mundo con gritos de guerra y órdenes de matanza.

"Si he de ser rey, lo seré de paz, de amor, de misericordia; y eso, hace ya más de diez años que lo soy. ¿No está todo el país lleno del amor y de la piedad de Jhasua de Nazareth? ¿Queréis otro reinado más grande y glorioso que ése?

—Es verdad, hijo, es verdad cuanto dices; pero el Sanhedrín no detendrá su furia hasta que te vea en sus garras...

—El Sanhedrín, tío Elcana, temblará de espanto y huirá a refugiarse en los fosos y bodegas el día de mi triunfo. Porque las montañas, el Templo, los cielos, y hasta los muertos en sus sepulcros, darán testimonio de que soy el Mesías Hijo de Dios, a quien el Sanhedrín se empeña en desconocer para su desgracia.

—Hablas con una seguridad, hijo mío, que acabas por transmitírmela también a mí.

—Y cuando él dice —añadió Alfeo— es porque así será.

—Y debe serlo, y lo será seguramente —afirmó a su vez Josías, acabando todos por tranquilizarse.

Casi al anochecer llegaron a la Granja de Andrés cuyos moradores se preparaban a salir para la ciudad de los Reyes a celebrar la Pascua.

Jacobo, Bartolomé y la anciana madre Bethsabé, se quedaron mudos de asombro al ver al joven Maestro de pie en el dintel de su puerta.

—¡Cómo!... ¿Tú aquí, mi Señor, que vas a ser proclamado Rey de Israel? —decía la buena anciana inclinándose para besar el borde del manto de Jhasua.

Sus dos hijos igualmente asombrados repetían las palabras de su madre sin poder creer a sus ojos.

—Pues bien —decíales Jhasua abrazando a los buenos montañeses que tan sinceramente le amaban—. Antes de la proclamación que me anuncias, vengo a abrazar a los viejos amigos. ¿No es justo que así lo haga?

—¡Oh, mi Señor!... ¡Qué palabras las tuyas!... ¡Sólo de tu boca santa pueden salir!

Y llamando a sus nueras y a sus nietecillos que los tenía de todas edades, pronto el Maestro se vio rodeado de rosadas caritas sonrientes que le miraban azorados.

—¡Venid a besar las manos de nuestro Rey!... ¡Venid!... —La viejecita lloraba y reía empujando a sus nietos hacia el Maestro que les recibía con indecible ternura.

—Todos éstos, Señor, son soldados tuyos para defender tu vida con su vida —continuaba la buena mujer, mientras las nueras interrogaban con la mirada a Jacobo y Bartolomé, no menos asombrados que ellas.

—¿Qué pasa en Jerusalén, Señor, que vienes a nuestras montañas? —preguntó por fin Jacobo, viendo que ninguno de los viajeros daba explicación de la inesperada visita.

—¡Qué ha de pasar! Que el Sanhedrin está rabioso de la gloria del Mesías aclamado por el pueblo y ha querido prenderle —contestó Elcana.

—Fuego baje de los cielos... —gritó Jacobo— y consuma a esos malvados...

—No, Jacobo... déjalos que vivan —díjole suavemente el Maestro— para que vean la grandeza y el poder de Dios y cobren espanto de la maldad de sus pensamientos y de sus obras.

—Ven, Señor, ven —decía a su vez Bartolomé—, que hemos descubierto una nueva entrada a las antiguas minas de betún y hay sitio de sobra para ocultar ejércitos armados. ¿Quién podrá encontrarte donde nosotros te ocultaremos?

—No os alarméis, que no es para tanto. De aquí a cinco o seis días iremos a Bethania donde estoy con todos los míos.

Y mientras el Maestro y sus acompañantes pasaban días hermosos de paz y de amor entre la buena familia montañesa y los solitarios del Santuario, estudiemos, lector amigo, otros aspectos de las actividades desarrolladas por los amigos y por los enemigos del Profeta Nazareno.

Las mujeres discípulas suyas, tan pronto estaban en la vieja casa de Lázaro en Bethania, como en el palacio de Ithamar o en la residencia de María de Mágdalo. Vercia, la Druidesa gala, había estrechado amistad con Nebai, la esposa del príncipe Judá, pues su temperamento decidido y vehemente las hacía comprenderse y amarse.

—Es hermoso, es justo, es bueno... es un mensajero del gran Hessus —decía la Druidesa—, pero morirá pronto, porque el fuego sagrado lo ha escrito en el mundo del misterio, donde están diseñadas todas las vidas humanas. —Y las lágrimas corrían por su bello rostro haciendo llorar también a Nebai, que no sabía en qué sostener su fe vacilante. Su esposo y su abuelo aseguraban que pronto sería proclamado rey de Israel. Toda la nación reunida lo aclamaba como a su salvador.

Melchor, Gaspar y Filón de Alejandría retirados en sus alcobas o reunidos en el cenáculo del palacio de Ithamar meditaban, escribían... siempre en silencio.

Nebai no pudo resistir más la interna inquietud que le sacudía como a una palmera el vendaval del desierto y acompañada de Vercia su nueva amiga, se dirigió a la residencia de la castellana de Mágdalo, donde pensaba encontrar a Myriam, la madre del Profeta.

Quizás allí tendrían la certeza plena de lo que iba a ocurrir y que a ella la llenaba de incertidumbre y a veces de espanto.

Se hizo llevar en litera cubierta, según acostumbraba la viuda del príncipe Ithamar su suegra, desde la trágica muerte de su esposo. Así se evitaría que la extraña indumentaria de Vercia llamase la atención de las gentes.

En el adusto palacio Henadad no estaba Myriam que no había vuelto de

Bethania desde el día de los tumultos por el discurso de su hijo en el templo, pero sí encontró a María de Mágdalo con la familia de Hanani, algunas de sus compañeras, más Juan, Zebeo y Boanerges, que estaban especialmente encargados de vigilar las astutas maniobras del Sanhedrin con respecto al Maestro.

Habían substituido sus sencillas vestiduras galileas, por las habitualmente usadas por los mercaderes de las grandes ciudades comerciales: túnicas a rayas de vistosos colores, manto con ancha franja y flecos alrededor, turbante y bolso rojo bordado, pendiente del cinturón.

Su vigilancia se reducía a escuchar los rumores de la ciudad convertida entonces en una colmena humana. Las plazas, las tiendas, el mercado, las puertas de la ciudad eran lugares libres de reunión donde se comentaban todos los acontecimientos del día; Juan, Zebeo y Boanerges se multiplicaban para escucharlo todo.

Los cuatro doctores amigos de Jhasua, José de Arimathea, Nicodemus, Gamaliel y Nicolás realizaban otra clase de vigilancia conforme a su posición; en las salas y dependencias del Gran Colegio donde se reunía la crema del doctorado y la sapiencia judía, en las sinagogas más notables y en los cenáculos de los escribas mayormente vinculados al alto clero de Jerusalén.

A la noche, después de la cena, todos los informes eran reunidos en el gran cenáculo del palacio Henadad, a donde acudían Simónides, Judá, Faqui y Marcos, que era el escriba de toda confianza en lo referente a los trabajos que se realizaban para exaltar al Mesías al lugar que según ellos le estaba reservado.

Explicadas estas actividades, sigamos a las dos visitantes que de inmediato fueron recibidas por María.

Alrededor del Profeta Nazareno, habían llegado a comprenderse y amarse Nebai, María y Vercia, que eran como un solo corazón en tres cuerpos, que tenían hasta cierto punto, un parecido no tan intenso y marcado como el que había entre sus almas.

Las tres eran rubias, de estatura regular, pero sólo la mujer gala, tenía los ojos de un profundo azul obscuro como el fondo del mar.

Nebai, esposa y madre de dos preciosos niños, tenía ya en su alma esa dulce y serena plenitud de la mujer austera que encontró su ideal humano, en un noble príncipe judío, a quien el dolor había hecho justo y fuerte. Aunque su padre de origen rodesio la había educado en la filosofía de los clásicos griegos, la influencia materna y la de su esposo y su abuelo, la habían llevado a ese amplio eclecticismo propio de las personas de talento que cultivaron su inteligencia en distintas escuelas. Justa por naturaleza, encontraba tanta belleza en los poemas sibilinos hebraicos, como en los cantos homéricos y virgilianos. Y esta modalidad suya le dio entrada franca en el alma de María de Mágdalo, duramente censurada por la estrechez de los hebreos puritanos, que encontraban graves delitos legales, las estatuas de sus jardines, sus vestiduras, sus diversiones, sus costumbres todas, reñida con la ortodoxia judía.

Igual cosa aconteció con Vercia la Druidesa gala, cuya fe sencilla y pura, no comprendía como al Supremo Hacedor, Luz y Vida de los mundos, pretendían los hebreos encerrar en la estrechez mezquina de un templo de piedra, por más que lo adornasen con oro, plata y piedras preciosas. ¿No estaba acaso la infinita inmensidad azul decorada de millones de soles y estrellas, incomparablemente más hermosas que cuantas riquezas pudieran encerrar los hombres entre los muros de una construcción suya?

¿No estaba la tierra poblada de bosques de encinas y palmeras brillantes como pabellones de esmeraldas?... Y en ellas millares de pájaros de vivos colores como piedras preciosas vivas que cantaban armoniosamente?

¿Qué cúpulas y torres podían compararse a las altas cumbres de las montañas galas, cubiertas de nieve que resplandecían como oro y púrpura a la salida y a la puesta del sol?

Y la dulce Nebai, compañera de adolescencia de Jhasua en las montañas del Tabor, comprendía también a la mujer gala en la sencillez pura de su fe sin templo y sin altar, adorando al Supremo Creador en la estupenda magnificencia de la Naturaleza.

Fue pues Nebai el ánfora de oro en que mezclaron sus perfumes aquellas dos flores exóticas en Israel: María y Vercia.

Nebai, María y Vercia, cuyos corazones formando uno solo como una lámpara votiva ante el Cristo del Amor, fueron la cuna mística del cristianismo naciente en aquel siglo primero, cuando aún flotaba en Palestina el rumor de las palabras sublimes del Hombre-Dios, arrullando a la humanidad: "Amaos los unos a los otros porque todos sois hermanos e hijos de mi Padre que está en los cielos. Y en el amor que os tengáis los unos a los otros se conocerá que sois mis discípulos".

—María —le dijo Nebai después de los saludos de práctica—, vengo a ti buscando me alivies de la incertidumbre que me atormenta. ¿Qué hay relativo a nuestro Profeta por el cual todos padecemos?

—¡Cómo! ¿Tú vienes a mí cuando debía yo preguntarte a ti, esposa del príncipe Judá, qué hay de nuestro amado Maestro?

—Tienes toda la razón, querida mía, pero es el caso que a Judá no le veo sino a momentos, y nunca a solas, pues desde que el Profeta está en Jerusalén, él vive en todas partes menos en su casa. Esto naturalmente me hace suponer que momentos culminantes están llegando para la patria, para la fe, para todos los pueblos oprimidos que alientan una esperanza de libertad.

—Dos discípulos íntimos están viviendo aquí por el momento, y por ellos sé que llevaron al Maestro hasta el Monte Quarantana a orillas del Mar Muerto para alejarle de Jerusalén por unos días —dijo María—. Ignoro completamente si en este compás de espera, se tomarán resoluciones que pueden traernos el éxito buscado.

Vercia parecía una estatua de alabastro por su inmovilidad y mutismo. Sus ojos azules llenos de lagrimas decían muy alto que aquella estatua de alabastro tenía un corazón que sentía profundamente la misma angustia de sus amigas.

La lengua griega les era conocida a las tres y mediante ella podían entenderse.

—Tú lloras en silencio —le dijo Nebai— y tu dolor aumenta nuestra inquietud.

—No lloro por el Profeta sino por vosotras, por su madre, por todos los que le amáis queriéndole retener a vuestro lado cuando la gloria del Reino del Gran Hessus le espera para coronarle. ¡El es un Rey!... ¡Un gran Rey!... pero no de este mundo. El fuego sagrado no engaña nunca, y en él he visto, entre legiones inmensas y resplandecientes, que le aclamaban como a un triunfador:

"¡Bendito!... ¡Bendito seas por siempre amado del Altísimo!...

—¿Entonces quiere decir que seguramente será su muerte la terminación de todo esto? —preguntó alarmada Nebai.

—Los Druidas —continuó Vercia— no encontramos en la muerte el dolor angustioso que vosotros. La muerte no es el aniquilamiento, sino la renovación. Y en los grandes seres como el Profeta, la muerte es la gloriosa entrada en su Reino que no conocemos los habitantes terrestres, pero que existe, tan real y verdadero como este adusto edificio plantado sobre esta calle.

María de Mágdalo les refirió entonces su visión de la cruz de estrellas que se aparecía detrás del Maestro el día de su entrada a la Fraternidad Esenia en el Santuario del Tabor. Y les aseguró que desde ese día tuvo la certeza de que él les dejaría pronto.

—El Gran Hessus —siguió diciendo Versia— puede cortar cuando le place una vida humana. ¡Es tan tenue el hilo de que está suspendida la vida humana! ¡Un hálito de Hessus basta para cortarlo!

"Y yo espero que así será cortada la vida terrestre de este Hombre-Dios, hijo del gran Hessus, que camina entre los hombres.

"Y la cortará seguramente cuando ya no falte nada por hacer, cuando todas sus obras estén completas; cuando estén encendidos todos los fuegos que seguirán ardiendo por siglos y más siglos en el futuro de la humanidad.

"Yo he sabido de su boca divina lo que atañe a mi tierra gala esclavizada por el invasor. Será la primera que haga oír de los hombres el grito de *"libertad, igualdad, fraternidad"*. Y de allí se extenderá como la marea sobre toda la faz de la tierra.

—¡Y él, hijo del pueblo de Israel, anunció la libertad de su nación y nada dijo de su país nativo! —exclamó con pena Nebai—. ¿Será que este país debe continuar esclavizado?

—Nosotros los pequeños seres, nos encerramos en el círculo también pequeño de un país o una nación —dijo Vercia—, pero las almas grandes y fuertes como la del Profeta, abarcan de una mirada todos los países de la tierra, porque todos entran a los dominios del Gran Hessus que le envió para todos.

"Así he comprendido yo la grandeza extraordinaria de este hombre genial.

María de Mágdalo y Nebai no podían por el momento ponerse a tono del pensar y sentir de la mujer gala.

Nebai amaba demasiado el país de su nacimiento, que lo era de su madre, de su abuelo, de su esposo, amante apasionado de cuanto concernía al pueblo de Israel. Por él le veía luchar desde antes de su matrimonio, con una abnegación y desinterés que llegaba hasta olvidarse de sí mismo.

María de Mágdalo amaba al Profeta Nazareno con extremado amor, y desde que llegó a comprenderle en su grandeza espiritual, en su perfección moral no pensó en otra cosa que seguirle amando, en verle glorificado, encumbrado a una felicidad que sólo él merecía, mucho más alto que cuanta grandeza y soberanía hubiese conocido la tierra.

—Yo le veo a él distinto que le veis vosotras —dijo de pronto Vercia. Yo le veo como un astro radiante flotando entre el cielo y la tierra. No es propiedad de ningún país, de ninguna raza, porque es como una luz que los alumbra a todos. Es como un río caudaloso que abraza toda la tierra y del cual todos pueden libremente beber.

"Desde el más poderoso monarca al más despreciable esclavo, todos pueden decir: ¡la luz de este sol es mía!... ¡el agua de este río es mía!...

—Vercia —díjole María—, debe ser así como tú dices; pero yo, pobre de mí... ¡no puedo aún hacerme a la idea de continuar viviendo de esta vida, sin verle más, sin oírle más!... ¡buscándole por todas partes y no encontrándole en ninguna!... ¡llamándole sin ser respondida!

"La tierra quedará para mí desolada y vacía, sin la luz de sus ojos, sin la vibración de su palabra. . . sin el encanto divino que se desprende de todo él... de todo él, Vercia mía... porque no es un hombre de carne, sino un fuego santo de amor, de piedad... de indecible ternura!"

Y María rompió en sollozos abrazada de Vercia que le acariciaba suavemente los dorados bucles de su cabellera.

Nebai lloraba también en silencio ante aquella escena que la intensidad de un amor demasiado humano todavía, hacia en extremo emotiva y dolorosa.

De pronto la penumbra de aquel delicioso gabinete encortinado de malva se iluminó de una luz opalina como si descorridas las cortinas hubiesen entrado de lleno los resplandores del sol poniente. La imagen sutil y resplandeciente del Profeta Nazareno se esbozó en aquella penumbra, y Vercia que fue la primera en verle, levantó la cabeza doliente de María recostada en su pecho y la obligó a mirar.

Nebai le percibió al mismo tiempo y con las manos cruzadas sobre el pecho como para acallar los fuertes latidos del corazón, las tres mujeres quedaron inmóviles, sin palabra.

Y la imagen transparente y luminosa se acercaba como si resbalara suavemente por un plano inclinado de cristal.

— ¡No lloréis por mí! —les dijo la voz sin ruido de la aparición—.

"He sentido vuestra angustia cuando hacía oración entre las rocas del Santuario vecino al Mar Muerto y he venido a consolaros.

"¡María!... ¡qué poco sabes de la fuerza del espíritu y del poder del amor, cuando dices que no te resignas a vivir la vida terrestre sin verme, sin oírme, buscándome sin encontrarme jamás! ¿Crees acaso que yo olvido a los que me aman?

"¡En la vida física o en la vida espiritual, yo estaré eternamente con vosotros, dentro de vosotros, palpitando en vuestro propio corazón!"

Y la hermosa visión abrió los brazos transparentes y luminosos mientras su pensamiento les decía—:

"Venid a sellar el pacto con que os dejo unidas para todos los siglos que han de venir en pos de este día. Prometedme que donde quiera que os coloque la Voluntad Divina lucharéis hasta morir por establecer mi doctrina de fraternidad y de amor entre todos los hombres de la tierra".

Las tres se lanzaron como una sola a los brazos de la visión amada que se cerraron como amorosas alas en torno suyo, y cuando el éxtasis de dicha y gloria había pasado se encontraron abrazadas las tres, confundidas en una sola madeja sus rubias cabelleras, confundidas sus lágrimas, sus sentimientos, sus amores todos, como vivos reflejos de aquel gran amor hecho hombre, cuyo espíritu radiante les había visitado en su hora de incertidumbre y de dolor.

Fortalecidas con la consoladora visión del Maestro tan amado, se prometiero trabajar por la gloria suya unidas o separadamente según se presentasen los acontecimientos.

Nebai y Vercia volvieron al palacio Ithamar dejando a María sumida en un mar de reflexiones entre todas las cuales no sabía cuál fuese la más prudente y acertada.

En el gran local subsuelo ocupado por la Santa Alianza según recordará el lector, encontramos reunidos una noche al príncipe Judá, al Hach-ben Faqui, al Scheiff Ilderin y al anciano Simónides.

Los cuatro formaban el alma de la organización secreta que desde algunos años atrás venían formando con el fin de que a la proclamación del verdadero y genuino Rey de Israel, no le faltasen gallardas legiones para sostener su autoridad.

Por Chuza, mayordomo de Herodes, estaban sabiendo que su efímero reinado se desquiciaba solo y que sus soldados y guardias cansados de injusticias, de mal pago y pésima administración, cederían fácilmente a la más ligera presión de una mano pródiga y firme en un momento dado.

Fácil les sería pues conseguir que se cruzaran de brazos cuando las legiones libertadoras se presentaran a tomar las fortalezas que defendían el poder de Herodes, lo cual evitaría el sacrificio de vidas humanas.

De esto se encargaría Simónides que como judío de pura cepa, sabía hacer buenos negocios encontrando el lado flaco de los hombres de armas de su país.

El Scheiff Ilderín respondía de tres mil jinetes árabes diseminados como ya dijimos en las montañas de Samaria y Judea más cercanas a Jerusalén. Ambas provincias dependían entonces directamente del gobierno romano con el cual estaban aparentemente en buena amistad.

El Hach-ben Faqui tenía a sus órdenes dos mil tuareghs diseminados al sur de Jerusalén, entre los laberintos de la comarca montañosa de Judea y seis mil en los peñascales desiertos de Idumea.

Esto, aparte de que en los puertos de Cirenaica, dominio de la nación Tuareghs, había una poderosa guarnición de treinta mil lanceros que en tres días podían caer como un aluvión sobre Judea.

Y por fin el príncipe Judá, o sea el hijo de Quintus Arrius, había negociado con dos ministros del César que conseguirían el *visto bueno* al derrocamiento de los Herodes de toda Palestina, que con un rey de su raza, quedaría constituida como una nación unida, con gobierno propio, aunque bajo el protectorado del César.

Cierto que este negocio costaría cincuenta talentos en barras del más puro oro de Havilhá, Para la fabulosa fortuna del príncipe Ithamar su padre aquello no era ni la centésima parte.

¿En qué podía emplearse mejor una fortuna que en hacer dichosa la patria amada en que nacieron y vivían todos sus seres queridos?

¡Cuán felices se sentían aquellos cuatro hombres viendo ya cercana la realización de sus ideales justos y nobles, aunque demasiado humanos si les comparamos con el ideal sublime y divino del Hombre-Dios alrededor del cual sus amigos tejían esta hermosa red de seda y oro para aprisionarle!

Cenaron en agradable camaradería y después cada cual sacó del vasto guardarropas la indumentaria que le cubriría esa noche.

Ni una sola noche pasaba sin que los cuatro, separadamente, investigaran por sí mismos las múltiples hebras de la inmensa red que tejían. Eran ellos mismos la policía secreta.

—Esta noche soy Quintus Arrius (hijo) y tengo cita con el hijo mayor del Legado Imperial de Siria que ha venido de Antioquía hace dos días.

Y al decir así, el príncipe Judá hacía admirar de sus amigos el lujoso traje romano de la más fina cachemira blanca con franjas de oro, que acababa de vestirse.

—¡Sî no fuera por amor a mi Señor el Rey de Israel, hacía pedazos ese ropaje!... —decía rechinando los dientes el buen viejo Simónides que no podía olvidar todo el daño recibido de los romanos en los años aciagos de Valerio Graco.

—¡Oh no, por favor padre mío!... ¡no me agües la fiesta!...

"Todos sabemos lo del poeta: "Que todo el mundo es engaño — Que nada en el mundo es verdad — Hasta que llega la muerte —Como única realidad".

—¡Estás fatal Judá hijo mío! Tu verso y tu poeta, son peores que tu traje romano. ¿Quién piensa en la muerte teniendo a la vista la liberación de Israel?

El Scheiff Ilderin simularía un comerciante de caballos, venido de las orillas del Mar Rojo, y andaba en negocios con el administrador de las caballerizas de Herodes, con el fin de enterarse a fondo del estado del equipo en que se encontraban los jinetes del Rey.

El Hach-ben Faqui, sería un contratista de piedra y obtenía permisos para estudiar las diversas clases de rocas, granitos, basaltos, etc., que había en los torreones antiguos y en las canteras de la Judea. Debía entrevistarse esa noche (mediante un precio convenido se entiende) con el mayordomo del palacio de los Asmoneos que era la residencia de Herodes cuando pasaba temporadas de visita en la ciudad santa.

Y por fin el viejo Simónides era un negociante en armas de toda especie, lo cual le daba ocasión de enterarse del armamento existente en todas las guarniciones y dependencias, dentro y fuera de la ciudad.

Y así debidamente transformados en lo que representaban, se lanzaron a la calle, sólo iluminada por la claridad de las estrellas y por los fuegos de las tiendas levantadas en los cerros y valles dentro y fuera de los muros de Jerusalén.

Los enemigos del Justo, soltaron también su jauría para darle caza en cualquiera forma que fuera.

Sabiendo que las finanzas de Herodes estaban en malísimo estado, Hanán le hizo una visita de cortesía, en la cual el rey vió brillar una esperanza de refuerzo a sus arcas, si les cedía un centenar de penados de los que tenía recluídos en los torreones dè la Galilea y Perea. Llevando ya algunos años de calabozo no ofrecían mayor peligro sabiendo manejarlos con habilidad. Le explicó que se trataba de hacer callar al pueblo que estaba enloquecido con un falso Mesías al cual querían proclamar rey. Temeroso Herodes de que esto redundase en perjuicio suyo, accedió de inmediato, y más aún con la promesa de veinte talentos de oro para sus arcas. Les ofreció también sus más aguerridos soldados pero a condición de no llevar el uniforme que usaban, para no comprometerse.

Esto hizo que Hanán aumentara el precio estipulado hasta los treinta talentos en barras de oro del tesoro del Templo.

Y el rey y el suegro del pontífice Caifás, se separaron muy satisfechos de haber realizado un espléndido negocio.

Los hombres cedidos por Herodes, más las centenas de esclavos con que contaban las grandes familias sacerdotales, ya era un buen número de malvados o inconscientes y serviles para producir alboroto y pánico en el pueblo agradecido y fiel para con el Profeta santo del cual tanto bien habían recibido.

El Templo de Jerusalén estaba construido sobre una gran plataforma en que mediante innumerables arcadas de una solidez a toda prueba, se habían igualado los desniveles del Monte Moria al cual servía como de coronación. Aquellos arcos venían a formar un amplio subsuelo rodeado de fosos, de trozos de rocas, de restos de antiguos muros, entre los que habían crecido arbustos y zarzales, como espeso matorral.

Hasta entonces había servido de guarida a perros hambrientos y sin dueño, y a los mendigos sucios y harapientos que en el día buscaban mendrugos por los mercados y en la noche se refugiaban allí. Perros sin dueño y hombres sin techo, unían la miseria de sus vidas en las obscuras cuevas bajo la plataforma del templo, donde tanto oro y tanta púrpura resplandecía a la luz de millares de cirios.

Pues, en aquellos escabrosos subsuelos, de donde fueron corridos perros y mendigos, Hanán hacía el adiestramiento de los ex penados cedidos por Herodes y de los esclavos que formarían el ejército de malhechores que pensaba oponer al pueblo que aclamaba al Profeta.

La imaginación del lector irá esbozando en su campo mental, la forma en que un escaso grupo de inconscientes y malvados, en un momento preciso, sorprendió la buena fe de las gentes honradas para dar lugar al espantoso crimen que cubrió de infamia para siempre al pueblo judío.

EL DIA DE LAS PALMAS

Llegó por fin el día en que se iniciaban las grandes solemnidades de la Pascua, celebrada por el pueblo de Israel con tan inusitada pompa y solemnidad, que se había hecho célebre no sólo entre los pueblos vecinos, sino aún en el lejano Oriente.

De lejanas comarcas ajenas a las leyes de Israel, acudían las gentes, los unos llevados por la curiosidad, otros con el fin de hacer compras, pues Jerusalén se tornaba en esa época en un populoso mercado donde podían encontrar mercancías y productos de todas las partes del mundo en que existía civilización.

Los israelitas dispersos por todo el mundo, acudían en tropel a la Ciudad Santa, buscando en ello la remisión de sus pecados, el estrechar de nuevo los lazos con sus hermanos de raza, y realizar de paso algunos buenos negocios.

Es lo cierto que Jerusalén desbordaba de gente, atraídos por el rumor llevado por los mercaderes a todos los sitios donde había israelitas, de que el Mesías había sido por fin descubierto, y en esa Pascua sería proclamado Rey de Israel.

La tranquila y plácida Bethania resplandecía de luz y de gloria la mañana aquella, en que con todos sus moradores acompañarían al Profeta Nazareno a la dorada ciudad de los Reyes, donde pronto le verían ejerciendo las supremas funciones de Pontífice y Rey. Sería otro Salomón por su sabiduría y un nuevo Moisés por su maravilloso poder.

Las tres mujeres que hemos visto unirse en un pacto solemne: Nebai, María y Vercia, habían desplegado una asombrosa actividad, mayormente entre el elemento femenino, y los discípulos íntimos del Maestro.

Las mujeres vestidas todas a la usanza esenia, o sea con tocas blancas y grandes mantos de azul obscuro, llevarían cestillas de flores para sembrar el camino hasta Jerusalén. Los hombres con túnicas y mantos color avellana como los terapeutas esenios, llevarían hojas de palmeras y ramas de mirtos y de olivo, para refrescar el ardoroso sol de Judea y espantar a los insectos.

Unas pocas literas descubiertas para los muy ancianos cerraban la marcha de aquella especie de cortejo nupcial, nunca visto en la silenciosa aldea de las palmeras y de los olivos.

—¡Madre feliz!... —decían a Myriam todas las mujeres—. Día grande es este para tí, en que puedes ver la gloria de tu hijo.

Era el momento en que Jhasua, forzado por la insistencia de Simónides, Judá y Faqui, montaba un caballo pequeño que los árabes llamaban *tordillos* por el color blanco ceniza de su pelo.

De la caballeriza del Scheiff Ilderin, que amaba a sus caballos casi tanto como a sus siervos, había sido elegido por su mansedumbre para una ocasión semejante.

Myriam vio a lo lejos la silueta blanca de su hijo destacándose de la muchedumbre que le seguía y sus dulces ojos se inundaron de lágrimas, porque en su corazón se agitaba un triste presentimiento.

—Habría sido mejor —dijo a media voz— que él fuera a Jerusalén sin que nadie advirtiera su presencia.

—Pero, ¿por qué ha de ocultarse siempre? —decían las demas mujeres.

—Todos sabemos quién es él —añadían otras—, y es hora de que todo Israel lo comprenda.

Numerosos grupos de gentes llegaban de distintas direcciones a engrosar la ya nutrida columna de acompañantes, en forma que al acercarse a las murallas de la ciudad, aquello era un mar humano que se movía en grandes oleajes.

Siendo el terreno muy irregular, el espectáculo ofrecía gran atractivo, pues cuando parte de la gruesa columna estaba en el llano, otra parte se movía sobre una lomada o en lo alto de una colina. Nadie perdía de vista la blanca silueta del Profeta Nazareno destacándose entre la multitud.

Pero antes de llegar a la muralla, Judá y Faqui se apartaron el uno a la derecha y el otro a la izquierda, y dando largos silbidos de un modo muy particular, hicieron brotar como por encanto una multitud de hombres jóvenes y fuertes, vestidos como los montañeses galileos que salieron de Bethphage, de Gethsemaní, de Siloé y de las hondonadas del Torrente Cedrón.

Cual si fueran campesinos, se apoyaban todos en varas de encina, y entre los pliegues de las túnicas o bajo los mantos enrollados, se les veía una espada corta entre obscura vaina de piel.

El lector comprenderá que eran las milicias del príncipe Judá, *sus amigos de la montaña*, como él decía, que en las varas de encina llevaban escondida una lanza para el caso que fuera necesario defenderse de una agresión.

Una sonrisa picaresca resplandeció en el rugoso semblante de Simónides al aparecer las *legiones del Señor*, según él decía.

—¿Quiénes son esos hombres? —preguntó el Maestro.

—Son tus buenos galileos, mi Señor, que como se saben poco amados de sus hermanos judíos, no han querido dejar su vara de encina —le contestó el anciano.

—Creo que en estas fiestas comunes a todo Israel, esos recelos debían desaparecer —insistió el Maestro.

—¡Tú lo piensas así Señor!...

—Se parece esto mucho a una escolta armada —añadió el Maestro—. ¿Teméis que seamos atacados? ¿Acaso trasgredimos la ley o las costumbres, acudiendo en conjunto al comienzo de las fiestas?

—¡No mi Señor!... Pero el Sanhedrín ha preparado lebreles de caza, y no queremos vernos cazados como conejillos indefensos.

El Maestro calló, pero su pensamiento le recordó que la hora de su inmolación estaba ya cercana, y que sus amigos presentían el peligro inminente.

—¡Paz a los hombres de buena voluntad! —dijo a media voz—. No saben lo que hacen cuando los hombres se colocan unos frente a los otros.

"¡Simónides!... —llamó el Maestro en alta voz mientras seguían la marcha—. ¿Qué dirías tú si invitases a un grandioso festín y los invitados llegasen armados?

—Diría Señor que en mi palacio se escondían traidores y que mis invitados no querían entregarse como corderos —contestó el anciano—.

"¿No comprendes mi Señor que con el corazón en la mano no podemos ir a una cueva de fieras hambrientas?"

El Maestro calló de nuevo y este breve diálogo se había perdido entre el sordo murmullo de la muchedumbre que empezaba a clamorear a la vista de la ciudad y del Templo.

El Maestro se apeó a la puerta, que ampliamente abierta parecía esperarle.

Una gruesa columna que venía por la calle dió un gran clamor que llenó de ecos todos los rincones de la ciudad.

—¡Bendito sea el que viene en nombre del Señor! ¡Hosanna al hijo de David, al Rey de Israel, al Mesías anunciado por los Profetas!

El corazón de Myriam se estremeció dolorosamente al escuchar ese gran clamor, como si fuera una sentencia de muerte para su bien amado.

—¡Que se callen, por favor, que se callen! —decía ella en tono suplicante.

Y seguida de algunas mujeres quiso abrirse paso hacia donde caminaba su hijo.

Mas no le fue posible llegar, porque la muchedumbre se apretaba junto a la puerta queriendo todos entrar los primeros.

Algunos soldados romanos montaban guardia en las cercanías de todas las puertas de la ciudad, y al ver al Profeta del manto blanco como un punto luminoso entre la obscura muchedumbre, comprendieron que tendrían que reforzar la guardia ese día, pues, estaban al tanto de las pretensiones del Sanhedrin.

El hijo de Quintus Arrius el Duunviro, había regalado monedas de oro con el busto del César a la guarnición de la Torre Antonia, para que en cuanto fuera posible, hicieran oídos sordos a las reclamaciones que partieran del Sanhedrin. Claudia, esposa de Pilatos, y sus dos esclavas galas, ayudaban también a los amigos del Profeta.

—Si consigues que el Procurador sea neutral en este asunto, ayudas a la causa del Profeta —había dicho Nebai a Claudia en la última entrevista tenida con ella. Y se lo había prometido.

Los doctores y magnates del alto clero espiaban desde las terrazas del Templo aquella manifestación del pueblo delirante de entusiasmo por el joven Maestro, que no con palabras sino con hechos les había demostrado su amor y el gran poder divino que tenía para aliviarlos de sus miserias y enfermedades. ¿Quién podía igualarse con él? ¿Quién no reconocería en él al Mesías Libertador anunciado por los Profetas?

—Vale más —decían algunos de los doctores judíos— que le reconozcamos también que no provocar la ira del pueblo que nos arrastrará a nosotros después.

—Es joven y afable —decía otro—. Tomémosle por nuestra cuenta y le haremos entrar por nuestro aro, antes que él arrastre a toda la nación.

—Si es de verdad el Mesías, comprenderá él muy bien que debe unirse a la suprema autoridad de la nación —añadía otro.

Schamai, el sabio que hasta entonces había observado la manifestación en silencio, les dijo con voz reconcentrada por la ira:

—¡Sois todos vulgares necios! ¿Habéis olvidado lo que fueron y son los Profetas de Dios en Israel? Ese que entra en triunfo en la ciudad es uno de ellos... Acaso Moisés reencarnado... Si Faraón no pudo doblegarle, ¿lo conseguiréis vosotros? ¡Preferirá mil veces morir!...

—Pues que muera si así lo quiere —dijeron varias voces sordas que se ahogaban entre las aclamaciones de la calle.

"¡Hosanna al hijo de David!..."

"¡Bendito sea el que viene en nombre del Señor!"

"¡Engalánate Sión para recibir a tu Rey que viene con sus manos llenas de dones a desposarte como su elegida!"

De todas las terrazas arrojaban flores, palmas, lazos y millares de voces gritaban: *¡Bienvenido!*

Claudia y Pilatos, en la terraza del palacio del Monte Sión se miraban el uno al otro y ella decía: —Dime ahora si ese hombre no es un ungido de los dioses para hacer dichoso a este mundo.

—"La voz del pueblo es la voz de Dios", dice un axioma de filosofía antigua —dijo Pilatos como hablando consigo mismo, mientras seguía mirando el oleaje humano que se acercaba hacia el Templo, llevando en medio al Profeta del manto blanco que a distancia aparecía como un cisne con las alas abiertas.

Con sus brazos amantes extendidos a veces sobre la multitud, les decía:

—La paz de Dios que desciende sobre vosotros, os llene de tranquilidad, de tolerancia y amor para todos los seres.

Cuando llegaron a la gran escalinata que daba acceso a los pórticos del Templo, el Maestro se adelantó y subió corriendo la gradería. Comprendía muy bien que aquella enorme multitud no podía entrar ni en una tercera parte en el sagrado recinto y dió a entender que les hablaría desde allí. El pueblo dócil a la indicación, hizo un gran silencio, como si el ansia suprema de que todos se hallaban poseídos, les obligara a contener hasta el más leve murmullo.

Con el pontífice a la cabeza, todo el alto clero, doctores, escribas y príncipes sacerdotales, estaban sobre la terraza del templo medio ocultos entre las cornisas y torrecillas de la balaustrada delantera.

A Jhasua no se le escapó este detalle, mas hizo como si sobre las cúpulas del Templo no hubiera sino las palomas y las golondrinas para escucharle.

Y comenzó así su discurso de aquel día:

—"Pueblo de Israel, amado del Señor. Venís desde Bethania en seguimiento del Profeta de Dios que nada nuevo os puede decir, sino lo que otro Profeta de Dios os dijo seis centurias atrás. Dice Isaías en el capítulo primero v. 11: ¿Para qué venís a Mí —dice Jehová— con la multitud de vuestros sacrificios? Harto estoy de holocaustos, de carneros y de sebo de animales gruesos, no quiero sangre de bueyes, ni de ovejas, ni de cabrones.

"¿Quién demandó esto de vuestras manos, cuando vinieseis a presentaros delante de mí, para hollar mis atrios?

"No me traigáis más vanos presentes, el perfume me es abominación; luna nueva y sábado, el convocar asambleas, no las puedo sufrir: son iniquidad vuestras solemnidades; aborrecidas las tiene mi alma, gravosas me son, cansado estoy de escucharlas.

"Cuando extendiereis a Mí vuestras manos. Yo esconderé de vosotros mis ojos, porque llenas están de sangre vuestras manos.

"Lavad, limpiaos, quitad la iniquidad de vuestras obras.

"Aprended a hacer el bien, buscad la justicia, restituid al agraviado; oíd en derecho al huérfano, amparad a la viuda.

"Venid entonces a Mí —dice Jehová—, y estaremos a cuenta, y vuestros pecados como la nieve serán emblanquecidos.

"Si así lo hiciereis, recibiréis en vosotros todo el bien de la Tierra".

"¡Pueblo de Israel, amado de Jehová! Pocos años llevo siguiendo de cerca vuestros caminos desventurados, llenos de sombras, de dolor y con escasas alegrías.

"Con vuestras almas extremecidas de angustias y vuestros cuerpos heridos por muchas enfermedades, os encontré un día al pasar por esta tierra de promisión para vuestra dicha, y que la inconsciencia de vuestros Jueces, de vuestros Reyes y de vuestros gobernantes empapó de sangre y apestó sus campos feraces de cadáveres insepultos.

"Vuestros antepasados sembraron vientos y vosotros sufrís tempestades.

"Vuestros antepasados pisotearon la Ley de Moisés y olvidando que ella les decía *No matarás*, contestaron al mandato divino desatando como vendaval la matanza y la desolación.

"Vuestros antepasados olvidaron la ley que les mandaba amar al prójimo como a sí mismos, amparar al extranjero y partir con él los bienes de esta tierra, y tomaron en dura esclavitud a los vencidos. carne de látigo para enriquecerse a su costa.

"A vuestros antepasados dirigió el Profeta Isaías las palabras que habéis oído, y yo refresco sobre ellas vuestra memoria, para que borréis con una nueva vida la iniquidad de vuestros mayores.

"La palabra de Isaías escrita en los Sagrados libros, pero ausente de los corazones, es un astro de esperanza si vosotros abrís a ella vuestro espíritu, y la calcáis a fuego en vuestras obras de cada día.

"Si he devuelto la salud a vuestros cuerpos y la paz a vuestras almas, es porque mi Padre que está en los cielos me ha dado todo poder al enviarme a esta tierra, para remover los escombros bajo los cuales la inconsciencia humana ha sepultado la Ley Divina hasta el punto de ser ella olvidada de los hombres.

"La palabra de Dios que os trajeron todos los Profetas y que oís también de mi boca, vale más que todos los holocaustos, que todas las ofrendas; más que el Templo y el Altar que destruirán las hecatombes humanas, mientras la palabra Divina permanecerá eternamente.

"Santo es el Templo y el Altar si hacia ellos llegáis con el corazón limpio de todo pecado contra la Ley Divina; pero ellos se tornan en vuestra condenación, si a la oración de vuestros labios no va unida la conciencia recta y la voluntad firme de ajustar vuestra vida a los mandamientos de Dios.

"Si en los corazones anidan como víboras, los malos pensamientos y los codiciosos deseos en contra de vuestro hermano ¿de qué servirá que claméis Padre nuestro que estás en los cielos?

"Os engañan miserablemente, los que os dicen que para purificaros de vuestras miserias y debilidades, os basta presentar ofrendas en los altares del Templo.

"Ya habéis oído las palabras que el Señor dijo al Profeta Isaías.

"Harto estoy de holocaustos, no me presentéis más vanas ofrendas. Lavad y purificad vuestras almas, limpiad de iniquidad vuestras obras, buscad el bien y la justicia, y entonces estaremos a cuenta.

"Cuando hayáis pecado en contra del amor de Dios y del prójimo, que es el mandato supremo que está sobre todo mandato, arrepentíos de corazón, y deshaced el mal que habéis hecho a vuestro hermano mediante un bien que le compense del daño. Y entonces vuestro pecado quedará perdonado.

"La piedad y la misericordia son las flores preciosas del amor fraterno; son el divino manantial que lava todas las manchas del alma. Corred a lavaros en esas aguas purificadoras, más aún que las del Jordán bendecidas por la palabra y la santidad de Johanan, el Profeta mártir que vivía de miel y frutas silvestres, por no recibir donativos de ninguno de vosotros.

"Comparad el desinterés de ese hombre de Dios, con las fortunas colosales que han amasado los magnates del Templo, con el sudor de vuestra frente, y con los sufrimientos de todo un pueblo agobiado de tributos de toda especie.

"Palabra de Dios es la que os dice: ama a tu prójimo como a ti mismo, no hagas a otro lo que no quieras que se haga contigo. Pero no es palabra de Dios la que os manda traer más y más oro a las arcas del Templo, más y más aceite, vino y trigo a sus bodegas, para enriquecer a sus príncipes que viven entre el lujo y la fastuosidad. En una mísera cabaña vivió Moisés pastoreando los rebaños de Jetro, su protector, y mereció que el Señor le dejara ver su grandeza y le diera su Ley Divina para todos los hombres.

"Catorce años de trabajo y honradez empleó Jacob en adquirir un rebaño para dar de comer a su numerosa familia, y después de probada su virtud con grandes dolores sufridos pacientemente, Dios le hizo padre de las Doce Tribus que forman la numerosa nación de Israel. *Por los frutos se conoce el árbol.* No busquéis rosas en los abrojales, ni cerezas entre los espinos.

"Cuando veáis a un hombre que nada os pide y que todo os lo da por amor al bien y a la justicia, corred detrás de él, porque ese es un hombre de Dios. A él pedidle la Verdad, porque ese hombre ha merecido recibirla, no para él sólo, sino para darla a todos los hombres. ¡Y la Verdad os hará grandes, fuertes, invencibles! ¡La verdad de Dios, os hará libres!

"La libertad es un don de Dios a los hombres. La esclavitud es un azote del egoísmo y la iniquidad de los hombres.

"Inclinad vuestra cabeza en adoración a ese Dios Supremo, que es Dios de la libertad, de la justicia y del amor, y acatad reverentes su Ley soberana dictada a Moisés para haceros dichosos sobre la tierra; pero no os inclinéis serviles a las arbitrarias leyes de los hombres, no aceptéis lo que la razón rechaza como un baldón a la dignidad humana.

"La inteligencia que resplandece en todo hombre venido a este mundo, es una chispa de la Suprema Inteligencia Creadora, y los que tratan de encadenarla con leyes absurdas, tendientes a favorecer mezquinos intereses, cometen un delito contra la Majestad Divina, única que puede marcar rumbos a la conciencia humana, mediante esa Ley sublime en su sencillez, clara y precisa que lo dice todo, que lo abarca todo y que lleva a la humanidad de la mano como la madre a su niño hacia el jardín encantado de la felicidad y del amor.

"Los poderosos de la Tierra que gozan dictando leyes que son "cadenas para la inteligencia, para la voluntad y la razón, se creen ellos grandes, libres y fuertes porque atan a su yugo los pueblos inconscientes e indefensos. La embriaguez del oro y del poder les ciega, hasta el punto de no ver que tejen su propia cadena y cavan su propio calabozo para el día en que la muerte diga: *¡basta!* a esa desenfrenada cadena de injusticias y de delitos. Buscad a Dios-Sabiduría y Amor, en la grandiosidad infinita de sus obras que resplandecen a vuestra vista, y no le busquéis entre el humo nauseabundo de las bestias que se degüellan y se queman como ofrenda al Señor y Dueño de toda vida que palpita en la tierra.

"Acercaos al altar de Dios con el corazón limpio de odios, de perfidias y de vilezas; acercaos con las manos llenas de flores santas de la piedad y del amor que habréis derramado sobre vuestros familiares, amigos y conocidos, sobre todos los seres que cruzaron vuestro camino; acercaos con el alma rebozante de perdones, de nobles propósitos y de elevadas aspiraciones, y sólo entonces nuestro Dios-Amor os reconocerá por sus hijos, os cobijará en su seno y os dirá, contemplándoos amorosamente: "Porque veo reflejado en vosotros mi propia imagen que es Bondad, Amor y Justicia; porque habéis hecho de mi Ley vuestro camino eterno, entrad en mi Reino de Luz y de Gloria a poseerle en dicha perdurable, conforme a la capacidad que puede caber en vosotros mismos.

"Tal es, amigos míos, la Justicia del Supremo Hacedor de todo cuanto existe, ante el cual nada son los holocaustos de bueyes o de carneros, sino la pureza del corazón y la santidad de las obras; nada son los ayunos y penitencias, el vestir de cilicio y cubrirse de ceniza, sino la justicia en todos los actos de la vida, y el dar a los semejantes lo que quisiéramos se nos diera en igualdad de circunstancias.

"¡Hijos de Abraham, de Isaac y de Jacob!... ¡Pueblo numeroso de Moisés y de todos los Profetas!... Tomad de nuevo la vieja senda marcada por ellos, iluminada por la radiante claridad de la Divina Sabiduría, y borrad valerosamente la prevaricación a que os arrastraron falsos profetas; llevando como única divisa en vuestra vida, las frases sublimes, síntesis de toda la ley:

"Ama a Dios sobre todas las cosas y al prójimo como a ti mismo".

"¡Que la paz del Señor sea sobre vosotros!"

Un clamoroso *¡hosanna!* resonó como una tempestad y al mismo tiempo una lluvia de piedras cayó sobre parte de la multitud. Algunos gritos hostiles brotaron ahogados entre los entusiastas aplausos que tributaba el pueblo al Profeta de la paz y del amor.

Judá y Faqui que habían permanecido en la entrada de la galería cubierta que unía al Templo con la Torre Antonia, salieron de inmediato y tras de ellos parte de la guarnición que defendía la fortaleza. El Maestro fue introducido por dicha galería, cuya primera salida daba al Pretorio, especie de balcón de grandes dimensiones que sobresalía hacia la plazoleta de la Torre.

—Aquí será tu proclamación Jhasua en cuanto llegue la venia del César —le dijo Judá con un entusiasmo que parecía ya una realidad.

El Maestro le miró tristemente y volviendo sus ojos a Faqui les preguntó a entrambos:

—¿Habrá heridos a causa de las piedras que arrojaron?...

—Parece que no, pues no se oyeron gemidos —contestó Faqui.

—Vamos a vuestra casa —añadió el Maestro—, que allí me espera mi madre con vuestra familia.

—Acompáñale, Faqui, que yo tengo aún que trabajar aquí —dijo Judá, alejándose hacia la multitud donde se había producido un tumulto.

El Centurión de la guardia le informó que de la poterna de los establos del Palacio Asmaneo había salido un grupo de hombres con saquillos de piedras para arrojar sobre la multitud y dispersarla a mitad del discurso y que igualmente de los fosos bajo la plataforma del Templo habían salido también hombres con sacos de piedras.

—Son los presidiarios vendidos por Herodes al Sanhedrin para aterrorizar al pueblo —contestó Judá— y debemos conseguir orden de prisión para ellos.

—Yo la tengo para todo el que cause desorden —dijo el Centurión.

—Pues a cumplirla, amigo, y duro con ellos.

Judá se perdió entre la multitud y se le vió tocar en el hombro a determinados personajes. Eran los capitanes de sus *amigos de la montaña* que sólo esperaban esa indicación para hacer funcionar sus varas de encina sobre los que arrojaron las piedras y promovieron el tumulto.

Los ancianos, las mujeres y los niños se habían refugiado en los portales de las casas o se dispersaban apresuradamente.

Pronto volvió la calma entre el pueblo el cual se dio perfecta cuenta de que eran enemigos del Profeta los promotores del desorden.

Algunas detenciones de sujetos encontrados aún con el saquillo de piedras a medio vaciar, dieron por resultado declaraciones nada favorables a las autoridades del Templo y al rey Herodes que desde el palacio Asmoneo había presenciado el desfile de la muchedumbre, mientras por la poterna de sus establos y caballerizas salían grupos de hombres con sacos de piedras.

Algunos exaltados querían apedrear los palacios de Hanán, de Caifás y de las grades familias sacerdotales, pero los dirigentes de la Santa Alianza lo impidieron a tiempo, convenciéndoles de que tal acción estaba en contra de la consigna ordenada.

Con toda intención a favor de su causa, el príncipe Judá se presentó vestido a la romana, acompañando al hijo del Delegado Imperial al palacio del Monte Sión, residencia del Procurador Pilatos, donde le esperaban a la comida del mediodía.

El Scheiff Ilderin había mandado entrar a Jerusalén gran parte de sus jinetes árabes, en grupos de diez o doce, los cuales se alojaban en las grandes caballerizas del palacio de Ithamar, los unos, otros en las residencias de los príncipes Jesuá y Sallum de Lohes; y los más en los almacenes de Simónides, próximos a la Ciudadela de la puerta de Jafa.

El valle de Rephaim, hacia el cual tenía una salida el inmenso subsuelo local de la Santa Alianza, estaba poblado de tiendas, donde Faqui tenía sus tuareghs de mantos como el azul obscuro del mar y rostros bronceados por el ardiente sol del Sahara.

Y los *"amigos de la montaña"*, los fuertes y nobles galileos, que eran los más fervientes devotos del Profeta, a quien muchos conocían desde niño y que habían sido colmados por sus beneficios, esos, estaban en todas partes, como los guijarros en las calles, como golondrinas en los tejados, en los atrios del templo, en plazas y mercados.

Tuareghs, árabes y montañeses galileos, esperaban ansiosamente las tres clarinadas de señal para lanzarse como un aluvión a las faldas del Monte Moria, en cuya cima se levantaba el Templo y la Torre Antonia, las dos grandes fuerzas que gobernaban a Israel.

Mientras tanto, el Profeta de Dios se entregaba ¡quién sabe si por última vez!, a las tiernas emociones del amor de los suyos, familiares y amigos.

Su madre, desconsolada en extremo por las tormentas que levantaba la palabra de su hijo, imploraba, suplicaba que se detuviera en el peligroso camino que había iniciado y que no podía llevarle sino a un calabozo perpetuo, o quizás a la muerte.

—¡Hijo mío! —le decía, entre sollozos, la dulce madre—. ¿Qué fuerza te empuja a enfrentarte así con las altas autoridades del Sanhedrin?

—¡Madre!... La misma fuerza que impulsó a Moisés a enfrentarse con el Faraón en la hora de la esclavitud de Israel. La misma fuerza que empujó a Elías a bajar de las grutas del Carmelo para ponerse frente a frente de Achab, rey inicuo, y de Jezabel, la malvada mujer que le dominaba. La misma fuerza que condujo a Johanán, nuestro pariente, a apostrofar a Herodes y a Herodías por su vida de crimen y de escándalo.

—¡Hijo!... ¡Hijo!... ¿Has olvidado que Johanán murió decapitado en el fondo de un calabozo?... ¿Quieres para mí un tormento semejante?

El joven Maestro se le acercó tiernamente, y sentándose a sus pies en un taburete, la tomó de ambas manos, mientras con su voz suave como un arrullo le decía:

—Ensayemos, madre, a volar juntos más allá de la vida y de la muerte, por esas regiones de luz eterna donde no existe el dolor ni la ruindad, ni la miseria. Es el Reino de Dios, madre mía, donde tú y yo entraremos triunfantes habiendo terminado gloriosamente esta vida. La muerte, que tanto temen los hombres, es la única puerta de entrada a ese Reino glorioso de nuestro Padre Amor, Bondad, Justicia, Claridad Infinita... ¡Suprema felicidad! Morir hoy, morir mañana, de una forma o de otra, la muerte para el Justo es la liberación, el triunfo, la posesión eterna del bien y de la dicha que ha soñado y buscado durante toda su vida.

—¡Pero hay gran diferencia para el corazón que ama, ver morir al amado tranquilamente en su lecho, a verle morir ajusticiado como un malhechor!... ¡Hijo!... ¿No ves que tu lenguaje no puede ser comprendido por el corazón de una madre?...

El corazón del Maestro sollozaba en lo hondo de su pecho ante la imposibilidad de conformar a su madre, y cual si fueran traídos por los ángeles de Dios, entraron como revoloteo de palomas los hijitos de Thirza y de Nebai, que eran cuatro, más dos nietecitos de Helena de Adiabenes, huéspedes también del palacio de Ithamar.

Llevaban ramos de rosas rojas de Jericó, que acababan de traer de las grandes plantaciones que poseía allí la familia.

—¡Para el Rey de Israel!... ¡Para el Rey de Israel!... —gritaban los chiquilines, revoltosos como un torbellino, dejando caer su carga floral sobre las faldas de Myriam y sobre el Maestro sentado a sus pies.

Aquel torrente de alegría infantil fortificó el desolado corazón de Jhasua, que comenzaba a sentirse agotado ante la angustia de su madre.

En pos de los niños entraron las dos abuelas, Noemí y Helena, a llevarles al gran cenáculo donde ya iba a servirse la comida.

La tristeza en los ojos de Myriam les diseñó claramente la conversación tenida entre la madre y el hijo.

—Está todo tranquilo en la ciudad —dijo Noemí—, no obstante el gentío que se mueve como un oleaje por todos los rincones.

—Nunca estuvo Jerusalén como hoy —añadió Helena—. No puede negarse que el pueblo espera un gran acontecimiento. Me recuerda a Ashur en la coronación de nuestros reyes.

—Acaba de llegar mi hijo Judá con Faqui y algunos amigos —añadió Noemí, buscando de animar a Myriam, cuyo desaliento era notorio.

El Maestro ayudó a levantar a su madre del sitial en que descansaba y atravesando varias salas, entraron en el cenáculo, cuyos ventanales abiertos sobre el jardín dejaban ver al respetable grupo de los ancianos que hablaban animadamente entre sí, Melchor, Gaspar, Simónides, Filón, Sallum de Lohes y Jesuá.

Los dos primeros sostenían que el joven Profeta debía ser proclamado como el Mesías Salvador anunciado por los Profetas para transformar el mundo. Todos los demás querían que fuera proclamado como el Mesías-Rey, Libertador de Israel.

El Maestro se acercó a ellos, sonriente.

—¿Por qué emplear este tiempo destinado a las confidencias de la amistad, en discutir asuntos que ya ha marcado la Voluntad Divina y que nada podrá cambiar?

—¡Oh, mi soberano Rey de Israel!... —exclamó con devoto acento Simónides—. ¡Tú siempre tienes la razón! Si sabemos ya lo que escrito fue por los Profetas, ¿qué tenemos que añadir nosotros? Será como debe ser.

La campana del gran patio de honor llamó con su voz de bronce y Othoniel, el mayordomo de la casa, apareció en la puerta del cenáculo para instalar debidamente a los huéspedes.

—Es nuestra última comida juntos antes de la Pascua —dijo Noemí, ocupando su sitio entre Myriam y Helena de Adiabenes, su hermana.

A su frente estaba el Maestro, entre los ancianos. José de Arimathea, Nicodemus, Nicolás y Gamaliel, entraron en ese instante excusando su retardo por ocupaciones de última hora.

Nebai, Thirza y Ana, al lado de sus esposos, parecían participar de la inquietud de ellos.

Los ancianos felices con la proximidad del Maestro, conversaban animadamente con él.

—¿Se puede saber, Jhasua, qué impresión tienes del pueblo que te acompañó en triunfo esta mañana? —preguntó de pronto el príncipe Judá.

—¡Muy buena! —contestó el Maestro—. Los pueblos de todas partes son siempre agradecidos y buenos cuando una gran esperanza les sonríe llena de promesa. ¡Importaría saber lo que hará ese mismo pueblo defraudado en sus esperanzas!...

—¿Y quién le defraudará?... —dijeron varias voces a la vez.

Un rumor de inquieta alarma pareció extenderse casi imperceptiblemente.

—¡Pudiera ser que los acontecimientos no salieran a gusto del pueblo! —contestó el Maestro—. La historia de nuestro propio país está llena de estas sorpresas. Por eso nos dice la voz de la sabiduría: "Bástale al día su propio afán". Esperemos.

—¿Quién hubiera podido decirle al pastorcillo David, que de en medio de su majada le sacaría la Voluntad Divina para hacerle Rey de Israel? —dijo Nicodemus, interviniendo en la conversación—. ¿Y que José, vendido como esclavo por sus hermanos a los mercaderes egipcios, llegaría a ser virrey de los países del Nilo?

—Sólo Dios, Inteligencia Suprema, es dueño absoluto del mañana —dijo Filón, el filósofo de Alejandría.

—¡Cuando los más ancianos callan!... —insinuó José de Arimathea, aludiendo a Gaspar y Melchor, que no habían despegado los labios.

—Es señal —interrumpió el Maestro— de que ellos están más cerca de·la Divina Sabiduría, a la cual dejan confiados todos los acontecimientos importantes de la vida.

—¡Justo! —repitieron los dos ancianos a la vez.

—Escritos están en los cielos los acontecimientos de esta hora suprema —añadió Gaspar—, y por mucho que las criaturas hagamos, no será sino como está marcado que sea.

Al finalizar la comida, se pensó que debían brindar por la libertad de Israel..., por la gloria de Israel, por la grandeza de Israel sobre todos los pueblos del mundo.

—Delego mis derechos de jefe de la casa —dijo Judá— en Jhasua de Nazareth, Ungido de Jehová para salvar a su pueblo.

Un gran aplauso resonó en el vasto cenáculo.

El Maestro levantó su copa y dijo con extraña emoción en su voz:

—Fue Israel el primer invitado al amor fraterno que debe unir a todos los hombres de la tierra en un abrazo eterno, y os invito a brindar porque Israel ocupe el sitio que le corresponde en el concierto divino, sintetizado en estas palabras de bronce: ¡Libertad, Igualdad, Fraternidad!

El aplauso que siguió a estas palabras fue delirante, pero Faqui dijo al oído de Judá:

—Ni una palabra conseguimos arrancar a Jhasua, que nos prometa la realidad de nuestro sueño.

—¡Es verdad! Empiezo a dudar de los acontecimientos que han de venir —le contestó Judá, levantándose como todos lo hacían.

LOS ULTIMOS DIAS

Mientras esto ocurría en el austero palacio Ithamar, los miembros más destacados del Sanhedrín se reunían en el suntuoso palacio de Caifás, el pontífice reinante.

Quedaba éste muy cercano al palacio del Monte Sión, ese monumento de arte y de riqueza, cuya construcción fue hecha por Herodes el Grande, para ostentación de su poderío. Allí residía Pilatos, según ya explicamos. Esta proximidad daba lugar a una estrecha amistad entre la servidumbre de ambos palacios, de forma que lo que ocurría en el uno podía saberse en el otro si había alguien que quisiera utilizar las noticias.

Este alguien era Claudia, la esposa del Procurador, que había tomado grande afecto a Nebai, y por intermedio de ella, al Profeta Nazareno, que curó a sus dos esclavas mudas. Claudia estaba, además, al tanto de las negociaciones del príncipe Judá para obtener la aceptación del César comprando antes la voluntad de sus ministros. Seyano y Vitelio estaban aún en el favoritismo del Emperador y ambos estaban de acuerdo en que se borrase para siempre la dinastía usurpada de los Herodes, para que toda Palestina unida reconociera un Rey salido de Israel y de la casa de David, que aceptara una dependencia honrosa de Roma como poder supremo. Tendría la nación Israelita todos los derechos de pueblo libre, y el gobierno de Roma sólo se reservaría el derecho de guerra con los pueblos vecinos, si así lo creyera conveniente.

Este importantísimo secreto estaba solamente en los moradores del palacio de Ithamar, y fue revelado a Claudia para contar con su vigilancia cerca del Procurador y después que estuvieron ciertos de que era una aliada sincera.

Entre la servidumbre de Caifás había un joven esclavo egipcio que amaba a una de las esclavas galas de Claudia. Y éstos eran los hilos que la esposa del Procurador utilizaba para saber cuanto allí se tramaba en contra del Profeta bueno, que pasaba por la tierra como una bendición de Dios, y cuya palabra era odiosa a los malvados.

Claudia aconsejó a su esclava que prometiera al egipcio la libertad para ambos, si conseguía enterarse de lo que resolvieran los Rabinos y doctores reunidos allí ese día.

Tan a satisfacción desempeñó el esclavo enamorado su papel, que la misma tarde del discurso del Maestro en el Templo, Claudia supo que habían resuelto prenderle y matarle de cualquier forma que pudieran hacerlo.

Algunos aconsejaban un asesinato oculto a traición, pero aquellos malvados jueces, sacerdotes, doctores y el pontífice mismo, querían que la muerte tuviera la apariencia de una condena legal, a fin de que la más negra nota de infamia cayera sobre el impostor que se dejaba aclamar como Mesías Salvador de Israel.

—Si le asesinamos a traición —decía el astuto Hanán— quedará como un mártir, víctima de un vulgar malhechor, y su memoria seguirá honrada por el pueblo. En cambio, si le sometemos a juicio por apropiarse del nombre sagrado de *Hijo de Dios,* y le condenamos a morir lapidado o crucificado, conforme a la ley, pasa a la categoría de un público impostor y sacrílego, y eso lo hará aborrecer del pueblo, que lamentará el haber sido tan vilmente engañado.

Como siempre, la opinión de Hanán primó sobre las demás, y él mismo se encargó de buscar la forma de prender al Profeta en el mayor sigilo posible, a fin de que el pueblo que tanto le amaba no se enterase de lo sucedido, sino cuando estuviera todo hecho. Y el sagaz anciano añadió:

—El pueblo es en todas partes lo mismo: un niño inconsciente y antojadizo que delira por su juguete, pero que si se le rompe o se lo quitan de las manos, pronto se consuela y busca otro que lo reemplace.

El Profeta de Dios estaba pues, condenado a muerte desde el mismo día de su entrada triunfal en Jerusalén, que, terminó con su discurso en la escalinata del Templo. Aquellas palabras suyas, ardientes con el fuego de la verdad que no podían desmentir, habían tocado las llagas cancerosas de aquellas conciencias, pervertidas por largos años de vivir en el crimen, la mentira y la hipocresía. ¿Cómo ellos que habían envejecido manejando el pueblo como a un rebaño, engañándolo, robándolo, embruteciéndolo, habían de bajar de sus pedestales para acatar la palabra de un joven Maestro desconocido y que apenas pasaba de los treinta años?

Su ley decía que un hombre para enseñar y ser escuchado, debía pasar de los cincuenta años; ¿y a este joven sin escuela, se le había de permitir que arrastrara al pueblo con su palabra?

Y ¡qué palabra la suya! Candente como una brasa, quemaba los velos de púrpura con que ocultaban ellos su ruindad y su vileza: la farsa hipócrita con que engañaban al incauto pueblo, haciéndose venerar como santos.

De seguir el Profeta Nazareno en libertad, pronto se verían todos ellos apedreados por el pueblo, que empezaba a descubrir la defraudación de sus ideales religiosos, sepultados por la desmedida ambición de los mercaderes del Templo.

Llegó la noticia a Claudia, y de ella pasó a Nebai, a Judá, Faqui y Simónides que eran el alma de toda la organización defensiva de la causa del Profeta.

El príncipe Judá, no se alarmó mayormente, pues el Sanhedrín nada podía hacer sin el consentimiento del Procurador Romano.

No contaba con la audacia de los viejos Rabinos envenenados de envidia, por el triunfo del Mesías entre el pueblo.

—Rabiarán cuanto quieran —dijo a Nebai cuando le dio la noticia— pero nadie puede atar aquí una cadena si el Procurador no la ata. Me tiene eso sin cuidado. El barco-correo de Roma debe llegar dentro de breves días trayéndonos la aceptación del César. Y entonces los Rabinos del Sanhedrín tendrán que escapar de Jerusalén, porque no habrá piedras bastantes para arrojarles.

Nebai callaba, y en su mente se dibujaba la visión de Vercia y el presentimiento de María, sus dos íntimas confidentes en el poema santo de amor, que las unía al Hijo de Dios. Ella creía que el Profeta estaba viviendo los últimos días de su vida terrestre, y no podía resignarse a no tenerlo ya más en este mundo.

Recordaba con inefable ternura al Jhasua adolescente de sus días felices, en la cabaña de piedra junto al Monte Tabor. ¡Comparaba aquellos días de serena paz, sin inquietudes de ninguna especie, y parecía desear el imposible de desandar los años andados, para volver a aquellos en los cuales no había ni una sola sombra de pena ni de zozobra!...

—¡Oh! ¿Por qué se fueron aquellos días, y están ya tan lejos de mi corazón? —preguntábase con honda pena Nebai, y rompía a llorar silenciosamente cuando Judá no podía verla.

María de Mágdalo al mismo tiempo y recluída en su alcoba del viejo palacio Henadad, se entregaba a los recuerdos y en los accesos de vehemencia de su temperamento medio griego y medio romano, pedía la vida del Profeta santo a todos los dioses del Olimpo, al Dios Supremo de los hebreos, a todos los genios tutelares de todos los países en los cuales había caído como rocío divino, la piedad del Profeta sobre todos los que padecían.

—¡El no puede morir!... ¡No debe morir porque es la encarnación del bien, del amor, de la justicia! —decía entre sollozos, en los momentáneos delirios de amor y de angustia que la invadían.

Vercia la Druidesa gala, escondida en un kiosco cubierto de enredadera, en uno de los grandes patios del palacio de Ithamar donde se hospedaba, sentía la angustia de sus amigas; pero habituada desde su niñez a ver la muerte de cerca y considerarla como un suceso necesario en la vida, no se atormentaba con dolorosas ideas, sino que pensaba: Mi abuelo, héroe de la resistencia de los galos, murió asesinado por el romano, pero renacerá una y otra vez, hasta conseguir la libertad de la Galia. El Profeta Nazareno morirá para entrar en la gloria de su Padre, Dueño y Señor de todos los mundos, pero ¡ay de aquellos que derramen su sangre de Hijo de Dios!

Las mujeres estaban como temerosas y entristecidas; y en los amigos íntimos, y discípulos del Maestro, empezaba a circular una vaga inquietud muy parecida a sobresalto.

Los de Galilea querían tornar allá rápidamente, sin esperar la celebración de las fiestas religiosas de la Pascua. Los ancianos Gaspar y Melchor tuvieron largos apartes con el joven Maestro, y se le veía a él salir de estas confidencias con el rostro iluminado de una dicha sobrehumana.

¿Qué habían hablado? ¿Qué se habían prometido mutuamente?

—Cuando yo haya partido a mi Padre, cuidaréis de mi heredad hasta el último aliento de vuestras vidas... No de ésta, que ya la estáis terminando, sino de las que vendrán en pos de ésta, cuando la simiente derramada hoy, comience a verdear en los surcos sembrados.

"Sois los hermanos mayores, y cuidaréis de los débiles y pequeños sin dejarme perder ni uno solo... ¿Lo habéis oído? *Ni uno solo...*

Y cuando así hablaba el Maestro al oído de ambos ancianos, su voz tomaba tonalidades de canción materna, que arrullara el sueño de niños pequeños que dormitaban...

El amor del Ungido de Dios se desbordó de su espíritu radiante en esos últimos días, como si quisiera dejar saturado de sus vibraciones el aire que respiraba, la luz que alumbraba y hasta las menudas arenillas que sus pies hacían crujir al caminar.

Tuvo para todos palabras de dulzura infinita, recomendaciones, encargos hasta de pequeñas cosas, a fin de que, ninguno de los que le amaron, se creyera olvidado en aquella última hora.

Esto mismo contribuía a hacer mayor la confusión respecto a los acontecimientos que se esperaban.

—Claro está —decían los más ilusionados con el triunfo material—. Si ha de ser proclamado Rey de Israel, tendrá que olvidar las pequeñas cosas para dedicarse por completo a la organización del país, que está hecho un revolcadero de buitres.

— ¡Quién sabe! —decían los menos optimistas—. Acaso el Profeta vislumbra el peligro cercano y nos quiere resguardar a todos de los zarpazos de las fieras...

El Maestro se había dejado ver entre el pueblo, en la Sinagoga de Zorobabel y en la de Nehemías, donde había contestado en público, preguntas que le dirigieron fariseos y doctores enviados por el Sanhedrín, buscando tenderle lazos para comprometerlo con el gobierno romano.

Si conseguían ésto, la prisión y la muerte vendrían solas, sin que el Sanhedrín tuviera que intervenir directamente en ello.

Trataron de exasperarlo con preguntas insidiosas, bajas y ruines, cargadas de mala intención. Con un admirable dominio de sí mismo y una serenidad a toda prueba, demostró El en todo momento, la superioridad moral y espiritual que lo colocaba a gran altura sobre sus adversarios.

LA DESPEDIDA

Llegó por fin la tarde en que según los rituales de ley debían comer el cordero pascual, y el Maestro quiso celebrar esa cena sólo con sus Doce discípulos íntimos. Eran ellos los fundamentos de su escuela de amor fraterno, de su escuela de vida en común, sin egoísmos, sin intereses, una perfecta hermandad, donde ninguno era mayor ni menor, sino que todos tenían iguales deberes e idénticos derechos.

Fue elegido para ésto, el cenáculo de la mansión adquirida por María de Mágdalo para hospedaje de los peregrinos venidos de Galilea.

Myriam se trasladó allí donde se encontraba su hijo, a fin de celebrar aquellos ritos de ley en compañía de sus familiares y amigos venidos con ella desde Nazareth.

Así que todo estuvo preparado, el Maestro entró al cenáculo con sus Doce y ocupó la cabecera de la mesa. Cuando se vio rodeado por ellos, mandó cerrar las puertas y quitándose el manto, se dirigió a la piscina de las abluciones que se hallaba en un ángulo del pavimento. Llenó un lebrillo, se puso la toalla en el brazo y acercándose a Pedro se arrodilló ante él.

El buen hombre se puso de pie de un salto y con azoramiento infantil le dijo:

—¡Maestro!... mi Señor, ¿qué haces?

—Es mi postrera enseñanza —le contestó el Maestro—. Siéntate Pedro y déjame que lave tus pies, para que sepáis y os acordéis toda vuestra vida, de que el mayor ha de ser el servidor de los más débiles y pequeños.

"Así lo haréis vosotros en memoria mía".

Pedro obedeció, pero sus ojos claros se inundaron de llanto, y sus lágrimas al rodar de su rostro caían silenciosas sobre las manos del Maestro que le lavaba y le secaba los pies.

Igualmente lo hizo así con los demás discípulos que en extremo conmovidos empezaban a comprender que algo así como el Juicio de Dios se cernía sobre ellos.

Zebeo y Juan lloraban como dos niños, que temieran algo que ellos mismos no sabían precisar. ¿Qué significaba aquello? En razón de su poca edad, Juan fue el último e inclinándose al oído del Maestro le preguntó con su voz sollozante:

—¿Por qué nos afliges así, Maestro? ¿quieres decirnos con ésto que estamos manchados de culpa?

—Quiero decir que el más grande ha de hacerse pequeño, porque el Reino de los cielos es de los que se hacen pequeños por amor mío —le contestó y dejando la toalla y lebrillo, se cubrió de nuevo con su manto y se sentó a la mesa.

Todas las miradas estaban fijas en El que les habló así:

—De cierto os digo que si el grano de trigo no cae a la tierra y en ella muere, solo se queda. Mas cuando ha muerto enterrado en la tierra entonces es que brota, florece, se cubre de espigas que se tornan en blanco pan.

"El que más ama su vida, más alegremente la pierde, porque sabe que la recobrará en la luz y la gloria del Padre.

"Mi alma está turbada por causa de vuestra angustia y digo: ¡Padre, sálvame de esta hora que me hace ver el dolor de los que son míos!

"Mas... ¡si he venido para ver llegar esta hora, glorifica en mí tu Nombre Santo sobre todo lo creado!...

Una corriente sonora y suavísima se extendió como una oleada de armonía por salas y patios en aquella inmensa casona, llamada palacio Henadad, y todos cuantos estaban refugiados en ella, corrieron hacia el gran cenáculo, pues de allí partían las maravillosas vibraciones que llenaban a todos de una extraña emoción.

Eran voces musicales, como si millares de arpas cantasen en lenguaje ininteligible a los oídos humanos, pero de una dulzura inefable y ternísima.

Las doncellas galileas escuchaban en las puertas cerradas del cenáculo, sin acertar a comprender qué maravilla se obraba allí dentro.

La corriente sonora fue apagándose lentamente y todo volvió a su estado normal.

En un estado semi-extático, los discípulos, tampoco podían precisar lo que era aquella armonía.

Cuando desapareció la sonoridad, encontraron que Judas de Iskariot estaba dormido, tirado sobre el diván.

Tomas le sacudió fuertemente para despertarle.

El Maestro mandó abrir las puertas y dejó que entrasen cuantos quisieran de los moradores de aquella casa.

Tomó la cesta de los panes sin levadura y lo partió entre todos; tomó su ánfora con vino y acercándola él mismo a todos los labios, les dio a beber.

—Es mi último pacto de amor con todos vosotros —les dijo—. Y cada vez que lo hiciereis como yo lo he hecho, acordaos de esta alianza postrera, por la cual quedaré en medio de vosotros hasta la terminación de los tiempos. Y donde estéis reunidos en mi nombre, estaré yo en medio de vosotros.

—¡Señor! —díjole Pedro—, hablas como en vísperas de un largo viaje.

"¿A dónde vas, Señor, Maestro bueno, a dónde vas?

El Maestro le miró con infinita dulzura.

—Donde yo voy, no podéis ir por ahora ninguno de vosotros: pero me seguiréis más tarde, cuando hayáis llevado a todos los pueblos de la tierra el mensaje de amor que dejo encomendado a vosotros.

María de Mágdalo, en su calidad de dueña de casa, entró cubierta con un amplio velo color violeta.

Llevaba en las manos un vaso de alabastro lleno de una finísima esencia de nardos para ungir a su visitante de honor según la costumbre oriental. Se colocó a la espalda del Maestro y empezó a derramarlo sobre su cabellera; luego sobre sus manos, y por fin arrodillándose ante él, vertió todo el vaso sobre sus pies y hundiendo su rostro sobre ellos, rompió a llorar a grandes sollozos.

Las mujeres se precipitaron todas hacia el Maestro y arrodilladas lo rodearon por todas partes.

Myriam, de pie en medio del cenáculo, lo miraba con sus grandes ojos llenos de llanto, inmóvil como la estatua del dolor sereno que paralizaba sus movimientos, dejándole tan sólo las dolorosas palpitaciones de su corazón.

En todos los rostros había lágrimas, de todos los labios se escapaban sollozos, porque allí se desvaneció toda ilusión, toda esperanza.

La cruda realidad pasó como una ola de escarcha helando la sangre en las venas.

Una suave palidez de lirio había caído sobre la faz del Maestro, cuyo sufrimiento interior se advertía a primera vista.

Tendió su mirada sobre todos los que le rodeaban y se apercibió que Judas de Iskariot había desaparecido de allí, y como respondiendo a su propio pensamiento lleno de luz divina dijo:

—Ahora es glorificado el Hijo de Dios, y Dios es glorificado en él.

''¡Amigos míos... hijos míos desde largas edades!... Aún estoy en medio de vosotros y ya habéis perdido el valor. ¿Qué será pues cuando me busquéis y no me encontréis?

''Porque os repito que donde yo voy, vosotros no me podréis seguir.

—¡Pero mi Señor!... —dijo Pedro acercándose al lado del Maestro—. ¿Por qué no puedo seguirte ahora? ¡Yo pondré mi cuerpo y mi alma por ti!

El Maestro lo miró sonriendo y le contestó:

—Uno de vosotros me entregará a mis enemigos, y ese ya no está aquí. ¿Dices que pondrás tu alma por mí?... ¡Oh, amigo!... ¡la flaqueza humana es grande! ¡Antes de que el gallo cante tres veces esta noche, tres veces me habrás negado!

El buen hombre abrió desmesuradamente sus ojos, e iba a gritar llorando su fidelidad al Maestro; pero él continuó diciendo:

—¡Conviene que así suceda, para que yo beba hasta el fondo de la copa que mi Padre me ha dado!

''No se turbe por ésto vuestro corazón, puesto que creéis en Dios y creéis también en mí, que fui enviado por El.

''Como un padre escribe su testamento al final de sus días, también yo os doy el mío, que es como un mandamiento nuevo: Amaos los unos a los otros en la medida en que yo os he amado a vosotros, para que en eso conozcan todos que sois discípulos míos.

''En la casa de mi Padre hay muchas moradas, y yo voy delante de vosotros a preparar para mañana el lugar feliz de vuestro descanso.

''Y si me voy a prepararos el lugar feliz de vuestro reposo, vendré a buscaros en la hora debida, tal como el buen hortelano recoge las flores y frutos de su huerto para adornar con ellos su propia morada, cuando están en sazón.

''Porque donde yo estaré, estaréis también todos vosotros conmigo. Sabéis que yo voy al Padre y sabéis cuál es el camino.

''Las obras que realicé a vuestra vista, en nombre del Padre las realicé, y vosotros las haréis en nombre mío, si de verdad estáis unidos a mí.

''No se turbe vuestro corazón ni tema, que el que está conmigo por la fe, el amor y las obras, con Dios está y ninguna fuerza podrá derribarle.

''Ni os desconsoléis pensando que os dejo huérfanos y solos en este mundo, porque vendré a vosotros cuando vuestro amor me llame.

''Los que son del mundo y no me comprenden, ni me aman, no me verán más, pero vosotros que sois míos, me tendréis siempre entre vosotros, porque vivo, soy eternamente, como asimismo viviréis vosotros.

"Me probaréis vuestro amor guardando mis enseñanzas y mis mandamientos; y en todo aquel que me ama, el Padre y yo haremos nuestra morada y yo me manifestaré a él.

"He aquí mi último mandamiento: Amaos los unos a los otros tal como yo os he amado. En cada uno de vosotros dejo parte de mi propio corazón, y él os dirá lo qué es el amor verdadero sin interés y sin egoísmo, capaz de dar la vida por el amado. Así os he amado a vosotros, y así os amaréis vosotros también. —Luego se puso de pie y elevando sus ojos y sus manos hacia lo alto oró a su Padre con infinita ternura—:

"¡Padre mío!... ¡La hora ha llegado! ¡Glorifica a tu hijo para que tu hijo te glorifique a Ti!

"Como me has dado potestad sobre toda carne y sobre todo cuanto existe bajo el sol, yo te he glorificado en la tierra y he terminado la obra encomendada por Ti.

"He manifestado tu Nombre, tu Divina Presencia, tu Poder, tu Bondad y tu Amor, a las almas que en este mundo me diste, porque dispuestas estaban para recibir tu Palabra de Vida Eterna.

"¡Padre mío... Amor inefable!... ¡A los que me has dado en esta hora guárdalos por tu Santo Nombre para que unidos a mí, formen un solo corazón conmigo, como yo soy una esencia misma contigo!

"Mientras estuve con ellos, los he guardado en Tu Nombre y ninguno he perdido de los que en verdad me amaron.

"¡Que tu verdad les haga libres y fuertes!... ¡que tu Poder se manifieste por ellos!... ¡que tu Sabiduría infinita sea como una antorcha delante de ellos!... que el Amor Padre mío sea como una llama viva en sus corazones, para que enciendan tu fuego en toda la tierra y no quede ni una sola alma temblando de frío en las tinieblas donde no estás Tú.

"Que tu inefable Piedad les envuelva como ternura de madre, hasta el día no lejano en que yo pueda decirles como Tú me dices a mí:

"¡Ven!... ven a mis brazos porque has consumado tu obra y has conquistado mi don: ¡Yo mismo por eternidad de eternidades!...

La palabra pareció esfumarse en el ambiente sobrecargado de amor y de suprema angustia; y después de un breve silencio, el Maestro abrió sus brazos y dijo con la voz temblorosa por la emoción:

—¡Venid ahora a darme el abrazo de despedida!...

Un rumor de ahogados sollozos contestó a sus palabras, y todos los presentes se precipitaron a él.

Su madre exhaló un débil gemido y se desvaneció entre los brazos de Ana y de María que estaban a su lado y la sostuvieron oportunamente.

El Maestro la vio desvanecerse y su gemido le atravesó el corazón como un dardo candente. Con dos pasos rápidos se acercó a ella y besándola en la frente helada, en los ojos cerrados, en las manos que parecían de nieve, le decía suavemente al oído:

—¡Madre!... sé fuerte para beber hasta el fondo de la copa que el Padre nos da a ti y a mí, en esta hora de alianza postrera.

Ella abrió los ojos y viendo el rostro de su hijo junto al suyo se abrazó de su cuello con ansia febril para decirle:

—¡Déjame morir contigo si es que Dios te manda morir!... ¡Tu vida es una misma con la mía!... ¿por qué se ha de partir en dos?...

Un nuevo desvanecimiento la acometió y el Maestro mandó que la llevaran al lecho.

Luego abrazó a todos uno a uno, diciéndole a cada cual la palabra necesaria para mantenerle vivo y despierto el recuerdo de todas sus enseñanzas.

María de Mágdalo que con Ana había conducido a Myriam a su alcoba, volvió como un torbellino temiendo no alcanzar ya al Maestro.

Ya no tenía ni velo, ni manto, sino sólo su cabellera suelta que flotaba como una llama dorada.

Se abrió paso entre los últimos que se despedían, y cayendo al pavimento como un trapo tirado al suelo, se abrazó a los pies del Maestro sollozando enloquecida.

El cerró los ojos y se estremeció ligeramente como si el tormento interior fuera a vencerlo en aquella terrible lucha final.

— ¡Mujer! —le dijo poniendo sus manos sobre aquella cabeza agitada por los sollozos—. Me ungiste con perfumes para la sepultura y ¿quieres impedir que la muerte me abra las puertas de mi Reino glorioso?

Mas, como ella no lo atendiese, él la llamó por su nombre:

— ¡María! ¿Nunca desobedeciste mi voz, y ahora no quieres oírme?

Ella se serenó de pronto y levantándose del suelo miró al Maestro con sus ojos enrojecidos por el llanto...

— ¡Perdón Señor!... —le dijo—. ¡Fue mi hora de locura!... ¡no quise hacerte padecer!... ¡pero fui vencida por el supremo dolor de este adiós para siempre!...

El Maestro le puso su mano sobre los labios...

—No ofendas al Eterno Amor, María, no digas nunca más esa dura palabra que no es digna de un hijo de Dios: *adiós para siempre*. ¡Eso es una mentira, y la mentira no debe manchar nunca los labios de un discípulo mío!

"Ya os he dicho: Me voy al Padre, y vendré a vosotros cada vez que vuestro pensamiento me llame. ¡Os doy el abrazo de la despedida, pero os digo hasta siempre!... ¡hasta siempre!

Desligándose valerosamente de todos aquellos brazos que tendidos a él querían retenerlo, se lanzó como una exhalación a la gran puerta de entrada y salió a la calle.

Era ya la segunda hora de la noche que aparecía cargada de silencio y de sombras. La luna entre obscuros cendales de nubes, entraba y salía como una doncella asustada que vacilara entre quedarse o huir. Siguió caminando solo por la sombría vereda, y a poco le alcanzó Pedro, Santiago, Juan, Zebeo, Bartolomé y Felipe, Matheo y Nathaniel, Andrés, Tomás, Tadeo y el tío Jaime.

Llegaban unos en pos de los otros, como si no todos se hubieran decidido al mismo tiempo a seguirle.

—¿A dónde vamos Maestro? —preguntó Pedro rompiendo por fin el silencio que los envolvía a todos como un manto color ceniza.

—A nuestro sitio acostumbrado para la oración: al huerto de Gethsemaní. Me son tan familiares y amigos aquellos viejos olivos entre peñascos mudos, que quiero también despedirme de ellos como de vosotros.

"Son también creaciones del Padre, y nuestro amor recíproco los ha vitalizado con su aliento de mago.

"El pensamiento humano unido a la Divinidad por la oración, prende sus vibraciones como cendales invisibles, aun en las cosas inanimadas. Y por largo tiempo encontraréis en esos olivos y en esos peñascos, algo mío flotando en el viento de la noche, y hasta os parecerá sentir el rumor de mi voz que os llama por vuestro nombre...

"¡Visitad después de mi partida todos los sitios donde juntos hemos orado y amado a Dios, que la oración es amor!... y algo de mí mismo os hablará al fondo del alma, como la voz queda del recuerdo dando vida nueva a todo cuanto ha formado el encanto inefable de nuestra vida en común...

Las sombras de la noche inmpedían ver, que lágrimas silenciosas corrían por aquellos rostros curtidos por el sol y el aire del Mar de Galilea.

—¡Señor! —dijo Juan acercándose al Maestro hasta tocarle con su cabeza en el hombro—. ¿Por qué salió Judas precipitadamente apenas terminó la cena? ¿Es que fue enviado por ti a realizar compras según costumbre?

—No a *compra* sino a *venta* salió nuestro amigo del cenáculo. Nunca pude quitarle la idea de que estorbaba y era el último en mi pequeña escuela. Recelaba de todos y hasta de mí. Fue el único vencido por el espíritu del mal, que le ha hecho ver su conveniencia en conquistarse el favor del Sanhedrin, delatando el sitio preciso donde su Maestro se retira a orar por las noches.

"Eso es todo. No temáis, lo que el Padre tiene dispuesto para su hijo, es lo que sucederá. Nuestro pobre amigo, no ve aún las consecuencias de lo que hace. Que Dios tenga piedad de él.

—De haber sabido ese negocio —dijo Tomás— le habríamos atado de pies y manos para que no se moviera de allí.

Y unos y otros comenzaron a protestar a media voz contra el discípulo infiel, trayendo a la memoria episodios pasados de la condcuta de Judas que desagradaron a todos; desagrado que el Maestro calmó con aquellas suaves palabras suyas:

—No juzguéis y no seréis juzgados.

Y el piadoso manto de la tolerancia había encubierto la oculta soberbia en el alma de Judas, que vivía como envenenado por no ser el más querido y honrado en la escuela del Maestro.

Debemos ser justos aún con los criminales y malvados, y es verdad que Judas cayó en la trampa tendida por el Sanhedrin que lo engañó miserablemente. El nunca creyó que el Maestro, cuya grandeza reconocía, fuera ajusticiado, pues sabía bien que el Sanhedrin no tenía autoridad para ello.

—Queremos traerle con nosotros —le había dicho Hanán en nombre del pontífice —a que haga ante la autoridad competente las declaraciones que necesitamos para juzgar si realmente es el Mesías anunciado por los Profetas.

"Andar como anda, dejándose aclamar del pueblo como Mesías Libertador de Israel, como futuro Rey de la nación, no conduce a nada ni se llega a nada. Y lo que sucederá de un momento a otro, es que Herodes de acuerdo con el César se nos vendrán encima porque uno de nuestra raza y de nuestra fe deja propagarse estas ideas, que de ser pura ilusión, nos pone a todos al nivel de los impostores vulgares que amotinan a los pueblos.

"Si es el Mesías Rey que se espera, un bien le haces y no un mal uniéndote con nosotros para proclamar la verdad; y harás un bien al pueblo de Israel que lo reconocerá en lo futuro.

—¿Y si os pareciera a vosotros que no es el Mesías esperado? —había preguntado Judas, buscando asegurar su posición.

—En ese caso —le había contestado Hanán— se le mandará callar o que salga del país para no agitar al pueblo con ilusiones sin fundamento.

—Las obras que le he visto realizar, son mayores a mi juicio, que las hechas por los más grandes Profetas de Israel —afirmaba Judas—. Sólo con Moisés admite comparación. Yo os lo traeré, pero a condición de que no le haréis daño ninguno, y me reconoceréis en el futuro el servicio prestado a la causa.

—Bien amigo: espero el cumplimiento de tu palabra. Aquí tienes treinta monedas de plata por si el encargue te ocasiona algún desembolso.

Y Judas recibió el bolsillo con las treinta monedas de plata.

—El Maestro —dijo— debe ir ahora hacia el huerto de Gethsemaní en el Monte de los Olivos, donde hace la oración todas las noches mientras está en Jerusalén.

—Y ¿por qué en ese sitio tan solitario y apartado? —volvió a preguntar Hanán desconfiando de una emboscada planeada por Judas.

—Ese huerto pertenece a la antigua familia de la viuda Lía, parienta del Profeta Nazareno y debido a eso, él va allí como si fuera su propiedad.

—Bien, bien. Hemos terminado el negocio —dijo Hanán.

—Aún no, pues falta que me deis una escolta para traerle hasta aquí. ¿Cómo creerá que voy de parte vuestra si me ve llegar solo?

Una sonrisa diabólica apareció en el rugoso rostro de Hanán que veía bien tragado el anzuelo por Judas, cegado por sus celos y su soberbia que indudablemente le hacían pensar:

"Ahora sí que no me veré postergado en la escuela del Maestro, futuro Rey de Israel, porque ninguno entre los suyos fue capaz de hacer lo que yo he hecho".

—Veo que eres inteligente —le dijo el anciano—. Vete al palacio del ponífice Caifás que allí se te dará la escolta. Yo tomo una litera y voy. Espérame en la portada de Caifás.

Judas salió a la calle en la dirección indicada. Y a poco una litera cubierta llevada por cuatro esclavos negros tomaba el mismo camino conduciendo a Hanán.

GETHSEMANI

En el palacio de Ithamar todo era silencio y sombras. Sólo en dos sitios había luz: en la alcoba de Nebai en el piso principal, y en la planta baja, en el último patio que era el de mayores dimensiones, pues daban a él las caballerizas, los establos y las cocheras.

En el centro estaba el estanque y en los ángulos, grupos de sicomoros y terebintos.

En el más apartado de estos ángulos sombreados de árboles, Vercia la Druidesa gala, encendía el fuego de media noche según el rito de su culto. Estaba completamente sola, como sola velaba Nebai en su perfumada alcoba tapizada de azul celeste. Esperaba a Judá que terminada la cena del anochecer, había salido en busca de las noticias que debían haber traído de Joppe, si como creían estaba ya en aquel puerto desde el día antes el barco correo de Roma.

Agitada por muchos pensamientos contrarios, quería leer y parecía que sus ojos no acertaban con lo que buscaba en el libro.

Tomaba la cestilla de sus labores y la dejaba luego, porque no podía tampoco prestarle la debida atención.

Iba a las camitas blancas de sus dos niños situadas a ambos lados de su gran diván de reposo, y viéndoles dormidos tornaba a ocupar su sitio junto al candelabro velado de pantalla azul.

Esto ocurría al mismo tiempo que la Druidesa, sentada en una estera de juncos frente a su fuego sagrado, miraba fijamente las primeras llamitas que como pequeñas lenguas de oro y púrpura se agitaban movidas por el viento.

De pronto lanzó un débil gemido y extendió sus manos con ansia suprema hacia la pequeña hoguera. En la penumbra amarillenta que irradiaba el fuego, acababa de ver rompiendo la negrura de las sombras, la blanca imagen del Profeta Nazareno frente a un pelotón de hombres armados de picas, en un sitio sombrío de árboles y peñascos, donde no había otra luz que la de humeantes hachones y la claridad de la luna que se filtraba por entre las ramas de los árboles.

—El fuego sagrado no miente nunca —murmuró con sollozante voz la Druidesa—. El Profeta de Dios ha sido prendido.

Se dobló a la tierra como un lirio tronchado, y tocó el polvo con su frente adorando la voluntad invencible del gran Hessus.

Cuando el fuego se extinguió se cubrió con su manto, y muy silenciosamente comenzó a subir las escaleras en completa obscuridad para volver a su alcoba en el segundo piso. Vio a lo lejos la alcoba de Nebai, de la cual salía un débil rayo de luz y se acercó andando de puntillas. Llamó suavemente.

Nebai se estremeció y en dos pasos ligeros llegó a la puerta y abrió:

—¡Vercia!... ¿qué hay?

—El Profeta de Dios ha sido prendido —le contestó con una fría serenidad que espantaba.

—¡No puede ser!... ¿Cómo lo sabes?

—¡Le vi en el fuego sagrado y él no miente nunca!...

Nebai cayó de rodillas sobre el pavimento, porque sus pies parecían negarse a sostenerla.

Vercia la levantó en sus brazos y la llevó al diván. Nebai se abrazó de ella llorando desconsoladamente.

—¡No llores Nebai, amiga mía! —le decía como arrullándola—. El es grande, fuerte... es el hijo de Dios y los tiranos temblarán ante él.

La pobre Nebai asociaba este hecho a la prolongada ausencia de Judá, y toda esperanzada en él se consolaba y decía con gran firmeza:

—¡Judá le pondrá en libertad... estoy segura de ello!

¡Noche terrible de confusión fue aquella, para los amigos del Profeta Nazareno! Judá ignoraba la prisión del Maestro que sólo era conocida por aquellos que le acompañaron al huerto de Gethsemaní.

A fin de que el lector conozca todos los detalles ocurridos aquella noche terrible y relacionado con el Hombre-Dios, sigámosle a él entrando en aquel sombreado huerto, que por las noches era tenebroso, pues que las ramas de los olivos enlazadas unas a otras formaban una espesa cortina salpicada de gotas de luz de muy escasa claridad en las noches de luna.

—La hora de prueba ha llegado —dijo el Maestro a los suyos—. Velad y orad para no caer en tentación, porque hoy seréis todos puestos a prueba por causa mía. Mirad que estáis avisados.

"Velad y orad para que vuestra fe no vacile, porque aunque el espíritu vela, la materia es tiniebla y a menudo lo obscurece y lo ciega.

Y se apartó unos pasos al pie de un gran peñasco en el cual solía apoyar sus manos cruzadas para la oración.

—¡Padre mío!... —clamó desde lo hondo de su espíritu resplandeciente de amor y de fe—. ¡La naturaleza humana se espanta de beber este cáliz, mas no se haga mi voluntad sino la Tuya! —Su espíritu se elevó al Infinito como una estrella solitaria en cuyas órbitas lejanas, mucho más allá de los dominios de la mente humana, ningún ser de la tierra le podía seguir.

¡Alma excelsa del Cristo, solitaria a causa de su grandeza; y en la hora de su inmolación, más sola aún, para que el holocausto fuera completo, sin consuelo de la tierra y con los cielos enmudecidos!

¡Las pequeñas criaturas terrestres doblamos la frente al polvo, y nuestra alma se abisma sin comprender la suprema angustia del Cristo que lo sumía en honda agonía, y el heroico amor a sus hermanos que lo transportaba a las cumbres serenas del Ideal!...

La visión que tuviera en el Santuario de Moab en la víspera de consagrarse Maestro de Divina Sabiduría, volvió a presentársele como brotando de un abismo de tinieblas. La misma voz de música que en aquella hora le hablara, se le hizo oír también ahora:

—"¿La quieres?... Aún estás a tiempo de rechazarla.

"¡Libre eres de aceptar o no esa afrentosa muerte. Emancipado como estás de la materia, puedes cortar el hilo fluídico que te une a la vida física y eludir la muerte infamante y dolorosa de la cruz! Elije".

—¡La cruz!... —clamó muy alto, en un gemido postrero de agonía, y cayó exánime cubierto de helado sudor, como si en verdad lo envolviera la muerte con sus velos de escarcha...

Sus discípulos cansados y tristes, se habían tirado sobre el césped sin voluntad para nada, sino para gemir agobiados por la desesperanza que parecía haberles helado hasta la médula de los huesos.

¿En ésto venían a terminar sus brillantes ilusiones alimentadas con loco afán durante más de tres años consecutivos?

Los que habían abandonado parientes, amigos y posesiones por esta obra cumbre, que debía marcar nuevas rutas a la humanidad, ¿qué dirían al volver vencidos, deshechos, sin fe ni esperanza, como pajarillos aturdidos por los azotes de la tempestad?

Estos sombríos pensamientos fueron de pronto interrumpidos por la voz del Maestro que parecía haberlos percibido.

—Velad y orad para no ser vencidos por la tentación. Ya os dije que hoy sería puesta a prueba vuestra fe en mí. Y aunque el espíritu está alerta, la materia desfallece a menudo. Orad juntamente conmigo.

Y tornó a retirarse al mismo sitio donde oraba siempre al pie de aquel peñasco, testigo mudo de la agonía del Hombre-Dios.

De pronto, el silencio de la noche fue bruscamente quebrado por los pasos precipitados y sordo rumor de voces de muchos hombres, que venían por el camino de la ciudad.

No eran soldados romanos pues no tenían sus vestiduras ni los emblemas y blasones que llevaban siempre con ellos.

Vestían la librea de los guardianes y servidores del palacio de Caifás el pontífice reinante. Iba uno de los tres comisarios del Templo con dos auxiliares. Y a cada lado de Judas, principal personaje de esta embajada, caminaban majestuosamente un hijo de Hanán y un Juez del Sanhedrín. Las picas y lanzas brillaban siniestramente a la llameante luz de las antorchas con que alumbraban el camino. Eran entre todos cincuenta hombres.

"Dios da su luz a los humildes y la esconde a los soberbios", había dicho el Divino Maestro, y su palabra se cumplía en Judas en ese instante que engreído por lo que él creía un triunfo, iba pensando que aquella era una digna escolta para conducir al Mesías, futuro Rey de Israel a enfrentarse privadamente con la más alta autoridad de la Nación que convencida de la verdad, le proclamaría en el último día de la Pascua.

El Maestro se acercó a los suyos y les dijo con gran serenidad:

—¡Levantaos y salgamos del huerto, que los que debían venir, ya están aquí.

La llama de los hachones dio de lleno sobre el grupo formado por el Maestro y los suyos.

Estos vieron también a los que llegaban, y entre ellos reconocieron a Judas que venía adelante. Este avanzó unos pasos y dijo en alta voz:

—¡Dios te salve Maestro! —y le dio un beso en la mejilla.

—¡Amigo!... ¿con un beso entregas a tu Maestro?

Judas iba a explicarse, pero Jhasua se adelantó al grupo de hombres armados para preguntarles:

—¿A quién buscáis?

—A Jhasua de Nazareth llamado el Cristo —contestó el comisario.

—¡Yo soy!

Esta frase resonó como un estampido de algo formidable que se rompe en un instante, y los de la escolta dieron un salto atrás como si hubieran visto reventar el cráter de un volcán. Esto dio lugar a que algunos cayeran al suelo y se apagasen las antorchas. Gran confusión se produjo, y los discípulos, y el tío Jaime y Pedro que llevaban espadas se pusieron en guardia, los demás que sólo tenían sus bastones de viaje se apretaron junto al Maestro que volvió a preguntar.

—¿A quién buscáis?

—A Jhasua de Nazareth llamado el Cristo —contestó el comisario del Templo no tan valientemente como la primera vez, pues los hombres de la escolta se retiraban cuanto podían, temerosos de otro estampido como el que les sacudió un momento antes.

—Yo soy —contestó el Maestro—. Y si a mí me buscáis, dejad en paz a estos amigos que me rodean.

A una señal del juez, se adelantaron dos hombres con gruesos cordeles y ataron las manos al Maestro.

—¡Faltáis a vuestra palabra!, ¡eso no es lo convenido! —gritó Judas. Mas, como esto había sido previsto, algunos de la escolta sacudieron sus picas contra él, que rodó por un barranco, aturdido por los golpes y con el rostro sangrado al chocar con las piedras del despeñadero.

Pedro enfurecido asestó golpes con su espada a derecha e izquierda, igualmente el tío Jaime, mientras sus compañeros haciendo molinetes con sus bastones golpearon a quien se puso a su alcance.

La voz serena del Maestro les llamó al orden.

—¿Qué hacéis? Sois como los del mundo que al golpe respondéis con el golpe...

"Guardad amigos, espadas y bastones, que el cáliz que me presenta mi Padre debo beberlo hasta la útima gota."

El desolado grupo se arremolinó en la sombra de los árboles, mientras seguían con la mirada la blanca figura de su Maestro que a la débil claridad de las estrellas sólo parecía un cendal de gasa que se alejaba llevado por el viento.

Le conducían en profundo silencio, a fin de que en el camino a Jerusalén, poblado de tiendas de peregrinos, nadie se apercibiera de lo que ocurría.

Pasado el primer estupor, los discípulos reaccionaron y con la fuerza que da la desesperación, comenzaron a correr hacia la ciudad por distintos caminos del que la escolta seguía. Querían llegar antes para dar aviso al príncipe Judá, al Hach-ben Faqui, al Scheiff Ilderín que tenían fuerzas armadas en previsión sin duda de este caso inesperado.

Aunque su Maestro les había tenido apartados de todos aquellos preparativos bélicos, ellos sabían que se venían haciendo desde tiempo atrás.

En grupos de dos o tres se dispersaron saltando entre barrancos y matorrales como siervos perseguidos por la jauría de los cazadores.

El tío Jaime con Juan llegaron pasada media noche al palacio Henadad sumido en la obscuridad y el silencio.

En el pórtico de entrada velaba Boanerges que les abrió la puerta sigilosamente. No necesitó preguntarles qué ocurría porque en los rostros de ambos estaba reflejado el triste acontecimiento.

—El Maestro acaba de ser prendido —dijeron ambos a la vez dejándose caer como extenuados sobre uno de los estrados.

—Ya me lo figuraba - contestó el jovencito con sus ojos llenos de llanto—.

"Yo dormía en el cenáculo por acompañar de cerca a la señora y en sueños vi al Maestro que me decía: *Ya llegó mi hora.* Me levanté y vine a la puerta porque esperaba que en seguida vendríais."

Las mujeres galileas en la alcoba de Myriam, la rodeaban con indecible amor, y la dulce madre, cuyas lágrimas se habían agotado, sentada en su diván, miraba con tenacidad el cirio encendido que se iba consumiendo lentamente.

En su pensamiento comparaba la vida del cirio con su propia vida, y se decía a sí misma en el fondo de su alma: "Su vida y mi vida son como la luz de este cirio: ¡una sola llama!... una vida sola que pronto se extinguirá, para encenderse juntas de nuevo en el seno de Dios.

La llegada de Juan y el tío Jaime les sobresaltó enormemente.

Juan se abrazó de su madre Salomé y rompió a llorar como un niño.

El tío Jaime se acercó a Myriam que estaba entre María y Ana y sólo dijo estas palabras: —Jhasua fue prendido y le llevan al palacio del pontífice Caifás. No sabemos nada más.

—Yo sé lo demás —dijo Myriam sin dejar de contemplar el cirio que se iba consumiendo—.

"La luz que nos alumbra a todos pronto será apagada —añadió—. ¿Qué será entonces de nuestras tinieblas?

Ana y María se abrazaron a ella llorando desconsoladamente.

Y la heroica madre, que una fuerza sobrehumana parecía sostener, tuvo el valor de decirles:

—¡Haced conmigo al Señor la ofrenda de su vida amada sobre todas las cosas de la tierra, y el Señor secará vuestro llanto y ya no lloraremos más, nunca más!...

Mediante repetidas dosis de jarabe de naranjas, la angustiada madre del Mártir cayó en un profundo sueño, del que no se despertó hasta poco antes del amanecer.

Ana, la menor de las hijas de Joseph, casada como se sabe con Marcos, se recostó en el mismo diván en que reposaba Myriam y dijo que la velaría durante toda la noche.

María de Mágdalo fuese a su alcoba, después de averiguar que el tío Jaime y Juan se habían lanzado a la calle para dar aviso al Príncipe Judá de lo que ocurría.

En aquellos momentos de suprema angustia, aún esperaban poder salvar al Maestro. Pero el tío Jaime decía tristemente a Juan mientras andaban en la obscuridad de las tortuosas calles:

—Más que al Sanhedrín, temo a la propia voluntad de Jhasua que no quiere ser salvado. ¿Por qué se ha despedido de todos nosotros? Porque está decidido a morir.

—Es verdad —contestábale Juan—. Lo ha dicho claramente esta noche.

"Donde yo voy, vosotros no podéis venir. Me voy al Padre"... "Ya es la hora".

—¡Sí, sí... así ha dicho!... no obstante algo deberemos hacer para evitar que se cometan atropellos con él.

Y se dirigieron al palacio de Ithamar en busca de Judá, del Hach-ben Faqui y el Scheiff Ilderin, los tres jefes de las fuerzas armadas que se habían organizado.

Mientras tanto, María de Mágdalo esperó que todas sus compañeras se hubiesen retirado a sus alcobas ya que era pasada la media noche.

Llamó con sigilo a Boanerges, el pastorcillo músico y le mandó prepararse para acompañarle en una excursión por la dormida ciudad.

—Espérame en el pórtico —le dijo— que en seguida voy.

Ya sola en su alcoba, se engalanó esmeradamente como si fuera a concurrir a un suntuoso festín.

Se vistió al uso de las cortesanas egipcias para encubrir un tanto su personalidad. Convertida toda ella en una nube de gasas, su cabeza, cuello y brazos resplandecían de diademas, collares y brazaletes.

La agitación febril que la dominaba, prestaba colorido y animación a su rostro que parecía un bouquet de rosas encarnadas de abril.

—Vamos —dijo secamente a Boanerges que la esperaba.

—¿A dónde? —preguntó él.

—Sígueme tú —le contestó ella.

Y cruzaron calles y callejuelas y doblaron esquinas, y se ocultaron en pórticos y columnatas cuando sentían pasos y voces de las patrullas romanas que guardaban el orden.

Nuestros dos personajes se encaminaban al palacio de Caifás, donde sabían que fue llevado el Maestro.

Aquella joven mujer con sólo un cuarto de siglo de vida, conocía a través de sus estudios, la historia de todos los desatinos y las claudicaciones de los hombres por los encantos de una mujer.

Clelia la heroína romana de los primeros tiempos de Roma, tomada prisionera como rehén por el general etrusco Porsena ¿no había quebrado en pedazos su voluntad dura como el hierro y lo había hecho darle libertad a ella, junto con todos los niños que debían ser pasados a cuchillo?

¿No había encadenado la voluntad de Alejandro Magno una princesita persa que lo llevó hasta adoptar costumbres, lengua y usos del país de los ganados, y de las rosas bermejas?

¿No había doblegado Cleopatra, la egipcia, a Julio César que le dio un trono por sus sonrisas, y a Antonio el invencible guerrero ¿no le hizo dejar la espada por el encanto de sus festines en barcas sobre las aguas del Nilo?

¿Qué prodigio sería pues, que ella, joven y hermosa doblegase la voluntad de los doctores y jueces del Sanhedrín para libertar al Profeta Nazareno, cuya excelsa grandeza la hacía comprender un amor superior a todos los amores de la tierra?

Tal era el sueño insensato a que el amor y el dolor llevaban como de la mano a la mujer cubierta de manto azul, que caminaba seguida de Boanerges por las tortuosas y obscuras calles de Jerusalén a poco de haber sido prendido el Maestro.

Cuando estaban a cien pasos del palacio, vieron abrirse la poterna del patio de la servidumbre, y que salían cautelosamente hombres cubiertos de mantos, varios esclavos y dos parejas de guardias del palacio. Y en medio de ellos, el Hombre de Dios con sus manos atadas a la espalda, despojado ya de su manto y conducido como un reo vulgar. Juntamente con él llevaban otro prisionero, de siniestro aspecto y cuyas obscuras ropas se confundían con las sombras de la calle.

Llegado nuestro relato a este punto, veamos qué había pasado en el palacio de Caifás y por qué sacaban de allí al prisionero.

Astutos y recelosos hasta lo sumo, los enemigos del Profeta, temieron que sus discípulos levantaran al pueblo en masa para defenderle, y el palacio de Caifás, aunque grande y suntuoso, no era una fortaleza como para contener una multitud enfurecida. Juzgaron prudente llevarle a la Torre Antonia, juntamente con el bandido que años atrás había robado en el Templo mismo, y al cual sólo la astucia de los agentes del Sanhedrin pudo capturar. Había sido llevado a Caifás engañado por una esclava aleccionada para ello.

La policía del Sanhedrin gustaba medirse con la policía romana, y a ser posible, dejarla en una mediocridad deslucida. Este juego se venía haciendo desde los tiempos del pontífice Ismael-ben-Pabhi, en los comienzos de la delictuosa administración de Valerio Graco.

El reo compañero de Jhasua de Nazareth era un tal Barr-Abbás, ladrón, asesino y asaltante de la peor especie.

Dos jueces del Sanhedrín: Rabí Chanania y Samuel Apkatón iban al frente de aquel heterogéneo grupo de hombres que conducía los dos presos.

Al llegar al portalón de la Torre Antonia les recibió el Centurión que estaba de guardia y no se extrañó nada, pues eran frecuentes los envíos de este género de parte del Sanhedrin.

La guarnición de la Torre estaba ya cansada de estos solapados y encubiertos manejos, muchos de los cuales sólo respondían a venganzas por asuntos religiosos o cuestión de intereses creados.

Al Centurión le dijeron solamente al entregarle los presos que les guardaran cuidadosamente, pues se trataba de reos muy peligrosos, por los cuales se entenderían con el Procurador al siguiente día.

El aspecto de ambos era tan diferente uno de otro, que el militar se quedó mirando estupefacto al Maestro por un breve rato.

Mandó que llevasen al otro a uno de los calabozos del subsuelo porque en verdad su persona toda, delataba que era un delincuente. Su cara llena de cicatrices y su mirada torva y recelosa junto con su descuidada vestimenta y su cabello y barba enmarañados, lo decían a todas luces.

Pero el preso joven, de la túnica blanca...

—¡Oh!... ¡por los rayos de Marte!... —decía el militar romano— que este parece un Apolo que se dejó crecer la barba para que le respeten las Musas. ¡De seguro que en éste hay misterio y gordo!

"Que me corten las dos orejas, si este buen hombre no es una víctima del odio de los judíos."

Y el Centurión condujo al Maestro a la cámara de detenidos, situada en la planta baja de la Torre principal. Le desató los cordeles que tiró a un rincón y encendió una lamparilla de aceite que pendía de la techumbre.

A la escasa claridad de la lámpara, el militar observó de nuevo al prisionero y cada vez más absurda le parecía aquella prisión.

—¿Por qué te han traído aquí? —le preguntó.

—Aún no estoy enterado de qué me acusan. Mañana lo sabré —contestó el Maestro.

El soldado le indicó el estrado cubierto de una estera y unas mantas por si quería descansar.

Cerró con llave la puerta de barrotes de hierro y se alejó.

Siendo tantos los personajes que directa o indirectamente intervinieron cerca del Profeta Nazareno en el episodio final de su vida, nos vemos obligados a retroceder unos momentos para encontrar a sus demás amigos íntimos.

Cuando el Maestro fue introducido al palacio de Caifás, entraron al patio de la servidumbre que era como una plaza, Pedro, Santiago, Tadeo y Bartolomé.

En el centro había una gran hoguera rodeada de bancos de piedra. Un estanque en un ángulo, una mesa de enormes proporciones en otro, donde se veían cestas de pan y restos de comida, lo cual demostraba que allí los guardias y siervos pasaban la noche comiendo y bebiendo. A aquel patio daban las caballerizas, las cocheras y las habitaciones de la servidumbre muy numerosa.

Los discípulos se mantenían en el portal de entrada, casi desapercibidos por la obscuridad de la noche que la luz de la hoguera no alcanzaba a disipar. Pedro no podía soportar la ansiedad por saber qué harían del Maestro, y poco a poco se fue mezclando entre la algarabía de los guardias, esclavos y esclavas que entraban y salían del patio a la cocina, a la bodega y subían la escalera del piso principal, donde estaba reunido parte del Sanhedrin.

Por los grandes ventanales se veían circular los criados con bandejas y fuentes, sirviendo a los magnates apoltronados en el salón del pontífice.

La venerable cabeza blanca de Pedro no tardó en llamar la atención de algunos de aquellos hombres. Y uno de ellos dijo al otro:

—Ese es también galileo, y estaba en el huerto cuando apresamos al Rabí milagroso. ¿Qué querrá aquí?

Y dirigiéndose a Pedro le dijo:

—¿No eres tú de los compañeros del preso que tenemos allí dentro? Me parece haberte visto con él.

Pedro disimuló como pudo su sorpresa al verse descubierto y sin detenerse ni un segundo a pensar contestó:

—¡Qué sé yo de vuestro preso! Yo soy un pescador de Tiberiades y he venido a la fiesta como todo hijo de Israel. Viendo aquí buenas gentes runidas en paz y alegría, me he llegado a distraerme porque no tengo familia en la ciudad.

Y cuando otros de los criados o guardias creyeron reconocerle también, lo negó, asegurando que no sabía de qué persona se hablaba.

Un gallo cantó en el rincón del establo, y fue para Pedro como si un puñal le hubiera atravesado el corazón. Recordó las palabras de su Maestro; percibió su dulce mirada como un resplandor de luna en la siniestra obscuridad de su angustia, y salió despavorido como si un horrible fantasma le persiguiera. En la semiobscuridad del portalón tropezó con su hermano Andrés que había llegado también en busca de noticias y abrazándose con él, se desató una tempestad de sollozos que no podía contener.

—¿Qué pasa? ¿Han condenado al Maestro?... ¿Qué tienes?...

¡Inútiles preguntas! Pedro se había dejado caer sobre un estrado del portalón y todo arrebujado en su manto lloraba convulsivamente.

Por fin se levantó y echo a correr en dirección a la calle del Comercio. Su hermano Andrés le siguió hasta el palacio Henadad, donde entró sin haber pronunciado una sola palabra.

Allí debían estar el tío Jaime, Hanani y Zebedeo. Allí estaba Myriam la dulce madre del Maestro, todos sus amigos de Galilea... delante de todos los cuales confesaría su horrible pecado, su espantoso pecado.

¡Había tenido miedo de confesar que era un discípulo del Justo, que esa noche habían prendido como a malhechor!

¡El!, ¡tan luego él, a quien más confianza tenía el Maestro!... ¡A quien le encargaba siempre cuidar de sus compañeros en ausencia suya!... ¡Jehová justiciero!...

¿Cómo no se abría la tierra para tragarlo? ¿Cómo no se derrumbaba la techumbre para aplastarlo como a un reptil miserable? ¿Cómo no caía un rayo de los cielos y le consumía como a vil escoria?

Jadeante llegó al pórtico donde aún parpadeaba la lámpara que Boanerges no cuidó de apagar cuando salió siguiendo a María.

Pero aún le fue negado el consuelo de sus amigos galileos, Myriam dormía, Hanani y Zebedeo no estaban. El tío Jaime y Juan no estaban. María de Mágdalo y Boanerges no se encontraban en sus habitaciones.

Y Pedro como enloquecido se lanzó de nuevo a la obscuridad de la calle.

Apenas habría andado cuatro pasos cuando tropezó con dos bultos que venían en dirección contraria. Eran Nebai y Vercia que no viendo llegar ni a Judá ni a Faqui, iban a la casa de María creyendo encontrar allí las noticias que buscaban. Las seguía a dos pasos Shipro, el joven siervo egipcio compañero de infancia del príncipe Judá.

Por fin encontraba Pedro con quien desahogar su pena.

A Nebai la conocía desde muy niña allá en las montañas del Tabor, y sabía bien cuán grande era su amor y adhesión al Maestro.

—¿A dónde vais? —les preguntó Pedro al reconocerlas.

—Al palacio Henadad buscando noticias.

—No hay nadie allí que les pueda dar mayores y peores que os las puedo dar yo.

Y ahogando los sollozos en el fondo de su pecho le refirió todo cuanto había pasado en el huerto de Gethsemaní, y en el patio del palacio de Caifás.

La hora de la inmolación suprema había llegado según lo repetía el Divino Ungido en sus últimos días, y debido a eso, todo parecía combinarse para hacer fracasar los esfuerzos de los suyos por salvarle de la muerte.

El astuto Hanán, alma de la vida política y religiosa de Judea, no permitió que se convocara a todos los miembros del Sanhedrin que eran sesenta y uno. Valiéndose de subterfugios intencionados, dejaron sin aviso a seis miembros que eran grandes amigos del Maestro: Eleazar y Sadoc, sacerdotes pertenecientes a la Fraternidad Esenia; José de Arimathea, Gamaliel, Nicodemus y Calva-Schevona, nombre judío de Nicolás de Damasco. Estos seis hombres incorporados de nuevo al Consejo por la elección reciente, resultaban temibles en el Sanhedrin, pues siendo su palabra de admirable lógica, y su vida recta consagrada a la verdad y la justicia, arrastraban con sus opiniones a los pocos hombres de alma sana y corazón sincero que había en el seno del Gran Consejo, como ser Chanania Ben Chisva que desempeñaba el arbitraje en las votaciones y Rabbí Shananía, vicario de la cámara de sacerdotes; Jonathás Ben Usiel filósofo y poeta, y Simeón de Anathol doctor en leyes.

El viejo Hanán que durante diez años había ejercido el pontificado y que sus cinco hijos lo habían ejercido también bajo la tutela de su padre, conocía toda esta red tendida en el Sanhedrin, al cual no le convenía en ninguna forma que se levantaran fuertes oposiciones en el seno del Gran Consejo, precisamente cuando a sabiendas iba a cometer el más horrendo delito desfigurado de juicio legal.

Y fue debido a esto que los cuatro doctores amigos del Maestro desde su niñez, ignoraron por completo su prisión hasta poco antes del mediodía siguiente.

En la reunión privada que hemos visto que se realizaba en el salón del pontífice entre fuentes de exquisitos manjares y delicados vinos de Corinto y de Chipre, sólo se hallaban los miembros *incondicionales* de Hanán: Caifás su yerno y pontífice; sus cinco hijos: Eleazar, Jonathas, Matías, Teófilo y Unano; más los tres hijos del viejo Simón Boetho, cuñado de Hanán; Elkias, tesorero del Templo, Samuel Akatón, Doras y Aananias de Nebedal. Eran sólo catorce, pero los más indicados para tejer en la sombra la más hábil urdimbre que pudiera luego convencer a los imparciales, hasta que se llegase a la mitad por lo menos de votantes a favor de la condena a muerte para el Profeta de Dios.

Entre los criados de Caifás que servían en su festín del crimen, estaba aquel esclavo egipcio enamorado de una de las esclavas de Claudia, esposa del Procurador Pilatos.

Ambos palacios eran vecinos como ya dijimos; el portalón de las caballerizas del uno quedaba a pocos pasos de las grandes verjas de los jardines, del palacio de Herodes, habitación entonces del Procurador. Y el esclavo egipcio pasó a la esclava gala todas las noticias que pudo conseguir referentes a la prisión del Profeta Nazareno y a la decisión del Sanhedrín de condenarle al siguiente día.

La triste noticia le llegó a Claudia pasada la media noche. La esclava gala se atrevió a entrar a la alcoba de su señora sin ser llamada, esperando que lo grave de aquel anuncio la salvaría de la reprimenda.

El Procurador en su despacho de la planta baja atendía los últimos asuntos del día, firmaba correspondencia urgente, recibos de tributos, órdenes de confiscaciones, de compras de víveres para las distintas guarniciones que en las fortalezas y torreones de Samaria y Judea garantizaban al gobierno de Roma la sumisión de los pueblos tributarios.

Claudia no tuvo la paciencia de esperar que su marido subiera a su alcoba, y bajó a buscarle a su despacho.

Estaba solo.

—Gran novedad debe ocurrir —le dijo al verla dejar el lecho a tal hora.

—Los malvados viejos del Sanhedrín han prendido esta noche al Profeta Nazareno —contestóle Claudia sobrecogida de espanto.

—Y ¿eso te asusta? En los años que llevamos aquí, aún no te has acostumbrado a que los devotos siervos de Jehová no son felices sino cuando tienen alguna víctima entre las manos. Esta vez le tocó el turno a tu Profeta Nazareno. No sabía nada.

—¡Tú no le dejarás condenar!... —gritó Claudia con una gran excitación nerviosa—. ¡Es un justo enviado de los dioses!

—¡Cálmate mujer! ¿Crees tú que se va dejar condenar así como así, un hombre idolatrado por el pueblo y que obra estupendas maravillas no bien mueve las manos?

"De todos modos te agradezco el aviso, pues así estaré preparado para capear la tormenta mañana.

"Acabo de firmar una orden de salida de la mitad de la guarnición que hay en la Fortaleza de la puerta de Jaffa con destino a Sebaste donde hay alboroto; pero tu noticia me hace cambiar de resolución. ¿Quién contiene al pueblo mañana, si a los malvados viejos a quienes los dioses confundan, se les antoja azotar al prisionero según costumbre?

"A esa sola pena les dejó derecho Augusto y a fe que tuvo razón y desde que vivo en este país de profetas y de milagros, he visto ya centenares de hombres inutilizados por la flagelación.

Y mientras así hablaba Pilatos, tomó el pliego a que había aludido y lo hizo mil pedazos, con visibles muestras de mal humor.

— ¡Pero tú no le dejarás azotar por esos malvados!... —insistió Claudia próxima a llorar.

— ¡No me canses mujer!... En los asuntos religiosos de los judíos yo no puedo inmiscuirme. Y si el César les dejó autoridad para azotar a los transgresores de sus leyes ¿qué quieres que yo haga?

Claudia se dejó caer sobre un diván y rompió a llorar amargamente.

Pilatos se levantó conmovido y se acercó a ella.

— ¡Bueno, basta, basta ya! Te prometo que haré cuanto esté de mi parte para evitar que ese buen hombre sea molestado en nada. Haré alguna otra consesión a los viejos de las muchas que piden cada día a cambio de la libertad del Profeta.

"Y he terminado aquí. ¡Vamos! —y rodeando con su fuerte brazo la cintura de Claudia, subió con ella a las suntuosas alcobas en el piso principal.

Dos cabos sueltos hemos dejado en las últimas páginas de nuestro relato: A María y Boanerges ocultos en un portal siguiendo con la mirada al Maestro conducido por un grupo de hombres que salió del palacio de Caifás y le llevaron a la Torre Antonia.

Y Pedro desconsolado hasta la desesperación, desahogando su angustia con Nebai y Vercia a poca distancia del palacio Henadad.

Cuando ambas escucharon el triste relato se quedaron mudas de espanto, sin saber qué resolución tomar.

— ¡Pero Judá!... ¡Yo no sé cómo es que no está en casa a estas horas! —decía Nebai pensando siempre en que él salvaría al Maestro.

—Mi señora —dijo Shipro—. El príncipe Judá vendrá al amanecer pues cuando caía la noche salió hacia Jophe a todo el correr de un buen caballo. Ahora habrá llegado allá.

— ¡A Jophe!... ¡Dios mío! y ¿qué va a hacer a Jophe si es aquí tan necesaria su presencia?

—Cuando iba a montar yo tenía el caballo de la brida y oí que decía al Hach-ben Faqui, *que no llegó un correo urgente esperado desde ayer y él iba personalmente a buscar no sé qué documento importante que espera de Roma* —contestó el fiel criado.

Nebai, que conocía aquel asunto murmuró a media voz:

—Basta que no llegue demasiado tarde.

La Druidesa no había abierto sus labios pero era notorio su estado de preocupación.

Resolvieron ambas mujeres volver a casa, pues Nebai había dejado sus dos niños dormidos. Acaso también su abuelo Simónides o el Hach-ben Faqui tuvieran algún indicio que les orientara en aquel desconcertante laberinto.

Pedro y Andrés regresaron a su hospedaje esperando asimismo encontrar algún recurso de última hora que les indicase lo que debían hacer.

Mientras sucedía esta escena en el obscuro recodo de un murallón, María de Mágdalo seguida de Boanerges habían llegado a la Torre Antonia, a cuyos muros se apretaban cautelosamente buscando que su sombra les protegiera de la mirada indiscreta de un transeúnte nocturno.

No había más claridad que la ancha franja de luz que salía de la portada de la Fortaleza, en la cual vieron aparecer a los hombres embozados con los criados y guardias que habían conducido al prisionero.

Les vieron alejarse en el más profundo silencio y sin luz alguna, lo que indicaba que no deseaban ser sentidos por nadie.

—¡Señora!... ¿qué vas a hacer? —dijo Boanerges a María cuando la vió avanzar hacia la portada.

—Pediré que me dejen hablar al Profeta . ¿Tienes miedo acaso?

"Quédate detrás de una columna del pórtico, que yo entraré sola.

—No temo por mí, sino... —Y el pastorcillo no se atrevió a terminar la frase.

—¡Ya te comprendo! —contestó María—. Temes para mí algún ultraje de los soldados. No temas. El Dios del Profeta Nazareno está conmigo.

"Espérame aquí".

Y sin vacilar subió ligera las pocas gradas del pórtico.

Se detuvo al centro de la puerta, y toda la luz dio de lleno sobre aquel bulto azul que inesperadamente surgía de las tinieblas.

El guardián que estaba allí como una estatua de bronce y hierro, atravesó la lanza ante ella cerrándole la entrada.

—¿Qué buscas aquí? —le preguntó en lengua latina.

—Quiero hablar al prisionero —contestó secamente María.

—Los presos no reciben visitas a esta hora. Vete.

El Centurión de la guarnición que dormitaba echado sobre un divan en el fondo de aquella sala, se incorporó a medias a ver con quién hablaba el centinela.

Al ver una mujer encubierta, se levantó y fue hacia ella.

Era un noble soldado que había servido a las órdenes del Duunviro Quintus Arrius, padre adoptivo del príncipe Judá, a cuya generosidad estaba agradecido.

—Descúbrete noble dama —le dijo con acento afable— y dime lo que buscas a estas horas.

María dejó caer sobre los hombros el manto que cubría su cabeza, la que apareció como una flor de oro ante los asombrados ojos del Centurión.

—¡Por los dioses!... —exclamó— que eres una musa escapada del Olimpo. ¿Qué quieres?

—Centurión —le dijo—. Mi madre era romana y tenía orgullo de la nobleza de los romanos. Te ruego que me dejes hablar con el prisionero que acaban de traer.

—Es que son dos; pero ya me figuro cuál es el que tú buscas: el Apolo rubio y hermoso como un sol. ¿Eres su mujer?

—¡No, no! —contestó nerviosa...— ¡yo no soy su mujer pero soy íntima amiga de su madre, que perderá la vida con la prisión de su hijo! ¡Déjame hablarle por piedad, y los dioses en quienes crees compensarán tu noble acción.

—Bien, bien, no creo que suceda ningún mal porque le hables, pero si eres tan noble como hermosa, me dirás lealmente si traes armas al prisionero.

—¿Armas?... ¿para qué? El no es hombre de armas, sino de paz y de amor. ¿No le has visto acaso el día que entró triunfante en la ciudad aclamado por el pueblo?

El Centurión se dió una palmada en la frente.

—¡Por los mil rayos de Júpiter!... Este es entonces el Profeta Nazareno protegido de Quintus Arrius (hijo).

—¡Justamente! —contestó María que empezaba a tener nuevas esperanzas—.

"¿Me lo dejarías ver? —preguntó. Y extendió sus manos para que viera el Centurión que no tenía arma ninguna.

—¡Sí, sí, mujer! Sígueme y luego dirás al príncipe Arrius lo que he hecho al escuchar su nombre.

María siguió al Centurión por una ancha galería que una lámpara colgada del techo iluminaba débilmente.

Al final se veía una verja detrás de la cual había también luz.

—Ahí le tienes —dijo el Centurión indicando la reja—. Háblale cuanto quieras.

—¡Maestro!... —clamó María cuando le vio sentado en el estrado, y que la miraba con sus dulces ojos llenos de paz y de serenidad.

—¡María!...

A estas dos solas palabras que se encontraron en el éter iluminado de amor, la verja se abrió sola ante los azorados ojos del Centurión que recordaba bien haberla cerrado con doble llave.

—¡Rayos y truenos del Olimpo! que si aquí no anda la magia, no soy Longhinos el Centurión.

María se había ya precipitado a la sala y caía de rodillas ante el augusto Mártir.

—¡Maestro!... ¡Maestro! Si vieras la desolación de tu madre y de todos cuantos te aman no te empeñarías en abandonarnos dejándonos solos en este mundo —le dijo entre sollozos y con sus manos unidas en actitud de desesperada súplica.

El Centurión seguía mirando con asombrados ojos, no la escena en sí, sino la puerta de la verja abierta por la que había pasado aquella mujer como un fantasma etéreo.

—Ten paz y sosiego en tu corazón María, y piensa que la Voluntad Soberana del Padre es quien me llevará a su Reino y no la voluntad de los enemigos.

"Débil y flaca es vuestra fe cuando teméis a los hombres que son una brizna de paja en las manos de Dios.

—¡Creemos Maestro, creemos que El puede salvarte de tus enemigos! —exclamó María en una ardiente protesta de su fe—. ¿Acaso no hemos visto cerca de ti tantas maravillas?

—Y aun os falta ver otra mayor —le contestó el Maestro con una firmeza que llenó de entusiasmo a María, pue interpretó que ocurriría un estupendo acontecimiento por el cual su Maestro manifestaría públicamente el divino poder de que estaba investido.

—Vete a casa María, y di a mi madre y a todos los que amo, que hoy mismo a la segunda hora de la tarde, estaré libre de mis enemigos y habré vencido a la muerte.

"¡Que la paz sea contigo!"

Ebria de gozo, besó María las manos del Maestro y cubriéndose de nuevo salió con pasos ligeros, dejando al absorto Centurión, que de nuevo cerraba con doble llave la reja de la prisión.

—¿Qué hay señora? —le preguntó Boanerges cuando la vio bajar de nuevo a la calle.

—¡Gloria!, ¡triunfé, Boanerges! He visto y hablado al Maestro que tiene una paz y serenidad admirable.

"Dice que aun veremos una maravilla mayor de cuantas hemos visto, y que diga a todos cuantos le aman que *hoy a la segunda hora de la tarde estará libre de sus enemigos y habrá vencido a la muerte.* Son sus propias palabras.

—¡Gracias a Dios! —exclamó Boanerges—. Corramos a casa para que la buena nueva lleve el consuelo al corazón de la pobre madre.

Cuando llegaron, estaban ya allí los amigos galileos reunidos. Pero María vio que su gran noticia era recibida con dudas y recelos.

—El Maestro se despidió de todos nosotros. Luego él sabía que se va de nuestro lado —decía uno.

—Hay muchos modos de irse —contestaba otro—. ¿No se fueron Henoch y Elías llevados en carros de fuego por los ángeles de Dios?

—¿No subió Moisés al Monte Nebo y nadie le vio bajar y nadie encontró su cadáver? —añadía un tercero.

—Se consumirá como este cirio —dijo Myriam secando dos lágrimas que corrían por su rostro— y su alma radiante y hermosa vendrá a nosotros, por las noches como un rayo de luna a alumbrar nuestro camino.

"¡Dios mío!, recibe mi holocausto supremo y que él sea siembra de paz y de amor sobre toda la tierra".

Y amaneció por fin el tremendo día que el Divino Ungido esperaba con ansia suprema llamándolo *su día de gloria, su día de triunfo, su día de amor* y de divinas compensaciones en el seno de su Padre.

Narradores fieles de lo acaecido en aquellas últimas horas de la vida física del Cristo sobre la tierra, debemos esbozar uno a uno los dolorosos cuadros donde los personajes se agitaban febrilmente movidos por una misma voluntad: salvar al Maestro de las garras de sus enemigos y proclamarle Rey de Israel, abatiendo todas las fuerzas que se interpusieran en el camino.

Tal como había dicho Shipro a Nebai, el príncipe Judá llegó al amanecer tan fatigado de la carrera que ni aún pudo responder al saludo, cariñoso de su esposa con la que se encontró a mitad de la escalera principal. Habiendo sentido que se abría el portalón de las caballerizas, ella bajaba apresuradamente con una lamparilla de mano.

La luz dio de lleno sobre el hermoso rostro de Judá que subía.

Su intensa palidez formaba un contraste con sus obscuros cabellos en desorden, y con la angustia que desbordaba de sus grandes ojos negros y expresivos en extremo.

—¿Qué tienes Judá? —le preguntó Nebai espantada.

—¡Ya lo sé todo!... —le contestó él subiendo a saltos los escalones que faltaban hasta el primer piso.

—¿Quién te lo dijo? —preguntó Nebai.

—Pedro y Andrés, que esperaban mi llegada en la puerta de Jaffa —le contestó Judá—.

"¡Ríos de sangre correrán hoy por las calles de Jerusalén!...

"Mandaré pasar a cuchillo dentro del Templo mismo, a esa piara de fieras hambrientas que se atrevieron a poner las manos sobre el Ungido de Dios.

"Antes de que el sol se levante de las colinas, desataré como una tempestad treinta mil hombres armados que no esperan sino una señal para lanzarse sobre Jerusalén."

Y Judá se sacaba a tirones su ropa de viaje, tropezando con taburetes, sitiales y divanes que encontraba al paso.

Nebai espantada lloraba de rodillas junto a las camitas de sus niños, pues jamás había visto a su esposo dominado por tan tremenda cólera. Le vio sacar de un cofre, donde jamás supo ella lo que guardaba, un lujoso uniforme de oficial primero, de la Legión Itálica, a la que pertenecía la más noble juventud romana, y comenzó a vestírselo apresuradamente.

Cuando le vio blandir la espada resplandeciente, a la cual decía: "Tú vengarás el ultraje inferido al Mesías Rey de Israel"..., Nebai dio un grito salido del fondo de su alma y aun de rodillas tendió sus brazos hacia él.

Un nimbo de luz dorada llenó la alcoba aun sumida en la penumbra del amanecer. Ambos se quedaron paralizados en todos sus movimientos.

Tenían ante sí la dulce imagen de Jhasua que les sonreía con inefable ternura.

—¿Qué haces Judá, amigo mío, que afliges así a tu compañera y olvidas a tus hijitos?

—¡Jhasua!... —murmuró Judá cayendo también de rodillas ante la luminosa aparición que se acercaba hacia ellos.

—Mi cuerpo duerme en la prisión, pero mi espíritu viene a vosotros porque me llegó el clamor de Nebai —díjoles con su voz sin ruido, la flotante visión que los envolvía con sus claridades y sus ternezas—.

"Guarda de nuevo tu espada, amigo mío, porque el Ungido de Dios no triunfará por las armas sino por el Amor y por la Verdad.

"La Voluntad del Padre que ordenó hasta el más pequeño acontecimiento de mi vida, ha ordenado también mi entrada triunfal en su Reino y no serás tú amigo mío, que quieras interponerte en mi camino al final de la jornada.

La radiante aparición estaba ya tocando a los dos jóvenes esposos, y sus blancas manos transparentes como tejidas de gasas, unían las dos cabezas con la suya intangible y etérea como en un abrazo eterno, cuyo recuerdo no debía borrarse jamás.

—¡Mi paz sea con vosotros!... —se oyó como una melodía, mientras la visión se diluía en celajes dorados que iban destejiéndose en la penumbra de la alcoba silenciosa.

Judá se abrazó como enloquecido de Nebai y rompió a llorar con tan fuertes sollozos, que Noemí, su madre, se despertó sobresaltada en la alcoba inmediata y envuelta en una capa entró precipitadamente.

El brillante uniforme militar que su hijo vestía y el angustioso llanto de ambos la sobrecogió de espanto.

—¿Qué hay, hijo mío, qué pasa?

—¡Jhasua fue prendido anoche y hay que salvarle de la muerte! —contestó Judá ahogando sus sollozos.

—¿Vas tú a intentar una rebelión? —preguntó, alarmada, la madre.

—¡Es que él rechaza toda acción armada y me deja atado sin poder moverme!... —gritó Judá, como si quisiera que su protesta fuera oída en todas partes.

El Hach-ben-Faqui entró en la alcoba como un vendaval.

—Lo sé todo, Judá; cálmate, que todas las fuerzas que yo mando han entrado anoche por el subterráneo de los almacenes de Simónides, y están listas para cargar. El valiente viejo pasó toda la noche dirigiendo la entrada... uno a uno, diez mil lanceros Tuareghs!...

Judá lo oía como atontado.

—¿Qué tienes?... ¿No me oyes? —preguntaba el valiente africano, decepcionado.

—¡Jhasua rechaza toda acción armada! —contestó Judá—; ordena que todo lo dejemos a la voluntad de su Padre, que El solo basta para esta hora final.

—¡Imposible cruzarnos de brazos! —gritaba Faqui, sin comprender casi lo que decía su amigo—.

"El Scheiff Ilderin —añadió Faqui—, salió anoche a última hora para conducir hoy sus jinetes árabes que están acampados en los bosques de Jericó, y antes de medio día estarán aquí.

—¡Todo inútil!... —murmuraba con supremo desaliento Judá—, ¡Jhasua no acepta nada!... ¡no quiere nada! ¡Dice que el Ungido de Dios no triunfará por las armas sino por la Verdad y por el Amor!...

"¡Faqui!... —gritó desesperado— ¡Jhasua es más fuerte que nosotros, y con una sola palabra nos encadena a los dos!... ¡Antes de comenzar la lucha somos vencidos por él!"

—¿Y qué hay en lo de Roma y el César? —preguntó con desgano el Hachben-Faqui.

—¡Fracaso!, ¡otro fracaso! —contestó Judá—. El Ministro Seyano, en quien confiábamos, ha caído en desgracia, y a estas horas huye, porque el Emperador ha mandado matarle.

—¿Cómo?... ¿es posible?

—Aparece complicado en el asesinato de su hijo Drusso —dijo simplemente Judá.

—¡Por las arenas del Sahara! —exclamó Faqui— que todo se une contra nosotros.

—¡Calma!... ¡calma! —dijo en la puerta el anciano Melchor que había previsto la llegada de este terrible momento, y acudía a sosegar aquella tempestad—.

"Los caminos de Dios no son los caminos de los hombres' , —dijo Jehová al Profeta Isaías—. Si nuestro Jhasua rechaza toda acción armada... El es el Pensamiento Divino encarnado, el Verbo de Dios hecho hombre. ¿No ha de saber acaso lo que dice?

—El príncipe Melchor tiene razón, Judá; esperemos con nuestras legiones alerta, a ver cómo se encaminan los acontecimientos —dijo Faqui.

Judá, que algo se había tranquilizado, les explicó la visión de Jhasua que habían tenido Nebai y él, en esa misma alcoba y todo cuanto les había dicho.

—¿Veis? —decía el anciano Melchor—. Somos aún pequeños para comprender los caminos del Señor, hijos míos. ¿Creeremos acaso que al Eterno Omnipotente le faltan medios para exaltar a su Enviado a un trono, si esa fuera su Voluntad?

JHASUA ANTE SUS JUECES

A las primeras horas de la mañana se hallaban reunidos en el Templo, en el recinto destinado a deliberaciones judiciales, treinta y dos miembors del Sanhedrín para juzgar los supuestos delitos del más grande espíritu que bajó a la tierra, de la encarnación del Verbo Divino, del Pensamiento Divino, del Hombre Dios, enviado por el Eterno Amor, para encarrilar de nuevo la marcha de la humanidad hacia sus gloriosos destinos.

Cuando el alma se absorbe en la meditación de esta tremenda aberración humana, no sabe qué admirar más; si la inaudita audacia de un puñado de soberbios ignorantes, o la divina mansedumbre del Cristo encarnado que se sometía sin protestar, a ser juzgado como un malhechor, por aquellos hombres cargados de miseria, de iniquidades, de ruines vilezas, que de escribirlas todas, resultaría un repugnante catálogo de los vicios y perversiones más bajas a que puede descender el hombre.

¡Tales eran los jueces de Israel, ante quienes comparecía Jhasua de Nazareth, Ungido de Dios!

Ahogando los gritos de protesta de nuestro corazón; ahogando también los justos razonamientos de la lógica y del más elemental sentido común, ante aquella estupenda manifestación de la soberbia y de la malicia humana, cuando la ambición del oro y del poder les ciega, escuchemos las acusaciones de los malvados, en contra del Profeta Nazareno.

Después de las preguntas reglamentarias sobre *quién era, quiénes eran sus padres, dónde fue su nacimiento,* etc., etc., el pontífice Caifás hizo una señal a uno de los presentes, llamado el *Doctrinario* que era el primer juez para los delitos, en contra de las leyes religiosas establecidas, *como originarias de Moisés*.

Y comenzó la acusación.

—Este hombre ha curado enfermos en día sábado consagrado por la ley a Jehová y al descanso corporal. ¿Qué contesta el acusado?

—Que las obras de misericordia ordenadas por Jehová a sus más amados Profetas, no pueden jamás significar profanación del día del Señor, sino una glorificación a su santo Nombre y a su Poder Supremo —contestó con gran serenidad el Maestro—. Entre vosotros está presente el honorable Rabí Hanán a quien curé en día sábado de la úlcera cancerosa que le roía su vientre, y él no protestó por ello. Hubo testigos de tal hecho que pueden ser citados ante este Tribunal. Fué en casa de la princesa Aholibama.

Esta declaración cayó como una bomba en el seno del Gran Consejo, y todos los ojos inquisidores se volvieron hacia el aludido, cuya confusión fue tal, que decía a gritos ser verdad lo que el acusado contestaba.

Como los rumores y comentarios subían de tono, el pontífice tocó la campanilla y el silencio se hizo de nuevo.

—Este hombre ha dicho —continuó el acusador— que se destruya el Templo y que en tres días le reedifica.

—Defiéndete si puedes —gritó el pontífice.

—El hombre de bien cuya conciencia está de acuerdo con los Diez Mandatos de la Ley Divina, puede hablar de su cuerpo físico, como de un santuario o templo que encierra el Ego o Alma, emanación directa del Supremo Creador. En tal sentido lo he dicho.

—¿Luego quieres decir —arguyó el Juez Doctrinario— que destruído tu cuerpo por la muerte, en tres días le resucitas?

—Le saco del sepulcro, porque está en ley, que esta vestidura de carne no sea pasto de la corrupción —contestó el Maestro.

Aquí se armó otra baraunda más ardiente que la primera. Los fariseos decían que el acusado era un *saduceo* sostenedor de la resurrección de los muertos.

Otros, que era un hebreo paganizado, que sostenía las teorías idólatras de Platón, Aristóteles y demás filósofos griegos. Otros que era de la escuela egipcia de Alejandría, y que iba a arrastrar al pueblo por caminos diferentes al trazado por Moisés.

Hanán, que era el más sagaz de todos aquellos hombres, comprendió que de seguir por ese camino no llegarían a una rápida conclusión y pidió la palabra al pontífice que era su yerno Caifás, y que se la concedió al punto.

—Es lamentable —dijo Hanán— que no lleguemos a entendernos respecto de este hombre, ante el cual se rebaja nuestra dignidad de Jueces, que no saben de qué delito le acusan.

"Seamos más precisos y categóricos en nuestro interrogatorio en forma que se vea obligado a decir la verdad respecto de su actuación en medio de nuestro pueblo.

"Hemos visto que este mismo pueblo le aclama como al Rey de Israel, como al Mesías Libertador anunciado por los Profetas. Que diga él mismo *quién es*, de quién recibió el poder de hacer las maravillas que hace, quién le autorizó para interpretar la Ley y enseñar al pueblo doctrinas nuevas, como es la igualdad de derechos para todos los hombres hasta el punto de proclamar que el esclavo es igual que su señor.

El Maestro sereno, impasible, miraba fijamente a Hanán que no pudo sostener su mirada... esa misma mirada que lo envolvió en una aura de piadosa ternura cuando le curó su incurable mal.

Cuando el alterado vocerío se acalló, habló el acusado:

—En vuestra asamblea de esta noche, resolvisteis condenarme por encima de todo razonamiento y de toda justicia. ¿Por qué perdéis el tiempo ahora en buscar apariencias de legalidad a un juicio contra toda justicia?

"¿Acaso me oculté para decir todo cuanto he dicho hasta ahora?

"¿Acaso me aparté de la Ley del Sinaí grabada por Moisés en dos tablas de piedra?

"¿Enseñé acaso en desacuerdo con nuestros más grandes Profetas?

"¿En nombre de quién hicieron Moisés y los Profetas las obras de bien que realizaron en beneficio de sus semejantes, sino en nombre de Dios Todopoderoso, que lleno de amor y de piedad para sus criaturas, lo hace desbordar de Sí Mismo cuando hay entre ellas un ser de buena voluntad que le sirva de intermediario?

—Bien —dijo el pontífice—. Tus contestaciones son agudas y no eres pesado de lengua para darlas. pero ésto se hace demasiado largo y no llevamos camino de terminar.

"Dinos de una vez por todas. ¿Eres tú el Hijo de Dios, el Mesías prometido a Israel por nuestros Profetas?

"En nombre de Dios te conjuro a que nos digas la verdad.

El Maestro comprendió que la acusación llegaba al punto final buscado para condenarle, y con una dulce tranquilidad que sólo él podía sentir ante el cinismo de sus jueces contestó:

— *¡Tú lo has dicho! ¡Yo soy!*

A estas solas palabras, expresión de la más pura verdad, aquellos viejos rabiosos, como energúmenos, enfurecidos, comenzaron a mesarse los cabellos, a gritar, a rasgarse las vestiduras y tirar los turbantes y las mitras, según era costumbre cuando alguien se permitía una horrible blasfemia en su presencia.

— ¡Ha blasfemado!... ha blasfemado contra Dios y mentido como un vil impostor, erigiéndose en Mesías Ungido del Altísimo, cuando no es más que un amigo de Satanás, que hace por su intermedio obras de magia para embaucar a las multitudes.

— ¡Reo es de muerte según nuestra ley! —gritaban varios a la vez.

—No podemos matarle sin el consentimiento del Procurador —dijo uno de los jueces—. Hasta ese derecho nos ha sido usurpado por el invasor.

—Según la costumbre establecida desde la invasión romana, el Sanhedrín puede someter sus reos a la pena de la flagelación.

—Que se cumpla en este audaz blasfemo, Jhasua de Nazareth —rugió el pontífice.

Y dos hercúleos sayones entraron en el recinto y tomando al Maestro por los brazos lo sacaron a una galería interior, donde había una docena de postes de piedra con gruesas argollas de hierro, a uno de los cuales le ataron fuertemente.

Y uno de aquellos verdugos comenzó a asestar golpes sobre aquella blanca espalda, que apareció listada de cárdeno.

Longhinos, que al entregar al prisionero siguió espiando desde la Torre Antonia, cuando llegó este momento, avisó al Procurador Pilatos que escribía en su despacho del pretorio. Unido como estaba el Templo a la Fortaleza por *la galería de Herodes*, pronto estuvo en el recinto del Sanhedrín con Longhinos y otros soldados.

— ¡Alto ahí! —gritó al sayón que azotaba al Maestro—, que si atormentáis a este hombre justo, os mando a todos al calabozo engrillados de pies y manos. ¡Harto estoy de todos vosotros y de vuestros crímenes en la sombra!

Mandó a Longhinos que desatara al preso y le condujera de nuevo a su primera prisión de la Torre Antonia.

Con dos golpes de espada, cortó el Centurión las cuerdas que ataban al Maestro a la columna, y le vistió apresuradamente sus ropas que habían sido arrojadas al pavimento.

Se apercibió de que el cuerpo del prisionero se estremecía como en un convulsivo temblor, y que una palidez de muerte cubría su hermosa faz.

Temió que iba a desvanecerse y mandó a dos de sus soldados que formaran silla de manos con sus brazos fornidos, y así le llevaron de nuevo a la prisión de la *Torre*.

El Maestro parecía haber perdido el uso de la palabra, pues se encerró en un mutismo del que nada ni nadie conseguía sacarle.

Diríase que si su cuerpo físico estaba aún en la tierra, su radiante alma de Hijo de Dios se cernía en las alturas de su Reino inmortal.

Su mirada no se fijaba en punto alguno deteminado, sino que parecía vagar incierta más allá del horizonte que le rodeaba.

Pilatos había regresado a su despacho del pretorio cuando le llegó un pergamino de Claudia, su esposa, que decía:

"Guárdate de intervenir en la muerte del Profeta Nazareno porque en sueños he visto tu desgracia y la mía por causa de este delito que los sacerdotes quieren cargar sobre ti. Los dioses nos son propicios dándonos este aviso. No traspases su mandato porque seremos duramente castigados". — Claudia.

Terminaba el Procurador la lectura de este mensaje de su mujer cuando comenzó una gritería frente al pretorio que parecían aullidos de lobos o rugidos de una jauría rabiosa.

El Sanhedrín había sacado a la escena su último recurso: Los doscientos malhechores penados, comprados a Herodes para este momento, más los esclavos y servidumbre de las grandes familias sacerdotales que entre todos sumaban uno seiscientos hombres.

Con los puños levantados en alto y con inaudita furia vociferaban a todo lo que daban sus pulmones, pidiendo la muerte para el embaucador que había osado proclamarse Mesías, Rey de Israel.

El Procurador mandó cerrar todas las puertas de la fortaleza y una doble fila de guardias fue estacionada en la balaustrada del pretorio. Y mandó traer el prisionero a su presencia.

Pilatos no le había visto nunca de cerca, sino a cierta distancia el día de su entrada triunfal en Jerusalén. Ahora le veía en su despacho a dos pasos de él.

—Esto no es un juicio —le dijo— sino una conversación entre dos hombres que pueden entenderse.

"¿Qué tienen los hombres del Templo en contra tuya, Profeta de tu Dios? Siéntate y hablemos.

Como el Maestro continuara en silencio, el Procurador añadió:

—¿No quieres hablarme? ¡Mira que yo puedo salvarte la vida!

—Tú no puedes prolongar mi vida ni un día más —le dijo el Maestro.

—¿Por qué? El derecho de vida o muerte lo he recibido del César para toda la Palestina. Y ¿dices que no puedo prolongar ni un día más tu vida?

—Porque es mi hora y hoy moriré —contestó otra vez el Maestro.

—¿Entonces eres fatalista? ¿Dices que vas a morir hoy y estás cierto de que será?

—Tú lo has dicho: hoy moriré antes de que el sol se ponga.

—No has contestado a mi primera pregunta: ¿Por qué te odian los hombres del Templo?

—Porque soy una acusación permanente para su doctrina y para sus obras.

—Y ¿por qué te empeñas en servir de acusador contra ellos? ¿No te valdría más dejarles hacer como les dé la gana?

—¡No puedo!... Yo he venido a traer la Verdad a la humanidad de la tierra, y debo decir la verdad aún a costa de mi vida, y hasta el último aliento de esta vida.

—¿Y qué cosa es la Verdad que te cuesta la vida? Porque muchos hombres hubo que enseñaron la Verdad y no por eso fueron ajusticiados.

El Maestro movió la cabeza negativamente.

—¡Te equivocas, ilustre ciudadano romano! Difícilmente se encontrará un hombre que se atreva a desenmascarar a los poderosos de la tierra, y que muera tranquilo sobre su lecho.

—¡Algo de razón tienes, Profeta! Pero dime, ¿qué Verdad es esa que tanto enoja al Sanhedrín judío?

—Viven del robo y del engaño, del despojo al pueblo ignorante de la Ley Divina, al amparo de la cual cometen las mayores iniquidades y se hacen venerar como justos, que son ejemplo y luz para los servidores de Dios.

"No pueden perdonarme!... ¡No me perdonarán nunca que les haya paralizado su carrera de latrocinio, de mentira y de hipocresía y que les haya destruído su grandeza, *para siempre*!

—¿Cómo *para siempre*, buen Profeta? Tú vas a morir hoy, según aseguras, y ellos continuarán cargados de oro su vida de magnates de una corte oriental.

—¡Tú lo crees así, pero no es así! Ellos me quitan la vida, pero la Justicia de mi Padre les borra de los vivos para inmensas edades y les anula en el concierto de los pueblos solidarios y hermanos para los siglos que faltan hasta el final de los tiempos. ¡Ningún suelo será su patria!

"¡Perseguidos y errantes, el odio les seguirá a todas partes, hasta que llegue la hora de las divinas compensaciones para los justos, y la separación de los malvados.

"El que tuvo la luz en su mano y no quiso verla, es justo que se quede en tinieblas. Tal es la Verdad y la Justicia de Dios.

—¡Profeta! —le dijo Pilatos—. Confieso que no entiendo este lenguaje tuyo, pero sí veo claro que no hay delito ninguno en ti.

"¡A fe mía, que no morirás hoy! —Y el Procurador dio un golpe con su mano en la mesa.

—¡Oye allá fuera!... Te acusan de enemigo del César, y te amenazan con hacerte caer como ha caído Seyano el Ministro favorito que hoy es condenado a muerte —díjole el Maestro.

Pilatos enfurecido al oír los desaforados gritos contra él, abrió un ventanal y dio órdenes de cargar contra la multitud.

La turba de malhechores, acobardada iba a desbandarse, pero a su espalda estaban los agentes del Sanhedrín que les amenazaban con volverlos de nuevo a los calabozos de donde les habían sacado, y sin cobrar un denario del dinero prometido.

Les convenía seguir pidiendo a gritos la muerte del justo al cual no conocían, ni habían recibido de él daño ninguno. Pero ¡era tan dura y terrible la vida del calabozo en que estuvieron sepultados vivos y para toda la vida, que al hacer la comparación, no podían dudar! Y seguían vociferando a la vez que se esquivaban de los golpes de los guardias montados, que les arremetían con sus caballos.

El Sanhedrín ponía en acción la técnica usada, en todos los tiempos por los hombres a quienes domina la ambición del oro y del poder: levantar la hez del populacho inconsciente y embrutecido por los vicios, en contra de las causas nobles y de los hombres justos, cuya rectitud les resulta como un espejo en el cual ven retratada de cuerpo entero, su monstruosa fealdad moral.

El procedimiento de esos poderosos magnates del Templo, no era pues nuevo, sino simplemente una copia de la forma empleada por la teocracia gubernativa de todos los tiempos, y de todos los países regidos por la arbitrariedad, el egoísmo más refinado y la más completa mala fe.

QUINTUS ARRIUS (hijo)

En ese momento apareció en el primer ángulo de una calle transversal el príncipe Judá, que con su lujoso traje de primer oficial de la gloriosa "Itálica" y a todo el correr de su caballo negro retinto, avanzó por entre el populacho como un torbellino, atropellando a unos y otros y dejando tendidos a los que alcanzó el empellón irresistible de su corcel.

Sin desmontarse, entró a la vasta plaza y dió un grito que resonó en todas las bóvedad de la Torre Antonia y del Templo.

—¡Por Roma y por el César! ¡A las órdenes del Procurador Romano, para hacer trizas a esta canalla! ¡A las armas!...

Los cuatro primeros oficiales de una Legión romana, eran Tribunos Militares o sea un grado muy superior a los Centuriones, por lo cual toda la guarnición debía obedecerle.

Pilatos había oído el grito formidable y salió a un balcón.

Judá le vió y le saludó con su espada, al mismo tiempo que decía:

—¡Quintus Arrius (hijo)! ¡Viva el César! Un poderoso *viva* de toda la guarnición de la Torre, resonó como el eco de una tempestad.

La turba de malhechores se había corrido a lo largo de la calle y los agentes del Sanhedrín no sabían qué partido tomar.

Las terrazas del Templo estaban desiertas y las puertas herméticamente cerradas. Los ancianos jueces del Sanhedrín no creyeron prudente asomar la nariz en aquellos críticos momentos.

Ellos obraban en la sombra, resguardados por la fuerza del oro y de aquella horda de piratas, que habían soltado a las calles de Jerusalén como jauría rabiosa para apresar un cordero...

A la silenciosa prisión del augusto Mártir llegó también el grito formidable del príncipe Judá y le reconoció en el acto. Su corazón se estrujó como una flor marchita ante la noble fidelidad y amor de su amigo que no se resignaba a verle morir.

Conociéndole como bien le conocía el Maestro, comprendió que Judá no cejaría en su empeño, y que podía llevar las cosas a una violencia tal, que hubiera que lamentar después consecuencias fatales.

Estando libre de ligaduras, el Maestro se acercó a la puerta y llamó.

El viejo conserje acudió.

—Aunque te parezca extraño —le dijo— sólo yo puedo impedir que la revuelta llegue a mayor grado. Haz el favor de llamar al Procurador, o llévame ante él.

El conserje que temblaba de miedo por el furor del populacho y porque dos hijos suyos estaban entre la guarnición, corrió al despacho del Procurador y le avisó lo que ocurría.

Pilatos que tampoco estaba tranquilo, acudió al llamado.

—Profeta —le dijo— eres un gran personaje cuando así pones tan contrarias fuerzas en movimiento.

El Maestro tuvo ánimo para sonreírle al mismo tiempo que le decía:

—Si me permites hablar con Quintus Arrius (hijo) toda esta tormenta se calmará.

—Pero ¿tú le conoces? —preguntó Pilatos.

—Desde hace muchos años —contestó el Maestro.

Un momento después el príncipe Judá se abrazaba del cuello del Maestro, y toda su bravura de soldado se resolvía en un sollozo contenido y en dos lágrimas asomadas a sus ojos y que él no dejaba correr.

—¡Judá, amigo mío!... —le dijo el Maestro con su voz más dulce que parecía un arrullo—: "tú me amas, ¿no es verdad?"

Judá ya no pudo contenerse y doblando una rodilla en tierra besaba una y mil veces la diestra del Ungido y le decía con su voz entrecortada por la emoción:

—¿Y me lo preguntas, Jhasua, mi Rey de Israel, el Mesías Ungido del Altísimo... mi sueño de liberación y de gloria para el suelo que me vio nacer ... ¿No comprendes Jhasua que destruyes mis ideales, que matas todas mis ilusiones, que reduces a la nada mis esfuerzos y mis trabajos de diez años atrás? ¿No comprendes que me dejas convertido en un harapo, en un ente sin voluntad, reducido poco más que a una bestia que come, bebe y duerme, sin un pensamiento de hombre que merezca la vida?...

El Maestro enternecido hasta lo sumo, se inclinó sobre la cabeza de Judá para dejar sobre aquella frente pálida y sudorosoa el último beso de sus labios que también temblaban al decirle:

—Yo sé que me has amado mucho y que me seguirás amando aún cuando tus ojos no me vean más como hombre. No quieras oponerte a la Voluntad de mi Padre porque perderás en la lucha. Mi hora está señalada antes de la puesta del sol.

"¡Déjame morir feliz, Judá mío!... ¡feliz de sentirme amado por almas como la tuya; feliz de saber que seguiré viviendo en un puñado de corazones que comprendieron mis ideales divinos de amor, de paz, de fraternidad entre todos los hombres de la tierra! Y que en esos corazones ha fructificado al mil por uno la divina simiente que sembré en este mundo y que vosotros que me habéis amado, llevaréis por todos los contintentes y por todos los países. ¡He ahí, Judá, amigo mío, la más grande prueba de amor que quiero de ti!

"Te debes a tu esposa y a tus hijos. ¿Te acuerdas?...

"De haber venido yo a ser un hombre como todos, Nebai hubiera sido para mí la compañera ideal. Yo mismo la acerqué a ti un día hace doce años, allá bajo un rosal blanco en un jardín de Antioquía... ¡Y ahora la olvidas para enredarte en una lucha armada de la cual no saldrías con vida y sin conseguir prolongar mi vida! ¿No ves que es una insensatez la tuya al obrar así?

"¡Déjame entrar al Reino glorioso de mi Padre que me espera para coronarme! ¡Hacerme claudicar de mi supremo deber Judá, no es ciertamente la prueba de amor que esperaba de ti! Por unos años más de vida terrestre, por una gloria efímera y pasajera ¿quieres que cambie la gloria inmarcesible de Mensajero de Dios, de Hijo de Dios, de príncipe heredero en su Reino Inmortal?...

Judá que aun permanecía con una rodilla en tierra, inclinó su frente vencida sobre la mano de Jhasua que recibió las últimas lágrimas del hijo de Ithamar.

—¡Te he comprendido por fin Jhasua, Hijo de Dios!... —dijo Judá levantándose—. ¡Que el Altísimo sea tu compensación y tu corona!

"¡Adios para siempre!..."

El Maestro le abrió los brazos.

—¡Adiós para siempre, *no!, ¡jamás, nunca!*, ¡porque el Hijo de Dios vivirá como El, en el aire que respiras, en el agua que bebes, en el pan que te sustenta!

"*¡Hasta luego* Judá amigo mío!... ¡hasta siempre!... ¡unidos en la vida, en la muerte y más allá de la muerte!

"¡Que la paz sea contigo y con los tuyos!"

¡El Maestro se desprendió de aquellos brazos de hierro que le estrechaban, y el príncipe Judá salió como un fantasma que arrastrara el huracán!...

—Se empeña en morir hoy, antes de la puesta del sol —le dijo a Pilatos cuando le vio de nuevo.

—Pues yo también soy duro de cerviz y no le condenaré —dijo— porque un ciudadano romano, no es un vulgar asesino que manda matar un hombre sin delito alguno.

—Que tus dioses te sean propicios —dijo Judá—. Si me lo permites, me quedaré entre la guarnición, pero no como primer oficial de la Itálica sino como un simple soldado, pues que no estoy en servicio activo. Quiero ver de cerca cómo se desarrollan los acontecimientos.

—Bien; te haré dar un uniforme de Centurión y mandarás la centuria que viene ya de la Ciudadela hacia aquí. Estos ruines judíos nos darán guerra hasta el final.

AL PALACIO ASMONEO

Algunos curiosos del pueblo pacífico y devoto que no pensaba sino en la celebración de las fiestas religiosas, comenzó a alarmarse de la trifulca alrededor de la Torre Antonia y fueron acercándose cautelosamente hasta averiguar de qué se trataba.

¡Cuán lejos estaba el pueblo de figurarse que el reo cuya muerte pedían a gritos aquellos malhechores ex-presidiarios, era el Profeta de Dios a quien entraron en triunfo cuatro días antes, a la ciudad de los reyes donde esperaban verle coronado como Rey de Israel y Mesías Libertador!

Justamente en el aleccionamiento del astuto Hanán a los malhechores y esclavos comprados para este fin, entraba la consigna de ocultar cuanto pudieran la personalidad del ajusticiado, para evitar un tumulto popular que podía ser de fatales consecuencias.

Y a las curiosas preguntas de las gentes que se acercaban, daban esta contestación:

—Es un brujo impostor, aliado de satanás que pretende ser Rey de Israel y quiere destruir la ciudad y el Templo.

—¡No queremos otro rey que el que nos envía Jehová, anunciado por los Profetas! —decían los del pueblo fiel, creyendo que se trataba de un rival del Profeta Nazareno, que buscaba eclipsarlo y sustituirlo en el corazón del pueblo.

Habían ocurrido ya varios casos en los últimos cincuenta años de pretendidos o supuestos mesías, que buscaban el favor popular y cuya falsedad quedó al descubierto por sí misma.

Y caídos en este nuevo engaño, los más revoltosos de entre el pueblo, se fueron adhiriendo al populacho pagado para vociferar y maldecir de la manera más baja y soez.

Como ocurre siempre en los tumultos callejeros, la confusión acaba por dominar los ánimos, en forma que nadie se entiende y cada cual comprende y explica la situación como mejor le parece.

Mientras ocurre ésto en la calle, los treinta miembros del Sanhedrín han cruzado la Galería de Herodes y han invadido el despacho del Procurador.

Van decididos a triunfar en la lucha poniendo en juego la vileza y la astucia de que están animados.

Ensayan primero con la lisonja y el halago, después presentando ante él el atractivo del oro al cual según ellos, ningún hombre resiste.

Pero Pilatos era algo supersticioso y tenía ante sus ojos el pergamino escrito por su mujer... "He visto en sueños tu desgracia y la mía, por causa de ese delito que los sacerdotes quieren cargar sobre ti".

Y se negó enérgicamente a consentir la muerte del Justo.

Entonces comenzaron las amenazas, veladas al principio y bien declaradas después.

—El César te ha puesto como un vigía sobre Judea para mantener el orden y la tranquilidad en el pueblo.

—Y ese hombre que te empeñas en defender trae convulsionado al pueblo con sus pretendidos milagros, que no son más que malas artes del diablo, para sugestionar a los ignorantes y hacerse proclamar Rey de Israel.

—Ha sublevado a los esclavos, enseñándoles que son iguales a sus amos, y tendremos aquí otra revolución a lo Espartaco, que costará muchas vidas a nuestro país y a las Legiones del César.

—Si no atiendes nuestras razones, hoy mismo nos pondremos en viaje para Antioquía, a presentarnos ante el Legado Imperial. Entre la muerte de un hombre que no es más que un audaz impostor, y una sublevación popular que costará muchas vidas a las Legiones romanas, el Legado Imperial se expedirá por la razón y la justicia.

Pilatos comenzaba a vacilar.

—El prisionero es galileo —dijo de pronto— y por tanto no está bajo mi jurisdicción, sino bajo el mandato de Herodes rey de Galilea y Perea.

"En rigor, es él quien debe juzgarle.

—¡Mejor que mejor!... Herodes es nuestro amigo y casi nuestro correligionario, pues de vez en cuando acude al Templo a ofrecer sacrificios —contestó uno de los jueces.

—Le mandaré a Herodes, y lo que él decida se hará —dijo por fin Pilatos y levantándose dió por terminada la entrevista.

Los jueces se volvieron al Templo siempre por la Galería llamada de Herodes, para no ser vistos del pueblo.

El Maestro fue colocado en una litera cubierta de las que en la Torre se usaban para el traslado de prisioneros que deseaban ocultar a las furias del populacho y con una escolta fue enviado a Herodes. Judá, con uniforme de Centurión se ofreció a mandar la escolta.

Antes de emprender la marcha hacia el palacio de los Asmoneos, abrió la ventanilla trasera para mirar de nuevo al amado cautivo, que con sus ojos cerrados y su cabeza echada hacia atrás parecía una estatua de marfil cuya palidez asustaba.

—¡Jhasua! —dijo en voz baja, pues se ocultaba de los soldados de la escolta—. ¡Jhasua!... ¡por piedad!... ¡una palabra tuya y aún puedo salvarte de la ignominiosa muerte que esos bárbaros van a darte!... ¡Una palabra Jhasua!... ¡una sola!...

Pero Judá esperó en vano esa palabra que no salió de la boca del Maestro, herméticamente cerrada.

Ni siquiera demostró haberlo oído. Ni sus ojos se abrieron, ni hizo ningún movimiento, y hasta parecía que la respiración se le hubiese paralizado. Su quietud era absoluta.

Con la muerte en el corazón, el príncipe Judá cerró la ventanilla, y litera y escolta emprendieron la marcha.

¡Qué serie de terribles tentaciones pasaron como siniestros relámpagos, por la mente febril de Quintus Arrius (hijo)!

Podía dar la orden de que en vez de ir al palacio Asmoneo, marchasen hacia la puerta más próxima de la ciudad para salir hacia Betspagé donde estaban parte de las fuerzas del Scheiff Ilderin, o hacia los almacenes de Simónides que tenían salida subterránea al Valle del Hinón, de donde los lanceros tuareghs mandados por Faqui podían llevarle a su lejano país.

Mas... una sola fuerza contenía todos sus ímpetus, apagaba todo el fuego de su coraje, todas sus ansias de aplastar a los malvados y de libertar al Justo: ¡la impasible firmeza del Mártir en asegurar que antes de la puesta del sol debía morir!

El horrendo tormento de Judá en ese instante, difícilmente podremos apreciarlo y medirlo.

¡El grandioso santuario de su fe se conmovía hasta los cimientos!

¿En qué podía creer, si veía caer por tierra la luminosa estela diseñada por las profecías en el cielo luminoso de Israel, pueblo escogido de Jehová?

¿Para ésto había sacado Moisés al pueblo judío de la esclavitud de Egipto?

¿Para ésto había enviado Jehová toda una constelación de Profetas a anunciar la llegada de su Verbo, de su Mesías Libertador?

¿Para este desastroso fin había bajado el Espíritu-Luz de su séptimo cielo de dicha y amor, a esta dolorosa prisión de la tierra que quedaba a su partida en igual angustia que la encontró?

¡El infeliz Judá se volvía loco!... ¡Parecíale que la tierra se estremecía y temblaba bajo los cascos de su caballo fogoso más que su amo!... Parecíale que todo danzaba en derredor suyo, los palacios, las casas, los mercados y tiendas por donde iban pasando... Parecíale que mil fantasmas de horribles rostros grotescos rondaban en torno suyo haciéndole muecas de burla por el tremendo fracaso de sus ideales... ¡Una pesada atmósfera le asfixiaba! Creyó que iba a caer del caballo y se apeó en mitad de la calle.

La escolta se detuvo con gran asombro de los soldados, que ignorantes de la vinculación de su jefe con el prisionero, no pudieron interpretar en su realidad este incidente.

Judá sudoroso y pálido, descansó su fatigada cabeza sobre la montura y se tomó fuertemente del cabezal para no caer a tierra como un cuerpo inerte a quien abandona la vida.

De pronto sintió una poderosa reacción en todo su ser. Pensó en Jhasua Mártir, a quien quería acompañar hasta verle entrar en el Reino de su Padre. Pensó en Nebai que sin Jhasua y sin él quedaría doblemente huérfana y sola en el mundo. Pensó en sus dos hijitos que le llamarían en vano todos los días al despertarse en sus camitas de pluma y gasas... ¡Una oleada de angustia le oprimió la garganta, y dos gruesas lágrimas se deslizaron por sus mejillas que volvían a tomar el color de la vida!...

Montó nuevamente en su caballo árabe negro retinto, y dijo ya sereno:

— ¡Vamos!...

La escolta continuó la marcha y no tardó en estar ante la imponente mole de mármoles grises del palacio Asmoneo.

A los soldados que guardaban la entrada, les dijo el príncipe Judá el encargo que traían del Gobernador.

Para Herodes era una doble satisfacción el envío que le hacía Pilatos, en el cual veía una prueba de que Roma reconocía su soberanía sobre Galilea y Perea, no obstante la decadencia de su reinado, y además satisfacía el deseo que le acicateaba, de ver alguna de las estupendas maravillas que se contaban del Profeta súbdito suyo y al cual no conocía.

Cuando tuvieron la orden de pasar, Judá iba hacia la litera con la llave en la mano para abrirla.

La puerta se abrió sola y Jhasua bajó sereno y firme, y comenzó a subir el graderío del suntuoso pórtico.

De un paso estuvo Judá a su lado. Iba a hablarle, pero el Maestro con la enteresa de un rey que manda, se puso el índice sobre los labios indicándole *silencio*.

¡Judá quedó estupefacto! Vio en Jhasua una majestad tal, una grandeza tan soberana, que un nuevo rayo de esperanza iluminó su espíritu tan abatido unos momentos antes.

¡Quién sabe qué maravilloso acontecimiento iba a presenciar en aquel momento, y en aquel sitio, donde cada bloque de piedra era un cofre de recuerdos, de glorias pretéritas y de heroicos martirios!

Herodes Antipas, como un grueso fardo de carne amoratada por la continua embriaguez en que vivía, estaba perdido en su enorme sitial encortinado de púrpura y oro, y pavimentado con ricos tapices de Persia.

Una media docena de criados lujosamente vestidos le preparaban ante su vista, un sinnúmero de brebajes, jarabes, licores que no alcanzaban nunca a satisfacer su insaciable sed, como si un fuego interno le quemara las entrañas.

—¡Por fin te echo los ojos encima Profeta! —dijo el rey al Maestro cuando estuvo ante él.

Judá le alargó el rollo de pergamino que Pilatos le enviaba, en el cual dejaba constancia que no encontraba delito alguno en el prisionero, que el Sanhedrín judío se empeñaba en condenar a muerte, porque a su juicio, era un rebelde ante las leyes judaicas, y arrastraba al pueblo a la rebelión en contra de la autoridad religiosa que ellos investían...

—¡Ah los Rabinos!... —gruñó Herodes— siempre celosos de su autoridad, no quieren que vuele una mosca sin su permiso.

"¡Vaya, vaya! hazme uno de tus grandes milagros Profeta, y tú y yo seremos buenos amigos. Tomaremos juntos una ánfora de vino de Chipre a la salud de los Rabinos del Templo.

"¡Y aún eres joven y hermoso! Harías un lúcido papel como augur o Sátrapa en mi corte oriental. No me vendría mal para mis días de hastío, aún para curar al César de sus lúgubres pensamientos.

"Con un mago como dicen que eres tú, todavía me siento con fuerzas para hacer una piltrafa del Rey Hareth, y conquistarme de nuevo el favor del César.

A Judá le hervía la sangre en las venas oyendo este vocabulario, muy digno por cierto de aquel eterno borracho. La imponente majestad de Jhasua y sus ojos llenos de divina claridad, parecían ordenarle quietud y silencio.

—¡Pero el Gobernador me manda aquí un ente mudo, al cual no se le arranca ni una sola palabra!... —gruñó de nuevo el rey ya impaciente—.

"Y tú ¿quién eres? —preguntó a Judá.

—¡Ya lo ves, oh rey!... Soy un Centurión Romano encargado de traer el prisionero.

—¡Vamos por última vez!... —gritó Herodes—. ¡Si me complaces haciéndome ver tu poder, ilustre mago galileo, te doy mi palabra de Rey de no permitir que los Rabinos judíos toquen ni un cabello de tu cabeza!

La misma inmovilidad y silencio de estatua fue la respuesta que el prisionero dio al rey que lo interrogaba.

—¿Quién piensas que soy yo?... ¿no ves acaso que tengo en mis manos tu vida o tu muerte?

"¿No sabes que soy el Rey Herodes Antipas, hijo de Herodes el Grande, que donde daba un puntapié caían cincuenta cabezas como granadas maduras?

"Y ¿eres tú el Gran Profeta que enloquece a las multitudes, que te aclaman como a futuro Rey de Israel?

"¡Tú eres un loco de remate!... Y no sé si ésto es una burla del Gobernador que debo o no tener en cuenta.

Un jorobado abisinio que el rey tenía para divertirse dio un salto cómico desde la grada alta de sitial a donde estaba el Maestro, y Judá comprendió que aquel repugnante bufón intentaba saltar como un mono sobre el prisionero para divertir a su amo. Bien a tiempo lo tomó de ambos brazos y le dejó plantado sobre el piso.

—Ante un representante de Roma —dijo Judá con reconcentrada ira— nadie se burla de un prisionero traído aquí para un juicio.

—¡Hola!... ¿te enfadas Centurión? —dijo el Rey entre serio y burlón—. Llévale el preso al Gobernador, que yo no gasto tiempo en interrogar a un loco. ¡Otras cosas me interesan más!... —dijo mirando al cortinado del fondo del salón que se abría y dada paso a su hijastra Salomé con una corte de danzarinas y esclavas, con pebeteros ardientes en que se quemaban penetrantes perfumes, y con laúdes que exhalaban músicas más enervantes aún que los perfumes.

Salomé que creía sólo al Rey, se quedó un instante suspensa.

Los ojos llenos de luz del Profeta se clavaron en los de ella, que dio un grito agudo de espanto y retrocedió hasta la puerta.

—¡El Profeta del Jordán!... —dijo presa de terror—. ¡Son sus ojos!... ¡ha resucitado!... ¡Es él!...

—¡No seas tontuela niña!... —gritó con voz mimosa el Rey—. Aquel fue degollado en Maqueronte, y éste es un infeliz loco que no hace daño ninguno... ¡Ven acá mi ave del paraíso!... ¡Ven acá!

"Centurión, saca de mi presencia tu loco y di al Gobernador que no honra al César, lo que hace su representante en Judea."

El príncipe Judá en un violento arranque llevó la mano al pomo de su espada y de buena gana hubiera dado un planazo en el grueso abdómen de aquella bestia coronada, pero una mirada del Maestro le obligó a bajar los ojos y dando media vuelta, le tomó de la diestra y salieron al pórtico donde esperaba la litera y la escolta.

—¡Jhasua!... —murmuró Judá en voz apenas perceptible—... ¿A dónde vas por este camino?... ¿A dónde vas?...

El Maestro sin pronunciar una sola palabra miró con indecible amor al infinito espacio, dorado por el sol de medio día y señaló con su índice el cenit resplandeciente de luz.

—¡Siempre lo mismo!... —exclamó Judá viéndole entrar a la litera que se cerró detrás de él.

En este momento preciso y como por efecto de una súbita iluminación, se sintió transformado en su mundo interior. Una gran tranquilidad le invadía porque acababa de comprender el sentido de las palabras del Maestro. *La muerte por un ideal de liberación humana, es la suprema consagración del Amor".* Y el príncipe Judá reflexionaba así:

"Era esa la entrada triunfal en el Reino de Dios, a que había aludido en los últimos tiempos. Era esa la gloriosa coronación que él esperaba mediante la cual, adquiría derechos de Padre, Conductor y Maestro sobre la humanidad de este planeta.

"La religión judía representada por su pontífice, príncipes y doctores, le condenaba por sus obras de amor heroico a sus semejantes y por su enseñanza condenatoria de la esclavitud, de la explotación del hombre por el hombre, del abuso del poder y de la fuerza contra el débil, y del infame comercio que se hacía con la Idea Divina, puesta al nivel de las figuras mitológicas del paganismo más burdo y grosero, que con ofrendas de carnes vivas y palpitantes, y oleadas de sangre caliente, aplacaban su cólera y sus furores.

"Jhasua de Nazareth, Profeta de Dios, había mantenido ardiente oposición durante toda su vida a tamaños desvaríos de mentes obscurecidas por la soberbia y la ambición. ¿Cómo pues podía claudicar en su edad viril, de lo que fue su luminoso programa de enseñanza y de vida, desde sus primeros pasos por los valles terrestres?"

De estos profundos pensamientos se despertó a la realidad el príncipe Judá, con los primeros grupos de amotinados que recorrían las calles vecinas al pretorio, pidiendo a gritos *la muerte del impostor, del seductor, del embaucador del pueblo, del brujo amigo de Satanás.*

— ¡Jhasua acaba de hacer una de sus más grandes maravillas!... —pensaba Judá al convencerse del cambio que se había obrado en él mismo—. "Un hombre Ungido de Dios que ha venido a la tierra para enseñar a los hombres la Verdad, la Justicia y el Amor, no puede obrar de otra forma que como obra Jhasua. ¡Es el Cristo Hijo de Dios y los hombres no lo comprenden!"

Y el príncipe Judá transformado en otro hombre por la magia divina del amor del Cristo, cuando abrió la litera frente a la plaza de la Torre, dobló una rodilla en tierra y besando la diestra de Jhasua como se besa un objeto sagrado le dijo a media voz:

— ¡Porque eres el Mesías anunciado por los Profetas, es que buscas Jhasua en la muerte, la suprema consagración del Amor!

—Has subido a la cumbre conmigo —le dijo—. ¡Judá! ¡el Hijo de Dios te bendice! —Fueron las últimas palabras que el Maestro dirigió al gran amigo, cuya comprensión de la suprema verdad, se despertaba cuando él iba a morir.

El Procurador Pilatos se desconcertó todo al ver que el prisionero le era devuelto. ¡Ni aún Herodes, criminal y asesino como su padre, se atrevía a condenar a un hombre inocente! .

¡Y *ellos*, los hombres del Templo que vivían pendientes de la palabra de Jehová, que no levantaban una paja del suelo ni dejaban condimentar alimentos al fuego en sus casas en día sábado, para no trasgredir la ley del descanso, se empeñaban en matar un hombre inocente sin parar atención, en que la Ley Divina decía: *¡No matarás!*

¡Aberraciones humanas de todos los tiempos y de todas las religiones, cuando olvidando su misión puramente espiritual, se adueñan del poder y se postran ante el becerro de oro!

¡Mientras no florezca en todas las almas la única religión emanada de los Diez Mandatos de la Ley Divina, la religión del Bien, de la Verdad, de la Justicia y del Amor, habrá siempre justos condenados como criminales, y verdugos disfrazados de santos!...

Los cuatro Doctores de la Ley amigos de Jhasua, José de Arimathea, Nicodemus, Gamaliel y Nicolás, miembros del Sanhedrin, tuvieron noticia extraoficial de lo que ocurría, y como cráter de un volcán estalló su indignación en el seno del Gran Consejo representante de la sabiduría y virtudes gloriosas de Moisés, y convertido entonces en una horda de vulgares asesinos ensañados como fieras en un Profeta de Dios, cuya vida era un salmo divino de amor a sus semejantes.

¡La discusión ardía como una llama!... pero eran sólo cuatro contra treinta y dos.

Las minorías selectas y escogidas son siempre las que pierden en esta clase de lucha: y los cuatro amigos del Mártir fueron excomulgados, malditos y expulsados del Sanhedrin, por desacato a la suprema autoridad pontificial. ¡Nunca más podrían tener entrada en el Consejo de los santos de Israel, ni aún a los pórticos del Templo! de cuyo sagrado recinto les había arrojado a empujones el comisario y sus guardias.

Los cuatro se presentaron a pedir audiencia a Pilatos, justamente en el momento en que el príncipe Judá entraba de vuelta con el prisionero.

La escena que allí tuvo lugar entre José de Arimathea y Nicodemus, que habían tenido en brazos a Jhasua niño de cuarenta días, cuando le vieron pálido y demacrado de pie ante Pilatos, no es para describirla con palabras, que nunca pueden tener la intensa vibración de la realidad en aquel momento.

Se extrañaron grandemente de ver a Judá desempeñando el triste papel de guardián del augusto prisionero.

El príncipe Judá que parecía haber vivido diez años de dolor en una hora sola, les contestó con una serenidad que les espantaba:

—Viendo que Jhasua se empeñaba en morir antes de la puesta del sol, he pedido al Dios de nuestros padres, la fuerza necesaria para acompañarle hasta el último momento.

José de Arimathea anciano ya, se abrazó del Mártir silencioso para decirle entre sollozos:

—¡Tú que eres la Luz, sabes lo que haces! ¡También yo quiero acompañarte hasta verte entrar en el Reino de Dios!

En el abrazo supremo a los cuatro amigos, les repitió el Maestro la misma palabra divina que había dicho a Judá: *"El hijo de Dios te bendice".*

La negra masa del populacho enfurecido se iba aumentando rápidamente, con los revoltosos desocupados que abundan en todas partes y que ignorantes de los móviles verdaderos de aquel tumulto, se dejaron arrastrar a él por los malhechores comprados con el oro sacerdotal.

Pilatos enloquecido, no sabía lo que había de hacer que le acarrease menores males.

El Sanhedrin había despachado mensajeros urgentes hacia Antioquía con graves acusaciones al Delegado Imperial.

Tuvo Pilatos una idea final.

Tenía en los calabozos de la Torre Antonia, un asaltante feroz de los caminos recorridos por las caravanas, autor de incontables asesinatos y robos hasta en el Templo mismo. Su nombre era sinónimo de *demonio*, y las madres y abuelas le usaban como arma para contener a los chicuelos rebeldes y malos, que eran la pesadilla del hogar: *Barr-Abbás.*

Pilatos le mandó traer de su profundo calabozo perpetuo, y su sola figura causaba espanto, pues más parecía un oso negro que un hombre.

Salió al pretorio con él y con Jhasua de Nazareth.

—Aquí tenéis estos dos hombres —dijo a la turba feroz que gritaba y maldecía—.

"Este tiene más asesinatos y crímenes que pelos en su cabeza. Y este otro no ha hecho daño a nadie, ni siquiera a las moscas. ¡Y vosotros pedís su muerte! ¿A cuál de ellos queréis que deje libre, a Jhasua o a Barr-Abbás?

—¡Suéltanos a Barr-Abbás y condena a muerte al impostor, al brujo, al que se ha llamado *Mesías de Israel*!

—¡Crucifícale! ¡Le queremos ver colgado de un madero en cruz como a los esclavos rebeldes!

—¡Es un esclavo infame y se apellida Mesías-Rey!...

—¡Es un blasfemo y merece la muerte!

Y los gritos subían de tono como ruido sordo de una tempestad.

Los viejos del Sanhedrin estaban allí a la vista de la masa de malhechores enfurecidos, animándoles con sus ojos de fieras rabiosas, que tenían la presa al alcance de sus garras y de sus dientes.

Pilatos quedó vencido.

Mandó traer un lebrillo con agua, y siguiendo la costumbre en tales casos, se lavó las manos en presencia de todos diciendo:

—¡Que la sangre de este justo que os empeñáis en matar, no caiga sobre mi cabeza; allá vosotros con este crimen!

Un grito feroz resonó unánime:

—¡Que caiga su sangre sobre nosotros y sobre nuestros hijos!

—¡Sea como lo queréis malditos judíos! —gritó Pilatos al mismo tiempo que de un empellón terrible, les soltó encima al asesino Barr-Abbás diciéndole:

—¡Anda lobo, entre ellos, y devóralos a todos juntos!

Cuando Pilatos entraba a su despacho, se encontró frente a frente de Claudia, su mujer toda cubierta de un manto violeta.

—¡Cobarde! —le gritó enfurecida aplicándole un feroz bofetón, al mismo tiempo que le arrojaba a la cara la cédula matrimonial y las joyas que él le había regalado el día de su boda.

Y sin dar tiempo a que él se repusiera de la impresión, se hundió por la rampa secreta que se abría en la muralla y desapareció.

Sus dos esclavas galas con sus novios ya libertos, la esperaban con caballos en la puerta trasera de la Torre llamada de los *ajusticiados.*

Por ella habían sido libertadas del calabozo años atrás por la influencia del Maestro, Noemí y Thirza madre y hermana del príncipe Judá. Por esa misma puerta escapaba Claudia de la infamia en que acababa de hundirse su marido, condenando a muerte al hombre más puro y más bueno que había pisado la tierra.

Dos prisioneros de la Torre Antonia estaban condenados a muerte desde el día anterior. El uno era un bandido samaritano de nombre Gestas, que acababa de coronar su carrera de robos y asesinatos, con la muerte de un soldado romano que descubrió su madriguera y quiso apresarle. Había sido prendido en momentos que arrastraba el cadáver hacia el hueco de una roca con el fin de encubrir su crimen.

El otro era un hombre de edad madura cuya juventud fue muy borrascosa, porque acontecimientos no buscados por él lo habían llevado a una vida al margen de la ley. En defensa propia y junto con aldeanos de su pueblo, habían herido malamente a dos correos del Procurador Valerio Graco, que al entrar a la casa de postas para cambiar las cabalgaduras atropellaron a indefensas muchachitas que llevaban sus cántaros a la fuente.

Este se llamaba Dimas. Y aunque su vida delictuosa de la juventud estaba casi olvidada, un último incidente lo puso de nuevo frente a la justicia humana.

Retirado en las afueras de Beerseba, en la región montañosa de Judea vivía de un pequeño rebaño de cabras y de un huerto que cultivaba él mismo.

El patrón de una de las caravanas que hacían el viaje desde el Mar Rojo a Jerusalén, perdió algunos asnos que se despeñaron en un precipicio. Y viendo que pastaban sueltos los asnos de la cabaña de Dimas, los tomó tranquilamente y siguió viaje sin decir a su dueño ni una palabra. Cuando éste se enteró, corrió tras de la caravana para recobrar sus jumentos.

En la recia contienda que se armó por este motivo, el caravanero fue herido por Dimas, y murió antes de llegar a Jerusalén.

Dimas fue capturado y condenado a muerte, pues se removió su borrascoso pasado y la ley tenía varias cuentas a cobrarse.

Pilatos dio orden de que los dos fueran ajusticiados juntamente con el Profeta Nazareno.

—¡Quise salvarte —le dijo Pilatos, cuando vio al Maestro por última vez— y tú no lo quisiste.

'' ¡Negra desventura ha caído sobre mí por tu causa, Rey de los judíos!— El Maestro no le contestó.

Al oír esta palabra uno de los ejecutores de la sentencia creyó que sería de gran efecto en la horrorosa tragedia, el poner sobre la persona del llamado *Rey de los judíos*, un desteñido manto rojo de los usados por los verdugos para cubrir sus ropas cuando azotaban o torturaban algún reo, lo cual les resguardaba de las salpicaduras de sangre. Y con un haz de varillas de fresno, hizo un simulacro de corona, que entre burlonas carcajadas la colocó sobre la hermosa cabeza de Jhasua.

El príncipe Judá, que con su corazón destrozado quería a todo costa mandar las fuerzas militares que guardarían el orden, se presentó en la prisión en ese momento.

De un tremendo puñetazo tiró a tierra al infame sayón que ni aún ante el dolor y la muerte, tenía un sentimiento de nobleza para su víctima. Le agarró del cinturón de suela que le ajustaba la túnica y de un solo empuje le arrojó fuera de la estancia.

Sobre el infeliz magullado, fue a caer manto y corona con una rapidez de relámpago.

Otros verdugos entraron llevando los otros dos condenados y los maderos en cruz sobre los cuales debían morir.

Un temblor convulsivo agitaba los labios de Judá como ocurre a los niños cuando les ahoga el llanto. Una mirada de los ojos divinos del Mártir, en los cuales parecía resplandecer ya toda la luz de los cielos, le devolvió de nuevo la calma.

Los cuatro doctores amigos de Jhasua habían dado aviso de lo ocurrido al palacio de Ithamar a la austera casona de Henadad, hospedaje de todos los discípulos galileos, a la casa de Lía donde se hospedaban los amigos de Betlehem, al local de la Santa Alianza, a la granja de Bethania, a los príncipes Jesuá y Sallum de Lohes, que con Judá y Simónides habían trabajado tanto por la gloria de Israel con un Rey de la raza de David.

Faqui entró como un huracán en busca de Judá.

—¿Pero tú has permitido esto? —le dijo sacudiéndole fuertemente de los brazos.

Judá pálido pero sereno, le señaló al Maestro sentado sobre el estrado que le había servido de lecho.

Faqui se precipitó hacia él y cayó de rodillas a sus pies llorando como un niño.

—¡Jhasua!... ¡Tú eres el Hijo de Dios y has consentido esto!... ¡Cielos!... ¿no ves que la tierra va a hundirse con este espantoso crimen? Tú que has salvado a tantos de la muerte ¿no quieres salvarte a ti mismo?

El Maestro le puso una mano sobre la cabeza que se agitaba en su regazo como un pájaro herido, mientras le decía:

—¡Faqui!... porque me has amado mucho, mi Padre te deja compartir conmigo la inmensa dicha de mi entrada en su Reino.

"Morir para conquistar por siempre la corona de Hijo de Dios, no es morir amigo mío, sino empezar a vivir la gloriosa vida del vencedor después de la victoria!

Faqui levantó su cabeza para mirar a Jhasua, cuya forma de expresión le resonaba de un modo extraño. Debido a su facultad clarividente, le vio entre un dorado resplandor donde se agitaban cien manos con palmas, coronas y laúdes, de los cuales parecía salir como el eco de una canción lejana, estas sublimes palabras:

"¡Morir por un ideal de liberación humana es la suprema consagración del amor!"

Todo esto pasó en un instante, como el fugaz resplandor de un relámpago.

—¡La grandeza de Amanai está contigo! ¡Sea como tú lo quieres Hijo del Altísimo!..." —murmuró levantándose con la misma serena calma que hemos visto a Judá.

Cuando Faqui se inclinó, para besar por última vez aquella blanca frente que él comparaba con el lirio del valle, oyó que Jhasua le decía:

—Ahora acabas de penetrar en el arcano de mi Padre. ¡El hijo de Dios te bendice!

Judá se le acercó para decirle:

—Como yo soy un Centurión romano, tú dejas de ser un príncipe tuareghs. Corre y vístete como labriego o leñador, y espera en la fuente de la calle de Joppe, que por allí pasaremos.

—¿Qué piensas hacer? —preguntó Faqui.

—Yo, nada, pero debemos estar alerta hasta el último momento. ¡Mi esperanza vive, Faqui, y siento que es inmortal como Dios!

Faqui salió como una exhalación. Se había consolado sobre el corazón de Jhasua, y al igual que su amigo, *esperaba indefinidamente.* ¿Qué esperaban? Ellos mismos no sabían precisarlo.

Convencidos de que el Mártir era el Cristo, Hijo de Dios Vivo, no podían asociar tal idea con la muerte, y estaban seguros de que Jhasua terminaría su vida terrestre con igual majestad que el sol del ocaso, que desaparece de nuestra vista, para aparecer igualmente luminoso entre los resplandores de la aurora en otro hemisferio, acaso en otro mundo más digno que la tierra para recibir a un hombre que era Dios.

Los tres patíbulos no eran iguales. Dos de ellos eran de madera verde recientemente cortada, y el otro de madera seca que acaso desde tiempo atrás esperaba el reo que había de morir en él.

No sé si por una piedad pobre y tardía, pero sobre éste aparecía una pequeña tabla con esta inscripción:

Rey de los judíos, lo que indicaba estar destinado al Profeta.

Era el menos pesado de los tres, pero así y todo, Judá no le dejó poner sobre los hombros de Jhasua, hasta que hubieron bajado el graderío del pretorio y estuvieron en la calle. Hubiera mandado llevarlo por los sayones, pero el Maestro adivinó su pensamiento y levantó sus brazos para colocarla él mismo sobre su espalda.

La cruz de la humanidad delincuente caía por fin sobre los hombros de su Salvador.

La humanidad podía decir con el Profeta en ese solemne momento:

"Sin abrir su boca, cargó sobre sí, con todas mis iniquidades".

Apenas habían andado unos doscientos pasos, cuando comenzó de verdad para el augusto Mártir *la calle de la amargura.*

Fue Verónica, esposa de Rubén de Engedí la primera en llegar, seguida de sus hijos e hijas que trataban en vano de contenerla. Aquella mujer exhalando al viento su llorar que rompía el alma, se abrió paso entre la turba maldiciente que rodeaba al Justo como una manada de lobos.

Judá, desde lo alto de su caballo la vio y dio orden de abrirle paso.

Se llegó hasta el Mártir que comenzaba a doblarse bajo el peso del madero, y arrancándose el blanco velo de lino que cubría su cabeza, secó el abundante sudor que el calor del sol y la fatiga hacía brotar en aquella pálida faz, donde brillaban con extraño fulgor los ojos divinos del Cristo como estrellas lejanas al anochecer.

¡Aquella faz de nácar quedó grabada en el velo!... Judá lo vio y su corazón se estremeció de fervoroso entusiasmo, pues pensó para sí mismo:

"Ahora comienzan las maravillas de la hora final".

En ese preciso momento llegaban también Susana y Ana, esposas de José de Arimathea y Nicodemus, Noemí, Thirza, Nebai, Helena de Adiabenes, la anciana Lía, llevada en silla de manos por los amigos de Betlehem al igual que Bethasabé conducida por sus hijos Jacobo y Bartolomé, que creían estar viviendo una horrible pesadilla.

Como la turba tratase de estorbarlas de acercarse al Maestro, Judá encolerizado ante tan inaudita maldad, ordenó a los guardias montados una fuerte carga, que hizo retroceder un tanto a toda aquella masa de malhechores, que esperaban ansiosamente ver consumada la muerte, para recibir el oro y la libertad prometida.

El Mártir se enterneció vivamente al ver el doliente grupo de mujeres que le habían conocido niño y que le habían seguido con su fe y con su amor durante toda su vida.

—¿Por qué habéis venido, para agotar mis fuerzas antes de la hora? —les dijo con su voz más tierna—. No lloréis por mí —añadió— sino por vosotras, por vuestros hijos y por el pueblo fiel que recibió la palabra divina, y que sufriréis los horrores que vendrán por causa de este día.

"¡No lloréis!... que antes de que el Sol traspase las colinas, yo estaré en mi Reino, para repetiros una y mil veces: *El Hijo de Dios os bendice*".

Formándole un muro alrededor, aquellas mujeres llorando desconsoladamente, no dejaban que el Mártir continuara su camino.

Diez jueces del Sanhedrin, con Caifás a la cabeza, se presentaron de pronto conducidos en literas abiertas para amedrentar al pueblo con las insignias de la suprema autoridad religiosa que investían.

Habiendo tenido noticia de que mandaba la guardia montada Quintus Arrius, el amigo del ajusticiado, temieron que en las afueras de la ciudad tratase de libertarlo. Al ver la escena dolorosa de las mujeres, los jueces comenzaron a gritar:

—¡Las mujeres a su casa!... ¡apártenlas a latigazos!... ¡Plañideras pagadas para chillar!... ¡Rameras de los caminos!

El príncipe Judá ciego de indignación, arremetió con su caballo el cortejo de literas brillantes de oro y púrpura. Algunos esclavos conductores perdieron el equilibrio y cayeron, causando por consiguiente la caída de algunos de aquellos malvados viejos, que con sus gritos insultantes querían dar a entender la baja estofa a que pertenecía el ajusticiado y sus amigos.

—¡Quien manda aquí soy yo, en nombre del Gobernador! —había gritado Judá con voz de trueno—.

"¡A callar como muertos toda esa canalla, sino, aquí mismo os dejo la guardia con las entrañas al viento!...

Helena de Adiabenes y Noemí, cuya fe religiosa las hacía ver grandeza y santidad en los altos dignatarios del Templo, se quedaron estupefactas, al oírse llamar por ellos *"plañideras pagadas para chillar, rameras de los caminos"*.

Y apretándose más cerca al Ungido de Dios que caminaba a la muerte le decían entre gemidos:

—¡Señor!... te vas de este mundo llevándote el amor, la piedad y la justicia... y nos dejas bajo el látigo de los verdugos de Israel!

Los ojos de lince de Hanán, habían reconocido a Helena, cuya arca estaba siempre abierta para los valiosos donativos que le fueron solicitados, y pasando aviso a Caifás y demás jueces, guardaron silencio por doble conveniencia; Quintus Arrius no gastaba bromas, y la viuda de Adiabenes los miraba escandalizada. El príncipe Judá habló en voz baja a su madre, y todo el grupo femenino siguió detrás del Mártir en profundo silencio.

Un observador hubiera notado que las palabras del príncipe Judá habían hecho nacer una esperanza en el doliente grupo de las mujeres judías.

Nebai se perdía en suposiciones y conjeturas. ¿Cómo y por qué mandaba Judá la guardia ese día? ¿Sería para salvar a Jhasua a última hora?... ¡Oh sí!, ¡no había duda!... ¡Judá no le dejaría morir! ¡Y con la más viva ansiedad pintada en el rostro, continuaba andando!...

A la vuelta de un recodo de la calle y cuando ya estaban cerca de la puerta de Joppe, apareció frente a la comitiva, un fornido labriego, alto, esbelto, casi como un gigante. Traía el azadón al hombro y se apoyaba en un bastón de encina.

Era Faqui, disfrazado, tal como indicara Judá.

Thirza que le vio, iba a llamarlo por su nombre para cerciorarse de que era él, pues su extraña indumentaria hacía dudar a cualquiera.

Judá se apresuró a decirle:

—Buen hombre, si quieres ganarte unos sextercios, deja el azadón y ven a cargar el madero de este penado, que no puede andar con su peso.

—Simón de Cirene para servirte Centurión —le contestó el labriego.

Algunos de los jueces levantaron su voz de protesta.

— ¡He dicho que aquí mando yo! —volvió a gritar con voz de trueno el hijo de Quintus Arrius, que parecía sentirse señor del mundo para proteger al Cristo-Mártir hasta el último momento de su vida.

¿Qué pasaría por el alma nobilísima y tierna del Ungido cuando el Hach-ben Faqui, su amigo, le tomó la cruz y la cargó sobre su espalda?

Los ojos del Mártir se llenaron de lágrimas y de su corazón de Hijo de Dios, subió a los cielos este divino pensamiento:

"Te adoro y te bendigo Padre mío, porque han florecido mis rosas de amor sembradas en la tierra".

Libre ya el Maestro de aquel peso excesivo para su endeble y delicada natu-raleza, su cuerpo se irguió de nuevo y continuó caminando al lado de Faqui.

EL GOLGOTA

Los últimos en conocer la triste noticia fueron los discípulos venidos de la lejana Galilea.

La promesa de Jhasua hecha esa misma noche a María de Mágdalo, de que antes de ponerse el sol *él sería libre*, les mantuvo arrullados por la esperanza, hasta que llegó Nicodemus desolado, pálido como un muerto a llevarles la dolorosa verdad.

La dolorida madre del Mártir como la estatua viva de la angustia, no se movió ni para exhalar un grito en aquel terrible momento. El supremo dolor de su alma parecía paralizar todos sus movimientos. Se sentía morir junto con él, y esperaba a la muerte en una quietud que espantaba.

Los discípulos se volvieron contra la castellana de Mágdalo, para increparla duramente por el engaño que les había hecho.

—¡Tú siempre viendo visiones! —le decía Juan con su voz entrecortada por los sollozos.

—Algún mal genio se te presentó, mujer, para engañarte, y lo tomaste por el Maestro —decíale Tomás ásperamente. Una tempestad de censuras se levantó contra ella, que anonadada y sin comprender lo sucedido, se apoyó contra el marco de la puerta para no caer. Sentía que todo daba vueltas alrededor suyo y un temblor convulsivo estremecía su cuerpo.

La dulzura de Pedro volvió en su ayuda.

—No habléis así sin saber lo que decís. No es justo perder del todo la esperanza. Si como dice Nicodemus, el príncipe Judá manda la guardia, me parece que no será para llevar al Maestro a la muerte.

"¿Qué sabemos nosotros de la forma en que él subirá a su Reino?"

Estas palabras de Pedro, calmaron aunque levemente la agitación de todos aquellos amigos del Maestro, que en número mayor de un centenar se hallaban en aquel recinto.

Allí estaba *Felipe el griego* como le llamaban, y debido a su temperamento vivo y ardiente, fue uno de los primeros en reaccionar y dijo resueltamente:

—En vez de estar aquí discutiendo lo que será o no será, corramos todos al pretorio de la Torre y veremos por nuestros ojos lo que ocurre.

Más tardaron en oír estas palabras que en salir corriendo en revuelto montón, hombres, mujeres y niños...

A los pocos pasos andados en la calle, se encontraron con Boanerges que venía sin aliento corriendo a todo lo que daban sus pies:

—¡Le llevan ya por la calle de Joppe al Monte de las Calaveras!...

—¡Dios bendito!... ¡Allí mueren los criminales ajusticiados!... —gritó la anciana Salomé, que apoyada en su marido andaba lentamente.

A Myriam que se empeñó en acudir cerca de su hijo aunque fuera para verlo morir, la conducían el tío Jaime y Pedro que iban detrás de todos.

Juan, Boanerges, María de Mágdalo y sus compañeras, Felipe con el huérfano Policarpo, los hijos de Ana y Gabes, Marcos y Ana de Nazareth, todos jóvenes, tomaron la delantera y corrían agrupados como bandadas de pájaros asustados por la proximidad de la tormenta.

Los más ancianos, atrás, esquivando los tropiezos para no caer... lamentando sin duda la pesadez de sus miembros que les impedía la carrera, seguían a los otros con la agitación y la ansiedad pintada en el rostro.

Viendo estos cuadros vivos, el Divino Maestro hubiera repetido su genial pensamiento: "¡Padre mío!... te adoro y te bendigo porque han florecido mis rosas de amor sembradas en la tierra".

Juan, María y Boanerges adelantaron por fin al grupo, y pasaron como una exhalación por la puerta de Joppe entre una nube de polvo que levantaban sus pies.

Una atmósfera asfixiante y pesada caía como plomo sobre su fatiga, y densos nubarrones negros iban cubriendo la opalina claridad de los cielos. Multitudes de gentes, a las que llegaba tardía la noticia de *quién era* uno de los ajusticiados aquella tarde, asomaba de todas las encrucijadas de las calles y llegaba por todos los caminos.

"¡Si él ha devuelto la vida a los muertos y curado leprosos y ciegos de nacimiento... es el Mesías anunciado por los Profetas!... ¡El no puede morir!, no morirá jamás, porque Jehová mandará sus ángeles que le arranquen de sus verdugos". Todos estos comentarios hacía a gritos la multitud, corriendo hacia el Monte de las Calaveras, donde esperaban presenciar el más estupendo de los prodigios del Cristo.

Cuando el primer grupo de nuestros amigos galileos dio vuelta el recodo de un árido barrancón cubierto de ramas secas, se les presentó como pintado sobre la negrura del cielo tormentoso, el más terrible cuadro que pudieran presenciar sus ojos: Jhasua, el dulce Maestro a quien venían buscando, suspendido de un madero en cruz en la cúspide del monte, entre dos ajusticiados que debían morir con El.

Juan y Boanerges se apoyaron uno en otro para no caer de bruces sobre el polvoriento camino.

María de Mágdalo se estremeció toda, en una violenta sacudida que casi la tiró a tierra.

—¡Señor!... —gritó con suprema desesperación y echó a correr nuevamente como si un vértigo de locura se hubiera poderado de ella.

Subió jadeante la montaña de la tragedia, y fue a caer como un harapo al pie del madero donde iban cayendo lentamente hilos de sangre de los pies y manos del Mártir.

Judá y Longhinos como dos estatuas ecuestres, con la faz contraída por el dolor presenciaban aquel cuadro imposible de describir.

Las mujeres lloraban y rezaban.

El pueblo se amontonaba al pie del monte como una marea humana, que tenía rumores de olas enbravecidas.

Como trazos formidables de luz, los relámpagos iluminaban a intervalos la negrura de la tormenta que tronaba con loca furia, encima de millares de cabezas humanas atormentadas por mil diversos pensamientos.

De pronto vieron con espanto que las colinas adyacentes ardían en rojas llamaradas. Cada cúspide parecía el cráter de un volcán. Y una especie de fantasma vestido de flotantes velos rojos, corría de un fuego a otro arrojando combustibles, más y más en las hogueras ardientes.

Era Vercia, la Druidesa gala, que acompañaba la entrada a su Reino del Hombre-Dios, con el resplandor de cien fuegos sagrados con que evocaba el *Gran Hessus* para recibir a su Hijo.

La tierra temblaba estremecida en violentas sacudidas, y las montañas ardientes, se abrían en tremendos terremotos, expulsando con furia de las antiguas grutas sepulcrales allí existentes, los blancos esqueletos humanos que pasaron allí largos años de quietud, y que un extraordinario cataclismo arrojaba ante los ojos de aquellas multitudes sobrecogidas de terror y de espanto.

Los jueces del Sanhedrín cuya conciencia les gritaba *¡asesinos!*, quisieron huir temiendo más que nada el furor de los elementos, pero el príncipe Judá como un arcángel de la Divina Justicia, mandó a sus guardias que les sujetaran sin permitirles moverse de aquel sitio.

—¡Cobardes asesinos! —les gritó con fuerza a fin de hacerse oír entre el fragor de la tormenta y el chocar de las rocas que se desmoronaban por los flancos de las montañas—. ¡Cobardes asesinos!... ¡quietos ahí! ¡para que caiga como una eterna maldición sobre vosotros el último aliento del Hijo de Dios que habéis asesinado!

¡Un pavoroso silencio se fue haciendo poco a poco, sólo interrumpido por los sollozos de las mujeres y las plegarias de la muchedumbre que al pie del trágico monte veía sin poder creerlo, como una escultura de marfil, suspendida entre el cielo y la tierra, al Profeta de Dios que unos días antes había entrado a Jerusalén entre hosannas de gloria y aclamaciones de triunfo y de amor!

En la agitación y suprema ansiedad en que todos estaban sumergidos como infelices náufragos en un mar tempestuoso, habían olvidado por completo a los fieles ancianos que acompañaron al Verbo de Dios desde la cuna.

Efraín y Shipro pensaron en ellos, y en modestas literas cubiertas llevadas por una veintena de criados les condujeron al monte del sacrificio, donde el Hijo de Dios... el dulce Jhasua que tuvieron de niño en sus brazos, entregaba su vida en el altar santo del amor fraterno, cimiento y coronación de su obra grandiosa de liberación humana.

Allí iban a verle morir, Melchor de Horeb, Simónides, Gaspar el hindú, Filón de Alejandría, Elcana y Sarah, Josías, Eleazar y Alfeo, cuya ancianidad avanzada les imposibilitaba hacer a pie el penoso camino de barrancos y matorrales que conducía al Monte de las Calaveras.

Los cuatro amigos doctores habían corrido como enloquecidos, buscando a los miembros del Sanhedrín que quedaron sin aviso del juicio que se realizaba, con la esperanza de formar mayoría y anular la sentencia de muerte dada contra el Justo, aunque esto fuera a última hora.

Pero sufrieron la decepción de la cobardía en casi todos ellos, que mirando más la propia conveniencia que la vida del prójimo, no tuvieron el valor de ponerse frente al pontífice Caifás ni a los jueces, doctores y sacerdotes, que habían condenado al Profeta de Dios.

—Nosotros no le hemos condenado —contestaban cobardemente—. ¡Allá ellos con esa muerte!

—Pero vuestra cobardía os hace cómplices del delito —les dijo José de Arimathea.

—Al negaros a intervenir —añadió Nicodemus— dejáis el campo libre para que el crimen sea consumado.

—Levantaré contra vosotros —gritó fuera de sí Gamaliel— a toda la juventud del Gran Colegio, que os arrojarán en las aulas las tablillas a la cabeza y os gritarán: *¡No queremos verdugos ni asesinos para maestros!*...

Estos cuatro llegaron a la montaña de la tragedia, cuando el Mártir llevaba ya una hora suspendido en la cruz.

Tanto ellos, como la triste procesión de los ancianos, se vieron en grandes dificultades para llegar al pie de la montaña, debido a los enormes trozos de rocas y de tierra que el terremoto había arrojado sobre todos los senderos que conducían a ella.

Era la madre del Mártir, el imán que atraía a todos sus amigos y discípulos. Y la dulce mujer sentada sobre una roca, con la mirada fija en su hijo, parecía no darse cuenta de que era el centro de toda la piedad y de todo el amor, de los que amaron al Cristo por encima de todas las cosas.

La humana personalidad del Mártir se agotaba visiblemente con la pérdida de sangre y la pesadez de la atmósfera, ardiente como una llama.

Los ojos de sus discípulos amigos y familiares lo abrazaban con sus miradas llenas de ansiedad y desesperación, esperando en vano que a una palabra suya se abrieran los cielos, y legiones de arcángeles justicieros bajaran como enjambre de pájaros luminosos para arrancar al Ungido de su patíbulo infame.

Pero el alma del Cristo flotaba sin duda por horizontes lejanos, o su clarividencia le presentó con vivos colores las consecuencias del crimen que los dirigentes de Israel cometían, porque su voz doliente exhaló un gemido como un sollozo para decir:

"¡Perdónalos Padre, porque no saben lo que hacen!"

Agunas voces amigas clamaban entre sollozos:

—¡Hijo de Dios!... ¡Mesías de Israel!... ¡Acuérdate de mí cuando estés en tu Reino!...

—¡Llévanos Señor contigo!... ¡No queremos la vida sin tí!...

¡Hasta los elementos estallan de furor contra los verdugos del Hijo de Dios!...

Pero estas y otras frases, al igual que las plegarias y los llantos se perdían entre el estampido de los truenos, el chocar de las piedras que saltaban a gran distancia, y el crepitar de las ramas que los *fuegos sagrados* de Vercia, iban reduciendo a cenizas...

Un jinete de turbante y manto blanco que el viento agitaba como alas que volasen desesperadamente, se apeó al pie de la montaña y fue a caer de rodillas en lo alto de la explanada donde habían levantado los cadalsos.

Levantó su mirada a los cielos y luego sus ojos negros y profundos se posaron con infinita angustia en aquel rostro amado, en el cual ya aparecían las huellas de la muerte.

Era el Scheiff Ilderín que acababa de llegar de Jericó, adonde le llevaron la terrible noticia, cuando se disponía a entrar con sus valientes jinetes árabes para proclamar al Ungido del Señor como Rey de Israel.

El terror se apoderó de toda aquella enorme multitud, cuando un espantoso trueno hizo estremecer la montaña, y en la negrura de los cielos, el siniestro resplandor del rayo apareció como una serpiente de fuego que se rompía en la inmensidad.

Los que estaban más próximos al divino Mártir le oyeron decir:

—¡Padre mío!... ¡Recibe mi espíritu! Todo fue consumado.

La hermosa cabeza sin vida se inclinó como un lirio tronchado por el vendaval.

Recién entonces, Judá, Faqui, Ilderin, Simónides, sus discípulos, amigos y pueblo, comprendieron que ya no tenían nada que esperar.

Entonces se desató como un huracán el furor de Judá, de Faqui, de Ilderin, de Vercia, que había subido con los suyos con hachones ardientes para iluminar las tinieblas.

Con los pilus o lanzas, con jabalinas, con látigos, hicieron rodar montaña abajo las literas de púrpura y oro de los magnates del Templo.

—¡Fuera de aquí, lobos hambrientos!... ¡Atrás vampiros, mercaderes del Templo, antes que haga aquí una carnicería con todos vosotros! —gritaba enfurecido Judá.

Las mitras, las tiaras, los tricornios brillantes de pedrería salían volando, mientras sus dueños a saltos bajaban la montaña como lebreles, acobardados a la vista de los leopardos. Sus esclavos huían despavoridos ante el jinete del turbante blanco y el Centurión del caballo retinto que no daban tregua a los que poco antes vociferaban con burlas soeces y salvajes gritos.

—¡Ya no está El para verme!... —gritaba como enloquecido Judá—. ¡Sus ojos están cerrados y no me imponen silencio!... ¡Fuera de aquí malvados!... ¡Ahora soy yo la justicia de Dios para acabar con todos vosotros!...

Vercia la Druidesa gala, había hecho un imponente *fuego sagrado* al pie de la montaña trágica, con las literas y púrpuras sacerdotales y las zarzas secas de los barrancos. ¿No era aquel árido peñasco, un altar en que había sido inmolado el Hombre-Luz, el Hijo del gran Hessus?

El pueblo se desbandaba a todo correr, presa de horrible pánico y la policía montada iba a retirarse también.

Cuando solo quedaban en el recinto de la tragedia los familiares, discípulos y amigos, Judá se quitó el casco, coraza y cota de mallas y lo entregó a Longhinos diciéndole: "Dirás al Gobernador que he terminado mi papel de militar". Longhinos le saludó militarmente y al frente de las fuerzas, bajó la colina ennegrecida de sombras pensando: "El Gobierno romano y el Sanhedrin judío, se hundirán en igual abismo, porque unidos ajusticiaron a un Dios encarnado, superior a los dioses del Olimpo".

El príncipe Judá acercó entonces su caballo al cadalso del Cristo y poniéndose de pie sobre la montura, unió su cabeza trastornada, con aquella otra cabeza ya sin vida y rompió a llorar a grandes sollozos que despertaron ecos en los huecos de la montaña y en los corazones que le escuchaban...

—¡Jhasua!... ¡amigo mío!, ¡mi Rey de Israel!... ¡mi sueño de toda la vida!... ¡Hoy moriré también contigo porque no quiero, no!, ¡ni un día más de vida en esta tierra de crimen y de infamia!...

Faqui vio brillar en su diestra un pequeño puñal y de un salto subió al caballo y le tomó fuertemente la muñeca, mientras le decía:

—¡Judá, amigo mío!... ¿No sabes que el Hijo de Dios no ha muerto, ni puede morir jamás?

"Ahora más que nunca debemos vivir por El y para El; para que su nombre se esparza como reguero de estrellas sobre toda la tierra.

Un temblor nervioso se apoderó de Judá que sintiendo que todas sus fuerzas le abandonaban, se dejó caer en los brazos de Faqui y unos momentos después, el noble y valiente príncipe Judá se hallaba tendido sobre una manta al pie del patíbulo en que había muerto su Rey de Israel. La violenta crisis le produjo un pesado letargo.

Pequeños bultos sombríos se veían aquí y allá, y entre aquellas tinieblas ni aún los amigos se reconocían.

La dolorida madre apoyada en su hermano Jaime, se había acercado hasta la cruz en que estaba muerto su amor, y sus manos heladas buscaron a tientas los pies heridos y húmedos de sangre, de aquel Hijo Santo por el cual tanto y tanto había padecido durante toda su vida.

En este acercamiento, la infeliz madre percibió un objeto que no se movía, al mismo pie del madero. En sus pies sentía el calor de ese otro cuerpo, que sólo parecía un pequeño bulto en la obscuridad. Era María de Mágdalo que abrazada al madero desde que llegó, estaba con su cabellera empapada en sangre y sumida en un atolondramiento muy semejante a la demencia.

Nebai era otro bulto en las tinieblas, abrazada con sus dos hijitos, el uno de ocho años y el otro de cinco.

Llorando amargamente les hacía repetir las palabras del Salmista:

"Dios tenga misericordia de nosotros y nos bendiga: haga resplandecer su gloria sobre las tinieblas".

"¡Sálvanos Dios Señor nuestro, porque aguas amargas han penetrado hasta el fondo del alma!"

"¡Oh Jehová!... ¡a ti clamamos!, ¡escucha esta voz que te invoca!"

"¡Elevada sea mi oración delante de Ti como un perfume, y el don de mis manos como la ofrenda de la tarde!"

Los moradores de la apacible Bethania, Martha, Lázaro y la pequeña María, habían llegado los últimos, como para recoger en sus corazones llenos de angustia las postreras palabras del Mártir:

"¡Padre mío, recibe mi espíritu!... ¡Todo fue consumado!"

Martha cayó de rodillas y hundió su cabeza en el polvo murmurando entre sollozos:

"¡Que Dios tenga misericordia de nosotros!... ¡Señor!... ¡Señor!...

"Mira la grandeza de tu Hijo y no la maldad de los hombres!...

"Mira su amor y no nuestra iniquidad!...

"Misericordia y piedad, Señor!...

El rumor de sus palabras se perdía entre el llorar desconsolado de aquel centenar de personas, que se movían como fantasmas en torno al Hombre Dios suspendido en la cruz.

Lázaro se quedó quieto y mudo como una estatua, a pocos pasos del cadalso del gran amigo que había curado sus dolores morales y físicos, y cuyo acercamiento fue para él como el comienzo de una vida nueva.

La pequeña María, tímida y medrosa fue acercándose lentamente hacia el grupo central que lloraba al pie de la cruz. Y cuando a la luz temblorosa del fuego sagrado de Vercia, reconoció en aquella faz lívida, el dulce rostro del Maestro, exhaló un gemido de agonía y cayó sin sentido sobre el regazo de Verónica que sentada en el duro suelo, rezaba y lloraba.

La pobre niña no volvió en sí hasta algunas horas después.

José de Arimathea y Nicodemus habían vuelto a la ciudad a pedir al Gobernador el permiso necesario para bajar al Maestro del madero y darle sepultura esa misma noche, en vista de que al siguiente día no permitía la Ley hacer ese trabajo.

Obtenido el permiso, los hombres más jóvenes y fuertes procedieron a descender aquel amado cuerpo que tantas fatigas había sufrido por consolar a sus semejantes.

Melchor y Gaspar previendo aquel momento, habían traído en sus literas las vendas y lienzos de lino exigidos para la inhumación.

Con los asientos de las literas en que fueron conducidos los ancianos, se formó un estrado cubierto con un blanco lienzo y allí depositaron a Jhasua muerto.

¡Myriam su madre, puesta de rodillas, pudo por fin abrazarse a la amada cabeza de su Hijo, y besar sus ojos cerrados, su frente, su boca, sus mejillas como si con el calor de sus besos quisiera inyectarle de nuevo la vida!...

Los hombres y las mujeres, ancianos y niños desfilaron conmovidos en torno a aquel humilde féretro, en que yacía el cuerpo inanimado del Mártir, que la noche antes les repartía el pan y el vino y les abrazaba en una postrera despedida.

Sus últimas palabras resonaban en las almas doloridas como los trenos dolientes del que parte para no volver:

"Donde yo voy, vosotros no podéis seguirme por ahora".

"Os dejo mi último mandamiento:

"Que os améis unos a otros como yo os amo".

"Me buscaréis y no me hallaréis. Pero no os dejo huérfanos, porque mi Padre y yo, vendremos a vosotros si os amáis como El y yo os amamos".

¡Pedro recordaba que había negado esa noche a su Maestro, y arrodillado a sus pies los besaba mil veces y los bañaba con sus lágrimas que parecían no agotarse jamás!...

¡Juan recostó un momento su frente sobre aquel pecho desnudo donde más de una vez había apoyado su cabeza, y había escuchado el latir de aquel gran corazón, que entonces estaba mudo!...

Helena y Noemí, tuvieron la idea de cortar algunos rizos de la cabellera del Profeta y repartirlos después en hebras de oro como triste recuerdo de aquel ser tan querido, que no había sido sólo el resplandor de un sol entre ellos, sino que había tenido vida de hombre... les había amado como hombre, y les había consolado como amigo, y enseñado como Maestro.

El pensar que no le tenían ya más, les enloquecía de angustia y nuevos coros de sollozos ahogados, despertaban ecos en la montaña sombría, donde el *fuego sagrado* de la Druidesa gala daba reflejos de oro y sangre a la dolorosa escena final.

Los diez hombres más ancianos de aquella fúnebre reunión se encargarían de ungir el cadáver con los óleos aromáticos de costumbre y envolverlo en el sudario espolvoreado de incienso, mirra y áloe: Gaspar, Filón, Elcana, Josías, Alfeo, José de Arimathea, Pedro, Simónides y el tío Jaime.

La dulce madre ungió la cabeza de su Hijo con los raudales de su llanto inconsolable, y la cubrió con el velo blanco que se quitó de la suya.

Los discípulos jóvenes habían explorado las inmediaciones de la montaña a la luz de las antorchas, en busca de una gruta nueva, que un familiar de José de Arimathea había adquirido y arreglado para sepultura de los suyos.

Sobre un lecho formado con veinte brazos unidos por las manos, los hombres jóvenes condujeron el cadaver a esta sepultura provisoria, ya que la noche les impedía llevarlo al panteón sepulcral de David, sobre el cual tenía derechos hereditarios el príncipe Sallúm de Lohes.

Conduciendo a su gruta sepulcral el cadáver de Jhasua, que había soñado con la igualdad humana, vemos las manos unidas de príncipes, pastores, jornaleros, doctores y hasta un esclavo.

El Hach-ben Faqui, el Scheiff Ilderin, Gamaliel, Nicodemus, Nicolás, Felipe, Juan, Marcos, Jacobo y Bartolomé, Othoniel, Isaías, Efraín, Gabes, Nathaniel, Shipro y Boanerges, Zebeo y dos jóvenes discípulos de Melchor.

Los hombres de edad seguían el cortejo fúnebre, recitando los trenos de Jeremías, y llorando silenciosamente.

Sólo el príncipe Judá no pudo seguir tras del cadáver de su Rey de Israel, porque tendido aún sobre una manta al pie del cadalso, rodeado por su madre, su esposa y sus dos hijitos, parecía luchar entre la vida y la muerte.

Su inmovilidad completa, su respiración apenas perceptible, y los débiles latidos de su corazón, hacía temer a los suyos, que aquella vida no tardaría en extinguirse.

Este doloroso incidente dio motivo a que todos se dirigieran al palacio Ithamar. Los ancianos en literas, y los jóvenes a pie, era aquello como una triste procesión de fantasmas sombríos atravesando caminos y barrancos, y luego las obscuras y tortuosas calles de Jerusalén sumidas en profundo silencio.

Las trágicas impresiones del día, la noche obscura y tormentosa, las patrullas de soldados que recorrían las calles para evitar sublevaciones populares, todo flotaba como un hálito de pavor sobre la ciudad de los Profetas mártires y de los reyes homicidas.

DE LA SOMBRA A LA LUZ

Hemos llegado, lector amigo, al cuadro final de esta colección de esbozos, de lo que fue el grandioso poema de la vida del Hombre-Dios en la personalidad humana de Jhasua de Nazareth.

El palacio que fuera idea y realidad del príncipe Ithamar, de la antigua y noble familia de Hur, gran amigo de Moisés, parecía estar destinado a ser mudo testigo de grandes dolores humanos.

Ideado y construído para nido plácido y tibio de un primer amor pleno de fe y esperanza, debió presenciar los desgarramientos profundos de sus dueños cuando la tragedia que deshizo a la familia de Ithamar durante diez años largos y terribles.

Presenció asimismo la inmensa desolación de los familiares, amigos y discípulos del Cristo Mártir en el primer anochecer del día de su muerte; día que el mundo llama *Viernes Santo*, y cuyo dolor ha servido durante veinte siglos para significar toda angustia inconsolable y única en nuestras vidas humanas.

"Ésto parece un Viernes Santo", se dice cuando un desconsuelo inmenso llena nuestra morada de silencio y de sombras.

El gravísimo estado físico del jefe de la familia, añadía otra nota mas de amargura a la copa que ya rebosaba en todos los corazones.

Los médicos habían diagnosticado una congestión cerebral, de la que no tenían ninguna esperanza de salvarle.

El desolado grupo de los amantes del Cristo... del hombre genial que acababa de desaparecer, veían en el príncipe Judá el hombre fuerte, el roble gigantesco que podía ofrecerle amparo a todos en ausencia del Maestro, para el caso de persecuciones que no podían tardar, dado el odio satánico de los príncipes y doctores del Templo contra el Justo asesinado por ellos.

Su vinculación hereditaria con los grandes hombres del gobierno romano, en su calidad de hijo adoptivo del victorioso Duunviro Quintus Arrius, que había librado al Imperio de la plaga de los piratas, dueños de los mares, le daba un poderoso ascendiente en las esferas gubernativas de los países civilizados. ¿Quién sino él podía protegerles de las furias del Sanhedrín judío?

La noche del viernes y todo el sábado siguiente fue de angustiosa espera para el dolorido conjunto de los amantes de Jhasua.

El Hach-ben Faqui les animaba diciéndoles:

—La patria Tuareghs es inmensa, como el Sahara impenetrable, y mi padre es allí uno de los Consejeros de la reina Selene. Os llevaré pues a mi país si en el vuestro os veis perseguidos.

Gaspar, príncipe de Srinaghar y señor de dominios en Bombay, ofrecía albergar a cuantos quisieran huir de la nación desventurada, que fue ingrata a los dones de Dios.

Melchor con sus grandes Escuelas en la península del Sinaí, el Monte Horeb, el Monte Hor y Cades Barnea, hacía iguales ofrecimientos.

Y el Scheiff Ilderín, uno de los más poderosos caudillos con que contaba para su defensa el Rey Hareth de Arabia, decía a los amigos de su amigo muerto:

—Tengo un huerto de palmeras por donde corre el río Orontes con un lago como vuestro Mar de Galilea, donde navegan mil barcas sin darse sombras unas a otras, y cuyas orillas son praderas donde pastan rebaños de camellos, de caballos árabes, de cabras y ovejas que no se pueden contar.

"Tras de los Montes Jebel, y en la espesura de los Montes Bazán, tengo viviendas de rocas defendidas por miles de lanceros, y donde pueden vivir cómodamente varios centenares de familias.

"¿No ha dicho el Mesías nuestro Rey, que nos amemos unos a otros como El mismo nos ha amado?

"Si hemos de perpetuar su pensamiento haciéndole vivir en nuestra propia vida, entre nosotros no debe exisitir el egoísmo de *lo tuyo y lo mío*. Bozra Raphana y Pella en el camino real de las caravanas, son ciudades tan importantes como Jerusalén, Sevthópolis y Cesárea, y hasta allí no llega la garra del Sanhedrín judío...

Todas esta voces amigas plenas de afecto y de sinceridad sólo conseguían abrir más, la herida profunda que todos sentían en el fondo de su alma.

—Razón tenía nuestro Maestro —dijo Pedro después de un largo silencio—: *"Muerto el pastor, se dispersarán las ovejas".* Derrumbada la torre en que anidaban las golondrinas, volarán hacia todos los puntos de la tierra.

—Era el imán que a todos nos atraía.

—Era la cadena de oro que nos ataba unos a otros.

—Era el árbol que nos daba sombra.

—Con El lo teníamos todo, y sin El no tenemos nada, sino nuestro dolor y nuestra desesperación.

Todas estas frases iban saliendo como gritos del alma herida de muerte de aquel grupo de seres que en la negrura de su angustia, no acertaban a comprender la vida sin aquella gran luz que les había alumbrado por el corto tiempo que estuvieron a su lado.

Todos esperaban con ansias la terminación del sábado, para prestar al gran amigo ausente, el postrer servicio en extremo doloroso por cierto, pero del que no podían exhimirse sin creerse culpables: el traslado del cadáver a su sepultura definitiva, en el panteón sepulcral de David que se hallaba fuera de las murallas, en el camino de Betlehem.

Realizado ésto, dispondrían de sus personas y de sus vidas como a cada cual le pareciera mejor.

Myriam la incomparable madre del Mártir, recostada en un diván se había sumido en un profundo silencio. Todos pensaban en servirle de protección y de amparo en su inmensa soledad, aún rodeada de tantos seres amigos que la amaban tiernamente; pero nadie se atrevía a hacerle ofrecimiento alguno, porque sería recordarle más aún que el gran Hijo ya no estaba a su lado.

El sábado a la noche, las mujeres jóvenes se dieron cita para ir al amanecer del domingo a la sepultura del Maestro, llevando un féretro de madera de sándalo con incrustaciones de plata, dentro del cual colocarían el cuerpo para trasladarle al Panteón sepulcral de David, que quedaba a un estadio más o menos del lugar en que se hallaba.

El viernes a última hora se había contratado el féretro para el domingo al amanecer, pero antes de acercarse al sepulcro, vieron que por allí no andaba nadie, por lo cual comprendieron que el mercader que lo vendió, se había retrasado. Las dos compañeras de María con Boanerges y Juan volvieron a la ciudad para hacer la reclamación conveniente.

La castellana de Mágdalo viéndose sola, subió de nuevo a la colina del Gólgota o Calvario, y contempló con infinita amargura el patíbulo del Maestro aún tendido en tierra, con las huellas de su sangre donde estuvieron sus manos y sus pies.

Su llanto corrió sobre aquel madero ensangrentado y parecióle mayor entonces que antes la inmensa desgracia que había caído sobre todos los que amaron al Cristo.

Los dos ajusticiados juntamente con El, aún pendían de las cruces, y uno de ellos se estremecía en los últimos espasmos de la agonía. Sin familia y sin amigos, antes de salir el sol debían ser arrojados a la fosa común en el muladar.

—El Maestro —pensó María— habría tenido piedad aún de esos míseros despojos de dos criminales. Y yo debo tenerla también.

Antes de bajar de la colina trágica besó por última vez la sangre seca en el madero y buscó los clavos con que el Mártir estuvo suspendido en él. Pero no los encontró.

—Seguramente —dijo— algunos de los íntimos los ha recogido—. Y se dirigió hacia el sepulcro que distaba sólo unos doscientos pasos, pero cuya entrada quedaba confundida entre los barrancos y matas de espinos que era lo único que crecía en aquel árido lugar.

Grande fue su sorpresa, cuando vio removida la piedra que cerraba la entrada a la gruta, y que la sepultura misma estaba destapada y la losa caída hacia un lado. Se asomó a mirar al fondo y vio el sudario y el velo en que le envolvieron la cabeza.

—Le han llevado al Panteón de David antes de lo que habíamos pensado —dijo—. Aun no ha aparecido el sol. ¿Cómo es que madrugaron tanto?

Y se sentó sobre una piedra a la entrada de la gruta llorando silenciosamente, mientras miraba la preciosa ánfora de alabastro llena de aceite de nardos que había llevado, para derramarlo sobre el cadáver del Señor al colocarlo en el féretro.

Sintió de pronto un leve ruido de los arbustos y yerbas secas y volvió la cabeza.

A través de sus lágrimas vio el bulto de un hombre.

—Si tú le has visto sacar de aquí, o le has llevado, dime dónde lo han puesto para que vaya yo a ungir su cadáver —le dijo.

—¡María!... —dijo una voz y era la del Maestro que la llamaba por su nombre.

—¡Maestro! —gritó ella arrojándose a sus pies que iba a besar.

—No puedes tocarme —dijo la visión— porque mi carne ya no es más. Vuelve con los míos y diles lo que has visto y oído. ¡Yo iré en medio de todos, porque ninguna fuerza de la tierra ni del aire puede ya retenerme! ¡La paz sea contigo!...

La visión había desaparecido, y María con el rostro en tierra, besaba y lloraba sobre el trozo de roca en que El estuvo parado.

María, loca de alegría como lo había estado de angustia, echó a correr hacia la ciudad. Antes de llegar a la puerta de Joppe encontró a sus compañeras con los hombres que traían el féretro.

—No está más en el sepulcro —les dijo— es inútil que vayáis allí. —Y bajando la voz dijo a sus compañeras:

—¡El Maestro vive!, ¡le he visto y me ha hablado! ¡Dice que vendrá entre todos nosotros! ¡Pronto!... ¡pronto!, corramos a nuestra morada, avisad a los demás, no sea que Él llegue allá y no nos encuentre.

Sus compañeras le seguían creyendo que se había vuelto loca.

Llegó jadeante al palacio Henadad, residencia de los galileos, y encontró a Pedro con la mayoría de los discípulos íntimos.

Nadie quiso creerle la noticia. Aún estaba fresca en la memoria de todos, aquella otra noticia llevada por ella, de que antes de la puesta del sol del viernes, el Maestro sería libre.

—¡Calla, mujer, calla! —díjole Pedro con inmensa amargura—. ¡Tú eres la visionaria de siempre! José de Arimathea y sus amigos le habrán llevado al sepulcro de David, sin tenernos en cuenta a nosotros que tanto deseábamos darle esta última prueba de nuestro afecto.

Y cubriéndose el rostro con su manto comenzó a llorar con gran desconsuelo.

María sentada en el pavimento lloraba también creyendo ella misma ser víctima de una ilusión de su amor.

Los discípulos más jóvenes ya se levantaban para correr al sepulcro a cerciorarse de la realidad, cuando el cenáculo, sumido aún en el claro obscuro del amanecer se inundó de luz y la clara y dulce voz del Maestro se hizo oír de todos ellos.

—"¡La paz sea con vosotros!... ¿por qué habéis dudado? ¿No os dije que entraba en la gloria de mi Reino, que me haría dueño de todos los poderes en los cielos, en la tierra y en los abismos?

"El sepulcro no puede retener a los que ha glorificado el Amor.

"Preparaos para volver a Galilea, que es más propicia para recibir allí los dones de Dios".

Y su transparente y sutil personalidad se deslizó ante todos y cada uno de los que estaban presentes, los cuales mudos de estupor no sabían si estaban en el mundo de los vivos, o eran víctimas de una fantástica quimera.

Más o menos a la misma hora, igual visión se les había presentado en el palacio de Ithamar, sumido en la angustiosa ansiedad de que creían ser los últimos momentos de la vida de Judá.

La misma Myriam llena de piedad por el dolor de la familia, se había dejado conducir a la alcoba del moribundo, donde se hallaban los ancianos Melchor, Gaspar, Filón y Simónides con el Hach-ben Faqui y el Scheiff Ilderin.

Nebai arrodillada ante el lecho, sollozaba sobre la inmóvil cabeza de Judá, que respiraba fatigosamente. A los pies lloraban su madre y Thirza su hermana.

La alcoba del moribundo se había inundado de claridad y la frase habitual del Maestro había caído sobre todas las almas como una música divina:

—"¡La paz sea con vosotros!"

Todos corrieron hacia el lecho de Judá encima del cual flotaba la visión amada como la luz rosada del amanecer.

—Más que me amasteis vosotros os he amado yo desde inmensas edades.

¿Por qué languidece vuestra fe y se marchita vuestra esperanza, como si en el sepulcro terminase la carrera eterna del espíritu?

"Levantad vuestros corazones al que es Eterno Dador de toda vida, y recordad mis palabras: "Vuelvo a mi Padre de donde salí, pero no os dejo huérfanos ni solos en este mundo".

"Madre, amigos, hermanos ... bendecid a Dios todos los momentos de vuestra vida, y que ningún dolor os haga olvidar mis promesas eternas, y mi amor más fuerte que la muerte".

Judá se incorporó de pronto sobre el lecho y tendiendo sus brazos a la visión amada, le dijo:

—¡Jhasua!... ¡Vienes a llevarme contigo a tu Reino, mi Rey de Israel!

—¡Aún no es llegada la hora de tu libertad! ¡Vive, Judá, amigo mío, y serás el brazo fuerte que proteja a mis primeros sembradores de la fraternidad humana!"

La visión se esfumó tan sutilmente como había aparecido, por más que todas las miradas hubieran querido retenerla estampada en la retina igual que en el fondo del alma.

Los ancianos y las mujeres recitaban llorando el salmo del Aleluya, símbolo bellísimo de las más puras alegrías del alma humana prosternada ante la grandeza Divina.

Iguales apariciones del Divino Maestro tuvieron el mismo día y sólo con diferencia de hora, los amigos de Bethania, en la casa de la viuda Lía, donde se alojaban los de Betlehem, y en el cenáculo de José de Arimathea, donde cerca al medio día se encontraban reunidos los cuatro doctores amigos de Jhasua, más Rubén de Engedí esposo de Verónica, el príncipe Jesuá, Sallum de Lohes y los familiares de ellos.

El Ungido del Amor Eterno no olvidó a ninguno de cuantos le amaron hasta el fin.

Vercia la Druidesa gala, le vio aparecer en su *fuego sagrado* de la media noche del domingo, y la voz sin ruido de la aparición le dijo:

—"Vuelve a tu tierra mujer de fuego y de bronce, porque cuento contigo para sembrar la fraternidad humana en la otra ribera del Mar Grande".

—¿Qué podremos hacer si pronto seremos esclavos del poderío romano?... —pensó la Druidesa.

Y la aparición le respondió:

—Los poderosos de la tierra esclavizan los cuerpos, pero no la idea emanación del espíritu... ¡Piensa!... piensa con mi pensamiento, mujer, y obra con tu voluntad unida a la mía.

"La fraternidad, la igualdad y la libertad germinarán en tu patria gala, y florecerán antes que en ninguna otra región de la tierra.

"¡La paz sea contigo!"

Un inmenso júbilo llenaba todos los corazones, y la personalidad augusta del Maestro se agigantaba en la conciencia de todos, que ya no podían dudar de que habían tenido por breves años entre ellos al Verbo de Dios encarnado, al Mesías anunciado por los Profetas.

Habían soñado es cierto, en tenerle también como un Rey sobre un trono de grandeza y poderes materiales, y ese sueño se había esfumado sin realizarse por el momento. Mas ¿qué duda podía caberles de que su reinado sería eterno sobre todas las almas que se abrieron a su Idea Divina del Amor entre todos los hombres?

¡Qué pobre y mezquina les pareció entonces la idea de la muerte, a la cual tanto terror y espanto tenían antes!

¡Su maestro había triunfado de la muerte y de la corrupción del sepulcro y flotaba glorioso en los ámbitos ilimitados de lo infinito!...

¡Qué sublime grandeza era la suya!... Mucho más que la habían comprendido antes, cuando le veían realizar portentos en favor de sus semejantes cargados de pesadumbres y desesperaciones.

Se comunicaron unos a otros lo que habían escuchado del Divino Maestro glorioso y triunfante y se dispusieron a marchar hacia la amada Galilea donde esperaban que la gloria de Dios se desbordaría sobre la tierra, acaso para transformarla, purificada, en el paraíso de amor, de dicha y de luz con que todos soñaban...

Eran ciento veintisiete personas las que conocían el divino secreto de las apariciones radiantes del Cristo, y fue este reducido conjunto de amadores suyos, que emprendió el viaje a las orillas del Mar de Galilea, dos días después del domingo llamado de *resurrección*.

La Idea Divina parece mantenerse como velada en fanales de sutilísimas transparencias, o por lo menos, de tal modo se presenta a la conciencia de los seres humanos, que ellos no llegan a percibirla con absoluta claridad.

Y así no debe extrañarnos que aquella pequeña brigada de amadores del Cristo, emprendieran el viaje a Galilea en busca suya, con las almas llenas de divino ensueño, y de esperanzas inmensas como el infinito...

Iban a verle nuevamente, iban a oírle, acaso a vivir una segunda etapa de vida, superior en mucho a la que habían vivido a su lado.

Cómo sería esa vida, no podían precisarlo por el momento.

Le habían visto obrar tan estupendas maravillas, y al tercer día de su muerte le veían resplandeciente como un sol, entrar y salir en los recintos cerrados, aparecer y desaparecer como una luz, ¿cómo pues, no debían esperar una vida nueva, diferente de la que habían vivido hasta entonces?

¡Era indudable! ¡El Reino de Dios iba a ser establecido en la tierra, y su Maestro sería el Rey inmortal y eterno con que habían soñado!

La Roma poderosa y dominadora desaparecería entre las brumas de oro de su ensueño divino...

El Sanhedrín judío con su intransigencia y su feroz crueldad, parecíales una negra pesadilla, de la cual habían despertado a una radiante claridad que nada ni nadie podía extinguir en adelante.

Tan sólo Gaspar, Melchor y Filón comprendían todo lo que aquello significaba.

El triunfo del Cristo Mártir, era el comienzo de una Era Nueva.

Era el abrir surcos interminables en la heredad que el Padre le confiara, y a la cual El con los suyos debían conducir al más completo triunfo sobre la fuerza de las tinieblas.

El Cristo triunfante iba a la posesión eterna de su Reino.

En la tierra quedaban los que le habían amado y seguido; los que habían bebido de su corazón de Enviado Divino, la doctrina suya de la *paternidad de Dios y de la hermandad humana*.

Y quedaban con el mandato expreso de llevar esa doctrina por toda la faz de la tierra, aún a costa del sacrificio de los bienes de fortuna, de la honra y de la vida, tal como habían visto que lo hizo su Maestro y Señor.

"La muerte por un ideal de liberación humana, es la suprema consagración del Amor".—repetían como un eco de las palabras del Cristo.

Melchor, Gaspar y Filón, sabían que todo aquello era el comienzo de una lucha gigantesca que duraría veinte siglos, o sea hasta la terminación del ciclo de evolución humana, del cual, el Avatar Divino había venido a iniciar la jornada final.

La doctrina de la *paternidad de Dios y de la hermandad humana* es la síntesis de toda la Ley Divina:

"AMA A DIOS SOBRE TODAS LAS COSAS Y AL PROJIMO COMO A TI MISMO".

Y para hacerla triunfar entre la humanidad de la tierra, sería necesario hacer tabla rasa de la prepotencia de los poderosos, de la indigna humillación de los esclavos, de la supuesta divinidad de los Emperadores, de los Faraones, de los Brahmanes y sacerdotes de todas las religiones.

Sería necesario llegar a la única conclusión posible, de que no hay sino un solo Padre, un solo Señor, un solo Dueño: Dios, Causa Suprema de cuanto existe. Y una sola gran familia de hermanos: la humanidad de toda la Tierra.

¿Y las fronteras? ¿Y los límites? ¿Y la dominación de unas razas sobre otras? ¿Y el placer casi infinito, de llevar una corona en la cabeza y ver millares de seres doblar la rodilla en tierra en una semi adoración al coronado?

¿Y los odios por las religiones diferentes, por las dinastías, por las posesiones de tierras, por los puertos, por las islas, por los derechos sobre el agua, el aire y hasta por los rayos del sol?...

¡Oh cielos! ¡Todo eso estaba fuera de la doctrina de la paternidad de Dios y de la hermandad humana, que el Divino Maestro había traído a la tierra y la había defendido hasta morir por ella!

¡Y toda esta lucha formidable aparecía como entre brumas de polvo y sangre, a la vista de los tres ancianos maestros de Divina Sabiduría!

¡Qué inmensa carga dejaba el Ungido de Dios sobre los hombros de sus voluntarios colaboradores!

Mas también les había dicho: "que no les dejaba huérfanos ni solos en este mundo". "Que su Padre y El vendrían a morar en aquellos que cumplieran su ley divina de amor fraterno". "Que sería una misma cosa con ellos por el amor, y que donde dos o tres estuviesen reunidos en su Nombre, allí estaría El en medio de ellos".

El príncipe Judá habíase incorporado en su lecho ante la presencia augusta de su divino amigo, cuya imagen radiante se esfumó como una luz entre sus brazos. Faqui le abrazó tiernamente diciéndole:

—¿Has visto cómo el Hijo de Dios no puede morir?...

—Es verdad amigo mío, pero presiento que no le tenemos con nosotros para mucho tiempo —le contestó Judá.

La alegría en el austero palacio de Ithamar fue desbordante, como terribles habían sido las desesperaciones y las angustias recientes.

El anciano Simónides levantó de nuevo su cabeza abatida por la doble tragedia de la muerte del Cristo, y de la muerte, al parecer, inevitable del príncipe

Judá que era como su propio hijo.

El Rey de Israel había triunfado de la muerte, maravilla muy superior a los conocimientos del buen comerciante, que si era inigualable en acrecentar una fortuna encomendada a su tutela, era nulo en cuestiones metafísicas en análisis y definiciones.

El príncipe Judá había triunfado asimismo de la congestión cerebral que lo llevó al borde del sepulcro. ¿Qué más podía esperar en su vida larga de octogenario?

Melchor, Gaspar y Filón, resolvieron regresar a sus países nativos, llevándose en el alma las promesas del Mesías triunfante, para alumbrar con ellas los últimos días que les restaban de peregrinaje sobre la tierra.

Sabían que pronto estarían con El en su Reino, y ningún afán ni deseo, ni ambición terrestre podía caber en sus corazones ebrios de luz de ese *más allá* cercano, que casi tocaban ya con sus manos.

A la luz radiante de sus lámparas encendidas por el Cristo vencedor de la muerte, comenzarían la siembra divina en Alejandría, la segunda ciudad del mundo civilizado entonces, en Cadés Barnea, en el Monte Hor, en el Horeb, en el Sinaí, donde aun vibraba en el aire el pensamiento y la voz de Moisés.

Cuando los tres ancianos viajeros se embarcaron en Gaza, los amigos de Jerusalén, Betlehem y Engedí, se unieron a los galileos y emprendieron con ellos, el anhelado viaje a encontrar al Señor, al Maestro, en las orillas del Mar de Galilea, cofre sagrado de los más bellos y queridos recuerdos.

La caravana de los amantes de Jhasua se aumentó con varios de los discípulos de Johanán el Profeta del Jordán, con el Scheiff Ilderin, su hijo mayor y algunos de sus jefes, los amigos de Bethania, y la familia del príncipe Harthat de Damasco, que habiendo presenciado la tragedia de Jerusalén, se volvía hacia el norte pasando por Galilea.

Dadas las diferentes condiciones físicas de los viajeros, entre los cuales había mujeres de edad y niños menores de doce años, el viaje se hizo en parte en dos grandes carros, cuyo aspecto exterior les asemejaba a las fuertes y cómodas carrozas de viaje de la Edad Media. El príncipe Judá, fue quien los puso a disposición de los viajeros, impedidos por su edad de realizar el viaje a caballo o a pie. La gente joven iba montada en caballos y asnos, pero en grupos separados para no llamar demasiado la atención, pues que su número había subido a ciento setenta y ocho personas.

Vercia la Druidesa gala, hecha a la vida azarosa de las montañas galas, defendiéndose de enemigos humanos y de bestias salvajes, quiso acompañar a los amigos íntimos del Hombre-Dios, a encontrarle de nuevo en la hermosa tierra Galilea, en cuya capital Tolemaida, había desembarcado al llegar de su país natal en busca del Salvador de la humanidad.

Nebai, su gran amiga de esa hora, le hizo proporcionar caballos para ella y los suyos.

Los huertos silenciosos del justo Joseph en Nazareth, acogieron a los que volvían de la ciudad de los Profetas, ya sin el gran Profeta, a cuyo lado habían hecho el camino a Jerusalén.

¡Qué terrible emoción debía sacudir el alma de Myriam, del tío Jaime, de todos los familiares del Maestro al penetrar de nuevo en aquel huerto, en aquella vieja casa donde tantas imágenes queridas flotarían como sombras impalpables, invisibles a la mirada física, y sólo perceptibles al corazón de una madre, relicario eterno de los amores que nunca mueren!...

Tiene el amor, en los seres superiores, delicadezas infinitas que las almas mediocres y pequeñas no aciertan a comprender.

Myriam entro en su casa, y de inmediato se dirigió a su alcoba para desatar allí como una lluvia de invierno la angustia que le oprimía el alma desde que entró en Nazareth. ¡Quería llorar!... ¡llorar! Viuda sin esposo y madre sin el hijo ¿quién podía medir la inmensidad de su dolor?...

Pero ¡cuál no sería su sorpresa cuando al abrir con trémula mano aquella vetusta puertecita de goznes gastados, encontró la alcoba iluminada por una luz que la deslumbró, hasta el punto de cegarla!

Cuando sus pupilas pudieron resistir aquella radiante claridad, cayó de rodillas sobre el pavimento de viejas losas, donde tantas veces lo hiciera para orar a Jehová en sus días de plácida felicidad.

Acababa de percibir clara y nítidamente la presencia de su Hijo... de su gran Hijo, el Mesías Mártir que le sonreía de pie junto a la cunita aquella de madera de cerezo, que ella había conservado como un recuerdo de la infancia de Jhasua.

Percibió luego a Joseph, hermoso en su edad viril, tal como aquel día en que desposada con él, la sacó del Templo y la condujo a Nazareth.

Y las dos radiantes visiones le transmitieron el mismo pensamiento.

—¡Mujer bienaventurada!... No estás sola en el mundo, porque el Eterno Amor unió nuestras vidas a la tuya, y unidos estaremos por toda la eternidad. ¡Lo que Dios ha unido, nadie puede separarlo!...

La intensidad del amor, la hizo caer en un estado de inconsciencia extática, de la cual la sacó Ana, Marcos y el tío Jaime que extrañados de su encierro acudieron a buscarla.

La encontraron sentada sobre el pavimento, inmóvil con sus ojos cerrados, y su rostro coloreado de un vivo carmín.

—Tiene fiebre —dijo Ana que palpó el rostro y las manos de Myriam inundados de un suave calor.

—No —contestó ella abriendo los ojos—. Les he visto a *ellos* que me esperaban en esta alcoba, y una energía nueva, una fuerza maravillosa ha invadido todo mi ser. ¡Venía a morir en este rincón querido y encontré de nuevo la vida y el amor!...

El júbilo de la madre bienaventurada, se transmitió como una corriente eléctrica a todos los que estaban en su casa y una gran esperanza conjunta hizo palpitar de dicha todos los corazones.

¿Cómo era posible llorar muerto al divino amigo, que iba iluminando con su gloriosa presencia los obscuros caminos de la vida?

Era el Reino de Dios anunciado por El, que se establecía en la tierra, fango y miseria, para que floreciera en ella el amor y la fraternidad entre los hombres.

Estas radiantes apariciones se repitieron diariamente, ya a unos, ya a otros, de todos aquellos en cuyas almas ardía como una llamarada viva el amor puro y desinteresado al Cristo Mártir. Ya en las horas de la comida al partir el pan, ya en las reuniones del cenáculo para orar en conjunto, ya en las orillas del Lago Tiberiades, o sobre una barca, o andando sobre las aguas, o en lo alto de algún monte donde antes El oraba junto con ellos, alrededor del fuego, en la playa del mar cuando se disponían a asar pescado y recordaban con inmenso amor el divino ausente... allí les aparecía El como un arrebol de la aurora, como un crepúsculo del ocaso, o como blanca claridad de la luna bajo la sombra de los árboles, donde antes se cobijaban de los ardores del sol.

—"¡La paz sea con vosotros! —les repetía siempre al aparecer.

"¡Os dije que no os dejaría solos. Que estaría con vosotros hasta el final de los tiempos; que mi Padre y Yo estamos allí donde el amor recíproco florece en eterna primavera!..."

Y cuando se cumplían los cuarenta días del domingo de Pascua, en que comenzaron las apariciones, los mandó reunirse todos en la más solitaria orilla del mar, al sur de Tiberias, a la hora en que se confunden las últimas claridades del ocaso con las sombras primeras de la noche.

Allí acudieron también los solitarios del Tabor y del Carmelo y en pocas palabras al aparecer el Maestro, les hizo una síntesis de cuanto les había enseñado en los días de su predicación.

—Yo vuelvo a mi Padre —les dijo— y vosotros como aves viajeras iréis por todos los países de la tierra donde viven seres humanos que son hermanos vuestros a enseñar mi doctrina del amor fraterno, confirmada por todas las obras de amor que me habéis visto realizar.

"Desde mi Reino de luz y de amor, seguiré vuestro pasos, como el padre que envía sus hijos a la conquista del mundo, y espera verles volver triunfantes a recibir la corona de herederos legítimos, de verdaderos continuadores de mi doctrina sostenida al precio de mi vida!

"Como Yo lo hice, lo podéis hacer vosotros, porque todas mis obras están al alcance de vuestra capacidad, si hay en vosotros amor a Dios sobre todas las cosas y al prójimo como a vosotros mismos.

Y extendiendo sus manos radiantes de luz sobre todos sus amados, puestos de rodillas sobre la arena de la playa, les bendijo diciéndoles:

"Voy al Padre, pero mi amor unido al vuestro, no me dejará separado de vosotros"...

"¡Hasta siempre!

La esplendorosa visión final se esfumó como el sol entre las primeras sombras de la noche, que continuó avanzando lentamente como una hada sigilosa que tendiera sus velos negros salpicados de estrellas...

Nadie se movía en aquella playa silenciosa, y todo los ojos estaban fijos en el sitio donde la visión amada había desaparecido.

No había en ellos tristeza, ni dolor, y no obstante lloraban con esa emoción íntima y profunda, sólo conocida de las almas de oración y recogimiento, que conocen la suavidad infinita del Amor Divino que se desborda como un manantial de luz y de dicha, sobre aquellos que se le entregan sin reservas.

Los ancianos solitarios del Tabor y del Carmelo fueron los primeros en reaccionar de aquel estado semi-extático en que todos estaban, y el más anciano de entre ellos les dijo:

—Ya sabéis, que ocultos en nuestros santuarios de rocas vivimos para El y para vosotros, en cuanto podáis necesitar de nuestra ayuda espiritual y material.

"Lejos de las miradas del mundo que no le ha comprendido, abriremos horizontes a nuestras vidas, para que seamos un reflejo de lo que fue nuestro excelso Maestro en medio de la humanidad.

"El Cristo martirizado y muerto sosteniendo su doctrina, será siempre la estrella polar que marcará nuestra ruta entre las tinieblas y la incertidumbre de la vida terrestre.

" ¡Todos somos viajeros eternos! Y una sola luz alumbra nuestro camino: El Cristo del Amor, de la Fraternidad y de la Paz.

"Sigámosla!...

Las palabras del anciano se perdieron entre las sombras y el rumor de las olas del Mar de Galilea, que el fresco viento de la noche agitaba mansamente.

NOTA:

LA OBRA **ARPAS ETERNAS** QUE FINALIZA CON ESTE TERCER TOMO, CONTINUA CON LA OBRA **CUMBRES Y LLANURAS (Los Amigos de Jhasua)**, COMO SEGUNDA PARTE.

INDICE DEL TOMO 3º

Este libro se terminó de imprimir
en noviembre de 2003.Tel.: (011) 4204-9013
Gral. Vedia 280 Avellaneda
Buenos Aires - Argentina

Tirada 2000 ejemplares